도덕교육, 어떻게 할 것인가

고대혁 오기성 김항인 임상수 김철호 공저

양성원

머리말

학교교육에서 현대적 의미의 도덕과 교육은 1945년 광복 직후부터 실시되기 시작해서 벌써 70여 년의 역사를 기록하고 있지만, 실질적 역사는 독립교과로 채택된 1973년의 제3차 교육과정기부터 셈하는 편이 합리적일 것이다. 본 교과의 역사는 타 교과에 비해 일천성을 띠고 있을 뿐만 아니라 제6차 교육과정 개정 시에는 교과 자체가 소멸될 위기에 처한 적도 있으나 여전히 학생들의 도덕성과 인성 함양을 위해 필수적인 교과로 인식되고 있다.

교육부에서는 제7차 교육과정 개정 이후부터 각 교과의 수정·보완은 '차수'의 개념을 두지 않는 대신 '부분 수정' 혹은 '부분 개정'이라는 명칭을 부여하였으나 2015년도에 고시된 교육과정을 살펴보면 교육내용과 교수-학습 절차 부분에서 중요한 변화가 있었다. 따라서 이러한 변화를 반영함과 동시에 시대 변화에 맞추어 몇 가지 부분을 보완하려는 취지에서 이 책을 펴게 되었다.

새 교육과정 개정안에 따르면 도덕 교과는 학교 인성 교육의 핵심 교과이다. 도덕적인 인간과 정의로운 시민이라는 중첩된 인간상을 지향점으로 삼아 21세기 한국인으로서 갖추고 있어야 할 인성의 기본 요소인 핵심 가치를 확고하게 내면화하고, 학생의 경험 세계에서 출발하여 자신을 둘러싼 현상을 탐구하고 내면의 도덕성을 성찰함과 동시에 스스로의 삶 속에서 실천하는 과정을 추구하는 '도덕함'의 시간과 공간을 제공하는 교과이다.

도덕은 생활의 부수적인 관심사가 아니라 삶의 근본 요청이며, 성숙한 사회의 기본 토대라는 인식은 우리 저자들이 공유하는 확고한 신념이다. 본 서에서 다루고 있는 도덕교육은 교과교육으로서 도덕과 교육이며, 이 교육은 학교교육에서 아동들로 하여금 인간의 도덕성 발달과 인격의 함양, 인간과 사회의 도덕적 갈등 해결과 합리적 문제해결 방안, 지성적이고 성숙한 삶의 방식에 관한 길을 탐색하게 하는 데 목적이 있다. 우리 저자들은 도덕과 교육은 '도덕과 교육답게' 가르쳐야 하고, 여러 교과 활동을 통해 다루어지는 다양한 가치들을 도덕 교과를 통해 의미 있는 인격으로 통합될 수 있다고 본다.

본 서는 크게 2부로 구성되어 있다. 도덕교육의 이론적 토대를 다루는 제1부의 1장과 2장에서는 도덕과 교육의 중요성, 특히 도덕과 교육, 도덕성, 윤리와 관련된 개념 정립을 확고히 하고자 하였다. 다음으로 동서양의 윤리관을 다루었다. 3장 동양 윤리사상에서는 유(儒), 불(佛), 도(道) 사상을 다루었고, 4장 서양 윤리사상에서는 소크라테스, 플라톤, 아리스토텔레스, 칸트의 윤리학을 중심으로 탐색하였다. 5장 현대 도덕교육 이론에서는 정신분석학, 행동주의 이론, 뒤르껭의 도덕적 사회화이론, 인본주의 심리학을 살핀 후, 본격적으로 현대 도덕교육의 핵심이론인 피아제와 콜버그, 길리건과 나딩스, 레스트 등을 탐색하였다.

제2부는 도덕과 교육과정과 관련된 다양한 논의와 초등학교 현장에서 도덕과 교수-학습을 효과적으로 지도하기 위해 실천적 방법과 학습자료 개발과 활용, 평가방안 등을 다루고 있다. 6장 도덕과 교육과정에서는 2015 개정 교육과정을 소개하였고, 특히 중요한 부분에서는 기타 자료를 통해 설명을 추가하였다. 7장에서는 교수-학습과정에 들어가기에 앞서 그러한 과정의 기초가 되는 수업설계와 분석방법을 기술하였다. 8장 도덕과 교수-학습방법에서는 개정 교육과정의 새로운 일반적 수업절차를 소개하고, 그러한 절차를 효율적으로 전개하는 데 도움을 줄 수 있는 다양한 수업 모형들과 자료(에듀테인먼트, ICT, 교육매체)에 대해 논의하였다. 9장에서는 도덕과의 난점 중의 하나로 언급되는 평가에 대해 논하였다. 10장에서는 최근 우리 사회와 학계에서 관심을 받고 있는 주제들을 논하였다. 도덕과의 독자적인 접근법을 띤 통일교육론, 사이버 시대에 대처하는 정보윤리교육, 인종과 사회를 초월하여 모든 인류가 공감하고 함께 추구할 수 있는 보편적 가치인 인권에 대한 교육, 우울증이나 폭력이 심해지는 현대사회에서 점점 중요성을 더해가는 정서조절교육과 공감교육, 지구적 차원의 환경위기를 고민해 보는 환경윤리교육, 초등학생 100명 중 3명이 다문화아동(2018년 11월 기준)인 현실에서 더욱 절실해지는 다문화교육, 그리고 가정의 형태가 다양해지고 그 기능이 약화되는 현대사회에서의 효 교육 등이 그것이다.

본 서의 또 다른 특징은 (1) 주요 사상가들의 그림이나 사진을 실어 이론가들에게 보다 친숙하게 다가갈 수 있도록 하였으며, (2) 주요 사상가들을 개론적으로 요약·소개하던 것에서 나아가 학생들의 깊이 있는 이해를 돕기 위해 원전에서 중요한 구절들을 발췌하여 해당 부분의 끝에 제시했다는 것이다. 아직 주요 사상가들 모두의 원전을 소개하지는 못하였지만 미흡한 부분들은 앞으로 지속적으로 보완해 나갈 예정이다. 모쪼록 이러한 부분들이 학생들의 이해에 도움이 됨은 물론 삶을 윤택하게 하는 자양분이 되기를 소망한다.

본 서는 저자들이 평소 경인교육대학교 학생들과 도덕교육의 중요성을 인식하고 있는 초등학교 현직 교사들에게 도덕교육 관련 강좌를 개설하면서 그들과 함께 도덕교육과 관련된 학문적 이론과 다양한 주제를 강의하며, 때로는 논쟁과 토론으로써 함께 고민했던 문제들을 정리한 것이다. 강의 및 강좌에 열성적으로 참여해 준 학생들과 함께 토론하고 논의에 참여해 준 교사들이 없었다면 본 서는 빛을 보지 못하였을 것이다. 도덕교육에 관한 그들의 열정적 관심과 적극적인 문제 제기에 감사하며, 대학과 학교 현장에서 도덕교육에 관한 향연이 더욱더 활성화되기를 우리 저자들은 기대하고 있다. 항상 투박한 원고를 세련된 모습으로 정련해 주고, 쫓기는 일정에도 불구하고 물심양면으로 지원해 준 강철원 사장님을 비롯한 관계자 여러분께 진심으로 감사의 마음을 전한다.

2019. 3. 저자 일동

차 례

제 1 부 도덕교육 이론

제 2 부 도덕교육 실제

제 1 부

도덕교육 이론

제 1 장

교과교육으로서 도덕과 교육

제1절 도덕과 교육의 학문적 배경

1. 교과교육학의 의미와 조건

교과교육학이란 어떤 특징을 공유하는 개별적인 교과교육(물리교육, 생물교육, 역사교육, 도덕교육 등)에 관한 연구를 통칭한다(이돈희 외, 1997). 교과교육학에서 교육내용으로서 교과를 어떤 관점에서 이해해야 할 것인가의 문제는 어떻게 그것을 가르쳐야 할 것이냐라는 문제에 못지않게 중요한 연구내용이 된다. 협의의 관점에서 교과는 각급 학교의 교육과정에 의해 규정되는 교과목, 혹은 교과 영역이라고 할 수 있으며, 이것은 학문의 논리적 구분에 따른 지식체계, 사회적 필요에 의한 경험의 영역 등으로 그 단위가 결정되는 교육활동으로서 지식, 예술, 기능, 태도에 관한 내용을 담고 있다. 이와는 달리 광의의 관점에서 교과는 협의의 교과를 포함하는 동시에 그것과 관련된 생활세계의 경험 내용을 총칭하는 것으로 볼 수 있다.

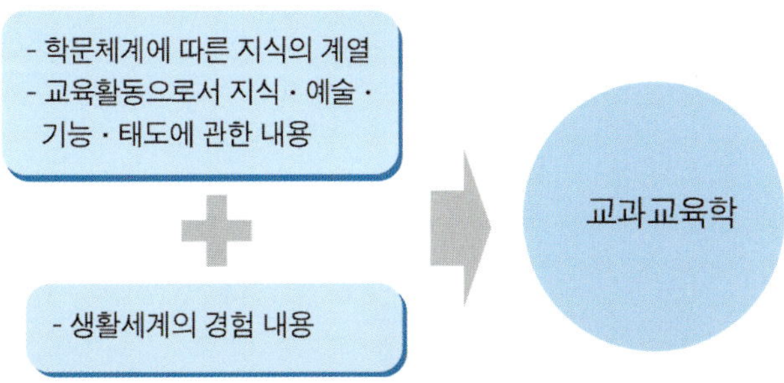

교과교육학은 범주적으로 구분되는 세 가지의 하위 논의 영역을 포함한다. 그것은 교과 내용 자체에 관한 영역, 교과에 관한 메타적 이해와 관련된 영역, 그리고 교과와 관련을 맺고 있는 교육적인 이해에 해당하는 영역이다. 첫째 영역은 이미 기존 교과교육학에서도 인지되었던 이른바 교과 내용에 관한 것으로서, 이를 '내용적 이해 영역'이라고 할 수 있다. 둘째 영역은 교과를 보다 폭넓게 이해하고자 할 때 수렴해야 할 다양한 맥락의 이해를 포함한다. 이것은 교과에 관한 '설명적 이해', 더 정확하게는 '메타(meta)적 이해 영역'이라고 할 수 있다. 셋째 영역은 교과를 가르치고 배우는 실천활동을 통어(通御)하는 원리를 더욱 폭넓게 구상함으로써 교과교육 실천에 대한 이해를 심화하는 데 도움을 주기 위한 '교육론적 이해 영역'으로 부를 수 있다.

교과교육학은 물리학과 같이 어떤 객관적 실체의 세계가 있거나, 경제학과 같이 인간의 어떤 제도적 체제가 있어서 그것을 인식의 대상으로 삼는 학문이 아니다. 그것은 자연과 인간에 관한 지식의 체계, 예술적, 혹은 기술적 활동의 방식, 또는 어떤 목적으로 조직된 생활의 원리들로 이루어진 교육활동의 내용, 즉 '교과'의 구성을 기본적으로 상정하고 있다. 그리고 이러한 의미의 '교과'는 하나의 구성체가 아니라 복수로 존재한다. 따라서 교과교육학은 그것이 일종의 학문이 될 수 있다고 하더라도 '하나의' 학문을 가리키는 것이 아니라 유사한 학문들, 즉 어떤 학문적 형식을 공유하는 개별적 학문들을 총칭하는 이름이다.

따라서 교과교육학은 인문과학, 사회과학, 자연과학이라는 기초학문 분야처럼 어떤 단일한 연구 대상과 체계화된 연구 내용으로 이루어지는 것이 아니라, 본질적으로 일종의 사회적 실천 현상을 중심으로 그것과 관련되는 기초학문이 관여하여 일정한 원리와 체계가 구축되는 학문이라고 할 수 있다. 교과교육학은 다음과 같은 특징을 지니게 된다.

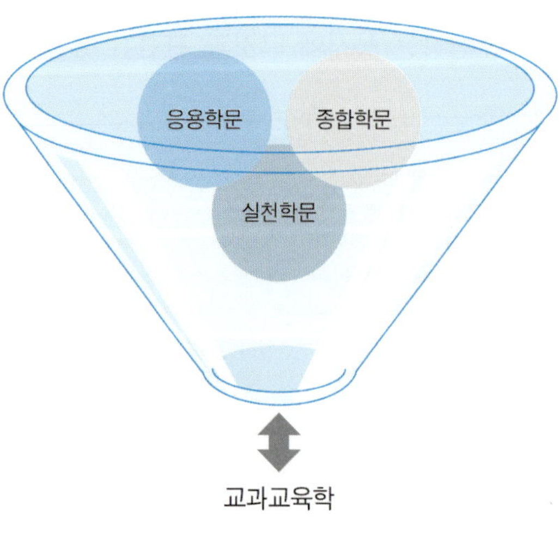

첫째, 교과교육학은 그 성격상 기초학문이라기보다는 응용학문이다. 응용학문은 천문학이나 기상학과 같이 객관적으로 존재하는 사실의 세계를 설명하는 학문일 수도 있고, 공학이나 의학과 같이 가치의 창조 혹은 실현을 특징으로 하는 학문일 수도 있다. 이 가운데서 교과교육학은 그 성격상 후자의 부류에 속한다.

둘째, 교과교육학은 하나의 독자적이고 자족적인 개별 학문이라기보다는 교과의 내용과 구성에 관한 이해, 그리고 그 내용의 탐구와 학습에 관련된 교육의 원리 등을 여러 학문으로부터 도출하고 종합한다는 점에서 종합학문이다. 종합학문으로서 교과교육학은 그 구성에서 교과의 이해에 관련된 여러 가지 명제들을 포함하고 있으면서 각 명제에 상응하는 학문적 탐구 결과들을 종합한다. 특히 메타적 명제와 관련된 분야는 교과에 관한 다양한 인문학적 · 사회과학적 연구를 포괄하므로 종합의 범위는 상당히 넓다. 이는 교과교육학이 학제적(interdisciplinary) 접근을 필요로 한다는 것을 시사한다.

셋째, 교과교육학은 관련 이론체계를 구축하고 있기는 하지만 항상 실천적인 교육활동 상황과 연결되는 것을 상정한다는 점에서 실천원리의 학문이다. 실천학문으로서 교과교육학이 구체적인 생활의 문제를 해결하려는 이론과 원리의 일종이라는 점에서는 다른 실천학문과 다를 바 없지만, 교과의 이해와 관련된 다층위적(교육의 이념, 교과내용의 선정 및 교수-학습과정의 방법적 원리 등) 명제들에 관한 고도의 이론적이고도 전문적인 이해를 포함한다는 점에서 교과교육학의 교과에 관한 교육적 판단과 정당화 행위는 지극히 고답적인 이론의 경지에 있을 수 있다.

2. 도덕과 교육학의 의미와 구조

교육과정에 따르면, 학교에서 도덕 교과는 "학생들로 하여금 인간의 삶에 필요한 도덕규범과 예절을 익히고, 인간과 사회, 그리고 자연 · 초월적 존재와의 관계 속에서 올바른 도덕적 책임과 의무를 이해하며, 다양한 도덕 문제에 대한 민감성과 사고력 및 판단력을 향상시키고 도덕적 앎을 실천으로 연결할 수 있는 실천 동기 및 능력을 함양하여, 개인의 바람직한 가치관 확립과 나아가 우리 사회와 세계의 발전에 기여할 수 있도록 도와주는 교과"로서 규정하고 있다.

따라서 도덕 교과는 인간으로서 마땅히 지키고 실천해야 할 보편적이며 이상적인 가치들과, 우리 사회에서 바람직한 생활의 기준이 되는 도덕규범과 가치들을 내면화시켜 올바른 행동 습관을 기르는 동시에, 다양한 도덕 문제를 합리적으로 해결할 수 있는 도

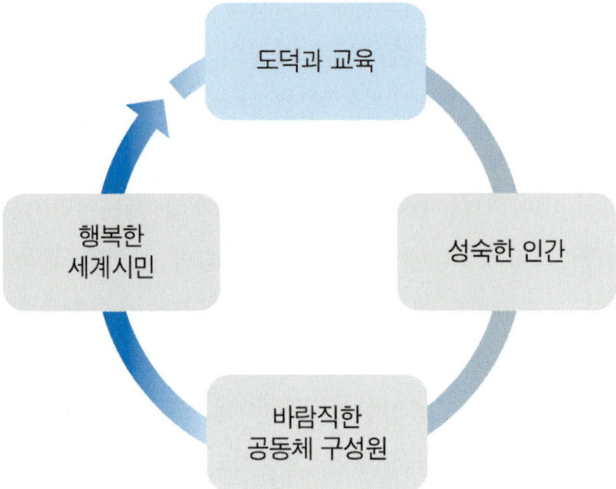

덕적 사고력과 가치 판단 능력을 길러 주는 데 역점을 두고 있다.

이러한 도덕 교과의 성격 규정을 기초로 하여 볼 때, 도덕과 교육학은 인간으로서 마땅히 지녀야 할 보편적이면서도 개인적인 도덕성과 국가와 민족, 세계를 포함하여 공동체의 구성원으로서의 사회적 도덕성 함양과 관련된 교과교육에 관한 연구라고 규정할 수 있다.

앞서 보았듯이, 교과교육학은 교과를 교육적 경험의 단위로 규정할 때 교과 자체의 구조적-기능적 특성, 메타 학문적 이해, 관련된 다른 교과 혹은 학문 영역, 사회제도 등과의 관계, 교육적 가치, 교육의 방법적 원리 등을 하나의 포괄적인 체제 안에서 연구하는 것이다. 또한 개별 교과교육학은 개별 교과의 실질적 내용이 무엇이며, 그것이 어떤 성격의 것이며, 학문과 생활의 세계와 어떤 관련성을 지니고 있으며, 그것의 교육적 가치는 무엇이며, 어떻게 교육해야 하는가를 서로 연계시켜 연구하는 것이다.

이렇게 볼 때 도덕과 교육학의 구조는 첫째, 도덕 교과를 형성하고 있는 내용 체계를 밝히는 것이다. 즉, 도덕 교과는 학문, 예술, 혹은 기능으로서 어떠한 내용적 구조를 지니고 있는가? 도덕 교과는 세계와 인간의 이해, 가치의 창조나 문제해결에 있어서 어떤 역할을 하는가? 다른 교과와 어떤 점에서 구별되는가? 도덕 교과의 탐구 방법적 특징은 무엇이며, 탐구의 원리와 기법으로는 어떤 것이 있는가? 등과 같은 문제가 주요 내용 체계를 형성하는 것이다.

따라서 도덕 교과의 내용에 관한 이해는 한 마디로 말해서 도덕 교과는 어떤 성격의 교과이며 어떤 내용을 포함하고 있고, 그것의 교육적 가치는 무엇인가? 등의 물음에 대

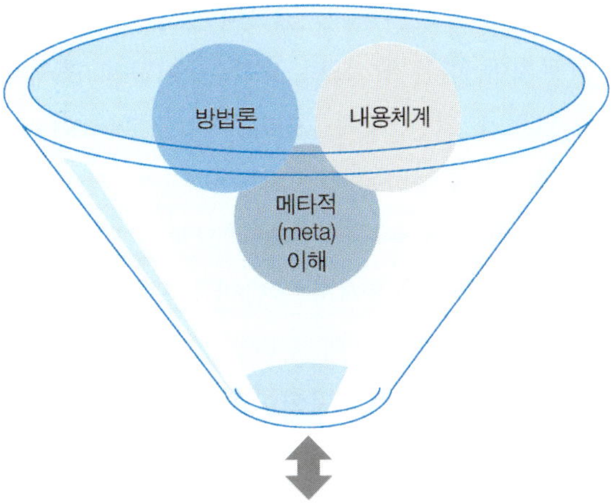

도덕과 교육학의 구조

한 답을 추구하는 것이라고 할 수 있다. 이는 곧 도덕 교과의 내용적 본질과 특징을 밝히는 일이라고 할 수 있다.

둘째, 도덕 교과의 성격과 기능을 메타적 차원에서 혹은 생활세계와 관계하여 이해하는 것이다. 즉, 도덕 교과는 역사적, 철학적, 사회과학적 측면에서 어떻게 이해될 수 있는가? 도덕 교과는 다른 교과 혹은 학문과 어떤 관계를 가지고 있는가? 도덕 교과는 일상적 생활세계(정치, 경제, 산업, 종교, 예술 등)와 어떤 관련성을 지니고 있는가? 등과 같은 문제가 주요 내용 체계를 형성하는 것이다.

도덕과 교육학의 메타적 이해를 위한 연구과제로는 주로 교과에 대한 메타 이론적 연구, 예컨대 도덕 교과에 관한 역사적, 철학적, 사회문화적 연구, 그리고 도덕 교과 학습과 관련된 인간의 심리적-기능적 발달에 관한 연구 등이 있다. 인간의 생활과 관련하여 도덕 교과를 이해하기 위한 연구로는 개별 교과와 산업, 사회, 진로, 예술, 기술 공학 등에 관한 연구가 있다. 더 나아가 도덕 교과와 타 교과와의 관계에 대한 연구가 있다. 결국 메타적 이해는 도덕 교과와 관련된 지식의 외연(外延)을 폭넓게 설정해 줌으로써 도덕 교과와 관련된 이론, 원리, 그리고 아이디어가 생성되는 타당한 정보원이 무엇인지를 정의하게 된다. 또한 도덕 교과에 대한 메타적 이해는 철학적, 역사적, 심리적, 사회적 기초로서 지식 영역을 포함하며, 때로 문화적, 정치적 혹은 경제적 기초는 사회적 기초의 일부분으로서 혹은 거기에서 분리된 부분으로 포함되기도 한다.

셋째, 도덕 교과를 교육의 목적과 제도에 비추어 그 가치를 정당화하며, 도덕 교과를 교육하는 방법적 원리를 개발한다. 즉, 도덕 교과는 왜 교육할 만한 가치를 지니고 있는

가? 도덕 교과는 학교교육에서 어떤 위치에 있으며 누구에게, 어떤 필요에 의해서, 어느 수준과 범위로 언제 가르쳐야 하는가? 도덕 교과는 어떻게 조직하고 어떻게 가르쳐야 하는가? 도덕 교과를 가르치기 위한 매체, 자료, 기법으로는 어떠한 것이 있는가? 등과 같은 문제가 주요 내용 체계를 형성하는 것이다.

따라서 도덕과 교육학에 대한 교육론적 이해는 교과를 실제로 가르치는 일과 직결된 것으로 종래의 방법 지향적 교과교육학에서 상당한 비중을 차지해 온 과제이다. 여기에는 도덕과 교육을 실질적으로 운용하는 데 수반되어야 할 제반 활동이 많은 영역을 차지하며, 주로 교육활동의 맥락 안에서 추구되어야 할 것들이다. 도덕 교과의 교육론적 이해를 위한 연구과제로는 다음과 같은 것들을 다룬다.

- 도덕 교과의 교육 목적과 가치의 정당화를 위한 연구
- 도덕 교과의 지식을 가르치는 방법 혹은 수단에 관한 원리
  - 교육목적에 관한 연구
  - 교육과정에 관한 연구
  - 교수-학습에 관한 연구
  - 지도원리에 관한 연구
  - 교육평가에 관한 연구
  - 학습자료에 관한 연구
  - 교육공학적 체제와 기법의 활용에 관한 연구
- 도덕과 교육을 위한 교사의 전문성에 관한 연구

3. 도덕과 교육학의 학문적 근거

1) 중핵 학문적 근거

도덕과 교육학은 도덕적 가치의 창조 혹은 그 실현을 특징으로 한다는 점에서 그 성격상 기초학문이라기보다는 응용학문이다. 도덕과 교육학이 하나의 응용학문인 한 적어도 토대가 되는 일반적 인식을 기초로 하여 실천적 목적의 설정과 그 실현 수단이 강구되어야 한다는 점에서 기초학문을 요구한다. 따라서 도덕과 교육학은 하나의 독자적이고 자족적인 개별 학문이라기보다는 도덕 교과의 내용과 구성에 관한 이해, 그리고 그 내용의 탐구와 학습에 관련된 교육의 원리 등을 교과에 관한 다양한 인문학적·사회과

학적 연구들로부터 도출하고 종합한다는 점에서 학제적 접근을 취하는 종합 학문의 성격을 갖는다.

이러한 측면에서 도덕과 교육학은 기초학문으로서 다양한 인문·사회과학을 학문적 근거로 갖고 있다. 그러나 다양한 인문·사회과학을 학문적 근거로 삼는다고 해도 도덕과 교육학의 근거가 되는 동시에 그 내용을 체계적으로 구성할 수 있는 핵심적인 근거를 제공하는 학문이 있을 수 있다. 이는 곧 도덕과 교육학의 중핵 학문적 근거라고 명명할 수 있다. 즉, 중핵 학문적 근거란 도덕과 교육학의 학제적 성격을 인정하지만, 도덕과 교육학의 내용을 일관성 있게 체계적으로 구성할 수 있는 가장 직접적인 학문적 근거를 의미한다.

도덕과 교육은 인지적, 정의적, 행동적 접근의 상호 절충적 접근을 통하여 우리 사회의 전통적인 도덕적 가치들과 규범들을 사회화함과 동시에, 개인과 사회의 문제를 도덕적 관점에서 학생들로 하여금 스스로 생각하여 책임 있는 결정을 내리고, 나아가 실천할 수 있는 태도와 도덕적 행위 능력을 신장시키는 데 중요한 역할을 한다.

이러한 도덕과 교육은 개인의 도덕성에 의존하여 문제를 해결하려는 전통 윤리학의 범주를 넘어 제도와 체제의 문제를 포함하여 그 상호관계까지 다루게 된다. 우리는 도덕과 교육의 이와 같은 특성을 만족시킬 수 있는 학문적 근거를 사회윤리학에서 발견할 수 있다.

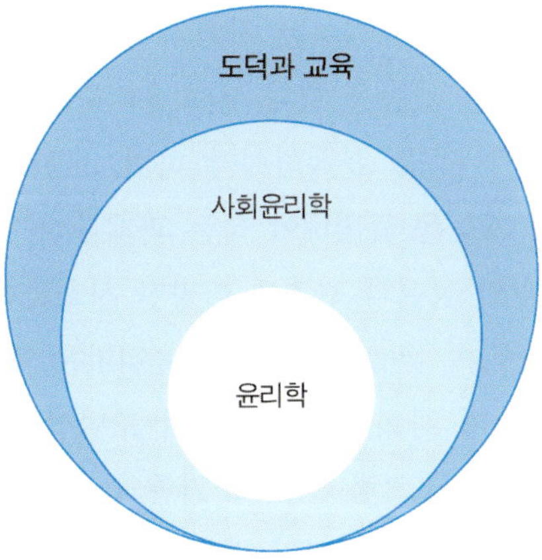

멜(Roger Mehl)에 의하면, 사회윤리학은 개인으로서의 도덕적 행위자의 윤리성을 다루는 윤리학이 아니다. 그것은 개인이 속해 있으며 또한 개인에게 상당한 영향력을 행사하는 사회적 시스템이나 구조와 관련해서 윤리적 문제를 다루는 윤리학이다(고범서, 1993). 여기서

전자의 접근방식을 개인 윤리적 또는 개인 윤리학적 접근방식, 후자는 사회 윤리적 또는 사회 윤리학적 접근방법이라 할 수 있다.

개인 윤리학의 접근방식의 특징을 보면, 첫째, 도덕적 진리나 목적의 실현과 달성 또는 도덕적 문제의 해결을 개인의 도덕성, 곧 개인의 의지와 자유의 결단에서만 다룬다. 둘째, 도덕적 문제의 원인을 개인에게서만 본다. 셋째, 개인의 도덕성을 사회적 영역에 연장시킴으로써 사회적 문제의 도덕적인 해결을 추구한다. 즉, 전통 윤리학은 대체로 사회적 문제나 사회적 성격이 짙은 문제까지도 도덕적 행위자 개인의 도덕성과 발전에 의해서 해결하려고 했고, 또한 해결할 수 있다고 믿었다. 이것은 개인윤리가 가지고 있는 접근방법의 한계이자 문제라고 할 수 있다.

이에 비해 사회 윤리학적 접근방법의 특성은 첫째, 예측할 수 있는 결과, 특히 사회적 결과를 현실적으로 문제 삼고 추구한다. 둘째, 도덕적 행위나 문제의 '사회적 원인'을 문제 삼고 그 극복을 추구한다. 셋째, 사회적 원인의 해결이나 제거를 사회적 정책이나 제도 또는 체제의 차원에서 추구한다. 즉, 사회적 정책이나 제도 또는 체제의 개선이나 개혁에 의해서 또는 설립하거나 제거함으로써 사회적 원인의 해결이나 제거를 추구하는 것이다. 넷째, 정치적 방법을 사용하여 윤리적 문제를 다룬다. 즉, 도덕적 문제의 해결 또는 도덕적 이념이나 가치의 실현을 정책이나 제도 또는 체제에 의해서 추구하는 방법이다. 이를 위해 강제력(정치적 또는 법적 권력) 또는 강제성을 사용하기도 한다.

따라서 사회윤리학은 무엇보다도 사회적 규범과의 관련성에서 윤리적 문제를 다룬다는 데 그 특징이 있다. 사회윤리학이 다루는 사회적 규범은 사회적 과정의 산물이며, 사회를 통합하고 질서를 유지하는 기능을 한다. 사회윤리학은 사회적 과정 속에서 사회적 규범이 형성되는 과정과 메커니즘을 분석하여야 하며, 또한 사회통합과 질서유지를 위해서 사회적 규범이 가지는 기능을 규명해야 하는 과제를 가진다.

이러한 사회윤리학은 우리의 현실과 관련된 다양한 사회과학적 사실에 대한 도덕교육적 관여를 정당화시켜 준다(박병기, 추병완, 1996). 사회윤리학은 기본적으로 '지금 여기'의 윤리적 문제들을 출발점으로 하여 사회구조적 차원의 도덕성을 확보하기 위한 노력을 기울이는 대표적인 실천윤리학이고, 그런 점에서 기존의 전통 윤리학적 한계를 넘어서는 것이기도 하다. 따라서 사회윤리학은 현재의 다양한 제도와 이념들을 그 분석의 대상으로 삼을 수밖에 없고, 분단 상황에 대해서도 깊은 관심을 기울일 수밖에 없다. 다만 이러한 관심은 보다 바람직한 공동체의 구현이라는 규범적이고 당위적인 관심인 점에서 다른 사회과학적 관심과 차별성이 부각될 뿐이다.

나아가 기존의 개인의 도덕성을 문제 삼는 순수 도덕교육은 개인윤리 교육이 되고, 사회구조적 도덕성의 제고와 바람직한 공동체의 이상실현을 목표로 삼는 이념교육 내지 통일교육은 사회윤리 교육이 되어 두 영역 사이의 논리적 연계성이 자연스럽게 확보될 수 있을 것이다. 이러한 측면에서 사회윤리학은 도덕과 교육학의 중핵적인 학문 근거로 자리 매김될 수 있다.

2) 학제적 성격에 따른 학문적 근거

교과교육학이 학제적 성격을 필연적으로 지니듯이 도덕과 교육학은 다양한 인문학적·사회과학적 연구들로부터 도출하고 종합한다는 점에서 학제적 접근을 취하는 종합학문의 성격을 갖는다.

학제적 성격에 따른 도덕과 교육학의 학문적 근거는 대체로 규범과학과 사회과학, 교육학이 제시될 수 있다. 규범과학의 바탕 위에서 도덕과 교육은 개인과 사회에 관한 건전한 윤리관을 기르고, 사회과학에서 탐구된 민주주의, 민족주의 이념과 공동체 이론을 기본으로 하여 올바른 국가관과 민족관을 형성케 한다. 따라서 한국학, 정치학, 사회학, 교육학 및 심리학, 윤리학 등과 밀접한 관련을 지닌다. 주로 도덕과 교육학의 학문적 성격은 목적이나 내용 면에서는 광범한 한국학(한국 전통 사상 연구)에서부터 윤리학을 비롯한 규범과학, 그리고 정치학, 사회학을 비롯한 사회과학이 중심이 되고, 지도방법이나 평가

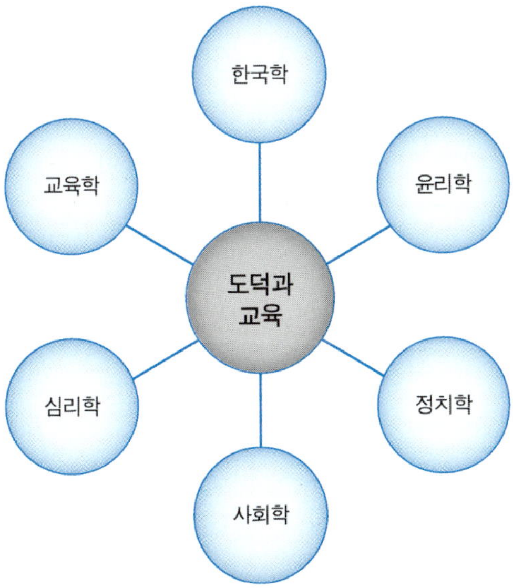

면에서는 심리학과 교육학이 중심이 된다.

첫째, 한국학의 측면에서 도덕과 교육학은 한국 전통사회의 정신사적 기반이나 윤리적 규범의 기초를 이루는 사상이나 철학적 사유에 우선적인 관심을 기울이게 된다. 이를 위한 연구는 동양 사상과 철학의 연구 분야로 다루어지기도 하고, 민족정신과 사상을 강조하는 민족주의 사학에서 관심을 기울인 조선 정신의 발굴에서도 다루어지고 있으며, 전통사회에 대한 사회·문화적 연구에서 두레 공동체나 민속의식에 대한 연구나 샤머니즘(巫敎)을 중심으로 한 민족정신의 원형에 대한 탐구를 중심으로 이루어질 수도 있다.

둘째, 윤리학은 그 자체가 '당위의 학', '가치의 학'으로서 우리가 마땅히 실천해야 할 규범문제를 다루는 과정에서 도덕과 교육학의 학문적 바탕을 제공한다. 그 중 주로 규범윤리학이 도덕과 교육학의 이론적 근거를 제시하며, 특히 순수 규범윤리학과 더불어 환경윤리나 직업윤리와 같이 특정 목적을 위해 응용되는 응용 윤리학적 접근, 역시 도덕과 교육학 연구의 핵심을 이루고 있다.

셋째, 도덕과 교육학의 내용에 포함된 이념과 정치체제, 국가관 등과 같은 문제는 정치학에서 다루어지는 중요한 문제이다. 국가가 지향하는 정치 이념과 체제의 정당화 문제, 그 체제에 대한 합리적 지지와 비판 및 수용은 도덕과 교육의 목표 중에서 큰 부분을 차지하고 있다. 정치 이념은 당대의 사회질서를 정당화하고 설명하는 그 사회의 지배적 가치들을 나타내는 것이고, 따라서 도덕과 교육에서 다루어질 수 있는 민족주의, 민주주의, 자본주의와 같은 이데올로기적 내용들은 이러한 요소들을 포함하게 된다.

넷째, 사회학에서 중요하게 다루는 인간집단이란 무엇이며, 이들 집단 상호 간에 서로 어떻게 작용을 하고 있는가?라는 문제는 집단 내에서 규범과 윤리의 문제를 다루는 도덕과 교육학과 깊은 관계가 있다. 최근 우리 사회가 추구하는 도덕적 가치와 사회 구성원들의 일체감이 이완되고 있는 현실이 우려의 대상이라면, 우리 사회를 하나의 도덕 공동체로 만들기 위해 사회학의 공동체 이론을 중심으로 하는 관련 사회학 이론들의 도움이 절실하게 필요하다. 또한 도덕과 교육학의 메타적 이해의 영역을 연구하는 데 있어 사회학의 방법론에 관한 연구는 도덕과 교육학의 연구방법론에 중요한 인식론적 기초를 제공할 수 있다.

다섯째, 심리학, 구체적으로 정신분석학, 행동주의, 인본주의 심리학은 도덕과 교육과 밀접한 연관을 갖는다. 이 중 도덕과 교육의 목표나 방법에 결정적인 영향을 미치는 것이 바로 행동주의와 인본주의 심리학이다. 행동주의 심리학이 인간은 외부적 통제와 자극에 의하여 좌우되며, 고통을 피하고 쾌락과 보상을 추구하는 존재로 보고 있다면, 도덕과 교육에서 사람들에게 모방을 할 수 있는 바람직한 행동을 보여주거나, 옳은 행동에는 보상을 주고 나쁜 일을 했을 때는 벌을 주는 분위기 조성은 바로 행동주의의 강화이론(reenforcement theory)을 활용한 것으로 볼 수 있다.

또한 인본주의 심리학의 경우 인간이 근본적으로 이기적 마음을 억제하고, 자신의 행동방향을 올바르게 결정할 수 있는 능력이 있고, 자신의 통합된 자아에 의하여 도덕적 판단을 내리게 된다는 점을 중시한다면, 도덕 윤리적 인식체계와 윤리관 형성을 강조하는 도덕과 교육과는 깊은 관련성을 지닌다고 할 수 있다. 이 외에도 인지발달이론이나 도덕성 발달이론 등은 학생들의 수준에 맞는 도덕과 교육의 성격과 목표 및 방법 설정에 중요한 전망을 제공한다는 점에서 도덕과 교육학과 깊은 관련을 맺는다.

여섯째, 교육학에서 개발된 교수-학습 모형, 교수매체 이론, 교수 설계이론 등은 도덕과 교육학의 교육론적 이해 영역에 대해 직접적인 도움을 준다. 특히 도덕과 지도방법은 이러한 교육학의 학문적 성과를 토대로 여러 모형을 개발, 발전시켜 왔는데, 이들은 대체로 도덕과 교육에서 이해 중심, 판단 중심, 심정 중심 및 실천 중심 교수-학습 방법의 관점에서 다양하게 분류될 수 있다.

제2절 도덕과 교육학의 현실적 배경

도덕과 교육이 독립된 교과로 존재할 이유가 있겠느냐고 의문을 제기하는 사람들이 의외로 많다. 이처럼 도덕과의 교과로서 설정 근거에 대하여 부정적인 생각을 갖는 사람들의 주장을 들어 보면, 세계 여러 나라들이 도덕과를 학교 교육과정의 독립 교과로 채택하고 있지 않으며, 도덕과를 정규 교과로 채택하고 있는 나라의 경우도 대부분이 종교교육을 목적으로 하고 있다는 점을 들고 있다. 이러한 맥락에서 본다면 우리나라가 도덕과를 정규교과로 채택하고 있는 것이 어색하게 보일 수도 있다. 그러나 도덕과에 대한 이러한 인식 태도는 또한 많은 문제점을 안고 있는 것도 사실이다. 우리 사회에서 도덕과 교육이 필요한 현실적 이유를 다음과 같이 정리할 수 있다.

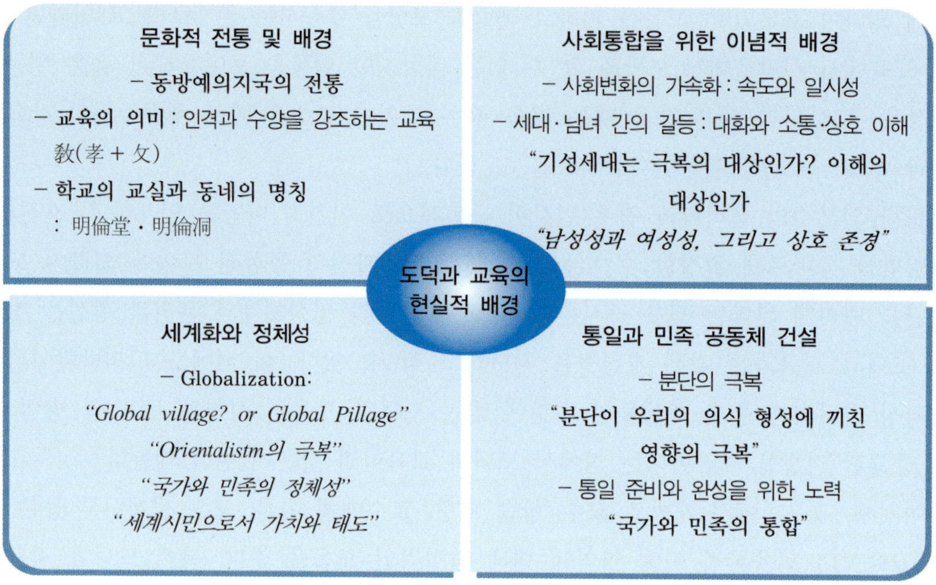

1. 문화적 배경

동방예의지국의 문화적 전통을 강하게 지녀온 우리 전통적 생활방식이나 삶의 자세는 교육활동 가운데 도덕교육을 가장 중시해 왔고, 모든 교육활동의 근본 토대로 강조해 왔다. 학교교육에서 도덕교육이 독립된 교과교육으로 존재해야 하느냐라는 질문은 우리의 문화적 전통 속에서 질문이 필요없는 자명한 것으로 간주되어 왔다. 다른 문화권에서는 도덕 교과도 다른 여러 교과와 같은 기능을 수행하는 하나의 교과일 따름이며, 도덕과가 수행하는 교육이란 사회과나 국어과 등 기타 여러 교과에서 충분히 수행될 수 있다고 하는 논리인 것 같다. 이들은 다른 교과를 중심으로 하여 도덕과를 통합하려는 교과 인식 태도를 갖고 있다.

그러나 우리의 문화적 전통은 교과에 대한 다른 문화권의 인식 태도와 정반대의 논리를 갖고 있다. 인간의 교육활동은 다양한 의도와 목적을 갖고 실천적 행위로 구체화되고 있다. 교육에 대한 우리의 전통적인 생각에 따르면 인간의 모든 활동 가운데 교육이 가장 중요한 것이며, 그 가운데 인간의 도덕적 행위는 어떤 다른 것보다 우선적으로 관심을 가져야 할 삶의 가장 근본적이고 본질적인 활동인 것이다. 전통사회의 교육기관 가운데 향교나 성균관에서 학생들이 공부하는 공간(교실)을 '인륜을 밝히는 집'이라는 의미에서 '명륜당(明倫堂)'이라고 한 것이나 학교가 위치해 있는 동네를 '명륜동(明倫洞)'으로 부르는 것도 이러한 문화적 전통을 잘 보여주는 예가 된다.

전통적으로 우리 사회는 도덕 교과를 근본으로 세우고, 여타의 모든 교과를 통합하려는 인식 태도를 갖고 있기 때문에 오히려 도덕과는 다른 모든 교과를 통합하고 다른 교과가 수행해야 할 기준을 제시해 주는 교과로 간주되어 왔다. 물론 전통사회가 지나치게 교육을 도덕교육으로만 인식하고 있고, 교육이 수행하는 다른 목적과 가치들을 상대적으로 중시하지 않았던 태도는 오늘날 어느 정도 사회의 다양화에 맞추어서 개선되어야 할 교과 인식의 태도이지만, 그렇다고 포기되어야 할 태도는 전적으로 아니라고 할 수 있다.

2. 사회통합을 위한 이념적 배경

1945년 해방 이후 한국 사회는 급격한 경제적 근대화 과정 속에서 사회변동과 전통적 가치체계 사이의 긴장과 갈등 양상을 보여주고 있다. 한국 사회의 구조는 산업사회적인 특징과 과학 기술 사회의 세계적 흐름을 반영하고 있으면서도 가치체계 면에서는 전통적 가치관을 중심으로 여전히 전통 문화나 가치체계에 집착하는가 하면, 또 다른 측면에서는 서구의 가치체계를 추종하는 경향을 보이기도 한다. 오늘날 한국 사회는 서구의 상업주의에 따른 뿌리 없는 대중문화가 일상생활에 영향을 끼치고 있으며, 전통에 근거한 사회의 정체성이나 안정감보다는 일시적이고 감각적인 풍속이 사회적 분위기를 주도하기도 한다.

이러한 사회 상황은 결국 정치 사회적으로 한국인들의 자아인식의 기준에 대한 새로운 준거의 틀(reference frame)을 필요로 하게 되었고, 전통적인 가치관과 현대적인 삶의 방식을 통합하는 새로운 이념 모색을 요청하게 되었다. 한국 사회의 발전적인 지향과 효율적인 사회변동을 추구하기 위해서는 국민적인 가치체계와 구성원들의 공감대적인 문화구조의 형성이 필요하다. 즉, 그것은 문화적인 다양성을 전제하면서도 서로의 존립의 당위와 그러한 존립의 경쟁적인 지향이 변증법적인 통합으로 나아갈 수 있는 문화구조의 확립이 절실하다는 것을 의미한다.

바로 이러한 국민적 가치체계의 수립과 공감대적인 문화를 확립하기 위해서는 사회 집단들의 자생적인 문화활동에 완전히 위임하는 방임적인 방식을 취하거나 아니면, 선도적인 문화 가치의 이념적인 설정을 전제하는 두 가지의 선택에 직면하게 된다(진덕규, 1986). 전자를 선택할 경우에는 사실상 한국 사회가 직면하고 있는 문화적인 혼돈과 소비지향적인 상업적 대중문화의 범람 때문에 공감적인 가치체계의 자생적인 형성을 기대하기는 어렵다. 결국 국민적 가치체계 수립과 공감대적 문화를 구축하기 위해서는 후자의 선택, 즉 선도적인 문화가치의 이념적 설정이 고려될 수밖에 없고 이것은 필연적으로 교육에 의해 추진되어야 할 것이다.

이념이라는 것은 사회의 공동선에 대한 상호주관적인 공통의 이해이기 때문에 원리적으로 볼 때 인간과 우주에 관한 믿음에 뿌리를 같이 하면서 현실의 사회 경제적 배경과 이해를 달리하는 여러 정치세력의 참여를 통하여 형성되기 마련이다(박인희, 1987). 그러나 무엇보다도 공감적인 가치체계로서 이념은 전체 국민의 상호 이해와 지지를 전제로 하는, 다시 말하면 특정의 정치권력 구조나 체제를 넘어서는 전체 민족적이면서도 사회적인 역사성을 가질 수 있어야 한다. 따라서 한국 사회가 나아가야 할 방향을 설정하고, 정치체제의 발전적인 지향과 효율적인 사회변동을 추구하며 더 나아가 민족통일의 과업을 수행하기 위해서는 국민적인 이해와 지지를 전제로 사회통합을 이끌어 낼 수 있는 올바른 이념 정립이 필수불가결한 조건이라 할 수 있다.

사회통합이란 정치적으로도 가능하고 사회적 운동의 형태로도 가능하다. 정치는 사회의 제도적 규칙을 활용하여, 그리고 그 범위 안에서 대립하고 갈등하는 신념체계들 간에 타협과 절충을 성립시키기 위한 중재와 조정의 기능을 할 수 있다. 그러나 정치적 조정에 의한 사회통합이란 거의 예외 없이 정치적인 힘이 이완되거나 쇠퇴해 버리면 더 이상 유지되기 어렵게 된다. 교육, 특히 도덕교육은 그러한 정치적 조정에 의한 통합의 질서를 유지시키는 구성원의 자질을 함양할 뿐만 아니라, 사회적 변화에 따라서 발생하는 그 정치적 조정의 역량을 증대시키는 근본적인 힘의 원천이 된다. 사회적 대립과 갈등은 때때로 캠페인, 계몽 등의 사회운동을 통해 해결되고 통합을 성취하기도 한다. 그러나 그것을 영속화시키는 교육적 조처가 병행하지 않을 때에는 일시적 현상으로 그치고 만다(이돈희, 1995).

사회통합의 기초가 되는 이념에는 사회 구성원들이 이루고자 열망하는 바람직한 사회상과 그것을 실현하기 위해 함양되어야 할 인간적 자질과 품성이 반영되어 있다. 따라서 한 사회가 유지 발전되기 위해서는 자라나는 청소년들에게 그 사회의 근간이 되는 가치체계를 내면화시켜 공동체적인 삶의 기반을 마련해 주어야 하는데 공교육은 바로 이러한 점에서 중요한 기능을 한다. 공교육에 반영된 사회의 이상과 목표는 도덕과 교육에서만 다루어져야 할 성격의 것은 아니다. 그것은 모든 교과를 통해서 함께 다루어져야 할 성질의 것이다. 엄격히 말해서 모든 교과교육, 그리고 어떤 형태의 교육이든지

간에 거기에는 반드시 어떤 이상적 인간상과 사회 이념이 기본적인 대전제로서 제시되고 있다. "어떤 인간을 양성할 것인가?", "어떤 사회를 건설할 것인가?"를 위한 합의된 원리가 있고, 그것을 위하여 교육이 행해진다면 교육의 목표 속에는 도덕적 원리가 포함되지 않을 수 없다. 그러나 인간의 사회생활과 국가생활을 지배하는 도덕적 원리가 다른 교육적 활동 속에 포함되어 있다고 해도, 도덕적 원리에 관한 체계적인 탐구와 그것의 생활화를 위한 중핵 교과로서의 도덕과 교육은 필요하다고 볼 수 있다.

3. 세계화 속의 정체성

1959년 『이코노미스트』지를 통하여 세상에 알려지기 시작한 "세계화(globalization)"란 용어는 1961년 『웹스터사전』에 '글로벌리즘(globalism)'과 '글로벌라이제이션(globalization)'이 사전적으로 규정된 이후 불과 30여 년의 짧은 기간 동안 현대사회의 주된 특징이 되었으며, 1980년대 후반을 지나면서 우리의 일상생활에 광범위한 영향을 끼치고 있다.

세계화의 물결 속에서 나타나는 현대사회의 몇 가지 현상을 정리하면 다음과 같다(박길성 외, 1996). 첫째, 경제는 더 이상 국민국가가 아닌 자본 그 자체를 단위로 하는 국경 없는 경제의 논리에 의해 운영된다. 둘째, 정보공학은 사회적 관계의 범위와 내용을 근본적으로 바꾸어 놓고 있다. 특히 다른 어떤 영역보다 세계의 금융을 탈바꿈시키는 데 커다란 영향을 미치고 있다. 이에 따라 의사소통을 통제하는 소프트웨어는 전 세계를 대상으로 경제 영역에서 문화 영역에 이르기까지 광범위한 교류와 거래를 가능케 한다. 셋째, 정치 영역 역시 순수한 지역적 또는 단일의 국가 사회적 활동으로 이해될 수 없는 전 지구적 정치가 중심을 이루고 있다. 공공선을 담당하는 국가의 합법적 역할은 가령 이 부문에 대한 정부의 지출이 계속 증가하고 있다고 해도, 국가의 실제적 위상은 점차 축소될 수밖에 없는 실정이다.

세계화의 물결은 정치, 경제, 문화 및 인간 삶의 제반 영역에서 국가 간의 상호 의존과 협력의 가능성을 확대시켰을 뿐만 아니라 문화의 다양성을 체험할 수 있는 기회를 열어주고 있다. 다른 한편으로 세계화는 국가들 사이의 불가피한 경쟁을 가속화시키고 있다. 이 과정에서 세계화에 대한 회의론이 제시하고 있는 것처럼, 무엇보다도 세계화 과정 속에서도 국제사회의 불평등은 여전히 존재할 것이며, 나아가 불평등 구조가 더 견고화될 수도 있다. 누적되는 위기를 타개하고 새로운 이윤 창출 기회를 모색하려는 세계화 흐름은 오히려 선진자본의 이해관계에 따라 균형감을 상실할 수도 있다. 또한 문화제국주의 역시 그 기세가 약화될 것 같지도 않다는 지적도 있다. 국가 간의 힘의 역학관계가 존재하는 한 문화다원주의는 허구라는 것이다. 문화의 교섭이란 선진국 중심의 일방통행일 수밖에 없으며 각국의 전통문화의 재조명이라는 것 역시 값싼 동정에 불과하다는 것이다.

우리는 이러한 세계화의 흐름 속에서 국가들 사이에 펼쳐지고 있는 무한경쟁 과정에 나타나는 국제관계의 본질을 올바르게 인식하고 이에 능동적으로 대처할 수 있는 국가관을 형성하기 위해 노력해야 한다. 도덕교육은 세계화의 빛과 그림자를 냉철하게 인식하고 국제환경의 변화에 효과적으로 대응하기 위해 국가와 민족의 정체성을 확고히 하는 것과 동시에 세계시민으로서의 올바른 가치관과 태도를 확립하는 것이 무엇보다 필요하다(추병완 외, 2000). 국가와 민족에 대한 정체성과 자긍심을 바탕으로 세계와 소통할 수 있고, 세계 평화에 기여할 수 있는 개방적인 태도를 함양하기 위한 교육적 노력이 어떤 교과보다도 도덕과 교육을 중심으로 강조되어야 할 것이다.

4. 통일된 민족공동체 건설

우리 민족은 유구한 역사와 찬란한 문화를 남긴 민족이다. 약육강식(弱肉强食)이 만연하던 동북아 대륙 역사에서 자기 언어와 영토, 민족의식을 온전히 유지하면서 살아남은 나라는 중국, 러시아, 몽고, 한국뿐이다. 그처럼 우리 민족은 대단히 끈질기고 힘 있는 민족이다. 우리는 수없이 많은 외침을 극복하였고, 문명의 토착화 과정에서 세계 역사상 전례가 없는 '한글'이라는 언어시스템을 발명하여 사용하고 있다. 근세에는 일제 식민지와 한국전쟁이라는 고통을 극복하면서 불과 30년이라는 짧은 기간에 '한강의 기적'을 이룩했다.

그러나 우리의 과거를 또 다른 각도에서 본다면 부끄러움과 수치심의 역사, 과거를 통해서는 상호 간의 원한과 불만이 누적된 사회이다. 전통사회에서 양반과 상놈을 중심으로 하는 신분의 벽, 일본 제국주의 침탈과 해방 이후 분단과 6·25전쟁 때는 동족을 죽이면서 남북한이 신뢰와 평화보다는 불신과 미움을 중심으로 체제 경쟁에 몰입해 왔다. 갈등과 분열의 근대사 속에서 우리는 대한민국과 인류는 사랑할 수 있었으나 내 곁에 있는 동족을 사랑하고 보듬지 못하였다. 지금까지도 우리나라는 여전히 분단 상태에 놓여 있고, 국내에서도 국론이 사분오열되어 서로 시기하고 싸우는 일이 비일비재하다.

우리가 실현해야 할 한국 사회의 진정한 정체성은 무한한 가능성과 장래를 가진 미래의 한국이지 식민시대의 한국, 분열된 한국, 상호 비방하고 저주하는 한국이 아니다. 우리의 정체성을 과거의 불행과 고난에 둔다면 현재의 고통을 이겨낼 수 없다. 오로지 밝은 미래를 중심으로 국가의 정체성을 모색할 때에 우리는 서로 화해할 수 있고 단일한 공동체의 성원으로 살 수 있으며 남북통일의 장애물을 넘을 수 있고 현재의 갈등과 문제를 이겨낼 수 있다. 통일된 미래는 우리의 소망이며 희망이다. 우리는 이러한 미래의 설계자로서 역할과 소임을 다해야 할 것이다.

통일은 여러 측면을 포괄하는 복합적인 과정으로 볼 수 있다. 그것은 정치와 경제, 그리고 사회체제 간의 통일일 뿐 아니라 남북한 주민들 간의 의식과 가치관의 통합을 포함하기 때문이다. 이러한 측면에서 통일이라는 개념은 외형적인 제도적 측면과 내면적인 문화적 측면 모두를 포괄한다. 따라서 통일은 무엇보다도 정치, 경제, 사회 및 가치관과 생활방식 등의 모든 분야에 걸쳐 단절적이고 대립적인 분단체제를 총체적으로 극복하고 새로운 민족공동체를 형성하는 것을 뜻한다. 이를 위하여 분단체제를 특징짓는 대립적 측면의 이념, 정치체제와 권력구조 등을 통합하고 가치관의 차이에 따른 이질화된 문화적 지표와 생활방식 등을 극복해야 하는 과제가 생긴다. 따라서 통일은 체계통합과 사회통합을 포함하는 개념이다.

통일에 대한 이러한 개념을 기초로 우리는 현재의 통일 환경과 남북관계 변화를 고려하여 통일교육이라는 개념을 '민족화해교육'과 '민족통합교육'의 두 단계로 나누어서 정립함으로써 보다 개념적 명확성을 기할 수 있다(오기성, 2001). 먼저 '민족화해교육'은 남북한 간의 적대감과 대결 감정을 해소하여 평화를 정착시킴으로써 남북이 화해와 협력, 신뢰에 기초하여 인적·물적 교류를 이루는 사실상의 통일 상태를 이룰 때까지의 범국민적 교육이라고 할 수 있다. 따라서 사실상의 통일 상태에 이르기 위한 준비교육으로서 민족 화해에 필요한 지식·태도·사고·가치관·행동규범 등을 청소년들에게 습득하게 하는 교육이다.

이에 비해 '민족통합교육'이란 제도적 및 영토적 통일, 즉 체계 통합을 이룩한 이후 통일국가를 완성하여 같은 민족으로서 이질적 측면을 완화하고 동질성 제고에 요구되는 적절한 지식·태도·가치관·의식·사고·행동규범 등을 학생들에게 이해시키고 습득케 하는 교육이라고 할 수 있다. 물론 이러한 두 형태의 개념을 설정할 수 있지만 남북한 간의 화해협력시대의 주춧돌을 쌓아 나가고 있는 지금 도덕교육에서 이루어지는 통일교육은 '민족화해교육'에 중점을 두어야 한다. 도덕과 교육은 통일이 우리 민족의 웅비를 약속하는 도약대가 될 수 있도록 학교교육에서 핵심 교과의 역할을 담당해야 한다.

제3절 도덕교육 일반과 도덕과 교육

1. 도덕교육 일반과 도덕과 교육

학교교육에서 어떤 교과는 학생들이 특정 현상에 대하여 그것을 이해하기만 하면 그 교과의 목표가 달성되었다고 볼 수 있는 영역도 있다. 그러나 인간의 도덕 현상과 도덕적 행위에 관심을 가지고 있는 도덕과 교육은 학생들이 단순히 어떤 규범을 내면화하고 이해했다는 것만으로 충분한 것이 되지 않는다. 도덕 현상과 도덕규범에 대한 지적인 측면만을 다루는 도덕교육이나 도덕과 교육은 이론상으로 미완성 교육이다. 도덕교육의 완성에는 반드시 학생들의 도덕규범에 대한 이해와 더불어 이들의 실천적 행위가 포함되어야 하며, 이러한 것들이 그 사람의 인격에 일관된 체계로 내면화되어야 한다.

우리는 일반적으로 '도덕교육'과 '도덕과 교육'을 구분하지 않고 같은 의미로 사용하고 있다. 물론 인간의 도덕적 행위를 다룬다는 점에서 이 두 개념을 엄밀하게 구분할 필요는 없다. 그러나 도덕교육은 주로 아동 학생이 도덕생활을 하는 데 요구되는 능력에 관계되는 일체의 교육적 활동, 즉 가정, 사회, 학교에서 행해지는 다양한 형태의 교육을 포함하는 것으로써 교실 수업 사태 이외의 학교생활을 통하여 수행되기도 한다. 한편 도덕과 교육은 도덕적인 문제의 전형적인 것을 다룸으로써 학생들로 하여금 규범의 이해, 선택, 결정, 평가, 판단 등의 과정에 요구되는 지식과 능력을 함양하도록 돕는 일과 이를 실천하고자 할 때 요구되는 동기, 성향, 태도의 형성을 돕는 일과 관련되며 교육과정의 영역 속에서 하나의 독립된 교과로 일컬어지는 교과교육이라는 점에서 그 차이를 구분할 수 있다.

학교에서의 도덕교육은 도덕과 수업을 통하여 지적인 도덕성 내지 도덕적 판단 능력과 규범들의 이해를 돕고, 일반 교과교육을 통해서는 도덕적 문제해결에 필요한 개념적·사실적 지식과 합리적인 사고 능력을 길러 줄 수 있고, 과외활동이나 생활 지도 등을 통해서는 수업 시간에 배운 도덕적 덕목이나 원리들을 구체적인 생활 사태에서 실천함으로써 전인적인 도덕성의 발달에 기여하게 된다.

학교에서의 도덕과 교육이 도덕교육 일반과 구분되는 특징을 보면, 첫째, 도덕과 교육은 학생들의 도덕적 사고력을 신장하는 데 주안점을 두고 있다. 즉, 도덕과 교육은 행위의 판단과 무엇을 하여야 할 것인가의 결정을 도덕적으로 할 수 있는 지적 안목과 의지력을 높이는 데 중점을 둔다. 둘째, 학교에서의 도덕과 교육은 도덕적 판단과 결정을 위한 궁극적 기초로서 하나 또는 그 이상의 근본적 일반 원칙, 이상 또는 가치에 대한 신념을 함양하거나 그러한 원칙, 이상 또는 가치를 채택할 수 있도록 자극하는 데 주안점을 둔다. 셋째, 도덕과 교육은 얼마간의 구체적인 규범, 가치 또는 덕에 대한 신념을 기르거나 그러한 규범, 가치 또는 덕을 체험할 수 있도록 자극한다. 넷째, 도덕과 교육은 도덕적으로 옳은 것 또는 좋은 것을 행할 수 있는 성향을 기르는 것에 중점을 둔다. 다섯째, 도덕과 교육은 학생들의 자율성과 자제력, 그리고 정신적 자유의 성취를 촉진시킨다. 비록 개인의 자율성이나 자유가 사회의 지배적인 이상, 원칙 또는 규칙을 비판하는 경우가 있다 하더라도 개인의 자율성이나 자유는 어떤 다른 가치보다도 우선시되어야 할 것이다.

2. 교과 교육과정으로서 도덕교육

학교의 도덕과 교육은 하나의 교과로서 채택되어 초 · 중(도덕) · 고(도덕 및 윤리)에서 가르치고 있다. 본래 교과교육은 각 교과의 교육 내용으로서 전문 영역의 지식과 그것이 삶에 유용한 지식이 되도록 가르치고 배우는 방법에 관한 학문인 만큼 왜(교육 목적), 무엇을(교과 지식), 어떻게(방법) 가르칠 것인가를 체계적으로 설명해야 한다. 특히 도덕과 교육은 학생들의 건전한 인격 형성에 필요한 도덕적 지식을 가르치는 교과이다. 도덕적 지식은 동서양을 막론하고 일반적인 과학적 지식이나 관념적 지식, 순수 이론적 지식과 달리 인간의 실천적 행위와 밀접하게 연결된 지식이다. 아리스토텔레스(Aristoteles, BC.384-BC.322)는 그의 윤리학에서 도덕적 지식을 순수 관념적 지식(sophia)이나 이론과 구분하여 '실천적 지혜(practical wisdom, wisdom in action)'를 뜻하는 '프로네시스(phronēsis)'로 분류하고 있으며, 칸트(Kant, 1724-1804) 역시 이성에 근거한 도덕을 일반적인 인식의 근거인 순수 이성(reinen Vernunft)과 구분하여 실천이성(praktischen Vernunft)의 법칙으로 규정하고 있다.

도덕과 교육은 다른 교과의 지식이나 관념과 달리 지식의 실천적인 성격을 강조하고 있다. 도덕과 교육은 학생들로 하여금 일상생활에 적용되는 도덕규범의 의미와 중요성을 이해시키고, 도덕적 문제 사태 해결에 필요한 사고력과 판단 능력을 신장하고, 더 나아가 합리적인 생활 태도로 자율적인 도덕생활을 할 수 있도록 하는 도덕적 지식을 다루고 있다. 자율적인 도덕생활이란 아동 학생들이 도덕적 문제 사태에 직면했을 때, 그 사태를 도덕적 관점에서 이해하고 올바른 행위를 선택할 수 있는 능력을 갖추는 것을 의미한다. 따라서 이러한 능력을 갖추도록 하기 위해 도덕적 안목(도덕적 사고방식)을 길러

주는 도덕과 교육의 교과 지도는 다른 교과와 마찬가지로 교육과정상의 방법적 원리를 적용하게 된다. 이러한 방법적 원리는 그 교과가 가지고 있는 지식의 구조를 충실히 반영할 수 있도록 계획되고 운영되어야 하며 도덕과의 교육 내용과 밀접한 관련을 갖게 된다.

도덕과 교육은 교육활동 대부분이 교실 수업 중심으로 이루어지고 있고, 수업활동의 중심 내용이 도덕적 논의 과정을 전제로 하는 덕목에 대한 개념 이해와 규범의 지식, 그리고 문제해결의 원리 발견이라는 인지적 범주에 속하는 탐구활동의 성격을 갖는다. 그러므로 도덕과 교육에서는 사실상 도덕성의 인지적 측면인 사고나 판단 능력을 다루게 되고 접근방법으로는 인지 이론에 바탕을 둔 수업방법이 적용될 수밖에 없다. 학교에서 교과로서 도덕과를 지도하는 교사들은 도덕적 지식 중심의 접근방식을 도덕교육의 정의적(情意的) 접근이나 행동적 접근과 논리적으로 구분하기보다는 인지적(認知的) 접근을 중심으로 도덕적 정서와 실천을 통합하는 시도가 필요하다.

교과로서 도덕과 교육이 지식 교과의 성격을 갖고 있다는 데 동의하는 것을 주저하는 사람들은 지식 중심의 도덕과 교육이 주입식 교육(indoctrination: 教化 혹은 盲教, 僞教)이나 훈계나 설교 중심으로 흐를 위험이 다른 교과보다 높기 때문일 것이다. 교과로서 도덕과 교육은 학교라는 조직 속에서, 그것도 교실 수업을 중심으로 이루어질 수밖에 없다면 종교적 교리의 주입이나 훈계, 설교 중심의 수업과 차별화할 수 있는 교수-학습 방법을 계발하고 활용하는 노력이 더욱더 요구되는 교과이다.

도덕과 교육은 도덕성에 관련된 도덕적 지식의 함양과 도덕적 가치 탐구 방법이라는 점에서도 독자적인 지식의 구조적 특징과 탐구 원리를 가질 수 있다. 도덕과 교육의 궁극적 목적을 도덕적 실천에 두려는 경향이 있으나, 중요한 것은 그 실천적 행위가 '어떤 도덕적 의미를 가지느냐'에 대한 지적 이해가 전제되어야 한다는 점이다. 도덕과 교육에서 학생들이 배워야 할 것은 기성세대가 강요하는 순응 행동을 반복하는 것이 아니다. 학생들은 자신의 일상 행동에 내포된 도덕적 의미를 제대로 이해하고 그것을 자신의 의지에 따라 스스로 반복적으로 습관화하여 자신의 인격이나 품성으로 내면화하는 것이다.

따라서 교과 교육학의 맥락에서 도덕과 교육은 일차적으로 이러한 실천의 이론화와 관련된 연구에 관심을 두게 된다. 곧, 도덕과 교육의 연구는 도덕과의 목표, 내용, 방법에 대한 이론적 정당화와 인간 발달과 성장의 실증적 연구를 통해 새로운 교과 수업을 창안하는 수업 모형과 전략의 개발과 적용, 학교교육을 통한 도덕적 지식이 생활 장면에서 삶의 지혜로써 어떻게 효과적으로 활용, 실천될 수 있을까라는 점을 강조한다.

3. 독립 교과로의 필요성과 미래 전망

다른 국가와 달리 우리나라는 제 3차 교육과정 시기부터 학교교육에서 도덕교육을 교과 교육 중심으로 운영하면서 재량활동이나 특별활동 및 기타 학교의 생활지도 교육 프로그램과 통합하여 운영하고 있다. 현대사회에서 도덕교육이 교과교육의 형태로 운영되어야 할 주요한 이유는 다음과 같은 측면, 곧 우리 사회의 문화적 전통과 관련된 측면, 교육 내용으로서 도덕적 지식의 성격과 관련된 측면, 그리고 현대사회의 동향과 당면 과제와 관련하여 제시할 수 있을 것이다.

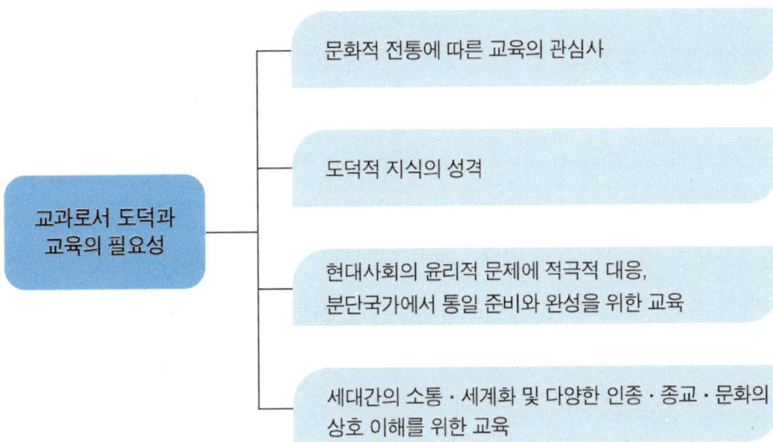

첫째, 우리의 문화에서 도덕교육은 모든 교과교육의 가장 중요한 관심사로 간주되고 있다. 전통 사회에서 우리 교육은 특정 재주나 기술을 익히기 전에 세상과 사람을 대하는 태도와 고결한 인품 [德]을 먼저 갖추어야 한다는 점을 강조하고 있다. 동양에서 가르침을 나타내는 '교(敎)'라는 글자도 '효도(孝)'와 '회초리(攵)'를 뜻하는 두 글자의 결합으로써 인간됨의 기본 도리인 효를 배우고 실천한다는 의미가 결합된 것이라 할 수 있다. 우리나라를 '동방예의지국'이라고 하는 문화적 전통 역시 우리 문화가 도덕교육을 무엇보다 강조하고 있다는 점을 드러내는 표현이라 할 수 있다.

둘째, 앞에서 살펴보았듯이 도덕교육이 도덕적 지식을 다룬다 하더라도 이 지식은 수학이나 물리학과 같은 지식과 의미 차원이 다르다. 도덕적 지식은 순순한 이론적 지식이나 관념적 지식이 아니라 인간의 삶 속에서 실천되어야 하는 지식이고 인간의 삶과 이상을 반성하고 평가하는 규범적 성격이 아주 강하다. 다른 교과에서 다루는 지식의 성격과 형식이 다르기 때문에 도덕교육을 타 교과에서 할 수 있다는 일부의 주장은 도덕적 지식을 단순히 다른 지식과 같은 방식으로 다루게 될 위험이 있으며, 무엇보다도 아동기의 도덕교육의 중요성을 다른 교과교육의 부수적 관심사로 전락시키게 될 우려가 있다. 만약 모든 교과교육이 도덕교육을 해야 한다면 이러한 주장은 교과 지도에서 무엇보다 도덕적 관점을 가장 우선적으로 고려해야 한다는 요구로 보아야 할 것이다. 하지만 다른 교과활동이 해당 교과의 활동에서 도덕적 관점을 우선적으로 고려한다는 것은 현행 교과운영 방식에서 불가능에 가깝다. 교육과정에서 타 교과가 시간 확대를 요구하는 것은 그 교과가 갖는 도덕교육적 성격에 충실하고자 하거나 도덕교육의 의무감에서가 아니라 해당 교과의 지도에 따른 시간 부족을 의미하는 경우가 대부분이다.

셋째, 현대사회의 윤리적 문제에 대한 적극적 대응, 전통적 가치관과 현대적 가치관의 소통을 통한 우리 문화의 정체감 회복, 분단국가에서 통일을 대비하고 완성하기 위한 교육을 위해 우리 사회는 어느 때보다 구성원들의 문제해결 능력과 정신적 자세의 강화와 역량 비축이 요청된다. 이것은 교과교육을 단순히 서구의 사회과학 이론에 근거한 교과 구성 체계(사회과 통합)나 심리학적인 이론(생활지도로서 도덕교육: 의사(疑似)도덕교육(道德敎育))을 적용하는 것으로 해결할 수 없다. 서구 중심적 도덕교육의 다양한 시도는 교과교육을 주변부 학문으로 머물게 할 위험이 있으며, 해방 이후 한국 교육의 정체성 확립과 한국 교육의 이론 발전에 일정한 한계를 지닐 수밖에 없도록 하였다.

마지막으로 우리 사회는 전통과 현대의 문화적 단절(기성세대와 신세대 간의 갈등과 괴리감, 의사소통의 단절 등)을 극복하기 위한 교육적 노력이 어떤 시기보다 더 필요한 때이다. 또한 세계화 시대에 다양한 종교와 인종과의 관계, 탈획일화와 다양성을 중심으로 하는 국가 간 교류에서 각 종교와 인종 및 다양한 문화들 간의 상호 이해와 공존을 위한 상호 이해의 촉진자, 갈등 조정자로서 학교의 도덕교육은 그 역할이 더욱더 증대될 것이다. 국민 기초교육 단계에서 문화적 다양성의 이해와 실천, 그리고 서로 다른 상대방에 대한 배려와 존경심을 실천하기 위한 교육은 초등 단계에서 도덕교육을 통하여 가장 잘 이루어질 수 있다.

제 2 장

도덕과 윤리 및 도덕성의 개념

제1절 도덕의 개념과 의미

1. 도덕의 개념

1) 도덕(道德)의 어의(語義)

동양에서 도덕(道德)은 '도(道)'와 '덕(德)'으로 나누어 설명되기도 하고, '도'와 '덕'을 합쳐 하나의 개념으로 이해되기도 한다. '도'와 '덕'을 나누어 설명할 경우, '도'는 '길', '도로', '방법'의 의미로서 모든 인간이 당연히 가야 할 길(人之所當行之路)이고, 인간으로서 지켜야 할 공통된 도리(人之所共由者)로서 선악(善惡)·정사(正邪)의 기본 원리가 된다. 인간이 지켜야 할 삶의 원리와 이치로서 도는 크게 다섯 가지 의미, 곧 도리와 방법, 규칙과 규범, 사회와 정치의 최고 원리, 사람으로서 따라야 할 최고, 최선의 원칙으로서 당위적 규범, 어떤 사상체계나 학파의 학설을 뜻한다. '덕'은 생(生)과 득(得)의 의미를 지닌, '생긴다', '얻는다'는 뜻이 함축되어 '사람이 도를 실천함으로써 얻게 되는 마음의 상태'(行道而有得於心)를 나타낸다.

어원적으로 볼 때, '도덕'이란 사람으로서 마땅히 따라야 할 올바른 도리, 그에 준한 행위, 인륜의 태도라고 해석할 수 있다. 도와 덕이 결합된 도덕은 인간됨의 근본 원리로서 길과 이 길의 실천을 통한 인격의 완성을 의미하기 때문에 바람직한 인간 삶의 이상에 관한 이론적 차원과 실천적 차원을 포함하는 개념이다.

도와 관련하여 공자(孔子)는 '아침에 도를 깨달으면 저녁에 죽어도 좋다'(『論語』 卷4 里仁:

朝聞道, 夕死 可矣)라고 말하여, 도의 깨달음과 실천이 인생의 궁극적 목적임을 암시하고 있다. 공자에게서 도는 사람의 일상생활과 분리될 수 없으며(『中庸』 13章: 道不遠人 人之爲道而遠人 不可以爲道), 인간이 이 도의 주체가 되어야 한다(『論語』 卷15 衛靈公: 人能弘道 非道弘人)는 점이 강조되고 있다. 한편 덕(德)에는 은혜, 얻음, 낳음의 뜻이 있다. 사전적 의미로 덕(德)이란 밝고, 크고, 옳고, 빛나고, 착하고, 아름답고, 부드럽고, 따스하여 사람으로서의 길을 행하는 마음이라고 쓰고 있다. 이와 같은 뜻은 모두 사람이 지켜야 할 길을 잘 실천해서 나의 인격으로 삼는 것을 말한다. 일상어에서 유덕(有德)한 사람은 수도자(修道者) 혹은 행도자(行道者)로서 도의 실천자, 곧 인간됨의 길을 실천하고 있는 사람을 말한다.

한편 동양사회에서 도덕과 같은 맥락에서 사용되는 윤리(倫理)의 개념은 어원적으로 도덕과 의미의 차이가 있다. 윤리란 말은 원래 『예기』(禮記)의 「악기」(樂記) 편에 처음 나오는 말로써 "윤(倫)"은 '류(類)' 혹은 '군(群)'의 의미로써 '무리', '집단'을 뜻하는 글자이며, "리(理)"는 '분(分)' 혹은 '치옥(治玉)'의 의미로써 '조리(條理)' 혹은 '다스린다(治)'는 뜻을 갖는다. 따라서 윤리(倫理)는 '인간의 무리(집단)를 다스리는 조리 또는 원리'로 해석된다. 도덕과 윤리의 구분은 다음 절에서 논의된다.

서양어의 맥락에서 도덕(moral)은 일반적으로 전통적인 관습, 풍습과 관련된 라틴어 mos(복수: mores)인데, 이는 그리스어 ethos의 번역어이다. 도덕은 대체로 윤리(ethic)와 같은 뜻으로 쓰이고 있다. Greece의 ethos에서 영어의 ethics와 ethical이 유래되었고, 독일어의 ethik와 같은 뜻을 가지고 있는 sittilich, sittilichkeit도 윤리를 뜻하는 sitte에서 유래된 것으로 sitte와 동의어인 도덕(moral)은 mos에서 유래하였다. 도덕의 사전적 의미는 manner, custom, way of life 등으로 되어 있으며, 이 말은 규범적 타당성을 인정받은 행위의 모범, 곧 인간 공동체에서 상호 승인 과정을 거쳐 보편적 구속력이 있는 것으로 인정된 행위의 모범을 뜻하고, 행위 공동체의 가치 표상과 의미 표상을 반영하는 삶의 가치 형식을 나타내는 질서 형성물(Ordnungs-gebilde)로 해석되기도 한다.

2) 도덕과 윤리의 구분

일상생활에서 우리는 '도덕'이라는 언어를 도덕의 본질을 사랑, 혹은 인(仁)이라고 말하거나 아니면 행위의 도덕성에 관하여 이야기할 때와 같이 가끔 '부도덕'(不道德: immoral)에 대립되는 것으로 사용한다. 더 나아가 도덕은 예술, 과학, 법률, 관습, 종교라는 낱말과 대등하거나 아니면 이들과 다른 어떤 용어상의 의미를 언급하기 위해 사용될 수도 있다. 즉, 도덕이란 말은 '도덕이란 무엇인가?', '도덕은 법과 어떻게 다른가?', '도덕은 종교와 어떤 관계에 있는가?'와 같이 물을 때 쓰이는 단순한 낱말로서 용례를 가진다.

원래 '도덕'이라는 표현은 '옳다', '선하다'라고 하는 낱말과 같은 뜻으로 사용되고 부도덕(不道德: immoral) 또는 비윤리적(非倫理的: unethical)이라는 낱말의 반대어로 사용된다(W. K. Frankena, 1973). 그러나 만약 우리가 일반적으로 도덕적 문제, 도덕적 판단, 도덕적 논의, 도덕적 경험, 도덕적 의식, 도덕적 관점이라는 용어를 사용하고 있다면 이 경우 '도덕적' 또는 '윤리적'이라는 말은 도덕적으로 옳다든가 선하다는 의미가 아니다. 여기서 도덕이라는 말은 단지 '도덕에 관계있음'을 의미하는 것이다. 여기서 도덕이라는 말은 단지 '도덕에 무관한(nonmoral)' 것에 대립된다는 것을 의미할 뿐 '부도덕(immoral)'에 대립되는 것은 아니다.

도덕의 일상 용례와 함께 우리가 살펴보아야 할 것은 '도덕'과 '윤리(학)'의 의미 구분 방식이다. 우리는 일상생활에서 '도덕'과 '윤리'를 엄격하게 구별하여 사용하지 않는다. 그러나 우리는 이들 개념을 구별해서 쓰는 것이 편리할 때가 있다. 가령 '기업 윤리'라고 하면서 '기업 도덕'이라고 하지 않는다든지, '윤리위원회'라고 하면서 '도덕위원회'라고 하지 않는 것이 이에 해당된다. 또한 개인의 '도덕생활'이라고는 하면서도 '윤리생활'이라고는 하지 않는 것도 같은 맥락이다. 그러면서도 개인의 '도덕관'이나 '윤리관'은 별 차이 없이 사용되고 있다. 위와 같은 언어의 사용 관습에 따라서 '윤리'와 '도덕'을 구별하고자 한다면, '도덕'은 개인의 덕성 또는 개인의 인격에 관계되는 개념으로 쓰이고, '윤리'는 한 집단이나 사회의 도덕적 기준 또는 어떤 직업이나 직책에 관련된 도덕적 기준에 해당되는 것으로 이해할 수 있다.

예컨대, 한 기업인으로서 또는 한 국회의원으로서 지켜야 할 규범적 행동 기준이 있다면 그것은 기업 윤리나 국회의원의 윤리 강령에 관한 것이 되고, 그러한 기준을 범했을 때는 윤리위원회에서 그 사람의 자격이나 직위 또는 직책의 문제를 다루게 된다. 그러나 그런 기업인이나 국회의원의 도덕성 문제를 논한다는 것은 그 사람 개인의 생활 전체를 통한 인격, 인품, 덕성들을 평가한다는 뜻을 갖는다. '방송윤리위원회'라고 하고 '방송도덕위원회'라고 하지 않는 것도 심사 대상이 되는 것이 도덕적 인격자로서의 개인들이 아니라 방송되는 작품들이기 때문일 것이다. 작품을 평가하는 데는 윤리적 기준이 적용되는 것이지 도덕적 인격이나 덕성이 문제시되지는 않는다(소흥렬, 1985). 동서양에서 도덕과 윤리를 구별하는 경우도 위와 같은 맥락이다.

① 유교에서는 정심(正心), 성의(誠意), 인(仁), 의(義), 예(禮), 지(智), 신(信) 등 이른바 개인의 수

신(修身)의 도리를 말할 때 도덕이라 하고, 인간 사회에서 개인 상호 간의 관계를 규정하는 부자유친(父子有親), 군신유의(君臣有義), 부부유별(夫婦有別), 장유유서(長幼有序), 붕우유신(朋友有信) 등과 같은 오륜(五倫)이 인간의 사회적 존재 양상을 규정하고 사회적 관계의 도리를 말할 때 윤리라는 개념을 사용하고 있다.

② Hegel은 도덕은 각자의 양심에 비추어 그 행위를 규정해 가는 주관적인 면을 의미하는 것으로, 윤리는 주관적 정신이 객관화된 사회정신 또는 사회제도를 포함한 것으로 규정하고 있다.

③ B. Bauch는 자율의 원리에 의한 행위를 도덕적 가치라 하고, 이 도덕적 가치의 실현에 필요한 객관적 사정, 즉 문화와의 관계를 포함하여 비로소 윤리적 가치를 형성한다고 보고 있다.

'윤리'와 '도덕'은 일상생활의 맥락에서 이들 두 개념을 구별하여 쓰는 일에 특별히 유의할 필요는 없다. 다만 관습상 어색하지 않게 이들을 사용하는 것으로 가능하다. 그러나 학문적 탐구의 경우에는 '윤리'와 '도덕'의 구분이 오히려 그 성격을 분명하게 하는 경우가 있다. A. Pieper(1991, 진교훈, 유지한, 1999: 33)는 G. Patzig(1971)와 N. Hoerster(1974)의 논의를 빌어 도덕과 윤리학의 구분을 다음과 같이 설명하고 있다.

> "일상적인 언어 사용법에 따라서 우리는 도덕적 규범, 도덕적 가치판단, 도덕적 제도의 총체를 '도덕'이라고 부른다. 이에 비해 우리는 도덕의 문제 영역에 관한 철학적 탐구에 대해서(언어사적으로 '도덕'과 동의어인) '윤리학'이라는 표현을 사용한다."(G. Patzig, Ethik ohne Metaphysik, 3)
>
> "윤리학과 도덕이 항상 구분되는 것은 아니다. 서로의 영역이 중첩되는 부분이 있으며, 이로 인해 정확한 경계 설정은 거의 불가능하다. 그럼에도 불구하고 도덕과 윤리학을 구별하는 것이 무의미하지 않다. 우리는 철학에서 이미 어느 정도 익숙한 언어 사용법에 따라 '윤리학'을 '도덕철학'과 동일한 의미로 이해하고자 한다."(N. Hoerster, Texte zur Ethik, 9)

위의 주장을 참고로 한다면 윤리학 및 윤리학적이라는 형용사는 '인간의 도덕적 윤리적 행위에 관한 철학적 학문'에 적용되는 학적 개념어로써 일상의 도덕과 구분되며, 오히려 윤리학은 도덕에 관한 철학, 곧 '도덕철학'과 동의어로 사용됨을 알 수 있다.

2. 도덕규범의 유형

도덕이란 개념과 함께 다양한 의미를 지니는 용어가 도덕규범이다. 도덕규범은 개인과 사회의 바람직한 행위의 기준 혹은 준거로서 역할을 한다. 사회에는 다양한 형태의 도덕규범이 존재한다. 예를 들면, 이러한 규범은 인간이 처한 현실에서 기존의 질서와 규칙을 중심으로 가치 있는 생활을 영위할 수 있도록 하는 최소 기준으로 역할을 하기도 하며, 다른 한편으론 인간이 스스로 자신이 처한 현실을 넘어 자신의 이상과 비전을 실현하기 위한 더 높고 넓은 지평을 지향하는 최대 기준으로서 역할을 하기도 한다. 따라서 우리는 인간 사회의 도덕규범을 최소의 도덕과 최대 도덕의 관점에서 유형화할 수 있다. 본 절에서 다루게 되는 인습적 규범과 반성적 규범, 의무의 도덕과 열망의 도덕, 협의의 도덕과 광의의 도덕도 이러한 유형화의 맥락에서 이해할 수 있다.

1) 인습적 규범과 반성적 규범

일상생활에서 지키는 규범들은 그 사회의 역사적·문화적 전통과 함께 주어진 것도 있고, 외래문화와 함께 유입된 것도 있으며, 시대적 특수성과 함께 새로 나타난 것도 있다. 정직이나 협동과 같이 거의 어느 사회에서나 지켜지고 있는 보편적 규범도 있고, 조상 숭배나 경로 정신과 같이 오랜 역사를 통해 전승된 것도 있고, 인권 존중이나 의사 존중과 같이 영속성을 띤 것도 있으며, 인사법이나 의식과 같이 변화하는 것도 있다. 비록 새로 만들어진 규범이라고 해도 정도의 차이는 있으나 어느 정도 관습화되기 위한 시간을 가지고 형성된다. 이와 같이 집단 혹은 사회의 구성원들에 의해서 일종의 관습으로 형성되어 인간의 행위를 통제하는 규범, 즉 집단 혹은 사회의 성원들이 다 같이 생활의 규칙 혹은 원리로 지켜 가는 규범을 인습적 규범이라고 한다.

반성적 규범은 인습적 규범을 변용하거나 그것에서 추리하여 얻을 수도 있고 그와는 관계없이 개발해 낼 수도 있다. 이들 가운데 상당히 많은 것은 우리의 생활에서 찾을 수 있는 교훈에서 구하며 자신의 생활 경험을 통해 결정하기도 한다. 이처럼 자신의 도덕적 성숙이나 완성을 위하여 스스로 자신의 행동을 통제하는 반성적 규범은 사회적, 문화적, 역사적으로 주어진 객관적 규범이라기보다는 개인적, 주관적 규범이다. 단지 사회적 요구의 충족을 위해서가 아니라 자아의 실현을 위해, 자신의 인격적 특징을 결정하기 위해 자임한 규범이다. 예를 들면, 나는 이렇게 살겠다고 할 경우 인습적 규범만으로 그 실현이 어려울 때 스스로 규범을 정립하게 되는 것이다.

이 반성적 규범에 기초하여 어떤 인습적 규범을 다른 인습적 규범보다 우선적으로 선택하기도 하며, 어떤 상황에서 한 인습적 규범을 택하고 다른 것을 버리는 결정도 하게 된다. 물론 어떤 반성적 규범은 언제나 자신의 도덕생활에서 중요하고 어떤 것은 특정한 사태에만 의미를 가지는 것도 있다. 또한 어떤 반성적 규범은 다른 반성적 규범을 위해 수단적인 것도 있고 서로 갈등하기도 한다. 어떤 것은 한동안 나에게 중요했으나 생활 경험의 변화에 따라 쇠퇴되어 없어지는 것도 있다. 반성적 규범이 없을 경우 인습적 규범 간에 서로 갈등하는 상황에서 자신의 행동 결정을 일관성을 가지고 하지 못하게 된다. 인습적 규범을 잘 지킨다고 해서 반드시 좋은 도덕생활일 수 없고, 반성적 규범이 건전하게 형성되어 있어야 좋은 도덕생활이 가능하다.

일상생활에서 접하게 되는 도덕적 상황에서는 두 가지 이상의 규범 간의 갈등이 있고 그 규범들 중 어느 것은 시대 상황에 맞지 않는 경우가 있게 된다. 이때 새로운 상황과 가치관에 적합한 규범이 선택되고 그렇지 못한 규범은 버리게 된다. 또한 사회 규범의 경우 개념이 불분명하고 애매모호한 경우가 많다. 규범 자체가 행위 면에서 분명한 방향을 제시해 주지 않는다. 따라서 기존 규범의 적합성 여부를 잘 판단하여 선택하여야 하는데, 이때 반성적 사고가 필요하게 된다. 듀이(Dewey)는 그의 저서 『사고하는 방법』에서 반성적 사고를 가장 가치 있는 사고라고 말하였다. 반성적 사고는 가치 선택의 과정에서 겪게 되는 혼란과 주저 그리고 철회 등의 문제를 해결한다. 즉, 반성적 사고 과정은 암시 단계, 명료화 단계, 가설 단계, 추리 단계, 검증 단계를 거쳐 올바른 가치 선택의 길잡이가 되는 것이다. 생활 현장에서 반성적 사고가 요청되는 이유를 구체적으로 제시하면 다음과 같다.

① 도덕적 결정을 하는 사항은 개별적이며 독자적이다.
② 도덕적 상황에도 규범 간의 갈등이 따른다. 규범이 갈등하는 경우 우선순위의 결정은 철학적 사고에 의존하게 된다.
③ 사회 규범의 경우 개념이 불분명하고 애매모호하다.
④ 규범은 시간성을 반영하므로 부수적 성격을 갖는다.
⑤ 인습 규범의 내면화는 인식의 문제이기보다 외형적(사회적 통제에의 추종)이다.

인습적 규범과 반성적 규범의 관계는 절대적이 아니라 상대적인 것이다. 앞에서 말한 바와 같이 반성적 규범을 갖는 데는 어떤 항구적 원리가 있어야 하는데, 그 원리에 대해 사회에서 지켜지고 있는 관습이 중요한 요인으로 작용한다. 비록 반성적 규범이 개인적이며 주체적이라고 해도 이 규범은 그 사회에서 존중되는 관습적인 통념에서 출발한다고 할 수 있다.

2) 의무의 도덕과 열망의 도덕

열망의 도덕은 선한 생활(good life), 탁월함, 인간 능력의 최대한의 실현을 바라보는 도덕이다. 열망의 도덕이 인간에 의해 성취될 수 있는 것의 정점으로부터 출발하는 데 비하여, 의무의 도덕은 그것의 밑바닥을 출발점으로 삼는다. 즉, 의무의 도덕은 그것이 없으면 질서 있는 사회가 성립될 수 없거나, 또는 그것이 없으면 어떠한 특정 목표를 바라보는 질서 있는 사회가 목표 달성에 실패할 수밖에 없는, 그러한 근본적 규칙을 정한다. 그것은 구약과 십계명의 도덕이다. 그것은 '모름지기' 및 '해야 한다'라고 말하게 된다. 의무의 도덕은 열망의 도덕과 달리 인간들이 그들의 능력을 최대한으로 실현하는 기회를 활용하지 않았다고 해서 비난하지 않는다. 그보다는 사회생활에 있어서의 근본적인 요청을 존중하지 않았다는 이유로서 그들을 추궁하게 된다.

아담 스미스(Adam Smith)는 도덕 감정의 이론 속에서 의무의 도덕은 문법의 규칙으로, 열망의 도덕은 비평가에 의해 정해진 숭고하고도 우아한 작품을 쓰기 위한 규칙으로 비유하였다. 문법의 규칙은 언어가 의사 전달의 도구가 됨을 잃지 않기 위해 필요로 하는 사항을 명한다. 마치 의무의 도덕의 규칙이 사회생활을 위하여 필요한 사항을 명하는 것과 같은 것이다. 열망의 도덕은 "우수한 문장의 원리"로, 이 원리는 느슨하고 막연하고 부정확하여 이해하기 곤란한 것이 아니라 지향해야 할 완전성에 대한 일반적 사고를 표시해 준다. 도박을 예로 들 경우, 의무의 도덕은 인간은 소중한 돈을 걸고 도박을 할 경우 가족을 돌보지 않고 사회 전반에 대한 의무를 소홀히 한다고 보고, 도박에 열중하는 승부는 피하여야 한다는 결론에 도달하게 된다. 이에 반해 열망의 도덕은 도박을 의무에 배반하는 것이라기보다 인간으로서 능력을 구비하고 있는 인간 존재에 어울리지 않는 행동으로 보고 이를 경멸한다. 즉 의무의 도덕에서는 법적으로 도박을 금하는 적극적인 자세를 추구하지만 열망의 도덕은 법 제정에 직접적인 관련을 가질 수 없다. 이것은 열망의 도덕이 기대에 머물 수밖에 없기 때문이다. 의무의 도덕이 사회에 있어서 인간의 생활에 관계되는 규범과 직접적인 관련이 있으나 열망의 도덕은 인간과 그 자신에 관한 선한 생활의 실현이라는 지극히 추상적인 문제에 한정된다. 따라서 의무의 도덕은 벌이 상에 앞서게 된다. 인간이 사회생활을 하는 데 최소한의 조건을 준수했다고 해서 그를 칭찬하거나 영예를 수여하지 않는다. 오히려 그러한 삶의 자세는 사회 성원으로 지켜야 할 의무인 것이다. 사회에서 정한 최소한의 조건조차 지키지 않는 사람에 대하여 주의를 집중하고 비난을 하는 것이다. 반면 열망의 도덕은 인간이 의무의 도덕 수준에 머물지 않고 자기의 능력을 최대한으로 발휘하여 사회에서 요구하는 조건보다 더 성실하고 적극적인 삶을 영위하기를 기대하게 된다.

3) 협의의 도덕과 광의의 도덕

도덕이란 궁극적으로 인간 가치 평가의 기준을 의미한다. 그 대상은 인간 사회의 상호 관계이며 너와 내가 주체가 된다. 가치 평가의 궁극적 기준이란 바로 도덕의 목적이라고 할 수 있는 선의 실현을 뜻한다. 선의 실현은 최고선으로서 도덕적 행위의 최고 목적이며, 윤리학의 근본 문제인 것이다. 이에 대해서는 예로부터 쾌락설, 행복론, 공리설 등 여러 학설이 있으나 그 본질은 역시 선의 실현에 목적이 있다는 점에서는 차이가 없는 것이다.

그러나 포괄성을 가진 도덕성, 도덕 판단, 도덕 기준, 도덕 행위 등은 인간의 선악 행동에 관한 모든 것을 대상으로 한다. 그리고 성격이나 판단은 넓은 의미에서 행동으로 통합되기 때문에 도덕은 선악의 합리적 판단 기준, 혹은 타당한 규범에 따르는 행동을 의미한다고 할 수 있다. 그런데 타당한 행동 규범은 도덕 행위에 있어서 어떤 범위의 인간 경험을 토대로 하는 것이 바람직한가의 문제가 제기되고 여기에 도덕에 관한 광협론이 대두되는 것이다.

협의의 도덕은 어떤 사회, 또는 사회 집단이 가지고 있는 전통적 행동의 규범을 준수하는 성격, 행동 경향이라고 볼 수 있다. 전통적이라 함은 오랜 시일에 걸쳐 어떠한 사회 체제 속에서 중요한 가치로서 지속되어 왔다는 것을 의미한다. 이러한 도덕관은 행위자의 자유재량이나 지성적 사고를 허용하지 않고 사회학에서 강조하는 바, 기성 윤리에 충실히 복종 내지 추종할 것을 요구한다. 특히 전통사회에서 가족 중심 도덕, 특정 국가 중심의 도덕관념을 중심으로 하는 도덕관은 협의의 도덕이라고 한다.

광의의 도덕관은 인간관계 및 사회관계를 대상으로 하고 전통적 도덕규범을 존중하기는 하나 반드시 여기에 구속받지는 않으며, 경우에 따라서는 보다 나은 인간관계와 사회관계를 발전시키기 위하여 전통적 규범을 수정 내지 폐기할 수도 있다. 그러므로 광의의 도덕관이 취하는 방향은 바람직한 인간 및 사회관계이며 이것은 개인 대 개인은 물론 소집단, 대집단, 나아가서는 국가 사회 상호 간의 관계에 이르기까지 여러 가지 도덕관계를 포함하며 어떠한 개인이나 집단도 이기적이고 배타적으로 행동해서는 안 되며 서로 협동하고 융합하여 살아간다는 근본 규범이다. 즉 자기 중심적 생활을 벗어나 이웃과 더불어 산다는 데 도덕의 본질을 두는 견해이다.

광의의 도덕관은 인간 생활의 전반과 가치 추구 활동의 전 영역에 걸쳐 도덕의 의의를 구하려는 견해이다. 즉 도덕규범은 별도로 존재하는 것이 아니라 각 가치 영역에 있어서의 행동규범이 그 영역의 도덕규범이며, 이것을 존중할 때 전체적 도덕규범이 성립되는 것이다. 가령 인간의 가치 활동 영역에 정치, 경제, 사회, 문화적 영역이 있다고 할 때 그 모든 영역의 활동에 필요한 규범이 있기 마련이다. 음악, 미술, 문학 등의 활동에 있어서도 그 가치 영역에 있어서 어떻게 하면 최대한의 가치를 실현하느냐에 관한 규범이 있는 것이다. 따라서 광의의 도덕관은 이러한 규범이 바로 특정 도덕규범이며 이것을 집합시킬 때 종합적 규범이 성립되는 것이다.

또한 광의의 도덕관은 도덕적 의지에 관해서는 그 의의를 인간 복지의 실현에 두고 있다. 각 가치 영역별 기준을 종합한다고 해서 반드시 복지 증진의 준거가 되는 것은 아니며 인간관계 내지 사회관계가 원만하게 이루어졌다고 보지는 않는다. 그런데 이 도덕관은 협의의 도덕관이나 광의의 도덕관의 구별을 초월하여 최대한의 복지 증진이라는 원칙 아래 도덕규범을 통합해 보려고 시도한다.

도덕성 가운데서 중요한 위치를 차지하는 것은 인간의 사회관계에 관한 것이다. 이것은 선천적으로 또는 무조건 그러한 것이 아니라 인간이 사회적 동물이라는 데서 연유된 것이다. 모든 인간활동은 직접·간접으로 인간의 사회관계에 영향을 주며, 그 관계가 원만하지 못할 경우 다른 영역의 가치 추구 활동이 악순환으로 장애를 받게 된다는 것이다. 원만하고 통합된 인간 사회 관계는 소극적으로는 인간 내지 집단 상호 간의 갈등과 대립을 해소하고 적극적으로 자타의 통합감과 제반의 가치 추구를 선(善) 순환적으로 촉진시켜 주는 것이므로 가장 중요한 도덕 영역이라고 할 수 있다.

제2절 도덕성의 개념

도덕교육은 인간의 도덕성 형성과 성장 과정에 관한 것으로 도덕성 그 자체를 중요한 교육 내용으로 하고 있다. 도덕교육에서 도덕성의 개념 정립 문제는 매우 중요하다. 왜냐하면 도덕성의 개념을 무엇으로 보느냐에 따라 도덕교육의 목적, 내용, 방법이 달라질 수 있기 때문이다. 도덕과 교육의 목표를 일상생활 규범의 전달과 이에 따른 습관의 형성에 두어야 하는지, 또는 선악 판단의 능력이나 도덕적 사고 능력 함양에 초점을 두어야 하는지의 문제는 전적으로 도덕성 개념의 문제와 관련이 있는 것이다. 도덕성을 고려하지 않는 도덕교육이나 도덕교육을 고려하지 않는 도덕성 논의는 탁상공론에 머물 확률이 크다.

도덕성(morality)은 문화권이나 학문의 영역에 따라 각기 다양하게 이해되고 정의되어 왔다. 서양에서는 '도덕성(morality)'이나 '도덕(moral)'이 다 같이 같은 뜻으로 사용되고 있지만, 우리 문화에서는 이 두 개념의 뉘앙스가 조금 다르다. '도덕'은 훌륭한 삶, 올바른 삶의 보편적인 원리나 사회 쪽에 만들어진 기준 또는 규범을 의미하며, '도덕성'은 개인의 인격과 관련하여 훌륭한 삶과 올바른 삶을 살아갈 수 있는 개인의 능력 혹은 사회의 규범에 합치해 가는 개인의 능력이나 성향을 의미한다.

학문 영역에 따라서 도덕성은 특히 윤리학 · 사회학 · 사회 생물학(sociobiology) · 정신분석학 · 인지 발달론 등에서 다양하게 이해되고 해석되어 오고 있다. 윤리학이나 철학에서는 도덕성을 도덕 판단의 문제와 관련된 도덕적 당위와 도덕 법칙의 정당화에 관한 논의와 관련하여 도덕성을 이해하고 있으며, 사회학적 견지에서 보면 도덕성은 사회 규범을 준수하는 행동과 관련하여, 인간의 사회화(socialization) 과정이나 친사회적(prosocial) 행동을 연구하는 과정에서 도덕성의 문제를 사회 구성원으로서 인간이 현존하는 사회 규범을 내면화(internalization)하는 것으로 간주하고 있다. 도덕성에 관한 사회학의 논의와 관련하여 사회 생물학에서는 인간의 친사회적 행동이나 이타적인 행위 등과 같은 도덕적 행동은 인간의 유전적 전통(genetic heritage)에 근거하고 있으며 이들 생존 가치가 진화되어 온 것으로 설명하고 있다. 정신분석학에서는 도덕성을 규범이나 덕목보다도 이들의 내면화 과정에 나타나게 되는 무의식적 동기로서 인간의 죄책감, 양심과 관련된 초자아(superego)의 형성으로 이해하고 있으며, 인지 발달론에서는 도덕성을 인간의 도덕적 행위를 가능하게 하는 사고와 판단 능력으로 이해하고 있다. 학문 배경에 따라 다양하게 이해되고 있는 도덕성의 개념을 윤리학이나 철학적 이해 방식, 사회학적 이해 방식, 정신분석학적 이해 방식과 인지 발달 이론의 이해 방식의 측면에서 간단히 정리해 보기로 하자.

1. 도덕 판단과 합리적 추론 능력으로서 도덕성

윤리학이나 철학에서는 도덕성은 도덕 판단의 문제와 관련하여 도덕적 당위와 도덕 법칙의 정당화에 관심을 갖고 있다. 도덕적 당위와 법칙의 정당화는 인간이 도덕적으로 해야 할 일이 무엇인가를 규명하는 것으로서 도덕적 의무와 관련된 판단(judgement of obligation)과 어떤 것이 도덕적으로 가치 있는 것인가를 판단하는 가치에 관한 판단(judgement of value)으로 구성되고 있으며, 이들은 합리적 논증에 의해 뒷받침되어야 하고 지지되어야 한다. 철학이나 윤리학에서 인간의 도덕성을 규정짓는 요인은 학자마다 그 주장이 다르기는 하나 대체로 다음의 다섯 가지 요인을 인정하고 있다(W. K. Frankena: 1973).

① 개별적 대상들이 어떤 도덕적 성질 · 의무 · 책임을 가지고 있던가, 가지고 있지 않는가라고 하는 일정한 판단 형식, ② 이들 판단의 정당성과 가능성에 대한 이유, ③ 보다 일반적 판단으로 표현될 수 있는 것들로서 개별적 판단들이 이루어지고 그에 대한 이유들이 제시되는 배경을 이루는 어떤 규칙 · 원리 · 이상 · 덕목, ④ 이들 판단과 규칙과 이상들에 동반하며, 인간으로 하여금 그것에 따라 행동하게끔 하는 선천적 또는 후천적 정서, ⑤ 이른바 책임 있다거나, 칭찬하고 비난하는 것과 같이, 흔히 언어적 판단에 의해 표현되는 어떤 제재들이나, 동기 부여의 원천, ⑥ 이들 모든 판단, 추리 그리고 감정들에 있어서 취하게 되는 것으로서 이해타산(打算: prudence)이나 예술 등에서 취하는 것과는 다른 어떤 관점 등이 그것이다.

윤리학이나 철학적 측면에서 보면 도덕적 행위란 사회 규범을 맹목적으로 수용하고 준수하는 것이 아니라, 도덕적 사고와 판단 과정을 거쳐 개인의 자율적인 의사에 따라 가치나 규범을 선택하고 실천할 때를 진정한 도덕적 행위로 규정한다. 따라서 도덕성을 단순히 사회 규범의 준수나 구체적인 행동 양식으로 정의하는 것은 옳지 않을 수 있다. 이러한 맥락에서 볼 때 영국의 도덕철학자 윌슨(J. Wilson)이 도덕성의 의미를 정의하는 방식은 매우 시사적이다. 윌슨은 도덕성의 구성 요소를 그리스의 어휘를 빌어 독특한 개념으로 정의를 내렸다. 즉 그는 도덕성의 구성 요소를 4개의 일반적 범주로 채택하여 그것을 'PHIL' · 'EMP' · 'GIG' · 'KRAT'로 구분하였다.

PHIL이란 '인간성'에 대한 개념 갖기를 말하며, 하나의 도덕적 원리, 즉 지배적이고 규범적이며 그리고 보편화할 수 있는 원리로서, 타인에 대한 관심을 갖도록 요구하는 것을 의미한다. **EMP란 다양한 정서들에 대한 개념을** 갖는 것이며, 정서들이 무의식적 수준에 있을 때, 자기 자신 속에 있는 정서들을 실제로 인지할 수 있는 때는 타인의 정서를 실제로 인지할 수 있는 것이라고 주장한다. 그리고 **GIG는 도덕적인 결정들과 관계가 있는** 다른 사실들을 아는 것으로서, 그러한 사실들의 원천과 방법–타인과의 언어적 혹은 비언어적 의사소통 속에서 명시된 도덕적 상황에 대처하는 데 필요한 기능 요소–을 아는 것을 말한다. 마지막으로 **KRAT는 실제로 도덕적인 상황**들을 '완전하게 빈틈없이' 인지하고, PHIL 등과 같은 용어로 그러한 도덕적 상황을 기술하고, 타인에게 이익을 줄 수 있는 행위를 하기 위하여 지배적이고 규범적이며, 그리고 일반화할 수 있는 결정이라는 것이다(B. Chazan, 1985).

도덕성의 구성 요소를 중심으로 윌슨은 도덕성을 다음과 같이 정의하고 있다. ① 자기 자신만큼 타인의 감정과 흥미를 고려하는 능력, ② 타인의 감정에 대한 인식과 통찰의 능력, ③ 자기 행동의 결과에 대한 합리적 사고 능력, ④ 자기 자신에 관여하는 도덕적 원리나 규칙을 형성할 수 있는 능력, ⑤ 자기 생활과 흥미를 합리적으로 구성할 수 있는 능력, ⑥ 자신의 도덕적인 원리에 따라 생활하는 능력으로 규정하고 있다.

한편 철학자이면서 교육학자인 피터즈(R. S. Peters)는 도덕성을 모종의 도덕적 가치 판단이나 특정한 도덕적 관점이 지니고 있는 형식적 특징으로서 주로 지적인 측면에서 그 의미를 규정하고자 한 콜버그와는 달리, 도덕을 지적인 가치 판단뿐만 아니라 그 자체가 모종의 감정, 태도 그리고 습관의 형성과 밀접한 관련을 맺고 있는 개념으로서 보다 포괄적으로 설명하고 있다(T. Mischel, 1971). 그에 의하면 도덕성의 정의적 측면에는 동정심이나 타인 존중 등과 같은 적극적인 동기 또는 태도뿐만 아니라 수치심이나 죄의식 등과 같은 소극적 태도를 포함한다(R. S. Peters, 1981). 이러한 윤리학과 철학에서 도덕성의 이해 방식은 도덕 발달에 대한 심리학의 다양한 접근법의 이론적 정당화의 근거가 되고 있다.

2. 덕목과 규범의 내면화로서 도덕성

아리스토텔레스는 덕을 지적인 것과 도덕적인 것을 구분하면서 지적인 덕은 교육에 의해 형성되며 성장하기도 한다고 보았다. 도덕적인 덕은 습관의 결과로 생기는 것이라고 보았다. 이런 까닭에 서양에서 도덕적·윤리적인 뜻을 지니고 있는 '에틱(ethic)'은 습관을 뜻하는 '에토스(ethos)'란 말에서 나왔다. 도덕적인 덕은 그 어느 것이나 본성적으로 우리에게 생기거나 본성에 반하여 생기는 것이 아니다. 도덕적인 덕은 오히려 우리가 본성적으로 그것을 받아들이도록 되어 있으며, 또 그것들은 습관에 의하여 완전하게 되는 것이다. 이 말은 인간이 실천함으로써 비로소 덕을 얻게 된다는 의미이다. 아리스토텔레스는 인간이 정의로운 행위를 함(정의로운 행위에 대한 습관 형성)으로써 정의롭게 되고, 절제를 함(절제하는 습관 형성)으로써 절제 있게 되고, 용감한 행위를 함(용기에 대한 습관 형성)으로써 용감해진다고 본다. 그가 말하는 인간의 도덕적 덕목은 절제, 관용, 긍지, 인내심, 성실성, 정의 등과 같은 것들이며, 이것은 사회가 개인들에게 내면화시키기를 바라는 습관들로 구성되어 있다.

도덕성을 사회 규범이나 덕목과 관련하여 논의하고 있는 대표적인 또 한 사람은 프랑스의 사회학자 · 철학자인 뒤르껭(E. Durkheim, 1858-1917)이다. 뒤르껭은 그의 사후 발간된 『도덕교육론』(1925)에서 도덕 가치의 상대성을 중시하여 모든 시대, 모든 사회, 모든 사람에게 타당한 도덕성이 존재하는 것 아니라, 사회의 유형만큼 많은 도덕률이 존재하며 사회가 변화함에 따라 도덕도 변화하는 것이라고 하면서 사회 속의 개인에게 도덕적인 행동이라는 것은 개인의 자기중심적인 행동이 아니라 집단과 사회 지향적인 활동이라는 것을 밝히고 있다. 따라서 그는 도덕성을 인간 행동의 사회적 지향(impersonal orientation of activity)을 의미하는 것으로 보고, 도덕성의 요소를 사회적 규율(discipline) · 공동체에의 참여(commitment to the group) 혹은 사회 집단에의 애착(attachment to social group) · 자율성(autonomy)으로 규정하면서, "인간이 도덕적으로 행동한다는 것은 사회적 관심사에 따라 행동하는 것이며, 사회적 관심사에서 도덕적 관심사가 시작된다."고 보고 있다. 특히 그는 개인은 자기가 속한 사회의 규범에 따라 자신의 인격 내용이 되는 관념, 감정, 관심, 양심 등을 형성해 나가야 한다고 본다. 또한 그는 사회가 개인들의 행동을 어떤 일정한 형으로 주조하는 틀을 갖고 있기 때문에 어릴 때부터 개인의 욕구를 절제하는 훈련을 해야만 도덕성이 형성된다고 보고 있다. 뒤르껭의 도덕 교육론은 인간이 사회적 존재로서 어떻게 성장해야 하며, 어떤 규범을 지녀야 하고, 사회와 개인과의 관계는 어떠해야 하며, 개인의 규범에 대한 지적인 이해와 선택 능력으로서 자율성의 의미와 역할을 잘 논의하고 있다.

덕목이나 사회 규범의 형태로 도덕성을 이해하는 입장에서 본다면, 도덕성의 본질은 개인의 기호에 맞게 이를 변경시킬 수 없으며, 이것은 어느 면에서 개인의 자유를 속박하는 어떠한 행위 양식이며, 개인의 욕구를 초월하여 있는 어떠한 것이라 할 수 있다. 따라서 인간은 덕목이나 규범의 내면화를 통하여 자신에게 끊임없이 일어나는 충동이나 경향성을 극복할 수 있는 안정된 도덕적 습관을 형성하는 것이 중요하다. 도덕성에 대한 이러한 입장은 전통적인 교육의 성격과 역할을 규정하는 출발점이 된다.

3. 죄책감의 형성으로서 도덕성

정신분석학의 입장에서 도덕성의 본질을 정의한다면, 이 입장은 인간이 사회적 덕목을 기계적으로 내면화하기보다는 오히려 그러한 덕목을 학습하는 과정에 수반되는 감정의 변화를 더 중시하고 있다. 아동의 인격 속에 사회가 요구하는 덕목이나 규범을 내면화시키기 위하여 흔히 쾌·불쾌를 동반하는 상벌의 방법이 사용되기 때문에 아동의 마음속에는 여러 가지 불안감이 형성된다. 이러한 불안감은 인간이 행동을 수행하는 중요한 동기로 작용한다.

프로이트(S. Freud, 1856-1939)는 인간이란 근본적으로 쾌락을 추구하고 고통을 피하기 위하여 무의식적인 이드(原初我: id: libido)계에 속해 있는 본능적인 충동에 영향을 받는다고 본다. 이 본능적인 충동은 자기들의 쾌락을 추구하려 하기 때문에 타인들과 갈등을 일으키게 마련이다. 이러한 갈등을 조정하고 타인과 조화를 이루어 나가는 과정에서 죄책감과 양심이 형성되는데, 이것이 초자아(超自我: superego)이다. 초자아는 부모와 주위 사람들로부터 물려받은 사회적 가치와 덕목들이 내면화된 표상이라 할 수 있다. 이 초자아는 양심과 죄책감을 동전의 양면처럼 갖게 되는데, 양심은 잘못된 행위에 대해서 처벌을 받거나 비난을 받은 경험에서 생기는 죄의식의 감정, 곧 죄책감과 결부된 것으로 규범이나 덕목을 어겼을 때 외부의 제재, 대개는 부모의 제재가 내면화된 것이다. 정신분석학에서 도덕성은 덕목이나 규범 자체보다도 이들의 내면화 과정에 작용하는 감정을 심층적으로 분석하고 있는 점에서 특징이 있다.

4. 인지 판단 능력으로서 도덕성

도덕성의 본질을 사회적 규범이나 덕목의 내면화나 규범에 대한 무의식적 동기 형성 대신 인간의 합리적 사고 능력에 두는 입장이 있는데, 이들 입장을 취하는 사람들은 도덕성을 서로 상이한 가치들이 상호갈등을 이루고 있을 때 가장 잘 나타난다고 본다. 도덕성에 대한 윤리학이나 철학적 전통의 많은 이론들이 도덕적 추론과 갈등에 대한 합리적 사고를 도덕성으로 규정해 오고 있다.

실천 이성의 도덕 법칙을 중심으로 도덕성을 이성적 사고의 판단 형식으로 간주하는 칸트(I. Kant, 1724-1804)의 철학적 전통이 그러하며, 그리고 미국의 대표적인 철학자 듀이(J. Dewey, 1859-1952)는 그의 『인간성과 행위』(1922)에서 도덕성을 단순한 습관적인 행위가 아닌 지성의 작용에 의한 행동이라고 하여 도덕성의 합리적 특징을 강조하고 있다. 곧 예견된 결과를 고려해서 행동을 조정하고 통제해 가는 데서 가치가 형성되는 것이며, 이때 목적을 고려하고 이를 향한 행동을 할 수 있는 자유가 도덕성의 근거가 된다. 따라서 인간이 도덕적 행위를 한다는 것은 그 행위를 할 수 있는 자유와 함께 인간 이성의 인지적 판단 능력이 있음을 전제한다. 이러한 관점에서 도덕성은 어떤 규범을 수동적으로 지키는 것이 아니라 구체적 상황에서 자신과 자신이 처한 환경과의 관계를 고려하여 특정 행위의 결과를 예견하면서 내리는 가치 판단이 된다. 칸트나 듀이의 관점은 피아제(J. Piaget, 1896-1980)와 콜버그(L. Kohlberg, 1927-1987)의 인지 발달론적 도덕성 이론의 철학적 배경이 된다. 그러나 도덕성과 관련하여 듀이와 콜버그의 차이를 살펴본다면, 사회적 덕목을 내면화해야 할 대상으로 보기보다는 그 덕목들 간의 갈등을 통하여 형성되는 판단 과정을 중시한 점에서 콜버그는 듀이의 입장을 계승하고 있지만, 덕목 간의 갈등을 해결하는 결과나 과정 자체를 중시하기보다는 그러한 이상의 갈등을 해결해 가는 판단 양식의 발달을 중시한 점에서 차이가 있다.

도덕성에 관한 여러 학문적 논의와 관련하여 볼 때, 일반적으로 도덕성에는 두 가지 측면이 내포되어 있다. 하나는 사회학·사회 생물학·정신분석학(심리학) 등에서 보고 있듯이 규범이나 덕목의 형태로 존재하는 도덕적 가치를 사회 성원으로서 지켜야 하는 구체적인 사회 규범의 준수와 행동 양식의 수용과 적응 과정, 그리고 이들 과정에서 형성되는 인간의 양심과 죄책감들, 또는 친사회적 행동과 관련된 유전적 특징의 진화라는 점에서 바라보는 입장과 다른 하나는 심리학의 인지 발달론이나 윤리학에서 다루는 바, 개인이 사고하고 판단하는 능력과 관련하여 도덕 원리를 선택하는 능력이나 도덕 판단과 관련된 합리적인 논증과 윤리적 추론 능력 및 이들과 관련된 능력, 혹은 이들의 발달을 의미하는 입장이다. 따라서 이러한 도덕성에 대한 관점들은 행동적 도덕성을 배제하고 있는 것이 특징이라고 볼 수 있다.

5. 통합적 도덕성

도덕교육에서 다루는 도덕성은 앞 절의 논의와 같이 주로 도덕적 판단 능력과 합리적 추론능력으로서, 양심이나 수치심 혹은 죄책감 형성으로서 이해된다. 그러나 이러한 능력은 인간의 일상생활에서 실천적 행위로 나타날 때 비로소 도덕성은 사람의 인격이 되고, 덕성이 될 수 있다. 전통적인 의미의 도덕은 도(道)와 덕(德)의 합성어로서 인간이 삶을 살아가는 보편적 원리나 규범의 형이상학적 정당성을 부여해 주며, 동시에 인간이 따라야 할 삶의 길(道)을 제시해 주는 기준이며, 이 기준을 자신의 인품으로서 굳건하게 지니고 있는 상태를 설명하는 말이다.

도덕성이 훌륭한 인격의 기본 조건이 되고, 도덕교육을 통해서 인격적인 인간을 길러내고자 한다면 도덕적 인간에게는 삶의 보편적 원리와 가치 및 규범을 이해하고, 이들을 향한 애착과 관심을 가지며, 어떠한 유혹에서도 이들 가치를 포기하지 않고 이를 지키고자 하는 굳은 의지와 실천적 행위가 필요하다. 따라서 학교교육의 목표로서 훌륭한 인격 함양은 도덕성의 세 측면, 곧 도덕성의 인지적 측면과 정서적 측면, 그리고 행동적 측면이 상호 결합되어야 한다. 사람의 인품이나 덕성이 도덕적 가치를 기본 전제로 하고, 이 가치는 선(善)에 대해 알고(정신의 습관), 선을 열망하고 혹은 선을 바람직한 것으로 느끼고(마음의 습관), 선에 따라 행동하는 것(행동의 습관)의 총체로 구성되고 있기 때문에 더욱 그러하다.

도덕성이 어느 한 측면의 인간적인 성격의 특징으로서보다는 전체적인 인격의 기초가 되어야 한다는 점을 강조하고 있는 학자가 리코나(T. Lickona)이다. 그는 『인격교육론』(Educating for Character, 1993)에서 훌륭한 인격을 가진 사람은 도덕적 앎(인지적 도덕성 : 知), 도덕적 감정(정서적 도덕성 : 情), 도덕적 행동(행동적 도덕성 : 行)이 서로 영향을 주면서 상호 보완적으로 기능하고 있다고 본다.

제 3 장

동양 윤리사상과 도덕교육

동양사상은 종교와 윤리, 철학적 사유가 융합된 체계를 이루고 있다. "어떻게 사는 것이 가치 있고 올바른 삶인가?", "올바른 삶을 위한 방법은 무엇인가?", "인간은 어떤 방식으로 자기 자신을 완성할 수 있을까?", "자기완성의 인간은 어떤 모습인가?" 등과 같은 물음이 모든 동양사상의 공통된 관심사이자 출발점이다. 이들 질문에 대하여 동양인들은 치열한 철학적 탐구 과정이나 몸과 마음의 수양[修行, 修道]을 위한 교육의 실천적 행위를 통하여 해결 방안을 모색해 왔다. 동양인들에게 이러한 문제의식은 곧 천명(天命)이나 법(dharma), 도(道)에 관한 경건과 겸허함 및 두려움이라는 종교적 심성의 표현으로 나타나기도 했으며, 자기 수양과 배움을 통하여 성취할 수 있는 이상적인 인간상으로써 "성인(聖人) 군자(君子)"(儒教), "부처(붓다 Buddha ; 佛陀)"(佛教), "진인(眞人)", "선인(仙人)"(道教)의 개념으로 발전하기도 하였다.

유·불·도(儒佛道) 세 사상은 동아시아의 사회 속에서 끊임없이 상호작용하면서 역사적 과정에서 때로는 서로 배척하기도 하고, 융합하기도 하면서 동양문화의 깊이와 넓이를 더해주고 있다. 인간의 마음과 몸을 다스리고 인간이 살아가는 세상을 다스리는 방편으로서 이들 사상체계는 각각 나름대로의 장점을 지니고 있다. 한국과 중국에서 일부 정치 사상가(高麗 崔承老)와 군주(淸 雍正帝)들은 마음을 다스리는 근본(治心)으로서 불교의 가르침을 활용하고, 몸을 다스리는 근본으로서(治身) 도교의 가르침을 활용하고, 세상을 다스리는 근본으로서(治世) 유교의 가르침을 활용하면서 이 세 사상을 인간의 삶을 풍요롭게 하는 데 적극적으로 활용할 것을 제안하기도 하였다.

인간의 '인격적 자기완성'과 '자기 초월'에 대한 열망과 그 성취의 길(방법/도)을 모색하고 실천하려는 노력은 유교와 불교, 도교를 중심으로 하는 동양사상의 중요한 도덕교육적 관심사이다. 세상의 어떤 사상과 종교적 전통보다도 동양사상은 자기완성과 초월을 위한 인간의 성장과 수양, 깨달음의 가능성에 대한 확고한 믿음을 갖고 있다. 교육을 통하여 "인간은 누구나 요·순(堯·舜) 임금처럼 성인이 될 수 있다(人皆可以爲堯舜)"고 하는 유학사상의 입장이나 "인간은 모두 깨달음의 본성을 지니고 있다(一切衆生 悉有佛性)"고 하는 불교의 가르침이나 모두가 양생과 수양을 통하여 '불로장생(不老長生)'할 수 있다고 하는 도가의 가르침은 인간의 자기완성과 초월의 이념을 함축하고 있다. 이러한 완성과 초월의 방법은 유교와 불교, 도교의 사상적 관점에 따라 차이가 있지만 이들 노력의 대부분은 일차적으로 인간의 이기적이고 사적인 욕망과 어리석음과 무지의 극복, 보편적이고 공평무사한 인간의 본연성의 회복을 강조하고 있다. 이러한 동양사상의 노력은 삶에서 교육의 문제, 수양의 문제를 강조함으로써 전통적인 도덕교육의 사상체계를 이루게 된다. 유학사상과 불교사상, 도교사상의 인간 완성 이념을 중심으로 이 사상의 기본 성격이나 주된 관심사 및 도덕교육의 관점을 정리해 보기로 하자.

제1절 유학사상과 도덕교육

1. 유가, 유학, 유교

우리는 일상적으로 "유가(儒家)", "유학(儒學)", "유교(儒敎)"라는 개념을 함께 사용하고 있다. 먼저 이들이 동양사회의 사상적 지도에 출현한 시기를 살펴보기로 하자. 사마천(司馬遷, BC.145-86)의 『사기』(史記)는 육가(六家: 陰陽家, 儒家, 墨家, 名家, 法家, 道家)를 말하면서 유자(儒者)를 포함시켰다. 그리고 『한서(漢書)』 「예문지(藝文志)」에 '유가(儒家)'(儒家者)라는 말이 나온다. 선진(先秦: 진나라 이전) 유학이 한대(漢代)에 와서 영향력을 확대해 가면서 '유교(儒敎)'로 발전하였다. 한대 이후 유가(儒家)는 선진시대에 비해 중국 사회에서 훨씬 더 비중이 큰 세력을 형성하게 되었다. 유학(儒學)이 군자를 지향하는 공자의 학문을 뜻한다면, 유교(儒敎)는 공자(孔子, BC.551-479)의 가르침, 또는 공자의 가르침에 의한 교화를 뜻하며, 후세에 유학을 종교적인 차원에서 부르는 명칭이기도 하다. 그리고 공자의 학문을 신봉하는 사람들(또는 학파)은 유가(儒家)로 불렸는데, 유가는 공자라는 종사(宗師)에 의해 창립된 학파를 의미한다.

이상에서 볼 때 유가는 제자백가(諸子百家) 곧 여러 학파 가운데 하나의 학파를 뜻하는 의미를 지닌다. 이에 비해 유교는 공자의 가르침(교육 또는 교화), 더 나아가 공자를 의례(儀禮)의 대상으로 섬기는 유학을 뜻하는 것으로 종교적 의미를 내포한다. 따라서 유가라는 표현이 보다 중립적이고, 유학은 학문적인 성격이 강하고, 유교는 대중 교화적인, 종교적인 내포를 지닌다. 유가라는 용어를 쓰는 것이 무난하지만 문맥에 따라서는 통상적으로 유교 또는 유학이라는 말을 사용하더라도 의미가 크게 달라지는 것은 아니다.

2. 기본 사상과 역사적 전개

유학사상의 핵심아이디어는 "교육과 수양을 통한 인간의 인격적 완성(덕성 실현)과 도덕적 인간 공동체 건설"이다. 공자는 완전한 인간이라기보다는 최선을 다하는 인간이고 무엇보다 배우기를 좋아하는 사람이다. 그는 제자들에게 스스로 자신이 배움을 즐기는 존재로 자신을 드러내곤 하였다.[1] 공자뿐 아니라 유학의 정통성을 계승하고 있는 대부분의 학자나 사상가들은 자신을 완성된 존재로서보다는 배움을 사랑하는(好學) 사람으로 인정받기를 좋아한다. 이들은 이 배움(敎와 學)을 통하여 인간이 자기완성을 이룰 수 있다는 점을 강조하고 있다. 그들은 세상 사람들에게 '보통의 인간으로서 나는 성인(聖人)과 동류이고 나 역시 요(堯)와 순(舜)과 같은 성인이 될 수 있다는 신념'을[2] 일관되게 펼치고 있으며, 무엇보다 이러한 신념을 실현하는 데 헌신해 온 사람들이다.

공자(孔子, BC 551~BC 479). 중국 고대의 사상가, 유교의 시조. 노(魯)나라 창평향 추읍(昌平鄕 鄒邑 : 지금의 山東省 曲阜) 출생. 자는 중니(仲尼), 이름은 구(丘). 춘추시대 말기에 주나라의 봉건 질서가 쇠퇴하여 사회적 혼란이 심해지자, 주왕조 초의 제도로 복귀해야 한다고 생각하고 인(仁)을 주장함.

인간 완성에 대한 공자와 맹자의 신념은 송대(宋代)의 성리학에 이르러 더욱더 구체화되고 있다. 북송 성리학의 선구자인 주돈이(周敦頤, 1017-1073)나 이정 형제(二程: 程顥, 1032-1085; 程頤, 1033-1108)와 같은 이들은 자신의 철학적 사유의 목표를 사람들에게 성인(聖人)이

1) 「論語」 卷7, 述而 : "子曰 我非生而知之者 好古敏以求之者也", "葉公 問孔子於子路 子路不對. 子曰 女奚不曰 其爲人也 發憤忘食 樂以忘憂 不知老之將至云爾"

2) 「孟子」 卷11 12, 告子 : "聖人與我同類者 人皆可以爲堯舜"

되는 방법을 가르쳐 주는 데 두고 있다.[3] 이들은 모두 교육적 인간상으로서 성인(聖人)이 교육을 통하여 이루어질 수 있다는 점을 더욱 확고하고 분명한 논조로 주장하고 있다. "학문이란 성인에 이르는 길이고 성인은 천부적으로 태어나는 것이 아니라 교육을 통하여 이룰 수 있다"고[4] 하는 성리학자들의 주장은 인간 완성에 대한 공자나 맹자의 이상을 더욱 철저화한 것이라 할 수 있다.

유학사상에서 인간 본성과 인간의 완성에 대한 이론적 정당화는 『중용(中庸)』과 『대학(大學)』의 첫 장에서 철학적 명제의 형태로 제시되고 있다. 유가 경전 가운데 『중용』은 성리학의 인간학적 이념을 요약해서 드러내고 있으며, 『대학』은 『소학』과 함께 인간 완성을 위한 교육의 이념과 목적 및 방법적 원리를 체계적으로 구조화하고 있는 텍스트이다.

> "하늘의 이념이 (인간에게)내재된 것이 성(性)이고, 성이 정연(整然)히 내포된 것이 도(道)이고, 도를 지나치거나 모자람이 없게 하는 것이(品節之) 교(敎)이다."[5]

유학사상은 "천(天: 理)⇨성(性: 理)⇨도(道: 理)"의 일원적 이론체계를 갖추고 있다. 이러한 형이상학적 이론체계는 『중용』에서 인간의 교육(敎)의 영역까지 확장됨으로써 인간 완성의 이념적 기반을 제공한다. 이 구절에 대한 주자의 주석은 성리학적 사유체계의 주춧돌(cornerstone)이 된다. 성(性)을 이(理)라고 규정하는 성리학(性理學), 곧 '성즉리(性卽理)'는 인간의 본성(性)에 천리(天理)가 선험적으로 내재한 것이라는 점을 절대 수준에서 가정하고 있기 때문에 이 본성은 인간 선성(善性)의 내적 토대가 된다. 『중용』 1장의 언명이 인간의 본성과 교육에 관한 형이상학적 가정이라면, 이 언명을 아래서부터 소급해 볼 때 유학사상에서 교육의 관심사와 지향점이 분명해진다. "교(敎)⇨도(道)⇨성(性)⇨천(天)"의 구도에서 인간은 교육을 통하여 최고의 형이상학적 실체인 "하늘(天)"과 하나가 되는 경지에 도달할 수 있다. "천인합일"(天人合一: Unity of Man and Heaven)은 성리학적 사유 안에서 인간이 교육을 통하여 도달할 수 있는 최고 수준이다.

『대학』은 ① 교육 단계를 나타내는 학교(university)이기도 하고,[6] ② 「사서」(四書)의 하나인 책 이름이기도 하고, ③ 인간이 도덕적으로 고매하고 성숙한 인격을 갖추기 위한 학

3) 馮友蘭(1983), 정인재 역, 중국철학사, 서울: 형설출판사, pp.345-346.

4) 周濂溪의 「通書」 聖學 第20 : "聖可學乎 曰可 有要乎 曰有 請聞焉 曰一爲要 一者 無欲也…"과 二程兄弟의 「二程全書」 卷43, 伊川文集, '顔子所好何學論' : "學以至聖人之道也 聖人可學而至"

5) 「中庸」 第1章 : 天命之謂性 率性之謂道 修道之謂敎

6) 이 경우 「大學」은 '대학'이 아니라 '태학太學'으로 불린다.

문(大人之學 : Great Learning)을 나타내기도 한다. 『대학』이 갖는 마지막 의미에 주목한다면 우리는 『대학』을 통하여 인간 완성의 이념과 방법적 원리를 "삼강령"(三綱領), "팔조목"(八條目) 속에서 이끌어 낼 수 있다.

> "(Ⅰ) 대학의 도(道)는 명덕(明德)을 밝히는데 있고, 사람들을 새롭게(진작) 하는 데 있고, 지극한 선(善)의 경지에 이르러 멈추는 데 있다."[7]
>
> "(Ⅱ) 옛날에 명덕을 세상에 밝히려고 하는 사람은 먼저 그 나라를 다스리고 그 나라를 다스리고자 하는 사람은 먼저 그 집안을 다스리고 그 집안을 다스리고자 하는 사람은 먼저 그 몸을 닦고 그 몸을 닦고자 하는 사람은 먼저 그 마음을 바르게 하고 그 마음을 바르게 하고자 하는 사람은 먼저 그 뜻(의지)을 성실히 하고 그 뜻(의지)을 성실히 하고자 하는 사람은 먼저 그 앎(지식)을 확장하고 그 앎을 확장하고자 하는 사람은 물(事와 物)을 탐구(格)하게 된다. 물을 탐구한 이후에 앎이 확장되고 앎이 확장된 이후에 뜻(의지)이 성실해진 이후에 마음이 바르게 되고 마음이 바르게 된 이후에 몸이 닦여지고 몸이 닦여진 이후에 집안이 다스려지고 집안이 다스려진 이후에 나라가 다스려지고 나라가 다스려진 이후에 천하가 다스려진다."[8]
>
> ※(Ⅰ)(Ⅱ) 저자 표기

『대학』 1장의 언명과 관련하여 첫째, "명덕"은 인간 존재의 우주론적이고, 도덕성의 근거를 밝히는 것이다. 주자가 『대학』 1장의 구절을 해설하면서 "명덕을 밝혀서 그 처음으로 돌아간다(明之以復其初)."고 했을 때, '그 처음(其初)'이란 인간의 순수한 본성으로서 명덕(明德)이며, 이 선한 본성(善性)으로서 명덕은 인간이 태어나면서 하늘에서 부여받은 도덕성의 근거[天理]가 된다. 『대학』의 명덕은 『중용』 1장의 '하늘의 이념이 내재된 성'(天命之謂性)과 맥락이 통하게 된다. 결국 명덕은 인간의 마음의 본성을 밝히는 일이기 때문에 "팔조목" 가운데 "수신"(修身)을 기준으로 "격물"(格物)·"치지"(致知)·"성의"(誠意)·"정심"(正心) 공부를 통하여 이루어진다. 둘째, 사람들을 "새롭게 하는 일"은 "수신"을 기준으로 "제가"(齊家)·"치국"(治國)·"평천하"(平天下)를 통하여 이루어진다. 셋째, "지선(至善)을 성취하는 일"은 명덕을 밝히는 일과 사람들을 새롭게 하는 일의 궁극적 지향점이 된다. 지선(至善)을 실현함으로써 인간은 자신에게 생래적으로 부여된 '천리를 보존하고'(存天理), '사욕으로부터 해방'(去

7) 「大學」 1章 : 大學之道 在明明德 在新民 在止於至善

8) 「大學」 1章: 古之欲明明德於天下者 先治其國 欲治其國者 先齊其家 欲齊其家者 先修其身 欲修其身者 先正其心 欲正其心者 先誠其意 欲誠其意者 先致其知 致知在格物 物格而后 知至 知至而后 意誠 意誠而后 心正 心正而后 身修 身修而后 家齊 家齊而后 國治 國治而后 天下平

人欲)을 이룬 천인합일(天人合一)의 경지에 도달할 수 있다. 더 나아가 이 지극한 선의 이념은 수신(修身)에서 출발하여 그 지평을 확대해 감으로써 제가(齊家), 치국(治國) 평천하(平天下)를 통한 인간의 대동 세계(大同世界)[9]의 비전으로 발전하게 된다.[10] 유가의 경전에서 자주 등장하는 '수기치인(修己治人)' 또는 수기안인(修己安人)은 곧 인간의 인격 수양(修己)과 공동체의 유가적 이상실현(安人, 治人)을 위한 지향(志向)이 결합된 교육적 개념이다.

유학사상의 대표적 인물로서 공자는 춘추시대의 혼란을 인간의 도덕성 타락으로 진단하고 인간 존재는 본래적으로 선한 도덕성을 타고났다고 생각하여 그 본래적 선의 바탕으로 인(仁)을 제시하고 있다. 따라서 사람마다 내재하고 있는 도덕성으로서 인을 구체적 현실생활 속에서 완성하도록 깨닫고 실천할 수 있도록 인도하는 것을 그의 사명으로 삼았다. 인(仁)은 유학사상에서 가장 기본적이고 포괄적인 개념으로서 모든 사람에게 품수된 '도덕적 탁월성(덕)'이다. 『논어』에서 인은 다양한 실천적 의미로 표현되는데, '인간됨의 조건(仁者 人也)', '사람을 사랑함(愛人)' 등의 뜻으로 설명되며, 그 실현을 위한 구체적 덕목의 의미로도 이해된다. 공자는 사람을 사랑하기 위해서 '내 정성을 다하고(忠), 내 마음을 미루어 남을 배려하는(推己及人), 그래서 내가 하고자 하지 않는 일을 남에게 베풀지 않는 충서(忠恕)의 형식으로 인을 설명하기도 하며, 사람을 사랑하되 자신의 일상에서 가장 빈번하게 마주치는 부모를 사랑하고(孝), 형제를 사랑하는 것(悌)이 타자로서 인간을 사랑하는 출발점으로 이해하기도 한다. 또한 그러한 인의 의미를 실천하기 위해 공자는 우선 나 자신의 사욕과 이기심을 극복하고 인간관계에서 보편적 도덕규범의 원리(禮)를 실천해야 하므로 극기복례(克己復禮)를 요구한다. 유학에서 인이란 본래적 도덕성의 의미와 그 도덕성 실천을 촉구하는 윤리적 개념이다. 공자의 인(仁)은 유학사상사에서 인간 존재와 관련하여 도덕적 인격을 구성하는 핵심적인 덕으로 자리매김되지만 이 인(仁)은 맹자에 이르러 인의(仁義)로 강조되고, '인의예지(仁義禮智)'의 사덕(四德)으로 체계화되며, 여기에 신(信)을 추가하여 오상(五常)의 개념으로 발전한다. 이들 주요 도덕 개념은 다시 포괄적인 실천덕목으로서 충(忠)과 효(孝), 그리고 인간의 욕망과 충동의 문명적 표현 방식으로서 예

---

9) 『禮記』 卷9 「禮運」에 나오는 유가적 이상사회 개념이다. 공자는 大道가 행해질 때 인간 사회의 모습을 大同社會라 보고, 이러한 사회로 발전되기 위해 훌륭한 지도자들이 이끌어가는 사회를 소강사회(小康社會)로 설명하고 있다. 유학에서 인간 사회는 ① 전쟁과 혼란의 사회(爭亂社會)에서 ② 소강사회(小康社會)로, 소강사회에서 ③ 대동사회(大同社會) 단계로 발전하게 된다.

10) Wm. Theodore de Bary(1985), "Neo-Confucian Inividualism and Holism", (Donald Munro ed., *Individualism and Holism-Studies in Confucian and Taoist Values*-, Ann Arbor: The University of Michigan) pp.350-351.

(禮)나 실천적 도덕규범으로서 오륜(五倫)과 내적 연관을 가진다.

유학사상에서는 도덕적 인격을 원만히 갖추고 일상에서 실천하는 사람을 '군자(君子)'로 부르고 그렇지 못한 사람, 곧 일 처리를 옳고 그름의 차원에서 하지 않고 오로지 자신의 사적인 이익을 위해 도덕을 이용하고, 세속의 명예와 권력에 눈먼 사람, 자신의 출세만을 위해 공부하는 사람을 '소인(小人)'이라고 한다.

> "군자는 덕을 생각하지만 소인은 땅을 생각한다.
> 군자는 의(義)를 좋아하고 소인은 이익(利)을 좋아한다."[11]

이상과 같이 사람들로 하여금 일상생활에서 사적인 이익보다는 보편적인 예(禮)를 중시하고 이를 실천하도록 함으로써 소인을 넘어 대인(大人)과 군자의 길을 갈 수 있도록 사람들을 인도하는 것이 유학이다.

맹자(孟子, BC 372?~BC 289). 전국시대 추(鄒)나라 사람으로 이름은 가(軻), 자는 자여(子輿) 또는 자거(子車). 공자의 사상을 발전시킴. 성선설을 주장.

순자(荀子, BC 298?~BC 238?). 전국시대 조(趙)나라 사람으로 성은 순(荀)이고 이름은 황(況). 자는 경(卿). 성악설을 주장했으며, 예(禮)를 강조.

주희(朱熹, 1130~1200). 송나라의 유학자. 자는 원회(元晦)·중회(仲晦). 호 회암(晦庵)·회옹(晦翁). 이름 희(熹). 理와 氣를 통해 우주만물의 생성과 변화, 선과 악, 인간의 도덕적 변화가능성을 설명함.

유학에서 인간의 본성에 관한 논의는 크게 두 가지 입장으로 대표되는데 '인간의 본성은 본래부터 선하기 때문에 그 선한 본성을 잘 지키고 발현할 수 있도록 해야 한다.'고 하는 맹자(孟子, BC.371-289)의 "성선설(性善說)"과 '인간은 자신의 욕망을 충족하고자 하는

11) 『論語』 卷4 里仁: 子曰 君子 懷德 小人 懷土..... 君子 喩於義 小人 喩於利

성향이 강한 존재인데, 이러한 본성을 그대로 두면 다툼이 생기고 사회적 혼란이 발생하게 되기 때문에 예(禮)를 통하여 악한 경향성을 통제하거나 극복해야 한다.'고 주장하는 것이 순자(荀子, BC. 298-238)의 "성악설(性惡說)"이다. 순자의 성악설은 인간의 본성이 원래 악하다는 것을 강조하려는 것이 아니라 인간이 주체적으로 자신의 욕망을 분수에 맞게 하거나 그것을 극복하려는 인간의 노력(人爲?)이 필요하다는 점을 강조하는 것이다. 인성론의 관점에서 거의 동시대 사람인 맹자와 순자는 자주 대비가 된다. 사상적 경향에서 맹자가 유학사상에서 이상주의적이고 혁신적이라면 순자는 현실주의적이며 보수적인 성향을 지닌 인물이다(황준연, 1994).

성선설과 성악설, 지나간 이론일 뿐인가?

〈부산 여중생 폭행 '소년법 폐지' 청원 26만 명 돌파…가해학생 11일 구속〉

부산 여중생 폭행 사건과 관련, 미성년자의 형사처벌 수위를 감경할 수 있도록 한 현행법을 폐지해 달라며 한 국민이 올린 국민 청원에 26만 명 이상의 누리꾼들이 동참했다.

12일 청와대 홈페이지의 국민소통 광장의 국민청원 및 제안 코너에는 '청소년이란 이유로 보호법을 악용하는 잔인무도한 청소년들이 늘어나고 있다'며 미성년자의 형사처벌 수위를 감경할 수 있도록 한 현행법을 폐지해야 한다고 주장하는 청원 글이 '베스트 청원'에 올라있다. 해당 청원에는 12일 오전 10시 현재 26만5,000여 명이 참여했다. 한편, '부산 여중생 폭행' 사건의 가해학생 A 양(15)이 11일 구속됐다. 10대 청소년이 폭행 사건으로 구속된 건 이례적이다. (출처: 동아일보, 20170912)

이 기사의 댓글에는 '가해학생들의 본성은 매우 악하다', '되돌릴 수 없다', '인권은 인간에게나 적용되는 것', '어리다고 처벌을 약하게 해서는 안 된다'는 쪽의 의견이 대부분이었다. 한 여가수가 '모두의 책임'이라는 의견을 SNS를 통해 밝혔다가 여론의 뭇매를 맞고 바로 게시글을 삭제하는 일도 있었지만, 이는 매우 드문 의견에 속한다. 비록 한쪽으로 치우치기는 했지만, 이처럼 오늘날에도 인간 본성에 대한 관점은 여전히 중요한 이슈로 자리 잡고 있다. 이 문제가 교화의 가능성이나 방향 등과 연관되어 있기 때문이다. 본성을 악하다고 본다면 우리 사회는 처벌을 강화하는 방향으로 나아갈 것이고, 본성이 선하다고 본다면 아무리 악한 사람에게라도 교화의 가능성은 남아있는 것이다. 여러분의 의견은 어떤 쪽인가?

후세에 맹자의 성선설은 유학의 정통적인 입장으로 평가되고 있으며, 이 두 사람의 인간 본성론은 주자(朱子, 1130-1200)를 전후로 하는 일군의 성리학자들의 이기론(理氣論)에 근거한 인간 이해방식(理學, 性理學, 程朱學), 곧 인성론(人性論)의 주요 개념인 '도심(道心)'과 '인심(人心)', '본연지성(本然之性)'과 '기질지성(氣質之性)' 및 '심통성정(心統性情)론'의 개념 체계로 통합된다.

물을 바라보는 선비
(출처: 국립중앙박물관)

선비가 물 흐르는 소리에 귀를 기울이고 있다. 도덕적, 윤리적, 우주론적 의미를 담고 있는 수묵산수화에는 모든 사물의 생겨남과 그 됨됨이를 지배하는 영원한 원리, 즉 理가 투영되어 있다(제니퍼 올드스톤무어(Jennifer Oldstone-Moore), 『동아시아 문화의 열쇠 유교』)

송나라 이후 유학은 명나라 때의 심학(心學) 중심의 양명학(陽明學; 王陽明, 1472-1528)을 통하여 발전되고, 청(淸)나라 대에 이르러 관념적이고 이론적인 주자학과 양명학을 벗어나 실증주의적 경향(考證學, 實學)을 띠게 된다. 우리나라에서 유학사상은 삼국시대 이후 개인의 생활 철학이나 국가의 통치 원리로 작용해 오다가 고려 말 조선 초기에 이르러 성리학을 중심으로 하는 학문과 사상이 개인의 수양과 사회 구성의 기본 이념, 국가 통치의 원리로 수용되면서 세계 어떤 국가보다도 유학사상을 이론적, 문화적으로 발전 심화시켰다. 조선사회에서 성리학은 단순히 중국 유학의 수용이 아니라 학문과 철학적 사유, 인간의 삶의 방식 등 거의 모든 영역에서 새로운 면모를 보여주게 되었다. 특히 송대 성리학에서 완성되지 못한 철학적 사유는 조선 성리학자들에 의하여 심화되고 체계화되었다고 할 수 있다. 퇴계(退溪 李滉, 1501-1570)와 율곡(栗谷 李珥, 1536-1584)을 중심으로 하는 조선 유학자들은 성리학에서 제기된 이기론(理氣論)과 인성(人性)의 문제를 철학적으로 심화시켰고 이론적으로 완성하게 되었으며[12] 사계(沙溪; 김장생)와 그의 문인들을 통하여 예학(禮學)

12) 조선 성리학에서 이기(理氣)에 관한 논의, 인간 본성에 관한 논변들(四端七情 論辨, 人物性 同異論-湖洛

으로 발전했으며, 성호(星湖; 이익), 다산(茶山; 정약용)이나 혜강(惠岡; 최한기) 등의 실학자들을 통하여 개혁적인 학문의 지평을 펼치게 되었다.

3. 도덕교육적 관심

유학의 대표적인 경전(四書三經)이나 교육용 교재는 오늘날 교과 개념으로 볼 때, 모두 도덕 교과서로서 성격을 강하게 지니고 있다. 유학사상은 인간이 배움과 가르침을 통하여 누구나 자기 자신을 인격적으로 완성할 수 있다는 신념을 어떤 사상보다 더 강조하고 있기 때문에 모든 교육활동에서 도덕교육은 핵심이고 교육의 본질을 구성한다. 유학사상에서 교육은 "보통사람(凡人)을 넘어서 성인(聖人)의 경지로 입문"(超凡入聖)[13]하는 일은 교육이 해야 할 가장 중요한 일이다. 공자와 맹자의 유학을 철학적으로 심화하고 있는 성리학자들은 인간 완성에 대한 자신들의 관심사를 원시유학[孔孟學]의 입장보다 더욱더 치밀하게 전개하기 위하여 철학적 사유에서 인성(人性)과 수양론(修養論; 敎育論)의 문제를 중요한 논점으로 다루고 있다.

성리학의 집대성자인 주자(朱熹, 1130-1200)도 역시 인간 완성의 문제에서 많은 관심을 갖고 있었다. 그는 당시 학교가 출세주의와 도구적 교육관에 지배된 상황을 타개하기 위하여 국가의 공(公)교육 대신 사학(私學; 書院) 교육을 통하여 인간 완성을 위한 교육의 올바른 대안을 제시하고자 하였다.[14] 일반 사람들이 교육의 본령인 성인(聖人)되는 공부에 관심을 두지 않고 오로지 세속적인 삶에 함몰된 현실을 개탄하면서 "세상 사람들이 대부분 성현(聖賢)을 높게 생각하고 자기를 낮추어 보아서 성인을 이미 자기와는 다른 사람이라고 생각해버린다. 그러나 성현의 성품도 다른 보통 사람들과 똑같다. 보통 사람과 똑같은데 어찌 성현이 되는 것을 자기의 책임으로 삼지 않는가? 옛날부터 많은 사람이 태어났으나 자신이 할 수 있는 일을 다 하려고 한 사람은 천만인 가운데 한두 사람도 없으니 다만 일생을 잘못 살아 왔구나!"라고[15] 하면서 많은 사람들이 자포자기(自暴自棄)하

論爭-)은 철학적 치열함을 보여주는 대표적인 논쟁들이다. (한국철학사상연구회, 논쟁으로 보는 한국철학, 서울; 예문서원, 1996 참고)

13) 「性理大全」 卷43 學1 總論爲學之方: 自家因甚便不似聖人 因甚便只是常人 就此理會得透 自可超凡入聖

14) 고대혁(1995), "朱子의 敎育論과 聖人의 敎育的 意味", 東洋古典硏究 제 4집, 서울: 東洋古典學會, p.276.

15) 「朱子語類」, 卷8, 學 2, 總論爲學之方: 世人多以聖賢爲高 而自視爲卑… 已別是一樣人…然聖賢稟性與常人一同 旣與常人一同 又安得不以聖賢爲 其任 自開闢以來 生多少人 求其盡己者 千萬人中無一二 只是滾同枉過一世.

지 말고 교육을 통하여 성인(聖人)되는 길에 동참하기를 호소하고 있다.

우리나라의 경우, 율곡 이이도 아동교육을 위해 편찬한 『격몽요결(擊蒙要訣)』 첫머리에서 아이들이 공부하는 뜻을 세우는 것이 중요하고 공부의 목적은 아이들이 "스스로 성인(聖人)이 되기를 기약"(聖人自期)[16]하는 데 있다는 점을 강조하고 있다. 인간이 개인적으로 인격 완성을 통하여 성인·군자가 되도록 도와주고, 사회적으로 인간이 살아야 할 기본적인 윤리 규범(五倫)을 실천할 수 있도록 학교는 이것을 강조하고 밝히는 일[明人倫]을 위해 헌신하는 일이 유학사상의 일반적인 도덕교육 관념이다. 전통사회에서 향교나 성균관의 교실 이름이 '인륜을 밝히는 집'이라는 의미에서 '명륜당(明倫堂)'이라고 한 것이나 학교가 있었던 동네를 '명륜동(明倫洞)'으로 부르는 것도 유학사상의 교육적 전통을 잘 보여주는 것이며, 오늘날 우리사회의 교육열을 문화적, 사상적으로 이해할 수 있는 실마리가 된다.

원전 산책: 유학(맹자, 순자, 주자)

『孟子』

• 맹자의 현실 인식

聖王이 나오지 아니하여 제후가 방자하며 초야의 선비들이 멋대로 의논하여 양주(楊朱)와 묵적(墨翟)의 말이 천하에 가득하여, 천하의 말이 양주에게 돌아가지 않으면 묵적에게 돌아간다. 양씨는 자신만을 위하니, 이는 군주가 없는 것이요, 묵씨는 똑같이 사랑하니, 이는 아버지가 없는 것이니, 아버지가 없고 군주가 없으면 이는 금수이다. 공명의가 말하기를 '임금의 푸주간에 살진 고기가 있고 마구간에 살찐 말이 있는데도 백성들에게 굶주린 기색이 있으며 들에는 굶어 죽은 시체가 있다면 이는 짐승을 몰아 사람을 잡아먹게 하는 것이다.' 하였다. 양주, 묵적의 도가 종식되지 않으면 공자의 도가 드러나지 못할 것이니, 이는 부정한 학설이 백성을 속여 인의(仁義)의 도를 꽉 막는 것이다. 인의가 꽉 막히면 짐승을 내몰아 사람을 잡아먹게 하다가 사람들이 장차 서로 잡아먹게 될 것이다. -『孟子』「滕文公下」-

• 고자와의 본성 논쟁 1

A. 고자(告子)가 말하였다. "사람의 성(性)은 버드나무와 같고, 의(義)는 버드나무로 만든 그릇과 같으니, 사람의 본성(本性)을 가지고 인의(仁義)를 행하는 것은 버드나무를 가지고 그릇을 만드는 것과 같습니다."

16) 『擊蒙要訣』 [立志] 제1

B. 맹자께서 말씀하셨다. "그대는 버드나무의 본성을 그대로 따라서 그릇을 만듭니까? 반드시 버드나무를 구부리고 해친 뒤에야 그릇을 만들 것이니, 만일 버드나무를 구부리고 해쳐서 그릇을 만든다면, 또한 장차 사람을 해쳐서 인의를 행한다는 것입니까? 천하 사람을 거느리고서 인의를 해치게 하는 것은 반드시 그대의 말일 것입니다." (『孟子』「告子上」. 告子曰, 性猶杞柳也, 義猶桮棬 也. 以人性爲仁義, 猶以杞柳爲桮棬. 孟子曰, 子能順杞柳之性而以爲桮棬 乎, 將戕 賊杞柳而後以爲桮棬 也, 如將戕 賊杞柳而以爲桮棬, 則亦將戕 賊人以爲仁義與? 率天下之人而禍仁義者, 必子之言夫)

• 고자와의 본성 논쟁 2

A. 告子가 말하였다. "性은 여울물과 같다. 그리하여 이것을 동쪽으로 터놓으면 동쪽으로 흐르고, 서쪽으로 터놓으면 서쪽으로 흐르니, 人性이 善과 不善에 구분이 없음은 마치 물이 동, 서에 분별이 없는 것과 같다."

B. 맹자께서 말씀하셨다. "물은 진실로 동서에 분별이 없거니와, 상하에도 분별이 없단 말인가? 人性의 선함은 물이 아래로 내려가는 것과 같으니, 사람은 불선한 사람이 없으며, 물은 아래로 내려가지 않는 것이 없다. 지금 물을 쳐서 튀어 오르게 하면 이마를 지나가게 할 수 있으며, 세게 흘러가게 하면 산에 있게 할 수 있거니와, 이것이 어찌 물의 본성이겠는가? 그 세가 그렇게 만든 것이다. 사람이 불선을 하게 함은 그 성이 또한 이와 같은 것이다." (『孟子』「告子上」. 告子曰, 性猶湍水也. 決諸東方則東流, 決諸西方則西流. 人性之無分於善不善也, 猶水之無分於東西也. 孟子曰, 水信無分於東西, 無分於上下乎. 人性之善也, 猶水之就下也, 人無有不善, 水無有不下. 今夫水搏而躍之, 可使過顙, 激而行之, 可使在山, 是豈水之性哉, 其勢則然也. 人之可使爲不善, 其性亦猶是也)

• 인성에 대한 다양한 입장 반박

공도자가 물었다. (A)고자가 말하기를 '성은 선함도 없고 불선함도 없다'하고, (B)혹자는 말하기를, '성은 선을 할 수도 있으며, 불선을 할 수도 있으니, 이러므로 문왕과 무왕이 일어나면 백성들이 선을 좋아하고, 유왕(幽王)과 려왕(勵王)이 일어나면 백성들이 포악함을 좋아한다' 하며, (C)혹자는 말하기를 '성이 선한 이도 있고, 성이 불선한 이도 있다. 그러므로 요를 군주로 삼았는데도 상(象)이 있었으며, 주왕을 형의 아들로 삼고 또 군주로 삼았는데도 미자계와 왕자 비간이 있었다'하였다. 그런데, 선생이 지금 성이 선하다고 말씀하시니, 그렇다면 저들은 모두 틀린 것입니까? (D)맹자께서 말씀하였다. 그 情으로 말하면 善하다고 할 수 있으니, 이것이 내가 말하는 선하다는 것이다. 不善을 하는 것으로 말하면 타고난 재질의 죄가 아니다. 측은지심을 사람마다 다 가지고 있으며, 수오지심을 사람마다 다 가지고 있으며, 공경지심을 사람마다 다 가지고 있으며, 시비지심을 사람마다 다 가지고 있으니, 측은지심은 인이요, 수오지심은 의요, 공경지심은 예요, 시비지심은 지이니, 인의예지가 밖으로부터 나를 녹여서 들어오는 것이 아니요, 나에게 고유한 것이지만 사람들이 생각하지 못할 뿐이다. 그러므로 말하기를 '구하면 얻고, 버리면 잃는다'하는 것이니 혹은 (선악의) 거리가 서로 배가 되고, 다섯 배가 되어 계산할 수 없는 것은 그 재질을 다하지 못했기 때문이다. (『孟子』「告子上」. 公都子曰, 告子曰 性無善無不善也. 或曰, 性可以爲善, 可以爲不善, 是故文武興則民好善 幽勵興則民 好暴. 或曰有性善有性不善, 是故以堯爲君而有象, 以瞽瞍爲父而有舜, 以紂爲兄之子且以爲君而有微子啓王子比干. 今曰性善, 然則彼皆非與. 孟子曰, 乃若其情則可以爲善矣, 乃所謂善也. 若夫爲不善非才其罪也. 惻隱之心人皆有之, 羞惡之心人皆有之, 恭敬之心人皆有之, 是非

之心人皆有之. 惻隱之心仁也, 羞惡之心義也, 恭敬之心禮也, 是非之心智也. 仁義禮智非由外鑠我也. 我固有之也. 弗思耳矣. 故曰求則得之, 舍則失之. 或相倍蓰而無算者, 不能盡其才者也)

- **성선의 증명**

〈우산의 나무〉

맹자께서 말씀하셨다. 우산의 나무(牛山之木)가 일찍이 아름다웠는데, 그것이 큰 나라의 근교에 있어서 도끼와 자귀로 베어내니, 어떻게 아름답게 될 수 있겠는가? 낮과 밤에 자라나는 것과 비와 이슬이 적셔주어 싹이 자라지 않는 것은 아니지만, 소와 양을 또 방목하므로 이 때문에 저와 같이 벌거벗게 된 것인데, 사람들은 그 벌거벗은 것만을 보고는 일찍이 재목이 있지 않았다고 생각하니, 이것이 어찌 산의 본래 성질이겠는가? 비록 사람에게 있는 것이라 한들 어찌 仁義의 마음이 없겠는가마는, 그 양심을 잃어버리는 것이 또한 도끼와 자귀로 아침마다 나무를 베는 것과 같으니, 이렇게 하고서 아름답게 될 수 있겠는가? 그 낮과 밤에 자라난 양심과 새벽의 맑은 기운도, 그 좋아하고 미워함이 다른 사람들과 서로 비슷한 것이 거의 드문데, 낮에 하는 불선한 행동이 이것을 없애니, 없애기를 반복하면 밤에 자란 선한 기운인 야기(夜氣)도 보존될 수 없고, 야기가 보존될 수 없으면 금수와 다른 것이 많지 않게 된다. 사람들은 금수와 같은 모습만을 보고서 일찍이 훌륭한 재질이 있지 않았다고 생각하니, 이것이 어찌 사람의 본래 모습이겠는가? 그러므로 진실로 잘 길러주면 물건마다 자라지 않는 것이 없고, 진실로 잘 길러주지 않으면 물건마다 소멸하지 않는 것이 없다. 공자께서 말씀하시기를 '잡으면 보존되고 놓으면 없어져서[操則存 舍則亡] 나가고 들어옴이 일정한 때가 없으며[出入無時], 어디로 갈지 그 방향을 알 수 없는 것은 오직 사람의 마음을 두고 말한 것이다.' 하셨다.
(『孟子』「告子上」. 孟子曰, 牛山之木嘗美矣, 以其郊於大國也, 斧斤伐之, 可以爲美乎. 是其日夜之所息, 雨露之所潤, 非無萌蘖之生焉, 牛羊又從而牧之, 是以若彼濯濯也. 人見其濯濯也, 以爲未嘗有材焉, 此豈山之性也哉. 雖存乎人者, 豈無仁義之心哉, 其所以放其良心者, 亦猶斧斤之於木也, 旦旦而伐之, 可以爲美乎. 其日夜之所息 平旦之氣 其好惡與人相近也者幾希, 則其旦晝之所爲 有梏亡之矣. 梏之反覆, 則其夜氣不足以存. 夜氣不足以存, 則其違禽獸不遠矣. 人見其禽獸也, 而以爲未嘗有才焉者, 是豈人之情也哉. 故苟得其養 無物不長, 苟失其養 無物不消. 孔子曰, 操則存 舍則亡 出入無時, 莫知其鄕(向) 惟心之謂與)

〈어린아이가 우물에 들어갈 때〉

맹자께서 말씀하셨다. 사람들은 모두 차마 해치지 못하는 마음을 가지고 있다···〔중략〕…사람들이 모두 차마 해치지 못하는 마음을 가지고 있다고 말하는 까닭은, 지금에 사람들이 갑자기 어린 아이가 장차 우물로 들어가려는 것을 보고는 모두 깜짝 놀라고 측은해 하는 마음을 가지니, 이것은 어린 아이의 부모와 교분을 맺으려고 해서도 아니며, 향당의 벗들에게 명예를 구해서도 아니며, (*잔인하다는) 소리를 싫어해서 그러한 것도 아니다. 이로 말미암아 본다면 측은지심이 없으면 사람이 아니며, 수오지심이 없으면 사람이 아니며, 사양지심이 없으면 사람이 아니며, 시비지심이 없으면 사람이 아니다. 측은지심은 '인의 단서'(仁之端)'요, 수오지심은 의의 단서요, 사양자심은 예의 단서요, 시비지심은 지의 단서다. 사람이 이 사단을 가지고 있음은 사체를 가지고 있음과 같으니, 이 사단을 가지고 있으면서도 '스스로 인의를 행할 수 없다고 말하는 자는 자신을 해치는 자'요, '자기 군주가 인의를 행할 수 없다고 말하는 자는 군주를 해치는 자'이다. 무릇 사단이 나에게 있는 것을 다 '넓혀서 채울 줄(擴而充之)' 알면, 마치 불이 처음 타오르며 샘물이 처음 나오는 것과 같을 것이니, 만일 능히 이것을 채운다면 족히 사해를 보호할 수 있고, 만일 채우지 못한다면 부모도 섬길 수 없을 것이다. (『孟子』「公孫丑上」. 孟子曰人皆有不忍人之心…〔중략〕…所以謂人皆有不忍人之心者, 今人乍見孺子將入於井, 皆有怵惕 惻隱之心, 非所以內交於孺子之父母也, 非所以要譽於鄕黨朋友也, 非惡其聲而然也. 由是觀之, 無惻隱之心非人也, 無羞惡之心非人也, 無辭讓之心非人也, 無是非之心非仁也. 惻隱之心仁之端也羞惡之心義之端也辭讓之心禮之端也是非之心智之端也. 人之有是四端也, 猶其有四體也. 有是四端而自謂不能者自賊者也, 謂其君不能者賊其君者也. 凡有四端於我者知皆擴而充之矣若火之始然泉之始達苟能充之足以保四海苟不充之不足以事父母)

• 악의 근원

맹자께서 말씀하셨다. 풍년에는 자제들이 의뢰함이 많고, 흉년에는 자제들이 포악함이 많으니, 하늘이 재주를 내림이 이와 같이 다른 것이 아니라 그 마음을 빠뜨리는 것(陷溺其心)이 그렇게 만든 것이다. (『孟子』「告子上」 7장: 孟子曰, 富歲, 子弟多賴, 凶歲, 子弟多暴, 非天之降才爾殊也. 其所以陷溺其心者然也)

• 이상적 인간

맹자께서 말씀하셨다. 규(規), 거(矩)는 방형과 원형의 지극함이요, 성인은 인륜의 지극함이다. 군주가 되고자 할진댄 군주의 도리를 다할 것이요, 신하가 되고자 할진댄 신하의 도리를 다해야 하니, 두 가지를 모두 요순을 법 받을 뿐이다…〔중략〕…공자께서 말씀하시기를 '길은 둘이니, 인과 불인일 뿐이다'하셨다. (『孟子』「離婁上」. 孟子曰, 規矩方圓之至也. 聖人人倫之至也. 欲爲君, 盡君道. 欲爲臣, 盡臣道. 二者皆法堯舜而已矣…〔중략〕…孔子曰道二, 仁與不仁而已矣).

맹자께서 말씀하셨다. 大人이란 赤子의 마음을 잃지 않는 자이다. (『孟子』「離婁章句下」8:12. 孟子曰, 大人者, 不失其赤子之心者也).

• 이상적 인간이 되는 방법

〈놓친 마음을 찾아라〉

맹자께서 말씀하셨다. 仁은 사람의 마음이요, 義는 사람의 길이다. 그 길을 버리고 따르지 않으며, 그 마음을 잃어버리고 찾을 줄을 모르니, 애처롭다. 사람이 닭과 개가 도망가면 찾을 줄을 알되, 마음을 잃고서는 찾을 줄을 알지 못하니, 학문하는 방법은 다른 것이 없다. 그 놓친 마음을 찾는 것일 뿐(求其放心)이다. (『孟子』「告子上」. 孟子曰 仁人心也 義人路也. 舍其路而不由, 放其心而不知求. 哀哉. 人有鷄犬放則知求之, 有放心而不知求, 學問之道無他, 求其放心而已矣)

〈돌이켜서 자신에게 찾아라〉

仁한 자는 활쏘기 하는 것과 같으니, 활을 쏘는 자는 자신을 바로잡은 뒤에야 발사하여, 발사한 것이 맞지 않더라도 자신을 이긴 자를 원망하지 않고 돌이켜서 자신에게서 찾을 뿐(反求諸己)이다. -『孟子』「公孫丑上」-

〈대체를 따라라〉

공도자(公都子)가 여쭈었다. "똑같은 사람인데, 어떤 사람은 대인이 되고, 어떤 사람은 소인

이 되는 것은 무엇 때문입니까?" 맹자께서 말씀하셨다. "대체(大體)인 심지(心志)를 따르는 사람은 대인이 되고, 소체(小體)인 이목(耳目)을 따르는 사람은 소인이 되네." "똑같은 사람인데, 어떤 사람은 대체를 따르고, 어떤 사람은 소체를 따르는 것은 어째서입니까?" "귀와 눈의 기능은 생각하지 못하기 때문에 물건에 가려지니, 외물(外物)이 귀와 눈에 접촉하면 귀와 눈은 외물에게 끌려갈 뿐이네. 마음의 기능은 생각하는 것이니, 생각하면 얻고 생각하지 아니하면 얻지 못하네. 이는 하늘이 우리 인간에게 부여한 것이니, 먼저 그 큰 것인 심지를 세우면 그 작은 것인 이목이 빼앗지 못할 것이네. 이것이 대인이 되는 것일 따름이네." (『孟子』「告子上」. 公都子問曰, 鈞是人也 或爲大人 或爲小人 何也. 孟子曰 從其大體 爲大人, 從其小體 爲小人. 曰鈞是人也 或從其大體 或從其小體 何也. 曰, 耳目之官 不思而蔽於物, 物交物 則引之而已矣. 心之官則思, 思則得之 不思則不得也. 此 天之所與我者, 先立乎其大者則其小者不能奪也, 此爲大人而已矣)

〈욕심을 적게 하라〉

맹자께서 말씀하셨다. 마음을 기르는 것은 욕심을 적게 하는 것보다 더 좋은 것이 없다. 그 사람됨이 욕심이 적으면 비록 본마음이 보존되지 못한 것이 있다 하더라도 보존되지 못한 것이 적을 것이고, 사람됨이 욕심이 많으면 비록 본마음이 보존된 것이 있더라도 보존된 것이 적을 것이다. (『孟子』「離婁下」. 孟子曰, 養心莫善於寡欲, 其爲人也寡欲 雖有不存焉者 寡矣. 其爲人也 多欲 雖有存焉者 寡矣)

〈부동심과 호연지기를 길러라〉

공손추가 여쭈었다. (A)"…이러한 지위에 있게 되신다면 마음이 동요되시겠습니까? 않으시겠습니까?" 맹자께서 말씀하셨다. "아닐세. 나는 40세에 마음이 동요되지 않았네[不動心]."… 〔중략〕 … (B)"감히 여쭙겠습니다. 선생님께서는 무슨 장점이 있으십니까?" "나는 남의 말을 잘 알며(知言), 나의 호연지기(浩然之氣)를 잘 기르네." -『孟子』「公孫丑上」-

『荀子』

• 현실 인식

오늘날 스승과 법이 없어서(無師法) 사회가 편협하고 위기에 치닫게 되고, 예의가 없어서 패륜과 혼란이 생겨서 정치가 이루어지지 않는다. -『荀子』「性惡」-

• 자연관

자연은 그 자체로 항구적인 법칙을 가지고 있다. 그래서 요(堯)임금을 존재케 하지도 않았고, 걸(桀)을 망하게 하지도 않는다. 여기에 응하여 정치를 하면 길하고, 여기에 응하여 혼란을 일으키면 흉하다. 농사를 근본으로 잘하여 절용(節用)하면 하늘이 가난하게 할 수도 없고, 의식주의 비축을 잘하여 부지런히 움직이면 하늘이 병들게 할 수도 없다. 도를 닦아서 전일하게 행동하면 하늘이 화를 초래케 할 수도 없다. (『荀子』「天論」. 天行有常, 不爲堯存, 不爲桀亡. 應之以

治則吉, 應之以亂則凶. 彊本而節用, 則天不能貧, 養備而動時, 則不能病. 脩道而不貳, 則天不能禍)

일식과 월식이 생기고 철에 맞지 않는 비바람이 일고 이상한 별이 나타나는 것은 늘 어느 세상에서나 있었던 일이다… 〔중략〕 …별이 떨어지고 나무가 우는 소리를 내는 것은 천지의 변화이지 음양의 변화로 드물게 생기는 일이다. 이상하게 여기는 것은 괜찮지만 그것을 두려워하면 안 된다. -『荀子』「天論」-

- **성악설**

인간의 본성은 惡하고, 선은 僞이다. 사람의 성은 태어나면서 이익을 좋아함이 있다. 그것을 따르므로 쟁탈이 생기고 사양하는 마음이 없어진다. 태어나면서 또 남을 질투하고 미워함이 있다. 그런 것을 따르기 때문에 잔혹한 일들이 일어나고 충신이 사라진다. 또 태어나면서 耳目의 욕구가 있다. 좋은 소리와 아름다운 색을 보고자 하고, 그것을 따르기 때문에 음란함이 일어나고 예의와 문리가 없어진다. 그러므로 사람의 본성을 따르고 사람의 감정을 따르면 필연적으로 쟁탈이 나오고 범법으로 사회가 쪼개지고 이치가 혼란으로 말미암아 사라져서 드디어 폭력에로 귀결할 것이다. (『荀子』「性惡」. 人之性惡, 其善者僞也. 今人之性, 生而有好利焉, 順是, 故爭奪生而辭讓亡焉. 生而有疾惡焉, 順是, 故殘賊生而忠信亡焉. 生而有耳目之欲, 有好聲色焉, 順是, 故淫亂生而禮義文理亡焉. 然則從人之性, 順人之情, 必出於爭奪, 合於犯分亂理而歸於暴).

- **성악설 증명**

사람들이 선하려고 노력하는 것은 본성이 악하기 때문이다. 대개 엷으면 두텁기를 바라고, 추하면 아름답기를 바라며, 좁으면 넓기를 바라고, 가난하면 부유하기를 바라며, 천하면 귀하기를 바라는 것은 자기 안에 있지 않는 것을 밖에서 구하려는 것이다. 부유하면 재물을 바라지 않고, 귀하면 세력을 바라지 않는 것은 이미 자기 안에 가지고 있기 때문에 밖에서 구하지 않는 것이다. 이렇게 본다면 사람이 선하고자 노력하는 것은 분명히 성이 악하기 때문이다. (『荀子』「性惡」. 凡人之欲爲善者, 爲性惡也. 薄願厚, 惡願美, 狹願廣, 貧願富, 賤願貴, 苟無之中者, 必求於外. 故富而不願財, 貴而不願執, 苟有之中者, 必不及於外. 用此觀之, 人之欲爲善者, 爲性惡也)

지금 시험 삼아 임금의 권세를 없애고 예의를 통한 교화를 중지하며, 올바른 법도의 다스림을 없애고 형벌에 의한 금지를 없애고서 세상의 인민들이 서로 어떻게 어울려 사는지를 보기로 하자. 그렇게 되면 곧 강한 자는 약한 자를 해치며 그들의 것을 뺏을 것이고, 무리가 많은 자들은 적은 자들에게 난폭하게 굴면서 이들을 짓밟을 것이다. 세상이 이치를 어기고 어지러워져 한참동안 기다릴 것도 없이 망할 것이다. 이로써 본다면 사람의 본성은 악한 것이 분명하며 그것이 선하다는 것은 거짓이다. -『荀子』「性惡」-

- **맹자 비판**

배워서 행할 수 없고 노력해도 이루어질 수 없는데도 사람에게 있는 것을 본성이라 한다. 배워서 행할 수 있고 노력하면 이루어질 수 있는 사람에게 있는 것을 작위라 한다… 〔중략〕 …맹자는 사람의 본성은 선한데, 모두 그 본성을 잃기 때문에 악한 것이라고 말하였다. 나는 그것은 잘못된 말이라고 생각한다. 사람을 본성대로 내버려두면 그의 질박함이 떠나고 그의 자질도 떠나버려 선한 것을 반드시 잃어버리고 말 것이다. 이로써 본다면 사람의 본성은 악한 것이 분명하다. -『荀子』「性惡」-

• **선(예)의 기원**

예는 몸을 바르게 간직하는 근거가 되고, 스승은 예를 바르게 지키는 근거가 된다. 예가 없다면 무엇을 근거로 몸을 바르게 간직하겠는가? 스승이 없다면 우리가 어떻게 예를 올바른 것이라는 것을 알 수 있겠는가? -『荀子』「修身」-

무릇 예의라는 것은 성인의 작위(僞)에서 생기는 것이니, 사람의 본성에서 생기는 것이 아니다. 도공은 진흙을 빚어서 그릇을 만드니, 그릇은 도공의 작위에서 생기는 것이지, 사람의 본성에서 생기는 것이 아니다… 〔중략〕 …성인이 생각을 쌓고 작위를 습관화(積思慮習僞)한 까닭에 예의가 생기고 법도가 일어난다. -『荀子』「性惡」-

인간의 본성은 요순과 걸과 도척이 매한가지다. 군자와 소인도 그 본성에 있어서는 같다. 그런데 예의로서 인위를 쌓는 것이 인간의 본성이라고 한다면, 어째서 요와 우임금을 귀하다고 하고 군자를 귀하다고 여기는가? 무릇 요와 우와 군자를 귀하게 여기는 것은 그들이 본성을 변화시켜 인위를 일으켰기 때문이다. 인위가 일어나서 예의가 생기게 된다. 그러므로 성인이 예의로서 작위를 쌓는 것도 도공이 진흙을 빚어서 만든 것과 같다. -『荀子』「性惡」-

• **성인도 본성이 악하다면, 그는 예를 어떻게 발명했는가?**

사람이 사람이라 할 수 있는 근거는 무엇인가? 사람에게는 분별능력(辨, 지적인 총명함)이 있기 때문이다… 〔중략〕 …그러니 사람이 사람이라 할 수 있는 근거는, 그들이 두 다리를 가지고 있고 털이 나지 않은 동물이라는 특징이 아니라 분별이 있다는 것이다. -『荀子』「非相」-

감정이 그러하여 마음이 그것을 선택하는 것을 생각(慮)이라 말하고, 마음이 생각하여 그것을 위해 움직일 수 있는 것을 작위(僞)라 말한다. -『荀子』「正名」-

알 수 있는 자질과 행할 수 있는 능력이 길거리의 사람에게도 있음이 분명하다. -『荀子』「性惡」-

사람들은 무엇으로 도를 아는가? 그것은 마음으로 알 수 있다. 마음은 어떻게 도를 아는가? 그것은 텅 비고 한결같아지고 고요해지는 것으로 알게 된다… 〔중략〕 …마음이 텅 비고 한결같아지고 고요한 것을 크게 맑고 밝다(大清明)고 하는 것이다. (『荀子』「解蔽」. 人何以知道? 曰, 心. 心何以知? 曰, 虛壹而靜… 〔중략〕 …虛壹而靜, 謂之大清明)

• **예의 기원과 기능**

예는 어디서 생겼는가? 사람은 나면서부터 욕망(欲)이 있는데, 바라면서도 얻지 못하면 곧 추구하지 않을 수 없고, 추구함에 일정한 기준과 한계가 없다면 (욕망을 만족시키는 방법을 놓고) 곧 다투지 않을 수 없게 된다. 다투면 어지러워지고 어지러워지면 궁핍해진다. 옛 임금들께서는 그 어지러움을 싫어하셨기 때문에 예의를 제정하여 사물들을 분배하고, 사람들의 욕망을 충족시켜 주고(以養人之欲), 사람들이 원하는 것을 얻는 수단을 공급하였던 것이다. 그리하여 (선왕들은) 욕망이 (욕망을 만족시키는) 물질에 대하여 궁핍(窮)하지 않고, 물질이 욕망에 의하여 고갈(屈)됨이 없도록 하여, 이 두 가지(욕망과 사물)가 서로 지지하면서 발전하도록 하였는데(兩者相持而長), 이것이 예의 기원이다. 그러므로 예란 (욕망을) 길러주는 것(故禮者養也)이다. (『荀子』「禮論」. 禮起於何也? 曰: 人生而有欲, 欲而不得, 則不能無求, 求而無度量分界, 則不能不爭. 爭則亂, 亂則窮, 先王惡其亂也, 故制禮義以分之, 以養人之欲, 給人之求, 使欲必不窮乎物, 物必不屈於欲, 兩者相持而長, 是禮之所起也. 故禮者, 養也).

• 예를 따라야 하는 이유

본디 사람에게는 삶보다 더 귀중한 것이 없고, 안정보다 더 즐거운 상태는 없다. 그러한 삶을 보양하고 안정됨을 즐기는 방법으로는 예의보다 더 위대한 것이 없다. 사람들은 삶이 귀중하고 안정됨이 즐겁다는 것을 알면서도 예의를 버리고 있는데, 그것은 마치 오래 살려고 하면서도 자기 목을 자르는 것과 같다. -『荀子』「彊國」-

• 성인이 되는 방법

길거리의 백성이라 하더라도 선을 쌓아 완전함을 다하게 되면, 그를 성인이라 한다. 성인은 선을 추구함으로써 그것을 얻었고, 선을 행함으로써 그것이 이루어졌으며, 그런 일을 쌓아감으로써 높아졌고, 그런 일을 다 한 뒤에야 성인이 되었다. 그러므로 성인이란 사람들이 노력을 쌓아 감으로써 이루어졌다. -『荀子』「儒效」-

지금 길거리의 사람으로 하여금 학문에 종사하여 마음을 오로지 하고 뜻을 통일하며, 사색하고 살펴서 오랫동안 쉬지 않고 선을 쌓게 하면, 곧 신명함에 통달하여 하늘과 땅의 변화에 참여하게 될 것이다. 그러므로 성인이란 사람이 작위를 쌓아 이룬 것이다. (『荀子』「性惡」. 今使塗之人伏術爲學, 專心一志, 思索孰察, 加日縣久, 積善而不息, 則通於神明, 參於天地矣. 故聖人者, 人之所積而致也)

요임금이나 우임금은 나면서 모든 것이 갖추어 있던 사람은 아니다. 옛 것을 변화시켜 일어서고 수양과 행동을 통해 완성시켜서 완전하게 된 다음에야 모든 것이 갖추어졌던 것이다. -『荀子』「榮辱」-

좋은 법이 있어도 어지러워지는 일은 있으나, 군자가 있으면서도 어지러워진다는 말은 예로부터 지금까지 들어본 일이 없다. -『荀子』「王制」-

법은 다스림의 말단이다. 군자는 다스림의 근원이다. -『荀子』「君道」-

부유하지 않으면 백성들의 감정을 길러 줄 수 없다. -『荀子』「大略」-

정치는 어떻게 해야 하는가? 내 생각으로는 어질고 능력 있는 자는 차례를 기다릴 것 없이 등용하고, 변변치 않고 능력 없는 자는 조금도 지체 없이 파면시키고, 매우 악한 자는 교화를 기다릴 것 없이 처벌하고, 보통 백성들은 정치를 기다릴 것 없이 교화시키면 된다…〔중략〕… 그러므로 간사한 말과 간사한 이론과 간사한 일과 간사한 능력을 지니고 숨어 도망하면서 안정하지 않는 백성들은 특별한 방법으로 그들을 가르치고 여유를 가지고 그들이 착해지기를 기다려야 한다. 그들을 격려할 때는 상을 주고 그들을 징계할 때는 형벌을 가하며, 직업에 안정되면 잘 길러주고 직업에 안정되지 못하면 버리는 것이다… 〔중략〕 …재능과 행동이 시국에 반하는 자는 용서 없이 사형에 처한다. 이런 것을 두고 하늘의 덕이라 하며, 왕자의 정치라 한다. -『荀子』「王制」-

본디 교도하지 않고 처벌한다면 형벌만 번거로워질 뿐 사악함은 이겨낼 수 없다. 교도를 하면서도 처벌하지 않는다면 간악한 백성들이 꺼리는 일이 없다. 처벌하기만 하고 상은 주지 않는다면 부지런한 백성들도 힘써 일하지 않는다. 처벌하고 상을 줌에 있어 일정한 기준이 없다면 곧 사람들은 의심을 품고 풍속이 험악하게 되어 백성들은 통일되지 않는다. -『荀子』「富國」-

사람들에게 형벌을 가하는 근본은 난폭한 행동을 금하고 악한 일을 미워하게 하고 또 앞날을 조심하도록 하게 하기 위한 것이다. 살인한 자도 사형을 당하지 않고 사람들을 상해한 자도 형벌을 받지 않는다면, 그것은 난폭한 자에게 혜택을 베풀고 남을 헤치는 자에게 너그러운 것이어서, 악을 미워하는 것이 아니다. -『荀子』「正論」-

朱子: 『주자어류』 『주자문집』 외

• 현실 인식

신이 오늘날 천하의 상황을 살펴보니, 마치 인체에 중병이 들어 안으로는 심장과 복부로부터 시작하여 밖으로는 사지에까지 퍼져있는 것과 같습니다. 터럭 하나에 이르도록 병들지 않은 곳이 없어, 비록 기거하고 음식을 먹는 데는 큰 지장이 없지만, 그 위급하고 긴박한 증세는 의사가 쳐다보기만 하다가 도망갈 것보다 더 심합니다. 이러한 병은 반드시 편작이나 화타와 같은 명의가 만든 신단과 묘제를 투약하여 내장과 위를 세척하여 그 병의 뿌리를 제거하고 난 후에야 요행히 안전하게 될 것입니다. (『朱熹集(주희집)』 권11 「戊申封事」. 蓋臣竊觀今日天下之勢, 如人之有重病內自心腹外達四肢. 蓋無一毛一髮不受病者, 雖於起居飮食未至有妨, 然其危迫之證深於醫者固已望之而走矣. 是必得如盧扁華佗之輩, 投以神丹妙劑, 爲之湔腸滌胃, 以去病根, 然後可以幸於安全)

• 기존의 인성론 비판

맹자는 성선을 말하였는데, 그는 단지 대본처를 보았을 뿐이며, 기질지성(氣質之性) 같은 세부적인 것은 말하지 않았다. 명도 선생은 '성(性)을 말하면서 기(氣)를 말하지 않으면 갖추어지지 않은 것이고, 기를 말하면서 성을 말하지 않으면 명확하지 않으니, 그것을 두 가지로 나누는 것은 옳지 않다'고 하였다. 맹자는 성만 말하고 기를 말하지 않았으니 완전히 갖추어지지 않은 것이다. 성을 말하면서 기를 말하지 않으면 이러한 성에 대한 주장은 완전하지 못하다. 기를 논하면서 성을 논하지 않으면 성의 본령처가 투철하지 않게 된다. 순자, 양웅, 한유 등의 사람들이 성을 논하였지만 그 실제는 단지 기를 말할 수 있을 뿐이었다. 순자는 단지 좋지 못한 사람의 본성을 보고 악하다고 주장하였다. 양웅은 반은 선하고 반은 악한 사람을 보고 선악이 혼합되어 있다고 주장하였다. 한유는 세상에 많은 종류의 사람이 있음을 보았고 그래서 삼품(三品)의 설을 세웠다. 순자, 양웅, 한유 세 사람의 설 중에 한유의 설이 비교적 좋다. 그는 인의예지를 성으로 여기고 희노애락을 정으로 여겼는데, 단지 중간의 (성과 정이) 겹치는 부분에서 기라는 글자를 소홀히 하였다. (『주자어류(朱子語類)』4권 92조목. 孟子說性善, 他只見得大本處, 未說得氣質之性細碎處. 程子謂: '論性不論氣, 不備; 論氣不論性, 不明; 二之則不是.' 孟子只論性, 不論氣, 但不全備. 論性不論氣, 這性說不盡; 論氣不論性, 性之本領處又不透徹. 荀揚韓諸人雖是論性, 其實只說得氣. 荀子只見得不好人底性, 便說做惡. 揚子見半善半惡底人, 便說善惡混. 韓子見天下有許多般人, 所以立爲三品之說. 就三子中, 韓子說又較近. 他以仁義禮智爲性, 以喜怒哀樂爲情, 只是中間過接處少箇'氣'字)

- **선의 근원: 성즉리**

리는 순수지선하다. -『주희집』권64「答或人」-

성은 실리(實理)이다. 인의예지를 모두 갖추고 있다(仁義禮智皆具). -『주자어류』5권 13조목-

유행조화하는 곳이 선이다. (『주자어류』 74권 116조목. 流行造化處是善)

극은 지극하다는 뜻이며 표준을 일컫는 것이다. 항상 사물의 중앙에 있어서 사방에서 그것을 바라보고 바름(正)을 취하는 것이다. (『주희집』 권72「皇極辨」. 極者, 至極之義, 標準之名. 常在物之中央而四外望之, 以取正焉者也者)

天이 이 사람을 낳음에 仁義禮智의 理를 부여하지 않음이 없으니, 또한 어찌 일찍이 不善이 있으리요! (『주희집』 권74「玉山講義」. 天之生此人, 無不與之以仁義禮智之理, 亦何嘗有不善)

- **악의 근원**

사람이 품부 받은 기는 모두가 천지의 바른 기운이지만 다만 왔다갔다하다보면 문득 어두움과 밝음, 두터움과 엷음의 차이가 있게 된다. 왜냐하면 기는 유형의 물이고, 유형의 물이자마자 곧 기질의 선함과 악함이 있게 된다. (『주자어류』 4권 51조목. 人所稟之氣, 雖皆是天地之正氣, 但羇 來羇 去, 便有昏明厚薄之異. 蓋氣是有形之物. 才是有形之物, 便自有美有惡也)

- **사물들의 도덕적 위계**

(1) 인간이 태어나는 까닭은 리기의 합일 따름이다. 천리는 진실로 넓고 넓어 끝이 없지만, 이 기가 아니면 비록 이 리가 있다하더라도 닻을 내릴 데가 없다. 그래서 반드시 (음양의) 두 기의 교감을 통해 (생명이) 응결한 연후에야 이 리가 붙을 곳이 있게 된다. 인간이 능히 말하고 움직이고 생각하고 영위하는 것은 모두 기인데 리가 거기에 깃들어 있다. 그러므로 발하여 효제충신과 인의예지가 되는 것은 모두 리 이다

(2) 그러나 음양오행이 교감함으로서 온갖 변화가 일어나며, 이 때문에 혹은 정련됨 혹은 조악함이 같지 않음이 있게 된다. 하나의 기(一氣)로 말하자면 생명은 구별 없이 이 기를 받아 생성된다. 정련됨과 조악함에서 말하면, 인간은 그 기 중에서 바르고 뚫린 것을 얻었고 사물들은 그 기 중에서 치우치고 막힌 것을 얻었다. 오직 인간만이 그 기 중에서 바른 것을 받았기에 이 리가 막힌 곳 없이 뚫려있고, 사물들은 그 기 중에서 치우친 것을 얻었기에 이 리가 막혀 지각이 없다 동물들 가운데 간혹 지각이 있는 것도 있지만 한쪽만 겨우 뚫린 데 불과하다. 가령 까마귀가 효를 자각하고 수달이 제사를 자각한다. 개는 (도둑을) 지킬 줄만 알고 소

는 밭 갈 줄만 안다. 사람은 지각 못하는 것이 없고 해나가지 못하는 것이 없다. 사람과 동식물의 차이는 바로 이 점에 달려있다.

(3) 그런데 인간에게 부여된 기의 측면에서 말하자면, 또한 어둡고 밝음, 맑고 흐림의 차이가 있다. 그러므로 상지, 생지의 바탕은 기가 청명 순수하고 한 점 흐림도 없어서 태어나면서부터 알고 편안하게 실천해 나가니, 배워서 능한 것을 기다릴 필요가 없다. 예를 들면 요순이 이러하다. 그 다음은 생지에 버금가는 것으로, 반드시 배운 이후에 알게 되고 실천을 한 이후에 이르게 된다. 또 그 다음은 품부 받은 바탕이 이미 치우치고 또한 가려진 것이 있어, 통렬한 공부를 더하여 '남이 하나라면 나는 열배요, 남이 열배이면 나는 천배'라는 공부를 한 후에야 비로소 생지에 버금가는 경지에 다다른다.

(4) 나아가되 그만두지 않으면 이루기는 매일반이다. 맹자는 인간과 금수의 차이는 아주 작다고 말하였다. 인간과 동물의 차이는 바로 여기에 있을 뿐이다. 만약 이것(理)을 다시 확보하지 못하면 금수와 다를 바가 없게 되고 만다… 〔중략 한문장〕 …배움을 향한 뜻을 품고 있는 사람이라면 모름지기 이렇게 노력해야 결실이 있을 것이다. (『주자어류』 4권 41조목. 人之所以生, 理與氣合而已. 天理固浩浩不窮, 然非是氣, 則雖有是理而無所湊泊. 故必二氣交感, 凝結生聚, 然後是理有所附著. 凡人之能言語動作, 思慮營爲, 皆氣也, 而理存焉. 故發而爲孝弟忠信仁義禮智, 皆理也. 然而二氣五行, 交感萬變, 故人物之生, 有精粗之不同. 自一氣而言之, 則人物皆受是氣而生; 自精粗而言, 則人得其氣之正且通者, 物得其氣之偏且塞者. 惟人得其正, 故是理通而無所塞; 物得其偏, 故是理塞而無所知. 且如人, 頭圓象天, 足方象地, 平正端直, 以其受天地之正氣, 所以識道理, 有知識. 物受天地之偏氣, 所以禽獸橫生, 草木頭生向下, 尾反在上. 物之間有知者, 不過只通得一路, 如烏之知孝, 獺之知祭, 犬但能守禦, 牛但能耕而已. 人則無不知, 無不能. 人所以與物異者, 所爭者此耳. 然就人之所稟而言, 又有昏明淸濁之異. 故上知生知之資, 是氣淸明純粹, 而無一毫昏濁, 所以生知安行, 不待學而能, 如堯舜是也. 其次則亞於生知, 必學而後知, 必行而後至. 又其次者, 資稟旣偏, 又有所蔽, 須是痛加工夫, "人一己百, 人十己千", 然後方能及亞於生知者. 及進而不已, 則成功一也. 孟子曰: "人之所以異於禽獸者幾希." 人物之所以異, 只是爭這些子. 若更不能存得, 則與禽獸無以異矣! (중략: 某年十五六時, 讀中庸"人一己百, 人十己千"一章, 因見呂與叔解得此段痛快, 讀之未嘗不竦然警厲奮發!) 人若有向學之志, 須是如此做工夫方得).

보통 인간은 본성은 선하나 기품이 탁하기 때문에 반은 선하고 반은 악하다. (『주자어류』 72권 13조목. 中人之性, 半善半惡, 有善則有惡)

• 선의 조건

선악을 논한다면 한 터럭도 섞일 수 없다 (『주자어류』 13권 54조목. 論善惡則一毫著不得!)

선악은 단지 손바닥을 뒤집는 것과 같다. 한번 뒤집으면 곧 악이다. 확고하게 고정되지 못하면 이 또한 불선이다 (『주자어류』 95권 89조목. 善惡但如反覆手耳, 翻 一轉便是惡, 止安頓不著, 也便是不善)

선과 리는 공과 사일 뿐이다. 선에서 벗어나자마자 곧 이익으로서 말하는 것이다. (『맹자집주』 「진심상」 13장, 朱子注. 善與利, 公私而已矣. 才出於善, 便以利言也)

리와 선의 사이는 냉탕이 아니면 곧 온탕이니, 중간의 미지근한 곳은 없다. (『주자어류』 60권 124조목. 利與善之間, 不是冷水, 便是熱湯, 無那中間溫吞煖處也)

• 이상적 인간

성인은 모든 선을 갖추고 있다. (『주자어류』 95권 89조목. 聖人萬善皆備)

성인의 마음은 순선할 따름이다 (『주자어류』 71권 61조목. 聖人之心純於善而已)

• 보통 사람의 도덕적 변화 가능성

인간의 성은 모두 선하다. 그런데 그 사람의 부류에 선과 악의 다름이 있는 것은 기질과 습관의 물들임 때문이다. 그러므로 군자가 가르침을 두면, 사람들은 모두 선으로 돌아올 수 있으니, 다시 그 사람의 부류가 악한 것을 논할 것이 없다. (『論語』「顔淵」 38장. "가르침에 차별을 두지 않았다"(有敎無類)에 대한 朱子注: 人性皆善, 而其類有善惡之殊者, 氣習之染也. 故君子有敎, 則人皆可以復於善而不當復論其類之惡矣)

아무리 악한 인간이라도 하루 동안의 선한 사람이 될 수 있다. (『주자어류』 47권 8조목. 然人性本善, 雖至惡之人, 一日而能從善, 則爲一日之善人, 夫豈有終不可移之理)

• 도덕적 인간이 되는 방법론

"배우는 사람의 공부는 오직 居敬과 窮理의 두 가지 일에 있다. 이 두 가지 일은 서로 이루어주는 것이니, 窮理하게 되면 居敬 공부가 나날이 더욱 발전하고 居敬하게 되면 窮理공부가 나날이 더욱 정밀해진다. 비유하자면 사람의 두 발과 같아서, 왼발이 나가면 오른발이 멈추고 오른발이 나가면 왼발이 멈추는 것과 같다." -『주자어류』 9권 18조목-

제2절 불교사상과 도덕교육

1. 기본 성격

불교(Buddhism)는 종교와 철학 모두를 포함하고 있는 개념이다. 지금부터 약 2,500년 전 북인도 대륙 카필라 왕국에서 고타마(Gautama[17]) 싯다르타(Siddharta[18])가 깨달음(覺, 成道)을 얻고 "붓다(Buddha: 佛, 佛陀, 覺者 = 깨달은 자, 부처)"가 되었다. 불교란 "모든 생명체가 깨달음을 성취할 수 있도록 고타마 붓다가 설파한 생명의 자기완성과 초월의 가르침"이다. 이 가르침에서 중요한 것은 일체의 모든 생명체 모두 붓다(깨달은 자)가 될 수 있다(一切衆生 悉有佛性)

17) 팔리어로서는 'Gotama'로서 '가장 좋은 소'를 의미한다.
18) 팔리어로서는 'Siddhatta'로서 '목적을 성취한 자'를 의미한다.

는 믿음이다. 불교는 철학이나 사상보다 종교의 관념이 강하게 부각된다. 그 이유는 아마도 불교의 출발점이 종교적 색채를 띠는 것이었고, 그 이후의 전개 과정에서도 철학으로서 보다는 종교로서 속성을 더 많이 드러내고 있기 때문이다.

붓다(Buddha, BC 563?~BC 483?). 불교를 창시한 인도의 성자. 성은 고타마(Gautama), 이름은 싯다르타(Siddhārtha: 悉達多). 부처, 석가모니, 석존, 세존, 여래, 불타, 붓다, 불(佛) 등으로 불림. 석가모니는 '샤키아 족 출신의 성자'라는 뜻. 오늘날에는 동서양을 통하여 깨달음을 얻은 자(覺者)라는 의미의 붓다(Buddha:佛陀)로 많이 불림. 인도 카필라국(현 네팔 룸비니)에서 태어나 태자의 지위를 버리고 출가한 뒤 6년의 수행을 거쳐 일체의 번뇌를 끊고 진리를 깨달아 중생을 교화.

철학으로서 불교는 "공(空)"과 "연기(緣起)"를 핵심 개념으로 삼아 세상을 바라보는 하나의 세계관이다. "세속의 법이란 모두 이른바 '이것이 있기 때문에 저것이 있고, 이것이 일어나기 때문에 저것이 일어난다는 것이니, 무명(無明)을 연하여 결합이 있고 결합이 연하여 식별이 있다는 법이다. … 이것은 또한 이것이 없기 때문에 저것이 없고 이것이 멸하기 때문에 저것이 멸한다는 것이니, 무명이 멸하기 때문에 결합이 멸하고 결합이 멸하기 때문에 식별이 멸하며, … 이와 같이 널리 설하고 아주 커다란 괴로움의 무더기를 멸하나니 비구들이여, 이것을 제일의 공법경(第一義 空法經)이라"[19]하여 보통 인간인 중생들로 하여금 세속적인 삶의 본질과 인연의 법을 깨닫기를 요구한다.

유학사상이 인간의 도덕의식에 지나치게 민감하다면 불교는 인간의 삶을 '괴로움(苦)'으로 보는 의식이 강하다. 현실 세계를 바라보는 입장에서 유학사상은 현실 속에서 도덕적 이상을 실현하고자 하는 데 반해 불교는 궁극적으로 깨달음을 통한 현실의 교화와 정화(上求菩提 下化衆生)를 강조하지만 세속으로서 현실과 일정한 거리두기를 요구한다. 불교는 인간의 괴로움을 사회적 삶이나 환경과의 관계에서 규정하기보다는 인간 그 자체가 가지는 존재론적인 유한성 속에서 규정하려 한다(송재운, 1998). 괴로움은 인간의 만족할 줄 모르는 탐욕에 기인한다. 그러한 탐욕은 마치 갈증난 사람이 물을 찾듯 하는 욕망(渴愛)이어서 마시고 마셔도 쉽게 가시지 않는 욕망이다. 괴로움의 원인은 욕망의 충족보다

19) 「잡아함경」 제13권

욕망의 좌절로 인한 괴로움이며, 이는 보통의 인간(衆生)이 안고 있는 괴로움의 출발이다. 우리가 영원하다고 생각하는 모든 것, 우리가 진리라고 여기는 모든 법은 변화하는 것(無常)이고 소유하거나 독점할 수 있는 것이 아니다. 이러한 맥락에서 불교는 공(空)을 말한다. 불교에서 모든 존재는 그것이 인간이 좇는 열락(悅樂)이든, 욕망의 대상이든 영원히 존재하는 것이 아니고, 인간 자신조차 불변의 실체가 아닌 존재(無我)이다. 헛되고 헛된 존재가 헛되고 헛된 욕망을 헛되이 추구하는 속에 인간의 괴로움은 잉태되고 배양되며, 끊임없이 반복(윤회)된다. 이 괴로움을 벗어나는 것, 반복되는 윤회의 고리를 끊어버리는 것이 해탈이고 깨달음이며 해방이다.

2. 사성제 팔정도

붓다는 깨달음을 성취한 후 최초의 설법을 하게 되는데 이를 '처음으로 진리(法)의 바퀴를 굴린다.'는 뜻으로 "초전법륜(初轉法輪)"이라고 한다. 초전법륜의 주요 내용은 바로 "성스러운 네 가지 진리(satya, 四聖諦: 苦集滅道)와 깨달음의 방법(八正道)"으로 압축된다. 한문에서 불교의 진리를 "제(諦)"로 한역하는데 이 말을 파자(破字)해 보면 '말(言)'과 '임금(帝)'이 된다. 이것은 '말 가운데 최고의 말' 혹은 '임금과 말다툼할 수 있는 이는 아무도 없다'는 의미에서 '사성제'는 시비를 가릴 대상이 아니라 실천하고 이루어야 할 일인 것이다.

사성제는 서로 인과(因果) 관계로 구성된다. 인생에서 괴로움(苦)은 그 원인(集)이 있고, 이 괴로움을 소멸(滅)하기 위하여 그 괴로움을 소멸하는 방법(道)에 따라야 한다고 본다. 여기서 괴로움(苦)과 괴로움의 원인(集)은 존재 현상의 분석이고, 괴로움의 소멸(滅)과 괴로움의 소멸에 이르는 길(道)은 깨달음을 위한 실천궁행(實踐躬行)이라 할 수 있다. 인간 삶을 바라보는 출발점을 괴로움으로 바라본다는 점에서 많은 사람들은 불교를 염세주의로 잘못 이해한다.

사성제 가운데 첫째, 괴로움(苦)과 관련하여 일반적으로 사용되는 팔리어 "듀카(苦; Dukkha)"는 '행복', '안락', '평안'을 뜻하는 "수카(樂; Sukha)"란 말과 반대로 '고뇌', '고통', '슬픔', '비극'을 뜻하지만 여기에는 '불완전', '무상(無常)', '공(空)', '무아(無我)' 등의 뜻도 포함되어 있다. 사성제에서 괴로움의 강조는 인간이 자신의 현존재를 환상이나 공포, 죄의식에 사로잡혀 망상을 갖게 하기 위한 것은 아니다. 오히려 불교는 인간으로 하여금 불완전한 인생이란 무엇인가? 인생을 둘러싸고 있는 세계란 무엇인가에 대해 정확하게 그리고 객관적으로 인식함으로써 올바른 삶과 마음의 평화와 자유를 성취할 수 있도록 하는 길을 제시해 주고 있다. 이러한 맥락에서 불교는 비관주의도 낙관주의도 아니다. 불교는 사물을 있는 그대로(如是) 보게 한다.

둘째, 괴로움의 원인(集)은 인간의 욕망과 집착에 기인한다. 욕망과 집착을 설명하기 위하여 불교는 "업(業; Karma)"과 "윤회(輪廻; Samsāra)"의 사상을 제시하고 있다. '업'이란 불교에서 '행위'나 '조작(造作)'의 의미로 번역된다. 괴로움의 원인이 되는 인간의 행위는 크게 '삼업(三業)'이 있는데 육체(身)와 입(口) 그리고 의지(意)의 작용을 통하여 업을 쌓는다. 선한 업(善業)은 선한 인연을 낳지만, 나쁜 행위(惡業)는 나쁜 결과를 낳는다. 인간이 괴로워하는 것은 인간이 자신의 육체와 입과 의식을 통하여 악업을 쌓기 때문이다. 괴로움의 원인으로 대표적인 것이 십악업(十惡業[20])인데 이 악업의 원인에 따라 인간은 윤회를 계속하게 된다고 본다. 업의 인과응보에 따라 윤회의 개념이 성립한다. 인간의 현생(現生)은 시간적으로 전생(前生)의 결과이고, 내생(來生)은 현생의 결과로서 계속하여 반복된다. 인간이 수행을 통하여 끊임없는 윤회의 굴레에서 벗어나는 것이 곧 괴로움의 소멸(滅)이다.

셋째, 괴로움의 소멸(滅)은 열반(涅槃; Nirvāna)과 해탈(解脫; Mukti)의 의미를 뜻한다. 열반은 괴로움의 원인이 되는 탐욕과 집착을 벗어나는 것이다. 한자어로 이 말은 모든 번뇌가 소멸된 '적멸(寂滅)' 곧 모든 괴로움이 사라진 고요와 평화의 의미로 표현되기도 한다. 열반과 같은 의미로 사용되는 해탈은 인간이 고뇌로부터 벗어나는 자유를 의미한다. 끊임없는 수행을 통하여 괴로움을 벗어난 마음의 평화와 절대 자유는 인간에게 어떻게 가능한 것일까? 붓디는 이러한 해방과 자유의 경지에 도달하는 길(道)을 제시하고, 더 나아가 "모든 사람이 자신을 완성하고 초월할 수 있는 깨달음의 본성을 가지고 있다(一切衆生 悉有佛性)"는 믿음을 제시해 주고 있다.

넷째, 괴로움의 소멸에 이르는 길(道)은 극단의 방법으로 이루어지지 않는다. 인간에게는 극단의 두 방법이 존재한다. 한 극단은 감각적인 쾌락을 추구하는 것으로 비속하고, 일반적이며, 세속적인 길이다. 또 다른 한 극단은 극도의 고행을 통하여 행복을 추구하고자 하는 것으로 이 방법 역시 고통스럽고 가치 없으며, 깨달음을 얻는 데 이롭지도 못하다. 붓다는 이 두 가지 길을 모두가 진정한 깨달음을 얻을 수 없다고 본다. 오히려 이 두 극단을 피하는 "중도(中道)"의 방법으로 제시한 것이 팔정도(八正道)이다.

팔정도는 ① 정견(正見; 올바른 견해) ② 정사유(正思惟; 올바른 사고에 의한 마음가짐) ③ 정어(正語;올

20) 十惡業은 육체(身)로 인한 악업이 3가지(殺盜淫; 살인, 도둑질, 음탕한 일)이고, 입(口)으로 인한 악업이 4가지(妄綺惡兩; 거짓말, 아첨하는 말, 악담, 이간질하는 말)이고, 의식(意)으로 짓는 3가지(貪嗔痴; 탐욕, 성냄, 어리석음)이다.

바른 말) ④ 정업(正業; 올바른 행위) ⑤ 정명(正命; 올바른 생활 혹은 삶) ⑥ 정정진(正精進; 올바른 노력) ⑦ 정념(正念; 삿된 잡념을 제거하는 올바른 생각) ⑧ 정정(正定; 올바른 집중)이다. 이 팔정도는 불교 수행에서 반드시 닦아야 할 세 가지 배움(三學; 戒, 定, 慧)을 완성하는 구체적인 방법이 된다. ① 행위와 언어에서 몸을 보호하는 배움인 계(戒)에는 팔정도 가운데 정어(正語), 정업(正業), 정명(正命)이 해당되고, ② 마음의 동요를 그치고 평화의 경지를 나타내는 선정(禪定)의 배움인 정(定)에는 팔정도 가운데 정정진(正精進), 정념(正念), 정정(正定)이 해당되고, ③ 번뇌를 없애고 진리를 깨닫는 지혜의 배움인 혜(慧)에는 팔정도 가운데 정견(正見), 정사유(正思惟)가 해당된다.

사성제 팔정도를 통하여 인간이 괴로움을 벗어나고 영원한 자유, 완전한 깨달음을 얻기 위한 고타마 붓다의 가르침은 출가(29세)와 그의 성도(成道: 깨달음의 성취, 35세) 이후 45년간(80세) 계속된다. 오랜 기간의 가르침에도 불구하고 그는 임종의 마지막까지 제자들에게 "게을리 하지 말고 끊임없이 수행하라"는 유언을 남기게 된다. 끝없는 수행은 인간이 자신의 괴로움을 벗어나 영원한 자유와 평화를 얻을 수 있는 길이다. 고타마 붓다의 열반 이후, 붓다의 가르침은 깨달음의 지평에 따라 소승불교(小乘佛敎)와 대승불교(大乘佛敎)의 형식을 띠기도 하고, 깨달음의 방법에 따라 불경의 교리와 붓다의 가르침을 중심으로 점진적인 수행을 통하여 깨달음을 추구하는 점수(漸修) 중심의 교종(敎宗)과 치열한 마음의 수행을 통하여 비약적으로 자신의 깨달음을 향한 각성을 성취하는 돈오(頓悟) 중심의 선불교(禪宗) 형식으로 발전하게 된다.

종교 현상으로 볼 경우(오강남, 2006) 동양 문화권에서 불교는 동남아시아와 동북아시아 대부분의 나라에서 가장 중요한 종교다. 타이, 베트남, 라오스, 미얀마 등은 말할 것도 없고, 중국 역시 수·당시대에는 불교 국가로 불릴 만큼 융성했다. 일본도 언뜻 신도(神道) 국가로 오해할 수 있지만, 일본의 가장 중요한 종교 역시 옛날부터 지금까지 불교다. 한국은 삼국 시대와 고려 시대에 불교가 국교였다. 조선 시대로 들어와 유교에 그 자리를 내주었지만, 민간에서는 불교가 여전히 중요한 종교로 내려왔다. 최근 문화관광부가 발표한 통계에 따르면, 한국 전체 인구 중 불교는 26.3%로서 종교 인구의 절반 이상(전체 인구의 1/4 이상)을 차지하고 있다.

3. 도덕교육적 관심

사상으로서 불교는 사성제와 팔정도에서 볼 수 있듯이 ① 인간 해방의 사상으로서 인간을 일체의 괴로움(苦)으로부터 해방하고자 하며, 사회적·신분적 차별로부터 인간을 해방하고자 하는 사상이다. 다음으로 불교는 ② 인간 존엄, 생명 존중의 사상의 비전을 제시해 준다. 모든 생명체가 깨달음의 가능성을 본래부터 지니고 있다는 것은 인간의 존엄성과 생명 존중의 이론적 토대를 제공해 준다.

도덕교육의 지평에서 불교 사상은 깨달음과 관련하여 인간의 도덕적 성숙과 인격 완성의 지평을 확대할 수 있을 것이다. 고타마 붓다는 평생을 인간들이 깨달음과 자기 초월을 위해 헌신할 수 있도록 다양한 방편(方便)을 통해 제자들을 가르치고 인도해 온 교육자이다. 불교는 자기완성의 의미만이 아니라 인간이 자신의 현존을 초월할 수 있다는 믿음과 가능성을 보여준다. 끊임없는 교육과 수행을 통하여 인간이 지향해야 할 것은 자신의 욕망 충족이나 욕구의 실현을 넘어서 자신에게 내재된 자기완성과 초월의 힘(佛性[21])을 체득하고, 그 깨달음을 추구하는 것이다.

괴로움의 바다(苦海)로서 인간의 존재 현상과 그 원인에 대한 객관적인 인식과 두려움 없는 대면(對面), 괴로움을 극복하는 노력으로서 수행과 깨달음을 향한 포기하지 않는 자세, 누구나 욕망과 번뇌의 놓아버림과 해방, 마음의 평화를 성취할 수 있다는 믿음은 붓다가 우리에게 제시하고자 했던 가르침의 핵심이라 할 수 있다. 교육의 방법 면에서 불교의 가르침은 많은 시사점을 준다. 학습자의 근기(根基)에 따른 고타마 붓다의 교육방법은 학생들의 수준별 학습이나 개별화 학습, 자기 체험적 학습의 형식으로 구조화될 수 있으며, 참선과 명상을 중심으로 하는 불교 수행의 전통적 방법들은 오늘날 서구에서 인성교육이나 인격교육의 방법으로서도 적용되고 활용되기도 한다. 불교 경전(經典)에 나타나는 수많은 비유들은 아동의 깨달음과 각성(覺性)을 위한 교육 자료로써 유용하게 활용할 수 있다.

원전 산책: 불교

맨 끝에 『반야심경』을 실었지만, 최근 초기 불교에 대한 관심이 높아짐에 따라 주로 초기 경전에서 내용을 발췌하였다. 참고한 자료는 일아 스님이 편역한 『한권으로 읽는 빠알리 경

21) 이 경지를 틱낫한(Thich Nhat Hanh)은 다음과 같이 시적인 표현으로 묘사하고 있다. "부드러운 봄비가 내 영혼의 토양에 스며든다. 오랫동안 땅속 깊이 잠자고 있던 씨앗 하나가, 막 웃음꽃을 피운다." (Thich Nhat Hanh, *The Heart of the Buddha's Teaching*, NY.: Broadway Books, 1973, p.12)

전』(민족사, 2013, 증보판)이다.

• 연기의 깨달음

고타마 싯다르타는 음식을 먹어 몸의 기운을 회복하고 마음도 맑아져 깨달음의 결심을 굳히고 푸른 나무숲이 울창한 [우루웰라] 숲 속의 보리수나무 아래 앉았다. 고타마 싯다르타는 스스로에게 깨달음의 서원을 말하였다. '깨달음의 목표를 이룸이 없이는 이 자리에서 일어나지 않겠다.'라고 다부진 결심을 하였다. 그는 단호한 결단력과 고요한 선정에 의하여 온갖 마라[22]의 유혹에도 전혀 동하지 않았다. 성자는 깊은 선정에 들어 윤회에 헤매는 중생들을 생각하니 그의 마음속에서 크나큰 자비심이 솟아올랐다. 그리고 청정한 혜안으로 우주의 실상을 꿰뚫어 관찰하였다. 존재하는 모든 것들은 태어나서 늙고 병들어 죽는다. 그리고 끊임없는 윤회에 헤매니 다만 괴로울 뿐이다. 사람의 시야는 욕망과 착각의 어두움에 가려져 있다. 그래서 앞을 보지 못하기 때문에 윤회에서 벗어나는 길을 알지 못한다.

이와 같이 생각한 후 고타마 싯다르타는 우주의 실상을 자세하게 관찰하였다:

－늙음과 죽음은 어디에서 오는가? 그는 진리를 온전히 꿰뚫어 사유한 후에 그것은 태어남이 있기 때문이라고 이해하였다.

－그러면 태어남은 어디서 오는가? 업의 결과인 존재가 있기 때문이다. 원인 없이 이루어진 것은 없다.

－그러면 존재는 어디서 오는가? 집착에서 온다.

－그러면 집착은 어디서 오는가? 갈애에서 온다.

－그러면 갈애(Tanha)[23]는 어디서 오는가? 느낌에서 온다.

－그러면 느낌은 어디서 오는가? 접촉에서 온다.

－그러면 접촉은 어디서 오는가? 여섯 가지 감각기관에서 온다.

－그러면 여섯 가지 감각기관은 어디서 오는가? 이름과 모양에서 온다.

－그러면 이름과 모양은 어디서 오는가? 의식작용에서 온다.

－그러면 의식작용은 어디서 오는가? 형성[24]에서 온다.

－그러면 형성은 어디서 오는가? 어리석음에서 온다.

－어리석음은 모든 것의 원인이 된다.

이어서 이런 진리를 거꾸로 관찰하였다:

－어리석음에서 형성이 생긴다.

－형성에서 의식이 생기며,

－의식에서 이름과 모양이 생기며

－이름과 모양에서 여섯 감각기관이 생기며

－여섯 감각기관에서 접촉이 생기며

－접촉에서 느낌이 생기며

－느낌에서 갈애가 생기며,

－갈애에서 집착이 생기며

–집착에서 존재가 생기며
–존재에서 태어남이 생기며
–태어남에서 늙고 죽음이 생긴다.

그러면 어떻게 모든 것이 소멸하는가를 관찰하였다.
–태어남이 없으면 늙음과 죽음이 없다.
–존재가 없으면 태어남이 없다.
–집착이 없으면 존재가 없다.
–갈애가 없으면 집착이 없다.
–느낌이 없으면 갈애가 없다.
–접촉이 없으면 느낌이 없다.
–여섯 감각기관이 없으면 접촉이 없다.
–이름과 모양이 없으면 여섯 감각기관이 없다.
–의식작용이 없으면 이름과 모양이 없다.
–형성이 없으면 의식작용이 없다.
–어리석음이 없으면 형성이 없다.
–어리석음은 모든 것의 근원이 된다.

고타마 싯다르타는 이와 같이 최상의 지혜와 통찰력으로 우주의 실상을 관찰하였다. 그는 알아야 할 것을 마땅히 깨달았다. 그리고 이 세상에 붓다(Buddha)로서 우뚝 섰다. 그는 어디에서도 영원한 아트만[자아]을 발견할 수 없었다. 그리고 성자가 열망해온 목표에 신속히 도달케 된 팔정도의 최상의 통찰력으로 그의 마음은 고요함과 평온으로 가득 찼다. 존재하는 모든 것들은 모두 서로 인연이 되어 생기고 저절로 생기지는 않으며, 인연에 의하여 사라지고 저절로 사라지지 않는다는 것을 깨달았다. 이와 같이 존재의 모습이 확연히 드러났다. 어느 것이고 영원하고 고정된 실체가 없는 무아이기 때문에 무상하게 인연에 의하여 존재하다가 사라지는 것을 관찰하였다. 모든 것은 인연에 의하여 생겼다가 잠깐 존재하다가 인연이 다하면 사라지는 연기의 실상을 깨달았다. 우주만상은 고요에 잠겨있고 먼동이 틀 무렵 위대한 성인, 훌륭한 성인은 완전한 깨달음을 성취하였다. 드디어 고타마 싯다르타 수행자는 붓다, 즉 깨달은 성인이 되셨다.

이와 같이 연기의 실상을 깨달은 성인은 자비심으로 가득 차서 깨달은 사람, 붓다의 눈으로 중생의 평화와 행복을 위하여 세상을 바라보았다. -율장 마하왁가

• 이것이 있기 때문에 저것이 있다.

아나타삔디까 장자는 부처님께 여쭈었다.

"지혜로써 철저하게 꿰뚫어 보고 선명하게 보는 훌륭한 방법은 무엇입니까?"

"장자여, 나의 거룩한 제자들은 연기의 가르침을 철저하게 그리고 치밀하게 이와 같이 살핍니다.

이것이 있으면 저것이 있고, 이것이 없으면 저것이 없다.

이것이 일어나면 저것이 일어나고, 이것이 소멸하면 저것이 소멸한다.

이 연기의 도리가 바로 나의 거룩한 제자가 진리를 철저하게 꿰뚫어보고 선명하게 보는 훌륭한 방법입니다." -상윳따 니까야-

• 처음으로 가르침의 바퀴를 굴리다: 중도(中道)와 네 가지 거룩한 진리(四聖諦)[25]

이와 같이 나는 들었다. 어느 때 부처님은 바라나시의 이시빠따나의 사슴동산에 계셨다. 부처님은 다섯 명의 비구들에게 이렇게 가르치셨다.

비구들이여, 출가 수행자는 두 가지 극단을 피하여야 한다. 무엇이 두 가지인가?

[첫 번째는] 감각적인 쾌락에 몰두하는 것으로 이것은 저열하고, 천박하고, 하찮고, 유익함이 없으며,

[두 번째는] 지나친 고행에 몰두하는 것으로 이것은 고통스럽고, 저열하고, 유익함이 없는 것이다. 여래는 이 두 가지 극단에 치우침이 없이 중도를 깨달았다.[26] 중도는 통찰력을 주며, 지혜를 주며, 평화를 주며, 깨달음으로 이끌고, 열반으로 이끈다.

깨달음으로 이끄는 여래가 깨달은 중도란 무엇인가? 중도는 바로 여덟 가지 바른 길(팔정도)이다. 여덟 가지 바른 길은 '바른 견해, 바른 생각, 바른 말, 바른 행동, 바른 생활수단, 바른 정진, 바른 마음챙김, 바른 집중' 이다. 이것이 여래가 깨달은 중도로서 통찰력을 주며, 지혜를 주며, 평화를 주며, 깨달음으로 이끌고, 열반으로 이끈다.

괴로움의 거룩한 진리는 이와 같다:
태어나고, 늙고, 병들고, 죽는 것은 괴로움이며,
싫은 것과 만나는 것도 괴로움이며,
좋아하는 것과 헤어지는 것도 괴로움이며,
원하는 것을 얻지 못하는 것도 괴로움이며,
한 마디로 말하자면,
집착의 대상이 되는 '다섯 가지 무더기'(오온)가 괴로움이다.

괴로움의 근원의 거룩한 진리는 이와 같다:
갈애는 쾌락과 욕망을 수반하며
여기저기서 쾌락을 찾아 헤매고 윤회로 이끈다.
갈애에는 감각적 쾌락에 대한 갈애,
다시 태어남에 대한 갈애,
다시 태어나지 않겠다는 갈애가 있다.

괴로움의 소멸의 거룩한 진리는 이와 같다:
갈애를 남김없이 사라지게 하고 소멸하고,
포기하고 버려서 더 이상 갈애에 집착하지 않고

갈애로부터 벗어나는 것이다.

괴로움의 소멸에로 이르는 길의 거룩한 진리는 이와 같다:
그 길은 바로 여덟 가지 바른 길이다.
그것은 바른 견해, 바른 생각, 바른 말, 바른 행동,
바른 생활수단, 바른 정진, 바른 마음챙김, 바른 집중이다.
… 〔중략〕 … 부처님은 이와 같이 바라나시의 이시빠따나의 사슴동산에서 이 세상에서 그 어느 누구도 다시 굴릴 수 없는 위없는 법륜을 굴리셨다. -상윳따 니까야; 율장 마하왁가-

• **두 번째 담마의 바퀴를 굴리시다: 무상, 무아의 가르침**

이와 같이 나는 들었다. 어느 때 부처님은 바라나시의 이시빠따나의 사슴동산에 계셨다. 부처님은 다섯 명의 비구들에게 가르치셨다.

"육신은 무아(無我)[27]이다. 만일 육신이 [영원한] 자아가 있다면 몸이 병들지도 않을 것이고, 육신에게 '이렇게 되라 또는 이렇게 되지 말라'고 말할 수 있을 것이다. 그러나 육신은 무아이기 때문에 병들게 되고 육신에게 '이렇게 되라 또는 이렇게 되지 말라'고 말할 수 없다.

몸이 무아인 것처럼 느낌도 무아이고 지각도 무아이고 형성도 무아이고 의식도 무아이다. 만일 느낌이나, 지각, 형성, 의식 등이 자아가 있다면, 이런 것들이 병들지 말아야 할 것이고 '이렇게 되라 또는 이렇게 되지 말라'고 말할 수 있을 것이다. 그러나 느낌이나, 지각, 형성, 의식 등은 무아이기 때문에 병들게 되고 '이렇게 되라 또는 이렇게 되지 말라'고 말할 수 없다."

"그대들은 어떻게 생각하는가, 육신은 영원한가 무상한가?"

"무상합니다."

"무상한 것은 괴로운 것인가 즐거운 것인가?"

"괴로운 것입니다."

"무상하고 괴롭고 수시로 변하는 것을 두고 '이것은 나의 것이다. 이것은 나이다, 이것은 나의 자아다.'라고 생각하는 것이 합당한가?"

"합당하지 않습니다."

"느낌은, 지각, 형성, 의식은 영원한가 무상한가?"

"무상합니다."

"무상한 것은 괴로운 것인가 즐거운 것인가?"

"괴로운 것입니다."

"무상하고 괴롭고 수시로 변하는 것을 두고 '이것은 나의 것이다, 이것은 나이다, 이것은 나의 자아다.'라고 생각하는 것이 합당한가?"

"합당하지 않습니다."

"그러므로 육신은 '이것은 나의 것이 아니다, 이것은 내가 아니다, 이것은 나의 자아가 아니다.' 라고 바른 통찰력으로 보아야 한다. 육신과 마찬가지로 느낌이 어떤 것이든, 지각이, 형성, 의식이 어떤 것이든 '이것은 나의 것이 아니다, 이것은 내가 아니다, 이것은 나의 자아가 아니다.' 라고 바른 지혜로 보아야 한다.

그러므로 이와 같이 보고 가르침을 잘 습득한 훌륭한 제자들은 몸에도 집착하지 않고, 느낌에도 집착하지 않고, 지각에도, 형성에도, 의식에도 집착하지 않는다. 이렇게 집착을 떠났을 때 욕망에서 벗어나 해탈한다. 해탈하면 '나는 해탈하였다.'고 알게 된다. '태어남은 부서지고 청정한 삶은 성취되었다. 할 일을 다해 마쳤고 더 이상 윤회하지 않는다.'고 알게 된다."

이것이 부처님이 말씀하신 것이다. 다섯 명의 비구들은 부처님의 말씀에 기뻐하였다. 부처님의 말씀을 듣는 동안 다섯 명의 비구들은 집착에서 벗어나 번뇌로부터 해탈하였다.

그때 이 세상에서 아라한은 여섯 명이 되었다. -상윳따 니까야; 율장 마하왁가-

• 모든 것은 불타고 있다

부처님은 전에 불을 섬겨왔고 결발 고행자였던 천 명의 제자들을 거느리고 우루웰라를 떠나 가야지방 근처의 가야산 마루에 올라 이렇게 가르치셨다.

"비구들이여, 모든 것은 불타고 있다. 무엇이 모든 것이 불타고 있는 것인가? 눈이 불타고 있고, 눈에 보이는 것이 불타고 있고, 눈으로 느끼는 것이 불타고 있고, 눈에 닿는 것이 불타고 있고, 눈의 닿음에서 일어나는 느낌인 즐거움과 괴로움, 즐겁지도 않고 괴롭지도 않은 것들이 불타고 있다.

무엇으로 불타고 있는가? 욕망으로 불타고, 증오로 불타고, 어리석음으로 불타고 있다. 생·로·병·사·슬픔·괴로움·절망으로 불타고 있다. 그러므로 이것을 알고 눈으로 보이는 것들, 느끼는 것들, 여기서 오는 괴로움과 즐거움에 집착하지 말아야 한다. 집착을 떠났을 때 해탈에 이른다." -율장 마하왁가-

• 여덟 가지 바른길(八正道: 가장 중요한 불교윤리의 가르침)

이와 같이 나는 들었다. 어느 때 부처님은 사왓티의 기원정사에 계셨다. 부처님은 제자들에게 이와 같이 가르치셨다.

"그대들에게 '여덟 가지 거룩한 길'에 대하여 그것을 분석해 보이겠다. 무엇이 여덟 가지의 거룩한 길인가? 그것은 바른 견해, 바른 생각, 바른 말, 바른 행동, 바른 생활수단, 바른 정진, 바른 마음챙김, 바른 집중이다.

① 무엇이 바른 견해인가? 괴로움에 대하여 알고, 괴로움의 근원을 알고, 괴로움의 소멸을 알고, 괴로움의 소멸에 이르는 길에 대하여 아는 것이다.

② 무엇이 바른 생각인가? 악을 행하지 않으려는 생각, 남을 해치지 않으려는 생각을 말한다.

③ 무엇이 바른 말인가? 거짓말하지 않고, 이간질하지 않고, 악담 하지 않고, 잡담[쓸데없는 말] 하지 않는 것을 말한다.

④ 무엇이 바른 행동인가? 살아있는 생명을 죽이지 않고, 주지 않는 것을 갖지 않고, 삿된 음행을 하지 않는 것을 말한다.

⑤ 무엇이 바른 생활수단인가? 잘못된 방법으로 생계를 유지하지 않고, 바른 방법으로 생계를 유지하는 것을 말한다.

⑥ 무엇이 바른 정진인가? 악한 생각이 장차 일어나지 않도록 최선을 다하여 분투노력하며,

악한 생각을 버리도록 최선을 다하여 분투노력하며, 선한 생각을 일으키도록 최선을 다하여 분투노력하며, 선한 생각을 더욱 성장하도록 최선을 다하여 분투노력하는 것이다.

⑦ 무엇이 바른 마음챙김인가? 열성적으로 분명하게 알아차리고, 세상에 대한 탐욕과 낙담을 버리고, [무상하고, 불완전하고, 고정된 실체가 없으며, 더러운 것으로 가득 찬] 몸을 몸으로 있는 그대로 관찰하며, 느낌을 느낌으로 있는 그대로 관찰하며, 마음을 마음으로 있는 그대로 관찰하며, 담마[28]를 담마로 있는 그대로 관찰하며 머문다.

⑧ 무엇이 바른 집중인가? 감각적 쾌락과 바람직하지 못한 모든 것에서 벗어나, 사유와 숙고가 있으며 홀로 명상함에서 오는 환희와 기쁨이 있는 첫 번째 선정에 머문다. 사유와 숙고를 멈추고 안으로의 평온함과 마음의 집중됨이 있으며, 사유와 숙고가 없이 삼매에서 오는 환희와 기쁨이 있는 두 번째 선정에 머문다. 환희가 사라진 후 평정한 마음과 분명한 알아차림과 육신의 행복을 느끼며 머문다. 거룩한 이들이 말하는 '평정과 마음챙김에 머무는 사람은 행복하게 머문다.'고 하는 세 번째 선정에 머문다. 고통도 쾌락도 버리고 전에 있던 행복도 불행도 버리고, 괴로움도 즐거움도 없고 평정에 의하여 도달한 마음챙김의 순수함이 있는 네 번째 선정에 머문다." -상윳따 니까야-

• 오온[29]의 무상

이와 같이 나는 들었다. 어느 때 부처님은 사왓티의 기원정사에 계셨다. 부처님은 라훌라에게 이렇게 가르치셨다.

"라훌라야, 물질은 영원한가 무상한가?"

"무상합니다, 부처님."

"무상한 것은 괴로운 것인가 행복한 것인가?"

"괴로운 것입니다."

"무상하고, 괴롭고 변화하는 것들을 '이것은 나의 것이다, 이것은 나다, 이것은 나 자신이다.' 라고 생각하는 것은 옳은가?"

"옳지 않습니다."

"느낌은, 지각은, 형성은, 의식은 영원한가 무상한가?"

"무상합니다."

"무상한 것은 괴로운 것인가 행복한 것인가?"

"괴로운 것입니다."

"무상하고, 괴롭고 변화하는 것들을 '이것은 나의 것이다, 이것은 나다, 이것은 나 자신이다.' 라고 생각하는 것은 옳은 것인가?"

"옳지 않습니다."

"이와 같이 무상한 줄 알기 때문에 잘 배운 거룩한 제자들은 물질에 집착하지 않고, 느낌에 집착하지 않고, 지각, 형성, 의식에 집착하지 않는다. 집착하지 않기 때문에 욕망에서 벗어난다. 욕망에서 벗어남을 통하여 해탈을 얻는다." -상윳따 니까야-

• 자애의 경[30)]

남을 이롭게 하는 선행에 숙달된 사람으로서 평온의 경지를 얻고자 하는 사람은 유능하고, 정직하고, 성품이 고결하고, 말씨가 상냥하고, 친절하고, 겸손하기를!

만족할 줄 알아서 남이 지원하기 쉽고, 분주하지 않고 간소하게 살며, 감관을 고요히 하며, 슬기롭고, 건방지지 않으며, 탐욕에 집착하지 않기를!

지혜로운 사람이 책망할 만한 아주 작은 잘못이라도 하지 않기를!

존재하는 모든 것들은 행복하기를!

존재하는 모든 것들은 평안하기를!

어떤 존재이거나 막론하고 그들이 약하거나 강하거나, 어떤 예외 없이 길거나 크거나, 중간이거나 짧거나, 미세하거나 거칠거나, 눈에 보이거나 보이지 않거나, 가깝거나 멀거나, 태어났거나 태어날 것이거나 이 모든 존재하는 것들은 행복하기를!

서로 속이지 않으며, 어디서나 어느 누구도 멸시하지 않으며, 성냄이나 악의로써 다른 사람을 괴롭히지 않기를!

마치 어머니가 외아들을 목숨을 다해 보호하듯이, 존재하는 모든 것들에게 한량없는 자비의 마음을 기르기를!

어떤 걸림도 없이, 어떤 미움도 없이, 어떤 적의도 없이, 한량없는 자애의 마음이 위로, 아래로, 옆으로, 온 천지 사방에 가득하기를!

서 있을 때에도, 걸을 때에도, 앉아있을 때에도, 누워있을 때에도, 정신이 깨어있는 한 이와 같은 마음챙김을 닦기를! 이와 같은 삶은 가장 훌륭한 삶이기 때문입니다.

그릇된 견해에 빠지지 말고 계행을 지키고 통찰력을 갖추어 감각적 욕망의 집착을 버림으로써 다시는 윤회하지 않게 됩니다. -숫따니빠따; 멧따 수따-

• 죽은 아들과 끼사 고따미

끼사 고따미는 사왓티의 부잣집 딸이었다. 고따미는 성이고 몸매가 날씬하기 때문에 끼사로 불렸다. 그녀는 부유한 젊은이와 결혼하여 아들을 낳았다. 그런데 그 아기는 아장아장 걸을 때 죽었다. 그녀는 엄청난 슬픔에 휩싸였다. 그녀는 죽은 아이를 안고 만나는 사람마다 아이를 살려내는 약을 달라고 하였다. 사람들은 그녀가 미쳤다고 생각하게 되었다. 그런데 어떤 지혜로운 사람이 그녀의 상태를 보고는 그녀를 도울 수 있을 것이라는 생각이 들었다. 그래서 그녀에게 말하였다.

"부처님은 당신이 만나야 할 사람이오. 그분은 당신이 원하는 약을 가지고 있어요, 그러니 그분께 가보세요."

그래서 그녀는 부처님께 나아가서 그녀의 죽은 아들을 살릴 수 있는 약을 달라고 요청하였다. 부처님은 말씀하셨다.

"가서 아무도 죽은 적이 없는 집에서 겨자씨를 얻어 오시오."

그녀는 죽은 아이를 가슴에 안고 겨자씨를 얻기 위하여 이 집 저 집 돌아다녔다. 모든 사람들은 그녀를 도우려고 했지만 그러나 그녀는 아무도 죽은 적이 없는 집을 단 한 집도 찾을 수가 없었다.

그러자 그녀는 죽음에 당면한 것은 그녀의 가정만이 아니라는 사실과, 지금 살고 있는 사람들보다 더 많은 사람들이 죽었다는 사실을 깨달았다. 이러한 사실을 깨닫자마자 그녀의 죽은 아들에 대한 태도가 달라졌다. 그녀는 더 이상 죽은 아들의 육신에 집착하지 않게 되었다.

끼사 고따미는 숲으로 가서 아들의 시체를 그곳에 남겨 놓았다. 그리고 부처님께 돌아가서 사람이 죽은 적이 없는 집을 한 집도 발견하지 못하였다고 말씀드렸다. 이에 부처님은 말씀하셨다.

"고따미, 그대는 오직 그대만이 아들을 잃어버렸다고 생각했다. 그대가 지금 깨달은 것처럼 죽음이란 모든 존재에게 오는 것이다. 그들의 욕망이 채워지기 전에 죽음은 그들을 데려간다."

부처님의 이 말씀을 듣고 그녀는 온전히 무상에 대한 깨우침을 얻었다.

끼사 고따미는 비구니가 된 지 얼마 되지 않았을 때, 어느 날 등잔에 불을 켜고 있을 때 그녀는 불꽃이 일었다가 스러지는 것을 보고 갑자기 존재의 생겨났다가 사라지는 모습을 선명하게 보았다. 그녀는 모든 존재의 무상한 모습에 마음을 집중하고 열반을 체득하기 위하여 열심히 정진하였다. 드디어 끼사 고따미는 깨달음을 성취하였다. -담마빠다 게송 114 주석-

• 무쏘의 뿔처럼 혼자서 가라

살아있는 것들을 해치지 말며 그들 중 어느 것도 해치지 말며, 자녀나 친구도 갈망하지 말며 외뿔소의 뿔처럼 혼자서 가라.

교제를 하면 집착이 생기며 집착이 생기면 괴로움이 따른다. 집착의 결과를 관찰하고 외뿔소의 뿔처럼 혼자서 가라.

… 〔중략〕 …

세상의 오락과 쾌락을 멀리하고 겉치장으로 꾸미지 말라. 다만 진실을 말하고 외뿔소의 뿔처럼 혼자서 가라.

소리에 놀라지 않는 사자처럼, 그물에 걸리지 않는 바람처럼, 더러운 물에 물들지 않는 연꽃처럼, 외뿔소의 뿔처럼 혼자서 가라.

그대를 해탈로 이끄는 자애, 자비, 기쁨, 평정을 때맞추어 닦으며, 세상의 방해 없이 외뿔소의 뿔처럼 혼자서 가라.

욕망, 증오, 어리석음을 버리고 모든 속박을 부수어 버리고, 죽음에 당면해도 용감히 외뿔소의 뿔처럼 혼자서 가라.

사람들은 자신의 이익을 위하여 우정을 갖고 사귄다.
사욕을 떠난 친구는 보기 드물다.
그들은 자신의 목적을 위해서는 재빠르고 비열하다.
그러니 외뿔소의 뿔처럼 혼자서 가라. -숫따니빠따-

• 네 가지 마음챙김의 확립[31]

이와 같이 나는 들었다. 어느 때 부처님은 웨살리의 암바빨리 숲에 계셨다. 부처님은 제자들에게 이렇게 가르치셨다.

"여기에 유일한 길이 있다. 그 유일한 길은 사람들을 청정한 삶의 길로 인도하고, 슬픔과 한탄을 이겨내게 하고, 괴로움과 불쾌감을 없애며, 바른길을 얻게 하며, 열반에 이르게 한다. 그것은 곧 '네 가지 마음 챙김의 확립'이다. 무엇이 넷인가?

수행자는 세상에 대한 탐욕과 걱정을 멀리하고, 열성적으로, 선명한 알아차림과, 마음챙김을 가지고,

몸에 대하여 몸을 [있는 그대로] 관찰하고,

느낌에 대하여 느낌을 [있는 그대로] 관찰하고,

마음에 대하여 마음을 [있는 그대로] 관찰하고,

담마[32]에 대하여 담마를 [있는 그대로] 관찰하면서 머문다.

이것이 유일한 길로써 그 유일한 길은 사람들을 청정한 삶의 길로 인도하고, 슬픔과 한탄을 이겨내게 하고, 괴로움과 불쾌감을 없애며, 바른길을 얻게 하며, 열반에 이르게 한다. 이것이 곧 '네 가지 마음챙김의 확립'이다.

그러면 어떻게 하는 것이 선명한 알아차림인가?

앞으로 갈 때에도 돌아 설 때에도, 앞을 볼 때에도 옆을 볼 때에도, 팔다리를 굽힐 때에도 펼 때에도, 가사를 입거나 들고 갈 때에도, 발우를 메고 갈 때에도, 음식을 먹고, 마시고, 씹고 맛볼 때에도, 대변과 소변을 볼 때에도, 걷고, 서고, 앉고, 잠들 때에도, 잠깰 때에도, 말할 때에도, 그리고 침묵할 때에도 선명한 알아차림을 가지고 행동한다.

이와 같이 선명한 알아차림과 마음챙김에 머물러야 한다." -상윳따 니까야-

• 반야심경(摩訶般若波羅蜜多心經) : 공과 연기

觀自在菩薩, 行深般若波羅密多時, 照見五蘊皆空 度一切苦厄,
舍利子, 色不異空 空不異色, 色卽是空 空卽是色, 受想行識 亦復如是,
舍利子, 是諸法空相, 不生不滅 不垢不淨 不增不減, 是故 空中無色 無受想行識,
無眼耳鼻舌身意 無色聲香味觸法, 無眼界 乃至 無意識界,
無無明 亦無無明盡 乃至 無老死 亦無老死盡,
無苦集滅道, 無智亦無得, 以無所得故 菩提薩陀 依般若波羅密多,
故心無罣碍, 無罣碍故 無有恐怖 遠離顚倒夢想 究竟涅槃,
三世諸佛, 依般若波羅密多, 故得阿耨多羅三藐三菩提,
故知般若波羅密多, 是大神呪, 是大明呪, 是無上呪, 是無等等呪, 能除一切苦 眞實不虛,
故說般若波羅密多呪, 卽說呪曰,
揭諦揭諦 波羅揭諦 波羅僧揭諦 菩提娑婆訶

제3절 도교사상과 도덕교육

1. 도교, 도가, 노장사상

동양사상에서 도교(道敎)는 불교, 유교와 더불어 삼교(三敎)로 불린다. 도교는 도가(道家)가 유교나 불교에 대하여 자신을 종교로서 드러낼 때 쓰였던 표현이고, 도가(道家) 또는 노장사상(老莊思想)은 그 철학적 사유나 사상적 측면을 강조하고자 할 경우에 사용한다. 종교로서 도교의 기본 전제는 죽을 수밖에 없는 인간이 죽음을 초월하여 영원히 살고자 하는 장생불사(長生不死)에 대한 열망과 도를 통하여 신선(神仙)이 되기를 구하는 중국 전래의 민간신앙에 토대를 두고 있다. 특히 도교는 '신선', '방술(方術)', '도참(圖讖)', '점복(占卜)', '무축(巫祝; Shamanism)', '천인상감(天人相感)', '둔갑(遁甲)', '음양오행(陰陽五行)', '의술(醫術)' 등을 중심으로 하는 민간 전래의 신앙 습속(習俗)들이 노자(老子, BC.580-500)와 장자(莊子, BC.369-286)를

22) 마라(Mara): 죽음, 악한 존재, 유혹자, 파괴의 뜻을 가지며 악마와 같은 악으로 유혹하는 존재를 말함.

23) 갈애(Tanha): 문자적인 뜻은 갈증, 목마름이란 뜻으로 채워도 채워도 풀리지 않는 인간의 근원적인 목마름을 말한다. 이것은 윤회로 이끄는 요인이며 열반을 성취하는 데에 장애물이다. 그러므로 뿌리째 뽑아야 한다고 경전은 강조한다.

24) 형성(Sankhara): 형성이란 만든다는 말이다. 생각을 만들고 말을 만들고 행동을 만든다. 즉 이 세상에 존재하는 모든 것은 무언가 자꾸 만들어 쌓고 그것이 습이 되어버린다. 습관, 성품, 사고방식, 업 등은 한 번에 그렇게 되는 것이 아니고 수없이 반복하고 쌓여서 그렇게 만들어신나. 즉 형싱된다.

25) 부처님은 연기를 깨달으셨는데 초전법륜(가장 처음 가르침의 바퀴를 굴리심)이 사성제인 이유는 연기의 도리는 너무 복잡하기 때문에 사람들이 쉽게 알아들을 수 있도록 간략히 정리한 것이 사성제라 할 수 있다. 즉, 사성제의 가르침은 연기의 핵심이며 축소라고 할 수 있다.

26) 여기에서 두 가지 극단이란 부처님의 두 가지 극단적인 삶의 체험인 왕궁에서의 쾌락의 생활과 6년 동안의 극도의 고행을 말함, 이 두 가지 극단적인 생활에서 중도의 진리를 깨달았다.

27) 무아(Anatta)는 자아를 부정하는 말(An+atta)인데 자아가 없다는 뜻은 고정 불변하는 실체가 없고 끊임없이 변한다는 뜻이다.

28) Dhamma: 부처님의 가르침, 나아가서 우주 모든 현상의 진리.

29) 5온(五蘊): 육신을 구성하는 다섯 가지 무더기. ① 물질의 무더기(Rupakkhandha), ② 느낌의 무더기(Vedanakkhandha), ③ 지각의 무더기(Sannakkhandha), ④ 형성의 무더기(Sankarakkhandha), ⑤ 의식의 무더기(Vinnanakkhandha): 이 다섯 무더기는 색, 수, 상, 행, 식으로 한역됨. 이중 형성이란 조건 지어진 것들은 무언가 자꾸 형성하고 만들어 쌓는 특성이 있음을 말함.

30) Mettasutta(자애의 경): 상좌불교권에서 예불, 축복, 합송, 예식 등에 중요한 경이다.

31) 사띠빳타나(satipatthana): sati(깨어있음, 마음챙김, 집중), patthana(확고, 확립, 적용, 세움), 마음챙김의 확립이란 마음챙김을 확고히 세우는 것. 네 가지 사띠빳타나가 있는데 네 가지에 마음 챙김을 확고히 세우는 것. 사념처(Cattaro satipatthana)라고 한역됨.

32) 담마(Dhamma): 여기에서 담마의 뜻은 사성제나 팔정도 그 외의 모든 부처님의 가르침이라 할 수 있다. 넓은 의미로는 모든 진리와 선한 모든 것들이 주제가 될 수 있다.

물소를 타고 주나라를 떠나는 노자

노자(老子, BC 580?~500?). 춘추시대 사상가, 도가의 창시자. 이름은 이이(李耳). 자 담(聃). 노담(老聃)이라고도 함. 초(楚)나라 고현(苦縣, 지금의 河南省 鹿邑縣) 출생. 춘추 말기 주(周)에서 장서실(藏書室)을 관리했다고 함. 주나라의 쇠퇴를 한탄하고 은둔할 것을 결심해 서방(西方)으로 떠나는 도중에 관문지기의 요청으로 상하(上下) 2편의 책을 써 주었는데, 이것을 『노자』 또는 『도덕경』이라 함. 노자의 전기에는 의문이 많아, 생존을 공자보다 100년 후로 보는 설이 있는가 하면, 실재 자체를 부정하는 설도 있음.

장주몽접도: 장자가 나비 꿈을 꾸는 모습

장자(莊子, BC 369?~286?). 전국시대 사상가. 성은 장(莊). 이름은 주(周). 송(宋)의 몽읍(蒙邑:河南省 商邱縣 근처) 출생. 맹자와 비슷한 시대에 활약한 것으로 추정. 『장자』는 원래 52편이었다고 하는데, 현존하는 것은 진대(晉代)의 곽상(郭象)이 산수(刪修)한 33편(內篇 7, 外篇 15, 雜篇 11)으로, 그 중에서 내편이 원형에 가장 가깝다고 함. 노자(老子)와 마찬가지로 도(道)를 천지만물의 근본원리라고 봄. 도의 관점에서 사물들을 보면 만물을 평등. 장자의 사상은 대부분 우언(寓言)으로 풀이되었으며, 그 근본은 노자(老子)의 무위사상(無爲思想)을 계승하는 것이지만, 현세와의 타협을 배제하는 점에서는 더욱 철저함.

중심으로 하는 노장사상(老莊思想)과 결합함으로써 민중 종교로서 체계화를 이루게 되었다.

2. 기본 사상과 역사적 전개

일반적으로 도교를 "황로학(黃老學)"이라고도 하는데 이는 노자나 황제(黃帝[33])를 도교의 시조로 받든다는 의미이다. 그러나 엄밀하게 말하면 도교에는 교조가 없다. 황로학은 전국시대(戰國時代) 중기에 발생하였는데 이것은 노자사상을 토대로 민간 습속을 보완하여 이루어졌다. 황로학파가 최초로 싹튼 곳은 전국(戰國)시대 제(齊)나라 직하학궁(稷下學宮)[34]이

33) 중국 고대의 전설적 인물로써 한족(漢族)인 중국인들이 자신들의 시조로 신봉하고 있는 인물이다. 『사기』 [오제본기五帝本紀에 따르면 황제의 성은 공손(公孫)이며, 이름은 헌원(軒轅)으로 유웅국(有熊國) 소전(少典)의 아들이다. 신농씨(神農氏) 때 판천에서 염제(炎帝)와 싸워 이겼으며, 탁록에서 치우(蚩尤)를 사로잡아 죽이자 제후들이 그를 천자로 받들어 신농씨 대신 황제로 불렀다고 한다.

34) 직하학궁(稷下學宮)은 전국시대 때 제(齊)나라의 위왕(威王)에서, 선왕(宣王) 때까지(BC.357~301) 제나

다. 당시 직하학궁에 소속되어 있던 조나라 사람 신도(愼到)와 전변(田駢), 제나라 사람 접자(接子) 초나라 사람 환연(環淵)은 모두 황로학자들로 분류되는데 이들 황로 계열의 저작은 대부분 유실되고 현재 『관자』(管子) 가운데 [내업](內業), [백심](白心), [심술](心術) 상·하편에 부분적으로 전해지고 있다.

도교는 크게 교단도교(敎團道敎)와 민중도교(民衆道敎)로 구분된다. 전자는 노장사상을 섭렵하여 교의(敎義)나 제의(祭儀) 그리고 수련방법(修練方法) 등의 체계를 갖추고 있는데 반해, 후자는 전래의 습속을 체계 없이 신앙하는 형태이다. 도교는 시간이 갈수록 교단도교도 교의와 사상의 틀을 벗어나 민중 신앙적인 형태로 전개 발전하게 된다(황준연, 1994).

중국의 역사적 사회적 상황에 따라 도교는 다양한 형태의 민간 습속을 수용하면서 교단이나 종교 형태를 띠게 된다. 후한(後漢) 시대인 2세기 중반경 우길(于吉)이 조직한 "태평도(太平道)"를 계승한 황건적의 장각(長角, ?-184)이나 후한 말엽 사천(四川) 지방의 장릉(長陵; 혹은 張道陵)에 의해 창건된 "오두미교(五斗米敎)"도 도교 계열의 집단이다. 이 오두미교는 5세기 전반 북위(北魏)의 구겸지(寇謙之, ?-448)에 이르러 "신천사도(新天師道)"로 이어지고 후에 스스로 "도교(道敎)"라 칭함으로써 도교라는 명칭이 생겼다. 구겸지는 태상노군(太上老君; 老子)과 선인(仙人)에게 교전을 전해 받고 천사위(天師位)의 지위를 부여받았다 한다.

구겸지 시대에 이르러 북위의 임금인 태무제(太武帝)가 도교를 받아들이자 도교는 중국 정치에서 불교를 밀어내고 국교(國敎)의 자리를 차지하게 되었다. 도교는 수나라를 거치면서 세력을 확장하였고, 당나라에 이르러서는 노자가 황실의 조상으로 격상되고[35] 국가 사직을 수호하는 종교로 발전하였다. 도교는 처음에 부적(符籍)이나 주문(呪文) 중심의 단순한 민간신앙이었지만 노자와 역(易)의 사상을 수용하여 신도(神道)로 발전하고, 세속 지향적인 유교를 비판하면서 학문적 체계를 잡아 『노자(老子)』, 『장자(莊子)』, 『역학(易學)』의 삼현학(三玄學)을 성립하게 되었다. 도교 사상을 전하는 일체의 경전을 "도장(道藏)"이라고 한다. 이것은 불교의 경전을 "대장경(大藏經)"으로 부르는 것에 대응하는 명칭이다. 도교 계열의 대표적 저술로는 『참동계(參同契)』, 『황정경(黃庭經)』, 『태상감응편(太上感應篇)』, 『포박자(抱朴子)』, 『회남자(淮南子)』 등이 있다.

라 도성의 서쪽 문인 직문(稷門) 곁에 학당을 세우고 천하의 학자들을 초청하여 학문을 강론하게 한 곳이다. 직하학(稷下學)은 제나라 직하학궁에서 성행한 제자(諸子) 학설을 말하고, 직하학파(稷下學派)는 전국시대 모든 제자백가(諸子百家) 학파를 통칭하여 부르기도 한다(유교사전편찬위원회, 유교대사전, 서울: 박영사, 1990, 1497-1498).

35) 노자의 이름이 李耳인데, 당나라 고조(李淵)의 성이 李氏로 성이 같은데서 연유한 것 같다(황준연, 한국사상의 이해, 1994, 119).

우리나라에서 도교는 삼국시대에 고구려, 백제, 신라에 수용되었으며, 대개 유교, 불교, 도교 삼교가 융합된 형태로 한국 윤리사상의 기저를 형성하고 있다. 한국 고대사회에서 유, 불, 도 삼교의 융합은 "풍류도(風流道)"의 형태로 구체화되는데 이를 가장 잘 보여주는 것이 고운(孤雲) 최치원(崔致遠, 857-?)의 "난랑비 서(鸞朗碑 序)"이다.

> "우리나라에 현묘한 도가 있으니 이를 풍류(風流)라 한다. 그 가르침을 베푼 근원은 『선사(仙史)』에 자세히 실려 있다. 실로 이는 삼교(儒·佛·道)를 포함하여 여러 생명(群生)을 교화한다. 이를테면 집에 들어와 부모에게 효도하고 나아가 나라에 충성하는 것은 공자(魯司寇; 孔子)의 주된 가르침이요, 무위(無爲)의 일에 처하고, 불언(不言)의 가르침을 행하는 것은 노자(周柱史; 老子)의 가르침이고, 모든 악한 일을 하지 않고 착한 일을 실천하는 것은 석가(竺乾太子; 붓다)의 가르침이다."[36]

최치원의 주장처럼 우리 전통사회에서 도교는 다른 학문과 사상과 결합하여 인간의 일상적인 삶의 방향을 제시해 주고, 세속적인 생활을 반성하는 도덕 지침서로 역할을 하기도 하였으며, 민간신앙에 흡수되어 민중들의 종교적 신앙의 형태로 전해지게 된다. 사상으로서 도교는 무엇보다 노자와 장자의 사유체계를 중심으로 체계화되는데 조선시대에 이르러 노자와 장자의 저술은 조선 유학자들에게서도 꾸준히 읽혀져 왔다.

앞에서 지적한 바와 같이 노장사상은 도교의 학문적, 사상적 체계 형성에 크게 영향을 끼치게 되는데 사상 형성의 핵심에는 『도덕경(道德經)』과 『장자(莊子)』의 [소요유(逍遙遊)]나 [제물론(齊物論)], [인간세(人間世)] 등에 나타나는 기본 개념들이 중요한 역할을 한다. 우주의 궁극적인 실체를 도(道)로 압축하고 이러한 도는 인간의 언어적 행위로 온전하게 표현할 수 없는 아주 지극히 현묘(玄妙; 玄之又玄[37])한 것이다. 도를 실천하고 체득하기 위하여 노자와 장자는 '자연(自然; 道法自然[38])'을 이야기하고, 강(强)함보다 부드러움(柔)의 강함을 이야기하고, 이것의 깨우침을 위해 물(水)의 비유(上善若水[39])를 활용한다. 자연계에서 물의 부드러움과 자연스러움은 인간의 일상과 정치적 세계에서 인간의 유위(有爲)적 행위보다 무위(無爲)를 드러내는 좋은 표상이 된다. 노장은 인간의 세속적 욕망 실현을 추구하는 생활과 정치에서 유가(儒家)들이 유위(有爲)에 집착하여 유용한 것의 쓰임새(有用之用)에만 주의를 기울이고 쓸모없는 것의 쓰임새(無用之用)를 간과하고 있는데 대해 아주 비판적이고, 이

36) 『삼국사기(三國史記)』, 권4 [신라본기(新羅本紀)], 진흥왕(眞興王) 37년조
37) 『道德經』 1章
38) 『道德經』 25章
39) 『道德經』 8章

를 조롱하기까지 한다. 노자와 장자는 유가를 중심으로 하는 현세주의자들이 추구하는 도덕이나 삶의 가치를 지엽 말단적이며, 헛된 것으로 비판하고, 이것을 버리고 근본으로 돌아가도록 '근본을 숭상하고 말단을 버리라(崇本息末)'라는 점을 강조하고 있다.

노장사상에서 볼 때, 인의(仁義)를 거론하고 시비(是非)를 분별하는 것은 하나의 유위적 행위이고 타락한 도덕이다. "대도(大道)가 쇠퇴했으므로 인의(仁義)가 있는 것이며, 지혜가 나타남으로써 큰 거짓이 있는 것이다. 집안이 화목하지 아니하므로 효자(孝子)나 자부(慈父)가 생기는 것이며, 나라가 혼란하므로 충신(忠臣)이 나타나게 된다."고[40] 하는 관념은 도덕과 윤리적 지향에 있어서 노장사상은 유가와 현격한 거리를 유지하고 있다. 장자에 의하면 인의와 시비를 주장하는 유가의 도덕은 명분(名分)과 명예(名譽), 그리고 유위적인 위선(僞善)에서 나온 것에 불과하다. 장자는 당대의 은자(隱者: 초나라 미치광이 접여 接輿)가 혼란한 천하의 도덕과 정치를 바로 잡기 위하여 천하를 주유(周遊)하고 있는 공자의 모습을 안타까워하면서 부르는 노래를 인용하면서 유가의 삶의 태도를 비판하고 있다.

> "봉황새여, 봉황새여, 어찌하여 너의 덕이 쇠퇴하였는가? 앞날은 기대할 수 없고, 지난 날은 좇을 수 없구나. 천하에 올바른 도가 있으면 성인은 그것을 이룩하지만, 천하에 올바른 도가 없으면 성인은 몸을 숨기고 살아갈 뿐이다. 지금 이 세상에서는 형벌이나 면해보세. 행복은 깃털보다 가벼워도 손에 담을 줄 모르고, 재앙은 땅보다 무거워도 피할 줄 모르는구나. 그만두게 그만둬, 도덕으로 사람을 대하는 짓을, 위험하네, 위험해, 땅에 금 긋고 허둥대는 짓을, 가시나무여, 가시나무여, 내 가는 길 막지 말라. 내가 가는 길은 구불구불 (위험을 피해가니) 발에 상처를 내지 말라. 산의 나무는 (쓰임새 때문에) 스스로 자기를 베게 만들고, 등불은 스스로 제 몸을 태운다. 계피나무는 먹을 수 있어서 베어지고, 옻나무는 쓸모 있어서 쪼개진다. 사람들은 모두 쓸모 있는 것의 쓰임새는 알아도 쓸모없는 것의 쓰임새를 모른다네."[41]

노자의 사상은 한대(漢代)부터 중국의 여러 민간 신앙과 결합하여 뒤에 도교(道敎)로 변모하면서 민중생활 깊이 파고들었다. 따라서 한대 이후 2천여 년의 중국 역사를 통하여 공자의 유교가 중국 사회의 표면을 지배하는 원리가 되어 왔다면, 노자의 도가사상은 그 이면의 성격을 좌우하는 원리의 역할을 했던 것이다. 유가사상이 현실적이고 세속지향적이라면 도가사상은 초현실적이고 탈세속적이다. 노자는 절대적 원리로서의 도의

40) 『道德經』 18章
41) 『莊子』 人間世 第4

추구, 인간 이성의 한계성에 대한 각성에서 무(無)의 사상과 자연(自然)의 사상을 발전시켰다. '무'란 도의 원천적 상태이며, 그것은 다시 인간에의 적용에 있어 무위(無爲), 무욕(無慾), 무아(無我) 등의 개념으로 발전된다. 따라서 이러한 노자의 사상을 허정(虛靜)사상이라고도 하고, 유(柔)를 귀하게 여기는 "귀유(貴柔)" 사상이라고도 하며, "무위자연(無爲自然)" 사상이라고도 한다.

3. 도덕교육적 관심

노장의 도덕관은 유가와 대립되는 것이 많다. 유가가 학문적인 노력을 통한 점차적인 인격의 수양과 윤리적인 실천을 위주로 가르쳤다면, 도교는 이러한 것을 모두 인위적인 것으로 배격하고 무위자연으로 돌아가라고 가르친다. 유학사상이 입신양명(立身揚名)하여 세상을 교화하고 풍속을 바로잡는 성인군자의 삶을 강조하고 있다면, 노장을 중심으로 하는 도교 사상은 인위적인 욕망으로부터 자유로운 인간, 세상을 교화하는 공이 이루어지면 조용히 물러나(功遂身退)[42] 진인(眞人)과 선인(仙人)의 경계에 들어가 무궁한 생(長生久視)[43]을 즐기고자 한다. 유학과 도교 모두 인간의 일상에서 무욕(無欲)을 말하지만 유가들의 무욕이 '절욕(節欲)'이나 '과욕(寡欲)'을 의미한다면 도교에서 무욕은 모든 인위적인 것을 배격한 소박한 자연 상태(樸)[44]의 회복, 일체의 세속적인 도덕의 굴레를 벗어버린 욕망 너머의 욕망(欲不欲)[45]을 추구한다.

불교와 관련하여 볼 때 도교 사상은 불교가 중국시에서 탄압을 받던 시절 노장적 사유와 결합하여 선불교(仙佛敎) 형식으로 발전하는 데 일조를 하였다. 이때 선불교의 화두(話頭)와 공안(公案)은 노장적 표현을 적용한 것들이 많이 있다. 불교의 참선의 방법은 노장의 근본정신이 선(禪)의 형식으로 발전하기도 하여[46] 동양 정신사에서 사상의 융합과 발전의 지평을 열어주기도 하였다.

도가에 의하면 본래 천지만물은 자연 그대로의 법칙을 가지고 있어서 해와 달과 별이 질서 있게 운행되고, 금수가 무리를 지어 살며, 수목이 저절로 바르게 자라는 것이지, 억지로 가르쳐서 그렇게 되는 것이 아니다. 인간이(세속[적인) 지혜를 갈고 닦으면 세상이

42) 『道德經』 9章
43) 『道德經』 59章
44) 『道德經』 15章, 19章, 28章, 32章, 37章, 57章
45) 『道德經』 64章
46) 吳經熊(1997), 서돈각, 이남영 옮김, 禪學의 황금시대, 서울; 천지, 59~70.

어지럽게 되고, (세속적인) 덕을 닦으려 노력할수록 자연스러운 본성이 흐려져서 드디어 세상이 위태롭게 될 것이다. 따라서 성인(聖人)이 세상에 나오자 큰 악이 생겼고, 현인(賢人)이 나타나자 교묘한 거짓말이 생겨나기 때문에 허위나 가식을 버리고 소박한 자연 상태(樸)로 돌아갈 때 도덕은 저절로 회복되는 것으로 본다.

이와 같이 도가의 도덕관은 인위(人爲, 有爲)가 없는 자연 상태(無爲)를 숭상한다. 자연 가운데서도 약하고 부드럽고(柔) 텅 빈 것(虛)을 숭상하여, 물과 같이 부드럽고 어린아이와 같이 유약하고 허공과 같이 텅 빈 상태를 추구한다. 사람들은 욕심과 허위, 허욕 때문에 곧잘 위험에 빠진다. 도교사상은 인간이 거짓을 버리고 무위의 도를 지키는 참된 진인(眞人)의 편안한 자세를 수양과 양생을 통하여 본받아야 한다는 점을 강조한다. 노장의 입장에서 도덕교육은 인위(人爲)와 유위(有爲)적 행위를 버리는 방법, 곧 세속 사람들이 욕망하지 않는 것을 욕망(欲不欲)하게 하고, 일반인들이 배우고자 하지 않는 것을 배우게 하는(學不學)[47] 공부의 길을 제시해 준다.

원전 산책: 도가

『道德經』『莊子』

• 노자의 현실 인식

"大道가 폐해서 仁義가 있게 되고, 지혜가 나오게 됨으로써 큰 인위가 일어나게 된다. 육친(父母子女/兄弟姉妹/夫婦)이 불화하므로 효도와 자애가 강조되고, 국가가 혼란스러워지면 충신이 있게 된다." (『도덕경』 2장. 大道廢有仁義, 慧智出有大僞, 六親不和有孝慈, 國家昏亂有忠臣)

"천하가 아름다움이 아름다움이 되는 것으로만 다 안다면, 이것은 추함(惡)일 뿐이다. 선이 선이 되는 것으로만 다 안다면, 이것은 불선일 뿐이다." (『도덕경』 2장. 天下皆知美之爲美, 斯惡已. 皆知善之爲善, 斯不善已).

• 악의 근원 : 자의식

"남해의 임금을 儵이라 하고, 북해의 임금을 忽이라 하며, 중앙의 임금을 渾沌이라 한다. 숙과 홀이 때마침 혼돈의 땅에서 만났는데, 혼돈이 매우 융숭하게 그들을 대접했으므로, 숙과 홀은 혼돈의 은혜에 보답할 의논을 했다. '사람은 누구나 일곱 구멍이 있어서 그것으로 보고

47) 『道德經』 64章,

듣고 먹고 숨쉬는데 이 혼돈에게만 없다. 어디 시험삼아 뚫어주자.' 날마다 한 구멍씩 뚫었는데, 7일이 지나자 혼돈은 죽고 말았다." -『장자』「응제왕」-

도를 아는 자는 말하지 않고, 말하는 자는 알지 못한다. (『도덕경』 56장. 知者不言, 言者不知)

말을 많이 하면 더욱 궁색해질 뿐이다. -『도덕경』 5장-

- **도란?**

도를 말할 수 있으면(*또는 도라고 할 수 있는 도는) 영원한 도가 아니요,
명을 이름 할 수 있으면(*또는 이름 지을 수 있는 이름은) 영원한 이름이 아니다.
무명은 천지의 始이고,
유명은 만물의 母이다.
그러므로 항상 無欲으로써 그 (*무의) 오묘함을 보고,
有欲으로써 그 (*유의) 나타남(*왕래)을 본다.
이 두 가지는 함께 나왔지만 그 이름을 달리한다.
현묘하고 현묘하다. 모든 오묘함의 (*드나드는) 문이다.
(『도덕경』 1장. 道可道非常道, 名可名非常名. 無名天地之始, 有名萬物之母. 故常無欲以觀其妙, 常有欲以觀其徼. 此兩者同出, 而異名, 同謂之玄. 玄之又玄, 衆妙之門)

삼십 개의 수레바퀴 살들이 다 함께 하나의 가운데 바퀴 통에 박히니, 그 바퀴통의 무에 어울려 수레의 쓰임이 있게 된다. 진흙은 빚어서 그릇을 만듦에, 그 그릇의 빈 데인 무에 어울려 그릇의 쓰임이 있게 된다. 문과 창을 뚫어서 방을 만듦에, 그 빈 곳인 무에 어울려 방의 쓰임이 있게 된다. 그러므로 유가 이로움이 되는 것은 무의 쓰임이 있기 때문이다. -『도덕경』11장-

- **선이란?**

절대적으로 옳은 것은 없다. 올바름이 변하여 이상스러운 것이 되고, 선한 것이 변하여 사악한 것이 된다. (『도덕경』 58장. 其無正, 正復爲奇, 善復爲妖)

설결이 왕예에게 물었다. 스승께서는 시비의 객관적 준거를 알고 계십니까?… 〔중략〕 …습기 있는 곳에서 잠을 자면 요통에 걸리기 쉬운데 어디 미꾸라지도 그렇던가. 나무 꼭대기에 서면 다리가 후들거리고 가슴이 떨리는데 어디 원숭이도 그렇던가. 이 셋 가운데 누가 올바른 거처를 아는가. 또 사람은 고기를 먹고 사슴은 풀을 뜯고 지네는 뱀을 맛있어하고 올빼미는 쥐를 즐기는데, 이 넷 중 누가 참맛을 아는가. 또 성성이는 원숭이와 짝하고 고라니는 사슴과 어울리며 미꾸라지는 고기들과 노닌다. 사람들이 모장과 여희를 이쁘다 여기지만 그들을 보면 고기는 물속으로 깊이 숨고 새는 하늘로 푸드득이며 사슴은 꽁무니가 빠지도록 도망치니 이 넷 중 누가 천하의 올바른 아름다움을 아는가. 내가 보건대는 仁과 義, 是와 非의 갈래는 이렇게 엉클어지고 혼란되어 있으니 그 다툼을 어찌 제대로 가려내겠는가. -『장자』「제물론」-

혜시가 장자에게 말했다. "내게 큰 나무가 있는데, 사람들은 그걸 가죽나무라 하더군요. 줄기는 울퉁불퉁하여 먹줄을 칠 수 없고, 가지는 비비 꼬여서 자를 댈 수가 없소. 길에 서 있지

만 목수가 거들떠 보지도 않소. 그런데 선생의 말은 크기만 했지 쓸모가 없어 모두들 외면해 버립디다."

장자가 말했다. "선생은 너구리와 살쾡이를 아실 테죠. 몸을 낮게 웅크리고서 놀러 나오는 닭이나 쥐를 노려, 이리저리 뛰며 높고 낮은 데를 가리지 않다가, 덫에 걸리거나 그물에 걸려서 죽지요. 그런데 검은 소는 크기가 하늘에 드리운 구름 같이 큰일은 하지만 쥐는 잡을 수 없소. 지금 선생에게 큰 나무가 있는데 쓸모가 없어서 걱정인 듯 하오만, 어째서 아무것도 없는 드넓은 들판에 심고 그 곁에서 마음 내키는 대로 한가로이 쉬면서, 그 그늘에 유유히 누워자 보지는 못하오. 도끼에 찍히는 일도 없을 게요. 쓸모가 없다고 어째서 괴로워한단 말이오." -『장자』「소요유」-

가장 좋은 것은 물과 같다(上善若水). 물은 만물을 잘 이롭게 하면서도 다투지 않는다. 뭇 사람들이 싫어하는 낮은 곳에 처하기를 좋아한다. 그러므로 도에 가깝다… 〔중략〕 …대저 오로지 다투지 아니하니 허물이 없다. (『도덕경』 2장. 上善若水, 水善利萬物而不爭. 處衆人之所惡, 故幾於道… 〔중략〕 …夫唯不爭, 故無尤)

• 이상적 인간

〈무명의 통나무〉

도는 항상 무위하지만 또한 하지 않음이 없다. 후왕이 도를 지킨다면, 만물은 장차 저절로 운화되리라. 운화하여 욕망이 생기면, 나는 장차 이를 무명의 통나무로 진정시킬 것이다. 무명의 통나무는 또한 어떤 경우에도 욕망을 내지 않는다. 고요함으로써 욕망을 일으키지 않으면, 천하가 장차 스스로 바르게 되리라. (『도덕경』 37장. 道常無爲而無不爲, 侯王若能守之, 萬物將自化, 化而欲作, 吾將鎭之以無名之樸, 無名之樸, 夫亦將無欲, 不欲以靜, 天下將自定.)

〈고정된 마음이 없는 사람〉

성인에게는 고정된 마음이 없다(無常心). 백성의 마음을 자기의 마음으로 삼는다. 성인은 세상에 임할 때 모든 것을 포용하고, 그의 마음에는 일체의 분별심이 없다. 성인은 그들을 모두 아이처럼 되게 한다. (『도덕경』 49장. 聖人無常心, 以百姓心爲心 聖人在天下, 歙歙 爲天下渾其心, 聖人皆孩之)

• 이상적 사회

작은 나라에 적은 백성. 열이나 백사람이 사용할 기물이 있지만 이를 사용하지 않는다. 그리고 백성들이 죽음을 중하게 여겨 멀리 이사하지 않는다. 비록 배와 수레가 있으나 이를 타지 않는다. 비록 갑병이 있으나 이를 진열하지 않는다. 백성들이 다시 새끼줄을 매어서 통신의 수단으로 쓰게 한다. 음식을 맛있게 먹고, 옷을 멋있게 입으며, 주거에 편안하고, 풍속을 즐긴다. 나라가 서로 마주보고 있고, 닭과 개 소리가 서로 들린다. 백성이 늙어서 죽더라도 서로 왕래하지 않는다. (『도덕경』 80장. 小國寡民, 使有什佰之器而不用, 使民重死而不遠徙, 雖有舟輿, 無所乘之, 雖有甲兵, 無所陳之, 使人復結繩而用之, 甘其食, 美其服, 安其居, 樂其俗, 隣國相望, 鷄犬之聲相聞, 民至老死不相往來)

문을 나오지 않아도 천하를 알고, 들창으로 내다보지 않아도 천도를 본다. 나가는 거리가 멀수록 알아지는 것은 더욱 작아진다. 이로써 성인은 나가지 않아도 알고, 보지 않아도 만물을 이름 지으며, 하지 않아도 이룬다. (『도덕경』 47장. 不出戶, 知天下, 不窺牖, 見天道, 其出彌遠, 其知彌少, 是以聖人不行而知, 不見而名, 不爲而成)

• **불완전한 인간에서 이상적 인간으로 향하는 방법**

성스런 체함을 그만두고 아는 체를 버리면 사람에게 이로움이 백배나 더할 것이다. 인을 그만두고 의를 버리면 사람이 효성과 자애를 회복할 것이다. 재간부리기를 그만두고 이익 보려는 마음을 버리면 도둑이 없어질 것이다. 이 세 가지는 문명을 위하는 일이지만 그 자체만으로는 부족하다. 그러므로 뭔가 덧붙이지 않을 수 없다. 물들이지 않은 명주의 순박함을 드러내고 다듬지 않은 통나무의 질박함을 품는 것, 나 중심의 생각을 적게 하고 욕심을 줄이는 것(見素抱樸, 少私寡欲)입니다. (『도덕경』 19장. 絕聖棄智, 民利百倍. 絕仁棄義, 民復孝慈. 絕巧棄利, 盜賊無有. 此三者以爲文不足, 故令有所屬, 見素抱樸, 少私寡欲)

〈말 없는 가르침〉

천하(사람들이)가 모두 아름다움을 아름다움이 되는 것으로만 안다면 이것은 추함일 뿐이고, 선(善)을 착함이 되는 것으로만 안다면 이것은 불선(不善)일 뿐이다. 그러므로 유와 무가 서로 공생(더불어 삶)하고, 어려움과 쉬움이 서로 이루고, 깁과 짧음이 서로 형성하고, 높음과 낮음이 서로 기울고, 음과 소리가 서로 조화하고, 앞과 뒤가 서로 수반한다. 이로써 성인은 무위(無爲)의 일에 거처하고 '말없는 가르침'(不言之教)을 행한다. 만물은 자라나면서도 다투지 않고, 공생하면서도 소유하지 않고, 일을 하면서도 의지하려 않고, 공을 이루어도 머물지 않는다. 대저 오직 머물지 않기에, 이로써 떠나가지도 않는다. (『도덕경』 2장. 天下皆知美之爲美, 斯惡已, 皆知善之爲善, 斯不善已, 故有無相生, 難易相成, 長短相形, 高下相傾, 音聲相和, 前後相隨, 是以聖人處無爲之事, 行不言之敎, 萬物作焉而不辭, 生而不有, 爲而不恃, 功成而弗居, 夫唯弗居, 是以不去)

성인이라는 이상적 가치와 지혜를 버리면 백성들은 훨씬 이롭게 되고, 인의라는 가치를 버리면 백성들은 모두 효도와 자애를 회복하게 된다. (『도덕경』 19장. 絕聖棄智, 民利百倍, 絕仁棄義, 民復孝慈).

축적하는 학습을 그만두면 걱정거리도 없어진다. (『도덕경』 20장. 絕學無憂)

〈장자의 심재, 좌망〉

안회가 물었다: "심재(心齋)가 무엇입니까?"

중니가 대답했다: "너는 뜻을 하나로 통일하여, 귀로만 듣지 말고 마음으로 들어라! 마음으로만 듣지 말고 기(氣)로써 듣도록 해라! 귀는 듣는 것에서 그치고, 마음은 바깥 사물과 부합하는 데서 그치지만, 기라는 것은 텅 비움으로써 바깥 사물을 있는 그대로 맞아들인다. 도(道)는 오로지 텅 비우는 곳에 모이는 법이다. 이처럼 텅 비우는 경지에 이르는 것을 심재라고 한다." -『장자』「인간세」-

안회가 말했다: "나는 좌망(坐忘)에 들었습니다."

중니가 놀라며 물었다: "좌망? 그것이 무엇이냐?"

안회가 대답했다: "사지의 형체를 잊어버리고 마음의 총명함도 잊어버려 감각적 지각작용을 떠나고 이성적 분별작용을 버린다면 도(道)와 한 몸을 이뤄 두루 통하게 됩니다. 이것을 좌망

이라고 합니다."

중니가 감탄하여 말했다: "과연 도와 한 몸을 이룬다면 선과 악, 현인과 불초를 가르고 옳고 그름을 판별할 필요가 없도다. 나 또한 너를 따르겠다." -『장자』「대종사」-

제 4 장

서양 윤리사상과 도덕교육

제1절 소크라테스, 플라톤, 아리스토텔레스와 도덕적 사고

1. 소크라테스와 도덕적 사고

윤리학 또는 도덕철학(moral philosophy)은 인간의 도덕적 행위에 관한 학문이다. 곧 이것은 도덕의 근본 원리를 연구하는 학문으로 도덕과 도덕 문제, 그리고 도덕적 이상, 도덕 판단 등에 대해 관심을 갖는다(D. D. Raphael, 1981). 서양 철학사에서 소크라테스(Socrates, BC.469-399)의 "너 자신을 알라(Know yourself)"고 한 '델피 신탁' 이후 철학의 관심은 물질적 자연세계의 원리 탐구에서 인간의 내면적이고 도덕적인 선(善)의 문제를 발견하고 탐구하는 문제로 전환하게 된다. 소크라테스에 의하면 덕(德)이 곧 지식(virtue is knowledge)이며

소크라테스(Socrates, BC.469~399). 기원전 5세기경 활동한 고대 그리스의 대표적 철학자. 문답법을 통한 깨달음, 무지에 대한 자각, 덕과 앎의 일치를 중시. 남루한 옷차림으로 광장을 거닐면서 철학적 토론에 매진하는 그에게 다양한 계층의 제자들이 모여들었다고 함. 당시 아테네에는 기존 민주주의 세력과 스파르타의 법을 새로이 차용하고자 한 귀족주의 세력 간의 갈등이 지속. 아테네가 펠로폰네소스전쟁에서 패배하자 귀족주의 세력이 힘을 얻었으나 다시 세를 회복한 민주주의 정권은 소크라테스를 귀족주의의 본보기로 처형하고자 하였음. 그의 주장이 민주주의를 비난하는 것처럼 보였고, 제자와 친구들 상당수가 귀족주의 편에 있었기 때문. 결국 소크라테스는 신성모독과 청년들을 현혹한다는 죄목으로 사형판결을 받음. 플라톤의 대화편 『파이돈(Phaidon)』에는 소크라테스가 독약을 마시고 죽음을 맞이하는 장면이 상세하게 묘사되어 있음.

행복이다. 덕의 어원인 희랍어의 "아르테(aretē)"(excellence)라는 말은 탁월한 것, 뛰어난 소질, 능력 혹은 자기가 해야 할 일을 효과적으로 수행할 수 있는 능력을 의미한다.

소크라테스에 의하면 덕은 '선에 대한 지식'이다. 소크라테스는 선을 '인간의 기대를 완전히 충족시켜 줄 수 있고, 행복을 제공할 수 있는 어떤 것'으로 정의하고 있다. 따라서 이러한 지식만 있다면 곧 덕을 획득함으로써 인간은 선을 행할 수 있고, 인간은 행복해질 수 있다. 소크라테스는 무엇이 옳은 것인지를 아는 사람은 그 지식으로 인하여 옳은 것을 행할 것이며, 무지한 사람은 그릇된 일을 행할 것이라고 본다. 소크라테스에게 진정한 앎이란 이 세상에서 가장 좋은 지식으로 평가되는 '도덕적인 통찰'을 의미한다. 소크라테스 이후 서양 철학은 인간의 도덕의식을 깨우쳐 바르게 사고하고 올바른 행동을 하도록 이끄는 데 주된 목적을 두게 되었다.

2. 플라톤과 도덕적 사고

'플라톤 이래로 서양 철학은 플라톤 철학의 각주(脚註)다.' (화이트헤드)

'철학은 플라톤이고, 플라톤은 철학이다.' (에머슨)

플라톤(Platon, BC.427-347)은 소크라테스의 사상을 기술하고 체계화하고 있다. 『국가론(Republic)』에서 플라톤은 선(善)에 포함되는 윤리학적 지식의 원리나 개념들은 기하학적 지식보다 더 추상적이면서 '선의 이데아는 가장 숭고한 지식'이라고 본다. 플라톤에게 선은 철학자의 궁극적인 사색의 대상과 동일시된다. 왜냐하면 선은 우주의 궁극적인 본질인 동시에 목적이기 때문이다. 선은 세계의 목적이며, 그것의 형상(form)이며, 힘인 동시에 본질적인 존재로서 신이다(W. S. Sahakian, 1974; 송휘칠, 황경식 역, 1993). 선의 이데아는 이상적인 선이며, 이상적인 선은 곧 신이다. 인간 최고 이상으로서 선은 신을 닮아가려는 노력을 통하여 추구되고 실현되어야 한다고 본다.

플라톤(Platon, BC 428/427~BC 348/347). 소크라테스의 제자이자 아리스토텔레스의 스승. 30여 편에 달하는 대화록을 남겼는데 그 안에 담긴 이데아론(형이상학), 국가론 등은 고대 서양 철학의 정점으로 평가됨. 20세기 철학자 화이트헤드는 "서양철학은 플라톤에 대한 각주"라고 하였는데, 이는 플라톤 철학의 위대함과 그 영향력을 보여주는 말.

플라톤에게 진정한 선은 이상적인 것이다. 그에 의하면 현실 세계는 순수하고 시간을 초월한 형상의 단순한 모조품에 불과하다. 선은 그 본성에 있어 끊임없이 추구되는 것이나 달성될 수 없는 것이다. 모든 존재 가운데 선은 다른 모든 이데아를 넘어선 궁극적인 이데아이다. 이것은 존재의 원리를 규정한다. 선은 지식이나 진리보다 더 소중한 것이며, 선의 이데아는 다른 이데아보다 더 숭고한 것이다.

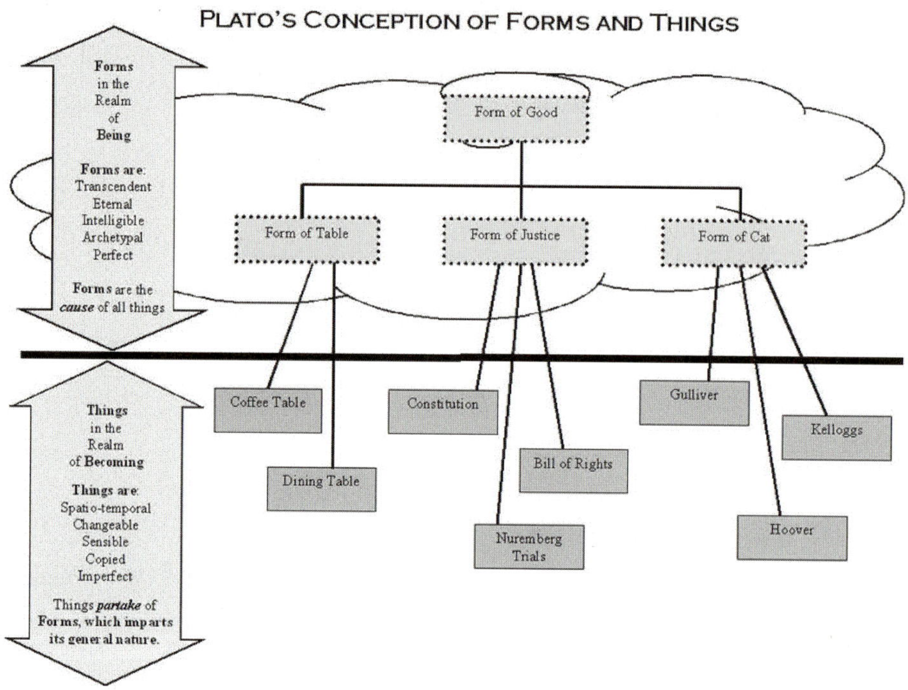

[그림 4-1] 플라톤의 이원론적 세계관

선의 이데아와 관련하여 플라톤은 먼저 인간의 심성(心性: 靈魂)을 사유(思惟), 의지(意志) 및 욕망(慾望)의 세 부분으로 나누고, 사유를 인간의 머리(head)에, 의지는 가슴(heart)에, 욕망은 배(stomach) 또는 하반신에 근거를 두고 있는 것으로 본다. 플라톤은 이 가운데 오직 사유하는 이성(理性)만이 육체 속에 깃들이면서 동시에 다른 구성 부분과 결합하는 불멸의 요소로 보고 있다. 이 사유하는 이성을 통하여서만 인간은 스스로의 최고 목적이자 세계의 궁극 목적인 선의 이데아에 관여하게 된다. 따라서 이상적인 실재와 이상적인 선의 실현 상태인 가장 고상하고 진실한 생활은 인간의 이성적인 지혜를 통하여 달성될 수 있다. 플라톤에게 육체와 욕망은 선의 이데아를 인식하는 데 방해가 되며, 심지어 육신이란 영혼의 무덤(soma, sema)에 지나지 않는다.

플라톤에게 덕이란 역시 탁월성(aretē; excellence)이다. 플라톤은 인간은 누구나 영혼의 세 가지 기능 중 어느 하나의 기능에 탁월한 성향을 지니고 있으며, 그 기능에 대응하는 덕을 지니고 있다고 한다. 이는 곧 지적인 능력과 함께 이성에 탁월한 사람은 지혜(wisdom)의 덕을 지니고, 의지의 활동에 탁월한 사람은 용기(courage)의 덕을 지니며, 세 번째로 감각적인 욕망의 활동에 탁월한 사람은 절제(temperance)의 덕을 지니게 된다고 본다. 더 나아가 플라톤은 이상의 세 가지 덕, 곧 지혜, 용기, 절제가 서로 조화롭게 기능하고, 이성에 의하여 질서지어지고 규제될 때 총괄적인 덕인 '정의(justice)'가 구현된다고 본다. 플라톤이 제시하고 있는 네 개의 근본 덕, 곧 지혜(智慧; 판단력의 덕), 용기(용기; 의지의 덕), 절제(節制; 중용을 유지하는 덕, 고상한 품격), 정의(正義)에서 지혜와 정의는 보다 높은 차원에서 하나의 덕인 지혜로 귀결되며, 용기와 절제는 영혼의 활동을 규제하는 지혜의 한 면모를 반영하고 있는 것으로 볼 수 있다. 사람이 사람답게 살아갈 수 있는 가장 훌륭한 기반을 덕(德; virtue)에다 둔 플라톤은 윤리적 사고의 주요 과제를 인간의 탁월성 실현과 전체적 조화에 두고 있다. 특히 인간의 모든 능력이 이상적으로 발휘되어 완성에 이르게 하는 것은 사유하는 이성에 의한 지혜의 덕임을 강조하고 있다.

3. 아리스토텔레스와 도덕적 사고

아리스토텔레스(Aristoteles, B.C. 384-322)는 행복을 인생의 궁극적 목적으로 규정하고 있다. 행복주의(eudaimonism; hedonism)는 희랍어의 '에우다이모니아(eudaimonia: 행복)'에서 유래한 말로서 쾌락뿐만 아니라 복지와 행복한 정신, 그리고 마음의 쾌적한 상태까지 포함한 행복의 철학을 의미한다(W. S. Sahakian, 1974; 송휘칠, 황경식 역, 1993). 아리스토텔레스 사후 그의 아들인 니코마코스에 의해 편집되고 발간된 것으로 알려진 『니코마코스 윤리학(Nicomachean Ethics)』에서 아리스토텔레스는 행복을 '가장 훌륭하고 고상한 것이며 이 세상에서 가장 즐거운 것'으로 설명하면서 개인의 행복한 상태는 이성과 절제, 그리고 잠재력의 실현을 통한 건전한 생활에서 결과되는 것이라고 주장하고 있다.

아리스토텔레스의 철학은 모든 측면에서 철저하게 목적론적이다. 그는 이 세상의 모든 존재는 그 자체의 목적을 가지고 있다고 보는데 이 가운데 인간이 달성해야 될 목적은 선의 실현이다. 선이란 '덕과 일치하는 영혼의 활동'으로서 이는 인간의 최고 목적이며, 행복으로 귀착될 뿐 아니라 그 자체로서 행복한 상태이다. 『니코마코스 윤리학』에서 그는 "우리는 항상 행복 그 자체를 욕구하는 것이지, 결코 다른 어떤 것을 위한 수단으로서 행복을 요구하는 것이 아니다.… 행복은 모든 행동의 목표이며 최종적인 것이고 자기 충족적인 어떤 것"이라고 보고 있다. 아리스토텔레스의 이러한 관점은 '덕이 곧 행복'이라는 소크라테스의 관점과 자주 비교된다.

아리스토텔레스(Aristoteles, BC. 384~BC. 322). 플라톤의 제자. 플라톤이 초감각적인 이데아의 세계를 존중한 것에 비해, 아리스토텔레스는 인간에게 가까운, 감각되는 자연물을 존중하고 이를 지배하는 원인들의 인식을 구하는 현실주의 입장을 취함.

소크라테스가 지식이 곧 덕이요, 덕은 곧 행복이라고 보았다면 아리스토텔레스는 소크라테스의 이러한 관점을 부분적으로만 동의한다고 볼 수 있다. 곧 아리스토텔레스는 덕이 비록 인간에게 행복을 가져다준다 하더라도 모든 덕을 지적인 덕으로 보지 않는다. 아리스토텔레스는 그의 윤리학에서 덕을 지적인 덕(intellectual virtues)과 도덕적 덕(moral virtues)으로 구분하고 있다. 지적인 덕은 '이론적 지혜(theoretical wisdom)'나 이해력(understanding) 그리고 실천적 지혜(practical wisdom)로 보고 있는데 반해, 도덕적 덕은 '관대함(generosity)', '절제(self-control)'와 같은 인간의 품성과 관계된 덕이다. 도덕적 덕은 실천적 의지의 통제에 놓이지만 지성에 의하여 이성적인 지배를 받는다. 지적인 덕은 인생의 과학적인 혹은 철학적인 영역에 관계되고 도덕적인 덕은 동물적인 수준의 감각적인 영역에 관계되거나 인간적인 수준의 사회적 영역에 관계되는 것이기 때문에 지적인 덕은 도덕적인 덕보다 더 우월하다고 할 수 있다.

아리스토텔레스의 지적인 덕은 소크라테스의 지식이 곧 덕이라는 명제와 부합하지만 도덕적인 덕은 인간의 실천적 의지에 의존해야 하기 때문에 선택의 문제가 개입하게 된다. 따라서 아리스토텔레스에게 도덕적 선택은 자발적인 것이며 인간은 누구나 자기가 선택한 행동을 실현할 권한을 지니고 있기 때문에 선악의 선택 문제는 어디까지나 개인의 결정에 달린 것이다. 아리스토텔레스는 이것을 그의 『니코마코스 윤리학』에서 "덕을 행할 것인가, 악덕을 행할 것인가의 문제는 다 같이 우리들 스스로가 결정할 권한에 속한다. 왜냐하면 어떤 것을 행할 수 있는 권한이 우리들에게 있다면, 행하지 않을 권한도 우리에게 있기 때문"이라고 주장하고 있다.

소크라테스와 플라톤이 덕을 주로 '탁월성(aretē ; excellence)'으로 정의하지만 아리스토텔레스는 덕을 오히려 '습관화된 중용(habitual moderation)'으로 규정하고 있다(W. S. Sahakian, 1974). 아리스토텔레스에게 옳은 행동은 도덕적인 덕이 나타내는 양극단의 중도적인 것을 의미한다. 양극단이란 한쪽에서는 지나치게 부족한 악덕이 있고, 다른 한쪽에서는 너무 지나친 악덕이 있음을 말하는데, 중용(mean)이란 '올바른 이성이 명령하는 것'으로 규정된다. 예를 들면 용기라는 덕의 양극단을 살펴본다면, 용기의 부족에서 오는 악덕은 비겁함이고, 용기의 지나침에서 오는 악덕은 무모함(만용)이다. 어떤 사람이 용기가 없다면 비겁하게 행동할 것이고, 지나치게 만용을 부린다면 그는 무모한 행동을 할 것이다. 적절한 방법으로 용기 있게 싸울 때 그는 중용의 덕을 실현할 수 있다.

라파엘로의 '아테네 학당'(1510~1511 제작). 가운데 왼쪽이 플라톤, 오른쪽이 아리스토텔레스이다. 플라톤은 형이상학에 관한 저작 '대화편'을 손에 들고 이상세계를 가리키고 있고, 아리스토텔레스는 '윤리학'을 손에 들고 땅(현실세계)를 가리키고 있다.

아리스토텔레스에게 이러한 중용의 덕은 생활 속에서 습관화되고 반복됨으로써 한 개인의 인격적 특성이 된다. 이러한 인격으로서 도덕적인 덕은 단순히 지적인 측면만이 아니라 우리의 품성과 관계되기 때문에 소크라테스와 플라톤이 인간의 탁월성 곧 덕을 지적인 측면, 인간의 이성의 영역과 주로 관련시키고 있는 점과는 일정한 거리를 두고 있다. 이러한 거리는 이들 세 사상가들이 강조하는 서구의 도덕교육의 사고방식에도 영향을 끼치게 된다. 소크라테스가 덕과 지식을 동일시하고, 플라톤이 선의 이데아에 대한 지식을 강조함으로써 도덕교육에서 이성의 역할에 무게중심을 두고 있다면 아리스토텔레스는 도덕교육에서 지식을 인간의 지적인 덕보다 도덕적인 덕과 관련시키고 이를 인간의 품성 혹은 인격과 관련시킴으로써 도덕교육에서 이성뿐만 아니라 인간의 정서와 의지, 실천적 행위를 포함시킴으로써 도덕교육에서 이성과 정서, 실천의지를 통합하고 있다.

원전 산책: 플라톤

『국가』는 대화체로 전개된다. 등장인물들의 이름은 모두 고대 그리스의 실존인물들에서 가져온 것이다. 대화를 이끌어가는 아데이만토스와 글라우콘은 플라톤의 형들이다. 주인공은 소크라테스인데, 이 책은 플라톤의 중기 저작 중에서도 뒤쪽에 해당하는 것이기에 여기에 등장하는 소크라테스는 플라톤의 대변자라 할 수 있다. 주제는 정의(올바름), 이상 국가, 가장 좋은 정치체제 등이다. 분량 면에서도 플라톤 저작의 18% 정도를 차지하는 핵심저작이다. 번역본은 주로 박종현, 천병희의 것이 많이 읽혀지는데 여기에서는 전자를 사용하였다. 제한된 지면에 서양사상에서 가장 중요하다고 평가되는 저술의 내용을 모두 소개할 수는 없기에, 이 책에서는 『국가』의 전반적인 구조를 보여주는데 초점을 두었다. 플라톤이 국가를 통해 답하고자 했던 문제는 무엇인가? 그것은 1권과 2권에서 트라시마코스와 글라우콘이 던진 "정의란 강자의 이익"이고, 그 자체로는 기피할 만하지만 평판이나 명성 등의 결과 때문에 좋은 것이라는 주장이다. 『국가』는 이에 대해 그렇지 않다는 것을 보여주는 긴 여정이며, 9권과 10권에서 정의(올바름)는 그 자체로도 좋고 결과적으로도 좋은 것이라는 최종적인 답변이 주어진다. 즉, 『국가』의 핵심 주제는 그 제목처럼 국가나 정치체제에 관한 것이 아니라 올바른 삶에 관한 윤리학적 물음이었던 것이다. 아래에서는 1, 2, 9, 10권을 중심으로 그 물음과 답변만을 소개하였다.

- **1권 : 올바름(정의)이란 강자의 이익인가?**

트라시마코스(당대의 유명한 소피스트): 저로서는 올바른 것이란 '더 강한 자의 편익(이득)' 이외에 다른 것이 아니라고 주장합니다… 〔중략〕 …적어도 법률을 제정함에 있어서 각 정권은 자기의 편익을 목적으로 하여서 합니다. 민주 정체는 민주적인 법률을, 참주 정체는 참주 체제의 법률을, 그리고 그 밖의 다른 정치 체제들도 다 이런 식으로 법률을 제정합니다. 일단 법 제정을 마친 다음에는 이를, 즉 자기들에게 편익이 되는 것을 다스림을 받는 자들에게 올바른 것으로서 공표하고서는, 이를 위반하는 자를 범법자 및 올바르지 못한 짓을 저지른 자로서 처벌하죠(338c-338e).[1)]

소크라테스: 올바른 것이 아무튼 편익이 되는 것이란 점에 대해서는 나도 동의하는 바이오만, 선생은 거기에 덧붙여서 이를 더 강한 자의 것이라고 말하는데, 나는 그 점을 모르겠기

에, 검토를 해보아야만 하겠소(339b)… 〔중략〕 …올바른 혼과 올바른 사람은 훌륭하게 (잘) 살게 되겠지만, 올바르지 못한 사람은 잘못 살게 될 것이오(353e)… 〔중략〕 …'올바르지 못함'은 '올바름' 보다도 결코 더 이득이 되지 않소(354a).

- **2권 : 좋은 것이란 그 자체로도 좋고 결과적으로도 좋은 것인가**
  vs 그 자체로는 기피할 만하지만 평판이나 명성 등 결과적으로 좋은 것인가
  : 기게스의 반지를 끼었을 때 사람들은 올바르게 행동할 것인가, 그렇지 않을 것인가

글라우콘(트라시마코스를 이어 논쟁을 펼친 소피스트): 그러니까 선생님께서 보시기에 좋은 것(agathon)으로서 다음과 같은 것이 있다고 생각되십니까? 말하자면, 우리가 그 결과를 바라서가 아니라 오직 그 자체 때문에 반기며 갖고자 하는 그런 것… 〔중략〕 …우리가 그 자체 때문에 좋아할 뿐만 아니라 그것에서 생기는 결과들 때문에도 좋아하는 그런 것… 〔중략〕 …그것들 자체 때문이 아니라, 보수라든가 그 밖에 그것들에서 생기는 결과 때문(인 것)… 〔중략〕 …선생님께선 이들 중 어느 것에 올바름을 포함시키십니까?

소크라테스: 나로서는 그것이 가장 훌륭한 종류의 것에 속한다고, 즉 장차 축복 받는 이로 되고자 하는 이가 그 자체 때문만이 아니라 그것에서 생기는 결과 때문에도 좋아하게 마련인 그러한 종류의 것에 속한다고 생각하네.

글라우콘: 그런데 많은 사람에겐 그렇게 생각되지가 않고, 수고로운 종류에 속하는 것으로 생각된답니다. 즉 **보수 때문에 그리고 평판(세평: doxa)을 통한 명성 때문에 실천해야 된다는 것이지, 그 자체 때문이라면 까다로운 것으로서 기피해야만 될 종류의 것**으로 여겨지고 있습니다.

글라우콘: 사람들은 분명 이렇게들 말하고 있으니까요. 본디는 올바르지 못한 짓을 서지르는 것이 좋은(agathon) 것이요, 올바르지 못한 짓을 당하는 것은 나쁜(kakon) 것이지만, 그걸 당함으로써 입는 나쁨이 그걸 저지름으로써 얻는 좋음보다 월등하게 커서, 결국 사람들이 서로들 올바르지 못한 짓을 저지르기도 하고 또 당하기도 하며, 그 양쪽 다를 겪어 보게 되었을 때, 한쪽은 피하되 다른 한쪽을 취하기가 불가능한 사람들로서는 서로 간에 올바르지 못한 짓을 저지르거나 당하지 않도록 약정을 하는 것이 이익이 되겠다는 생각을 하게 된다고 말씀입니다. 또한 바로 이것이 연유가 되어, 사람들은 자신들의 법률과 약정을 제정하기 시작했으며, 이 법에 의한 지시를 합법적이며 올바르다고 한다는 겁니다. 그러니까 이것이 실로 올바름의 기원이며 본질이란 거죠(358e-359a).

… 〔중략〕 …그리고 올바름을 실천하는 사람들일지라도 그걸 그들이 실천하는 것은 올바르지 못한 짓을 저지를 수 없는 무능 때문에 마지못해서 하는 것이라는 점은, 우리가 머릿속으로 다음과 같은 상정을 해 보면, 가장 잘 알아볼 수 있을 겁니다. 각자에게, 즉 올바른 사람에게도 올바르지 못한 사람에게도 각자가 하고 싶은 것은 무엇이나 할 수 있는 자유를 부여한 다음에, 각자의 욕망이 각자를 어디로 이끌고 가는지를, 그들을 따라가며, 관찰해 볼 수 있을 것입니다. 그러면 우리는 **올바른 사람도 그 탐욕(제 몫 이상을 차지하려는 마음) 때문에 올바르지 못한 사람과 똑같은 방향으로 가고 있는 것을 현행**

중에 포착하게 될 겁니다. 이는 모든 천성이 좋은 것으로서 본디 좇게 마련인 방향이지만, 법에 의해서 강제로 평등에 대한 존중 쪽으로 천성이 유도됩니다. 그런데 제가 말씀드리고 있는 그 '멋대로 할 수 있는 자유'는, 가령 옛날에 리디아인 기게스의 조상에게 생겼다고 사람들이 말하는 그러한 힘이 이들 두 사람에게 생길 경우에, 가장 제격을 것입니다(359c).

… 〔중략: 기게스의 반지 이야기[2]〕 …만약에 이런 반지가 두 개 생겨서 하나는 올바른 사람이, 그리고 다른 하나는 올바르지 못한 사람이 끼게 된다면, 그런 경우에 **올바름 속에 머무르면서 남의 것을 멀리하고 그것에 손을 대지 않을 정도로 그처럼 철석같은 마음을 유지할 사람은 아무도 없을 것**같이 생각됩니다. 말하자면 시장에서 자기가 갖고 싶은 것은 무엇이든지 두려움 없이 가질 수 있고, 또 어느 집에든지 들어가서 자기가 원하는 사람이면 누구와도 교접할 수 있으며, 또한 그 밖의 여러 가지에 있어서 인간들 사이에서 신과도 같은 존재로서 행세할 수 있다면 말씀입니다. 이처럼 행동할진대, 그는 다른 한쪽 사람과 조금도 다를 것이 없을 것이고, 양쪽 다가 똑같은 방향으로 갈 겁니다. 하지만, 이것이야말로 누군가가, **올바름이 개인적으로는 좋은 것이 못되기에, 아무도 자발적으로 올바르려고는 하지 않고 부득이해서 그렇게 되는 것**이라는 데 대한 강력한 증거로 주장함직 합니다(360b-360c).

소크라테스: 그러니까 어쩌면 올바름(정의)은 한결 큰 것에 있어서 더 큰 규모로 있을 것이며, 알아내기도 더 쉬울 걸세. 자네들이 원하기만 한다면, 먼저 나라들에 있어서 올바름이 어떤 것인지를 탐구하도록 하세나. 그런 다음에 한결 작은 형태의 것에 있어서 한결 큰 것과의 유사성을 검토해 보면서, 역시 개개인에 있어서의 올바름을 마찬가지로 검토해 보도록 하세나(369a).

• **3권–8권.** 글라우콘의 물음에 답변하기 위하여 나라와 개인에 있어서의 올바름에 대해 탐구해 나간다. 주요 개념들은 본문 내용을 참고하기 바라며, 간단하게 각 장의 흐름을 요약하면 다음과 같다.

- 3권: 어린이의 교육을 위한 시가교육, 체육교육.
  교육을 통해 선발된 수호자들의 생활 방식.
- 4권: 이상국가의 구조. 지혜로운 자, 용기 있는 자, 절제하는 자들이 지마다 자신에게 맞는 일을 하는 것. 개인의 혼에 있어서도 마찬가지.
- 5권: 수호자들의 공동생활, 재산과 어린이와 여자의 공유, 남녀평등과 권리. 철인 통치자의 필요성.
- 6권: 철인 교육과정의 내용. 선(善)의 이데아. 태양의 비유와 선분의 비유. 가시적인 대상과 가지적 대상.
- 7권: 선의 이데아와 앎의 대상들. '동굴의 비유'를 통해 앎의 단계들 구분.
  철인 교육의 단계.
- 8권: 잘못된 정치 체제의 네 유형과 이것들을 닮은 혼의 유형들. 귀족정치가 최상의 정치체제. 귀족 정치제의 변질 정도에 따라 명예 지상 정체(금권정치), 과두정치, 민주정치,

참주정치 등의 정치 체제가 등장.

- **9권: 정의롭지 못한 자의 영혼은 점점 사악해진다(결과적으로 나쁜 것)**

소크라테스: 그렇다면, 글라우콘! 어떻게 그리고 어떤 논거로 올바르지 못한 것을 하는 것이나 무절제함이, 또는 부끄러운 짓을 저지르는 것이 이익이 된다고 우리가 말하겠는가? 이로 인해서, 비록 그가 재물이나 다른 어떤 힘을 얻게 된다 할지라도, 그는 더 사악하게 될 테니 말일세.

글라우콘: 어떻게도 그렇게 말할 수 없습니다.

소크라테스: 그런데 몰래 올바르지 못한 짓을 하고서도 처벌을 받지 않는 것이 어떻게 해서 이익이 되는가. 아니, 그러고서도 발각되지 않은 자는 한결 더 사악하게 되지 않겠는가? 반면에, 발각되어 벌을 받은 자의 야수적인 부분은 잠들게 되고 순화되는 한편으로, 그의 유순한 부분은 자유롭게 되어, 그의 혼 전체가 가장 훌륭한 그 본성을 찾아 갖게 된 상태에 있게 되고, 절제를 그리고 지혜(분별)가 함께 갖추어진 올바름을 갖게 됨으로써, 힘센 육신과 건강을 아울러 갖춘 아름다움이 실현해 갖게 되는 상태보다도 더 귀한 상태를 실현해 갖게 될 테지? 혼이 육신보다 더 귀한 그만큼은 말일세(591a-591b).

- **10권 : 정의(올바름)는 그 자체로도 좋고, 결과적으로도 좋은 것이다**

소크라테스: 그러나 우리는 **'올바름'이 그 자체로 혼 자체를 위해서 최선의 것**임을 알게 되었으며, 혼으로서는, 자기가 '기게스의 반지'를 가졌건 갖지 않았건 간에, 그리고 그런 반지에 더하여 '보이지 않게 하는(하데스의) 모자'를 가졌건 갖지 않았건 간에, 올바른 것들을 행해야만 한다는 것도 알게 되지 않았는가?

글라우콘: 더없이 진실 된 말씀입니다(612b).

소크라테스: 그러니까 올바른 사람의 경우에는 우리가 이렇게 생각해야만 하네. **그가 가난한 처지가 되거나 또는 질병이나 그 밖에 나쁜 걸로 여겨지는 어떤 곤경에 처하게 되더라도, 이런 일들이, 그가 살아생전에건 또는 죽어서건, 결국에는 좋은 일로 끝을 맺게 된다**고 말일세. 그야 물론 올바르게 되려고 열심히 노력하는 사람이, 그리고 [사람의] 훌륭함(덕)을 수행하여 인간으로서 가능한 한 신을 닮으려 하는 사람이 적어도 신들한테서 홀대받는 일은 결코 없을 것이기 때문이네(613a).

소크라테스: "글라우콘! 그리하여 이 이야기가 소실되지 않고 보전되었으니, 우리가 이를 믿는다면, 그것이 우리를 또한 구원해 줄 것이며, '망각의 강' 또한 잘 건너서 자신의 혼도 더럽히지 않게 될 걸세. 한데, 만약에 우리가 혼이 불사의 것이며 모든 나쁜 것과 좋은 것을 견디어 낼 수 있다고 믿고서 **내 주장에 설득된다면, 우리는 언제나 그 윗길을 가며 모든 방식으로 분별을 갖고 올바름(정의)을 수행할 것이니, 이는 우리가 우리 자신과도 그리고 신들과도 친구이기(화목하기) 위해서 일세. 바로 이 이승에 머무는 동안이나, 또는 경기의 우승자들이 성금을 거두어들이듯 올바름의 상을 받게 될 때에나 말일세. 그리하여 이승에서도 그리고 앞서 우리가 말한 그 천년 동안의 여정에서도 우리는 잘 지내게 될 걸세**(621c, 『국가』 맨 마지막 문장).

제2절 윤리학적 사유와 윤리학의 주요 이론

1. 윤리학적 사고 유형

윤리학 혹은 도덕철학은 철학의 분과학문으로서 '도덕에 관한 철학적 연구'라고 간단히 정의할 수 있다. 윤리학이나 도덕철학은 동일한 내용을 지칭하는 상이한 용어라고 하여도 큰 문제는 없다. 현재 윤리학이라고 번역되는 'ethics'라는 용어는 원래 인격을 연구하는 학문을 의미하는 그리스어 'ethike'에서 유래하였다. 서구의 역사적 중심이 그리스에서 로마로 넘어오면서 이 ethike가 라틴어로 옮겨지면서 인간의 습관이나 예절을 가리키는 라틴어 'mores'로 번역되었고 이를 학문적으로 연구한다는 의미에서 후에 도덕철학(moral philosophy)로 변형되었기 때문이다(J. Rachels; 노혜련, 김기덕 외 역, 2006).

도덕에 관한 연구는 먼저 도덕적인 것(the morality)과 사실적인 것(the fact)의 구분에서 출발한다. 도덕적인 것이란 실증적 · 객관적인 방식으로 확인하고 기술(記述; the description)할 수 있는 사실적인 것과 구별되는 것으로 사람들이 행하는 가치 판단과 관련된 규범적인 속성을 가진 것으로 간주된다. 따라서 도덕이란 객관적이고 사실적인 기술과는 구분되는 판단적인 속성을 가진 것이고, 이러한 판단적인 속성 가운데서도 주로 무언가 옳고 그른 것, 좋고 나쁜 것, 의무로서 행해야 할 것과 하지 말아야 할 것을 주요 내용으로 한다고 볼 수 있다.

도덕철학을 도덕에 관한 철학적 연구라고 규정할 때, 철학적이라는 의미는 도덕 현상을 단순히 기술하고 설명하는 것에 한정되는 것이 아니라 도덕적인 것의 의미 확정과 개념화 및 이러한 인식방법 그리고 나아가 도덕적 개념을 현실에 적용하는 사유방식과 연결된다. 인간의 사유활동은 그 일반적 목적과 사유가 행해지는 상황에 따라 여러 가

---

1) 이 숫자와 기호는 '스테파누스 쪽수(Stephanus pages)'라 부르는 것으로, 플라톤의 대화편을 인용할 때에는 반드시 이 기호를 함께 표기하게 되어있다. 스테파누스는 1578년 『플라톤 전집』을 편찬한 사람이고, 숫자는 이 책의 쪽 번호를, 영문 기호는 각 쪽에 있는 문단의 순번을 가리킨다.

2) 〈국가〉 2권에 나오는 가공의 마법 반지. 소유자의 마음대로 자신의 모습을 보이지 않게 할 수 있는 신비한 힘을 가지고 있다. 전설에 따르면 기게스는 리디아의 왕 칸다울레스를 섬기는 목동이었다. 양 치던 어느 날 갑자기 커다란 지진일어나 땅이 갈라져 동굴이 생겼다. 호기심이 생겨 갈라진 동굴 속으로 들어가, 거인의 시체 발견하였는데, 시체에는 금반지가 손가락에 끼워져 있었다. 반지를 빼들고 밖으로 나온 기게스는 반지의 보석받이(거미발)을 안으로 돌리면 투명인간이 되고 밖으로 돌리면 다시 나타난다는 사실을 알게 된다.

지 성격을 갖는데 도덕적 사고와 관련이 있는 대표적인 사유활동은 규범윤리학적 사유, 메타 윤리적 사유로 구분할 수 있고 규범적 사유의 현실생활의 실천적 적용 문제를 다루는 실천(혹은 응용)윤리적 사유방식으로 크게 나누어 볼 수 있다.

첫째, 규범윤리학(normative ethics)적 사유로서 인간의 행위 규범에 관한 연구와 규범의 수립에 관한 학문적 노력을 중심으로 하는 윤리학적 사고이다. 이 분야는 인간의 바람직한 행위의 원리나 목적 및 법칙을 철학적으로 논증하는 학문이다. 규범윤리학의 일차적 관심은 선악을 분별하는 판단의 준거가 무엇이며, 궁극적으로 모든 가치 판단의 기준이 되는 도덕의 최고 기준이 무엇인지에 관심을 두면서 인간의 도덕생활을 체계화하고자 한다. 규범윤리학은 도덕적 판단의 기준을 적극적으로 제시하면서 도덕생활에서 지켜야 할 규칙 혹은 원리를 주장한다. 따라서 규범윤리학을 연구하는 학자들은 인간이 자신들의 일상생활에서 마땅히 해야 할 것과 하지 말아야 할 것을 구분함으로써 인간의 의무와 책임에 대해 알려주는 객관적인 기준이나 원리가 무엇인지에 대하여 중점적으로 탐구하게 된다.

"사람을 해치는 것은 잘못이다"라는 것과 같이 규범윤리적 사유는 규범적 판단을 주장하고, 이와 같은 판단의 이유를 제공하거나 제공할 용의를 갖추고 있는 형태를 취하게 된다. 일반적인 원리로서 '선하다', '옳다'에 대한 규범적 판단의 근거를 제시하는 것은 규범윤리학의 영역이다. 규범윤리학의 과제는 사람들이 실제로 어떻게 행위를 하는가가 아니라, 어떻게 행위를 해야 하고 또 하지 말아야 하는가의 이상을 말해 주는 것이다. 다시 말해서 규범윤리학은 "어떠한 행위 주체의 특정한 행위가 도덕적으로 올바른 것이라고 판단할 수 있는 구체적인 근거를 마련하고자 하는 문제"에 관심을 두고 있다.

이러한 문제에 대하여 규범윤리학은 전통적으로 두 가지 방식, 곧 목적론적 윤리 이론(teleological ethical theory)과 의무론적 윤리 이론(deontological ethical theory) 관점의 해답을 제시하고 있다. 목적론적 윤리 이론은 어떠한 행위가 도덕적으로 옳은 것인지에 대한 판단은 그 행위 자체의 속성으로 결정된다기보다 그러한 행위로 인해 초래되는 결과로서 판단되어야 한다고 보는 점에서 결과주의라고도 하며, 의무론적 윤리 이론은 어떠한 행위가 도덕적으로 올바른 것인가를 판단하는 기준은 그 행위가 야기한 특정 결과가 아니라 행위 그 자체 혹은 그 행위가 속할 수 있는 어떠한 규칙이나 원칙 그 자체의 속성이 본질적으로 도덕적이기 때문에 행위를 한다고 본다. 의무론적 윤리 이론은 칸트를 중심으로 하는 의무의 윤리학, 혹은 동기주의 윤리학 이론으로 설명되기도 한다(본 서 윤리학의 주요 이론 가운데 결과주의와 동기주의 부분 참조). 이 외에도 규범윤리학은 학자들의 접근방법에 따라

형이상학적, 자연주의적, 직관주의적 윤리관으로 구분할 수 있고, 윤리학자들의 인생관에 따라 고행주의적, 쾌락주의적 윤리관으로 구분되기도 한다.

둘째, 메타 윤리학(meta ethics)적인 사유이다. 규범적 사유에서 제시된 '선하다', '옳다'와 같은 판단에 있어 판단의 준거에 대해 논리적, 인식론적, 의미론적으로 문제 삼는 것이 분석적 또는 비판적 사유이다. 분석적 사유는 도덕적 명제를 언어 분석적 방법에 의해 규명하고자 하는 메타 윤리학적 관점의 사유이다. 메타 윤리학은 인간의 행위에 대한 도덕적 원칙이라든가 목표를 제시하는 일보다는 전적으로 도덕 언어와 도덕적 개념들의 철학적 분석에 학문적 관심을 두고 있다. 즉 선이란 그 자체가 무엇을 뜻하는 것이며, 도덕적 판단의 특징과 기능은 어떤 것인가를 도덕적 언어의 분석을 통하여 밝히고 명료화하고자 한다. 따라서 메타 윤리학은 인간의 도덕적 실천이나 도덕적 행위에 대해서는 그다지 관심을 기울이지 않고, 오히려 규범윤리학에서 사용되는 도덕 언어와 윤리적 개념들의 의미를 명백히 하는 데 목적이 있으므로 규범적 가치 판단을 중시한다기보다는 학문적으로 볼 때 가치중립적이다. 그러므로 메타 윤리학은 규범윤리학의 경우처럼 직접적으로 인간의 도덕생활을 위한 안내자 역할을 하지 못한다. 다만 인간의 도덕생활에서 그 원리의 이해와 도덕적 판단과 신념의 형성에 중요한 기여를 할 수 있을 뿐이다.

메타 윤리학은 논리 실증주의(logical positivism)와 언어 분석학파(analysis of language)의 주장에 입각한 윤리설로서 정의주의(情意主義; emotivism)와 규정주의(規定主義; prescriptivism)가 있다. 정의주의는 논리 실증주의의 분석적 방법론을 윤리학 혹은 가치론에 적용한 것으로 이것은 슐리크(M. Schlick, 1882-1936)가 주도한 비엔나 학파(Wiener school)가 중심이 된 경험론적 철학의 현대적 발전 형태이다. 논리 실증주의는 과학이 사용하는 개념과 명제들을 논리적으로 분석함으로써 그 의미를 명백히 하는 것이 철학적 탐구의 기본이라는 신념에 근거하고 있다. 따라서 이들은 철학의 사명을 판단이나 개념의 의미를 명백하게 하는 것으로 보기 때문에 모든 철학적 명제 가운데 ① 자연과학의 명제처럼 그 진위를 경험적으로 증명할 수 있는 것이거나 ② 논리학이나 수학의 명제처럼 명제에 사용된 개념의 정의에 의거하여 그 진위를 분석적으로 밝힐 수 있는 명제들만이 의미 있는 것으로 본다. 이 논리 실증주의에 따르면 도덕 판단에는 검증 가능성이 없으며, 이러한 발언들은 오직 발언자(화자; 話者)의 감정을 표명하거나 듣는 이(청자; 聽者)의 감정을 유발하는 구실을 할 뿐이다. 따라서 도덕 판단이 사람의 감정(emotion)을 표명하거나 환기하는 발언에 불과하다고 보는 논리 실증주의자들의 윤리설이 정의주의(情意主義)이다. 정의주의는 타인에게 어떤 가치 판단이 참임을 설득하려는 모든 시도는 실제로는 우리가 시인(是認)하는 것을 타인으로 하여금 시인하고 인정하게끔 하는 시도로써 도덕적 논쟁은 합리적 대화로써 해결되기 어렵기 때문에 모든 윤리적 주장은 "시인(是認)의 외침(exclamations of approval)"일 뿐이라고 한다. 정의주의는 완성된 철학체계의 명칭이 아니라, 윤리학에 대한 하나의 철학적 태도 내지 방법을 일컫는다.

규정주의는 도덕적 진술에는 서술적 측면과 규정적 측면이 개재되어 있어 조리에 맞는 것과 맞지 않는 것의 구별이 있고, 따라서 조리에 맞는 도덕적 진술이 규정적 기능을 한다고 믿는다. 이 규정주의는 도덕 판단을 무의미하다고 몰아치는 정의주의 곧 이모티비즘에 대한 비판으로 대두되었다. 정의주의와 달리 규정주의는 명령문이나 가치 판단에도 단 화자나 청자의 감정을 전달하는 것 이상으로 옳고 그름을 지적으로 또는 논리적으로 따질 수 있는 여지가 있다는 점을 적극적으로 해명하고 있다.

20세기 말에 들어서서 많은 도덕철학자들은 윤리학 또는 도덕철학을 이러한 메타 윤리적 사유로 국한시키려는 경향이 팽배하였다. 이러한 경향에 따라 심리학과 경험과학의 모든 문제와 무엇이 선이며, 옳은 것인가에 대한 모든 규범적 문제들을 윤리학에서 제외시키려는 경향이 있어 왔다. 이러한 윤리학적 흐름은 윤리학적 회의주의와 가치의 상대주의, 현대인의 무사려증(無思慮症: 즉, 아노미 현상)을 가져왔으며, 이로 인해 학문으로서의 윤리학은 그 존립 자체까지도 위협받았다. 특히 영 · 미 문화권의 분석철학자들의 윤리적 언어 분석의 유행은 도덕적 추론의 가능성에 대해 탐구하면서도 도덕적인 실제 문제들에 대해서는 등한시하게 했다. 그들 중에는 급기야 추론의 효용성과 도덕적 진리의 존재에 대한 검증(verification)이 안 된다는 이유로 부정하는 학자들까지 나오게 되었다. 예컨대, 정의주의자(情意主義者; emotivist)들은 도덕적 진리란 존재하지 않는다고 주장했고, 또 어떤 학자들은 도덕적 진리는 합리적 추론에 의해 발견될 수 없고 도덕이란 개인이나 문화적 관점의 일시적 주장에 불과한 것이라고 극언하기까지 했다.

그러나 지난 10여 년 전부터 서양에서도 도덕 문제를 해결할 수 있는 이론적 토대를 마련해야 한다는 요청이 각계에서 쏟아져 나오면서 윤리학은 윤리학적 상대주의로부터 벗어나려는 노력을 시작했다. 이러한 배경에는 급격한 사회 변화가 나타나고 일상생활에 실증주의적이고 상대주의적인 사고방식이 유행하게 되자, 도덕 문제들에 대한 이견(異見)이 속출하고, 기존의 도덕 기준에 대한 확신과 도덕적 신념들이 흔들리게 된 데 대한 반성이 밑바탕에 깔려 있었던 것이다.

세 번째, 이러한 경향과 더불어 최근 윤리학의 영역에서 인간 삶의 실천적인 문제들

곧 소수민족 혹은 인종차별 문제, 남녀평등 문제, 동물학대 문제, 환경보존 문제, 임신중절 문제, 안락사 문제, 빈민구제 문제 등에 대한 윤리 내지 도덕의 적용을 다루는 분야가 대두되었다. 일군의 철학자들은 인간 생활의 실천적인 면에서, 특히 응용적인 면에서 사회문제에 대한 올바른 가치 판단을 문제 삼는 사람들이 학제적(interdisciplinary) 접근을 시도하면서 소위 실천적 윤리학(practical ethics) 혹은 응용 윤리학(applied ethics) 연구의 필요성을 제기하고 있다. 실천 윤리학자들은 이러한 연구가 필요한 이유로 ① 새로운 기술의 발달은 새로운 도덕 문제를 제기하고 있다(예: 의료기술의 발달, 환경, 생태계 문제)는 점, ② 우리에게 친숙한 일부 제도들이 과거처럼 제대로 그 기능을 발휘하지 못하고 있다(예: 사법제도, 가족제도 등)는 점, 그리고 ③ 과거 절대적인 것처럼 보이던 것들이 이제는 수정이 필요하고 예외를 허용해야 할 것으로 생각된다(예: 세금제도와 복지 문제, 환경, 생태계 문제)는 점을 제시하고 있다. 이에 따라 현대 윤리학은 윤리적 개념의 분석이나 상대주의의 팽배로부터 규범적 문제를 중요시하는 흐름으로 다시 그 방향이 전환되었고, 나아가 현대사회에서 제기되는 문제들을 해결하려는 실천 윤리학적 또는 응용 윤리학적 접근이 윤리학의 중요한 흐름으로 자리 잡게 되었다. 이제 도덕과 교육의 윤리학적 기초를 이루는 윤리학의 주요 이론을 개괄해 보기로 하자.

2. 윤리학의 주요 이론

1) 상대주의와 윤리적 상대주의

모든 도덕규범이 문화권에 따라 상대적이라는 견해는 윤리학에서 가장 보편적으로 받아들여지는 견해 중의 하나이다. 상대주의에 의하면 한 사회에 적용되는 규칙은 다른 사회의 사람들의 행위에 적용될 수 없다(P. W. Tayler; 김영진 역, 1985). 상대주의는 기술적 상대주의, 규범윤리적 상대주의, 분석윤리적 상대주의로 분류된다.

(1) 기술적(서술적) 상대주의

모든 문화는 서로 다른 도덕의 규칙과 기준을 가지고 있고 개인들이 가지고 있는 도덕적 신념(절대적 진리에 대한 내면적인 확신을 포함해서) 또한 그들 각각의 문화권 내에서의 도덕률의 체계에 의해 학습되었기 때문에 보편적인 도덕규범은 없다는 결론에 도달한다.

기술적 상대주의를 받아들이는 사람들은 그들의 입장을 뒷받침하는 이론인 문화적 상대주의의 입장에서 ① 문화적 다양성에 대한 사실, ② 학습과정이나 무의식적인 과정에서 습득되는 도덕적 신념 또는 도덕률의 기원에 대한 사실(도덕적 가치와 신념은 생득적인 것이 아니다. 그것은 사회환경과 부모와 스승으로부터 습득되어 훈련 및 내면화되는 것이다), ③ 대부분의 인간들이 자기 민족 중심주의라는 사실을 그 증거로 제시한다. 그러나 이 입장은 자신의 도덕률을 유일한 도덕률로 간주하여 타 도덕률을 불관용함으로써 독단주의로 갈 수 있다.

(2) 규범윤리적 상대주의

윤리적 보편주의와 대조되는 것으로서 규범적 원리에 입각하여 한 사회에서 옳은 것이 다른 사회에서 그를 수 있다는 진술이 이 입장을 단적으로 표시한다. 이들은 도덕규범의 보편타당성을 부정한다. 즉, 서로 다른 사람들이 서로 다른 규범을 받아들이기 때문에 세계의 모든 사람들에게 적용될 수 있는 보편적 규범은 없다는 것이다.

규범윤리적 상대주의자가 사회에 따라 도덕규범이 다르다고 말할 때, 단순히 서로 다른 사회가 서로 다른 규범을 받아들이고 있다는 사실만을 주장하려는 것은 아니다. 이들은 기술적 상대주의의 입장을 넘어서서 규범적인 주장을 하고 있다. 이들은 도덕규범에 보편타당성이 있다는 것을 부인한다. 도덕적 표준이나 규칙은 이러한 표준이나 규칙을 현실적인 도덕률의 일부분으로 채택한 사회의 구성원에게만 올바르게 적용된다고 주장한다.

(3) 분석윤리적 상대주의

분석윤리적 상대주의는 크게 개념적 상대주의와 방법론적 상대주의로 구분되어 논의될 수 있다. 개념적 상대주의에서는 문화마다 보편적 개념이 다르므로 한 사회의 도덕판단이 다른 사회의 구성원들에게 의미가 없거나 또는 이해될 수 없다는 견해를 취한다. 따라서 이 도덕적 개념의 의미는 주어진 문화의 윤리체계 전체의 맥락 속에서만 이해될 수 있다고 주장한다. 예를 들어, 문화 X에 속하는 사람이 "일부다처제는 그르다"라고 판단하고, 문화 Y에 속하는 사람은 "일부다처제는 그르지 않다"에서 '그르다'는 개념은 전혀 다른 의미를 갖는다. 즉 전자의 경우는 '공동선에 해를 끼치는' 것인 반면, 후자의 경우는 '신에 의하여 금지된'의 의미를 가진다.

반면 방법론적 상대주의는 문화권에 따라 사람들이 각기 다른 추론방법을 가지고 도덕 판단을 정당화한다는 견해로서 윤리적 회의주의이며, 동시에 그들은 도덕적 지식을 완전히 부정한다. 그러므로 똑같은 판단이 한 문화권에서는 정당화되고 다른 문화권에서는 정당화되지 않는다고 주장한다.

2) 정의주의(情意主義)와 윤리적 회의주의

고전적 윤리설은 윤리적 원리의 타당성의 근거를 어디에 두건 그런 원리의 존재 및 인식 가능성을 굳게 믿어 의심치 않았다는 점에서 모두 윤리인식 긍정론(cognitive theory of ethics)에 속하며, 따라서 윤리학은 '당위의 학'으로서 훌륭한 학문임을 자부할 수 있었다. 그러나 과연 당위 내지 가치를 묻는 규범윤리적 물음도 존재 내지 사실의 물음과 마찬가지로 학적으로 처리될 수 있는 문제인가? 규범적 기호(normative symbol)가 포함되어 있는 도덕적 언명(moral statement)도 그 진위를 밝힐 수 있는 것인가? 규범적인 물음 자체가 학적으로 처리될 수 있는 물음인가? 윤리학은 학으로서 가능한가? 이러한 질문에 대해 회의적이고 부정적 입장을 취하는 이론을 윤리인식 부정론(noncognitive theory of ethics)이라 부른다. 따라서 현대의 윤리학은 과거의 규범적 문제 외에 윤리학 자체의 학으로서의 가능성 여부를 묻는 또 하나의 문제를 그 과제로 갖게 된다. 이 새로운 문제를 탐구하는 윤리학을 메타 윤리학(meta ethics), 여기에 종사하는 학자를 분석학자(analyist)라고 부르면서 종래의 규범윤리학 및 이에 종사하는 학자를 도덕학자(moralist)라고 하여 이들과 구분한다.

메타 윤리학을 중심으로 하는 윤리학적 회의주의의 등장 배경으로 김태길(1984)은 반복되는 전쟁으로 인한 세계사적 혼란, 정치와 경제의 기복으로 불안정한 사회, 사회상의 급격한 변천, 인간 대상의 과학, 즉 심리학, 사회학의 발전(가장 큰 원인 제공) 등을 들고 있다. 예컨대, 현대 심리학은 내관법을 물리치고 외적 관찰만이 과학적 방법의 객관성을 지닌다고 본다. 따라서 종래의 정신 현상이라는 이름 아래 이해되었던 것을 물질의 언어로 정의하고자 한다. 따라서 이들은 내관심리학의 개념들(의식, 의지, 동기, 양심)은 애매하며 행동을 기술하는 언어로서 자격을 잃는다고 주장하여, 절대론적 윤리설을 공격한다. 또한 정신분석학에 의하면, 인간의 마음을 지배하는 것은 합리성의 원리가 아니라 맹목적인 충동이다. 이는 전통적 인간관과 대립되는 견해이다. 즉, 인간은 본능적인 정욕의 지배 아래 있으며, '도덕적이라는 행위'는 일종의 대상작용의 산물로 본다. 요컨대, 정신분석학자들의 심성론은 일종의 성악설에 가까우며 이는 윤리학적 회의론을 위한 다시없는 온상이다.

가치란 절대적인 것이 아니라, 개인의 느낌, 욕망, 기호, 태도 등에 따라 상대적인 것이라고 보는 입장을 이모우티비즘(emotivism: 情意主義 혹은 情緖主義로 번역됨)이라고 한다. 이는 논리 실증주의의 분석적 방법론을 윤리학 내지 가치론에 적용함으로써 생긴 학설로서, 이모우티비즘은 윤리학이 하나의 학(science)으로서 성립 불가능함을 주장한다. 이들은 도덕 판단은 발언자의 감정을 표명 내지 환기하는 발언에 불과하다고 본다. 예컨대, 에이어(A. J. Ayer)는 논리적 분석 대상으로서 의미 있는 문장을 논하면서, 철학의 임무는 언어의 논리적 분석(logical analysis)을 통해 학문을 비판하는 것이라고 본다. 그런데 어떤 문장이 논리적 분석의 대상이 되려면 의미가 있는 문장(meaningful sentence)이어야 한다. 이는 그 문장에 사용된 언사(terms)의 정의에 의하여 그 진위를 밝힐 수 있는 비사실적 논리적 언명(nonfactual logical statement)이거나 또는 경험적인 관찰을 통해 그 진위를 확률적으로 밝힐 수 있는 사실적 언명(factual statement)이어야 한다. 그러나 도덕 판단은 이상 두 판단 중에 어디에도 속하지 않고 있다. 따라서 그러한 발언을 대상으로 삼는 철학의 분과, 즉 윤리학은 학문으로 성립할 수 없다는 것이다.

예컨대, "돈을 훔치는 것은 나쁘다"와 같은 도덕의 일반 규칙은 사실적으로는 무의미한 진술이다. 따라서 그것은 진과 위로 서술될 수 있는 명제가 아니다. 이러한 진술은 도덕적 비난을 전달하고 있는 "돈을 훔치다니!!!"라는 감탄사에 비교되거나 "돈을 훔치지 말라"고 하는 명령문의 형식을 지니면서 말하는 자(話者)의 감정을 드러내는 역할을 할 뿐이라고 본다. 이러한 것은 하나의 진술로서 참도 거짓도 아니다. 그와 같은 문제에 대해 어떤 사람이 나와 일치하지 않는다는 것은 단지 그 사람이 그것에 대해 나와 같은 감정을 갖고 있지 않다는 것을 뜻할 뿐이다. 그러나 그와 나의 불일치는 감정에 관련된 것이지 진정으로 참이거나 거짓인 판단과는 관련이 없기 때문에 그와 내가 모순될 수 있는 아무런 타당한 근거도 있을 수 없다. 어떤 행위가 나쁘다고 하는 나의 주장은 사실 진술을 구성하지 않으며, 그렇다고 주관주의자들이 주장하듯이 나 자신의 마음 상태에 대한 진술을 구성하는 것도 아니다. 그것은 참이거나 거짓이라고 서술될 수 있는 진정한 명제나 판단이 아니라고 본다(W. S. Sahakian, 1974; 송휘칠, 황경식 역, 1986).

3) 절대주의와 윤리적 보편주의

윤리가 절대적이라고 할 때, 그 '절대적'이란 말은 두 가지의 의미를 지닌다. 즉 절대적이란 용어의 첫 번째 의미는, 어떤 도덕규범은 보편적인 가치를 지니기 때문에 문화의 차이에 관계없이 모든 인간의 행위에 올바르게 적용될 수 있다는 의미이다(P. W. Tayler, 1985). 즉, 한 사회에서 실제로 받아들여지고 있는 도덕규범이 무엇이든 간에 모든 사람에게 적용되는 도덕규범이 있다는 의미이다. 가치윤리적 보편주의는 바로 이러한 의미의 윤리적 절대주의이다.

두 번째 의미는 첫 번째와는 완전히 다르다. 도덕규범이 절대적이라고 하는 것은 그 규범이 어떠한 예외도 갖지 않는다는 뜻이다. 즉 최소한 몇몇의 도덕규범은 합법적 혹은 정당화 할 수 있는 어떠한 예외도 허용하지 않는다는 의미를 지닌다.

한 예를 살펴보자. 우리는 대부분의 경우 한 사람이 다른 사람의 생명을 빼앗는 것은 나쁜 것으로 생각하고 있다. 더 나아가 "살인하지 말라"는 규칙은 모든 사회의 모든 사람에게 적용되는 하나의 보편적인 도덕규범으로 대부분 생각하고 있다. 이런 경우 우리는 이 규칙에 대해 윤리적 보편주의자이다. 그러나 아주 예외적인 조건들이 형성되어 어떤 사람이 다른 사람을 죽이는 것이 허용된다고 가정해 보자. 예를 들어, 만약 어떤 흉악한 강도가 밤에 가정집에 침입하여 자신과 아내, 자녀들의 생명을 해치려 할 경우, 이를 방어하기 위한 유일한 방법이 그 흉악범을 죽이는 것이라고 한다면 그를 죽이는 것은 허용될 수 있다고 생각할 것이다.

두 번째 의미의 윤리적 절대주의는 어떠한 예외적인 상황도 인정하지 않는다. 예컨대, 군대 훈련소에서 흔히 경험하게 되는 것으로서 여호와증인교도의 총기 수령 거부 및 국기에 대한 경례 거부 사건들이 있다. 이들은 성서에 살인하지 말라는 계명이 있기 때문에 살인 도구인 총기를 받지 못하겠다고 주장한다. 또한 성서에 우상을 섬기지 말라는 계명을 준수하기 위해 국기에 대한 경례를 거부한다고 항변한다. 자기들이 신봉하는 윤리 규범의 어떠한 정당화될 수 있는 예외 상황도 인정하지 않는 윤리적인 맹목적 절대주의자의 한 예라고 할 수 있다.

4) 결과주의와 동기주의

(1) 결과주의와 공리주의

도덕적 문제를 해결하기 위한 하나의 접근방식으로서 흔히 결과주의(consequentialism)로 알려져 있는 이 입장은 한 행위의 옳고 그름이 그 행위를 수행함으로써 생겨나는 결과에만 전적으로 의존한다는 것으로서 올바른 행위란 최선의 결과를 가져오는 행위라는 것이다.

결과론자들은 우선 가능한 모든 대안들을 확정하고자 한다. 다음으로 이러한 대안들의 목록으로부터 각 대안들을 수행하였을 때 생겨날 결과를 예견한 후, 끝으로 그 결과들 중 어느 것이 가장 좋은 것인지를 평가한다. 가장 좋은 결과를 가져올 가능성이 가장 큰 행위가 행해야 할 옳은 행위로 판단되는 것이다.

결과론자들은 행위란 본질적 가치를 가지고 있지 않으며 그것이 옳고 그른가는 주어진 상황에 있어서 그것이 가져올 결과에만 달려 있다고 본다. 특정한 유형의 행위는 어떤 상황에서는 아주 바람직한 결과를 갖지만 다른 상황에서는 그다지 바람직한 결과를 갖지 못한다. 즉 한 행위의 도덕적 성격이 상황에 따라 달라진다. 따라서 목적(결과)이 수단(행위)을 정당화할 수 있다는 견해를 취하게 된다.

그러면 "일련의 결과가 다른 결과들보다 더 낫다는 것을 어떤 기준에 의해 결정할 것인가?" 이에 대한 고전적인 해명은 쾌락주의(hedonism)의 입장으로 알려진다. 즉 쾌락의 증대와 고통의 결여가 우리 행위의 결과를 평가해 줄 기준이 된다는 것이다. 요약하면, 쾌락은 도덕이 성취의 목표로 삼는 선(good)이라는 것이다. 그러나 선으로 보이는 다른 조건들(건강, 사랑, 진리, 미, 지식)은 어떻게 되는가라는 반론에 대해 쾌락주의자들은 다음과 같이 말한다. 즉 쾌락은 행위의 결과를 판정하기 위한 궁극적(ultimate) 기준일 뿐이며, 위에 나온 다른 모든 조건들은 이 쾌락을 결과하기 때문에 좋은 것이라는 것이다.

다시 말하면, 쾌락주의자는 쾌락이 결과의 가치를 판정하기 위한 유일한 궁극적 기준이라고 믿는다. 법당이나 성당, 교회에서 기도하는 종교적 체험도 쾌락을 위한 수단일 뿐이며, 남을 돕는 봉사 행위도 결국에는 남을 도움으로써 생기는 자신의 쾌락 때문에 가치 있는 것으로 여겨지는 것이고, 좋은 예술작품을 감상하면서 느끼는 미적인 체험도 결국에는 쾌락의 표현 형태일 뿐이라는 것이다.

또한 "누구의 이해 관심을 고려해야 하는가?" 이 문제에 대한 대답에는 크게 이기주의(egoism)와 이타주의(altruism)의 입장이 있어 왔다. 이기주의는 행위자들이 실제로 추구하는 것은 자신의 이익 또는 쾌락이라는 전제를 바탕으로 한다. 인간은 누구나 자아보호 본능을 지니며 남들의 욕구보다 나의 욕구를 우선시하는 이기적인 동물이기 때문에, 행위의 지침도 역시 나 자신에게 최선을 가져올 행위를 선택해야 한다는 것이다. 이기주의자들은 만일 사회 성원들이 모두 자기 자신에게 좋은 결과를 가져올 행위를 선택한다면 결과적으로 사회 전체가 좋은 결과를 얻게 될 것이라고 가정한다. 반면 이타주의(altruism)는 우리가 어떤 행위로부터 영향을 받는 모든 자에 대한 결과를 고려해야 한다는 점을 내세운다. 따라서 어떤 행위는 그것이 모든 이의 이해득실에 의거한 최선의 결과를 가져올 경우 올바른 것이 된다. 대표적인 이타주의적 결과주의는 공리주의(utilitarianism)이다. 공리주의는 자기 자신의 이익은 고려하지 않는다는 의미에서의 이타주의가 아니라, 나와 타인 모두의 결과를 문제 삼는다는 의미에서 이타주의이다. 주어진 상황에 있어서 어떤 행위가 가능한 다른 대안적 행위들보다 영향을 받을 모든 이들을 고려해서 보다 큰 욕구의 충족을 결과할 경우 그 행위가 옳은 것이 된다.

제레미 벤담(Jeremy Bentham, 1748~1832). 영국의 윤리학자, 법률학자, 정치론자, 변호사로 활동. 영국 산업 혁명기의 급진 부르주아 사상을 대표. 공리주의를 주장. 인간 행위의 동기는 쾌락을 추구하고 고통을 피하는 데 있다고 전제. 이에 근거하여 개개의 행위가 일으키는 결과로서의 쾌락과 고통을 측정하여 쾌락을 많이 산출하는 것을 선으로 봄. 각 개인의 이익을 만족시키는 공리가 '최대 다수의 최대 행복'을 얻는 수단이라고 하여, 이기주의를 긍정하였음. 밀 부자에게 커다란 영향을 줌.

존 스튜어트 밀(John Stuart Mill, 1806~1873). 영국의 철학자, 논리학자. 그의 아버지 제임스 밀이 벤담의 공리주의를 추종함으로써 밀 또한 자연스럽게 벤담의 영향을 받음. 그러나 쾌락의 계량 가능성을 주장한 벤담과는 달리 쾌락의 질적인 차이를 주장하며 벤담의 사상을 수정. "만족한 돼지가 되는 것보다는 불만족한 인간임이 좋고, 만족한 바보보다는 불만족한 소크라테스임이 좋다"는 유명한 말을 남김. 또한 법률에 의한 정치적 제재를 중시한 벤담과는 달리 양심의 내적인 제재로서 인간이 가지는 인류애를 중시.

(2) 동기주의와 의무의 윤리학

어떤 사람이 그를 죽이려고 하는 사람에게서 도망쳐 와 당신에게 당신의 집에 몸을 숨겨 달라고 말한다. 그때 그 살인자가 따라와서 그 처음 사람이 어디로 갔는가 묻는다. 만일 당신이 진실을 말한다면 그 살인자가 도망친 사람을 찾아내어 죽일 것이라고 상상해 보라. 그럴 경우 당신은 어떻게 행동해야 할까? 진실을 말해야 할까? 아니면 거짓말을 해야 할까?

우리는 이것을 미심쩍은 살인자의 경우라고 할 수 있음직하다. 이러한 경우 대부분의 사람들은 우리가 해야 할 일이 무엇인가는 자명하다고 생각한다. 즉 우리는 거짓말을 해야 한다는 것이다. 물론 우리는 거짓말을 하나의 도덕적 규칙으로서 해야 한다고 생각하지는 않는다. 그러나 이와 같은 특수한 환경에서 거짓말은 불가피하며 그것은 옳은 행동인 것처럼 여겨지고 있다. 문제는 진실을 말하는 것과 사람의 목숨을 구하는 것 중 어느 것이 더 중요한가를 따지는 것이라고 말할 수 있다. 그리고 이러한 경우 이 거짓말이 정당화될 수 있다. 그러나 이 경우에도 거짓말을 절대로 해서는 안 된다고 생각하는 중요한 도덕철학자가 있다. 근세 철학에서 유력한 인물 가운데 한 사람인 칸트인데 인간의 도덕적 행위를 의무로서 행해야 할 정언적 명령으로 규정하고 있다(James Rachles; 김기순 역, 1989).

① 칸트와 실천이성

희랍 철학에서의 이성 우위의 전통은 서양 도덕철학 사상의 근간으로서 근세에 와서 칸트(I. Kant, 1724-1804)의 도덕 사상으로 계승·발전되고 있다. 칸트 철학의 주된 개념인 이성은 궁극적으로 하나이며 동일한 것인데 그것의 적용에서 이성은 "사변이성[이론이성]"과 "실천이성[도덕이성]"으로 구분된다. 칸트 철학에서 사변이성은 인식 능력의 대상과 상대하여 인간의 인식을 지향하기 때문에 직관에 주어진 대상을 규정하거나 구성한다. 이러한 인식의 원천과 인식 능력에 관한 문제는 칸트 철학에서 『순수이성비판(純粹理性 批判)(Kritik der reinen Vernunft, 1781, 1787)』의 체계를 구성하고 있다. 이와는 달리 도덕적 이성, 곧 실천이성은 인간의 도덕적 선택에 관여하고 있다. 칸트에게서 인간의 도덕적 행위는 그것이 이성적 존재인 인간의 선의지(善意志; guter Wille)에 근거한 의무(Pflicht)이기 때문에 해야만 하는 당위이다. 선의지와 관련하여 실천이성은 도덕법칙에 따른 선택, 곧 이성 자신이 내준 법칙에 따른 도덕적 선택이나 결단에 관여하고 있으며, 인간의 의지(Wille)[3]의 규정 근거를 다루고 있는 점에서 선의지를 위해 절대적으로 필요하다.

칸트의 표현처럼 선의지는 세계 안에서나 세계 밖에서 무조건적으로 선(善)하다고 볼 수 있는 유일한 것이기 때문에 모든 도덕적 행위는 항상 선의지를 전제해야만 한다. 그러나 인간이 오로지 이성적(예지계의 구성원)일 경우 그의 행위는 그 자체 선의지에 의해 규정된다고 하지만, 오히려 현실적(현상계 구성원)으로 모든 인간은 이성과 동시에 여러 가지 감정과 충동과 경향성을 가진 복합적인 존재이기 때문에 선의지는 현상계의 인간에게 의무의 관념으로 전환된다. 의무란 현상적인 인간이 보편적인 도덕원리에 따라 행위를

3) 칸트의 의지(意志)는 인간이 도덕적 상황 속에서 도덕적 행위를 이끌어 내는 도덕적 행위의 축이 된다. 도덕적 행위의 주축으로서 의지는 『道德形而上學原論』에서는 실천이성(praktischen Vernunft)과 동일시되고 그 이후의 저서에서는 주로 욕구능력(Begehrungsvermögen)으로 규정된다. 이러한 의지를 정의한다면 도덕법칙의 표상에 따라 곧 원리에 따라 행위를 하는 능력 또는 이성이 경향성(욕망; Neigung)에서 독립하여 실천적으로 필연이라고 인정하는 것, 즉 선(善)이라고 인정하는 것만을 선택하는 능력 또는 어떠한 표상에 적합해서 행위를 규정하는 능력으로 볼 수 있다. 한편 의지는 칸트가 설정하는 두 세계, 곧 예지계(叡智界)와 현상계(現象界)에서 인간을 설명하는 방식에서 볼 때 예지계의 구성원으로서 인간이 갖는 것으로 전제되는 의지와 현상계의 구성원으로서 인간이 갖는 의욕(意慾; Willkür)으로 구분되기도 한다(Kant, G.M.S. -Band4-, p.412, 427, Bruce Aune, KANT'S Theory of Morals, Princeton, New Jersey: Princeton University Press, 1979, pp.18-20, 100-101, 睦暎海, 退溪와 Kant 道德觀의 教育論的 探索, 釜山大學校 大學院 博士學位論文, 1990, pp.36-37 참고).

하도록 하는 실천적 필연성, 곧 우리 모두에게 실천적 강제(Praktischen Nötigung)이며, 이 의무는 인간의 감정(Gefülen)이나 충동(Antrieben), 경향성(Neigung)에 의해서가 아니라 이성적 존재자 상호 간의 관계에 의거해 있다.

임마누엘 칸트(Immanuel Kant, 1724~1804). 비판철학을 통해 서양 근대철학을 종합한 철학자. 칸트의 인식론은 중세의 형이상학을 전복시킨 결과를 낳았으며, 합리론과 경험론의 종합을 완성. 그의 도덕이론은 중세의 목적론과 계몽주의 시대의 합리론적 이성이나 감정에 의한 도덕 정당화 계획에 종지부를 찍은 이론으로 평가됨.

칸트의 도덕론에서 의무가 현실 인간의 도덕적 행위 근거를 규정하는 것이라면 인간 행위의 도덕적 가치는 그것이 의무에 적합해서가 아니라 바로 의무로부터(aus Pflicht) 행위를 할 때 존재하게 된다. 의무와 도덕적 가치에 관한 칸트의 주장을 요약하면 ① 인간의 행위가 의무를 위해서(의무로부터) 실행되었을 때 그 행위는 도덕적 가치를 가진다. ② 행위의 도덕적 가치는 어떤 욕구된 목적을 실현하는 것이나 만족하는 것보다 행위가 근거하고 있는 준칙(準則; Maxime)에 기인한다. ③ 의무는 (도덕)법칙에 대한 존경에서 하는 행위의 필연성으로 정리할 수 있다.

칸트의 표현대로라면 우리의 모든 행위는 의무로부터, 곧 선의지에 근거한 행위라야 선한 행위가 되는데 이것은 인간의 도덕적 가치가 그 행위에 의해 예상되는 결과와 기대되는 효과에 의해서 규정되는 것이 아니라, 의무로부터 의무에 적합하게 행위를 함에(Handle Pflichtmässig aus Pflicht) 의해서 그리고 행위가 근거하고 있는 준칙에 의해서 규정된다는 의미이다. 현상계에 소속되어 있는 모든 인간은 이러한 의무를 가지고 있으며, 이 의무는 도덕적 행위가 인간에게 필연적이기를 요구하는 근거가 되고 도덕법칙에 대한 존경의 감정과[4] 관계한다.

4) 여기서 존경의 감정이라는 것은 심리적 만족이나 고통이 아니라, 이 감정은 이성적 원인에 따른 적극적 감정이고 선천적으로 인식되는 유일한 감정이며 오로지 실천이성의 순수한 관심으로서 도덕적 관심(das Moralische Interesse)이다. 칸트는 이러한 감정을 통해 도덕적 행위의 필연성을 통찰할 수 있다고 본다(Kant, 『실천이성비판』, 5권, p.73 참고).

② 정언명법

순수 실천이성에 근거하는 도덕법칙은 이성의 명령 형식(die Formal des Gebots)으로서 명법(命法; Imperative)의 형태로 구체화된다. 칸트의 명법은 이성의 객관적 법칙과 인간의 주관적 의지와의 관계를 나타내는 법식이다. 이것은 실천이성이 인간의 의지에 대해 어떠한 일을 명령하는 당위의 형태를 취하게 되는 보편타당한 실천원칙으로서 이성적 존재자, 곧 인간의 의지에만 존재하게 된다.[5)]

칸트의 도덕론에서 명법은 가언명법(假言命法; Der hypothetische Imperativ)과 정언명법(定言命法; Der kategorische Imperativ)으로 분류되며 두 명법은 선한 의지의 원리에서 함께 인간의 행위를 규정하고 있다. 가언명법은 어떤 행위가 다른 가능한 목적 혹은 현실적인 목적을 위해서 선하다고 하는 것, 곧 행위가 단순히 무언가 다른 것을 위한 수단으로서 선을 규정하는 것이다. 따라서 이 명법은 특정의 경향성과 목적에 대해서 조건적이라 할 수 있다. 이에 반해 정언명법은 다른 어떤 목적과는 관계없이 행위를 그 자체 필연적인 것으로 규정하는 것이며 도덕법의 명령으로 표현되는 형식을 취한다. 칸트는 인간에게 욕구가 있기 때문에 가언명법이 가능하고, 이성이 있기 때문에 정언명법이 가능하다고 본다.

칸트 철학에서는 행위 일반의 보편적인 합법칙성(die allgemeine Gesetzmässigkeit der Handlungen überhaupt)으로서 정언명법만이 인간 행위의 도덕법칙을 규정하는 형식이다. 이 명법은 행위의 필연적인 실천원리로서 그 자체 도덕률의 근본 형식이다. 칸트에게서 도덕적 논의의 근본원리가 되는 동시에 행위의 준칙과 행동 규범을 심사하는 법칙으로서 정언명법은 다음과 같은 정식(定式) 형태로 표현된다.[6)]

---

5) 命法 이외에도 인간의 의지를 규정하는 다수의 원칙이 존재하는데 이들 가운데 하나가 준칙(準則: Maxime)이다. 이 준칙은 인간의 주관적 의지에 대해서만 타당한 원칙이고 의지를 보편적이고 객관적으로 규정하는 원칙 곧 실천법칙으로서 명법과는 다르다. 한편 실천원칙은 준칙뿐 아니라 이론원칙과도 구분된다. 이론원칙이 '어떤 일이 일어나 있다'라는 존재(存在; Sein)를 규정하고 있는 것과 달리 실천원칙은 '어떤 일이 이러 저러해야 한다'는 당위(當爲; Sollen)를 나타내고 있다(W.O. Döring, Das Lebenswerk Immanuel Kants, 김용정(역), 『칸트철학 입문』, 서울: 중원문화, 1985, pp.134-136 참고).

6) 칸트의 定言命法은 5가지 형식이나 4가지 혹은 3가지 형식으로 분류된다. 전자의 대표적인 학자가 H.J. Paton이고 대개는 3가지로 분류되는 것이 일반적이다. 우리나라의 崔載喜, 金鎔貞, 韓端錫은 3가지 분류방식을 취하고 있다. 그러나 이 외에도 Bruce Aune의 경우는 定言命法을 5가지로 분류하고 이것을 다시 8가지로 확대 해석하고 있는 점이 특이하다. 본 장에서는 5가지 분류방식을 취하는데 이것은 명법들간의 관계를 보다 용이하게 설명할 수 있는 장점이 있다(金鎔貞, 『칸트 哲學硏究』, 서울: 유림사, 1978; 崔載喜, 『칸트의 生涯와 哲學』, 서울: 太陽文化社, 1979; 韓端錫, 『칸트 哲學思想의 理解』, 서울: 養英閣, 1987; Bruce Aune, *KANT'S Theory of Morals*, Princeton, New Jersey: Princeton University Press, 1979; R.J.

정식 1: 너의 준칙이 보편법칙이 되도록 네가 동시에 의욕할 수 있도록 하는 그러한 준칙에 따라서만 행위를 하라.

정식 1-a: 네 행위의 준칙이 네 의지를 통하여 보편적 자연법칙이 되는 듯이 행위를 하라.

정식 2: 너는 네 자신의 인격에서 또는 다른 모든 사람의 인격에서 인간성을 단순히 수단으로써 사용하지 말고, 항상 동시에 목적으로 사용하도록 행위를 하라.

정식 3: 네 의지가 자신의 준칙을 통하여 동시에 자기 자신을 보편법칙을 세우는 존재로 간주할 수 있도록 하라.

정식 3-a: 너의 준칙을 통하여 네 자신이 항상 보편적인 목적의 왕국의 법칙을 세우는 구성원처럼 행위를 하라.

정식 1은 〈보편법칙의 정식〉으로 1-a는 〈자연법칙의 정식〉으로 2는 〈목적 자체의 정식〉으로 3은 〈자율의 정식〉으로 3-a는 〈목적의 왕국 정식〉으로 명명되기도 한다. 정식 1과 3 사이에는 밀접한 유사성이 있는데 이들을 결합하여 하나의 정식으로 삼기도 한다. 만약 정식 1과 3을 결합하는 것이 칸트의 의도와 상반되지 않는 것이라면, 이들의 결합을 통하여 우리는 실천이성의 근본법칙을 유추해 낼 수 있다. 정식 1과 3을 기본으로 할 때 나머지 정식들은 이들을 도와주는 하위적인 정식이라고 할 수 있다. 따라서 이들 정식 가운데 순수한 도덕법칙이라고 할 수 있는 것은 법칙의 보편성과 필연성에 근거한 – 칸트의 용어로서 순수한 예지계에 근거한 – 정식 1과 3과 3-a이라 할 수 있다. 정식 1-a와 2는 경험의 불완전한 세계를 기술하고 있는 현상계, 곧 자연의 세계에 적용되는 도덕법칙의 전형이라고 할 수 있다.

칸트 철학에서 도덕법칙은 순수한 이성의 이념에 의거해야 하기 때문에 도덕의 세계는 예지계(intelligibele Welt)이고, 이것은 항상 선험적(a priori)으로 인식된다. 칸트에게서 도덕의 세계는 이념이지만 이것은 인간의 의지를 규정해 주는 실천적 이념이 되어야 한다. 왜냐하면 현상계(sinnen Welt)에서 인간의 도덕적 행위 근거인 의무는 그 현실적 입법력을 포함해야 할 때 반드시 정언명법으로 표현되어야 하기 때문이다. 이러한 맥락에서 도덕법칙인 정언명법은 의무 개념을 통하여 인간 행위에 대해 현실적 구속력을 갖게 된다. 그러나 정언명법은 다만 인간의 현실적 행위 준칙이 도덕적인지 아닌지를 평가하는 추

Sullivan, *Immanuel Kant's Moral theory*, Cambridge: Cambridge University Press, 1989; H.J. Paton, *The Categorical Imperative: A Study in Kant's Moral Philosophy*, 김성호(역), 『칸트의 도덕철학』, 서울: 서광사, 1988; Richard Norman, *The Moral Philosophers*, Oxford: Oxford University Press, 1983).

상적인 척도만을 제공해 주는 형식적 법칙일 뿐이다(서정자, 1987). 이 정언명법을 통하여 우리는 칸트 철학에서 도덕적 사유의 기본 특징이 모든 시간과 공간에 존재하거나 적용될 수 있는 행위의 형식적 기준으로서 도덕법칙의 보편성과 필연성을 수립하는 데 있음을 알 수 있다.

정언명법으로서 이성에 근거한 도덕법칙은 곧바로 이성과 관계에서 필연적이다. 따라서 칸트 철학에서 인간의 모든 도덕적 행위도 그러한 행위가 가져오게 되는 결과에 대한 애정과 애호에서가 아니라, 의무에서 또는 도덕법칙의 존경에서 행위를 하는 필연성으로서 요구된다. 그러므로 칸트에게서 도덕적 행위는 실천적 강제, 곧 의무로 간주된다. 행위의 필연성으로서 의무는 인간으로 하여금 감성계의 일부로서 자신을 초월하게 하게 할 뿐 아니라 그 자신의 인격성(Persönlichkeit)을 실현하게 하는 근거이기 때문에, 칸트의 표현대로 인간의 도덕적 행위에서 "숭고하고 위대한" 지위를 갖는다.

칸트가 『실천이성비판(實踐理性 批判)』을 마무리하면서 "우리 모두의 가슴에 감탄과 경외로 가득 차는 것은 오직 내 머리 위의 별이 빛나는 하늘과 내 마음의 도덕법칙이다(Der Bestirnte Himmel über mir und Das Moralische Gesetz in mir)"라고 하는 시적인 결론도 결국은 도덕적으로 행위를 해야 할 의무를 지닌 현상의 인간과 실천이성에 근거하고 있는 도덕법칙의 관계가 보편적이고 필연적임을 강조하는 것이라 할 수 있다.

5) 자유주의와 공동체주의

(1) 자유주의와 공동체주의의 연원과 논쟁

개인은 자신이 살고 있는 공동체보다 우선하는가? 아니면 개인이 태어나기 이전에 이미 오랜 전통을 가지고 지속되어 왔던 공동체가 개인보다 우선하는가? 서구의 근세사회 초기는 중세시대의 전체론적이고 집단적인 공동체주의에 대한 반정립(反定立)으로서 원자론적이고 개체론적인 고전적 자유주의가 등장하였다. 그러나 일부에서는 이 자유주의의 흐름에 대하여 헤겔이나 마르크스 등에 의한 공동체주의적 도전과 저항이 제기되곤 하였다. 자유주의는 공동체성을 강하게 내세우는 공산주의나 사회주의의 지적인 도전으로 인해 자유 지상주의적인 고전적 자유주의로부터 궤도를 수정하여 복지국가의 이념을 추구하게 된다(이범웅, 1997).

그러나 근본적으로 자유주의는 현대사회가 안고 있는 고립적이고 파편적 개인화, 이기심의 만연, 이혼율의 증가, 정치적 무관심, 나르시시즘, 상업주의적이고도 감각주의적 탐닉의 만연, 폭력적인 대중문화, 마약의 범람 등 다양한 도덕적 실패에 대한 비판으로부터 자유롭지 못하다. 더욱이 자유주의적 개인주의 극단적 형태는 세계화 흐름에 편승하여 빈곤을 세계화하고, 개인의 파편화를 세계화하고, 빈부 격차를 세계화하고, 무한경쟁을 세계화할 위험을 안고 있다. 따라서 이러한 개인주의와 자유주의 이념은 공동체의 요구를 보다 충실히 구현하고자 하는 입장으로부터 도전받게 되었다. 그리고 윤리학적 사유와 관련하여서는 윤리학의 주요 개념인 좋음(good)에 대한 옳음(right)의 우선성을 내세우는 의무론적 입장과 그에 함축된 것으로서 자유로운 선택과 관련된 개인주의적 인간관 등에 의문을 제기하는 주장이 새로이 개진되기 시작하였다.

공동체주의는 정의가 인간적인 선과 공동체적 선 양자에 대한 공유된 이해를 일차적 유대로 삼는 공동체 속에 뿌리를 두고 있다는 아리스토텔레스에서 연유하고 있다. 현대의 공동체주의의 직접적인 대두 배경은 1970년대 이후 롤즈(John Rawls), 노직(Robert Nozick), 드워킨(R. Dworkin) 등에 의해 자유주의에 대한 현대적 재구성이 시도되고, 이에 대한 비판이 제기되면서 본격화되었다. 이른바 신공동체주의자들로 지칭되는 일군의 학자들, 즉 테일러(C. Tayler), 매킨타이어(A. MacIntyre), 샌들(M. Sandle), 바버(B. Barber), 에치오니(A. Etzioni), 벨라(R. Bella) 등은 그들 사이의 사상적 기반과 관심의 차이에도 불구하고 기존의 자유주의에 대한 철학적·정치적 비판을 전개하게 된다.

자유주의와 공동체주의 논쟁은 1990년대에 들어와서도 계속되고 있는 가운데 점차 두 관점들에 대한 절충적 방안 또는 상호 보완적 경향을 보이면서 이론적 대립이 이전보다는 많이 누그러졌다(추병완, 2000). 이에 따라 벨(Daniel Bell), 에치오니(Etzioni), 셀즈닉(Selznick) 등과 같은 학자들은 '자유주의의 공동체화(communalization of liberalism)', '공동체주의적 자유주의(communitarian liberalism)', '자유주의적 공동체주의(liberal communitarianism)', '반응적인 공동체(responsive community)' 등과 같은 다소 수렴적인 용어를 사용하기 시작하였다

(2) 자유주의와 공동체주의의 기본 입장

칸트와 롤즈 등의 '권리론적 또는 의무론적 자유주의'는 인간의 기본적 권리에 대한 관심이 전체적인 선이라든가 혹은 어떤 일반적인 결과물에 대한 고려를 압도한다고 본다. 권리는 주로 개인에 귀속되는 것으로서 이 권리가 도덕 이론과 정치 이론의 근본적인 전제가 된다고 본다. 이러한 권리의 개념은 선(善)의 개념과는 구분된다(C. E. Cochran, 1989; 한흥수, 황주홍 편역, 1992). 권리는 정치적으로 보장된 권한들의 집합으로 구체화되며 삶의 방식으로서 선은 개인에 의해서 선택된다고 보는 것이다. 따라서 자유주의에 있어서

정치 질서의 원칙을 제공하는 것은 선이 아니라 인간의 자유와 평등과 같은 권리이다.

이렇게 볼 때 자유주의의 기본적 입장은 첫째, 사회도덕의 근본 규범은 동등한 배려와 존중을 받을 수 있는 각 개인의 권리이다. 둘째, 사회의 기본적인 정치, 경제, 사회구조는 그 사회가 자유롭고 평등한 개인들 사이의 협력을 위한 공정한 체계를 보장할 수 있는 방향으로 조직되어야 한다. 셋째, 다원주의의 제 조건하에서 자유롭고 평등한 개인들은 총체적인 인간의 선에 대해서 상이하고 때로는 상반된 철학적, 도덕적, 종교적 확신을 보유한다. 그렇기 때문에 법이라든지, 국가 권력을 통해 선한 사회의 건설에 대한 전망을 실현시키고자 하는 노력은 배제된다. 왜냐하면, 그것은 누군가의 동등한 배려와 존중을 받을 권리를 침해할 것이기 때문이다. 이러한 관점은 사회적 선보다 우선하는 것이 개인의 권리라는 사실을 승인하는 것이라고 요약할 수 있다. 넷째, 개인들은 출생 시의 특별한 재능이라든가 경제적인 부유함과 같은 주어진 환경을 그대로 누릴 수 없는 것이므로, 그와 같은 환경에 의해서 발생하는 불평등한 결과는 경제력이나 정치권력이 권력상의 모든 불평등을 모두 제거할 수는 없을지라도 적절한 사회적 통제를 통해서 완화시키지 않으면 안 된다고 보는 입장이다.

개인 존중주의와 인간의 기본권을 강조하는 자유주의에 대한 입장에 도전하는 공동체주의는 개인이 공동의 목적과 목표를 생각하지 않고서 정치적 결정 사항들을 정당화시킬 수 없으며, 공동생활의 시민으로서 그리고 참여자로서 개인들의 역할을 생각하지 않는 우리의 존재(personhood)를 생각할 수 없다고 주장한다. 공동체주의자들은 도덕적 혼돈과 공동 목표의 부재 현상을 우려하기 때문에 도덕적 권위는 개인들 간의 선택 사항이어서는 곤란하고, 공유된 이해 사항과 제도들 속에 뿌리박고 있어야 한다고 강조한다.

이러한 관점에 기초하여 공동체주의의 기본 입장을 보면, 첫째, 공동체주의는 인간을 본질적으로 사회적인 존재라고 한다. 그들은 한 개인의 공동체에서의 역할과 참여 그리고 연대가 그의 자아를 구성하는 것으로 보고 있다. 둘째, 공동체주의에서 개인이 어떤 삶을 살아갈 것인가를 결정하는 것은 어떤 종류의 사회적 관계와 공동체적 참여가 그 자신에게 있어서 좋은 것인가 하는 평가가 이루어진 후에 가능한 일이다. 따라서 공동체주의에서는 사회적 선이 개인의 권리에 우선한다. 셋째, 공동체주의에 의하면 인간은 자동적으로 선을 알 수는 없다. 인간의 선에 대한 인식은 깊은 내부 성찰에 의하여 획득될 수 있는 것이 아니며, 또한 자기가 추구해야 하는 목적과 분리된 자아에 대한 철학적 분석에 의해서 얻어질 수 있는 것도 아니다. 따라서 공동체주의자들은 사람들이 어떻게 살아야 하는가, 공동체가 어떻게 조직되어야 하는가를 알고자 원한다면 우리들은 사회적 덕목 속에서 양육되어야 한다고 본다. 다시 말해서, 인간은 공동체의 덕목을 가르쳐주는 전통 속에서 그 공동체의 구성원으로서 봉사해야 한다는 것이다. 넷째, 공동체주의에서 전체로서의 사회가 어떻게 조직되어야 하느냐의 문제는 전체 공동체의 통일적 선, 즉 공동선의 전망에 달려 있다고 본다.

(3) 공동체주의와 자유주의 간의 논쟁

인간의 자아를 규정하는 방식과 관련하여 공동체주의와 자유주의 사이에는 서로 상반되는 입장을 드러내고 있다. 공동체주의자들은 개인의 자아를 규정하는 사회적 관계가 존재하며 따라서 개인은 그들이 속한 공동체에 의해 적어도 부분적으로 구성된다고 본다. 그러나 공리주의에서 인간의 자아는 그 욕구의 총체로서 규정될 뿐이고, 칸트주의적 자아는 그것이 특정 순간 갖는 인간의 욕구나 목적과 상관없이 존재하는 자아이다. 롤즈가 기술하듯이 자유주의자들에게 인간의 자아는 그가 내세우는 목적에 선행하고, 선재한다.

따라서 공동체주의는 이러한 자아관에 대해 비판하면서 인간을 그들의 목표나 가치관과 전적으로 상관없는 자아의 담지자로 생각할 수 없다는 점을 강조하고 있다. 만일 우리가 부분적으로 자신이 거주하는 공동체에 의해 규정된다면, 우리의 자아는 그러한 공동체의 특정한 의도나 목표에 뿌리를 박고 있는 것이 된다. 결국 자유주의자들은 인간의 자아가 그의 목적들에 선재한다고 생각하는 반면, 공동체주의자들은 그러한 구분과 선재성이 인위적일 뿐만 아니라 불가능하다고 본다. 공동체주의자들의 이러한 자아관에 기초한 새로운 인간관은 인간의 공동체를 바라보는 새로운 관점을 함축한다. 공동체주의자들이 말하는 공동체는 단지 연합체 이상의 것으로서 개인들을 성원으로 하는 통합체이다. 그런데 이러한 공동체의 성원이 된다는 것은 인위적이거나 수단적인 것이 아니라 그 자체로서 본질적 가치를 지닌다.

공동체주의자들의 자유주의에 대한 비판적 입장을 요약한다면(황경식, 1993; Stephen Mulhall & Adam Swift, 1992), 첫째, 자유주의는 공동체의 가치를 경시 또는 무시하고 약화시킨다. 그러나 공동체는 가치 있는 인간적 삶에 있어서 기본적이고 대체 불가능한 요인이 아닐 수 없다. 둘째, 자유주의는 정치조직을 단지 수단적 선으로 간주함으로써 정치적 삶의 가치를 평가절하한다. 자유주의는 인간 존재의 가치 있는 삶을 위해 정치 공동체에 참여하는 것이 갖는 기본적 중요성에 대해 주목하지 않는다. 셋째, 자유주의는 가족 성원 간의 의무나 공동체 및 국가를 지지할 의무와 같이, 계약이나 약속을 통해 선택되거나 명시적으로 받아들여지는 것이 아닌 유형의 의무들이 갖는 중요성을 제대로 해명하지 못한다. 넷째, 자유주의는 자아에 대한 그릇된 견해를 전제함으로써, 자아가 자유로이 선택되는 것이 아니라 특정한 공동체나 공동체적 가치에 깊이 연루되어 있으며 부분적으로는 그에 의해 구성된다는 점을 놓치고 있다. 다섯째, 자유주의자가 정의를 사회제도의 제일 덕목으로서 지나치게 중시하고 있음도 비판의 주요 대상이다. 공동체주의자들에 의하면, 정의는 인간사회의 보편적 덕이라기보다는 기껏해야 보다 고차적인 공동체의 덕목이 결여된 여건에서만 요구될 뿐, 잠정적이고 치료적인 덕목인 것을 자유주의자들이 인식하지 못한다는 것이다. 공동체주의자들은 이상적인 사회는 정의를 넘어선 사회로서 정의는 보다 고차적인 덕목에 자리를 내주게 된다고 주장한다.

그러나 자유주의자들 또한 공동체주의의 비판에 대해 다음과 같이 반론을 제기하고 있다(박정순, 1993). 첫째, 자유주의적 자아관은 공동체주의자들이 생각하듯이 순전히 무연고적 무귀속적 자아로서의 존재론적 원자론이 아니다. 자유주의적 자아관은 가치관에 대한 합의가 없는 다원주의 사회에서의 자유롭고 평등한 시민의 관점이라는 롤즈의 정치적 자유주의의 자아관을 대변하고 있다. 이러한 자아관은 사적인 영역에서 공동체적 결부와 귀속을 인정한다. 그러나 자유주의적 자아관은 공동체적 결부와 구속도 개인이 처한 사회적 상황의 제약 아래서 비판되고 변경될 수 있다고 보면서 개인의 자율성을 여전히 강조한다.

둘째, 자유주의적 개인주의의 공동체 개념은 공동체주의자들이 비판하듯이 순전히 자기 이익 추구를 지상목적으로 하는 원자적 개인들의 피상적인 협동관계인 도구적 사회가 아니다. 자유주의적 개인주의는 반사회적 개인주의가 아니라 가치와 의무와 책임의 원천은 개인에게 있다는 도덕적 개인주의이다. 그러한 자유주의적 개인은 자기 이익 추구의 제약을 위한 공정한 사회적 협동체계를 수용함과 동시에 집회와 결사의 자유와 권리를 통해서 다양한 공동체를 형성하고 번성시킬 수 있다.

셋째, 자유주의의 중립성과 반완전주의는 공동체주의자들이 비판하듯이 자유주의적 개인주의만을 조장하는 위선성과 편협성만을 지닌 것은 아니다. 자유주의의 중립성과 반완전주의는 근대 다원주의 사회에서의 도덕과 정치체계에 대한 피할 수 없는 제약조건으로 보지 않으면 안 된다. 비록 자유주의적 중립성을 강조하는 롤즈의 정치적 자유주의는 효과나 영향의 중립성을 확보할 수 없지만, 어느 사회 체제보다도 목적의 중립성을 달성시켰다고 본다.

넷째, 자유주의는 공동체주의자들이 비판하듯이 역사적 공동체가 처한 특수성과 다원성을 무시하는 추상적이고 비현실적인 관점이 아니다. 자유주의는 서구 자유민주주의 사회의 공공적인 정치문화와 전통에 내재한 근본적인 직관적 신념들을 배경으로 구성된 것이다.

나아가 자유주의자들은 공동체주의자들의 주장을 비판하고 있는데(이범웅, 1997), 그 첫째는, 공동체주의자들이 전체주의나 집단주의에 빠질 위험이 있으며, 둘째, 전통과 과거에 지나치게 집착하고 있으며, 셋째, 사회의 비판 기능에 취약하며, 넷째, 보수주의적인 속성을 지니고 있으며, 다섯째, 공동체마다 지향하는 가치가 다름에 따라 초래하게 될 상대주의의 함정에 빠질 가능성이 있으며, 여섯째, 획일화를 조장할 가능성이 있으며, 일곱째, 세속화된 공동체의 강조에 초점을 맞추고 있으며, 끝으로 현대성과의 부조화 등을 비판하고 있다.

원전 산책: 공리주의

벤담: 『도덕과 입법의 원칙에 대한 서론』, 밀: 『공리주의』

- **인간의 본래모습: 쾌락을 추구하는 존재**

자연은 인류를 쾌락과 고통이라는 두 주권자의 지배 아래에 두어왔다. 우리가 무엇을 해야만 하는가를 지시하고, 우리가 무엇을 할 것인가를 결정하는 것은 오로지 고통과 쾌락일 뿐이다. 한편으로는 옳고 그름의 기준이, 다른 한편으로는 원인과 결과의 연쇄가 이 왕좌에 결부되어 있다. 고통과 쾌락은 우리가 하는 모든 일, 우리가 말하는 모든 일, 우리가 생각하는 모든 일에서 우리를 지배하고 있다. -벤담, 『도덕과 입법의 원칙에 대한 서론』-

옳고 그름의 기준이 되는 이 힘을 거역하면 할수록 결국은 그 손아귀를 벗어날 수 없다는 점을 다시 확인하게 될 뿐이다. -『도덕과 입법의 원칙에 대한 서론』-

- **선의 근원**

공리주의 도덕을 받아들이는 심정의 자연스런 기초가 없다면, 이러한 연상(*공리성과 의무와의)은 교육에 의해 이식된 이후라 하더라도 또한 분해되어 사라져 버릴 것이 틀림없다. 그러나 이런 강력한 자연스런 심정의 토대는 존재한다. 이 토대는 일단 일반적인 행복이 윤리적 기준으로 인정되고 나면, 공리주의 도덕의 강력한 지지자로 형성될 것이다. 이런 확고한 토대란 인류의 사회적 감정이 기초하는 근저를 말한다. 즉 그것은 동포와 일체가 되고 싶어하는 욕구를 말하는데, 이런 욕구는 이미 인간의 본성 속에 들어있는 강력한 원리이고, 다행스럽게도 일부러 가르치지 않더라도 문명이 진보함에 따라 점점 더 강해지는 경향을 지닌 것 가운데 하나이다. -밀, 『공리주의』-

• **본래적 선=쾌락**

쾌락은 그 자체로 좋음(선)이다. 그것은 고통을 면하는 것을 제외하고는 유일하게 좋음(선)이다. 그리고 고통은 그 자체로 사악이며, 정말이지 예외 없이 유일한 사악이다. 선과 사악이라는 낱말은 이 밖에는 아무런 의미도 갖지 않는다. 그리고 이것은 모든 종류의 고통, 모든 종류의 쾌락에 대해서 똑같은 진리이다. -『도덕과 입법의 원칙에 대한 서론』-

• **도덕적 선**

공리성 또는 최대 행복의 원리를 도덕의 기초로 받아들이는 신조에 따르면, 행위는 행복을 증대시키기 위해 기여하는 정도에 비례해서 옳은 것이 되고, 행복에 반대되는 것을 산출하는 정도에 비례해서 그릇된 것이 된다. 행복이란 쾌락의 상태와 고통의 부재를 의미하고, 불행이란 고통의 상태와 쾌락의 상실을 의미한다. -『공리주의』-

다른 모든 것을 평가할 때는 양 외에 질도 고려하게 되는데, 유독 쾌락을 평가할 때만 양에 의존하라는 것은 불합리하지 않은가? 짐승의 쾌락을 듬뿍 부여해 주겠다는 약속 때문에 인간이 어떤 하등 동물로 전락해 버릴 것이란 점에 동의할 사람은 거의 없을 것이다…만족한 돼지보다는 불만족한 인간이 낫고, 만족한 바보천치보다는 소크라테스가 되는 것이 더 낫다. -『공리주의』-

사람들이 저급한 쾌락에 빠지게 되는 것은 쾌락에 질적 차이가 존재하지 않거나, 질적으로 우월한 쾌락을 추구하는 성향이 없는 것이 아니다. 그것이 바람직한가의 여부를 떠나, 저급한 쾌락에 빠진 사람들은 높은 쾌락을 향유할 수 있는 능력을 상실하였기에, 자신의 기준에서 가장 질적으로 우월한 쾌락을 택한 것이다. -『공리주의』-

• **선 ≠ 동기 ; 선 = 결과적 유용성**

어떤 동기도 그 자체로 나쁜 것은 없으며, 따라서 동기치고 그 자체 절대적으로 좋은 그런 것도 없다. 그래서 그 동기의 결과와 관련해서 그것은 어떤 때는 나쁘게, 어떤 때는 나쁘지도 좋지도 않게, 또 어떤 때는 좋은 것으로 나타난다. 이런 사정은 모든 종류의 동기에 해당하는 것으로 보인다. -『공리주의』-

세상이 이토록 불완전한 상태에 있는 한, 언제나 희생을 치를 준비를 하고 있는 것이 인간 속에서 발견할 수 있는 최고의 덕이란 사실을 나는 충분히 인정한다. -『공리주의』-

공리주의의 도덕성은 다른 사람들에게 선을 위해서라면, 자신의 최대 선까지도 희생할 수 있는 힘이 인간에게 있다고 인정한다. 공리주의는 다만 희생 그 자체가 선이라고 인정하지 않을 따름이다. 행복의 총량을 증대시키지 않는 희생이나 증대시키려는 경향을 갖지 않는 희생은 무용지물로 간주된다. -『공리주의』-

• **선악의 판단(쾌락의 측정)**

최대행복의 원리에 의하면 앞에서 설명한 것처럼, 궁극목적은 ⓐ양과 질이란 두 관점 모두에서 가능한 한 고통을 회피하고, 쾌락을 충분하게 향유하는 것이다. ⓑ그 밖의 다른 모든 것이 바람직한 것은 (우리가 우리 자신의 선을 고려하든, 다른 사람의 선을 고려하든) 이 궁극목적에 관여하기 때문이며, 궁극목적을 위해서 그런 것이다. 질의 판단기준과 양에 대한 질을 측정하기 위한 준칙은, 그들이 경험할 기회를 가졌을 때 경험 이외에 자기의식과 자기관찰의 습관도 필요하지만, 비교하기 위한 수단을 가장 훌륭하게 갖춘 사람들이 행한 선택인 것이다. 이것은 공리주의자들의 견해에 따르면 인간적 활동의 목적이기 때문에 또한 필연적으로 도덕성의 기준이 된다. 여기서 도덕의 기준에 관해 정의 내리자면, 인간적 행위를 위한 규칙인 동시에 교훈이라고 규정될 것이다. 이 기준을 지킨다면 위에서 말했듯이 고통을 회피하고 쾌락을 향유하는 것이 인류전체에게 가능한 한 최대로 보장될 것이다. 아니 인류에 국한되지 않고, 사물의 본성에 따르는 한에서 모든 생명 전체에게 이 기준은 반드시 보장될 것이다. -『공리주의』-

〈공리주의에 대한 오해〉

공리주의를 공격하는 사람들이 좀처럼 인정하려 들지 않으려는 것을 나는 여기서 다시 한 번 말해두어야겠다. 그것은 공리주의가 행위자 자신의 행복이 아니라 관계된 모든 사람의 행복을 정당한 행위의 기준으로 삼고 있다는 것이다.

행위자 자신의 행복과 다른 사람들의 행복 사이에서 선택해야 할 때, 공리주의는 행위자에게 전혀 이해관계가 없고 자비로운 제3자처럼 엄정 중립을 지켜야 한다는 점을 요구한다. 나사렛 그리스도의 황금률(*네 이웃을 네 몸과 같이 사랑하라) 가운데서 우리는 공리주의의 윤리의 완전한 정신을 찾아낸다. 스스로 해주기를 바라는 것을 다른 사람에게 베풀고, 이웃을 너 자신처럼 사랑하라는 것은 공리주의 도덕의 이상을 나타내는 극치이다. -『공리주의』-

공리주의가 사람들에게 세계 전체 또는 사회전체라는 광범위한 일반성을 염두에 둘 것을 요구한다고 생각하는 것은 공리주의적 사고방식을 오해한 것이다. 대부분의 선행은 세계의 이익을 위해서가 아니라 여러 개인들의 이익을 위해 행해지는 것이고, 세계의 선은 이 개인들의 이익들로 구성되어 있다. -『공리주의』-

〈벤담의 쾌락측정 원리〉

① 강도: 쾌락의 강도가 더 높을 때 그리고 고통의 강도가 더 낮을 때 선호
② 지속성: 쾌락이 오래 지속될수록 선호
③ 확실성: 생겨날 가능성이 더 확실한 쾌락이 선호
④ 근접성: 가까운 쾌락이 먼 훗날 주어질 쾌락에 비해 선호
⑤ 생산성: 이후 더 이상의 다른 쾌락을 유발하고 조장하는 성향을 갖는 쾌락이 선호
⑥ 순수성: 고통과 섞이지 않고 일어나는 순수한 쾌락일수록 보다 더 선호
⑦ 범위: 쾌락을 누리는 사람의 수가 많은 것일수록 선호
고대 이기주의적 쾌락주의와의 분기점

〈밀의 쾌락 측정 원리 = 유덕한 사람의 식견 + 다수결의 원리〉

다른 모든 것을 평가할 때는 양 외에 질도 고려하게 되는데, 유독 쾌락을 평가할 때만 양에 의존하라는 것은 불합리하지 않은가? 짐승의 쾌락을 듬뿍 부여해 주겠다는 약속 때문에 인간

이 어떤 하등 동물로 전락해 버릴 것이란 점에 동의할 사람은 거의 없을 것이다.…만족한 돼지보다는 불만족한 인간이 낫고, 만족한 바보천치보다는 소크라테스가 되는 것이 더 낫다…

① 두 개의 쾌락 중에서 어느 쪽이 가장 쾌적한 느낌을 주는지의 문제에 관해, 그 도덕적 속성이나 결과는 별도로 하더라도, 양쪽에 대해 모두 지식을 지닌 자격 있는 사람들의 판단이 최종적인 것으로 인정되어야 하며,

② 서로 다른 판단을 내릴 때에는 과반수의 판단을 최종적인 것으로 인정하지 않으면 안 된다. -『공리주의』-

• 좋은 사회: 개인의 욕망이 사회의 이익(선)으로 이어지는 사회

사회적 연대가 강해지고 사회가 건강하게 성장하게 되면, 각 개인은 누구나 타인의 복지를 실천적으로 고려하는데 점점 더 강렬한 개인적 관심을 가지게 된다. 뿐만 아니라 각 개인은 갈수록 자신의 감정을 다른 사람의 선(이익)과 동일시하게 되거나 또는 최소한 그것에 대해 (이전보다) 훨씬 더 실제적으로 고려하게 된다. -『공리주의』-

어떤 행위가 옳은지를 결정하는데 있어서 공리주의의 표준이 되는 행복은, 행위자 자신의 행복이 아니라 관련된 모든 사람들의 행복을 일컫는다. 자신의 행복과 타인의 행복 사이에서 결정할 때, 공리주의는 도덕적 행위자가 이해관계가 없고 자비로운 관객처럼 절대적으로 공정할 것을 요구한다. -『공리주의』-

• 교육방법: 사회제도, 법을 통해 사적 이기심을 공적 이익과 연결

(나사렛 예수라는) 이 이상에 가장 가까이 다가가는 수단으로서 공리는 다음과 같이 명령할 것이다. 첫째로 법률과 사회적 장치가 모든 개인의 행복이나 (보다 실제적으로 말한다면) 이익을 가능한 한 최대로 전체의 이익과 조화를 이루도록 배치해야 하고, 둘째로 교육과 여론은 인간의 성격에 대해 거대한 힘을 가지고 있는데, 이 힘을 이용해서 각 개인에게 다음과 같은 점을 주지시켜야 한다. 즉 자신의 행복과 사회 전체의 선 사이에는 결코 녹아 없어져 버릴 수 없는 관계가 형성되어 있고, 특히 자신의 행복과 보편적 행복에 관해 규정하는 행동양식의 실행 사이에는 끊을 수 없는 관계가 있다는 점을 교육과 여론이 가르쳐야 한다. 이렇게 한다면 인간은 아무도 일반적인 선에 반대되는 행동을 하면서 자신의 행복을 얻으려는 생각을 품지 않을 것이며, 또한 일반적인 선을 증진시키려는 직접적인 충동은 각 개인을 습관적으로 움직이게 하는 동기가 될 것이고, 이러한 충동과 결부된 심정은 각 개인의 정도 면에서 넓고 현저한 위치를 차지하게 될 것이다. -『공리주의』-

따라서 문제의 초점은 이러한 재앙과 싸워 이기는 데 있다…조금이나마 들어줄 만한 의견을 가진 사람이라면, 세계의 명백한 대해악의 대부분을 스스로 제거할 수 있을 것이며, 또한 모든 사람이 계속해서 개선하려는 노력을 기울이는 한, 결국엔 범위가 점점 좁아질 것이란 사실을 믿어 의심하지 않을 것이다. 궁핍은 어떤 의미에서 고뇌를 내포하지만, 머지않아 사회의 예지가 개인의 양식과 선견지명의 도움을 받아서 궁핍을 완전히 몰아내고 말 것이다. 인류의 강적 중에서도 가장 무서운 질병까지도 적절한 체육활동과 도덕교육을 실시하고 외부에서 오

는 유해한 영향을 적절하게 통제만 한다면, 그 범위를 한없이 축소시킬 수 있을 것이다…운명의 변전과 그밖에 부질없는 세상에 대한 실망은 주로 심한 몰염치의 결과나 잘못 통제된 욕망의 결과이거나, 아니면 나쁜 사회제도나 불충분한 사회제도의 결과인 것이다. -『공리주의』-

원전 산책: 니체

『차라투스트라는 이렇게 말했다』 외

니체(F. W. Nietzsche, 1844~1900). 독일 작센주 레켄에서 목사의 아들로 태어남. 목사인 아버지를 5세 때 사별하고 어머니·누이동생과 함께 할머니 집에서 자라남. 14세 때 프포르타 공립학교에서 엄격한 고전교육을 받고 1864년 20세 때 본대학에 입학하여 F.리츨 밑에서 고전문헌학에 몰두. 쇼펜하우어의 『의지와 표상으로서의 세계』라는 책에서 깊은 감명과 영향을 받았고, 또 바그너를 알게 되어 그의 음악에 심취. 1869년 리츨의 추천으로 스위스의 바젤대학 고전문헌학의 교수로 임용. 1870년 프로이센프랑스 전쟁에 지원, 위생병으로 종군했다가 건강을 해치고 바젤로 돌아옴. 이후 평생 편두통과 눈병으로 고생. 1879년 이래 건강의 악화, 특히 시력의 감퇴로 35세에 바젤대학을 퇴직하고, 요양을 위해 주로 이탈리아 북부·프랑스 남부에 체재하면서 저작에 전념. 이후 근 10여 년간 『차라투스트라는 이렇게 말하였다』(1883~1885)를 비롯, 왕성한 저술활동을 펼침. 1888년 말경부터 정신이상 증세를 나타내기 시작, 10여 년간 병을 앓다가 바이마르에서 사망.

"있는 것은 아무것도 버릴 것이 없으며, 없어도 좋은 것이란 없다."

- 『이 사람을 보라』 -

• **현실인식**

나, 저들에게 더 없이 경멸스러운 것에 대해 말하련다. 인간말종이 바로 그것이다 (…) 슬픈 일이다! 사람이 더 이상 그 자신위로 동경의 화살을 쏘지 못하고, 자신의 활시위를 울릴 줄도 모르는 그런 때가 오고 말 것이니! (…) 사람이 더 이상 별을 분만할 수 없게 될 때가 올 것이다. 자기 자신을 경멸할 줄 모르는, 그리하여 경멸스럽기 짝이 없는 사람의 시대가 올 것이니.
- 『차라투스트라는 이렇게 말했다』 -

- **세상의 본래모습: 신의 죽음과 니힐리즘**

모든 신은 죽었다. 이제 우리는 위버멘쉬가 등장하기를 바란다. 이것이 언젠가 우리가 위대한 정오를 맞이하여 갖게 될 마지막 의지가 되기를. - 『차라투스트라는 이렇게 말했다』 -

니힐리즘이란 무엇인가? 그것은 최고의 가치들이 자신의 가치를 상실한다는 것이다. 목표는 (더 이상) 존재하지 않는다. '왜'라는 물음에 대한 답이 존재하지 않는 것이다. - 『힘에의 의지』 -

도대체 지구 나이가 몇인지 알고 있는가? '지구의 나이를 하루로 치면, 인간 아니 생명체 자체가 존재한 기간은 한 순간의 타오름에 불과하다' - 『인간적인 너무나 인간적인』 -

단적으로 말해서 우리가 세계에 가치를 부여하기 위해 사용한 '목적', '통일', '존재'라는 범주들은 우리에게서 박탈되는 것이며, 이제 세계는 무가치한 것으로 나타난다. - 『힘에의 의지』 -

- **세상의 본래모습: 영원회귀**

의미도 목표도 없이 존재하는 현존재, 그러나 무로 끝나지 않고 영원히 회귀하는 현존재인 영원회귀, 이것은 허무주의의 가장 극단적인 형식이다. 무(무의미)는 영원하다!

- 『힘에의 의지』 -

최대의 무게-어느 날 혹은 어느 밤, 한 악마가 가장 깊은 고독 속에 잠겨있는 당신의 뒤로 슬그머니 다가와 이렇게 말한다면 당신은 어떻게 말할 것인가? '너는 현재 살고 있고 지금까지 살아왔던 생을 다시 한 번, 나아가 수없이 몇 번이고 되살아야 한다. 거기에는 무엇 하나 새로운 것이 없을 것이다. 일체의 고통과 기쁨, 일체의 사념과 탄식, 네 생애의 크고 작은 모든 일이 다시 되풀이 되어야만 한다. 모든 것이 동일한 순서로 말이다.'…이러한 사상이 당신을 지배하게 된다면 그것은 현재의 당신을 변화시킬 것이고 이미 분쇄해 버릴 것이다. 그리고 모든 일 하나하나에 대해서 가해지는 '너는 이것이 다시 한 번, 또는 수없이 계속 반복되기를 원하느냐?'라는 질문은 가장 무거운 무게로 너의 행위 위에 놓이게 될 것이다. 아니면 이 최종적이요 영원한 인증과 봉인 그 이상의 어느 것도 원하지 않기 위해서 너는 너 자신과 인생을 사랑해야만 할 것인가? - 『즐거운 지식』 -

이 사상은 '인간과 시간을 초월한 6000피트'라는 주석이 달린 한 장의 종이 위에 기록된 것이다. 그날 나는 실바플라나의 호수를 따라 숲 속을 걷고 있었다. 수를레이로 부터 멀지 않은 피라미드처럼 우뚝 솟은 거대한 바위 앞에서 나는 멈췄다. 그 때 나에게 이 사상이 엄습했다. - 『이 사람을 보라』 -

〈영원회귀가 어떻게 허무에서 그치지 않는가〉

이 세계, 그것은 시작도 끝도 없는 거대한 힘. 증대하는 일도 없으며 감소하는 일도 없고 소모되지도 않고 오직 변전할 뿐인 확고한 양의 힘이다. 이 세계는 그 상태에서는 변하지만 전체로서는 그 크기가 불변하며 지출도 손실도 새로운 증가나 수입도 없는 가계(家計)와 같다. 그것은 자기 자신의 한계를 갖는 것 이외에는 무에 둘러싸여 소진되지도 탕진되지도 않지만 무한한 연장을 갖지 않고 일정한 힘으로서 일정한 공간 속에 주어져 있다. 그러나 이 공간은 비어있는 어떤 것이 아니라 서로 유희하는 힘들이 충만해 있고, 하나이면서 동시에 많은 힘의 파도가 이쪽에서 증가하면 저쪽에서는 감소하면서 거칠게 밀려들고 넘쳐나는 바다이다. 그것은 영겁의 시간과 더불어 영원히 변화하면서 영원히 달음질쳐 돌아오듯 회귀하면서 자신의 형성 활동을 때로는 소홀히 하고 때로는 애를 쓰며 가장 단순한 것에서 가장 복잡한 것 속으로 전진하면서, 가장 조용하고 단단하고 냉랭한 것에서 탈피하여 가장 뜨겁고 거칠며 자기모순적인 것으로 들어가고 다음에는 다시 충실한 것으로부터 단순한 것으로 돌아온다. 그것은 모순에 찬 유희에서 조화에 가득 찬 쾌감으로 되돌아가고, 이렇게 전적으로 동일한 자신의 궤도와 연월을 더듬어 나아가면서도 자기 자신을 긍정하며 영원히 회귀하지 않을 수 없는 것이다. 그것은 어떠한 포만, 권태, 피로도 모르는 생성으로서 자기자신을 축복하고 있는 것-영원히 자신을 창조하고 파괴하는 이러한 나의 디오니소스적 세계… -『힘에의 의지』-

모든 것은 가고 또 돌아온다. 존재의 수레바퀴는 영원히 굴러간다. 모든 것은 죽고 또 다시 꽃핀다. 존재의 연령은 영원하다. 모든 것은 부서지고 또 새로 결합된다. 존재의 동일한 집은 영원히 재건된다. 모든 것은 헤어지고 다시 서로 만난다. 존재의 원환은 영원히 자신에 충실하게 회전한다. 매 순간에 존재는 시작 된다…. 중심은 도처에 있다. -『차라투스트라는 이렇게 말했다』-

우리가 우리 자신에게 만족을 하고 있는지 어떤지는 결코 중요한 문제가 아니다. 우리가 일반적으로 무엇에 대해서 만족하고 있는지가 문제인 것이다. 만일 우리가 한 순간에라도 '좋다'고 말한다면, 우리는 비단 우리 자신에 대해서 뿐만 아니라 모든 존재에 대해 '좋다'고 말한 셈이 된다. 우리 자신 속에서도 사물 속에서도 단독으로 존재하는 것은 하나도 없기 때문이다(*하나이면서 동시에 많은 힘의 파도). 그리고 단 한번이라도 우리들의 영혼이 현(絃)처럼 행복하게 떨며 울려 퍼졌다면, 이 한 가지 일의 조건으로서 일체의 영원이 필요했던 것이다… 그리고 우리가 '좋다'라고 말한 이 유일한 순간에 모든 영원이 '좋다'라는 말을 듣고 구제되고 정당하다고 간주되며 긍정되었던 것이다. -『힘에의 의지』-

인간의 위대함을 나타내기 위해 내가 택한 방식은 운명애이다. 앞을 향해서도 뒤를 향해서도 영원에 걸쳐서 하나도 변경을 요구하지 않는 일. 필연적으로 닥쳐오는 일을 은폐하지 않고 견딜 뿐 아니라 사랑하는 일. -『이 사람을 보라』-

• 힘에의 의지: 세상의 실상이자 가치의 근원

생 자체가 힘에의 의지라고 할 경우, 힘의 등급 외에 가치를 갖는 어떤 것도 생에는 존재하지 않는다. -『힘에의 의지』-

• 악의 근원: 노예도덕

주인도덕과 노예도덕이 있다.

첫번째 유형의 도덕(주인도덕)에서 '선'과 '악'의 대립은 대체로 '고귀함'과 '비천함'의 대립을 의미한다 〔…〕 두번째 유형의 도덕인 노예도덕은 (주인도덕과) 다르다. 〔…〕 노예도덕은 본질적으로 유용성에 입각한 도덕이다. 저 유명한 '선'과 '악'의 대립 개념의 기원이 바로 여기에 있다. 노예의 느낌 속에서 권력, 위협적인 것, 공포를 느끼게 하는 것, 세련된 것, 무시할 수 없는 강력한 힘 등은 모두 악한 것으로 비친다. 그러므로 노예 도덕에 따르면 '악한' 인간이란 공포감을 불러일으키는 인간(*시저, 나폴레옹)이다. 그러나 주인 도덕에서는 공포를 불러일으키거나 그러한 의도를 지닌 사람이 바로 '선한' 인간이며 반면에 경멸감을 불러일으키는 인간(*겸손, 기부)은 '악한' 인간이 된다. - 『선악의 피안』 -

〈노예도덕의 기초: 자기중심적 믿음〉

숲 속 개미도 숲의 존재목적이 자기자신이라고 믿고 있을 것이다. - 『인간적인 너무나 인간적인』 -

사람들은 때때로 자신의 이익을 버리면서 타인의 이익을 도모하기 때문에 자신들이 이타적이라고 믿는다. 그러나 그렇게 함으로써 그들은 타인을 소유하려는 것이다. 사랑은 모든 감정 중 가장 이기적이다. 따라서 사랑은 배반당할 때 가장 관대하지 못하다. - 『바그너의 경우』 -

〈노예도덕의 기초: 힘의 저하, 나약함, 자기기만, 자기포기〉

마음씨가 착하고 아주 주눅이 든 인간이 호인이라는 관념은 사실은 힘의 저하에서 비롯된 것이다. 그러한 호인은 겁먹은 소심한 성품 때문에 자신을 억제하고 있다. - 『힘에의 의지』 -

보복할 수 없는 무력함은 '선량'으로 바뀌고, 겁 많은 비열은 '겸허'로 바뀌며, 증오하는 상대에 대한 복종은 '순종(자세히 말하면 이러한 복종을 명령하는 자에 대한 복종, 이 자를 그들은 신이라 부른다)'으로 바뀐다. 약자의 비공격성, 그들이 풍부하게 지니고 있는 비겁 그 자체, 문전에서 서성거리며 어쩔 수 없이 기다리는 것−이러한 것들은 여기서는 인내라는 발림말로 불리 우고 심지어는 덕 그 자체로 불리 운다. 복수할 수 없음이 복수하려고 하지 않는 것이 되고 관용이라는 이름으로 불리기도 한다. - 『도덕의 계보』 -

〈노예도덕의 기초: 원한의식〉

모든 고귀한 도덕이 득의에 찬 자기긍정에서 생기는 반면에 노예도덕은 처음부터 '외부적인' 것, '다른' 것, '자기 자신이 아닌' 것을 부정한다. 그리고 이 부정이야말로 노예도덕이 이룩하는 창조적 행위다. 가치정립의 시선을 이렇게 전도하는 것−시선을 자신에게 되돌리는 대신에 밖으로 향하게 하는 것−이 원한의 본질이다. 즉 노예도덕이 성립하기 위해서는 항상 우선적으로 하나의 적대적인 외부세계를 필요로 한다. - 『도덕의 계보』 -

'원한'에 사무친 인간이 생각하는 적을 상상해 보자. 바로 여기에서 그의 소행, 그의 창조작업이 드러난다. 그는 우선 '사악한 적', 즉 '악인'을 마음 속에 품고 이것을 기본으로 하여 그것과 대조되는 상으로서 '선인'이라는 것을 생각해 내고 이 선인을 자기 자신이라고 생각한다. - 『도덕의 계보』 -

〈도덕의 역사 = 노예들의 힘에의 의지 표현〉

따라서 도덕의 역사란 노예, 억압받는 자들, 자신이 못난 탓에 실패하고 고통을 겪고 있는 자들, 또는 범용한 자들이 자신들에게 가장 유리한 가치판단을 관철하고자 하는 (*약함에서 비롯된) 힘에의 의지의 표현이다. - 『힘에의 의지』 -

• **선과 악 = 해석 = 힘에의 의지**

도덕적 현상이란 존재하지 않는다. 다만 현상들에 대한 도덕적 해석만이 존재한다. -『 선악의 피안』 -

나에게 도덕이란 어떤 존재자의 생존 조건에 관련된 가치 평가의 체계를 의미한다. -『힘에의 의지』 -

한 시대에 악으로 받아들여지는 것은 대개 그 전 시대에는 선으로 받아들여졌던 것이 때를 잘못 만나 그런 반응을 얻게 된 것이다. -『선악의 피안』 -

선이란 무엇인가? 그것은 힘의 감정을, 힘에의 의지를, 힘 자체를 고양시키는 모든 것이다.
악이란 무엇인가? 그것은 약함에서 비롯되는 모든 것을 말한다.
행복이란 무엇인가? 힘이 증가되고 있다는 느낌–저항을 초극했다는 느낌을 말한다. -『안티크리스트』 -

〈힘에의 의지의 최고 형태 = 생성에 존재의 성격을 각인〉
생성에 존재의 성격을 각인하는 것–이것이 힘에의 의지의 최고 형태다. 모든 것이 회귀한다는 것은 존재의 세계에 생성의 세계가 극한적으로 접근하는 것이다. -『힘에의 의지』 -

인간의 위대함을 나타내기 위해 내가 택한 방식은 운명애(amor fati)이다. 앞을 향해서도 뒤를 향해서도 영원에 걸쳐서 하나도 변경을 요구하지 않는 일. 필연적으로 닥쳐오는 일을 은폐하지 않고 견딜 뿐 아니라 사랑하는 일. -『이 사람을 보라』 -

〈힘에의 의지 vs 자유 의지, 이기적 vs 이타적〉
잘 정의되어 있는 것처럼, 타인을 위하고 더 나아가 오직 타인을 위한 행위만을 도덕적이라고 한다면, 도덕적인 행위는 존재하지 않는다! 또한 자유의지에 따라 행해지는 행위만이 도덕적이라고 한다면 도덕적인 행위라는 것은 존재하지 않는다. -『서광』 -

세상에서 행해지는 악의 4분의 3은 공포 때문이다. -『서광』 -

• **이상적 인간: 위버멘쉬_인간존재의 의미 & 실존적 과제**

대중에 속하고자 하지 않는 인간은 안락함을 단념할 필요가 있다. 그는 '네 자신이 되라! 네가 지금 생각하고, 욕망하는 모든 것은 네가 아니다'라고 외치는 자신의 양심에 따른다. -『반시대적 고찰』 -

인생을 사랑한다는 것은 오래 사는 것을 바라는 것과는 거의 정 반대의 것이다. 모든 사랑은 '순간'과 '영원'을 생각한다. 그러나 인생의 '길이'를 생각하는 것은 아니다. -『차라투스트라는 이렇게 말했다』 -

〈위버멘쉬=사자같은 어린애〉
어떻게 정신이 낙타가 되고, 낙타는 사자가 되며, 결국 사자는 어린아이가 되는 것인지, 나는 이 정신의 세 단계 변화를 그대들에게 말하고자 한다 〔…〕 무엇이 무거운가? 억센 정신은 이렇게 묻고, 낙타처럼 무릎을 꿇고 짐을 잔뜩 짊어지고자 한다 〔…〕 억센 정신은 가장 어려운 것들을 스스로 걸머진다. 그리하여 짐을 짊어지고 사막을 달려가는 낙타와 같이 그는 자신의 사막으로 달려간다.

그러나 고독한 사막에 이르면 두 번째 변화가 일어난다. 여기에서 정신은 사자가 되고, 그는 혼자만의 사막에서 자유를 군주로 추대하고자 한다 〔…〕 그는 승리를 쟁취하고자 크나큰 용과 겨룬다. 정신이 더 이상 군주나 신이라고 부르지 않을 커다란 용은 어떤 것인가? 크나큰 용이란 '그대는 마땅히 하지 않으면 안 된다'고 말한다. 그러나 사자의 정신은 '나는 원한다'라고 말한다 〔…〕 새로운 가치를 창조하는 것-그것은 사자라도 감히 할 수 없다. 나의 형제들이여, 스스로 자유를 창조하여 의무에 대해 신성한 거절을 하기 위하여 사자가 필요한 것이다 〔…〕

사자도 감히 할 수 없는 것을 아이가 어떻게 할 수 있는가? 어찌하여 약탈하는 사자는 또한 아이가 되어야만 하는가? 아이는 순결이요, 망각이며 새 출발이고 유희이며 스스로 돌아가는 바퀴요, 최초의 운동이며 신성한 긍정이다. - 『차라투스트라는 이렇게 말했다』 -

이 세상에서는 오직 예술가와 어린이의 놀이만이 영원히 동일한 무구함 안에서 어떠한 도덕적 책임도 묻지 않고 생성과 소멸, 건설과 파괴를 행한다. 어린이와 예술가가 유희하듯이 이 영원히 살아있는 불도 유희하며 무구하게 타오르다가 사그라든다. - 『힘에의 의지』 -

진정한 기독교도는 사실 오직 한 사람밖에 없었다. 그리고 그 사람은 십자가 위에서 죽었다. 복음은 십자가 위에서 죽은 것이다. 그 이후로 복음이라고 불리우고 있는 것은 이미 그가 살아온 것의 정반대였던 나쁜 소식－화음(禍音)이었다. - 『안티크리스트』 -

복음의 심리학 전체를 통해서 죄나 형벌 등의 개념은 존재하지 않는다. 보상이라는 개념도 마찬가지다. 죄 또는 신과 인간 사이의 거리는 존재하지 않는다. 바로 이것이야말로 복음인 것이다. 신앙이 기독교도와 비기독교도를 구별하는 척도는 아니다. 기독교도는 행동에 의해서 자신을 구별한다. 자기 자신에 대해서 악의를 품고 있는 자를 향해서도 말로도 마음으로도 저항하지 않는 것. 이방인과 이웃사람, 유태인과 비유태인을 조금도 차별하지 않는 일, 누구에게도 성내지 않고 누구도 경멸하지 않는 일. 법정에 서는 일도 없고, 또 변호되기를 바라지도 않는 일. 어떤 경우에도, 심지어 아내의 부정이 입증된 경우에도 아내와 헤어지지 않는 일. 구세주의 삶은 이러한 실천 이외의 아무것도 아니었다. 그의 죽음조차도 말이다. - 『안티크리스트』 -

그리스도의 영혼을 갖는 캐사르 - 『힘에의 의지』 -

• 이상적 인간이 되기 위한 방법

인간의 위대함을 나타내기 위해 내가 택한 방식은 운명애이다. 앞을 향해서도 뒤를 향해서도 영원에 걸쳐서 하나도 변경을 요구하지 않는 일. 필연적으로 닥쳐오는 일을 은폐하지 않고 견딜 뿐 아니라 사랑하는 일. - 『이 사람을 보라』 -

'네 자신이 되라! 네가 지금 생각하고, 욕망하는 모든 것은 네가 아니다'라고 외치는 자신의

양심에 따르는 것 -『반시대적 고찰』-

〈악과 고통–필수불가결한 것, 자신의 충만한 힘을 향유하는 기회〉

악–가장 생산적인 최선의 인간이나 민족이 살아가는 모습을 보며 이렇게 자문해보라. 하늘 높이 자라려는 나무들이 과연 비바람이나 눈보라는 겪지 않고 제대로 자랄 수 있을 것인가? 외부로부터 가해지는 불운과 저항, 증오, 질투, 고집, 냉혹, 탐욕, 폭력은 덕의 위대한 성장을 위해서 유리한 환경을 조성한다. 나약한 천성을 가진 자들을 사멸시키는 독은 강한 자들에게는 강장제이다. 강한 자는 그것을 독이라고 부르지 않는다. -『즐거운 지식』-

획기적인 삶의 전환점을 마련하려면 악을 우리가 가진 최선의 것이라고 생각하는 용기를 지녀야 한다. -『선악의 피안』-

〈성실〉

도덕이 육성한 여러 힘들 중에는 성실이 있었다. 이것이 끝내는 도덕에 도전하고 그것의 목적론이 이해와 관심에서 비롯된 것이라는 사실을 폭로한다. -『힘에의 의지』-

제 5 장

현대 도덕교육 이론

제1절 뒤르껭의 도덕적 사회화 이론

뒤르껭(Emile Durkheim)은 인간의 도덕성 발달에 있어 사회적 차원을 강조한 대표적인 사회학자이다. 그는 인간이 도덕적으로 행동하는 것은 자신이 소속해 있는 사회의 이해관계를 반영한다고 보면서 사회를 인간의 도덕성의 근원으로 보고 있다. 뒤르껭 사후에 출판된 『도덕 교육론』(1925)은 그의 도덕 교육적 관심사를 잘 드러내고 있는 대표적인 저술이다. 뒤르껭에 따르면 도덕교육의 목적은 도덕적 생활의 근본을 구성하는 기본적인 성향들을 개발하는 것이다.

뒤르껭은 서구에서 현대 도덕교육의 시조로서 평가받고 있다. 그는 도덕교육을 광범위하게 다루었기 때문에, 그의 이론에는 오늘날 도덕교육의 이론가와 교육자들의 관심을 끄는 쟁점과 문제, 개념들이 포함되어 있다. 어떤 의미에서는 현대 도덕교육 접근법들의 상당수가 뒤르껭의 접근법에 대한 반응과 반작용의 산물이라고 할 수 있다.

에밀 뒤르껭(Emile Durkheim, 1858~1917). 프랑스의 철학자이며 사회학자. 콩트학파에 속하며 따라서 실증주의자. 사회생활의 현상은 자연 현상과 마찬가지로 객관적이라 주장

1) 도덕과 도덕교육

뒤르껭에 의하면 도덕은 주로 사회적 규칙과 활동들로 구성된 본래적으로 사회 현상인 동시에 사회적 사실이다. 그것은 사회에 의해 창조되고 사회를 목표로 삼고 있다. 도덕의 사회성은 도덕 현상을 정의함에 있어 최소한의 필수불가결한 요소이다. 더구나 도덕은 본질적으로 실체적 현상이며, 더 많은 기본적이거나 원초적인 개인들의 동기나 힘 또는 본능으로서 환원되어 설명될 수 있는 것이 아니다.

이러한 측면에서 사회의 도덕적 인습과 지시를 배제한 도덕은 존재하지 않으며, 개인이 단독으로 추구(현대 도덕 문헌에서 흔히 유행하는)하는 것은 뒤르껭의 이론체계에서 도덕의 쟁점이 될 수 없는 것이다.

도덕적 사실들은 여러 특징을 갖는다. 첫째, 그것들은 본질적으로 사회적인 것이며 실제는 '사회적 사실'이라는 현상의 하위 범주이다. 둘째, 도덕적 사실은 행위의 규칙이다. 구체적 행동에 대한 처방과 지시를 담고 있는 진술들은 그 자체로서 내재적 권위(the power of authority)를 갖는다. 그것들은 책무(obligation)와 의무(duty), 제재(sanction)를 함축하고 있다. 셋째, 도덕적 사실은 바람직한 선함의 관념을 포함하고 있다. 따라서 도덕적 사실(그리고 그것들보다 형식적인 조직으로서 도덕체계)은 바람직한 행할 가치가 있는 행위를 반영하는, 비선험적이며 경험적이고 사회적으로 근거한 의무와 책무를 포함한다. 그리고 이러한 도덕적 사실에 기초하는 도덕원리는 특정 사회의 도덕적 현실을 반영하는 특정한 행위의 규칙체계이며, 이 규칙들은 그 사회에 대해 그들이 갖는 중요성에 의해 권위와 제재력을 갖는다.

도덕적 사실이 갖는 이러한 특성과 같은 맥락에서 도덕교육의 목표는 개인으로 하여금 그가 속해 있는 사회의 규범과 이상에 일치되는 어떤 방식으로서의 행위를 하도록 도덕적으로 사회화시키는 것을 목표로 삼는다. 도덕교육에 있어 도덕원리는 의미 있는 도덕적 생활을 영위하는 데 있어 창조적이고 역동적이면서도 합리적인 이해가 가능한 사회적 사실이다. 따라서 도덕원리는 전수되어야 하는 것이다.

2) 도덕의 세 가지 구성 요소

(1) 규율정신

규율정신은 행위의 규칙성에 대한 선호와 권위에 대한 존중이라는 두 가지 하위 요소들로 구성되어 있다. 행위의 규칙성이란 도덕이 부단히 계속되는 연속성을 지닌 것임을 의미하며, 그 말은 곧 행위자의 개인적 성질이 어떻든 간에 도덕적 행위는 어제와 오늘이 같아야 한다는 말을 의미한다. 도덕성은 동일한 환경하에서는 유사하게 행동할 수 있는 습관을 발달시키는 능력, 즉 규칙성에 대한 확실한 필요성을 함축하고 있다.

한편 규율이 사회적·환경적으로 의도된 효과를 낳기 위해서는, 그 사회의 구성원들이 규율이 지니고 있는 권위를 존중해야만 한다. 규율이 지니고 있는 권위 때문에 우리는 규정된 방식 속에서 행동하게 되는 것이다. 그러므로 규율은 자신과 타인들에 대하여 가장 적게 해를 끼치는 결정을 합리적으로 선택하도록 우리를 준비시키는 보편적 성향들을 발달시켜 준다고 말할 수 있다.

(2) 사회집단에 대한 애착

도덕성이란 도덕규칙에 따르는 행동이되, 그것은 사회집단의 이익을 내용으로 하는 행동이어야 한다. 동시에 그것은 사회에 의해 만들어진 도덕규칙을 존경하고 사회에 대한 관심을 바탕으로 사회집단의 이익과 목적을 위해 도덕규칙을 일관성 있게 준수하는 행위에 부여된 가치에 따른 행동이어야 한다. 사회는 그 구성원인 개인들과는 구별되는 그 나름대로의 특징을 지니고 있다. 따라서 도덕적 행위의 대상은 반드시 사회가 되어야 한다.

(3) 자율성

자율성이란 사회를 실재로 인정하고 사회적 가치체계의 반영인 도덕규칙을 선으로 받아들이는 지적 이해를 바탕으로 개인이 자발적으로 도덕규칙을 준수하는 행위를 의미한다. 그러므로 규율정신과 관련하여 도덕규칙의 명령을 따르는 행동이 피동적이라는 지적은, 자율성의 요소가 충족될 때 더 이상 문제가 되지 않는다.

결국 뒤르껭에 있어 도덕이란 도덕규칙을 지적으로 이해하고 받아들여(자율성), 사회집단의 이익을 위해(사회집단에 대한 애착), 일관성 있게 도덕규칙을 준수하는(규율정신) 행위이다. 또한 이상의 세 가지 기본 능력을 지닌 사람이 도덕적으로 교육받은 사람으로 간주된다.

3) 교화와 교사

뒤르껭은 '주입(indoctrination)'에 대해 양심의 가책이나 거리낌이 없고, 주입하려 하지 않음이 무책임한 것이라고 한다. 왜냐하면 그것은 아동들이 진정한 인간이 될 수 있는 기회를 박탈하는 셈이기 때문이다. 이러한 교화에 대한 입장과 관련하여 뒤르껭은 유능한 교사의 자질 중 중요한 요소를 권위(authority)라고 말한다. "도덕적 권위는 교육자가 갖춰야 할 가장 비중 있는 요소이다." 그는 규율과 제재를 표방하는 하나의 웅변자, 상징자, 모범자가 되어야 한다. 그런 권위는 '신념과 정열(faith and passion)'의 상태, 즉 교사의 과업에 대한 신념과 그것을 수행하고자 하는 의지가 동반되어야 한다.

교사의 또 다른 측면은 그의 과업의 총체성이다. 가르침이란 단편적인 지식을 전달하는 것이 아니다. 그것은 오히려 유기적이고 종합적인 활동이다(남궁달화, 1996). 인격의 근본적 통합을 지향하는 그리스도 교육에 대한 관심을 갖고 뒤르껭은 "우리에게도 역시 주요한 목표는 아동에게 많은 단편적 지식을 제공하는 것이 아니라, 그들에게 일종의 깊고 내적인 정신 상태, 분명한 방향을 갖는 일종의 사회지향을 심어 주는 것이다."라고 말한다. 따라서 교사의 역할은 아동의 성격을 형성시켜 사회적 존재로 만드는 종교적인 기능을 수행하는 것이다.

규율정신의 본질은 도덕규칙에 대한 존경이다. 규칙에의 존경은 사람들로 하여금 규칙을 준수하도록 이끌어 준다. 학생들로 구성된 반(class)은 하나의 작은 사회이다. 그러므로 나름대로의 도덕(규칙)을 가지게 된다. 이러한 현상은 지극히 자연스러울 뿐만 아니라 필요하기도 하다. 반에는 학생들의 행동을 미리 결정해 주는 규칙체계로서의 도덕이 있다. 예컨대, ① 정해진 시간에 규칙적으로 수업에 참여해야 한다, ② 단정한 몸가짐과 태도를 갖추고 참여해야 한다, ③ 수업 중에는 방해를 하지 말아야 한다, ④ 숙제를 해와야 한다 등을 들 수 있다.

이와 같은 규칙들은 학생들이 준수해야 하는 의무로서 작용한다. 이들 규칙의 실천을 통해 학생들은 자아 통제 또는 절제의 습관을 기를 수 있다. 뒤르껭은 아동, 학생들의 규율정신의 계발과정에서 교사가 취해야 할 자세 또는 기능과 관련해 다음과 같은 점을 제시하였다. 우선 우리가 도덕규칙을 준수하는 것은 규칙에 대한 내적 존경감의 외적 표현이다. 어떤 행위가 규칙에 대한 존경감으로부터 이루어지는 것이 아니고서는 그것을 참된 의미의 도덕적 행동으로 볼 수 없다. 그러므로 교사는 아동, 학생들의 규율정신을 계발하는 과정에서 물리적·기계적으로 접근해서는 안 된다. 먼저 교사는, 도덕규칙이 존경할 만한 가치가 있음을, 그러므로 도덕규칙은 도덕적 권위가 있음을 느낄 수 있어야 한다. 이어서 도덕규칙에 대한 그의 그러한 태도와 감정을 아동, 학생들에게 전해 주어야 한다. 문제는 어떻게 그러한 감정을 전해 줄 수 있는가이다.

또한 교사는 스스로가 권위 있는 존재임을 느낄 수 있어야 한다. 그러할 때 그러한 감정을 아동, 학생들에게 전할 수 있다. 교사는 권위 있는 존재인가? 그렇다면 그의 권위의 원천은 무엇인가? 교사의 권위는 외부로부터 형성되지 않는다. 교사 자신으로부터, 교사의 내적 존재로부터 비롯된다. 성직자가 신의 해석자이듯이, 교사는 그의 시대와 국가의 도덕적 이상의 해석자이다. 이처럼 교사의 권위는 비개인적 원천인 과업의 존경으로부터 이끌어진다. 그러므로 권위에는 오만, 자만, 현학적인 것이 개입되지 않는다.

제2절 프로이트의 정신분석학

정신분석의 창시자인 프로이트(S. Freud, 1856-1939)는 의대를 나와 신경학 분야를 연구한 학자이며 특히 정신장애와 관련된 문제를 주 연구 과제로 삼아 이 분야에 큰 업적을 남겼다. 그는 정신장애를 가진 자들이 소원이나 감정을 의식으로부터 억압 또는 차단하여 무의식의 세계로 밀어 넣는다고 보았으며 치료를 통해 무의식으로 밀려들어간 감정을 끄집어내어 해결하도록 하는 것이 정신치료의 기초라고 보았다(정인석, 1994: 200-201).

그는 정신장애에 관련된 연구를 통해 환자들이 기억하지 못하는 과거를 자유연상 혹은 꿈의 해석을 통해 분석하고 아이들이 이성 부모에 대한 가지는 외디푸스 콤플렉스와 일렉트라 콤플렉스에 대한 이론을 전개하였다.

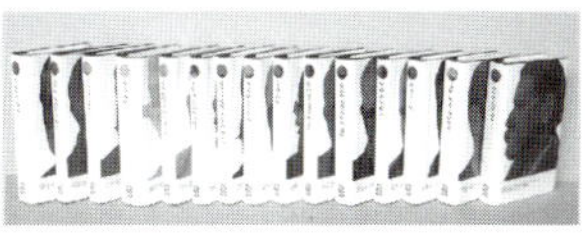

지그문트 프로이트(Sigmund Freud, 1856~1939). 오스트리아의 생리학자, 정신병리학자, 정신분석의 창시자. 체코의 유태계 가정에서 출생, 유년 시절 빈으로 이주. 빈 대학 의학부에 입학하여 에른스트 브뤼케 실험실에서 신경해부학을 공부. J.브로이어는 히스테리 환자에게 최면술을 걸어 잊혀져 가는 마음의 상처(심적 외상)를 상기시키면 히스테리가 치유된다는 사실을 발견. 프로이트는 브로이어와 공동으로 그 치유의 방법을 연구하였고, 1893년 카타르시스(Katharsis:淨化)법을 확립하였다. 그러나 얼마 후 이 치유법에 결함이 있음을 깨닫고 최면술 대신 자유연상법을 사용하여 히스테리를 치료하는 방법을 발견, 1896년 이 치료법을 '정신분석'이라 명명. 이 말은 후에 그가 수립한 심리학의 체계까지도 지칭하는 말이 됨. 1938년 오스트리아가 독일에 합병되자 나찌에 쫓겨 런던으로 망명하였고, 이듬해 암으로 죽음. 마르크스, 니체와 더불어 현대 사상에 대전환을 가져온 인물로 평가됨. 심리학·정신의학에서뿐만 아니라 사회학·사회심리학·문화인류학·교육학·범죄학·문예비평에도 큰 영향을 끼침. 『히스테리 연구』(1895), 『꿈의 해석』(1900), 『정신분석 강의』(1917), 『쾌락 원칙을 넘어서』(1920) 등의 저술을 남김.

프로이트는 성(性)적 감정이 아동기로부터 시작하여 청년기에 이르는 과정을 통해 발달한다고 주장하며 구강기, 항문기, 남근기(외디푸스기), 잠복기, 사춘기, 청년기의 심리성적 발달 단계를 나누었다.

프로이트는 마음의 작동인(the agencies of mind)으로 원자아(id), 자아(ego), 그리고 초자아(superego)를 제시하였으며, 이 세 가지는 도덕성 발달과도 매우 관련이 깊다. 먼저 원자아는 가장 기본적인 생물학적 반사 및 본능을 의미하며 쾌락의 원리에 의해 지배된다. 즉 원자아는 고통을 최소화하고 쾌락을 최대화시키고자 한다.

자아는 원자아가 의도하는 충동과 욕심에 따라 움직이는 것이 사회 속에서 용인될 수 없다는 것을 깨닫고 즉각적인 충동을 억제하고 사회적 규제를 받아들이는 상태이다. 프로이트는 원자아와 자아의 관계를 말과 기수의 관계로 비유하면서 말은 운동력을 제공하지만, 기수는 목표를 설정하고 말을 운동하도록 이끈다고 설명하였다(정인석, 1994: 227-228).

자아가 억압, 전위, 승화, 투사, 합리화, 보상과 같은 방어기제로 갈등하는 요구들을 우회적으로 해결하는 반면, 초자아는 도덕적 인격을 형성하는 작동인으로서 여러 충동과 환상으로부터 자신을 억제하기 위해 양심과 자아이상을 발달시킨다. 여기서 양심은 금지해야 할 내용을 알려주고, 이를 어겼을 때 죄의식을 가지게 하는 역할을 담당하며, 자아이상은 긍정적인 모델을 택하고 이를 열망하는 역할을 한다.

위에서 제시한 원자아, 자아, 그리고 초자아는 인간의 여러 의식 수준에서 작동하게 되는데, 이 의식들의 수준은 의식, 전의식, 무의식의 세 수준으로 나눌 수 있다. 먼저 의식 수준은 현실과 연결되어 지각할 수 있는 수준이다. 전의식은 지각 수준 밑에 있지만, 어느 때라도 마음만 먹으면 적은 노력으로도 의식화할 수 있는 수준이다. 무의식은 전혀 지각할 수 없는 상태로 깊은 곳에 있다가 때때로 신체적 증상이나 정신적인 우울증 혹은 죄책감으로 나타나기도 한다(정인석, 1994: 230).

이러한 세 가지 의식 수준은 위에서 제시한 마음의 세 가지 작동인과 연결시킬 수 있다. 먼저 원자아는 전적으로 무의식적이다. 현실 혹은 의식과는 동떨어져 있으며 많은 노력을 기울여야 의식화가 가능하다. 자아는 전의식 수준에 머물러서 의식과 현실 세계에까지 쉽게 연결된다. 초자아는 전의식과 무의식에 동시에 위치해 있다. 때때로 잘못된 행동을 했을 경우, 이를 전의식 수준에서 쉽게 의식 수준으로 끌어올려 잘못을 인정하고 죄책감을 가질 수 있지만, 또한 무슨 일인지 모르게 불안하거나 우울한 감정을 가지게 되는 경우에는 무의식 수준에서 초자아가 작동했다고 볼 수 있다.

정신분석학 이론이 도덕교육에 제공해 주는 어려움과 시사점에 대해 살펴보면 다음과 같다. 먼저 난점을 살펴보면 첫째, 인간 본성에 대해 부정적인 견해를 가지고 있다는 점이다. 프로이트는 인간이 리비도(libido)라는 삶의 본능에 대한 충동에 의해 움직이며, 인간의 진심어린 선행이나 잘못에 대한 반성을 인정하기보다는 사회화되어 가는 과정 속에서의 자기 방어기제로 인식하고 있다. 둘째, 결정론적 시각이 너무 강하다. 과거의 경험이 현재의 의식을 결정짓는다는 결정주의적 시각이 강하여, 현재 일어나고 있는 행동 혹은 증상을 과거의 상처 혹은 경험으로 귀인시키는 일반화의 오류를 범하고 있다. 셋째, 주로 정신 장애를 가진 환자들을 중심으로 이끌어 낸 이론이므로 학생들에게 일반화하기 어렵다는 점이다. 히스테리 질환의 환자들을 중심으로 한 사례 연구를 통해 프로이트 이론을 집대성했으므로 이와 같은 결과를 학교 현장의 학생들에게 적용시키기에는 무리일 수 있다. 넷째, 이성의 역할을 등한시했다는 점이다. 죄의식, 애정과 감정 혹은 정서적인 측면을 강조한 반면, 이성적 추론 혹은 판단과 같은 행동에 영향을 미치는 이성의 역할을 소홀히 한 측면이 강하다.

이러한 난점에도 불구하고 도덕교육에 주는 시사점을 제시하면, 첫째, 학생들의 도덕성 발달의 기제를 이해하는 데 도움을 준다. 정신분석학 이론의 가장 큰 업적은 그동안 이해하기 어려웠던 정신 혹은 신체 현상에 대한 이해의 폭을 넓혀 주었다는 점이다. 정신분석학은 학생들이 비도덕적 행동을 보이거나 정신적인 장애를 가질 경우, 학생의 초기 발달에 장애가 있었는지를 알아보도록 하고, 부모 혹은 주변 인물과의 관계로부터 그 원인을 찾을 수 있도록 하는 데 도움을 준다.

둘째, 정의적 측면의 도덕성을 이해하고 발달시키는 데 도움이 된다. 모든 도덕교육 이론들이 도덕성의 세 가지 요소를 고루 강조할 수는 없다. 위에서 정신분석학이 인지적 측면에 대해 소홀히 다루었다는 점은 오히려 이 이론이 도덕성의 정의적 측면인 양심과 죄의식의 발달, 자아이상의 강조, 절제의 필요성을 강조했다는 장점을 가질 수 있다. 도덕과 수업에서 학생들의 비도덕적 경험을 회상하게 하고 이를 반성하게 하는 일이야말로 도덕적 행동화로 이끄는 매우 중요한 활동이라고 할 수 있다. 또한 긍정적 자아를 형성할 수 있도록 타인의 모범 행동을 제시하여 학생들로 하여금 감동·감화의 기회를 가지게 하고 나아가 건전한 자아이상의 모델을 형성하게 하는 일 또한 중요하다.

셋째, 부모와 교사 역할의 중요성을 재강조한다. 정신분석학 이론에 따르면, 자녀의 동일시 대상의 가장 중요한 원천은 부모이다. 부모의 행동을 모방하고 이를 동일시하려는 성향이 강하므로 어린 시기에 있어서 부모의 도덕교사로서의 역할은 매우 중요하다. 또한 초등학교 시기에는 대부분의 시간을 학교에서 보내므로, 부모의 역할을 대신하는 교사의 역할도 매우 중요하다고 볼 수 있다. 어린 시기에 애착의 대상이 되는 부모와 교사는 자녀 혹은 학생에게 사랑과 관심을 주고, 이들의 고민과 문제들을 바람직한 방식으로 해결하도록 이끌어 주는 역할을 담당한다.

제3절 스키너의 행동주의와 반듀라의 사회학습 이론

행동주의 이론은 학습이나 도덕성의 형성에 있어서 내면적인 성숙이나 발달보다는 외부 환경의 역할을 강조한다. 즉, 인간의 인성 혹은 지식이 생득적으로 타고나거나 유전적 성향 혹은 발달 성향에 따라 형성되기보다는 외부로부터의 자극과 반응이 한 인간의 인성을 형성하거나 지식을 습득시키는 데 중요한 역할을 한다는 이론이다.

행동주의 학습이론가들은 파블로프, 왓슨, 스키너 등 다양하지만, 이 이론은 크게 고전적 조건형성 이론과 조작적 조건형성 이론으로 구분된다. 먼저 고전적 조건형성 이론은 파블로프에 의해 주창되었는데, 오늘날까지 잘 알려진 개의 타액 실험을 통해 그의 이론을 이해할 수 있다.

파블로프는 개를 어두운 방에 묶어 놓고 방에 불을 켠 후 30초가 지난 다음 개에게 음식을 주었다. 이러한 과정을 수차례 반복한 후, 음식을 주지 않음에도 불구하고 불을 켜기만 하면 개가 타액을 분비하는 반응을 목격하였다. 즉, 개는 불빛에 대해 조건화된 반응을 보이는 것이다. 그는 음식 제공을 무조건 자극, 불빛을 조건 자극, 개의 음식에 대한 타액 분비는 무조건 반사, 불빛에 대한 타액 분비는 조건 반사로 명명하였고, 조건형성을 시키는 데 가장 좋은 순서는 조건 자극이 무조건 자극보다 먼저 주어지는 것이라고 주장하였다. 이 이론은 소거, 자극 일반화, 변별, 고차적 조건형성이라는 학습 원리를 이끌어 냈다(정인석, 1994: 327-331).

고전적 조건형성 이론은 자극을 반응에 앞서 제시함을 통해 의도한 반응을 이끌어 낸다는 점을 강조한 반면, 조작적 조건형성 이론은 최초의 자극은 알 수 없거나 우연하게 일어나고, 이에 대한 반응에 대해 강화 자극을 제공하는 방식의 이론이다. 즉, 실험 대상 혹은 학습 대상이 단순히 묶여 있는 상태에서 수동적으로 의도된 자극에 반응하는 것이 아니라, 스스로 움직이며 활동하다가 우연한 시기에 이미 놓여진 자극에 반응함에 따라 보상이나 처벌과 같은 강화된 자극을 제공함으로써 빈번하고 강화된 행동을 자극하는 방식이다.

조작적 조건형성 이론의 대표 학자인 스키너(B. F. Skinner, 1904-1990)는 '스키너 상자'라는 장치를 이용하여 상자 안에 쥐와 같은 동물을 돌아다닐 수 있도록 꾸민 후, 한쪽 구성의 지렛대를 만들어, 이것을 누르면 자동으로 먹이가 나오도록 장치하였다. 상자 안의 동물은 움직이다가 우연히 지렛대를 누르게 되었을 때 먹이가 나옴에 따라 지렛대를 더욱 자주 누르게 된다. 학습에서 마찬가지로 학생들이 책을 읽었을 경우 좋은 보상을 해 줌으로써 앞으로 책을 더욱 열심히 읽을 가능성을 높이는 방식으로 유도할 수 있다. 이 이론은 고전적 조건형성 이론과는 달리 학습자 혹은 피험자의 자율성과 인지적 사고 과정을 중요시한다는 점이 중요하다(정인석, 1994: 341-342).

벌허스 프레더릭 스키너(Burrhus Frederic Skinner, 1904~1990). 미국의 행동주의 심리학자. 쥐를 이용한 학습실험(스키너 상자)이 유명하며, 인간행동을 자극-반응의 관계로 설명.

"인간의 모든 행동은 과학으로 설명할 수 있다."

스키너를 비롯한 조작적 조건형성 이론가들은 조건형성의 원리로서, 정적 강화, 부적 강화, 소거, 강화의 즉각성, 변별 자극, 일반화, 행동조성, 행동연쇄, 강화계획, 처벌의 원리를 이끌어 냈다.

사회학습 이론을 주장한 반듀라(A. Bandura)는 기존의 학습 이론에서 피학습자가 능동적으로 움직여야 학습할 수 있다는 주장과는 달리 단순히 타인의 행동을 관찰함으로써 학습이 이루어질 수 있다고 주장한다. 예컨대, 아들이 아버지가 종이비행기를 만드는 모습

앨버트 반듀라(Albert Bandura, 1925~). 캐나다 출신의 사회인지학습이론의 창시자이며 스탠퍼드대학교 심리학부 명예교수.

을 관찰한 후, 이와 동일한 비행기를 만들 수 있듯이 관찰자는 모방을 통해 학습을 할 수 있다. 그렇다고 무조건적으로 관찰한 내용을 모방하지는 않으며, 모방했을 경우의 결과가 인지적으로 사고한 후, 모방하게 되는 대리적 강화를 경험하게 된다.

반듀라가 주장하는 관찰학습의 네 가지 과정이 있다. 첫째, 주의 과정으로 관찰의 대상이 되는 대상에 관찰자가 주의를 기울이는 과정이다. 관찰 대상의 행동이나 특성이 매력적이거나 주의를 끌 경우에 주의 과정이 잘 이루어진다.

둘째, 파지 과정으로 관찰된 행동을 무조건적으로 기억하는 것이 아니라 언어적 부호 혹은 범주화 과정을 통해 상징적인 형태로 기억하게 된다. 예컨대, 컴퓨터를 다루는 과정을 관찰할 경우, 단순히 시각적 기억으로만 연결시키는 것이 아니라 모델의 행동을 범주화 하여, 몇 번째 파일을 클릭하고, 마우스를 두 번 클릭하며, 마우스의 오른쪽 버튼을 누른 후 위에서 몇 번째 메뉴를 누르는지 기호화하여 기억하게 된다.

셋째, 운동 재생 과정으로서 관찰한 내용을 재생하기 위해서는 필요한 기술이 요구된다. 예컨대, 철봉에서 뒤로 올라 두 번 돌기를 관찰한 후, 이를 모방하기 위해서는 운동 기술이 요구되므로 숙련된 과정까지의 연습이 필요하다.

넷째, 강화와 동기적 과정으로 행동을 모방하고 이를 계속할지의 여부는 보상 혹은 정적 강화와 매우 관련이 있다. 물론 모방 행동 이후에 얻게 되는 칭찬이나 보상과 같은 직접적인 강화도 있지만, 타인에게 발생하는 결과를 통해 이를 모방하게 되는 대리적 강화도 있다(정인석, 1994: 367-368). 이와 같이 반듀라는 모방학습 혹은 관찰학습에 대해 자세한 분석 과정을 제시하고 있다.

행동주의 이론과 사회학습 이론이 도덕교육에 주는 시사점에 대해 살펴보기로 한다.

첫째, 행동주의 이론에서는 도덕성을 생득적으로 타고나는 것으로 보지 않으며, 아동은 백지 상태(tabula rasa)로 출발한다고 보았기 때문에 교육의 중요성을 강조한다. 따라서 학생들의 도덕성 형성은 주위 환경, 즉 성인의 중재가 필요하며, 도덕교사는 다양한 강화 및 관찰학습 방식을 사용하여 학생들의 도덕적 행동의 실천을 조장할 수 있다.

둘째, 행동주의 이론을 통해 유년기 시기의 아이들의 인성교육에 있어서 정적 강화와 처벌의 중요성을 얻을 수 있다. 아직 인지적으로 성숙하지 않은 학생들에게 사회적으로 요구되는 친사회적 행동, 즉 타인을 배려하고 자신의 욕심을 억제하는 행동을 가르치기 위해서는 그러한 행동을 했을 때 주어지는 보상을 강조하는 방안을 제시할 수 있다. 바람직한 행동을 했을 때 칭찬과 물질적 보상을 제시할 수 있는데, 이때 물질적 보상보다는 언어적 보상이 지속적인 행동 강화에 더 효과적일 수 있다.

셋째, 학생들의 수준에 맞는 행동 목표를 제시함에 있어 행동 조성의 원리를 적용할 수 있다. 고차원적이고 어려운 행동 혹은 쉽게 바꾸기 어려운 행동 수정에 대해 체계적이고 점진적인 단계를 제시함으로써 한 단계를 완성한 후 강화를 제공하고 다음 단계로 나아가도록 하는 원리는 초등학교 저학년 학생들 혹은 새로운 분야를 처음 접하는 학습자에게 유용하게 적용될 수 있다.

넷째, 피험자의 인지 능력을 소홀히 하였다는 행동주의 이론이 가지는 단점을 사회학습 이론이 보완할 수 있다고 본다. 고전적 조건형성 이론보다는 조작적 조건형성 이론이 피험자의 자율성과 인지적 능력을 보다 강조하였다고는 하나, 행동주의 이론의 대부분이 통제된 조건하에서 동물을 대상으로 한 실험 결과로부터 나왔으므로, 인간의 사회적 경험에 그대로 적용하기에는 한계가 있을 수 있다. 사회학습 이론은 학습자의 인지적 사고 과정을 중요시하며 관찰과 모방의 과정을 넘어서서 관찰 대상의 성품과 특성까지도 동일시하는 내면화 과정을 강조하고 있다. 이러한 점은 도덕교육에서 모범적 상황 제시의 중요성, 모범 인물에 대한 역할 채택을 통한 공감 형성 과정을 이해하고 적용하는 데 중요한 역할을 담당한다.

제4절 매슬로우와 로저스의 인본주의 심리학

심리학의 제 1 세력을 프로이트 정신분석학파라고 한다면, 제 2 세력은 행동주의 심리학으로, 이 두 입장을 비판하면서 인간의 자유의지를 강조하는 학자들을 중심으로 한 이른바 제 3 의 세력인 인본주의 심리학이 등장하게 되었다. 20세기 심리학의 한 운동으로서의 인본주의 심리학은 한 개인으로서의 인간은 독특한 존재이므로, 심리학자나 정신과 의사들은 인간을 독특한 한 개인으로 인식하고 다루어야 한다고 본다. 이 운동은 20세기 심리학의 두 가지 주류인 정신분석학과 행동주의에 대한 반발에서 일어났다. 인본주의자들에 의하면 정신분석학은 인간을 편파적이고 이해력이 결핍된 존재, 즉 비정상적이고 병든 인간 행동을 근거로 하였으며, 행동주의는 인간의 본질에 대해 극히 일방적인 모습만을 제시하였으며 인간은 결코 겉으로 드러나는 반응들로만 구성되어 있지 않고 또한 외부 환경에 의해 지배되지 않는다고 주장하였다.

인본주의자들은 개인이 자신의 생활과 행동에 책임을 지며 인식과 의지를 통해서 언제라도 자신의 태도와 행동을 창조적으로 변화시킬 수 있다고 믿는다. 그들은 사랑·충족 · 자기 가치 · 자율이라는 영역에서의 인간의 가장 완전한 성장에 관심을 가지며, 성숙이란 인간이 자신의 가치 체계를 세우고 이를 따르는 과정이라고 생각한다(브리태니커 백과사전).

인본주의적 관점은 현상학과 실존주의를 바탕으로 인간의 가치와 자유의지를 강조하는 입장이며, 이에 속하는 이론으로는 실존주의(existentialism)의 현상학적 인간관, 매슬로우(A. H. Maslow)의 자아실현인, 로저스(C. R. Rogers)의 전인적 인간관 등을 들 수 있다.

1. 실존주의의 현상학적 인간관

실존주의에서 인간은 이 세상에 내던져진 존재이며 한 개인으로서 그리고 인간 실존이란 특수한 문제를 가진 존재로 간주된다. 즉, 문자 그대로 그 자신의 실존과 비실존(죽음)을 고통스럽게 의식하고 있는 이 세상의 존재로 살아간다는 것이다. 그리고 바로 이 실존의 사실로부터 본질을 창조해 간다고 믿었다. 비록 내던져진 존재이긴 하나 그러한 상황을 수용하거나 거부하는 것은 각 개인의 선택 여하에 달렸다. 다시 말해 자기가 하고 싶은 것과 하기 싫은 것을 스스로 결정할 수 있으며 장차 자기가 어떠한 인간이 될 것인가를 마음대로 조절할 수 있다는 것이다. 그러나 반드시 마음먹은 대로 행동을 조절할 수 있는 것은 아니며 또한 모두가 현명한 선택을 할 것이라는 보장도 없다. 실존주의가 갖는 의문은 과연 인간이 정직하고 순수한 삶을 살 수 있느냐의 여부이다. 인본주의자들은 각 개인이 그 자신의 행동과 경험의 주요 결정자이기에 책임을 지는 존재로 본다.

인본주의 심리학이 실존주의로부터 추출한 가장 중요한 개념은 '형성(becoming)'이라는 개념일 것이다. 인간은 항상 무엇인가 다른 존재가 되려고 하는 과정 중에 있다. 가능한 한 자기 잠재력을 많이 인식하는 것이 자유로운 인간으로서 개인이 갖는 책임이다.

'형성'에 대해 높은 가치를 부여했지만 인본주의 심리학은 의미 있고 실현적인 삶에 대한 추구가 쉬운 것은 아니라고 본다. 관료주의적 사회에서 개인은 비인간화되고 소외되고 낯선 사람이 되는 것이 두려워 구습(舊習)을 타파하지 못하고 자기 주체성을 확립하지 못한 채 보다 큰 자아실현으로 나가는 길을 모색하지 못하는 경우가 있다는 것이다. 그러나 우리의 본질을 형성할 수 있는 자유는 저주인 동시에 축복이 될 수 있다. 즉 인본주의 심리학자들은 이러한 역경이 인간으로 하여금 우리의 삶을 가치 있게 해 주는 그 무엇인가에 도전할 수 있도록 만든다고 주장한다.

마지막으로 실존주의자는 자신의 실존을 다른 사람들의 세계 속에서 관련지음으로써 인간의 의식, 주관적 느낌, 그리고 분위기를 중요시한다. 이러한 견해는 간단히 말해 "현상학적" 또는 "지금 여기에(now and here)"의 관점이라고 할 수 있다(http://cafe.naver.com/younkuen/2184).

2. 매슬로우의 자아실현인

매슬로우는 기존 서구 심리학의 성과를 통합하는 한편 기존 심리학계에서 소홀히 다루었던 '인간의 잠재적 능력의 실현', '행복의 성취', '초월' 등의 주제를 다룬 신심리학파, 즉 초개인 심리학(transpersonal psychology)을 창시한 사람 중 하나이다. 그는 인간의 방향을 제시해 주는 바람직한 인성에 관한 이론이 거의 없음을 인식하고 자아실현인(self-actualized personality)에 깊은 관심을 기울였다. 그가 주장하는 자아실현인이란 인간이 추구하는 궁극적 목표이지 결과는 아니다. 다시 말해 일상생활에서 얼마나 절정 경험(peak experience)을 많이 가지느냐에 따라 자아실현인의 정도를 가늠할 수 있다는 것이다. 예를 들면, 어려운 문제를 해결한 후의 기쁨, 자원봉사를 하고 난 후의 만족감, 열심히 일한 후의 보람 등을 절정 경험이라 하고, 이런 경험의 정도에 따라 자아실현인의 여부를 판단할 수 있다고 보았다.

아브라함 매슬로우(Abraham Harold Maslow, 1908~1970). 미국의 심리학자 · 철학자. 인본주의 심리학의 창설을 주도. 기본적인 생리적 욕구에서부터 사랑, 존중 그리고 궁극적으로 자기실현에 이르기까지 충족되어야 할 욕구에 위계가 있다는 '욕구 5단계설'을 주장.

매슬로우는 자아실현인 상(像)을 현실 인지, 수용성, 자율성, 절정 경험, 친화성, 겸손과 존중, 선악 분별성 등을 지닌 인간으로 그렸다. 나아가 자아실현인의 행동 특징을 ① 집중적이고 전념을 통해 사심 없는 경험, ② 전 생애에 걸쳐 성장을 위한 선택, ③ 자기 자신의 내면의 목소리에 경청, ④ 정직하고 책임을 지는 것, ⑤ 자신의 판단과 직관을 신봉, ⑥ 매 순간 자신의 잠재력을 각성시킴, ⑦ 절정 경험, ⑧ 방어 기제 파악 등으로 파악한다.

매슬로우는 이러한 자아실현적 인간에 관한 연구를 바탕으로 5단계 욕구 위계론(hierachy of needs)을 펼쳤다. 그에 따르면 욕구란 인간이 살아가는 데 필요한 것이며 이를 충족시킴으로써 만족을 얻는 일종의 본능과도 같은 것으로 보았다. 그는 인간의 욕구 만족 위계를 ① 생리적 욕구→② 안전 욕구→③ 애정 욕구→④ 자존 욕구→⑤ 자아실현 욕구로 구분하고, 하위 욕구가 충족되면 다음 단계의 욕구에 의해 동기 유발되며 상위 욕구가 유발되려면 전 단계의 하위 욕구가 어느 정도 충족될 것을 피력하였다.

1단계인 생리적 욕구란 의식주에 대한 욕구, 성적 욕구 등 생리적 균형을 유지하는 데 요구되는 기본적 욕구이다. 2단계인 안전 욕구란 자신을 외부의 위협으로부터 안전하게 보호하고자 하는 욕구이며, 3단계인 소속 욕구는 개인이 어떤 집단에 소속하여 집단의 구성원으로서의 역할을 수행하고자 하는 사회적 욕구를 말한다. 4단계인 자아존중 욕구란 어떤 중요한 책임을 맡아 이를 잘 수행함으로써 자신의 가치를 스스로 인정받고자 하는 욕구를 말하며, 5단계의 자아실현 욕구는 자신의 모든 잠재적 능력을 최대한 발휘하여 가치 있는 삶을 누리고자 하는 욕구를 말한다.

결론적으로 매슬로우에 의하면 우리 인간은 본질적인 내적 본성을 가지고 있는데, 이것은 본능적·직관적·선천적·자연적인 것이다. 자아실현을 위해서는 이러한 내면적 본성을 억압하기보다는 조금이나마 인정하고 격려하는 데에 최선을 다해야 한다. 심리적 건강과 자아 충족은 좌절을 통해서가 아니라 오히려 기본적 욕구의 만족을 통해서 얻어지는 것이기 때문이다(추병완, 2007: 71).

3. 로저스의 전인적 인간관

학자이며 임상 의사이고 교육자인 로저스는 임상치료에서든 교실에서든 간에 비지시적(non-directive) 학습을 강조한 인물이다. 여기서 '비지시적'이라는 말은 종래의 상담방법인 의사 중심의 일방성과는 달리 자신의 방법이 비지시적이고 내담자(client) 중심으로 이루어진다는 뜻에서 연유한다. 따라서 상담자가 권위적으로 임하는 것을 거부하고 내담자를 존중하고 문제해결의 존중과 책임을 일차적으로 내담자에게 위임한다. 그러므로 내담자의 자아실현(self-actualization)에 대한 인간의 경향성을 강조하고, 치료자가 공감적 이해(empathic understanding), 무조건적 긍정적 배려(unconditional positive regard), 진실성(congruence)을 경험할 때 내담자는 긍정적 변화를 일으킨다고 믿는다. 그리고 상담치료 과정에서 치료자는 내담자가 '충분기능인(fully functioning person)'이 되도록 생산적 분위기를 조성하는 것이 치료의 기본 목표로 강조된다.

로저스의 전인적 인간관은 인간이 비위협적 환경에서 자신의 내적 자아를 알게 되고, 이는 선택을 결정하며 가치들을 발달시키는 적절한 기초가 되고, 그 결과 어떤 개인이 선택한 방향은 그 자신은 물론 그가 속한 공동체, 그리고 궁극적으로는 인류 전체에 도움이 된다는 가정에 의거하고 있다. 로저스의 이론적 관점은 기본적으로 긍정적 특성을 띤 전인적 인간관으로부터 연유한다. 즉 "우리가 임상적 경험으로부터 알게 된 가장 놀라운 개념들 중의 하나는, 인간 본성의 가장 심층에 자리 잡은 심성은 본질적으로 긍정적 특성인 사회성, 진취성, 합리성과 현실성이다"라는 인식을 점차 확대시켰다는 것이다. 따라서 그는 인간을 자기 스스로 현명하고, 자기 발전적인 선택을 내릴 수 있는 잠재력을 가진 존재로 보았다. 인간은 근본적으로 선하므로 이러한 선택들은 매우 윤리적이고 도덕적이며, 아울러 그와 함께 삶을 누리는 타인의 복리를 증진시킬 것이다(Forisha, 1976: 47).

로저스에 의하면, 실현 경향성(actualizing tendency)은 인간의 유일한 기본적 동기이다. 그는 인간 유기체가 선천적으로 유기체 자신을 유지하고 고양하기 위해 노력하는 경향성이 있다고 믿었다. 이러한 경향성은 선천적이고, 신체적·심리적 성장의 요소를 총망라하는 것이며, 인간의 성장과 발달의 모든 면에 복합적으로 영향을 미친다. 그는 '충분기능인'이라는 개념을 동원하여, 그러한 개인은 궁극적인 인간 유기체의 실현을 달성한 사람으로서, 중요한 타인들로부터 무조건적인 긍정적 지지와 관심을 경험한 사람을 지칭한다. 그는 이것을 정적인 상태보다는 하나의 과정으로서 이해해야 한다고 보았다. 즉 자아의 실현은 계속 진행되는 것으로서 완료되거나 정체된 상태가 아니라는 것이다.

칼 로저스(Carl Ransom Rogers, 1902~1987). 미국의 임상심리학자로서, 비지시적 카운슬링의 창시자. 내담자 중심의 상담요법 또는 비지시적 카운슬링의 창시자. 치료적 변화를 위하여 필요한 치료자의 태도를 중시. 치료자 자신의 자기일치, 환자에 대해 무조건적인 긍정적 관심, 일치된 공감적 이해를 중시.

또한 로저스는 이상적으로 충분기능인은 일치의 상태에 있다고 보았다. 즉, 이런 사람에게는 자아와 유기체적 경험 사이에 부조화가 존재하지 않는다는 것이다. 이런 사람은 내적 경험을 정확하게 이해하며, 그 경험을 부정하거나 왜곡하기 위해 방어하지 않는다. 그러한 인간은 삶의 조건을 만족을 극대화시키기 위해서 효과적으로 현실을 검증하는 사람이다. 따라서 로저스는 충분기능인의 특징으로 ① 경험에 대한 개방성, ② 실존적 삶, ③ 자신의 유기체에 대한 신념, ④ 자유의 감각, ⑤ 창조성 등의 다섯 가지를 들고 있다(추병완, 2007: 65-68에서 재인용).

정신분석학, 행동주의, 인본주의에서 보는 인간의 본성과 가치에 관한 주장들을 요약하면 다음 〈표 5-1〉과 같이 정리할 수 있다.

〈표 5-1〉 인간의 본성과 가치에 관한 주장

구 분 \ 이 론	정신분석학	행동주의	인본주의
인간의 본성	부분 부정	중립적	선(善)에 대하여 중립
인간의 본성 결정의 힘	내적 요소: id, ego, superego	환경적 요소	자기 결정
인간의 목표	쾌락 추구 혹은 고통과 죄책감에서 해방	쾌락: 고통으로부터의 자유	자아 고양: 진리, 정의, 미, 용기, 사랑 등
사회와의 관계	일치(순응) 요구	일치(순응) 요구	일치(순응) 혹은 때때로 도전
궁극적 가치 기준	사회적 규범들	사회적 규범들	내적 평가 기준, 보편적 윤리적 원리들
도덕과 교육에서의 유용성	극소	매우 중요	매우 중요

출처: Bill E. Forisha & Barbara E. Forisha, 1976, 28.

위의 〈표 5-1〉를 보면 행동주의, 정신분석학, 인본주의 이론에서는 인간의 본성에 대한 근본 문제와 가치의 기원에 대하여 서로 다른 입장을 취하고 있으며 그 가정을 중심으로 도덕성 발달을 위한 상이한 접근방법을 취하고 있다. 도덕교육은 가치의 궁극적 기준을 기존 사회 규범에 두는 정신분석학이나 행동주의 쪽보다는 도덕적 선(善)이 기존의 사회 규범과는 별도로 존재할 수 있다고 믿는 인본주의 쪽에 관심을 두게 된다.

제5절 피아제의 도덕성 발달 이론

정신분석학이나 행동주의 이론과 달리 도덕성 발달에 관한 인지 발달론적 입장은 인간의 도덕성이 사회적 갈등이 발생하는 상황에서 옳고 그름(是非: right & wrong)에 대하여 사고하고 추론하면서 새로운 도덕적 이해를 이끌어 내는 구성(construct) 과정을 통하여 발달된다고 본다(L. E. Berk, 1977). 도덕성을 도덕적 판단 능력으로 규정하는 이 입장은, 도덕성의 발달 과정에서 인간은 외부의 자극과 반응에 의한 조건화를 통하여 학습되는 대상으로서가 아니라, 오히려 인간 자신이 적극적으로 자신이 살고 있는 사회적 세계와 상호작용하는 가운데 스스로 자신의 도덕적 구조를 구성해 간다고 본다. 도덕성 발달에서 인지 발달론적 접근은 다음과 같이 상호 관련된 몇 가지 기본 가정에 토대를 두고 있다(D. Moshman etc., 1997; 박병기, 추병완, 1996).

첫째, 인지 발달 이론은 도덕성의 인지적 측면에 초점을 두고 있다. 둘째, 인지 발달론은 발달적 입장을 취하고 있다. 셋째, 아동들은 단계의 계열(낮은 단계에서 높은 단계, 구체적에서 추상적으로)을 중심으로 발달해 간다. 넷째, 인지 발달은 인지 구조, 혹은 추론의 형식을 중시하고 있다. 다섯째, 인지 발달 이론은 도덕성을 갈등 해결의 논리로 생각하고 있다. 여섯째, 인지 발달론은 도덕성의 기원을 구성주의(constructivism)의 입장에서 생각하고 있다. 일곱째, 인지 발달 이론은 사회적 상호작용을 중요시한다. 여덟째, 인지 발달 이론은 역할 채택(role-taking) 혹은 관점 채택(perspective taking)을 도덕 발달에서 중요한 요소로 간주하고 있다. 아홉째, 인지 발달 이론은 도덕성을 상이한 사회적 입장들에 대한 합리적 조정으로 간주하고 있다. 열째, 인지 발달 이론은 발달의 방향과 이상적인 도덕의 단계가 어느 사회, 어느 시대에서나 공통된 보편적인 현상이라고 믿고 있다.

인지 발달론적 입장에서 아동의 도덕성 발달을 체계적으로 연구한 대표적인 학자는 피아제(Jean Piaget, 1896~1980)이다. 그리고 이 이론은 피아제의 뒤를 이어서 콜버그, 대먼(W. Damon), 모셔(R. Mosher), 레스트(J. Rest), 페리(W. Perry) 등을 통하여 발전되어 왔다.

피아제는 도덕성 발달이 아동의 지적 능력 발달과 밀접하게 연관되어 있다는 사실을 강조하고 있다. 도덕적 판단 능력 자체가 일종의 지적 능력이므로 도덕성 발달은 지적 발달과 밀접하게 연결되어 있다고 보는 것이 그의 견해이다. 피아제는 다양한 이야기와 구슬 놀이의 규칙 인식, 규칙의 실제적 적용에 관한 관찰과 면접방식 등을 사용하여 아동들의 도덕 판단을 연구하였다.

장 피아제(Jean Piaget, 1896~1980). 스위스 출신. 중세학자인 아버지와 지성적인 어머니로부터 엄격한 가정교육을 받으며 성장. 어린 시절에는 동물학에 관심. 뇌샤텔(Neuchätel) 대학교에서 동물학과 철학을 공부, 1918년에 동물학 박사학위 취득. 그 후 생물학 지식과 인식론에 대한 흥미가 결합되어 심리학에 관심을 보이기 시작. 취리히로 가서 융(Jung)과 블로일러(Bleuler)의 지도 아래 공부. 1919년에 파리의 소르본 대학교에서 공부하면서 학생들이 범하는 실수의 유형에 관심을 가져 아이들의 추론과정을 연구. 1921년에 연구결과를 발표하기 시작. 1929년에는 제네바 대학교의 아동심리학 교수가 되어 죽을 때까지 이 대학에서 연구. 프랑스에서 처음 발견한 주제, 즉 아이의 정신은 일련의 정해진 단계를 거쳐 성숙한다는 생각을 계속 발전시켜 나감. 아이에게는 선천적으로 정해져 있는 사고력 발달의 시간표가 있다는 '유전인식론'을 주장하면서, 발달과정의 4단계를 제시. 아동 심성의 독자성과 발달단계를 명확히 하고 아동과 어른 간에는 논리구조에 질적으로 차이가 있다는 것을 밝혀, 아이들을 어른의 작은 모형으로 간주하는 낡은 관점을 변화시키는데 공헌.

피아제는 아동들이 구슬 놀이(game of marbles)의 규칙을 어떻게 이해하고 있으며, 이 규칙들을 어떻게 활용하고 있는가를 알아보고자 하였다. 그는 구슬 놀이의 규칙을 적용하는 방식을 네 단계로 구분하였는데 이것은 그의 인지 발달 단계와 거의 유사하다. 첫째 단계는 동작(motor) 단계(0~2세)로서 감각운동기의 단계와 유사하다. 여기서 아동들은 규칙을 이해하지도 못하고 지키지도 못한다. 둘째 단계는 자아 중심적(egocentric) 단계(2~7세)로서 어린 아동은 자기보다 큰 아동들의 행동을 모방하나, 그들과 함께 구슬 놀이를 할 때 일련의 통일된 규칙을 이해하지 못하고 제각기 따로 따로 놀이를 한다. 셋째 단계는 초보적 협동(incipient cooperation)의 단계(6~10세)로서 아동들은 함께 어울려서 놀이를 하고 규칙들을 체계적으로 적용하며 문제가 발생했을 경우에 이의를 제기하기도 하지만, 그들이 항상 규칙들을 명확하게 설명할 수 있는 것은 아니다. 넷째 단계는 조문화(條文化: codification) 혹은 완전 협동(genuine cooperation)의 단계로서 연령상 11~12세경에 나타나며, 이 시기 아동들은 규칙들을 자세히 규정하고 하나의 법리적인 형태로 이 규칙을 인지하게 된다. 아동들의 규칙 적용의 발달 단계를 표로 정리하면 다음과 같다(R. Duska & W. Whelan, 1975).

〈표 5-2〉 구슬 놀이 규칙 적용의 발달 단계

연 령	0	1	2	3	4	5	6	7	8	9	10	11	12
동작(Motor) 단계	—	—											
자아 중심(Egocentric) 단계			—	—	—	—	—						
협동(Cooperation) 단계							—	—	—	—	—		
조문화(Codification) 단계												—	—

위와 같은 발달 단계는 아동들이 놀이의 규칙을 어떻게 적용하며 또한 그것을 어떤 방식으로 이해하는가를 설명해 준다. 구슬 놀이의 규칙과 관련하여 피아제는 아동들이 규칙이란 어떤 것인가를 실제로 어느 정도로 알고 있으며, 어디서, 어떻게 규칙의 관념을 획득하고 있는가를 알아보았다. 피아제는 아동들에게 새로운 규칙을 하나 만들어 보라고 하였다. 그리고는 "다른 아동들과 그렇게 놀이해도 괜찮은가?", "그들이 그런 식으로 놀이하고자 하겠는가?", "그것은 공정한 규칙인가?", "그것을 참으로 규칙이라고 할 수 있는가?" 등등의 질문을 하면서 아동들의 사고 과정과 문제 파악에 영향을 주는 요인들을 찾아내고자 하였다. 피아제는 이와 같은 질문들에 대한 응답들을 자료로 하여 다시 한 번 발달 단계를 체계화하였는데, 이 단계는 앞의 구슬 놀이 규칙 적용 단계와 똑같이 나타나지 않았다.

첫째 단계는 규칙을 강제력이 없는 것으로 인식하는 규칙과 무관한 단계(Not coercive stage)이다. 이 단계는 동작 단계와 초기의 자아 중심적 단계와 유사하다. 이 단계의 초기에는 규칙에 대한 관념이 전혀 형성되어 있지 않으며, 이 시기에 인식되는 규칙은 규제력을 갖지 않는다.

둘째 단계는 초월적 단계(Transcendental stage)라고도 한다. 이 단계는 자아 중심적 단계의 마지막 무렵에서 시작하여 초보적 협동 단계의 중반쯤에서 끝난다. 이 단계에서 아동들은 규칙을 명확하게 알고는 있지만, 그것은 신성하며 절대로 손댈 수 없는 것으로 인식하고 있으며, 그 규칙을 고치는 것은 벌 받는 일로 알고 있다.

셋째 단계는 규칙을 동의 혹은 합의에 의해서 성립되는 것으로 이해하는 단계이다. 다른 사람이 동의할 수만 있다면, 규칙은 수정될 수 있는 것으로 본다. 이 단계에서 규칙은 상호 존중과 협동, 그리고 타인의 권리에 대한 고려 등과 함께 이해된다. 이 단계는 규칙의 본질을 제대로 이해하고 있는 셈이며, 도덕적 발달의 극치에 있는 단계로 해석된다. 이것을 표로 나타내면 다음과 같다(R. Duska & W. Whelan, 1975).

〈표 5-3〉 구슬 놀이 규칙 인식의 발달 단계

연 령	0	1	2	3	4	5	6	7	8	9	10	11	12
규칙과 무관한(Not Coercive) 단 계	—	—											
신성 · 불가침 (Sacred Untouchable) 단 계			—	—	—	—	—	—	—				
상호 협동(Mutual Concent) 단 계										—	—	—	

규칙의 인식과 관련하여 2단계와 3단계는 피아제의 도덕성 발달에 있어서 매우 중요한 의의를 가진다. 2단계에서 3단계에로의 전환은 갑작스러운 것이 아니라, 점진적이며 그 중간에 위치한 아동들도 있다고 본다. 피아제는 2단계와 3단계로의 전환을 설명하기 위하여 몇 가지 도덕적 문제 상황을 들려주고 아동들로 하여금 도덕적 판단을 해보게 하였다. 피아제는 한 행동의 의도와 결과(손해를 끼친 양)가 다른 이야기를 아동에게 제시하고 아동의 사고 변화를 관찰하였다.

사례 1 존은 어머니가 저녁 먹으라고 부르는 소리를 듣고 아래층 식당으로 내려와 문을 열었다. 그때, 문 뒤에 있던 의자가 넘어지면서 그 위에 있던 컵 15개가 깨졌다. 이것은 존이 모르고 저지른 일이었다.

사례 2 헨리는 어머니가 외출하고 없는 사이에 찬장 위의 과자를 꺼내려고 의자에 올라갔다. 그러나 과자 쟁반이 너무 높은 곳에 있었기 때문에 실수로 컵을 떨어뜨려서 깨트렸다.

위와 같은 내용을 아동들에게 말하여 주고 존과 헨리 중 누가 더 나쁘냐고 물었을 때, 위의 2단계에 있는 대부분의 아동들은 존이 컵을 15개나 깨트렸기 때문에 더 나쁘다고 말하였다. 그러나 조금 큰 아이들은 헨리가 더 나쁘다고 말하였는데, 그 이유는 헨리는 어머니의 말을 안 들었기 때문이라고 하였다.

피아제가 관찰한 바에 의하면 아동의 도덕적 문제에 관한 사고에 있어서 눈에 띄는 뚜렷한 변화는 약 7세경에 나타난다. 7세 이전의 아동은 그들이 일으킨 행위의 결과(손실의 양)에 비추어 그 행동이 비난받아야 한다고 판단한다. 7세에서 11세 사이의 아동, 곧 대개

위의 3단계에 속하는 아동들은 컵이 깨진 결과, 곧 객관적 책임의 원리보다도 동기와 의도를 중시하는 주관적 도덕 판단 시기에 들어가며, 행위의 결과보다는 의도에 비추어 잘잘못을 판단한다.

위의 세 단계를 중심으로 피아제의 도덕 발달 단계를 요약하면, 첫 번째 단계를 전도덕성의 단계(premoral stage), 두 번째 단계를 타율적 도덕성의 단계(heteronomous morality stage)로, 세 번째 단계를 자율적 도덕성의 단계(autonomous morality stage)로 부를 수 있다. 따라서 아동의 도덕성은 타율적 도덕성에서 자율적 도덕성으로 발달해 간다. 아동의 도덕생활을 타율(他律)과 자율(自律)의 수준으로 구분할 때, 타율의 수준에는 자신의 입장과 타인의 입장을 구별할 수 없으므로 모든 것을 자기 중심적으로 판단하는 자기 중심주의와 어른의 권위에 맹목적으로 복종하게 되며 그 권위를 절대적인 것으로 간주하게 되는 권위주의 단계가 포함된다. 이 타율의 도덕은 도덕 규칙이 객관적으로 실재하며, 이 규칙은 권위자의 지시에 의해 고정되고 불변적인 것으로 인식하게 된다. 이 시기 도덕은 도덕 규칙이 현실적으로 실재한다고 인식하는 단계이기 때문에 도덕 실재주의(realism)의 단계로 부르기도 한다.

한편 자율의 수준에서는 동년배 집단의 인간관계에서 상호 존중과 연대감에 의해 형성되는 호혜적 협동과 이것이 발전하여 규칙은 상대적이며 책임은 행위자의 의도와 더불어 규명되어야 하며, 획일적인 규칙의 적용이 아니라 상황에 맞게 적용되는 호혜적 협동(reciprocity)의 단계로서 도덕 규칙을 인식하게 된다. 구슬 놀이 규칙 인식과 행위의 시비(是非) 판단을 중심으로 피아제 도덕 발달을 정리하면 다음과 같다.

〈표 5-4〉 피아제의 도덕성 발달 단계

도덕성 발달 단계		행위의 시비 판단	규칙 인식	규칙 적용
도 덕 이 전	무규범 · 무도덕 Anomie · Amoral	·	규칙 무시	동작 단계
타율적 도덕성	도덕 실재주의 Realism	결과 중시	신성 · 불가침	자아 중심 단계 협동 단계
자율성 도덕성	호혜적 상호 협동 Reciprocity	동기 · 의도 중시	상호 협동에 의한 조정	조문화 단계

피아제의 도덕성 발달 연구 이후 그의 초기 연구 결과들을 확인하거나 도덕 내용에 따른 도덕 판단 발달의 격차 현상(decalage)을 분석하려는 연구들이 계속되어 왔다(변창진, 송명자, 1996). 그 대표적인 연구를 들어 보면 코스탄쪼(Costanzo, 1773)의 연구는 4~7세의 유

아 및 아동들은 행위 결과가 긍정적일 때만 의도를 고려하고, 그 결과가 부정적일 때는 결과에 따라 판단하는 경향이 있음을 확인하였다. 엘킨드와 대벽(Elkind & Dabek, 1779)은 유아들의 경우 행위자의 행위 결과가 물질적인 것보다 인격적인 것일 경우 더 나쁜 것으로 평가하는 경향이 있음을 밝혀냈다. 슐스(Suls, 1979)는 초등학생의 경우 행위 결과에 따른 손해의 정도가 여전히 도덕 판단의 중요한 변수가 되며, 또래와 더불어 부모의 반응 역시 판단에 영향을 준다는 사실을 확인하였다.

레옹(Leon, 1982)은 아동들의 도덕 판단 과정을 정보 처리 과정으로 보아 그들이 도덕적 판단을 내릴 때, 나름대로의 법칙, 예컨대 행위자의 의도, 행위의 결과, 상황의 특성 등의 변인을 고려하는 반응 함수를 사용하고 있다는 점을 지적하고 있다. 후크(Hook, 1989)와 그의 동료들은 5~15세의 아동을 대상으로 한 연구에서 도덕 상황을 판단함에 있어서 동기를 고려하는 능력 이외에 특정 행동의 결과로 초래되는 결과에 대한 예견 능력(foreseeability)이 중요하다고 보고 있다.

제6절 콜버그의 도덕성 발달론과 정의 공동체 접근

1. 도덕성 발달 이론

콜버그(L. Konlberg)는 자신의 도덕성 발달 이론을 철학, 심리학, 사회학, 교육학, 인류학 등 여러 학문의 방대한 연구에 기초하여 탁월한 학문적 업적으로 체계화하였다. 처음 인지 발달 심리학자로서 출발한 그의 학문적 여정은 1970년대를 거쳐 1987년 의문의 죽음을 맞이하기까지 도덕교육의 이론 및 실천가로서, 그리고 실험학교 운영의 실질적인 핵심 인물로서 활동하였다. 또한 그는 현장 교사를 위한 도덕교육의 이론과 실천방법에 관한 실제적인 지침서를 제공해 주기 위해서도 헌신하였다.

철학적으로 콜버그의 저술은 금세기의 주류적인 교육철학자들의 분석적인 경향에 반발하여, 통합적 교육철학이라는 거대한 전통에로 복귀하고 있음을 보여주고 있다. 심리학적으로 그는 프로이트 학파(Freudians)와 스키너 학파(Skinnerians)에 의해 주장된 도덕교육의 통제(control)라는 관념을 대안적인 심리학적 기초로 대체하려고 시도하고 있다. 또한 사회학적으로 콜버그는 현대의 도덕적 상대주의에 대응하여 새로운 보편주의를 제안하고 있으며, 교육학적으로는 이해하기 쉬우면서도 실행 가능한 도덕교육의 실천 방안을 제시하고 있다(B. Chazan, 1985).

로렌스 콜버그(Lawrence Kohlberg, 1927~1987). 미국의 심리학자. 뉴욕 브롱스빌(Bronxville)의 부유한 가정에서 출생. 1958년 시카고 대학교에서 박사 학위 취득. 장 피아제의 인지발달이론의 영향을 받음. 1968년 하버드 대학의 교수가 되었으며 그 시기에 도덕 이론을 둘러싸고 논쟁을 벌이게 될 캐롤 길리건(carol gilligan)을 만남. 1969년 이스라엘 방문을 계기로 정의 공동체(just community)라는 개념을 도입.

콜버그의 도덕성 발달 이론에서 철학적 입장은 주로 고대의 소크라테스(Socrates), 플라톤(Platon), 근세의 칸트(I. Kant), 그리고 현대의 듀이(J. Dewey)와 롤즈(J. Rawls)의 이론과 상통하고 있다. 소크라테스와 플라톤처럼 그는 '선(善)'은 하나이지 여럿이 아니라고 주장하고 있으며, 칸트와 같이 그는 진정한 도덕은 형식적·보편적이며, 예외가 있을 수 없다고 주장하고 있다. 또한 그는 롤즈와 같이 진정한 도덕은 대개 완전한 호혜적 정의론이 된다고 주장하고 있으며, 듀이에게서는 진보주의의 교육적 주장들을 수정·계승하고 있다. 더 나아가 콜버그는 피아제의 발달 단계 이론을 좀 더 정교한 이론으로 발전시키고 있다. 즉, 콜버그는 피아제의 개념인 단계의 계열, 갈등, 부조화, 불균형의 개념을 보다 높은 단계의 지적 발달을 일으키는 필수적 요소로 그의 연구에 통합시키고 있다. 피아제와 마찬가지로 콜버그는 도덕 발달 단계가 보편적이며 일정하고, 불가역적인 통합적 순서를 따르게 되는 구조화된 전체이며, 도덕 발달의 최종 단계는 윤리적으로 가장 적합하다고 주장하고 있다(O. J. Ftanagan Jr., 1984).

레스트(J. Rest, 1974)는 콜버그의 도덕성 발달 이론의 기본적이고도 핵심적인 아이디어를 세 가지로 제시하고 있다. 즉 구조적 조직(structural organization), 발달의 계열성(developmental sequence), 상호작용주의(interactionism)이다. 개인의 인지 구조의 발달은 개인의 전반적 성장과 발달에 결정적으로 중요하다. 인지 구조는 인간이 자료를 분석하고 해석하며, 개인이나 사회의 문제에 대해서 결정을 내리는 방식으로서 사고와 행동의 일련의 조직된 구조에 관한 것이다. 발달의 계열성이란 개인의 인지 구조의 발달이 단계에 따라 일어난다는 관점이다. 이 견해에 의하면 발달상으로 초기이고, 덜 복잡한 낮은 단계는 보다 높은 단계를 위한 필수적인 선행 요건이다. 상호작용주의는 인간의 인지 구조가 발달해 가는 과정을 말한다. 이는 듀이의 상호작용론을 주로 따르고 있는데, 콜버그의 이론은 개인의 도덕 발달이 유기체(인간)와 환경 간의 쌍방의 상호 관계 관념에 기초하여 인지 구조가 발달해 간다고 가정하고 있다. 아동은 성장하면서 이전에 발달된 인지 구조가 부적절하다는 경험을 겪는다. 이때 개인은 새로운 경험이 의미를 가질 수 있도록 그의 사고방식을 개조하려고 시도한다. 개인이 그의 경험을 이해할 수 있는 새로운 사고방식을 발견하면, 세계에 대한 그의 사고방식인 인지 구조도 그것에 따라 변한다.

콜버그는 가상적인 도덕적 갈등 사태를 이용하여 미국, 터키, 태국, 멕시코, 말레이시아의 아동과 성인들을 대상으로 옳고 그른 것에 관하여 면담한 결과, 모든 문화권에 동일한 도덕적 사고의 형식들이 있음을 발견하였다고 주장하였다. 그러고 나서 콜버그는 모든 문화에는 3수준의 도덕성 발달이 있음을 확인하였다. 곧 인습 이전 수준(preconventional level), 인습 수준(conventional level), 인습 이후 수준(postconventional level)이 그것이다. 콜버그의 도덕 발달 이론에서 발달 수준의 준거가 되는 인습 혹은 관습(convention)의 도덕성이란 한 사회가 그 사회 문화를 유지·전승하기 위해 갖는 관례적 도덕성을 의미한다. 각각의 수준은 다시 두 개의 단계로 세분화되어 콜버그의 도덕성 발달 단계는 모두 3수준 6단계가 된다.

인습 이전의 수준이란 도덕 발달의 첫 번째 수준으로서 아동들이 상과 벌, 권위자(부모나 교사 등)의 권위의 힘에 기초하여 도덕을 이해하는 수준이다. 따라서 이 시기 아동들은 상투적인 의미로 사회 문화에서 규정하는 좋은 것, 또는 나쁜 것에 따라서 좋은 행동을 하지만, 물리적인 결과(벌이나 보상 또는 좋아하는 것과의 교환)에 의한 행동이거나 아니면 부모나 교사의 권위 때문에 하는 행동이다.

인습 수준이란 적극적이고 긍정적인 인간관계와 사회 질서를 유지하기 위하여 사회 규범이나 규칙에 동조하는 데 근거하여 도덕을 이해하는 수준이다. 이 수준에서 아동들은 복종 지향적인 경향이 있다. 아동들은 자기에게 거는 기대에 어긋나지 않으려고 하며, 가족이나 집단의 규칙, 혹은 국가의 법규를 준수하는 것이 자신들이 해야 할 행동이라고 생각한다. 이 수준에서는 복종하는 것뿐만 아니라 사회의 규칙을 지지하고 정당화하는 것에 관심을 보인다. 콜버그에 의하면 미국 성인들의 대부분이 이 수준에 머무르고 있다.

인습 이후 수준이란 개인이 모든 상황과 모든 사회에 적용할 수 있는 추상적 원리와 가치에 의하여 도덕을 정의하는 수준이다. 이 시기의 특징은 자신들이 보편적으로 적용할 수 있다고 생각하는 정의의 개념에 바탕을 둔 자율적인 도덕 원리에 비추어 생각하려고 한다. 이와 같은 원리는 그들이 속한 집단이나 개인의 권위와도 구별될 뿐만 아니라, 이들 개인, 또는 집단과 개인과의 관계와도 뚜렷이 구분되는 것이다.

콜버그의 3수준 6단계의 도덕 발달 이론을 인지적 도덕성의 핵심이 되는 '올바름(rightness)'에 대한 각 단계들의 정당화를 중심으로 정리해 보면 다음과 같다.

수준 Ⅰ : 인습 이전 수준

단계 1. 벌과 복종의 단계

올바름은 규칙과 권위에 복종하는 것, 벌을 피할 수 있는 것, 신체적 피해를 가하지 않는 것이다.

① 옳은 것은 규칙을 깨뜨리지 않는 것, 그 사람과 재산에 대한 물리적 손실을 끼치지 않는 것이다.

② 옳은 것을 행하는 이유는 벌을 피하기 위함과 권위자의 권위의 힘 때문이다.

단계 2. 도구적 목적과 교환의 단계

올바름이란 그 자신이나 다른 사람의 욕구를 충족시키는 것, 그리고 구체적 교환에 따라 공정한 거래를 형성하는 것이다.

① 옳다는 것은 규칙을 따르는 것이며, 이때 그것은 어떤 사람의 즉각적 이해관계와 바로 연결되어 있다. 옳다는 것은 그 자신의 이해관계와 욕구를 충족시키는 일이며 다른 사람에게도 이와 똑같이 하도록 내버려 두는 일이다. 옳다는 것은 또한 공정한 것이다. 그것은 동등한 교환, 거래, 협약이다.

② 옳은 것을 행하는 이유는 다른 사람도 그 자신의 이해관계를 가지고 있다는 것을 인정해야만 살아갈 수 있는 세상에서 자신의 욕구와 이해관계를 해결해 나가야 하기 때문이다.

수준 Ⅱ: 인습 수준

단계 3. 개인 간의 상응적 기대, 관계, 동조의 단계

올바름이란 역할을 훌륭히 해내는 것, 동반자로서의 신뢰와 충성을 지키기 위해 다른 사람들과 그들의 감정을 염두에 두는 것, 규칙과 기대에 부응하려는 것이다.

① 옳다는 것은 자신과 가까이 있는 사람들의 기대에 부응하여 생활하는 것이다. 예컨대, 아들로서, 누이로서, 친구로서 기대되는 역할에 맞추어 생활하는 것이다. 훌륭하다는 것은 그 자체로서 중요한 것이며 다른 사람을 염려하고 있음을 나타내 보이는 동기를 의미한다. 이는

또한 상응적 관계의 유지, 신뢰, 충성, 존경, 감사의 견지를 의미한다.

② 옳은 것을 행하는 이유는 자신이나 남들의 눈에 좋게 보이기 위해서, 그리고 타인에 대한 사랑과 입장을 바꿔 생각해서 선한 행위를 한다는 믿음(황금률) 때문이다.

단계 4. 사회 체제와 양심 보존의 단계

올바름은 사회에서 자신의 의무를 다하고, 사회 질서를 지키며, 사회의 복지를 유지하는 것이다.

① 옳다는 것은 그렇게 하겠다고 동의한 현실적 의무를 수행하는 것이다. 법은 다른 고정된 사회적 의무와 권리와 갈등하는 극단적 경우를 제외하고는 지켜져야 하는 것이다. 옳다는 것은 또한 사회집단과 제도에 공헌하는 것이다.

② 옳은 것을 행하는 것은 제도 그 자체를 살려가는 것이며 자신의 규정된 의무를 수행함으로써 자기 존경 혹은 양심을 보존하는 것이다. 모든 사람이 다 그렇게 한다면 어떻게 할 것인가와 같은 결과를 깊이 생각하는 일이다.

수준 Ⅲ : 인습 이후 및 원리적 수준

단계 5. 권리 우선과 사회 계약, 혹은 유용성의 단계

올바름은 기본권, 기본 가치, 사회의 합법적 계약을 지지하는 것이다. 이런 것들이 집단의 구체적 규칙 및 법과 갈등할 경우에도 마찬가지이다.

① 옳다는 것은 사람들이 다양한 가치와 의견을 가진다는 사실, 즉 대부분의 가치와 규칙은 그 집단에 따라 상대적이라는 사실을 각성하는 것이다. 이 상대적 규칙은 공평함의 구현이고 사회 계약이기 때문에 지지되어야 한다. 생명과 같은 비상대적 가치와 권리 그리고 자유는 어느 사회에서도 지지되어야 하며, 다수의 의견 같은 것과는 관계가 없다.

② 옳은 것을 행하는 이유는 일반적으로 법에 복종하려는 의무를 일으키는 감정 때문이다. 누구나 모든 사람의 복지를 위해 법을 준수하며 그 자신의 권리와 다른 사람의 권리를 보호하기 위해 사회 계약을 형성한다. 가족, 우정, 신뢰, 작업의 의무는 또한 자유롭게 맺는 계약 혹은 책무이며 다른 사람의 권리에의 존경을 필수적으로 요구한다. 법과 의무는 전체의 유용성, 최대 다수의 최대 행복이라는 합리적 계산 위에 근거하고 있음을 누구나 알고 있다.

단계 6. 보편 윤리적 원리의 단계

이 단계는 모든 인간성이 따라야 할 보편 윤리적 원리에 따른다.

① 옳은 것이 무엇인가를 고려하는 데 있어서 단계 6은 보편 윤리적 원리에 의해 인도된다. 특정한 법이나 사회적 협약(합의)은 그런 원리 위에 의거하기 때문에 타당한 것이다. 법이 원리와 상충할 때는 오히려 원리를 따른다. 원리는 정의의 보편적 원리, 즉 인간 권리의 평등성과 개인으로서 인간의 존엄성에 대한 존경이다. 이는 단지 인정되는 가치가 아니라 특정의 결정을 생성시키는 데 사용되는 원리이다.

② 옳은 것을 행한다는 것은 합리적 인간으로서 원리의 타당성을 알고, 그리고 그 원리에 서약하는 것이다.

이상과 같은 콜버그의 도덕 발달 6단계를 '규칙 준수'라는 도덕적 행동을 이끌어 내는 동기와 관련시켜 표현하면 다음과 같다(김봉소, 김민남 역, 1985).: ① 벌을 피하기 위해 규칙을 따른다. ② 보상을 얻기 위해 동조한다. 베풀어 준 호의에 대한 보답을 바란다. ③ 다른 사람의 불인정과 혐오를 피하기 위해 동조한다. ④ 적법한 권리에 대한 견책과 그 견책으로부터 결과되는 죄책감을 피하기 위해 동조한다. ⑤ 공동체의 복지에 준하여 판단하는 공평한 제 삼자의 관점을 지키기 위해 동조한다. ⑥ 자기 죄책감을 피하기 위해 동조한다.

도덕성 발달에 관한 20년간의 종단적 연구를 통하여 콜버그는 중요한 몇 가지 사항을 도출하였다(김민남, 1985). 첫째, 가치 결정의 토대(추리)는 여러 가지 도덕 이론의 사고 형식을 표상하고 있다는 점. 둘째, 발달은 단순히 타율과 자율의 개념으로 양분되는 것이 아니며, 그 안에 6개의 질적으로 다른 사고 형식들로 이루어진다는 것. 셋째, 단계 6은 이상적 평형을 개념화함에 있어 단순히 자율적 도덕성의 기능적 측면, 다시 말해 상호 존경 혹은 협동과 같은 사회적 관계의 개념으로부터 이끌어 낸 조건들로서는 불충분하다는 것. 넷째, 단계 6의 이상적 정점에 있는 것을 드러내기 위해 인간의 합리적 논의(철학적 수준)의 의미를 음미해야 한다는 것. 다섯째, 이상적 정점이 실질적 원리로서 구체화될 때, 단계들은 경험의 발달적 표준 혹은 경험의 동화의 틀로써 기능할 수 있다는 것. 여섯째, 경험의 동화의 틀로써 단계들은 기본적으로 가정된 구조와 경험 간의 상호작용을 통해 형성된다는 것. 일곱째, 발달의 단계들은 적절한 합리적 의식의 발달적 실현을 나타낸다고 할 때, 이 적절성은 결국 도덕적 경험의 범주에 의해서 그 표준을 가질 수 있다는 것. 여덟째, 이 경험의 범주는 공정성의 원리라는 것, 아홉째, 롤즈의 정의의 원리는 인간의 합리적 의식 실현의 새로운 범례, 즉 인간 사고의 이상적 정점이라는 것 등이다.

도덕성 발달 연구에서 콜버그의 연구가 도덕의 과학적 연구의 방법론을 가장 체계적으로 제시하고 있다는 것은 거의 확실하다. 그러나 콜버그의 연구 모형이 몇 가지 점에서 한계를 안고 있는 것도 사실이다(O. E. Flanagan Jr., 1984). 콜버그의 도덕성 발달에 관한 연구 전략은 피험자인 개인으로 하여금 가상적인 도덕적 갈등 사태(dilemma)와 대결하게 하는 데 있다. 예컨대, 중병을 앓고 있는 아내에게 치료약의 발명자가 너무 비싼 값을 요구하기 때문에 약을 사줄 만한 여유가 없는 하인즈(Heinz)라는 남자가 그 약을 훔쳤다는 이야기를 어떤 개인에게 말하고, 이런 상황에서 하인즈가 마땅히 무엇을 하여야 하는가를 여러 유형의 심화된 질문을 통하여 묻는다. 또 다른 경우 극한 상황에 처한 특공대의 장교와 난파선 선장의 이야기, 아홉 개의 역설적 딜레마를 제시하고, 그러한 상황에서 피험자들이 무엇을 어떻게 해야 하는지를 말하게 한다. 이들 개인들의 이야기를 들으면서 그는 피험자들의 도덕 발달 단계를 추정하는 것이다.

이러한 실험 모형에는 다음과 같은 몇 가지 문제점이 제기될 수 있다. 첫 번째 문제는 콜버그의 실험 모형이 피험자의 언어적 반응을 도덕적 갈등 사태에 대한 반응 행동을 의미하는 것으로 소박하게 가정한다는 점이다. 이와 같은 가정은 사람에 따라 아주 다른 양상을 보여준다. 일반적인 상식에 따르면 실제로 사람들은 반드시 해야 한다고 생각하는 것과 아주 다르게 사람들이 행동하는 것에 관하여 여러 가지 다양한 생각들을 갖고 있을 수 있으며, 말과 행동이 모든 경우에 반드시 일치하는 것은 아니다.

첫 번째 문제와 연결될 수 있는 두 번째 문제는 이 모형이 도덕적 사고와 도덕적 행동의 결합을 가져오지 못한다는 점이다. 콜버그의 실험 자료는 전적으로 언어로써 수행되는 것에 불과하기 때문에 그의 표준적인 실험 모형은 실제적인, 곧 비언어적인 행동의 자료를 전혀 창출하지 못한다. 따라서 우리는 그러한 자료가 진정한 의미에서 도덕성 발달 이론을 뒷받침해 줄 수 있는지가 의심스럽다.

세 번째 문제점은 도덕성의 기본적인 개념에 대한 이해, 곧 그의 실험의 기저에 깔려 있는 도덕 개념이 포괄성을 갖지 못하고 있는 점과 관련된다. 때때로 그는 마치 자신이 도덕성 발달에 관한 총괄적인 이론을 가지고 있는 것처럼 말하고 있지만, 그의 실험에서 다루어지는 문제들은 모두가 특수한 종류의 것으로서 사람들이 일상적으로 직면하게 되는 윤리적인 문제의 일부에 불과한 것이며, 대부분이 정의와 공정성을 다루는 문제에 집중된다. 두 말할 것도 없이 우리들이 일상적으로 직면하는 많은 도덕적인 문제들은 아주 개방적인 것들(어떻게 하면 내가 훌륭하고 충실한 친구가 될 수 있을까라는 문제와 같은 것들)이며, 이들이 정의나 공정성의 문제와 항상 긴밀하게 관련되어 있는 것은 아니다.

마지막으로 콜버그의 실험 모형은 성차의 편견 문제를 안고 있다. 그의 실험 자료는 모두 남성 표집을 상대로 하여 실험을 하고 있다. 따라서 이러한 표집 편중에서 나오는 결론이 도덕성에 대한 여성들의 다른 목소리를 인정하는 데 편파적인 견해로 흐를 위험이 내재되어 있다.

2. 정의 공동체 접근(The Just Community Approach)

1) 정의 공동체 접근의 등장 배경

도덕성 발달 단계에 대한 콜버그의 단계 모형은 비교문화 연구의 비판에도 불구하고 그 원래의 틀을 유지해 왔다. 그러나 도덕교육에 대한 접근은 급격한 변화를 보였다. 뒤르껭의 영향을 받아 콜버그는 교육의 단위가 단순한 개인이 아니라 집단임을 믿게 되었고, 도덕교육은 한 개인의 도덕 추론을 발달시키는 것이 아니라 학교의 도덕적 풍토를 변화시키는 것이어야 한다고 믿었다. 이제 도덕교육은 도덕적 덕목을 집단적으로 사회화시키는 것과 도덕적 추론 능력을 증진시키는 것, 둘 다를 포함하게 되었다. 따라서 콜버그는 집단의 힘에 중요성을 부과하길 원했으며, 또한 그렇게 하는 것이 어떤 의미에서는 개인의 권리를 보호하는 것이라고 생각했다.

또한 콜버그는 이스라엘의 키부츠에 영감을 얻어 현장에 적용하기 위한 효과적인 도덕교육을 구상하였다. 키부츠는 이스라엘에 있는 집단공동체로서 직접 참여민주주의 원리에 의해 운영된다. 그는 1969년에 키부츠를 연구하기 시작하였다. 그 당시 키부츠는 키부츠 태생의 아이들과 여러 도시에서 온 청소년들을 위한 통합 고등학교를 세웠었다.

콜버그와 그의 동료들은 연구 결과들을 통해 다음과 같은 결론을 내렸다. 키부츠의 집단교육은 도덕 발달 이론에서 생각해 왔던 어떤 것보다 우월하였으며, 키부츠는 도덕교육 방법의 개선뿐만 아니라 도덕교육에 관한 이론화 작업에도 개선해야 할 점을 보여 주었다는 것이다. 콜버그와 그의 동료에게 있어 키부츠는 하나의 실생활 모형이며, 도덕 발달 이론과 그 적용의 틀을 잡아 주고 안내해 주는 것이었다.

인류학자들은 문화를 서로 상호작용하는 공동체의 구성원들 사이의 합의를 나타내는 초개인적인 현상, 공유된 현상으로 설명한다. 뒤르껭에 있어 도덕교육은 집단 규범을 존중하는 것을 키워 주고, 집단에 대한 소속감을 강하게 심어 주기 위해 고안되었다. 이러한 영향을 받은 콜버그는 도덕교육에 관한 그의 접근을 '정의 공동체 접근'이라고 했는

데, 그 이유는 뒤르껭과 같이 그가 '선함(the good)'에 대한 강한 관심과 동등하게 '권리(right)'에 대한 관심을 결합시키기를 원했기 때문이다.

2) 정의 공동체 프로그램

콜버그의 정의 공동체 프로그램은 세 가지 기본적 목적을 갖는다. 그것은 첫째, 도덕적 토론에 참여하는 것을 통해서 학생의 도덕적 추론능력을 확장시킨다. 둘째, 집단의 결속이나 공동체 형성과 민주적인 규칙 제정을 통해 도덕적 문화를 창조한다. 셋째, 교사들과 학생들에게 그들의 도덕적 직관과 결정을 할 수 있는 맥락을 제공한다.

정의 공동체는 민주적이기 때문에 교사와 학생 사이, 학생들 사이의 평등한 관계를 고무시킨다. 교사는 학생 동료 집단을 무시하거나 통제하려고 하기보다 모든 구성원들 사이에서 공동체를 형성하고 비형식적인 유대관계를 갖는다는 것에 주목해야 한다.

정의 공동체 접근은 정의와 공동체의 조화를 이루려는 것이다. 이 접근에서는 학생들 개개인의 권리를 보호하고 그들의 도덕적 성장을 촉진하는 데 있어 집단의 힘이 강력하다는 사실을 소개하고 있다. 정의의 측면에서는 민주적인 절차와 제도, 도덕적 토론, 공정성, 권리와 의무에 대한 고려 등이 강조된다. 공동체의 측면에서는 출석, 학교와 학급의 질서, 파벌과 집단의 형성과 같은 학교교육의 실제적인 측면에서 학교 사회의 도덕적 이상을 형성하기 위한 것이다.

공동체 프로그램의 규칙과 관심은 모든 구성원이 개인적으로 느끼면서 책임을 공유하는 방식으로 학교에 참여할 것을 요구한다. 콜버그는 자신을 위해서 말해야 될 뿐만 아니라 한 공동체의 정신, 전통, 미래에 대해서도 말해야 한다고 생각했다. 교사들은 학교에서 규칙을 제정하거나 중요한 집단 규범을 개발하는 일을 해야 하고, 집단 유대나 공동체 정신, 공동체의 복지에 대한 규범을 확립하는 노력을 할 수 있어야 한다는 것이다.

정의 공동체의 기본적인 제도는 공동체 회의(community meeting)이다. 이 모임에는 모든 구성원이 참석해야 한다. 공동체 회의 동안 이루어지는 토론은 도덕적 토론이고, 그것의 목적은 공정하게 공동체를 형성하는 방식으로, 즉시 문제를 해결하는 것, 구성원들 사이에 공감대를 만드는 것, 정의와 공동체의 기저에 깔린 규범을 공고히 하는 것 등이다. 다른 사람의 입장이 되어 보게 하여 그들의 문제를 해결하도록 도와주는 공감적인 청취자 집단 또는 중개자 집단으로서의 역할을 한다. 정의 공동체 프로그램의 조직 구조는 다음 표와 같다.

〈표 5-5〉 공동체 프로그램의 조직 구조

제 도	구 성 인 원	과 제
의제위원회	10~12명의 학생과 1명의 교사	• 토론을 위한 의제 상정 • 공동체 회의를 위해 위원 소집
조언가 집단	20~25명의 학생과 1명의 교사나 조언가	• 개인적인 문제를 토론하기 위한 신뢰로운 분위기 조성 • 공동체가 직면한 문제를 해결하기 위한 도덕적 토론
공동체회의	모든 학생과 모든 교사가 동등한 구성원으로 한 사람이 하나의 투표권을 가짐	• 도덕적 토론 • 민주주의를 통한 문제해결 • 규칙 제정 • 위원회 결정의 호소
훈육위원회나 공정위원회	10~12명 학생과 1명의 교사	• 규칙 위반 및 대인 갈등 사례 공청회 • 제재 • 결정 과정에 구성원 모두가 역할 채택에 초점을 맞춤

신뢰하고 상호 존중하는 분위기와 자연스럽게 대화하는 과정을 만들기 위해 소규모의 조언가 집단 모임에서는 '당신을 알기 위한 게임'을 연습하고, '신뢰감 쌓기(trust falls)'를 포함한 외부 세계로의 일일 여행을 하며 외부의 도전에 대해 팀이 협동해서 문제해결을 한다. 이것들은 공동체 구성원 모두에게 남과 무언가를 공유하는 것의 의미를 깨닫게 하는 좋은 경험이 된다. 그리고 공동체 상황에서 민주적 운영의 실습은 다음과 같은 세 가지 조건을 만든다. 그 세 가지 조건이란 첫째, 도덕적 논쟁거리에 대한 공개 토론과 인지적 갈등, 둘째, 각각의 집단과 사람들에게 영향력 있는 결정을 하는 과정에 대한 적극적인 참여, 셋째, 보다 높은 단계로 공동체를 발달시키는 것이다.

집단 구성원들에 의해 세워진 규범과 기대는 학생의 행동에 강력한 영향을 미치고, 민주적인 공개 토론은 도덕교육이 단지 잠재적 교육과정으로 이루어지는 학교보다 보다 긍정적이고 보다 높은 단계 규범을 형성하는 수단이 된다. 실제로 토론, 투표 등을 통해 이와 같은 도덕 문제를 해결하는 것은 도덕교육을 실행하고, 학교를 변화시키고, 학생들의 발달을 충분하게 하기 위한 강력한 수단이 된다. 특히 아동에게 이러한 합리적 자율성의 요소를 촉진시키는 도덕교육 프로그램은 집단 규칙이나 사회적 의무 이면에 있는 추론들을 설명해야 한다. 비록 정의 공동체 접근이 도덕교육의 방법으로 민주주의를 사용한다고 하더라도, 그것은 또한 순응성과 타율성의 힘에 영향을 받는 집단 유대를 강조한다(이범웅, 1997).

3) 사례 : 클러스터 학교(Cluster school)

정의 공동체 학교가 실제로 어떻게 운영되었는지를 알아보기 위하여 콜버그가 직접 개입하여 운영했었던 클러스터 학교(Cluster school)의 운영 사례를 살펴보자(추병완, 2000). 이 학교는 중·고생 60명과 8명의 교직원으로 구성되어 1974년 가을에 문을 연 학교이다. 이 학교는 그 후 5년간 지속되었는데, 첫 해에는 그 학교에서 도난 사건이 자주 발생하였다. 그 사안이 공동체 회의에서 임원들에 의해 거론되었다. 많은 학생들은 도둑을 맞은 학생에게 잘못이 있다는 2단계의 모습을 보이면서도 위반에 대한 규율이 만들어져야 함에 동의하였다. 콜버그는 도난이 왜 계속되는지에 대한 공동체의 관심이 있어야만 하며, 도난은 공동체에 위배되는 것이며, 도난에 대한 규칙을 만드는 것보다 공동체에 대한 신뢰가 더욱 중요한 것이라고 학생들에게 말해 주었다. 하지만 소수의 학생들만이 그것을 이해했을 뿐이며, 그 결과 규칙을 만드는 것에 합의하여 투표를 하고 공동체 회의를 끝냈다. 그러나 도난의 문제는 계속되어 클러스터 학교의 첫 해 동안 신뢰와 상호 배려의 필요성에 대한 논의가 계속되었다.

다음해 10월에 또 하나의 도난 사건이 발생하였다. 누군가가 한 여학생의 지갑에서 9달러를 훔쳐갔다. 이에 따라 공동체 회의가 열리게 되었고, 필리스(Phyllis)라는 소녀가 9달러를 잃어버린 사람에게 보상해 주기 위하여 1인당 15센트씩 거두어야 한다고 제안하였다. "돈을 도난당한 것은 모두의 잘못이다. 사람들이 각자를 개인으로만 알고 공동체에 대한 배려를 하지 않았기 때문이다. 우리는 도난당한 돈에 관심을 가져야 하며, 그래서 우리는 돈을 모아 돈을 잃어버린 사람에게 되돌려 주어야 한다." 그러나 모든 학생들이 이 제안에 동의하지 않았다. 밥(Bob)은 이 제안을 받아들일 경우 누구든지 돈을 잃어버렸다고 말할 수 있음에 대해 우려를 표명하였다. 질(Jill)은 돈을 도난당했다고 말하는 사람을 믿을 수 없다고 말했다. 그들은 도난 사건의 잘못이 공동체에 있는 것이 아니라, 지갑을 방치한 여학생에게 있다고 생각하였다. 이러한 반응에 대해 필리스는 "집단은 공동체이므로 서로 신뢰를 해야 한다. 사람들이 신뢰를 하지 않는 것은 집단의 실패이므로 마땅히 우리는 배상을 해 주어야 한다"고 말했다. 여러 논의를 거듭한 후에 절충안이 마련되었다. 만약 그 돈이 일정 시간 안에 익명으로 반환되지 않으면 모든 사람에게 15센트를 걷어 돈을 잃어버린 소녀에게 주기로 했다. 이 안이 투표에 부쳐졌고 결국 채택되었다. 마침내 돈을 훔쳐간 사람이 자백을 했고, 이러한 일이 있은 후 3년 동안 클러스터 학교에서는 도난 사건이 발생하지 않았다. 이렇듯 정의 공동체는 참여 민주주의의 경험을 통하여 학교에 긍정적인 도덕 문화를 만들어 내는 것이 도덕성 발달에 효과적임을 잘 보여주고 있다.

제7절 길리건과 나딩스의 배려윤리교육론

배려(caring : 보살핌)는 다양한 의미로 사용되고 있기 때문에 명확하게 정의하기는 어렵다. 부모가 자식을, 자식이 부모를, 내가 친구나 동료, 가족을, 의사가 환자를, 교사가 학생을, 사장이 종업원을 배려한다고 했을 경우에, 배려한다는 의미는 각각의 경우에 서로 다르다.

배려윤리를 철학적인 관점에서 체계적으로 분석한 메이어옵(Milton Mayeroff)은 배려의 도덕적 가치에 관심을 가지고 배려의 의미를 철학적으로 분석하여 배려윤리에 이론적 토대를 제공해 주었다. 메이어옵은 배려를 다른 사람이 성장할 수 있도록 도와주는 것이라고 정의하고, 이러한 전형적인 배려의 예로서 아버지의 자식, 교사의 학생, 의사의 환자, 남편의 아내에 대한 배려를 들고 있다(Milon Mayeroff, 1971; 박병춘, 1999). 메이어옵의 관점에서 볼 때, 다른 사람이 잘되기를 단순히 소망하거나, 다른 사람을 좋아하는 것, 또는 다른 사람에게 단순히 관심을 가지는 것이나 다른 사람을 배려해 주고 싶은 욕구를 가지는 것은 배려라고 할 수 없다. 또한 메이어옵은 배려해 주는 사람은 배려를 통해서 부수적으로 자신의 성상을 이룰 수 있다고 봄으로써 베려헤 주는 사람과 배려를 받는 사람 간의 상호 의존성을 주장하고 있다. 이러한 배려윤리에 기초를 둔 도덕교육의 이론을 여기에서는 길리건과 나딩스의 견해를 통해 살펴보고자 한다.

1. 길리건의 도덕성 발달의 성차와 도덕교육론

1) 길리건 이론의 특징

우리는 누가 어떤 범죄를 저질렀을 경우 어떤 도덕적 원칙 속에서 따지고 나무랄 수 있다. 이것은 흔히 아버지가 하는 처벌 방식이다. 그러나 어머니는 범인이 누구이며 누가 희생을 당하였는지를 더욱 묻고 싶어 한다. 그리고 우리 아이가 그랬다면 어떻게 하나 하고 생각을 하기 시작한다. 전자가 특수한 사람과 장소, 그리고 환경의 복잡한 요소로부터 분리시켜 사고를 논리적으로 명약관화하게 하려는 '추상화'로 이동한다면, 후자는 사실을 알고 타인의 감정과 개인의 역사 등을 고려하여 감정을 조절하는 '구체화'로 이동한다. 아버지는 '원칙의 완성'에 자식이 힘쓸 것을 강조하고, 어머니는 '자식의 보존'에 원칙이 이용되는 방식을 취한다.

도덕적 문제 상황에 대한 접근방식에 있어 위의 아버지와 어머니의 접근방법의 차이를 구분하고 이러한 차이에 기초하여 정의적 도덕성을 강조하는 도덕교육에 관한 새로운 접근을 시도한 이론으로서 우리는 길리건(Carol Gilligan)과 나딩스(Nel Noddings)로 대별되는 배려윤리교육론을 들 수 있다. 이는 종래의 자율론적 접근이 근본적으로 남성지향적인 것이라는 점을 비판하면서 도덕교육에서 여성적 관점의 도입이 필요하다는 데서 출발한다.

캐럴 길리건(Carol Gilligan, 1936~). 미국의 여성주의자이며 윤리학자이자 심리학자. 뉴욕의 유대인 가정에서 무남독녀로 태어남. 하버드 대학교에서 사회심리학으로 박사학위를 취득. 1967년부터 하버드 대학교 재임. 윤리적 공동체 및 윤리적 관계 등에 관해 콜버그와 논쟁

"어째서 여성들은 자기 자신에 대해 말하면서 또는 좀더 일반적으로 인간본성에 대해 말하면서 그 본성이 여성과 연결되지 않은 것처럼, 여성들이 그들 자신의 일부가 아닌 것처럼 말을 할까? 나는 또 물었다. 어째서 여성들은 자기 자신에 대해 말할 때 이타적인 것처럼, 자기 목소리가 없는 것처럼 또는 욕구를 갖지 않는 것처럼 말할까? 인간관계에서 이타적으로 살아가는 것이 인간관계를 맺지 않은 것이나 마찬가지라는 여성들의 깨달음은 가히 혁명적이다. 왜냐하면 이것은 가부장제와 문명을 유지하고 동시에 그것에 대해 유지되는 여성으로부터의 분리 및 여성의 내적 단절에 도전장을 던지는 것이기 때문이다. 사랑이나 인간관계라는 미명 아래 합리화되었던 폭력이나 권리 침해와 다름없는 것이다. 이러한 합리화에 저항하기 시작한 다른 목소리는 바로 관계적인 목소리이다. 그 목소리는 연결, 특히 여성과의 연결의 중요성을 강조함으로써 자율이나 자아selfhood 또는 자유라는 미명으로 합리화되어 온 심리적 분과가 더 이상 인간 발달의 불가피한 귀결이 아니라 오히려 해결되어야 하는 인간의 숙제임을 암시한다." (캐럴 길리건, 『다른 목소리로』)

도덕성 발달에서 나타나는 성차의 문제를 제기하고 남성 중심의 콜버그의 도덕성 발달 단계론을 비판한 길리건에 따르면,[1] 남성은 도덕성을 권리, 정의, 자율성의 측면에서 인식하는 경향이 크며, 여성은 배려, 반응성, 타인과의 상호관계의 측면에서 생각하는 경향이 크다(Gilligan, 1982; Marcia W. Baron, 1995: 226). 배려와 책임감의 윤리는 주로 여성들 사이에서 발견되며, 권리와 정의의 윤리는 남성들 사이에서 지배적으로 나타난다. 그녀에 따르면, 남성들은 자신들의 자아를 개별적이고 분리된 것으로 파악하고, 초연한 객관성을 추구하며, 일이나 과제에 기초하여 자신들의 정체성을 정의하고, 추상적이고 공정한 규칙과 원리를 선호하기 때문에 정의와 권리 지향의 도덕적 목소리를 지니게 된다(Paul Crittenden, 1990: 87-88). 따라서 정의의 윤리는 자율성, 개인의 권리, 평등, 갈등의 합리적 해결 등의 도덕성의 인지적 측면을 강조하게 되며, 결과적으로 정체성의 추구, 독립, 분리, 자율성을 특징으로 한다.

반면 여성들은 자신의 자아를 타인과 연결되어 있는, 그리고 상호 의존적인 것으로 파악하고 친밀한 인간관계에 기초하여 자신의 정체성을 정의한다. 또한 타인에게 해로움을 끼치지 않으려는 민감성과 자아 및 타인의 복지와 보살핌에 대한 관심, 그리고 구체적인 상황 속에서의 조화로운 관계 형성에 기반을 둔 배려와 반응성의 도덕적 목소리를 지닌다는 것이다(Paul Crittenden, 1990: 90). 따라서 배려의 윤리는 보살핌, 타인에 대한 관심, 다른 관점에 대한 인정을 강조하며, 결과적으로 애착, 친밀감 추구, 자아 감정과 같은 도덕성의 정의적 측면을 강조하는 특징을 지닌다. 물론 길리건은 이러한 정의의 윤리와 배려의 윤리가 서로 보완적인 것이며 종국에는 통합되어야 하는 것으로 보았다.

예컨대, 하인즈 딜레마에 대처하는 경우를 통해 보면, 남성은 모든 사람들이 논리의 규칙들을 공유한다는 가정하에 그 규칙들에 입각하여 이 딜레마를 해결할 수 있다고 생각하는 경향이 강하다. 이에 비해, 여성은 사람들 사이에 연결이 존재하며 다른 사람들이 자신의 목소리에 귀를 기울여 줄 것이라는 가정하에 대화를 통해 이 딜레마를 해결하려 한다. 여성의 입장에서 이 딜레마에 등장하는 사람들은 대립되는 권리로 대결하는 적이 아니라 인간관계라는 그물 조직의 공동 구성원들이며, 이 그물 조직은 그들 모두의 존속을 위해 유지되어야 하는 것이다. 따라서 이 딜레마에 대한 여성의 해결책은 인간관계의 그물 조직을 대화를 통해 활성화시키고, 사람들 사이의 연결을 끊기보다는 그것을 강화시켜서 하인즈의 아내가 그 그물 조직 속에 포함되도록 하는 것이다.

1) 콜버그의 철학적 가정은 사회계약론, 칸트의 윤리학 등으로부터 이끌어진다. 이들 이론은 평등을 강조하고 있다는 점에서 공통점을 갖는다. 그러나 무엇보다도 이들은 남성 중심의 세계, 남성 중심의 행위자에 기초한 이론이라는 데 공통점이 있다. 심지어 칸트는 여성이 남성보다 인지적 측면에서 열등하며 남성의 인도를 받아야 한다고 보고 있다(Crittenden, 1990, pp.87-88).

2) 여성의 배려와 반응성의 도덕적 목소리

배려의 윤리를 제창하는 길리건(Carol Gilligan)은 언제부터인가 사람들이 주고받는 자신의 도덕적 이야기가 남성과 동일하지 않고 차이가 있다는 점을 발견하였다. 즉 사람들이 도덕적 문제에 대해 생각하는 서로 다른 두 가지 방식을 의식하게 되었다. 서로 다른 목소리들이 어떻게 대화하는지, 어떤 방식으로 자신과 다른 사람의 의견을 듣는지, 그리고 자신이 삶에 대해 어떤 이야기를 하는지에 관심을 기울였다. 그녀는 지금까지의 도덕성 연구들이 암암리에 남성적인 삶을 기본적으로 받아들이면서 동시에 그들의 삶의 방식에 여성들을 끼워 맞추려고 한다는 사실을 발견하였다(심성보, 1994). 나아가 그녀는 하인즈 딜레마에 대해 반응하는 제이크와 에이미의 반응의 차이에 기초하여 콜버그의 도덕성 발달 단계설은 제이크의 판단들이 에이미의 판단들에 비해 도덕적으로 한 단계 우월하다고 보기 때문에 "여아가 보지 못하는 무엇을 남아가 보는가"라는 질문에는 명쾌한 답변을 제공하지만, "남아가 보지 못하는 무엇을 여아가 보는가"라는 질문에는 아무런 대답도 제시하지 못하고 있다고 보았다.

하인즈 딜레마를 해결하기 위해 제이크는 절도를 생각하고 후에 일어날 분쟁을 중재받기 위해 법에 호소한다. 반면 에이미의 경우에는 대화를 통해 유지되는 인간관계가 강조된다. 이러한 인간관계에서 도덕적으로 문제가 되는 것은 더 이상 불평등한 지배-종속의 관계, 또는 생명보다 재산이 선호되는 부당한 처사가 아니다. 그것은 오히려 약사가 부도덕하게 하인즈의 아내를 고려해 주지 않았고, 그녀의 필요에 적절히 대응하지 못했다는 점이 부각된다(Carol Gilligan; 허란주 역, 1982).

길리건에 따르면, 남성들은 자신들의 자아를 개별적이고 분리된 것으로 파악하고, 초연한 객관성을 추구하며, 일이나 과제에 기초하여 자신들의 정체성을 정의하고, 추상적이고 공정한 규칙과 원리를 선호하기 때문에 정의와 권리 지향의 도덕적 목소리를 지니게 된다. 반면 여성들은 자신들의 자아를 타인과 연결되어 있는 그리고 상호 의존적인 것으로 파악하고, 친밀한 인간관계에 기초하여 자신의 정체성을 정의하며, 타인에게 해로움을 끼치지 않으려는 민감성과 자아 및 타인의 복지와 보살핌에 대한 관심, 그리고 구체적인 상황 속에서의 조화로운 관계 형성에 기반을 둔 배려와 반응성의 도덕적 목소리를 지닌다는 것이다.

이러한 입장을 뒷받침하기 위해 길리건은 처음에 처도로우(Nancy Chodorow)의 이론을 원용하였다. 처도로우에 의하면, 소년과 소녀들은 인성 발달에 있어 두 가지의 서로 다른 궤도에 직면하게 된다고 한다. 하나는 분리와 개별화를 강조하는 것이고, 다른 하나는 연관성과 지속적인 공생적 애착을 강조하는 것이다(추병완, 1998). 즉, 하나의 궤도는 행위자적 분화(agentic differertiation)를 강조하는 것이고, 다른 하나는 공동적 결속(communal embeddedness)을 강조하는 것이다.

처도로우에 따르면, 이러한 발달 궤도는 다음과 같은 두 가지 사실에서 연유한다. 첫째, 보편적으로 거의 모든 문화권에서 여성들은 어린 자녀들에 대한 일차적인 보살핌과 양육의 책임을 맡고 있다는 사실이다. 둘째, 대개 남성의 성역할은 아버지를 사적이거나 집안 내적인 문제에서 끌어내어 사회나 문화 속에서의 공적인 사회적 역할에 관계시키고 있다는 사실이다.

남성에 있어 사회적 성(gender)을 동일시하는 것은 남아가 어머니에 대한 일차적인 동일시를 아버지에 의해 표상되는 남성의 성역할을 동일시하는 것으로 대체하는 것이다. 이 과정에서 어머니는 자신의 여성다움을 강조함으로써 남아의 성 동일시를 돕게 된다. 그러나 남아에게 있어 아버지는 아주 멀리 떨어져 있는 존재이다. 남아는 아버지의 사회적 역할에 근접할 수 없으며, 이는 남아로 하여금 남성의 역할에 대해 상상하거나 공상하도록 만든다.

이것은 남아로 하여금 남성의 역할을 부정적인 용어들, 즉 "~는 아닐거야"라는 식으로 정의하게 만든다. 남아는 "남성의 역할은 여성의 역할과는 다를거야", "남성의 역할은 어머니가 보여주는 역할 같은 것은 아닐거야", 또는 "남자는 여자와는 다를거야"라는 식으로 상상하게 되는 것이다. 그 결과 남이에게 있어 여성다움은 평가절하된다.

그런데 여성다움을 이런 식으로 평가절하하는 것은 두 가지의 형태를 지니게 된다. 하나는 남아가 어머니와 애착 및 여성에 대한 강한 의존감을 거부하게 되는 것이다. 다른 하나는 남아가 자신의 여성스러운 민감성을 억압하는 것에 의하여, 그리고 아버지의 남성적 역할이 있을 것이라고 상상되는 가정 밖의 세계, 즉 일이나 사회 혹은 문화를 동일시하는 것에 의하여 어머니에 대한 유아적인 동일시를 거부하게 되는 것이다. 바로 이러한 심리적 역동성은 사회 속에서 여성에 대한 평가절하나 여성에 대한 압제를 설명하는 데 도움을 줄 수 있다고 한다.

이와 달리 여아에게 있어서는 성 동일시는 아주 지속적인 문제라고 할 수 있다. 여아에게 있어 역할 학습은 초기의 양육 환경에서 늘 볼 수 있는 어머니의 활동과 밀접하게 관련되어 있다. 그러므로 여아는 자연스럽게 하나의 인간으로서의 어머니를 동일시하게 되는 것이다. 결과적으로 여아의 역할 학습은 남아의 경우에서와 같은 애착에 대한 억압이나 동일시의 거부를 필요로 하지 않는다. 어머니 또한 남아보다는 여아를 동일시함으로써, 부모와 자식을 구분하는 것이 남아에 비해 여아에게 있어서는 큰 문제가 되지 않는다. 사실상 어머니와 여아와의 유사성은 성, 역할, 가치 등에 있어서 더욱 강화되는 것이다. 그리고 여아는 어머니와 지속적인 애착관계 속에서 연관성에 대한 감각을 지니게 된다. 이렇듯 여아에게 있어서의 동일시는 남아처럼 지위적인 것이 아니라 어머니의 총체적인 인격과 가치에 대한 인간적인 동일시인 것이다.

결국 어린 아동과 부모와의 관계 속에서 나타나는 경험은 어린아이들로 하여금 정의("타인을 불공정하게 다루어서는 안 된다")와 배려("타인을 도와주어야 한다")의 두 가지 도덕적 정향에 민감해지도록 만들어 준다. 그러므로 남아와 여아는 모두 정의와 배려를 이해할 수 있다. 그러나 처도로우가 지적한 바와 같이 후속하는 성역할 사회화 과정이 아이들로 하여금 정의나 배려 가운데 한 가지 정향만을 강조하도록 만든다는 것이다. 예를 들면, 여아들은 어머니에게 애착을 느끼고 어머니를 동일시하게 된다. 따라서 여아에게 있어서는 불평등의 경험이 잘 나타나지 않으며, 애착의 경험 및 타인과 연결되어 있다는 경험이 여아의 자아를 정의하는 데 있어서 더욱 중요한 역할을 하게 된다. 반대로 남아들은 어머니에게 애착을 느끼는 가운데 아버지를 동일시하게 된다. 따라서 불평등의 경험이 두드러지게 되고, 자기 존중감을 위한 분리와 독립의 필요성이 더욱 커지게 된다.

3) 여성의 도덕성 발달

콜버그는 피아제가 아동들의 도덕 판단에 대해 설명한 것을 청소년과 성인에게 확대 적용하면서, 도덕적 갈등과 선택에 대한 세 가지 관점을 구분한다. 청년기의 도덕 발달을 반성적 사고의 성장과 동일시하는 콜버그는 한 행위자가 도덕적으로 성숙하면서, 그의 관점이 개인적인 관점으로부터 사회적인 관점으로, 사회적인 관점으로부터 보편적인 관점으로 확장된다고 하는데, 콜버그는 이러한 세 가지의 도덕적 관점을 각각 전인습적(preconventional), 인습적(conventional), 후인습적(postconventional)이라고 명명한다. 이 체계에서는 인습적 도덕 단계, 즉 옳음과 좋음의 기준이 기존의 사회 법규 및 가치에 있다고 보는 단계가 항상 기본(the point of departure)이 된다. 이렇게 보았을 때, 전인습적 도덕 판단은 사회적으로 공유된 관점이 무엇인지 파악하지 못한 판단인 데 반해, 후인습적 판단은 인습적 관점을 넘어선다. 전인습적 판단은 자기 중심적이고 개인의 욕구가 가장 중심이 되는 데 반해, 인습적 판단은 인간관계, 집단, 공동체, 그리고 사회를 유지하는 공통된 규칙과 가치에 기반을 두고 있으며, 후인습적 판단은 사회에서 통용되는 기존 가치에 대한 반성적인 관점과 스스로 구성한 보편적인 도덕 원리에 의존한다.

현실적인 딜레마와 가상적인 딜레마에 대한 여성들의 반응에서도 이렇듯 포괄적이며, 반성적인 관점으로 전환이 이루어지는 것을 볼 수 있다. 그러나 여성들의 도덕 판단에 전제된 인습들이 남성들의 도덕 판단에 전제된 인습들과 다르듯이, 여성들이 도덕 영역을 규정하는 방식은 남성들에 대한 연구에서 도출된 것과는 차이가 있다. 정의의 도덕관에서 설명하는 남성들의 도덕 발달은 평등과 상호성의 논리와 관련이 있다. 하지만, 도덕 문제를 권리와 규칙의 문제가 아니라 인간관계에서의 배려와 책임의 문제로 구성하는 여성들에게 있어서 도덕 발달은 책임과 인간관계에 대한 그들의 이해가 변화하는 것과 직결되어 있다. 따라서 배려의 윤리에 깔린 논리는 인간관계에 내포된 인간 심리의 논리이며, 정의의 입장에 전제된 형식적인 공정성의 논리와는 대조된다(Carol Gilligan; 허란주 역, 1982).

특히 임신 중절 딜레마를 여성들이 구성하는 방식을 살펴보면, 그들이 남성과는 다른 도덕 언어를 사용한다는 것을 알 수 있다. 이러한 도덕 언어가 존재한다는 것은 남성의 도덕 발달 과정과는 다른 또 하나의 도덕 발달 과정이 있다는 것을 암시한다. 이 언어에서 중심이 되는 것은 바로 이기심 대 책임의 대립이며, 도덕적으로 가장 중요하다고 규정되는 것이 남을 해하지 말고 보살펴야 한다는 의무이다. 여성들은 남에게 해를 끼치는 것은 남에 대해 고려하지 않는 것이므로 이기적이고 부도덕하다고 여기는 반면에, 남을 배려 또는 보살피는 것은 자신의 도덕적 책임을 완수하는 것으로 여긴다. 여성들의 도덕적 성향을 전제로 할 때, 여성들이 도덕적 갈등과 선택에 대해 이야기하면서 '이기적' 또는 '책임감 있는' 등의 표현들을 계속해서 사용한다는 것은, 그들이 콜버그가 연구한 남성들과는 다르다는 점과 남성들과는 다른 양상의 도덕 발달이 가능하다는 점을 암시한다.

「임신 중절 결정 연구」에서 관찰된 세 가지 도덕적 관점은 배려의 윤리가 발달해 나가는 순서를 보여준다. 길리건은 여성들이 도덕 언어를 사용하는 방식, 즉 '해야 한다', '낫다', '옳다', '좋다', 그리고 '나쁘다'와 같은 용어들을 여성들이 사용하는 방식과 여성들의 사고에 일어나는 변화, 그리고 여성들이 자신의 사고에 대해 반성하고 판단하는 방식을 분석함으로써 배려에 대한 이 세 가지 관점들과 그 관점들 사이의 변천 과정을 밝힐 수 있었다. 발달의 순서는 다음과 같다.

먼저 첫 단계에서 여성은 자신의 생존을 확보하기 위하여 자신만을 보살핀다. 그 다음에 첫 단계에서 자신이 내렸던 생존 위주의 판단이 이기적이라고 자기비판하는 과도기가 뒤따른다. 여성이 이렇게 자기비판을 한다는 사실은 그녀의 사고에서 자아와 타아의 연결에 대한 새로운 이해가 형성되고 있음을 암시하는데, 이러한 이해가 선행되어야만 여성은 책임의 개념을 받아들여 두 번째 관점을 채택할 수 있게 된다.

두 번째 단계의 관점에서 특기할 만한 것은 책임에 대한 이해가 더욱 정교화되었다는 점과 이러한 책임관이 자신에게 의존하는 사람과 자신보다 열등한 사람을 배려, 보살피고자 하는 여성의 모성적 도덕과 결합되었다는 점이다. 이 관점에서 선행은 다른 사람을 보살피는 것과 동일시된다.

그러나 보살핌의 대상이 다른 사람들에만 국한될 때, 여성 자신은 배려, 보살핌의 대상으로부터 제외되어 인간관계의 평형 상태가 깨어지기 때문에 두 번째의 전이(transition)가 일어난다. 여성이 자기희생과 배려를 혼동하게 된 것은 그녀가 전통적인 의미에서의 배려를 순응(conformity)과 동일시하고, 인간관계에 있어서 타아와 자아 사이의 불평등을 순순히 받아들였기 때문이다. 이제 여성은 이러한 혼동에서 벗어나기 위해 인간관계를 새롭게 고찰하게 된다.

이러한 재고찰을 통해 여성은 세 번째의 관점을 채택하게 되는데, 이 과정에서 인간관계가 상호적이라는 것을 인식하게 되며, 타아와 자아의 연결을 새롭게 이해함으로써 이기심과 책임의 대립을 해소하게 된다. 배려의 원리는 도덕 판단에 적용되는 원리로서 여성이 스스로 선택한(self-chosen) 것이다. 이것은 구체적인 인간관계와 그 속에서 일어나는 심리적 대응들에 대한 분석에서 도출되었다는 점에서는 심리적이지만, 동시에 모든 구체적 상황에서 일어나는 착취와 가해를 부도덕한 것으로 규정한다는 점에서 보편적인 도덕 원리가 된다. 배려의 윤리가 발달할 수 있었던 것은 인간관계에 내재된 인간 심리에 대해 보다 진보된 이해, 즉 자아와 타아 간의 보다 명확한 개별화와 사회적 상호 관계의 역학에 대한 발전된 이해가 가능했기 때문이다.

인간관계에 대한 축적된 지식을 반영하는 이 윤리에 전제된 중심적인 직관은 자아와 타아가 상호 의존적이라는 것이다. 위에서 언급된 세 개의 관점들과 두 단계의 과도기들은 바로 이러한 상호 의존성을 이해하는 여러 가지 방식들이라고 볼 수 있다. 이 관점들과 과도기들의 순서에 반영된 핵심적인 것은 폭력이 종국에는 모두에게 파괴적이고, 배려의 활동이 자아와 타아를 동시에 고양시킨다는 인식이다. 그리고 이러한 인식은 사람들이 상호 연결되어 있다는 사실에 의해 뒷받침된다.

4) 도덕교육의 방법

길리건은 배려의 목소리를 함양하기 위한 구체적인 방법으로서 역사와 문학을 활용할 것을 강조하였다. 이제 학교교육의 중점은 추상적인 규칙보다는 관계를 중요시 여기는 데에 주어져야만 한다. 또한 화술적 혹은 이야기체의 사고방식과 맥락적인 앎의 방법이 중요시되어야 한다(추병완, 1998).

길리건은 여교사들과 여학생들 사이의 긍정적이고 인간적인 관계 형성의 중요성을 강조하고 있다. 특히 길리건은 10~11세의 소녀들에게 그러한 관계 형성이 필수적이라고 주장하고 있다.

구체적인 도덕교육 방법론과 관련하여 길리건은 학생들로 하여금 자신들의 실제적인 도덕적 경험에 대하여 이야기할 수 있는 기회를 가급적 많이 주어야 한다는 점을 강조하고 있다. 흔히 내러티브 접근(narrative approach)이라고 불리는 이러한 접근의 효용성은 이미 널리 알려진 바 있다. 학생들은 자신의 도덕적 경험에 대한 네러티브를 통해 자신의 도덕적 경험 속에 담겨진 인지적, 감정적, 행동적 차원을 드러내게 된다. 특히 자기가 구성한 이야기의 저자가 됨으로써 학생들은 자신의 권위와 책임감을 고양시킬 수 있게 된다. 이런 방법으로는 학생들로 하여금 상호 간에 심층적인 인터뷰를 해 보도록 하는 일, 작문 과제를 부여하는 일, 개인 저널을 쓰도록 하는 일, 연극을 통해 자신의 삶의 경험을 표현해 보도록 하는 일 등을 활용할 수 있다. 이때 교사는 학생들의 이야기에 대하여 "그것은 적절하지 못한 것이다 혹은 비도덕적인 것이다"와 같은 성급한 판단을 해서는 안 된다. 교사는 개방성과 인내심을 가지고 학생들의 이야기를 경청해야 하며, 학생들과 함께 그 이야기 속에 내재된 교훈들을 이해하고 평가해야 한다.

2. 나딩스의 배려윤리교육론

1) 나딩스 이론의 특징

길리건의 이론을 배려윤리교육론으로 보다 구체적으로 제시한 나딩스는 콜버그의 원리의 윤리를 모호하고 불안정하며 우리를 다른 사람들로부터 분리시키는 것이라고 규정하면서 명백히 반대하였다. 또한 도덕적 판단이 반드시 보편화될 수 있어야만 한다는 관념을 거부하였다. 나딩스는 길리건과 같이 이성, 추상적 사고, 규칙, 그리고 원리들을 남성적인 특성으로, 직관, 감정, 다른 사람들에 대한 수용성, 맥락적 사고는 여성적인 것으로 규정한다. 이러한 맥락에서 나딩스는 윤리학을 법과 원칙에 근거하고 남성의 정신이 지배하는 원리의 윤리와 여성적인 수용성, 관계성, 반응성에 근거한 사랑과 모성적 배려의 정신이 지배하는 배려의 윤리로 구분하였다.

넬 나딩스(Nel Noddings, 1929~). 미국 뉴저지주 어빙턴 출생. 칸트의 의무론을 비롯한 서양의 전통 윤리가 남성 편견적인 특성을 지닌 윤리라고 비판하면서 길리건의 이론에 기초하여 배려 윤리를 체계화.

"일반적으로 배려자는 남을 죽이는 것이 나쁘다는 것을 알고 있을 것이다. 그러나 피배려자의 고통이 객관적으로 절망적인 것이라면, 배려자는 살인을 금하는 것보다는 그 사람을 죽이는 것이 더 낫다고 생각할 수도 있다. 배려자는 '나는 너를 돕고 싶다. 그러나 너를 죽일 수 없다'고 말하지 않는다. 배려자는 결코 사람보다도 원리를 우위에 두지 않는다." -Noddings, 『배려교육론』 -

나딩스는 진정한 윤리적 삶의 본질은 서로 알게 되고, 상대방이 느끼는 것을 같이 느끼며, 상대방에 의해 영향을 받게 되는 것이라고 주장하고 있다(Noddings, 1994: 9; 추병완, 1996: 13). 즉, 그녀는 타인을 향한 수용성 혹은 개방성이 윤리적 삶의 본질을 이루고 있다고 믿고 있다. 동시에 따뜻한 배려의 윤리가 전통적으로 윤리라고 불렸던 것, 또는 도덕적 추론보다도 사회를 위한 하나의 기초로서 더 잘 기능할 수 있다고 믿고 있다.

나딩스에 따르면, 도덕교육에 대한 배려윤리적 접근의 특징은 무엇보다도 정의적 도덕성의 측면에서 도덕적 감정을 교육시켜야 한다는 데 있다(Noddings, 2002: 8). 말하자면 판단 능력이나 추론 능력 중심의 인지적 도덕성보다는 도덕적 민감성과 적극성, 의지 등을 포함하는 정의적 도덕성을 강조하는 것이다. 나딩스는 이성이 열정(passion)을 거의 노예화시킨 현대사회에서 교육의 과업은 열정, 특히 도덕적 감정을 교육시키는 것이라고 보고 있다. 예컨대, 악에 직면하였을 때 우리는 혐오감을 느껴야만 한다. 타인의 고통에 직면하여 우리는 그것을 제거하거나 경감시키고자 하는 욕망을 느껴야 한다. 해를 유발하려는 우리의 성향에 직면하여 우리는 충격을 느껴야 하며 실재에 맞서려고 해야 한다. 이렇게 될 경우 우리는 이성이 우리의 올바른 열정을 위해 봉사하도록 하게 할 수 있다고 본다.

또한 도덕교육에 대한 배려윤리적 접근은 행위자 중심적(agent-centered)이기보다는 관계

중심적(relation-centered)이라는 점이 특징이다. 그것은 하나의 덕으로서 배려에 관심을 두기보다는 배려관계에 더욱 관심을 갖는다(Noddings, 2002: 2-3). 따라서 배려 이론가들은 덕을 직접적으로 가르치려는 것에 주의를 한다. 즉, 교사로서 우리는 학생들에게 덕을 직접적으로 교수하기보다는 그들이 가장 선한 사람이 될 수 있는 조건을 창출하는 데 중점을 두어야 한다고 본다.

같은 맥락에서 도덕교육에 대한 배려윤리적 접근을 주장하는 학자들은 일곱 또는 그 이상의 특정한 덕목을 절대적으로 가르치려 하거나 또는 맥락을 상관하지 않고 가르치려는 것을 선호하지 않는다. 덕은 상황적으로 그리고 관계적으로 정의된다. 관계 중심적이기 때문에 이들은 흄(David Hume)에 의해 정의된 '사회적' 덕목들을 강조한다. 예컨대, 정서적 감수성이 그것이다.

끝으로 도덕교육의 방법 측면에서 배려윤리적 접근은 이야기(stories)의 활용을 중요시한다. 인격교육 이론가들은 영웅담이나 영감적 내용을 선호하는 경향을 보이는 반면, 배려 이론가들은 윤리적 결정을 문제시하고 공감을 불러일으키는 데 이야기를 사용한다.[2] 여기에서 배려윤리적 접근은 콜버그적인 인지 발달론적 접근과 밀접한 관련을 갖는 것처럼 보인다. 그러나 배려윤리적 접근은 도덕적 딜레마로서 이루어진 철학적 픽션보다는 강력한 호소력을 가진 문학을 더 선호한다. 이들은 단지 딜레마를 해결하려고 시도하는 것이 아니라 문제를 찾아내고 토론함으로써 좀 더 광범위하고 더욱 확산적인 대화를 하는 것을 선호한다. 이러한 특징을 갖는 배려윤리 교육론에 기초하여 나딩스의 이론을 살펴보면 다음과 같다.

2) 나딩스에 따르면 인격교육 이론과 배려윤리교육론의 공통점 중 하나는 이성만이 도덕적 행동을 유발할 수 있다고 믿지 않는다는 점이다. 또한 일상적인 교수 행위의 측면에서 이야기의 활용을 중요시한다. 물론 인격교육 이론가들은 영웅담이나 영감적 내용을 선호하는 경향을 보인다. 배려윤리교육론에서 활용하고자 하는 이야기들은 물론 영감적인 것일 수 있고 영웅을 묘사할 수 있다. 그러나 더욱 중요한 것은 이야기들은 우리로 하여금 무슨 일이 일어났는지를 이해하도록 도움을 주게 하는 데 있다. 예컨대, 이야기를 통해 우리들은 보통 선한 사람들이 때때로 어떻게 유혹이나 심지어 악에 굴복하게 되는지, 어떻게 전체 종족이나 국민이 악해질 수 있는지, 어떻게 우리가 친구들을 속이게 되는지, 어떻게 우리가 선해지려고 하는지, 우리가 어떻게 '선'의 의미에 대한 혼란을 갖게 되는지, 우리가 도덕적 선을 향해 가기 위해 얼마나 안전하게 다른 사람들에 의존하고 있는지 등을 이해하게 된다(Noddings, 2002: 9).

2) 배려의 상호 관계

나딩스는 배려의 의미를 정신적 고통의 상태 또는 전념(engrossment)의 상태로 사전적으로 정의한다. 곧 배려한다는 것은 정신적으로 부담을 갖는 상태로서 어떤 사람이나 사물에 대하여 걱정하거나 염려하거나 근심하는 것을 말한다.

나딩스에 있어 배려한다는 것은 크게 세 가지 의미를 지닌다. 첫째, 배려한다는 것은 어떤 대상에 대해 부담을 느끼고, 초조해하고, 걱정을 하는 것이다. 둘째, 배려한다는 것은 누군가에 대해서 강한 욕구와 성향을 느끼고, 그의 입장과 관심을 고려하는 것이다. 셋째, 배려한다는 것은 나이 많은 친척의 복지와 건강에 대해 책임감을 느끼는 경우이다(박병춘, 1998; 이미식, 2000).

나딩스는 배려를 배려하는 사람과 배려받는 사람의 관계로 이루어지는 이원적인 것으로 본다. 따라서 배려관계의 주체는 배려하는 사람과 배려받는 사람 모두가 되며, 배려는 배려자의 배려 행위를 배려받는 사람이 인지하고, 이에 대해 응답할 때 완성되어진다. 배려하는 사람의 의식 상태는 전념(engrossment)과 동기 전환(motivational displacement)으로 설명할 수 있다.

전념이란 다른 사람의 실체를 이해한다는 개념으로서 자신을 멀리 하고, 다른 사람의 경험 안으로 들어가는 것을 의미한다. 이는 다른 사람과 입장을 바꾸어 생각하는 것이 아니라 다른 사람을 내 안으로 수용하여 함께 느끼는 것을 말한다. 예컨대, 신발을 신으려 고생하는 어린아이에게 신발에 손을 넣어 신발을 신을 수 있도록 도와주는 것이다. 배려자 자신의 눈과 자신이 배려하는 사람의 눈을 통하여 피배려자를 수용한다는 것이다. 이는 콜버그의 상대방의 상황을 분석하고 객관화하여 상대방의 입장을 투사하는 관점채택과는 다르다.

동기 전환이란 자신의 동기적 에너지가 다른 사람이나 다른 사람의 계획을 향해서 분출하는 것을 말한다. 즉 다른 사람이 전달하고자 하는 것을 수용하고, 그의 목적 또는 계획을 촉진할 수 있는 방식으로 반응하고 싶어 하는 마음을 말한다.

배려 받는 사람의 의식적 특징으로는 수용, 인지, 감응을 들 수 있다. 배려 받는 사람은 배려하는 것을 수용하고, 배려를 수용하였음을 보여주어야 한다. 이때 배려자가 전념 속에서 이러한 것을 인지하면 배려는 완성된다.

나딩스에 따르면 배려를 일방적인 것이 아니라 양 방향적인 것으로 보고 그 상호성을 중요시하면서도 배려의 불평등성을 인정하고 있다. 곧 부모와 자녀, 교사와 학생 간의 배려에서 자녀와 학생은 부모와 교사와 대등한 입장이 아니며, 이들이 배려자가 될 필요는 없다고 분명히 밝히고 있다.

나딩스는 배려 받은 사람의 윤리적 자세는 자발적인 인식과 반응에 있다고 보고 있다. 따라서 배려 받는 사람이 할 수 있는 최상의 것은 배려를 인식하고, 이에 대해서 반응함으로써 배려하는 사람의 동기적 전이를 불러일으키는 것이다. 바로 배려 받는 사람의 최소한의 의무는 이처럼 배려를 인지하고 배려를 수용하고 있다는 반응을 어떤 형태로든지 배려자가 인식할 수 있도록 보여주는 일이다. 그렇지 못할 때 배려자는 더 이상 배려하지 않게 될 것이며, 배려의 관계는 상실된다. 이런 측면에서 배려자의 행동은 배려의 응답에 의해 완성되는 것이지 무조건적인 배려는 아니다. 따라서 나딩스에 있어 배려는 동기적인 요소와 결과론적 요소를 함께 지니고 있다고 할 수 있다.

3) 배려윤리의 내용과 특징

배려관계에 기초한 나딩스의 배려윤리학은 인간의 관계 안에서 정의된다는 관계존재론(relational ontology)에 그 기초를 두고 있다. 이런 관계존재론에 기초한 배려윤리에서 '나'란 끊임없이 관계 안으로 들어가려는 한 개인으로서의 나가 아니라 하나의 관계 자체로서의 나이다. 전통적인 개인주의 윤리학과는 달리 관계윤리에서의 윤리적 행위자는 자신의 행위를 전통적인 규범원리와는 달리 규칙 또는 원리의 일치 여부나 행위가 산출한 결과의 유용성이 아니라 관계를 통해서 행위를 판단한다. 곧 관계를 맺고 있는 다른 사람의 반응이 행위의 도덕성을 판단하는 중요한 기준이 된다.

관계윤리는 전통윤리학에서 강조했던 도덕적 의무를 중시하지 않는다. 칸트는 도덕원리에 일치하려는 의무감에서 나온 행위만을 도덕적 행위로 보았던 데 비해, 관계윤리에서는 사랑과 자연적 성향에서 나온 행위를 도덕적 행위로 본다. 이처럼 관계윤리는 자연적 배려에 근거하고 이에 의존해서 행위를 판단한다. 칸트가 감정을 멀리하고 의무감에서 행위하라고 규정한 것과는 달리 관계윤리에서는 자연적 배려를 자극하기 위한 의무감을 요구한다. 관계윤리는 그 관계의 근거가 되는 감정을 고뇌가 아니라 기쁨으로 보고 있다는 특징을 가진다. 배려윤리의 기초를 형성하는 관계성에 대한 인식 및 기대와 함께 우리가 배려를 실현할 때 느끼는 기쁨이 배려를 유지하게 해주고 배려에 헌신하게 해준다는 것이다.

관계윤리의 또 다른 특징은 배려를 하나의 개인적 덕목이 아니라 관계 상태 또는 관계의 질(quality)로 규정하고 있다는 점이다. 나딩스는 관계적인 덕을 관계 자체에 속하는 덕과 관계를 강화시켜 주는 개별적인 덕 두 가지로 구분한다. 배려, 우정, 동료의식 등은 관계 자체의 덕이며, 정직, 성실과 같은 덕목은 관계를 강화시켜 주는 개별적인 덕들에 해당한다. 그러나 관계윤리의 관점에서 모든 덕들은 개별적으로 독자적인 의미를 갖지 못하고 관계 속에서만 그 의미를 갖는다.

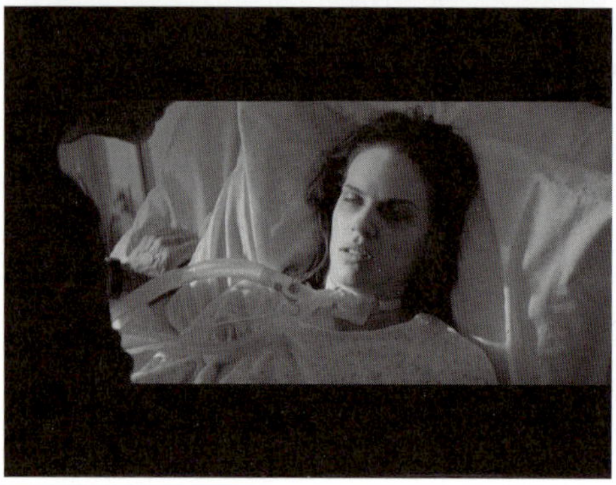

〈영화 속 배려윤리: 밀리언달러 베이비〉

딸과의 관계가 소원해진 채 혼자 낡은 체육관을 운영하며 권투 선수들을 키우는 프랭키(클린트 이스트우드)에게 매기(힐러리 스웽크)가 찾아온다. 선수로 키워달라는 말에 프랭키는 30살이 넘은 여자라는 이유로 매몰차게 거절하지만 매기는 계속 체육관에 와서 연습하길 멈추지 않는다.

선수 때 한쪽 눈을 잃고 지금은 프랭키 체육관의 청소부로 일하며 지내는 스크랩(모건 프리먼)이 조금씩 매기를 돕는다. 매기의 열의에 못이긴 척 프랭키는 트레이너가 되어 '모쿠슈라'라는 이름을 붙여주며 함께 경기에 나가며 점점 가까워진다.

"항상 자신을 보호하라"는 가르침 속에 훈련은 계속된다. 마침내 챔피언 쟁탈전에 나가지만 상대방 선수의 반칙으로 매기는 평생 침대에만 누워 있어야 하는 큰 부상을 당하게 된다.

매기는 프랭키에게 관중들의 함성소리가 아직 귀에 남아있을 때 떠날 수 있게 해달라고 부탁한다. 프랭키는 단칼에 거절하지만, 우리는 어느 날 밤 매기의 병실에서 나오는 프랭키를 보게 된다.

4) 배려 발달을 위한 도덕교육 방법

나딩스가 배려 발달을 위해 제시하는 가장 중요한 것은 우선 배려자의 본보기(modeling)이다. 나딩스는 학교교육에서 중요한 환경적 요인으로 교사와 교육과정, 그리고 학교 제도를 들고 있다. 나딩스는 배려의 관계에서 배려자 간의 상호성을 주장하지만 실질적인 책임과 의무를 배려자에게 부과시키고 있다. 이런 관점에서 나딩스의 배려교육론에서 가장 중요한 역할을 하는 것은 배려자로서의 교사이다. 배려자로서의 교사의 역할 중에서 가장 핵심적인 것은 학생들에게 배려의 본보기가 되어 주는 일이다(박병춘, 1999; Nel Noddings, 1995).

둘째로, 나딩스는 도덕교육에서 대화를 가장 중요하며 필수적인 요소로 본다. 왜냐하면 대화를 통해 우리는 서로를 이해하고 신뢰를 형성하고 생각을 교환하고, 서로 만나고 접촉할 뿐만 아니라, 대화는 상호 간의 배려를 지속 가능하게 하고, 배려하는 사람과 배려받는 사람의 성장에 도움을 주기 때문이다.

나딩스는 대화의 형태는 여러 가지가 있지만, 도덕교육에서 가장 중요한 대화의 형태는 성인과 학생들 간에 이루어지는 일상적인 대화(ordinary conversation)라고 주장한다. 일상적인 대화가 도덕적인 의미와 가치를 지니고 도덕교육의 방법으로서 기능을 하기 위해서는 새로운 조건들이 요구된다. 먼저 교사는 합리적이며 훌륭한 사람이어야 한다. 또한 교사는 아이들을 반드시 배려하고, 아이들과 대화하는 것을 기뻐할 수 있어야 한다. 중요한 것은 대화의 상대자들 간의 관계가 대화의 주제나 내용보다 더 중요하다는 점이다.

셋째로, 나딩스는 배려의 발달을 위한 도덕교육의 방법으로 학생들에게 실천의 기회를 부여할 것을 제안한다. 서로 다른 사람을 배려할 줄 아는 학생들을 길러내기 위해 실천의 기회가 필요하다.

나딩스는 이러한 배려의 실천을 위한 방법으로서 학교에서 정규 과목에 공동체를 위한 봉사활동 교육과정을 채택할 것을 제안한다. 봉사활동은 인간의 상호 의존성과 나눔과 베풂의 가치를 체험하게 해 준다. 그리고 서로를 이겨야 하는 경쟁 상대가 아닌 더불어 살아가야 하는 동반자로 인식하게 해 준다.

넷째로, 확신(confirmation)이다. 부버는 확신의 개념을 "다른 사람 안에 있는 최상의 것을 확언(affirming)하고 북돋아 주는 행동(encouraging)"으로 정의하고 있다. 우리가 학생들을 확언해 준다는 것은 학생들이 잠재적으로 가지고 있는 더 훌륭한 자아를 찾아서 이러한 훌륭한 자아의 발달을 북돋아 주는 것을 의미한다. 교사가 학생을 확신해 준다는 것은 교사가 학생에 대한 이해와 지식을 기초로 학생이 가지고 있는 보다 훌륭한 자아를 확인하고 이의 발달을 격려해 줌으로써 자아를 고양시켜 주는 것이라 할 수 있다.

제8절 리코나의 통합적 인격교육론

1. 도덕성의 구성 요소

역사적으로 미국 사회에서 적어도 19세기 말까지는 아주 세속적인 형태의 도덕교육을 채택하고 있었다. 그러나 하트숀과 메이(Hartshorne & May)의 연구 결과가 공표되면서, 인격교육 담당자로서의 학교의 중심적인 역할은 크게 쇠퇴하였다. 그들의 연구 결과는 정직과 같은 인격 특성이 일반적 특성이 아니라, 상황적으로 특수한 것임을 밝힌 것이었다. 이에 따라 인격교육에 있어서 계몽적인 접근의 효율성에 대해 심각한 의문을 제기하였다.

그러나 1960년대 말에 이르러 도덕교육에 대한 관심이 새로이 고조되기 시작하였다. 콜버그는 그의 인지발달적 도덕발달 이론을 학교에서의 도덕교육 실천과 관련시키고자 시도하였으며, 라스와 하민, 그리고 사이몬(Raths, Harmin, & Simon)은 가치 명료화 이론을 주창하였다. 콜버그는 도덕교육은 단순히 도덕적 가치를 주입시키고, 모범 사례를 보여주는 전통적인 형태에서 탈피하여 학생들로 하여금 보다 높은 수준의 도덕적 추론 기능을 발달시키도록 하는 데에 그 주안점을 두어야 한다고 하였다. 한편 가치 명료화 접근은 일곱 단계의 가치화 과정을 통해 학생들 스스로 그 자신의 가치를 명료화시키는 경험을 갖게 하는 데 초점을 두고 있었다.

1980년대에 들어와 도덕교육의 지배적 패러다임이었던 인지발달 이론과 가치 명료화 이론은 서서히 그 중요성을 덜해가기 시작했다. 도덕적 추론과 가치 명료화 접근은 아동들을 도덕적으로 표류하게 만들고 있는 경향이 있으므로, 새로운 대안으로서 학교는 학생들의 도덕적 인격 형성에 도움이 되는 구체적인 인격 특성들을 직접 가르쳐야만 한다는 것이다. 이것을 도덕적 전통에 대한 지식(moral literacy)이라고 표현한다.

1990년대에 들어와 이러한 교육운동은 '도덕적 인격교육'이라는 모습으로 자리를 잡게 되었다. 종래의 발달(development) 관점에서 사회화(socialization) 관점으로 회귀하고 있는 느낌이다. 이러한 현상이 일어나게 된 원인은 가정 역할의 상대적 축소, 청소년들의 비도덕적 행동 증가, 전통적 가치의 붕괴에 따른 윤리적 가치들의 회복 필요성 등에 따른 것이다.

일반적으로 도덕교육에서 다루는 도덕성은 주로 도덕적 판단 능력과 합리적 추론 능력으로서, 양심이나 수치심 혹은 죄책감 형성으로서 이해된다. 그러나 이러한 능력은 인간의 일상생활에서 실천적 행위로 나타날 때 비로소 도덕성은 사람의 인격이 되고, 덕성이 될 수 있다. 전통적인 의미의 도덕은 도(道)와 덕(德)의 합성어로서 인간이 삶을 살아가는 보편적 원리나 규범의 형이상학적 정당성을 부여해 주며, 동시에 인간이 따라야 할 삶의 길(道)을 제시해 주는 기준이며, 이 기준을 자신의 인품으로서 굳건하게 지니고 있는 상태를 설명하는 말이다.

도덕성이 훌륭한 인격의 기본 조건이 되고, 도덕교육을 통해서 인격적인 인간을 길러내고자 한다면, 도덕성은 삶의 보편적 원리와 가치 및 규범을 이해하고, 이들을 향한 애착과 관심을 가지며, 어떠한 유혹에서도 이들 가치를 포기하지 않고 이를 지키고자 하는 굳은 의지와 실천적 행위가 필요하다. 따라서 학교교육의 목표로서 훌륭한 인격 함양은 도덕성의 세 측면, 곧 도덕성의 인지적 측면과 정서적 측면, 그리고 행동적 측면이 상호 결합되어야 한다. 사람의 인품이나 덕성이 도덕적 가치를 기본 전제로 하고, 이 가치는 선(善)에 대해 알고(정신의 습관), 선을 열망하고 혹은 선을 바람직한 것으로 느끼고(마음의 습관), 선에 따라 행동하는 것(행동의 습관)의 총체로 구성되고 있기 때문에 더욱 그러하다.

토마스 리코나(Thomas Lickona, 1943~). 훌륭한 인격은 인지적 도덕성과 정서적 도덕성, 행동적 도덕성의 실천적 통합으로 나타난다고 주장. 우리나라에서는 7차 도덕과 교육과정기(1997)부터 그의 이론으로부터 영향을 받음.

"교육의 사명은 사람들을 지적으로 총명하고, 도덕적으로 선하게 만드는 데 있었다. 우리는 지적인 총명함과 도덕적 선함이 반드시 동일한 것이 아님을 잘 알고 있다. 얼마 전에 뉴욕 북부의 한 교외에 살고 있던 세 명의 남학생과 한 명의 여학생 등 네 명의 10대들이 야간에 학교에 몰래 들어가 휘발유를 곳곳에 뿌린 뒤에 불을 질러 약 50만 달러의 재산상의 피해를 가져오게 한 적이 있었다. 그들 가운데 가장 나이가 많은 학생은 늘 우등생이었으며, 나머지 세 명의 학생들도 명석한 아이들로 알려져 있었다. 그들이 불을 지른 유일한 이유는 그들 가운데 한 학생이 프랑스어 수업을 빠진 죄로 선생님께 벌을 받은 것에 대한 분풀이였다고 한다." (리코나, 『인격교육론』)

도덕성이 어느 한 측면의 인간적인 성격의 특징으로서보다는 전체적인 인격의 기초가 되어야 한다는 점을 강조하고 있는 학자가 리코나(T. Lickona)이다. 그는 『인격교육론(Educating for Character, 1993)』에서 훌륭한 인격을 가진 사람은 도덕적 앎(인지적 도덕성 : 知), 도덕적 감정(정서적 도덕성: 情), 도덕적 행동(행동적 도덕성: 行)이 서로 영향을 주면서 상호 보완적 기능하고 있다고 본다. 그가 설명하고 있는 훌륭한 인격의 구성 요소는 도덕과 교육에서 도덕성의 세 영역, 곧 인지적 도덕성과 정서적 도덕성, 행동적 도덕성의 실천적 통합으로 나타난다.

1) 인지적 도덕성

도덕성의 인지적 요소는 주로 사람들이 도덕적 행위의 이유를 아는 능력, 도덕규범 및 타인과의 관계에서 상대방의 입장을 이해하는 능력, 합리적인 의사결정과 판단능력 등이 포함된다. 이 영역은 주로 사람들의 사고 영역과 관련되기 때문에 머리(Head, 1H)로 상징되기도 한다. 리코나(1993)는 인지적 요인을 다음과 같이 설명하고 있다.

① 도덕적 인지(moral awareness): 도덕적 행위에 지성을 사용하는 경우와 관련된다. 사람들이 도덕적 행동을 하지 못하는 경우는 도덕적 무지(moral blindness)가 주요 원인이 될 수 있다. 도덕적 자각은 두 가지 의미를 지니고 있다. 하나는 자신이 직면한 상황이 언제 어느 때 도덕적 판단을 요구하는가를 알기 위해서, 그리고 올바른 행동의 방식이 무엇인가를 알기 위해서 지성을 사용하는 경우이다. 다른 하나는 도덕판단을 내리면서 무엇이 옳은 것인가를 알 수 있는 능력이다.

② 도덕적 가치에 관한 지식(knowing moral values): 생명과 자유에 대한 존경심, 타인에 대

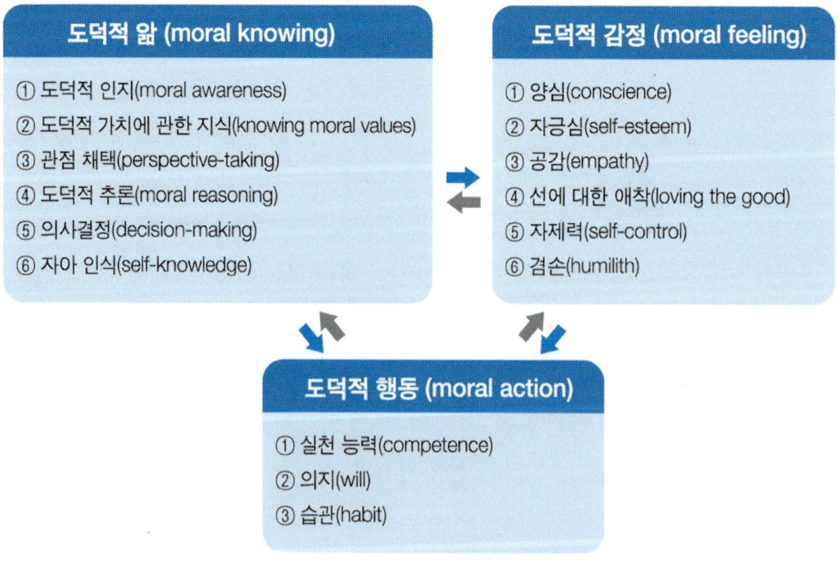

한 책임감, 효도, 정직, 공정성, 관용, 예의바름, 성실, 용기 등과 같은 도덕적 가치들은 훌륭한 사람이 되는 다양한 방식을 규정한다. 이러한 가치들은 한 세대가 다음 세대에 전달하는 도덕적 유산이 된다. 이러한 도덕적 가치를 아는 것은 다양한 상황 속에서 그 가치를 어떻게 적용할 것인가를 아는 것이다.

③ 관점 채택(perspective-taking): 이는 다른 사람의 견해를 취할 수 있는 능력이다. 다른 사람의 입장에서 자신의 상황을 바라보고 그들이 생각하고 반응하고 느끼는 것을 상상해 보는 것이다. 다른 사람의 입장과 견해를 이해할 수 있다면 우리는 상대방을 존중할 수 있고, 상대방의 요구를 정당하게 수용하거나 거부할 수도 있기 때문에 관점 채택은 도덕 판단을 위해 필수적인 조건이다.

④ 도덕적 추론(moral reasoning): 도덕적 추론은 '도덕적인 것이 무엇을 의미하는지', 그리고 '인간은 왜 도덕적이어야 하는가', '약속을 지키는 것이 왜 중요한지' 등과 같은 질문에 대한 도덕 판단과 합리적 근거 제시 능력이다. 도덕적 추론은 가치의 위계를 세우고, 가치들이 상충하면서 갈등을 일으킬 때 가치들의 본말 관계와 선후 관계를 결정하도록 하는 원리를 정식화 할 수 있도록 한다.

⑤ 의사결정(decision-making): 도덕적인 의사결정은 사람들이 도덕적 갈등과 긴장 상황에서 일시적인 기분이나 감정, 편견, 맹목적 권위에 따라 의사결정을 하는 것이 아니라 논리적 사고와 과학적 검증과 가치탐구 과정을 통하여 자신의 입장을 결정하는 능력이다. 도덕적 문제나 갈등 상황에서 '어떠한 행동이 가장 좋은 결과를 가져올 수 있는가', 그러한 문제를 해결하기 위한 '가장 합리적인 대안은 무엇인가', 그러한 상황에서 '가장 적절한 행동방식은 어떠한 것인가' 등과 같은 문제를 다룬다. 이러한 의사결정 과정은 문제 상황을 도덕적 관점에서 정확히 파악하고, 대안을 고려하며, 그 결과를 예측하는 과정을 포함하고 있다.

⑥ 자아 인식(self-knowledge): 자기 자신을 안다는 것은 가장 힘든 도덕적 지식이다. 도덕적 인간이 되기 위해서 우리는 자신의 행동을 비판적으로 검토해 보고, 평가할 수 있는 능력이 포함된다. 자기 인식이란 자신의 장·단점을 아는 능력이며, 자신의 단점을 보완할 수 있는 방법을 아는 것을 포함한다.

2) 정의적 도덕성

도덕성의 정의적 요소는 사람의 감정이나 정서와 관련되어 있기 때문에 매우 소홀하게 다루어져 왔다. 동서양의 철학적 전통이나 우리의 일상생활은 이성을 중시하고 감정을 무시하거나 심지어 나쁜 행위의 원인으로 감정을 지목하는 데 익숙해 있다. 감정과 정서는 인간 행동의 중요한 동인(動因)임에도 불구하고 정당한 평가를 받지 못하고 있다. 도덕성의 정의적 요소는 사람이 상대방이나 환경에 대해서 갖는 느낌이나 마음가짐, 자신에 대한 태도, 다른 사람에 대한 공감 능력 등과 같은 요인을 포함하고 있으며, 도덕성의 인지적 요소들과 완전히 분리된 것이 아니라 어떤 형태로든지 연결되어 있다. 특히 정서적 도덕성은 도덕적 앎과 도덕적 행동을 연결해 주는 핵심적인 연결고리 역할도 해주고 있다. 이 영역은 주로 사람들의 마음의 태도와 관련되어 있기 때문에 가슴(Heart, 2H)으로 상징되기도 한다.

① 양심(conscience): 양심은 인지적 측면과 감정적인 측면을 가지고 있는데, 전자는 무엇이 옳은지를 아는 것이고, 후자는 옳은 것을 의무적으로 행하려고 하는 마음가짐이다. 많은 사람들은 무엇이 옳은지를 알고는 있지만 그에 따라 행동하려는 의무감은 갖지 않는 경우가 있을 수 있다. 성숙한 양심은 도덕적 의무감 이외에도 수치심이나 죄의식(guilt)과 연관되어 있다. 수치심이나 죄의식은 사람들이 유혹에 빠지지 않도록 도와준다.

② 자긍심(self-esteem): 자긍심은 자신을 존중하는 마음가짐이다. 사람들은 자긍심을 가지게 될 때 비로소 자신뿐만 아니라 타인을 존중할 수 있고, 가치롭게 여길 수 있다. 자신을 존중하지 못하는 사람이 타인을 존중한다는 것은 어렵다. 자긍심은 자기 자신에 대한 적극적인 태도이며 긍정적인 자아 의식의 기초가 된다.

③ 공감(empathy): 공감능력은 다른 사람의 내적 상태와 동일시, 다른 사람의 내면 상태에 대한 대리적 경험을 말한다. 공감은 상대방의 입장에서 문제 상황을 바라보고 문제를 파악하는 역지사지(易地思之)하는 태도의 정서적 측면이 된다.

④ 선에 대한 애착(loving the good): 인격의 최고 형태는 선(善)에 대해 순수하게 이끌리는 것을 포함한다. 사람들은 선과 악을 구분하도록 배울 뿐만 아니라 선을 사랑하고 악을 미워하는 것도 배워야 한다. 사람들이 선을 사랑하고 선에 관심을 가진다면 도덕적 행위는 단순히 의무감에서 하는 행동이 아니라 사람들에게 즐거움을 주는 행위가 된다.

⑤ 자제력(self-control): 사람의 욕망은 그 자체가 선과 악이 될 수 없다. 욕망은 표현방식에 따라 선이 될 수도 있고, 악이 될 수도 있다. 자제력은 욕망의 방종한 태도, 자기 탐닉적 욕구 분출을 막아 주는 능력과 관계된다. 한편 자제력은 인내심이나

절제 등의 도덕적 가치들과 관련하여 올바른 도덕적 의사결정을 하도록 도와주는 역할을 하기도 하며, 사람들의 행동을 도덕적 실천으로 인도하기도 한다.

⑥ 겸손(humility): 겸손은 자아 인식에 대한 감정적 측면이다. 겸손 혹은 겸허함은 타인에 대한 자만심과 자신에 대한 교만함을 이기게 해준다. 겸손이 결여된 자긍심은 타인에 대한 거만함, 편견, 오만, 타인에 대해 경멸적인 태도를 갖게 해주기 쉽다. 겸손은 자신과 타인에 대한 존경심의 가장 적절한 표현이라고 할 수 있다.

3) 행동적 도덕성

실제 생활에서 인간의 도덕적 행위는 아는 것에 의해서만, 혹은 마음가짐에 의해서만 이루어지는 것이 아니다. 어떤 행위가 잘못된 것인지 알면서도 그른 행동을 할 수도 있고, 그렇게 행동하는 것이 나쁘다는 것을 느끼면서도 잘못된 행동을 반복할 수 있는 것이 우리 삶의 현실이다. 우리의 도덕적 행위에는 인지적 요소와 정의적(情意的) 요소 및 행동적 요인이 통합적으로 작용하고 있다.

도덕성의 인지적 요소와 정의적 요소를 실천적 행위로 이끌어 주는 요소가 행동적 도덕성이다. 행동적 도덕성은 알고 느끼고 있는 것을 실천하게 하는 실천 능력과 도덕적 의지, 이러한 행동을 반복하게 하는 도덕적 습관으로 요약된다. 이 영역은 주로 사람들의 행위 동작과 관련되기 때문에 동작을 나타내는 손(Hand: 3H)으로 상징된다.

① 실천 능력(competence): 실천 능력은 도덕적 판단과 감정을 효과적으로 도덕적 행동으로 옮길 수 있도록 해주는 능력을 말한다. 좋은 의지만으로는 효과적인 도덕적 행동을 할 수 없기 때문에 이러한 실천 능력은 매우 중요하다. 이러한 실천 능력은 다음과 같은 실천적 기능으로 분류 가능하다(서강식, 2001). 첫째, 개인이 상호작용 과정에서 자신을 표현하고 효율적인 인간관계를 유지하는 것과 관련된 기능이다. 이러한 능력으로는 자신의 의견을 표현하고 전달하는 기술, 다양한 집단 상황에 적응하는 것, 상호작용의 관계를 알고 서로의 필요를 충족시키기 위해 노력하는 것 등이 포함된다. 둘째, 집단 내 상호작용 능력으로서 집단의 고무적인 분위기를 조성할 수 있는 것, 집단 규칙을 만들 수 있는 것, 집단의 지도자나 구성원으로서 역할을 충실하게 수행할 수 있는 능력, 집단 내 갈등을 해결할 수 있는 능력 등이 포함된다. 셋째, 사회적 참여 능력으로서 사회 문제에 대한 관심과 지식을 갖고 타인과 협력하여 올바른 방향을 결정하고, 사회적 책임을 수용할 수 있는 능력 등과

같은 것이 포함된다.

② 의지(will): 도덕적 의지는 우리가 알고 있고, 느끼고 있는 것을 행하고자 할 때, 무능력, 불안, 자만심 등과 같은 것을 극복하게 해주는 마음의 실천적 의욕이다. 우리가 해야만 한다고 생각하는 것을 행할 수 있도록 도덕적 활력과 용기를 제공해 주는 것이 의지이다.

③ 습관(habit): 사람들은 누구나 한 번쯤 선한 행동을 할 수 있고, 타인을 배려할 수 있으며, 도덕적 행위를 할 수 있다. 자신이 알고 있고, 관심을 가진 도덕적 가치가 일회성에 머물지 않고 반복적으로 실천함으로써 도덕적 습관이 형성된다. 어떤 도덕적 행동을 반복함으로써 그러한 태도가 자신의 생활이 되고 자신의 인격의 일부가 되도록 하기 위해서는 올바른 도덕적 습관 형성은 무엇보다 중요하다. 도덕적 습관은 도덕적 지식과 도덕적 정서가 그 사람의 인품이 될 수 있도록 하는 실천적 도덕성의 중요한 요소가 된다.

도덕교육이 인간의 건전한 가치관을 확립하고 성숙한 인격을 함양하는 일이라면, 도덕교육이 다루는 도덕성은 인지적 측면, 정의적 측면, 행동적 측면이 통합된 것이라 할 수 있다. 학문과 사상적 기초에 따라 도덕성의 어느 한 측면이 강조되거나 주된 도덕성의 요인으로 부각되기도 하지만 인간의 도덕적 지식이나 도덕적 감정, 도덕적 행위는 실제적으로 분리되어 다루어질 수 없다. 종래의 학교교육이 도덕성을 인지적 측면이나 또는 정서적, 실천적 측면의 어느 한 면만을 지나치게 강조하거나 부각시켜 왔기 때문에 도덕교육은 그 많은 노력에도 불구하고 효율적이지 못했다고 할 수 있다. 우리의 행동은 옳고 그름을 아는 데 그치지 않고, 도덕적 관심사만으로 이루어지지 않는다. 우리의 행동이 자신의 인격이 되기 위해서는 이러한 일들이 행동으로 연결되어야 한다. 도덕성에 대한 논의나 교육방안의 모색도 이제는 인지적 도덕성과 정서적 도덕성, 행동적 도덕성에 대한 통합적 관점에서 이루어져야 할 것이다. 이는 마치 우리의 몸이 3H, 곧 머리(Head), 가슴(Heart), 손(Hand)을 통합하고 있듯이 인간의 도덕적 인격도 사고하고(인지적), 관심과 애착을 갖고(정서적), 실천하는(행동적) 과정을 통합하고 있는 것과 같다.

2. 도덕적 추론의 발달 단계

리코나는 각 단계의 옳고 그름에 대한 이론을 규정하고 있다. 그러므로 각 단계들은 무엇이 옳은가, 그리고 왜 선해야만 하는가에 대하여 각기 상이한 관념을 가지고 있다.

그는 콜버그의 수직적(vertical) 발달 개념을 수용하였으나, 동시에 단순한 수직적 발달에 그치지 않고 수평적(horizontal) 발달이라는 새로운 개념을 도입하였다. 이는 하나의 새로운 단계를 보다 광범위한 삶의 경험들 속으로 확장시켜 나가는 것이다. 즉, 자신이 속해 있는 추론 단계를 점증하는 일관성을 가지고 모든 다른 상황들에 적용해 나가는 것을 의미한다. 즉, 3단계의 추론을 할 수 있는 것에 그치는 것이 아니라 그러한 추론에 따른 행위 자체를 할 수 있는 경향성이 높아진다는 의미이다. 도덕적 추론의 발달 단계는 다음과 같다(박병기, 추병완, 1996; Thomas Lickona, 1983).

0단계인 자기중심적 추론(egocentric reasoning)의 단계는 주로 4세 정도의 아동들에 있어 지배적이다. 아이의 도덕적 논리는 완전히 자기중심적이다. 그들이 "그것은 공정하지 않아!, 공정하지 않아!"라고 말하는 것은 "나는 내가 원하는 것은 얻지 않았어!"라는 것을 의미한다. 그들의 도덕적 분노는 단지 그들이 원하기 때문에 그들이 원하는 것은 무엇이든 소유해야 한다는 현실적인 믿음으로부터 유래한다.

1단계는 무의식적 복종(unquestioning obedience)의 단계로서 주로 6세의 아이들에게 지배적이다. 어른의 명령에 아무런 의심 없이 복종하는 것이 특징이다. 독립심보다는 적응과 조화에 치중하게 되며, 어른들의 권위를 존중하고 그것을 따르고자 한다. 또한 아동들은 어른들을 도덕성의 근원으로 생각하여 오직 어른들의 관점만이 옳은 것이라 생각하게 된다.

2단계는 이기적 공정성(What's-in-It-for-me-fairness)의 단계로서 5세 중반부터 7세의 아동기에 지배적이다. 이 단계에 속하는 아동들에게 있어서는 내가 너에게 이것을 해주었을 때, 너는 나에게 무엇을 해줄 수 있는지의 여부가 매우 중요한 비중을 차지하게 된다. 따라서 자신의 이익을 먼저 취하되 자신에게 공정하게 대하는 사람들에 대해서는 공정하게 대하는 것, 자신의 이해관계가 선의 문제에 관건이 된다. 이에 따라 아동들은 어른들과 도덕적으로 평등하다고 생각하게 된다. 따라서 아동들은 더 이상 어른들의 명령에 무의식적으로 복종하지 않게 된다. 오히려 아동들은 자신이 베푼 것에 상응하는 같은 방식의 보답을 요구하게 된다.

3단계는 인간관계적 동조(interpersonal conformity)의 특성을 보이는 단계로서 주로 초등학교 중반부터 10대 초기에 지배적이다. 이 단계의 아동들은 다른 사람들이 그들을 어떻게 생각하는지에 매우 많은 관심을 보인다. "만일 사람들이 나를 좋아하기를 원한다면 나는 더 좋은 사람이 되어야 한다"고 생각한다. 따라서 이 단계에는 타인과의 일치가 특징이다. 즉 멋지고 착한 사람이 됨으로써 다른 사람들을 기쁘게 해 줌과 동시에, 다른 사람들의 기대에 부응하여 살아가는 것이 중요한 비중을 차지하게 된다. 그러므로 3단계는 인습적 도덕성의 초기 단계라고 할 수 있다. 2단계의 도덕성이 단지 자신의 이익만을 고려하는 반면, 3단계의 도덕성은 다른 사람의 복리에도 관심을 기울인다는 점에서 큰 차이가 있다. 3단계에서의 옳고 그름의 기준은 착한 사람이 되어, 나를 알고 나에게 관심을 갖고 있는 다른 사람들의 기대에 부응해야 한다는 점이며, 선해야 하는 이유는 사회적 인정과 자기 존중감을 얻기 위해서이다. 그러나 이 단계는 명백한 취약점을 보이는데, 그것은 공정한 것과 다른 사람들이 네가 행위하기를 원하는 것 간에 혼동을 한다는 것이다.

4단계는 체제에 대한 책임감(responsibility)을 갖는 시기이다. 주로 고교와 10대 후반에 나타난다. 4단계에서는 "나의 가족이나 친구들을 기쁘게 하는 것보다 더 선한 사람이 되어야 한다. 나는 더 거대한 사회의 구성원이다. 나는 그것에 대한 특정한 책임과 의무가 있다"고 말한다. 따라서 이 단계에서는 자신이 속해 있는 사회 체제 속에서의 책임을 이행하려는 경향이 특징이다. 4단계에 속하는 학생들은 진정한 시민이 어떤 것인가를 이해하게 되기 때문에, 4단계의 도덕성은 민주사회의 필수적인 기초가 되는 것이라고 할 수 있다. 그러므로 4단계에 속하는 학생들은 도덕적 문제들을 다룸에 있어서 "모든 사람들이 그렇게 행동했을 경우 우리 사회가 어떻게 되겠는가?"라는 문제를 심각하게 고려한다. 이 단계에서 옳고 그름의 기준은 사회체계에 대한 책임감이며, 우리가 선택해야 하는 이유는 체제의 존속과 자기 존중감을 유지하기 위해서이다.

성인 초기에 해당하는 5단계는 보통 인간의 권리존중 단계이다. 5단계에서는 "봐, 어떠한 사회체계도 개별적 구성원들을 이롭게 하기 위해 존재해. 어떤 체제도 개인의 권리를 침해할 수 없어"라고 말한다. 따라서 이 단계는 모든 사람의 권리를 존중하는 것이 하나의 특징이다. 5단계의 도덕성은 내가 속해 있는 사회체계만이 아니라 모든 인간들에 대한 의무감과 책임감을 중요시하게 된다. 따라서 각 개인들의 권리를 보호하는 사회체계를 지지하는 것이 된다. 또한 우리가 선해야 하는 이유는 모든 인간을 존중하려는 양심에서 우러나오는 의무감에 충실하기 위해서이다. 그러므로 5단계에 속한 삶들은 실정법보다도 양심이 부여하는 명령을 더 중요시 여긴다.

3. 통합적 도덕교육론

리코나는 아이들의 발달 단계를 고려하여 초등학교에서의 도덕교육의 목표를 다음과 같은 세 가지로 규정하였다(박병기, 추병완, 1996; Thomas Lickona, 1992).

첫째, 아동들의 발달이 자기중심주의에서 탈피하여 협동과 상호 존중의 관계를 지향하도록 해주어야 한다.

둘째, 아동들이 옳은 것을 알고 그것을 행하고자 원하며, 지식과 감정을 효과적인 도덕적 행동으로 옮기는 것이 가능하도록, 도덕적 판단, 도덕적 감정, 도덕적 행동의 능력을 갖추고 있는 완전한 도덕 행위자로 성장할 수 있도록 촉진해 주어야 한다.

셋째, 아동들이 생활하고 있는 학교와 교실에 공평함, 따뜻한 배려, 정당한 권위와 민주적 가치에 대한 존중심에 바탕을 둔 하나의 도덕적 공동체를 만들어 가야 한다.

이러한 초등학교 도덕교육의 목표와 관련된 두 가지 특징은 사고의 과정보다는 결과로서의 행동 변화에 초점을 둔다는 점과 미국 사회의 중핵적 가치들의 직접적인 내면화를 강조한다는 점이다.

아동 초기에 있어 도덕교육은 권위에 대한 복종을 가르치는 것부터 시작해야 한다. 바람직한 도덕교육은 먼저 통제와 사회화에 초점을 두고 진행되어야 하며, 그런 연후에 자율적·독립적으로 사고하고 행동하는 법을 배워야만 한다는 논리이다(추병완, 1995).

한편 리코나는 교사들이 아동들이 인격 함양을 위하여 교실에서 활용해야 할 도덕교육의 모형을 제시하였다. 이는 서로 중첩되는 네 가지의 과정으로 이루어지는데, 아동들의 자존심과 공동체 의식을 형성하는 것, 다른 사람들과 협동하고 다른 사람들을 돕는 방법을 배우는 것, 도덕적 숙고, 참여적 의사결정 등이 제시되고 있다(Thomas Lickona, 1992). 그는 이러한 네 가지 전략을 상호 보완적으로 활용하는 것이 이성적·감정적, 그리고 행동적 측면에서 아동들의 인격을 함양시켜 줄 수 있다고 주장하였다.

보다 구체적으로 리코나는 교실 상황에서 활용하기 위한 전략으로 ① 따뜻한 배려를 해주는 사람, 모델·스승으로서의 교사, ② 교실을 도덕적 공동체로 만들기, ③ 학생과 공유적인 삶의 장소인 교실 안에 도덕적 규율 도입, ④ 학급회의를 통한 민주적 교실 환경 조성, ⑤ 교과교육을 통해 가치 교수(문학, 역사, 과학, 가치 관련 프로그램), ⑥ 협동학습 활용, ⑦ 장인정신(conscience of craft)의 발달 도모, ⑧ 학생들의 도덕적 숙고 능력 고양, ⑨ 논쟁적인 문제들을 가르치기, ⑩ 갈등 해결 방법을 가르치는 것 등을 제시하고 있다.

한편 리코나는 학교의 전반적인 활동과 분위기를 통한 접근방법으로 ① 교실 상황을 넘어선 따뜻한 배려의 태도와 적극적인 시민성을 지닐 수 있도록 조성, ② 학교 내에 하나의 긍정적인 도덕적 문화 창조, ③ 성 교육, ④ 약물 및 음주 교육, ⑤ 학교·부모·지역사회의 협조 체제 구축 등을 제시하였다(박병기, 추병완, 1996).

제9절 덕교육론

1. 덕 윤리학의 등장

현대에 이르러 도덕철학은 중요한 변화를 경험하였다. 그 변화란 곧 덕 윤리학(virtue ethics)이라고 하는 것이 현대 윤리적 사조의 한 흐름으로 등장한 것이다. 그러나 엄밀히 말하자면, 덕 윤리학은 새롭게 등장한 대안적인 윤리론이라기보다는 오히려 도덕철학에서 오랫동안 소홀히 다루어 오다 부활된 것으로 이해하는 것이 옳다. 고대 그리스 철학에서 덕(arete)이란 하나의 탁월성(excellence)이었으며, 그리고 윤리학은 성품(character)의 탁월성과 관련되었으므로 모든 윤리학은 곧 덕 윤리학이었다. 플라톤과 아리스토텔레스의 중심 논제가 덕의 문제였음은 주지의 사실이다.

오랫동안 수면에 잠잠해 있던 덕 윤리학이 현대 도덕철학에서 부각하게 된 직접적인 계기는 앤스콤(G. E. M. Anscombe)이 「Modern Moral Philosophy」(Philosophy, 22, 1958)라는 논문을 통해 현대 윤리학을 비판하면서 비롯되었다(김태훈, 1999). 그녀는 현대 윤리학이 인간의 윤리적 문제를 해결하는 데 한계에 이르렀다고 보면서 그 대안으로서 덕 윤리학을 제시하였다. 앤스콤은 도덕의 기초를 '책무(obligation)' 혹은 '의무(duty)'와 같은 법칙주의적인 관념에서 확립하려고 시도하는 것은 잘못이라고 믿었다. 거기에는 신성한 법 제공자의 존재에 대한 일반적인 불신이 깔려 있었다. 그녀는 그 대안으로 "덕으로 회귀하자"는 명제를 제시하였던 것이다.

오늘날의 덕 윤리학의 주된 관심사는 "좋은(good) 삶은 어떤 것인가?", "덕은 좋은 삶에서 어떤 역할을 하는가?", "도덕적 이유는 행위자들이 특수한 관심과는 별개의 것인가?", "도덕적으로 합리성이란 보편적인가?", "도덕은 일군의 규칙들을 벗어날 수 없는가?", "유덕한 사람의 민감성은 윤리학에서 어떤 위치를 차지하는가?" 등에 있다.

2. 덕 윤리학의 행위윤리학에 대한 비판

일반적으로 덕 윤리학이란 외적 행위들의 옳고 그름과 또는 행위의 결과들에 대한 판단보다는 개인의 내적 활동들, 특성, 동기, 성향, 인격에 대한 판단이 가장 큰 도덕적 중요성을 갖는다고 주장하는 윤리학 내지 이론적 전망을 말한다(C. D. Broad, 1930; 박장호 편, 1995). 따라서 덕 윤리학의 주요 관심은 덕스러운 개인과 덕스러운 것이 될 수 있는 성질인 내적 특성, 성향, 동기 등에 있다. 일부 덕 윤리학에서 일반적인 도덕적 규칙이나 법칙 등에 관심을 갖지만, 이러한 것들은 전형적으로 부차적인 것으로 다루어진다. 그러므로 덕 윤리학은 행위에 초점을 두기(act-focused)보다는 행위자를 강조하는 접근이다(M. W. Baron, Philip Pettit, & Michael Slote, 1997).

덕 윤리학은 윤리학의 중심이 행위나 의무가 아니라 행위자의 심정, 즉 행위자의 성품에 있다고 본다. 행위-지배적/규칙-지배적 윤리학이 행위(doing)를 강조하는 데 비해서 덕/행위자 윤리학은 존재(being), 즉 어떤 특정 유형의 사람이 되는 것을 강조한다. 따라서 덕 윤리학은 칸트나 공리주의 윤리학을 의무의 윤리학, 원리의 윤리학, 규칙 윤리학, 행위의 윤리학이라고 하며, 이에 대비하여 덕 윤리학을 행위자 윤리학이라 부른다.

전통적인 의무에 기초한 윤리학(duty-based ethics)의 중심 물음은 '나는 무엇을 해야 하는가?'이다. 그러나 덕 윤리학의 중심 물음은 '나는 어떤 종류의 사람이 되어야 하는가?'이다. 즉, 덕 윤리학은 탁월한 인간을 양성하고자 한다. 이 탁월한 인간은 자발적 선(spontaneous goodness)에서 행위하며, 타인들에게 영감을 주는 모범이 된다. 덕 윤리학은 모세, 공자, 소크라테스, 부처, 예수 등과 같은 사람들을 만들고자 한다. 이렇게 행위자에 초점을 두는 덕 윤리학은 행위에 기초한 (의무) 윤리체계에 대해 다음과 같은 비판적 견해를 보인다(류지한, 2001; Dinal Statman, 1997).

첫째, 행위에 기초한 윤리학은 동기 유발 요소(motivational component)를 결여하고 있다. 행위에 기초한 윤리학은 영감을 주지 못하고 지루하고 부정적(소극적)이다. 그것은 행위하고자 하는 동기나 영감을 주지 못한다. 행위에 기초한 윤리학은 "선의 추구"보다는 "죄 짓지 말 것"을 강조한다.

둘째, 적합하지 않은 신학적-법적 모델에 기초하고 있다. 전통적인 도덕에서 도덕 언어는 보통 법의 구조와 매우 유사한 구조를 가진다. 옳고 그름의 개념은 전형적으로 분명한 권위가 존재하는 법적 맥락의 구조 안에서 나타난다. 전통적인 자연법 윤리는 이러한 모델을 사용해 왔다. 왜냐하면 자연법 윤리에서 도덕 원리는 법에 비유되고 신은 주권자에 비유되기 때문이다.

윤리학은 도덕적인 시시비비를 가리고 문제를 풀이하는 것이 아니라 훌륭한 성품을 개발하도록 돕는 것이 되어야 한다. 이 점에서 현대 도덕 이론의 법률주의적 경향은 도덕의 정신, 즉 "도덕이 인간을 위해서 만들어진 것이지, 인간이 도덕을 위해서 있는 것"이라는 도덕의 정신을 파괴하는 결과를 초래했다.

셋째, 행위에 기초한 윤리학은 정신적 차원을 소홀히 취급한다. 행위에 기초한 윤리학은 모든 도덕 판단을 행위에 관한 판단으로 환원한다. 그리고 감사, 자기 존경, 공감, 적절한 감정을 가지는 것, 어떤 인간이 되도록 고무하는 것과 같은 정신적 자질을 소홀히 취급한다.

칸트에 의하면 자연적 선(natural goodness)은 도덕과 무관하다. 그러나 덕 윤리학자에 따르면, 단지 선한 성품 때문에 선을 행하는 '자연적 성인'은 의무감에서 마지못해 선을 행하는 사람보다 훨씬 우월한 도덕적 존재이다. 진정한 선은 자발적으로 즐겁게 선을 행하는 것이다.

아리스토텔레스에 따르면, "고귀한 행위를 하더라도 그것을 즐겁게 수행하지 않는 사람은 전혀 선한 사람이 아니다. 누구도 정의롭게 행위하는 것을 즐거워하지 않는 사람을 정의로운 사람이라고 부르지 않으며, 관대한 행위를 즐거워하지 않는 사람을 관대한 사람이라고 부르지 않는다." 습관에서 그리고 내적인 선한 성품에서 선을 행하는 사람인 자연적 성인은 도덕적으로 우월한 사람이다.

넷째, 행위에 기초한 윤리학은 자율성을 과장하고 윤리학의 공동체적 맥락을 무시한다. 맥킨타이어에 의하면, 규칙 지배적인 윤리학은 자율성의 원리－이성만으로 도덕률에 도달하는 개인의 능력－를 과장하는 계몽주의적 특징을 지니고 있다. 그러나 모든 도덕률은 관행에 뿌리박고 있으며, 관행은 전통이나 삶의 형식에 착근되어 있다. 우리는 합리적인 원자로서 진공 상태에서 도덕적 결정을 내리는 것이 아니다. 맥킨타이어는 상대주의를 주장하지는 않는다. 우리는 더 좋은 삶의 방식을 발견할 수 있다. 그러나 그것들은 아마도 선한 삶과 선한 공동체에 대한 견해 위에 기초하고 있을 것이다.

3. 현대 덕 윤리학의 동향과 특징

현대의 덕 윤리 이론가들은 덕 개념을 도덕 이론의 핵심 개념으로 간주한다. 덕 윤리를 가장 강경하게 옹호하는 앤스콤이나 풀 등은 의무 윤리의 대표 이론인 공리주의와 칸트주의가 근본적으로 잘못되었다고 비판한다. 앤스콤에 의하면, 의무나 책무, 옳고 그름 등의 법률적 개념에 의존하는 의무 윤리 이론가들의 시도는 모두 실패로 돌아갔다. 그래서 그녀는 '도덕적으로 그르다'라는 말 대신 '진실하지 못하다', '정숙하지 못하다', '공정하지 못하다' 등과 같은 덕 용어들을 사용하면 우리의 삶이 더 나아질 것으로 확신하였다. 풀은 건전한 도덕철학은 덕/악덕 이론으로부터 출발해야만 한다고 주장한다(최문기, 1999).

신아리스토텔레스주의자로 불리는 매킨타이어(Alasdair MacIntyre)는 덕을 관련시키지 않고는 인간에게서 선을 충분히 추론해 낼 수 없다고 주장하면서, 규칙 또는 의무 윤리학을 가장 강력하게 비판한다. 그에 의하면, 전통적인 종교 도덕이 권위를 잃었을 때, 칸트(I. Kant), 흄(D. Hume) 등과 같은 근대 도덕철학자들은 합리적인 도덕체계를 구축하고자 시도하였다. 그러나 도덕을 합리적으로 정당화하려고 한 이러한 18세기의 계몽주의 프로젝트는 실패로 끝났다고 단언한다. "그 이유는 그들이 인간성에 대한 특정한 이해 속에서 그들의 도덕적 신념의 합리적 기반을 찾으려고 했기 때문이다. 그들은 한편으로는 유대교와 기독교의 전통에 뿌리를 둔 일련의 도덕률을, 다른 한편으로는 아리스토텔레스의 전통에 뿌리를 둔 인간성 개념을 물려받았는데, 양자는 불일치한 것이다." 요약하면, 근대 계몽주의 철학자들이 실패할 수밖에 없었던 이유는, 서로 다른 역사를 가진 도덕률과 인간성 개념을 결합하고자 했기 때문이다. 그래서 매킨타이어는 도덕을 이해하는 온당한 방법으로, 아리스토텔레스의 윤리학에로 돌아갈 것을 주장한다.

알래스데어 매킨타이어(Alasdair MacIntyre, 1929~). 도덕 철학과 정치 철학, 철학의 역사, 그리고 신학분야에 공헌한 스코틀랜드의 철학자이자 기독교 윤리학자. 『After Virtue』(1981, 국내에서 『덕의 상실』로 번역)은 그의 대표작. 덕 윤리학을 주도.

"우리가 갖고 있는 것은 어떤 개념적 기구의 단편들, 즉 이들에게 의미를 부여할 수 있는 콘텍스트가 결여되어 있는 조각들이다. 우리는 정말 도덕성의 환영을 가지고 있으며, 우리는 계속해서 많은 핵심표현들을 사용하고 있다. 그러나 우리는-비록 전적으로 그렇지는 않지만 상당히 광범위하게-우리의 이론적, 실천적 이해력 또는 도덕성을 상실하였다." (『덕의 상실』 제1장 '우리를 불안하게 하는 실험적 사유')

"도덕철학은, 그것이 아무리 그 이상의 것을 성취하고자 하는 열망을 가지고 있다고 할지라도, 항상 특정한 사회적 문화적 관점의 도덕성을 서술한다. 아리스토텔레스는 기원전 4세기 아테네인들의 한 계급의 대변인이다. 칸트는 내가 이미 언급한 바와 같이 막 출현하는 자유주의적 개인주의의 사회적 힘들에 합리적 목소리를 제공한다." (『덕의 상실』 p.392)

"덕은 하나의 습득한 인간의 성질로서, 그것의 소유와 실천이 우리로 하여금 어떤 실천에 내재하고 있는 선들을 성취할 수 있도록 해주며 또 그것의 결여는 결과적으로 그러한 선들

의 성취를 방해하는 그러한 성질이다. 이 정의는 나중에 확장되고 개선될 필요가 있다. 그러나 적절한 정의에 이르는 첫 번째 접근으로서 그것은 이미 인간 삶 내에서의 덕의 위치를 분명히 밝혀주고 있다. 왜냐하면 많은 핵심적 덕들에 있어서 만약 그것들이 없다면 실천에 내재하고 있는 선들이 우리에게 봉쇄된다는 사실, 즉 단순히 일반적으로 봉쇄될 뿐만 아니라 매우 특별한 방식으로 봉쇄된다는 사실을 보여주는 것은 어렵지 않기 때문이다." (『덕의 상실』 제14장 '덕의 본질')

테일러(R. Taylor)도 근대 의무 윤리를 비판하고 고대의 덕 윤리의 부활을 주장한다. 그는 근대 도덕철학의 기본 개념인 도덕적 의무, 도덕적 옳음, 도덕적 그름 등은 신의 존재를 인정하지 않고서는 공허한 개념들이라고 지적한다. 핀콥스(E. L. Pincoffs)도 근대 도덕철학과 덕 윤리학을 대비시키고, 덕 윤리학의 관점에서 근대 도덕철학을 비판한다. 그는 근대 도덕철학의 성격을 한 마디로 문제 풀이식 윤리학(quandary ethics)이라고 규정한다. 즉, 근대 도덕철학자들은 윤리학이 하는 일은 일차적으로 도덕 이론을 적용해서 어려운 도덕적 문제를 푸는 것이라고 생각한다. 그는 이러한 문제 풀이식 윤리학의 대안으로 덕 윤리학을 제시한다. 그에 의하면, 윤리학은 일차적으로 사람의 성품, 즉 덕에 관심을 가져야 한다. 도덕이란 단지 어떤 도덕률을 어떤 구체적 상황에 적용하는 문제가 아니다. 고대 윤리학자들처럼 우리도 어떻게 살아야 할 것인가의 문제에 더 관심을 기울여야 하고, 도덕적 난제를 어떻게 풀 것인가 하는 문제보다도, 훌륭한 사람은 어떤 사람인가 하는 문제를 더 깊이 생각해 보아야 한다고 주장한다.

한편 온건론자인 베커(L. C. Becker)는 의무 윤리 또는 행위 윤리가 잘못되었다기보다는 불완전하다고 보고, 아리스토텔레스적 접근과 칸트적 접근을 결합하고자 시도한다. 왈라스 역시 중도 입장을 취하는데, 인격 특성에 관한 연구가 인간의 삶에 통찰력을 제공한다고 믿으면서도, 덕이 의무 윤리의 기본이 되는 도덕적 원리나 규칙과 함께 고려되어져야 한다고 언급한다.

이러한 덕 윤리론가들의 동향에 일관된 것이 있다면, 덕 윤리학은 도덕적 요구를 인간 자신이 가장 깊은 내면의 세계와 동떨어진, 외적으로 부과된 어떠한 제한으로 해석하는 관점을 거부한다는 점이다. 오히려 인격의 한 부분으로서 인간의 내부에 있는 덕이 도덕적 행위에 대한 내적 힘(inner strength)을 제공한다고 본다(김태훈, 1999). 따라서 현대 덕 윤리학이 보는 도덕성은 이러한 내적 힘이자, 보편적인 자선(universal benevolence)으로서의 도덕성, 배려로서의 도덕성을 포함하고 있다(M. W. Baron, Philip Pettit, & Michael Slote, 1997).

현대 덕 윤리학의 두 가지 특징을 요약해 보면(김태훈, 1995), 우선 현대 덕 윤리학은 윤리적 가치의 다원성이 존재한다는 관점을 표방한다. 하나의 상위적인 도덕적 가치의 범주로 수렴되어질 수 없는 다원성이 존재한다고 본다. 각각의 선은 그 나름대로 가치로우며, 그리고 다른 선으로 대치 불가능할 뿐 아니라 어떠한 선의 박탈 혹은 상실은 또 다른 선에 의해 보상되어질 수 없다.

현대 덕 윤리학의 또 다른 특징은 역사적으로 결정된 사회적 공동체 속에서 실제적인 형태를 항상 취하고 있는 도덕적 제도(institution)를 강조한다. 현대 덕 이론가들은 인간 삶의 현상들 중에서 도덕적 가치의 다원성에 주목하였으며, 그러한 가치의 실제적 의미를 역사적으로 결정된 공동체의 삶의 한 부분(그 공동체의 사고방식 및 사회적으로 결정된 관습)으로서 이해하고자 하였다. 그러므로 우리가 도덕을 이해하려면, 그 공동체의 전통적 배경과 각기 서로 다른 개별적 인간의 삶의 배경 등 넓은 구조의 배경을 고려해야 한다. 만약 우리가 윤리적 문제들을 어떤 하나의 원리 혹은 가치에 입각하여 해석하려 한다면 도덕의 진정한 본질을 이해하지 못하게 된다.

환원론적으로 위 두 가지 특징을 규합하는 것이 다름 아닌 도덕적 덕의 개념이다. 인간이 삶을 살아가면서 하나로 귀결될 수 없는 다원적인 덕을 실천한다는 것은 선한 삶을 위한 수단이자 그 자체가 목적이다. 덕은 하나의 공동체 내에서의 선한 삶을 지지해 주는 관습을 입증해 준다는 의미에서 수단이다. 아울러 덕은 인간을 인간답도록 가능하게 만드는 삶의 형식의 구성 요소라는 점에서 목적이다. 따라서 덕 윤리론자들은 도덕적 인간의 개념을 공동체 속에 포함된 개별적 인간에 관한 이야기의 형태 속에서 이해하려 한다. 그 이야기는 사람의 통일성과 연속성의 두 측면을 제공한다. 다시 말해, 그것은 한 사람의 과거, 현재, 미래를 서로 연관시킨다. 그 결과 도덕적 인간에 관한 개념은 인간 삶의 모든 측면을 포괄하는 것으로 확장된다.

4. 덕 윤리학과 도덕교육

이상에서 살펴본 덕 윤리학은 도덕교육의 목표 설정과 관련하여 매우 귀중한 아이디어를 제공해 주고 있다. 덕 윤리학에서 보는 도덕교육의 목표는 덕이 있는 사람을 길러내는 일이다. 그리고 이때의 덕은 인지적, 정의적, 행동적 요소를 담고 있는 아주 총체적인 개념이다. 따라서 덕 윤리학은 도덕교육의 목표와 관련하여 훌륭한 인격 특성 혹은 덕을 갖춘 사람을 길러낼 것을 요구하고 있다. 도덕교육을 통해 우리가 길러내고자 하는 인간은 습관적 혹은 제2의 천성으로 정당한 이유에 따라 행동하는 사람이다. 이와 비슷한 맥락에서 최병태는 광의의 의미에서 도덕교육의 과제는 올바른 사람을 기르는 것이므로 제대로 된 도덕교육 이론은 어떠한 사람이 올바른 사람이며, 어떻게 그런 사람을 길러낼 수 있는가 하는 문제를 포함하지 않을 수 없다고 본다(최병태, 1996: 166). 이러한 맥락에서 볼 때 덕의 윤리학은 기본적으로 좋은 사람과 좋은 사람의 형성의 문제에 관심을 갖기 때문에 그것은 의무의 윤리학보다 도덕교육에 더 풍부한 시사를 준다는 것이다.

무엇보다도 덕 윤리학은 도덕교육의 내용을 제공해 준다. 덕 윤리학은 우리가 도덕교육을 통하여 지녀야 할 덕의 목록들을 제시해 주기 때문에 도덕교육의 내용을 풍부하게 해 준다. 또한, 덕 윤리학은 도덕교육의 방법에도 많은 시사점을 주고 있다. 햄(Hamm)은 덕을 지니게 하는 방법론으로 모범(exemplification), 격려(encouragement), 계몽(enlightenment)을 제시하고 있다(김기수, 조무남, 1996). 모범은 이상적인 사례나 모형의 제시를 뜻하며, 격려는 성인이 모형을 가지고 아이들로 하여금 모형이 된 그 행위를 따르게 하는 기법을 사용하는 것을 의미한다. 그리고 계몽은 행위의 정당한 이유에 도달하는 데 요구되는 도덕의 인지적 요소의 발달을 의미하며, 대개 일반적인 언어적 교수의 형식에 의해 제공된다. 계몽이 요구되는 영역은 도덕적 개념, 도덕적 규칙과 원리, 도덕적 추론, 그리고 도덕철학에 관련된 부분들이다.

5. 덕교육의 주요 특징

최근 미국이나 독일에서 쏟아져 나오고 있는 도덕교육에 대한 문헌을 살펴보면, 도덕교육의 흐름이 변화하고 있음을 감지할 수 있다. 그 대표적인 내용은 바로 덕교육 혹은 인격교육과 감정교육의 부활을 들 수 있다. 이는 1970~1980년대에 인기를 끌었던 가치명료화 이론이나 콜버그의 인지발달적 도덕 이론이 도덕적 추론능력과 자율적인 인간형성을 위한 판단과 결정능력을 강조한 나머지 도덕적 행동을 위한 도덕적 규범이나 가치들에 대한 확고한 신념과 습관화의 중요성을 간과하였다는 비판에서 등장한 것이다. 이러한 덕교육과 인격교육의 부활은 전통윤리학에서 강조하는 덕목 중심의 교육으로서의 단순한 회귀가 아니다. 이것은 도덕교육이란 무엇이 선이고 옳은 것인가를 이성적으로 알고 판단하는 것에만 치중할 것이 아니라, 옳다고 인식된 것을 뜨거운 열정을 가지고 실천할 수 있도록 풍부한 감정적, 행동적 경험을 높여 주어야 한다는 인식에서 출발하고 있다. 다시 말하면 도덕교육이 진정으로 인간의 도덕성 함양과 인간됨을 목표로 한다면, 새롭게 제기되고 있는 도덕교육의 흐름은 이성에 의한 자율적 가치 판단 능력의 함양과 바람직한 덕목의 내면화를 통한 실천력을 높이는 것이 조화롭게 통합되어야 함을 암시하고 있는 것이다.

콜버그에 있어서 덕교육은 덕목을 주입하는 교화적인 것으로 인식되어 무시되었다. 그에 따르면, 유능한 도덕교육자는 아동의 도덕적 증진을 위해 가치들을 주입하는 사람이 아니다. 복잡하고 예측 불가능한 현대사회에서 도덕적 결정을 내리기 위해서는 덕목에 대한 경건한 존중만으로는 부족하기 때문에, 근본적으로 다른 종류의 지식, 즉 선의 지식을 가르쳐야 한다는 것이다. 그러나 이러한 콜버그의 주장은 전통적인 덕 개념을 매우 잘못되게 왜곡한 것이다. 덕은 전통적인 도덕이 승인하는 행동과 관련이 있는 것이 아니라 반성적인 도덕적 선택을 용이하게 해주는 인격의 상태이다.

덕은 윤리적으로 책임 있는 일련의 행동을 고양시키는 의무인 것이다. 그것은 의무가 근거하고 있는 인성 혹은 인격의 특질에 대한 설명이다. 도덕성이 붕괴된 현대와 같은 불확실한 시대에 잘못 이해된 덕의 의미 규정과 덕교육이 회복되어야 한다. 최근에 철학자 및 교육자들 가운데 다시 덕 윤리에 관심을 두면서 덕 윤리가 부활하고 있다. 덕 윤리를 주장하는 사람들은 덕이란 가르쳐질 수 있는 것이라고 가정함으로써 시작한다. 교육은 사회적 생활을 유지하기 위해 필요로 하는 덕을 형성하도록 하는 책임을 가지고 있다. 덕교육은 도덕적 삶의 요청들에 대해 반성적인 사고를 할 수 있는 데 초점을 두어야 한다. 최근에 다시 강조되고 있는 덕교육은 의무와 덕에 대한 관계를 분명히 이해하는 데서 출발하고 있다.

덕에 대한 모든 탐구는 아리스토텔레스에서 비롯된다고 해도 과언이 아닐 정도로 그는 덕에 대해 상세한 분석을 하고 있다. 덕교육의 부활과 관련해서 그의 덕론은 매우 시사하는 바가 크다.

아리스토텔레스는 그의 『니코마스 윤리학(The Nichomachean Ethics)』에서 덕은 선택, 정념, 그리고 행동의 세 가지 측면과 관련된다고 말하고 있다. 말하자면 덕은 선을 선택하는 일, 선에 관해 어떤 정념을 갖는 일, 그리고 선을 행동으로 실천하는 일과 관련된다고 보는 것이다. 이를 좀 더 구체적으로 알아보자.

먼저, 덕은 무엇이 선한 삶인지를 제대로 알고 판단하는 일, 다른 말로 하면 도덕적인 삶을 이끄는 가치와 규범이 무엇인지를 바로 알고 잘 판단하여 선택하고 결정하는 일과 관련된다. 아리스토텔레스가 덕은 선택과 아주 밀접하게 관련이 있으며, 선택은 다시 선택의 기준으로서의 이성적 원리와 사유 그리고 실천지를 내포하고 있다고 지적한 것은 바로 이를 염두에 두고 말한 것이다. 특히 그는 선택이 올바르게 되려면 실천지가 필요한데, 실천지는 인간적 선에 관해 참된 이치에 따라 행위할 수 있도록 하는 상태로서, 자기 자신과 일반적으로 모든 사람들을 위해 좋은 것이 무엇인지를 아는 것이라고 말한다. 결국 이와 같은 아리스토텔레스의 견해를 따르게 되면 우리는 인간 삶에 있어 무엇이 옳고 그른지를 알고 숙고하고 사려분별하며, 판단·선택하는 능력과 품성을 기르는 일이 덕을 육성하는 한 부분이 됨을 알게 되는 것이다.

다음으로 덕은 선에 관해 느끼고 의욕하는 성향과 또한 관계된다. 말하자면 덕은 삶의 참된 도리와 바람직한 가치, 규범을 좋아하고 즐겨 추구하며 그것에 헌신하고자 하는 어떤 정서적 성향과 관련이 있는 것이다. 아리스토텔레스가 덕은 선택과 관련이 있을 뿐만 아니라 또한 감정, 욕망과도 관련되어 있음을 지적한 것은 바로 이를 두고 말한 것이다. 이때 감정, 욕망은 쾌락과 고통에 관한 느낌과 욕구를 내용으로 하고 있기 때문에 사람이 무엇에 대해 쾌락과 고통을 느끼고 의욕하는지 여부가 그의 덕스러운 인격을 나타내 주게 된다. 따라서 마땅히 추구해야 할 것을 추구하고 회피해야 할 것을 회피하도록, 그리고 마땅히 기뻐할 일에 기뻐하고 마땅히 괴로워할 일에 괴로워할 줄 알도록 어렸을 적부터 교육을 받아야 하며, 이것이 바로 참으로 올바른 도덕교육의 한 부분이 되는 것이다.

마지막으로 덕은 도덕적 실천과 행동 습관화와 관계된다. 주지하다시피 아리스토텔레스는 무엇보다도 덕은 행동과 관련됨을 지적하면서, 심지어 행동이 도덕적 품성, 도덕적 덕을 결정한다고까지 말하고 있다. 이때 행동이 덕을 결정한다 함은 두 가지 측면, 즉 덕의 생성과 완성 모두에 관계됨을 의미하는 것이다. 말하자면 덕은 그것에 대응하는 활동을 통해 생기며 동시에 그 성숙함 또한 행동을 통해 이루어진다는 것이다. 아리스토텔레스가 지적한 바와 같이 덕은 먼저 실천함으로써, 그리고 그것에 대응하는 활동을 함으로써 얻게 된다거나, 올바른 행위를 함으로써 올바른 사람이 되고 절제 있는 행위를 함으로써 절제스러운 사람이 된다거나, 덕은 습관의 결과로 생기며 습관에 의해 완전하게 된다는 등의 지적은 이를 가리키는 것이다. 이렇듯 덕은 선에 관해 알고 사고·판단하는 지적 측면과 느끼고 의욕하는 정의적 측면, 그리고 실천·행동하는 행동적 측면의 통합으로 구성된다.

이렇게 볼 때, 덕을 기르는 도덕교육은 선에 관해 알기만 하거나, 느끼기만 하거나, 무조건 행동의 습관만을 갖게 하는 일면성에 치우칠 수는 없다. 즉, 어떤 덕을 기르려면 그와 관련된 도덕적 가치나 규범을 제대로 알고 구체적 사태에 적용하여 바르게 판단할 수 있는 능력을 기르는 일, 그러한 가치, 규범을 존중하고 기꺼이 추구하려는 마음을 갖게 하는 일, 그리고 그것을 반복 실천함으로써 습관화하게 하는 일 등이 종합적으로 필요함을 알게 된다. 따라서 진정으로 어떤 도덕적 가치나 규칙을 제대로 가르치려면 그것에 관해 올바르게 알게 하고 합리적으로 판단하게 하는 인지적 접근과 긍정적으로 느끼고 의욕하게 하는 정의적 접근, 그리고 반복 실천하여 습관화하게 하는 행동적 접근의 세 가지가 조화롭게 추구되어야 하는데 이를 가리켜 우리는 덕교육의 통합적 접근이라고 부르게 된다. 덕교육으로서의 인격교육은 이렇듯 통합적 관점에 입각하여 학생들의 도덕적 덕성을 형성하기 위해 진력을 다하는 특성을 지니고 있는 것이다.

제10절 레스트의 도덕발달이론

제임스 레스트(James Rest)는 콜버그(Lawrence Kohlberg)의 도덕 발달 이론을 계승한 학자로서 콜버그가 주장하고 있는 도덕추론 발달 이론이 가지는 단점을 보안하고자 하였다. 콜버그는 도덕 발달 단계가 불변적 계열성을 지니며, 각 단계가 통합된 의미의 독특성을 갖는다고 주장하였다. 그러나 콜버그의 이론은 한 사람이 때로는 도덕적으로 높은 수준의 추론을 하기도 하지만 때로는 도덕적으로 낮은 수준의 추론을 하는 도덕 수준의 퇴행을 잘 설명하지 못하였다. 레스트는 도덕적 추론이 인습 이전 수준, 인습 수준, 인습 이후 수준으로 구분되며, 한 사람의 도덕적 사고에 있어서 이런 수준들은 서로 동시에 작용한다고 주장하였다. 그러므로 레스트는 콜버그가 주장한 낮은 수준에서 높은 수준으로의 불변적인 발달을 수정하는 입장을 취하였다. 그는 한 사람이 어떠한 상황을 놓고 도덕적 사고를 할 때, 높은 수준의 도덕적 추론을 하는 사람은 그렇지 못한 사람에 비해 인습 이전 수준 혹은 인습 수준보다 인습 이후 수준의 도덕적 추론을 더 많이 한다고 하였다. 즉 도덕 판단의 차이는 단계의 변화가 아니며, 인습 이전, 인습, 인습 이후 수준의 양의 차이라고 강조하였다. 이런 입장에서는 콜버그가 설명하지 못했던 도덕적 사고의 퇴행을 설명할 수 있다. 왜냐하면, 비록 수준별 양의 차이는 있지만, 동시에 세 수준이 존재하므로 한 개인이 때로는 인습 이후 수준의 사고를 할 때도 있고, 인습 이전 혹은 인습 수준의 사고를 할 경우도 가능하다고 보았기 때문이다.

레스트는 도덕성과 관련된 4 구성요소 모형을 제시한다. 기존의 도덕 심리학자들은 도덕성을 인지적, 정의적, 행동적 요소와 같이 세 가지로 구분하였다. 피아제와 콜버그와 같은 인지적 도덕 발달론자들은 도덕성은 도덕적 판단력과 깊은 관련이 있으며, 이는 인지적 성숙과 더불어 병행하여 발달한다고 보았다. 프로이트와 같은 정신분석학자들은 인간의 양심, 죄책감, 자아 등과 같은 정의적 측면을 강조하여 도덕적 성숙을 이끌어야 한다고 주장하였다. 행동주의 및 사회 학습 이론가들은 도덕성의 행동적 측면에 대한 강조를 통해 계획된 학습이나 반복적인 실천, 모방 등을 통하여 도덕적 행동의 습관화를 이끌어 내는 것을 목표로 하였다. 반면 레스트는 도덕성을 도덕적 민감성, 도덕 판단력, 도덕적 동기, 그리고 실행력의 4 구성요소로 구분하였다. 도덕성은 결코 인지적인 영역과 정의적인 영역으로 구분할 수 없다는 것이 그의 기본적인 생각이다. 그래서 구성 요소별 자세한 설명은 아래와 같다.

> 도덕 민감성은 어떤 행위들이 가능하고 각각의 가능한 행동들에 의해서 누가 그리고 무엇이 영향을 받으며, 그 행동에 참여한 일행들이 가능한 결과들에 대해서 어떻게 반응을 하는지와 관련하여, 사회적 상황에 관한 감각적 인식체계의 실용성과 상황에 대한 설명을 포함한다.
>
> 주된 기능으로는 개인의 행위가 다른 사람의 안녕에 어떻게 영향을 미치는지의 관점에서 상황을 설명하고자 한다. 인지-정의적 상호작용으로 사람이 다른 사람으로부터 어떻게 영향을 받고 그들에게 공감, 혐오감 등을 느끼는지에 대한 추론을 한다.

도덕 판단은 가능한 행동들 중에서 무엇이 가장 도덕적인지를 결정하는 것을 포함한다. 개인은 선택사항들을 저울질해보고 사람들이 그러한 상황에서 무엇을 해야만 하는지 결정한다. 주된 기능으로는 행위에 대한 도덕적인 과정이 무엇인지 명확히 하는 것으로 특별한 상황에서 도덕적인 이상을 확인한다. 인지-정의적 상호작용으로는 추상적이고 논리적인 그리고 개인적인 의견에 바탕을 둔 가치의 측면들 모두가 도덕적인 의미체계를 구성하는데 포함되며 도덕적 이상은 인지와 정의적 요소 모두로 구성된다.

도덕 동기는 그 사람이 다른 모든 가치와 의도들보다도 도덕적 가치 우선권을 부여하고 그 가치를 실행하고자 하는 것을 의미한다. 주된 기능으로는 이상에 관한 경쟁하는 가치 결과 중에서 영향을 미칠 한 가지를 선택하며, 개인의 도덕적인 이상을 충족시키려고 노력할지의 여부를 결정한다. 인지-정의적 상호작용으로는 다양한 목표들의 상대적인 유용성에 대한 계산을 하며, 감정은 관점에 영향을 미치며 인식에 대한 방어적인 왜곡이 일어나고, 공감은 결정을 강요하고, 사회적인 이해는 목표에 대한 선택을 동기화

한다.

실행력은 자아 강도와 선택된 행동을 수행하는데 필요한 사회적·심리적 기술을 결합시키는 것이다. 주된 기능으로는 사람이 하고자 하는 바를 실행하고 충족시킨다. 인지-정의 상호작용으로는 목표에 대한 인지적 변형에 의해서 영향을 받은 과제에 대한 지속성이다(문용린 역, 2004: 488-489).

레스트는 도덕 판단을 측정함에 있어서도 콜버그가 제시한 각 단계를 규정해내는 방법에서 탈피하여 도덕적 사고에 있어서 인지 이전 수준, 인습 수준, 인습 이후 수준의 분포도를 측정하는 방식을 제시하였고, 이러한 생각을 반영한 DIT(Defining Issues Test)를 개발하였다. 다음은 이에 대한 설명이다.

> DIT에서 피검자들이 하는 일은 제시된 딜레마에 대한 결정을 내리는 데 있어서 12항목들의 중요성을 평가하고 순서를 매기는 일이다. 피검자들은 도덕적 결정을 내리는 중요성에 따라 각 항목의 진술들을 (매우 중요하다, 대체로 중요하다, 약간 중요하다, 별로 중요하지 않다, 전혀 중요하지 않다)의 5가지 척도에 따라 평가한다. 이렇게 12항목을 모두 평가한 후에 피검자들은 위의 12항목을 동시에 고려하여 중요도 (가장 중요하다, 두 번째로 가장 중요하다. 세 번째로 가장 중요하다, 네 번째로 가장 중요하다)에 따라 순위를 매기게 된다. 항목들의 평가점수와 순위들을 통해 각 피검자의 점수를 산출하게 된다(김항인, 2000: 229).

제 2 부

도덕교육 실제

제 6 장

도덕과 교육과정

제1절 도덕과 교육과정의 변천

1. 미군정기(1945~1948)

우리나라에서의 현대적 의미의 도덕과 교육은 1945년 광복 직후부터 이미 실시되기 시작했다. 광복 직후 미군정은 현재의 국가적 교육과정에 해당하는 교수요목을 제정하고, 초등학교 교괴목 편제와 시간표를 확정·공표하였는데, 이때 그 교과목 편제의 첫머리에 제시된 '공민'과에 바로 도덕과 교육이 포함되어 있었던 것이다.

1946년 9월 학무국에서는 초등학교의 새로운 교과 편제를 발표하게 되었는데 이에 따라 공민과는 역사, 지리와 함께 '사회생활'과로 통합되게 되었다.

2. 정부 수립 후(1948~1954)

1948년 8월 15일 대한민국 정부가 수립되자 정부는 교육법을 제정·공포하고, 당시 교육법 제93조에 규정된 초등학교 교과목은 8개였는데, 도덕과 교육은 그 중 사회생활과에 포함되어 있었다고 할 수 있다. 1951년 2월 정부는 전시하 교육의 특별 요강을 제정·발표하면서 1952학년도 교육 방침으로서 지식교육, 기술교육, 국제교육과 함께 도의교육에 역점을 둘 것을 천명하였다(문교부, 1988: 180). 1954년 9월에는 문교부령 제35호로 교육과정 시간배당기준령을 제정·공포하였는데, 여기에서는 종래 사회생활과 속에 포함되어 실시되어 왔던 초·중학교의 도의교육을 연간 35시간 이상 확보하도록 규정하였다.

3. 제1차 교육과정기(1954~1963)

제1차 교육과정 시기에는 도덕교육을 강화하기 위한 여러 가지 노력이 전개되었다. 먼저 1955년 10월 문교부는 각계 각층 인사 30인으로 '도의교육위원회'를 조직하여 장관의 자문기관으로 두고 도의교육을 강화하고자 하였다. 그리고 1956년에는 도의교육의 당면 목표를 발표하였다. 당시 도의교육의 당면 목표로는 ① 관후고결한 인격의 도야, ② 반공·방일의 애국애족 정신의 함양, ③ 대인관계에서의 협동심과 책임감의 양성, ④ 근로역행하는 생활태도의 앙양 등이었다.

이러한 당면 목표를 달성하기 위해 1956년 말에는 '도의교육요항'을 발표하였다. 이 도의교육요항에서는 도의교육의 목표와 도의교육과정 구성의 원칙이 제시되었다. 도의교육 목표로서는 ① 관후고결한 인간성의 육성, ② 통일성 있는 생활태도의 형성, ③ 창조적인 문제해결력의 배양, ④ 근로역행의 태도 육성, ⑤ 정신하고 명랑한 사회생활 능력의 배양, ⑥ 애국애족 정신의 고취 등이 설정되었다.

문교부는 1957년 3월까지 '초등도의'라는 1~6학년 도덕 교과서를 편찬·발행하고, 또 종래 인정 교과서였던 것을 국정 교과서로 바꿔 강화하였으며, 1958년에는 초등학교 도의교육 교사용 지도서와 도의생활 지도요령을 출판·배포하였다. 이후 제3공화국 정부가 들어서면서, 반공교육을 강화하고 민족 도의를 진작시키며 국민 경제를 부흥케 함으로써 민주국가의 기반을 굳건히 하고자 1962년에 초등학교 전 학년의 도덕 교과서 내용이 개편되게 되었다.

4. 제2차 교육과정기(1963~1973)

제2차 교육과정에서 도덕교육과 관련된 가장 중요한 특징은 무엇보다도 반공·도덕 생활이 교육과정상의 한 영역으로 설정되었다는 점이다. 도덕교육은 반공·도덕 생활 영역의 특설로 보다 강화되었는데, 학년별로 도달해야 할 목표나 가르쳐져야 할 지도 내용을 세분해서 제시하지는 않았다. 이 반공·도덕 생활의 목표와 내용 기준은 크게 예절 생활, 개인 생활, 사회 생활, 그리고 국가 생활의 4영역으로 구분, 제시되었다. 1968년 12월 5일 국민교육헌장 선포를 계기로 하여 1969년 9월 문교부령 제251호에 의해 제2차 교육과정이 부분 수정됨에 따라 반공·도덕 생활은 주당 1시간에서 2시간으로 더욱 강화되었다.

5. 제3차 교육과정기(1973~1981)

제3차 교육과정에서 도덕교육과 관련하여 나타난 중대한 변화는 무엇보다도 종래에 반공·도덕 생활 영역으로 되어 있던 도덕교육이 정식 교과교육의 하나로 설정되면서 그 명칭도 '도덕'으로 바뀌게 되었다는 점이다. 이는 기존 반공·도덕 생활의 운영상의 문제점을 보완하여 도덕교육의 성과를 제대로 구현해야겠다는 의지가 반영되었기 때문이었다.

도덕과 목표는 5개 생활 영역에 따라 저·중·고학년별로 제시되었다. 이를 초등학교 도덕과 교육이 완성되는 고학년의 경우를 중심으로 살펴보면, 예절 생활 영역에서는 예절의 기본 정신을 깨닫고 여러 가지 경우의 예절을 익혀 품위 있는 생활을 할 수 있게 하는 것을, 개인 생활 영역에서는 자율적 판단에 따라 책임 있게 행동하고 꾸준히 자기 발전을 꾀하여 훌륭한 품격을 갖추는 기초를 닦게 하는 것을, 사회 생활 영역에서는 민주 사회에서 지켜야 할 도덕의 기본정신을 깨달아 행동하고 사회 발전에 이바지하려는 마음과 태도를 기르는 것을, 국가 생활 영역에서는 조상의 뜻을 받들어 국가 발전에 이바지하려는 태도를 지니게 하며 세계 평화에 공헌하는 길을 생각하게 하는 것을, 그리고 반공 생활 영역에서는 북한 공산 집단의 죄상을 알고 평화 통일을 이룩하려는 결의를 굳게 하는 것을 그 목표로 하였다.

지도 내용은 총 42개 덕목을 설정하였다. 예절 생활 영역에서는 자세·용의, 인사·언행, 일반 예절, 집회 의식 등을, 개인 생활 영역에서는 건강·안전, 정직·성실, 검소·절제, 근면·노력, 사려·반성, 개성 신장 등을, 사회 생활 영역에서는 인권존중, 공익·공덕심, 가정애, 협동·상조, 책임·의무, 규율·준법, 공명 정대 등을, 국가 생활 영역에서는 국가 의식 고취, 국민 긍지·민족 자각, 국가 발전에의 협조, 미풍 양속 계승 발전, 인류애·세계평화 등을, 반공 생활 영역에서는 공산당의 만행에 대한 적개심, 북한의 참상, 공산 침략의 경계 분쇄, 반공 통일 신념의 확립 등을 설정하였다.

6. 제4차 교육과정기(1981~1987)

제4차 도덕과 교육과정의 특징은 인지적 접근을 표방하였다는 점이다. 이때부터 덕목의 실천과 도덕적 행동에는 지적 이해가 전제되어야 진정한 의미의 도덕적 삶이 가능하다는 방향으로 관점의 중대한 변화가 이루어졌던 것이다.

생활 영역을 제4차 도덕과 교육과정 때의 5개 영역, 즉 예절 생활을 개인 생활 영역에 흡수시키고 반공 생활을 평화통일로 바꿔 4개 영역, 즉 개인 생활, 사회 생활, 국가 생활, 평화통일로 바꿔 재조정하였다. 그리고 국가와 반공 생활 영역을 50~60%로 늘려서 국민정신교육의 내용을 강화시켰으며, 도덕과의 학년 목표는 저 · 중 · 고학년으로 구분하였으나 지도 내용은 각 학년별로 구분 제시하였다.

학년별 목표에서 저학년은 일상생활에 필요한 인습적 도덕규범을 알고 이를 실천하는 가운데 도덕적 습관을 형성하는 데 중점을 두었고, 중학년에서는 도덕규범을 준수해야 할 필요성과 이유를 알아 이를 내면화하여 타율적 도덕 생활에서 자율적 도덕 실천 생활로 나아가도록 하였으며, 고학년에서는 규범 상호 간의 관련성을 이해하고 도덕규범 간의 갈등을 해결하는 능력을 기르는 데 중점을 두었다.

지도 내용은 개인 생활, 사회 생활, 국가 생활, 반공 생활의 4개 영역에 걸쳐 총 21개의 주요 지도 요소(덕목)들을 제시하였다. 개인 생활 영역에서는 품위, 성실, 절제, 명랑, 자주, 창조, 사려를, 사회 생활 영역에서는 예절, 가정애, 경애, 관용, 공익, 책임, 협동, 정의를, 국가 생활 영역에서는 국민 정신, 국가 발전, 인류 공영을, 그리고 평화통일 영역에서는 북한 주민, 침략 경계, 통일 의지를 설정하였다.

7. 제5차 교육과정기(1987~1992)

제5차 도덕과 교육과정의 특징은 다음과 같다.

첫째, 제4차 도덕과 교육과정에서는 학년 목표를 2개 학년씩 묶어서 제시하였던 것을, 제5차 도덕과 교육과정에서는 각 학년별로 제시하여 각 학년 지도에 있어 방향 의식을 분명히 하고 교사들의 편의를 도모하고자 하였다.

둘째, 내용의 선정에 있어서는 기본생활습관의 형성 및 도덕적 실천을 강조하는 내용, 이기적 성향을 극복하고 남을 생각할 줄 아는 공동체 의식과 태도를 강조하는 내용, 전통 문화의 우수성을 인식하고 민족 주체성을 회복하는 데 기여할 수 있는 내용 등을 포함시켰으며, 반공 생활 영역에서는 공산 체제 및 현실에 대한 합리적 비판과 우리 체제의 우월성을 강조하는 방향으로 내용을 선정하였다.

셋째, 내용 조직은 5개 생활 영역에 준거하되 학년 간 내용을 배열함에 있어서는 생활 장면 확대의 원리, 추상화의 원리, 그리고 개념화의 원리에 따랐으며, 교육 내용 결정의 자율성을 교사 수준에까지 확대하고 교육 내용의 적절성을 높이기 위해 지역화가 가능한 내용을 선정하였다.

교과 목표로는 "일상생활에 필요한 기본적인 예절과 도덕규범의 의미를 이해하고, 이를 실천하게 하여 자율적인 도덕 생활을 영위할 수 있는 능력과 태도를 기른다"는 것으로 설정하고, 그 아래 5개 생활 영역별로 하위 목표를 제시하였다. 그리고 3~6학년에 따라 역시 생활 영역별로 학년 목표를 설정하였다. 이러한 목표를 달성하기 위해 개인 생활 영역에서는 명랑, 성실, 생명 존중, 자주, 사려, 절제, 실천 의지를, 가정·이웃 생활 영역에서는 예절, 가정애, 관용, 경애, 애교·애향을, 시민 생활 영역에서는 준법, 타인 존중, 협동, 공익, 정의를, 국가 생활 영역에서는 남북 분단 인식, 북한 현실 비판, 국방·안보, 통일 등을 주요 지도 요소로 설정하고 이를 준거로 하여 구체적인 지도 내용을 선정·조직하였다.

평가에 관해서는 ① 도덕적 판단의 수준, 실천 동기, 태도 등을 평가할 수 있는 다양한 평가방법을 사용할 것, ② 도덕과 평가는 주로 학생 개개인의 도덕적 성장과 도덕과 교수-학습의 개선을 위한 자료로 활용되도록 할 것 등이 강조되었다.

8. 제6차 교육과정기(1992~1997)

제6차 도덕과 교육과정 개정의 배경에는 세계적 차원에서 이데올로기적 대립이 현저하게 완화되고, 남북 관계 및 통일 문제와 관련된 상황에 변화가 일어났다는 점, 우리 사회가 산업사회화되고 민주화가 진전됨에 따라 여러 가지 문제 내지 과제를 극복해야 할 필요가 대두되었다는 점, 그리고 바른 생활과 교육과정 개정의 배경에서 이미 언급한 바 있듯이, 제6차 교육과정 총론의 도덕교육의 단계별 특성화 방침을 교육과정에 반영할 필요가 있었다는 점 등이 그 배경으로 또한 작용하였다.

제5차 도덕과 교육과정 시기에 비해 제6차 도덕과 교육과정에 와서는 도덕과 교육 시간이 주당 2시간에서 주당 1시간으로 줄어들어 양적으로는 도덕교육이 현저히 약화되기에 이른다.

도덕과 교육과정은 교과 목표만 설정하고 학년별 생활 영역별 목표는 따로 설정하지 않았다. 이때 목표는 총괄 목표와 세 개의 하위 목표로 구성되었다. 총괄 목표는 "일상생활에 필요한 도덕규범의 의미와 중요성을 이해시키고, 이를 실천하게 하여 자율적인 도덕 생활을 영위할 수 있게 한다"는 것으로 설정되었다. 그리고 하위 목표로서는 가) 일상생활에 필요한 기본적인 예절과 도덕규범의 의미와 중요성을 이해하게 한다, 나) 도덕적인 문제해결에 필요한 사고력과 가치 판단 능력을 신장시킨다, 다) 바람직하고 합리적인 생활태도로 자율적인 도덕 생활을 영위할 수 있게 한다.라는 세 가지가 설정되었다.

생활 영역은 개인 생활, 가정·이웃·학교 생활, 사회 생활, 그리고 국가·민족 생활의 4영역으로 구성되었다. 이는 제5차 도덕과 교육과정에서의 5개 생활 영역에서 하나가 줄어들었음을 말해 주는 것인데, 그 이유는 통일·안보 생활 영역이 국가·민족 생활에 통합되었기 때문이다. 그리고 가정·이웃 생활은 가정·이웃·학교 생활로 변화되었고, 제5차 도덕과 교육과정의 시민 생활 영역은 사회 생활 영역으로 명칭이 바뀌었다.

구체적인 내용 선정과 조직을 위해 먼저 주요 지도 요소를 설정하고 이를 축으로 하여 각 학년별 지도 내용을 배열하는 형식을 취하였다. 주요 지도 요소는 생명 존중, 자주, 성실, 가정과 학교에서의 예절, 향토애, 관용, 경애, 공공 질서, 협동, 공익, 국가애, 통일, 국제 우호 등 총 20개의 가치 규범으로 구성되었다. 지도 방법과 평가란을 별도로 설치하여 이에 대한 안내를 도모하였다. 지도방법과 관련하여서는 학생들의 도덕적 사고의 촉진과 토론에 의한 지도, 도덕과 일반 수업 모형의 활용, 적절한 학습 자료의 투입, 가정 및 사회생활과 연계한 지도, 교사의 모범 등이 강조되었다. 그리고 평가 부분에서는 도덕성의 제 측면에 대한 종합적인 평가, 다양한 평가방식의 적용, 평가 결과의 적절한 활용 등에 유의해야 함이 지적되었다.

9. 제7차 교육과정기(1997~2007)

교육과정 개정의 특징으로는 ① 국민 공통 기본 교육과정 체제의 도입, ② 수준별 교육과정의 도입, ③ 학교급별 재량 시간의 신설 및 확대, ④ 고교 2~3학년에서 선택 중심 교육과정의 도입, ⑤ 질 관리 중심의 교육과정 개념의 도입, ⑥ 교사, 학교, 지역 중심 교육과정의 편성·운영 등을 들 수 있다.

도덕과의 성격을, "초·중·고등학교 '도덕'은 학생들로 하여금 자신을 이해하고, 일상생활에 필요한 규범과 예절을 익히며, 국가·민족 구성원으로서, 그리고 세계 사회의 일원으로서의 역할과 책임을 파악하게 하여 한국인, 나아가 세계 시민으로서의 바람직한 삶을 살아가는 데 도움을 주기 위한 교과이다. '도덕'은 인간으로서 마땅히 지키고 실천해야 할 보편적이며 이상적인 가치들과 우리 사회에서 바람직한 생활의 기준이 되는 도덕규범과 가치들을 내면화시켜 올바른 행동습관을 기르는 동시에, 다양한 도덕문제를 합리적으로 해결할 수 있는 도덕적 사고력과 가치 판단 능력을 길러 주는 데 역점을 두는 교과로 그 성격을 규명하고 있다.

도덕과의 목표는 "한국인으로서 바람직한 삶을 살아가는 데 필요한 기본 생활 습관과 예절 및 도덕규범을 익히고, 일상생활 속에서 부딪히는 도덕적 문제를 바람직하고 합리적으로 해결할 수 있는 판단 능력을 기르며, 올바른 시민의식과 국가 · 민족의식, 그리고 세계 평화와 인류 공영 의식을 함양하고, 삶의 이상과 윤리를 체계화하여 실천할 수 있는 도덕적 성향을 기른다"로 진술하고 있다.

초등학교에서 도덕과 교육은 통합교과인 1~2학년의 '바른 생활' 단계에서는 기본적인 예절과 핵심적인 도덕적 행동 습관의 형성과 토대 구축에 역점을 두는 것으로 되어 있고, '도덕' 3~4학년에서는 이를 발전시켜 도덕적 가치 · 규범의 이해를 통한 수용과 습관화에, 그리고 5~6학년에서는 도덕적 가치 · 규범에 대한 이해의 심화와 초보적인 가치 및 도덕적 판단력을 육성, 그리고 도덕적 실천 방향과 행동 습관 형성에 중점을 두었다.

생활 영역별 가치 덕목을 보면, 개인 생활 영역에는 생명 존중, 성실, 정직, 자주, 절제로, 가정 · 이웃 · 학교 생활 영역에는 경애, 효도, 예절, 협동, 애교 · 애향이 있고, 사회 생활 영역에는 준법, 타인 배려, 환경 보호, 정의, 공동체 의식이 있으며, 국가 · 민족 생활에는 국가애, 민족애, 안보의식, 평화통일, 인류애 등 모두 20개가 제시되어 있다.

〈표 6-1〉 7차 초등 도덕과 교육과정 내용체계표

	주요 가치 · 덕목	3학년	4학년	5학년	6학년
개인 생활	생명존중 성실 정직 자주 절제	• 청결 · 위생 · 정리 정돈 • 맡은 일에 책임 다하기 • 물건을 아끼고 소중히 하기	• 바른 몸가짐 • 스스로 생각하고 실천하기 • 시간을 아끼고 잘 지키기	• 정직한 생활 • 절제하는 생활	• 근면하고 최선을 다하는 생활 • 생명을 소중히 하기
가정 · 이웃 · 학교 생활	경애 효도 예절 협동 애교 · 애향	• 효도와 우애 • 인사 · 언어 예절 • 약속과 규칙을 잘 지키기	• 친절과 양보 • 친족 간의 예절 • 친구 사이의 믿음과 우정	• 서로 아끼고 공경하는 마음 • 이웃과 다정하게 지내기	• 사랑과 관용의 자세 • 학교 · 고장의 발전과 협동

	주요 가치 · 덕목	3학년	4학년	5학년	6학년
사회 생활	준법 타인 배려 환경 보호 정의 공동체 의식	• 거리 · 교통 질서 지키기 • 환경을 보호하기	• 공공장소에서의 예절과 질서 • 공정한 생활태도	• 타인의 권익 존중 • 공익 추구의 생활 • 민주적 절차 준수	• 법과 규칙을 잘 지키기 • 타인에 대한 배려와 봉사 • 자연 보전과 애호
국가 민족 생활	국가애 민족애 안보 의식 평화 통일 인류애	• 나라 사랑 • 분단 현실과 통일 필요성 인식	• 민족 문화 유산 애호 • 국가 안보를 위한 바른 자세	• 국가 발전에의 협력 • 평화 통일의 당위성 • 올바른 국제 문화 교류	• 통일 국가의 미래상과 민족 통일의 의지 • 해외 동포들에 대한 이해와 사랑 • 세계 평화와 인류 공영

도덕과 교수-학습 방법으로는 도덕과 교육의 본질과 특성에 맞는 수업 과정과 적절한 교수-학습 활동을 통해 도덕 수업을 운영하는 동시에 다양한 지도방법을 적용하여 교육의 효과를 제고하도록 하였다. 그리고 도덕적 문제들에 대해 학생들로 하여금 토론하게 하여 도덕적 사고력과 가치 판단 능력을 기르게 하며, 도덕적 가치 규범을 실천과 활동, 참여 등의 다양한 방법을 활용함으로써 도덕성을 신장시키는 데 목적을 두었다.

도덕과 평가는 학생들의 도덕적 성장과 도덕과 교수-학습의 개선을 지향하는 성장과 개선으로서의 평가관에 기초하여 이루어지도록 하였다. 그리고 학생의 인격 도덕성을 총체적으로 파악해 낼 수 있도록 인격의 인지적 · 정의적 · 행동적 측면에 대한 통합적 평가가 되도록 하며, 평가 결과는 궁극적으로 학생들의 계속적인 도덕적 성장을 촉진하고 도덕과 교수-학습을 개선하기 위한 근거 자료로 활용되도록 하였다.

10. 2007 개정 교육과정기(2007~2009)

2007 개정 초등 도덕과 교육과정에서는 제7차 교육과정의 기본 편제를 유지하면서 부분적인 수정 · 보완이라는 전체적인 방향을 추구하는 가운데, 이러한 틀 내에서 도덕과의 내실화를 위한 문제 극복과 새로운 대안 모색을 도모하고자 하였다. 이에 따라 도덕적 사고, 판단, 정서, 실천 능력을 체계적으로 길러 주고자 도덕과 교육의 정체성을 확립하고, 변화된 시대적 · 사회적 조건에 적응하기 위해 세계화와 윤리 문제, 생명 윤리,

정보 윤리, 인권 교육, 환경 윤리 등을 강조하여 사회 변화에 부응하는 새로운 가치규범·도덕적 쟁점을 강조하였다. 또한 다양한 도덕적 문제 상황에서 합리적이고 도덕적인 판단을 내릴 수 있도록 도덕적 사고력과 판단력을 기르기 위해 도덕적 탐구를 강화하였으며, 학생들의 발달 단계를 감안하여 학교급별 도덕과 교육의 특성을 부각하였다.

교과 목표 측면에서는 교과 목표와 영역별 목표 외에 학교급별 목표를 설정하였으며, 학습자 중심의 발전된 성취 기준형 진술방식을 취하였다. 내용 체계 구성은 가치 관계 확대법에 의거하여 도덕적 주체로서의 나, 우리·타인·사회와의 관계 영역, 나라·민족·지구 공동체와의 관계, 자연·초월적 존재와의 관계 영역을 설정하고 교육 내용의 체계화를 도모하였다. 또한 내용 적정화를 기하기 위해 총 18개의 주요 가치·덕목을 설정하고 이와 관련된 주요 지도 요소를 선정하여 교육에 임하되 영역 구분보다 우선하여

〈표 6-2〉 2007 개정 초등 도덕과 교육과정 내용체계표

주요 가치·덕목	내용 영역	3학년	4학년	5학년	6학년
정직 자주 성실 절제 책임 용기 효도 예절 협동 민주적 대화 준법 정의 배려 애국·애족 평화·통일 생명존중 자연애 사랑	도덕적 주체로서의 나	• 도덕 공부는 이렇게 해요 • 소중한 나의 삶	• 정직한 삶 • 자신의 일을 스스로 하는 삶	• 최선을 다하는 생활 • 감정의 올바른 관리 • 반성하는 삶	• 자긍심과 자기계발 • 자기 행동에 대한 책임감 • 용기 있는 행동
	우리·타인·사회와의 관계	• 가족 사랑과 예절 • 감사하는 마음의 표현 • 친구 간 우정과 예절	• 약속을 지키는 삶 • 공중도덕 • 인터넷 예절	• 이웃 간의 도리와 예절 • 서로 돕는 생활 • 대화와 갈등 해결 • 게임중독의 예방	• 준법과 규칙 준수 • 공정한 행동 • 남을 배려하고 봉사하는 삶
	나라·민족·지구공동체와의 관계	• 나라의 상징과 나라 사랑 • 분단의 배경과 민족의 아픔	• 우리나라·민족에 대한 긍지 • 통일의 필요성과 우리의 통일 노력	• 북한 동포 및 새터민의 삶 이해 • 재외동포에 대한 관심	• 편견 극복과 관용 • 우리가 추구하는 통일의 모습 • 평화로운 세상
	자연·초월적 존재와의 관계	• 생명의 소중함	• 올바른 자연관과 환경보호	• 참된 아름다움	• 사랑과 자비

설정된 가치·덕목이 영역과 관계없이 적용되도록 하였다.

교수-학습 방법과 관련해서는 통합적 교수-학습 방법의 강조와 더불어 다양한 실천적 방법을 적용하도록 하였다. 그리고 도덕적 판단을 강조함에 따라 도덕적 판단 및 가치판단 능력 신장을 위한 다양한 교수-학습 방법을 제시하였다. 평가와 관련해서는 영역별, 학교급별(학년별) 성취 기준을 근거로 평가의 준거를 제시하였으며, 저학년과 고학년을 구별하여 평가의 강조점을 설정하였다. 또한 목표에 맞는 다양한 평가 기법을 활용하되 논술식 평가를 적극적으로 활용하도록 권장하였다.

11. 2009(2012) 개정 교육과정기(2009~2014)

2009년 교육과정 개정 총론이 발표되었다. 당시에는 방향만 제시되었을 뿐 교과별 교육과정은 발표되지 않았다. 각 교과별 교육과정은 2011년에 발표되었다. 도덕과의 경우에는 2011 개정 도덕과 교육과정(교육과학기술부 고시 제2011-361호, 2011. 08. 09) 후에 부분적으로 수정된 2012 개정 도덕과 교육과정(교육과학기술부 고시 제2012-14호, 2012. 07. 09)이 나왔다. 그 개요를 소개하면 다음과 같다.

도덕과의 목표는 다음과 같다: "자신과 우리·타인, 사회·국가·지구공동체, 자연·초월적 존재와의 관계에 대한 올바른 이해를 바탕으로 인간의 삶에 필요한 도덕규범과 예절을 익히며, 삶의 다양한 영역에서 발생하는 도덕 문제에 대한 민감성을 기르고 도덕적 사고력과 판단력, 도덕적 정서, 실천 의지 및 능력을 통해 도덕적 덕성을 함양하고, 이를 바탕으로 자율적이고 통합적인 인격을 형성한다."

내용체계 4개의 영역과 18개의 주요 가치·덕목들, 그리고 이에 따른 32개의 학년군별 주제들로 구성되어 있다.

2012 개정 초등 도덕과 교육과정에서는 이전과 마찬가지로 주요 가치·덕목들을 설정하고 이를 기르는 데 관련되는 지도 내용을 선정하였다. 주목해야 할 것은 선정된 총 18개의 주요 가치·덕목을 '전체 지향과 영역별 지향'으로 구분하였다는 점이다. 존중, 책임, 정의, 배려의 전체 지향 가치·덕목은 영역, 학년, 주제에 관계없이 적용되는 핵심이 되는 가치·덕목으로서의 성격을 지닌다. 그리고 영역별로 설정된 자율, 성실, 절제, 효도, 예절, 협동, 준법, 공익, 애국심, 통일 의지, 인류애, 자연애, 생명 존중, 평화 등의 가치·덕목들은 그 영역의 중심이 되는 것이면서 동시에 그것에만 한정되는 것이 아니라 다른 영역의 주제와도 관련될 수 있다 하겠다.

〈표 6-3〉 2012 초등 도덕과 교육과정 내용체계표

내용 / 영역	주요가치 · 덕목 전체 지향	주요가치 · 덕목 영역별	3 · 4학년		5 · 6학년	
도덕적 주체로서의 나	존중 책임 정의 배려	자율 성실 절제	㈎ 소중한 나 ㈏ 자신의 일을 스스로 하는 삶	㈐ 소중한 나 ㈑ 반성하는 삶	㈎ 감정의 조절과 표현 ㈏ 자기 행동에 대한 책임감	㈐ 자긍심과 자기 계발 ㈑ 절제하는 생활
우리 · 타인과의 관계		효도 예절 협동	㈎ 화목한 가정 ㈏ 친구 간의 우정과 예절 ㈐ 감사하는 생활	㈑ 이웃 간의 도리와 예절 ㈒ 인터넷 예절 ㈓ 서로 돕는 생활	㈎ 정보 사회에서의 올바른 생활 ㈏ 웃어른 공경과 예절	㈐ 배려하고 봉사 하는 삶 ㈑ 대화와 갈등의 해결
사회 · 국가 · 지구공동체와의 관계		준법 공익 애국심 통일의지 인류애	㈎ 공장소에서의 질서와 규칙 ㈏ 나라에 대한 사랑과 긍지	㈐ 통일의 필요성과 통일 노력 ㈑ 다문화 사회에서의 바람직한 삶*	㈎ 인권 존중과 보호 ㈏ 법과 규칙의 준수 ㈐ 공동체 의식과 시민의 역할	㈑ 공정한 행동 ㈒ 우리가 추구하는 통일의 모습 ㈓ 지구촌 시대의 인류애
자연 · 초월적 존재와의 관계		자연애 생명 존중 평화	㈎ 생명의 소중함*	㈏ 자연 사랑과 환경보호*	㈎ 참된 아름다움	㈏ 사랑과 자비

*표는 국가 · 사회적 요구 반영 요소를 의미함.

제2절 2015 개정 도덕과 교육과정[1)]

1. 성격

도덕과는 학교 인성 교육의 핵심 교과이다. 도덕적인 인간과 정의로운 시민이라는 중첩된 인간상을 지향점으로 삼아 21세기 한국인으로서 갖추고 있어야 할 인성의 기본 요소인 핵심 가치를 확고하게 내면화하고, 학생의 경험 세계에서 출발하여 자신을 둘러싼 현상을 탐구하고 내면의 도덕성을 성찰함과 동시에 스스로의 삶 속에서 실천하는 과정

1) 이 절은 “2015 개정 도덕과교육과정”을 중등과 관련된 내용 일부만 생략하고 그대로 수록한 것임.

을 추구하는 '도덕함'의 시간과 공간을 제공하는 교과이다.

도덕과에서는 교육과정 총론에서 추구하는 핵심 역량의 바탕 아래, 자신을 존중하고 사랑하는 토대 위에서 자주적인 삶을 살고 자신의 욕구나 감정을 조절하며 이겨낼 수 있는 자기 존중 및 관리 능력, 일상의 문제를 도덕적으로 인식하고 도덕적 판단 및 추론의 탐구 과정을 거쳐 타당한 근거를 가지고 옳고 그름을 분별할 수 있는 도덕적 사고 능력, 의사소통 과정에서 타인의 도덕적 요구 인식 및 수용과 이상적인 의사소통 공동체를 지향하면서 타인과 더불어 살아갈 수 있는 도덕적 대인관계 능력, 도덕성을 전제로 자신 및 타인의 감정을 인식하고 배려할 수 있는 도덕적 정서 능력, 도덕규범과 정서 및 유대감을 근간으로 자신이 속한 다양한 공동체의 구성원으로서의 소속감을 갖고 살아갈 수 있는 도덕적 공동체 의식, 일상 세계에서 자신의 삶을 윤리적으로 성찰하는 토대 위에서 도덕적 가치와 규범을 지속적으로 실천할 수 있는 윤리적 성찰 및 실천 성향을 함양하고자 한다.

도덕과는 성실·배려·정의·책임이라는 네 개의 핵심 가치를 내면화함으로써 인성의 기본 요소를 갖추게 함과 동시에 도덕적인 삶을 자율적으로 이끌어갈 수 있는 자율성과 책임성을 길러주고자 하는 실천적 성격의 교과이다. 자신과의 관계 영역에서는 자신에 대한 존중을 바탕으로 진정성을 추구하는 성실을 내면화하고, 타인과의 관계에서는 타자에 대한 존중을 토대로 바람직한 관계 설정을 지향하는 배려를 중심에 두며, 사회 및 공동체와의 관계에서는 공정성을 토대로 바람직한 사회를 추구하는 정의를 중심에 둔다. 자연 및 초월과의 관계에서는 자신의 행위에 대한 인과적 책임과 삶의 의미 물음에 대한 존재적 책임을 포용하는 포괄적인 의미의 책임을 지향하는 도덕적인 인간과 정의로운 시민을 이상적 인간상으로 삼는다.

도덕과는 학교가 인성 교육의 중심축 역할을 해내야 한다는 시대적 요청을 적극적으로 수용하여 바람직한 인성의 핵심인 도덕성 발달뿐만 아니라, 학생들의 정서적·사회적 건강을 제고함으로써 인성 교육의 핵심 교과로서의 역할을 수행한다. 나아가 인문학적 사유와 성찰을 바탕으로 삶의 의미를 탐색하도록 함으로써 타 교과 및 학교생활 전반을 통한 인성 교육을 통합하는 역할을 담당하는 학교 인성 교육의 주관 교과로서의 성격을 갖는다.

도덕과에서는 자율적이고 통합적인 인격 형성을 위해 윤리학적 접근을 중심으로 하되, 다루는 주제의 성격에 따라 도덕심리학, 정치철학 등 연관된 여러 학문의 접근방법을 학제적으로 활용한다. 또한 도덕과에서 추구하는 도덕함은 학문적 탐구로서의 윤리학 공부나 윤리 사상사에 관한 지적 이해를 넘어서서 한 사회에서 작동하고 있는 도덕 현상에 대한 민감성에 기반을 둔 관심과 분석, 그 도덕 현상과의 상호작용을 통해 개인 내면에서 작동하는 도덕성에 관한 성찰과 실천 과정 자체를 의미하는 개념이다.[2)]

2. 목표

가. 총괄 목표

도덕과는 기본적으로 성실, 배려, 정의, 책임 등 21세기 한국인으로서 갖추고 있어야 하는 인성의 기본 요소를 핵심 가치로 설정하여 내면화하는 것을 일차적 목표로 삼는다. 이를 토대로 자신의 삶의 의미를 자율적으로 찾아갈 수 있는 도덕적 탐구 및 윤리적 성찰, 실천 과정으로 이어지는 도덕함의 능력을 길러 도덕적인 인간과 정의로운 시민으로 살아갈 수 있도록 돕는 것을 목표로 한다.

(1) 21세기 한국인으로서 보편적으로 갖추고 있어야 하는 핵심 가치인 성실, 배려, 정의, 책임을 내면화하는 것을 목표로 삼는다. 가치관계 확장을 전제로 자신에서 타자, 사회와 공동체, 자연과 초월로 이어지는 각 영역의 핵심 가치를 내면화하여 인성의 기본 요소를 실천적으로 확립하는 것을 목표로 한다.[3)]

(2) 자신을 둘러싸고 전개되고 있는 삶의 상황 속에 어떻게 살아야 할 것인가라는 물음을 근간으로 삼는 가치의 차원이 있음을 인식하고, 그것을 현실 속에서 어떻게 구현해 갈 것인가를 고민할 수 있는 실천적인 시간과 공간을 제공하는 것을 목표로 한다. 이러한 목표는 자신을 둘러싼 도덕 현상에 대한 탐구와 내면의 도덕성에 대한 윤리적 성찰과 일상적 실천을 포함하는 도덕함의 능력을 길러주는 것으로

---

2) 도덕함은 인간다운 삶을 위해 추구해야 하는 궁극적인 도리로서의 도(道)와 그것을 삶 속에서 구현하는 과정에서 요청되는 총체적 능력으로서의 덕(德)을 스스로의 삶 속에서 인식하고 실천하고자 하는 역동적인 과정을 가리키는 개념이다. 이 개념에서 강조하는 '함(doing)'은 자신을 둘러싼 도덕 현상과 규범 및 원리를 탐구하고 내면적으로 성찰하는 과정으로서의 함과 이를 구체적으로 실천하는 과정으로서의 함을 포함한다.

3) 성실(誠實)은 유교 전통에서 하늘의 명령[天命]으로서의 도(道)를 자신의 삶 속에서 구현하고자 하는 지향으로 설정해온 핵심 가치이고, 배려는 불교 전통에서 강조해온 자신과 타자 사이의 분리될 수 없는 관계성을 인식하여 자애로운 눈길과 손길을 보내는 자비(慈悲)와도 연결되어 있는 핵심 가치이다. 2015 개정 도덕과 교육과정에서는 도덕 교과의 전통적 배경을 적극적으로 수용하면서 전통에 기반한 핵심 가치를 현대적으로 재해석하여 시민사회의 핵심 가치인 정의 및 책임과 연계시키고자 한다.

구체화된다.

(3) 독립된 인격체로서의 개인이 시민 사회와 국가, 지구 공동체를 어떻게 인식하고 받아들일 것인가의 문제를 특히 삶의 의미 물음과 연관 지어 찾아볼 수 있는 능력과 실천 성향을 기르는 것을 목표로 한다. 특히 이러한 능력과 성향은 교사와 학생 사이의 도덕적 담화 공동체 형성이라는 과정적 목표를 통해 길러질 수 있을 것으로 기대된다.

나. 학교 급별 목표

(1) 초등학교 단계에서는 '바른 생활'과에서 형성된 인성을 바탕으로 자신, 타인, 사회 · 공동체, 자연 · 초월과의 관계에서 자신의 생활을 반성하고 다양한 도덕적 문제를 탐구하며, 더불어 살아가는 데 필요한 기본적인 가치 · 덕목과 규범을 이해하고 도덕적 기능과 실천 능력을 함양한다.

(2) 중학교 단계에서는 초등학교 도덕과에서 형성된 가치 · 덕목 및 규범에 대한 이해와 도덕적 기능 및 실천 능력을 심화하여 현대사회의 다양한 도덕 문제에 대한 탐구와 삶의 이야기에 대한 성찰을 바탕으로 도덕적 정체성을 구성하며, 배려적인 인간관계와 정의로운 공동체 및 자연과의 조화로운 관계를 구현하기 위해 적극적으로 참여하고 실천하는 덕성과 역량을 기른다.

3. 내용체계 및 성취기준

가. 내용체계

(1) 초등학교 도덕

영역	핵심 가치	일반화된 지식	내용 요소		기능
			3-4학년군	5-6학년군	
자신과의 관계	성실	인간으로서 바르게 살아가기 위해 자신에게 거짓 없이 정성을 다하고 인내하며, 스스로 자신의 욕구를 다스린다.	○ 도덕시간에는 무엇을 배울까? (근면, 정직) ○ 왜 아껴 써야 할까? (시간 관리와 절약) ○ 왜 최선을 다해야 할까? (인내)	○ 어떻게 하면 감정을 잘 조절할 수 있을까? (감정표현과 충동조절) ○ 자주적인 삶이란 무엇일까? (자주, 자율) ○ 정직한 삶은 어떤 삶일까? (정직한 삶)	○ 도덕적 자아정체성 • 자기인식 및 존중하기 • 자기감정 조절하기 • 자기감정 표현하기 ○ 도덕적 습관화 • 생활계획 수립하기 • 모범사례 반복하기 • 유혹 이겨내기
타인과의 관계	배려	가족 및 주변 사람들과 더불어 살아가기 위해 서로 존중하고 예절을 지키며 봉사와 협동을 실천한다.	○ 가족의 행복을 위해 무엇을 해야 할까? (효, 우애) ○ 친구와 사이좋게 지내기 위해 어떻게 해야 할까? (우정) ○ 예절이 없다면 어떻게 될까? (예절) ○ 함께하면 무엇이 좋을까? (협동)	○ 사이버 공간에서 지켜야 할 것은 무엇일까? (사이버 예절, 준법) ○ 서로 생각이 다를 때 어떻게 해야 할까? (공감, 존중) ○ 우리는 남을 왜 도와야 할까? (봉사)	○ 도덕적 대인관계능력 • 경청 · 도덕적 대화하기 • 타인 입장 이해 · 인정하기 • 약속 지키기 • 감사하기 ○ 도덕적 정서 능력 • 도덕적 민감성 갖기 • 공감 능력 기르기 • 다양성 수용하기
사회 · 공동체와의 관계	정의	공정한 사회를 만들기 위해 법을 지키고 인권을 존중하며, 바람직한 통일관과 인류애를 지닌다.	○ 나는 공공장소에서 어떻게 해야 할까? (공익, 준법) ○ 나와 다르다고 차별해도 될까? (공정성, 존중) ○ 통일은 왜 필요할까? (통일의지, 애국심)	○ 우리는 서로의 권리를 왜 존중해야 할까? (인권존중) ○ 공정한 사회를 위해 무엇을 해야 할까? (공정성) ○ 통일로 가는 바람직한 길은 무엇일까? (통일의지) ○ 전 세계 사람들과 어떻게 살아갈까? (존중, 인류애)	○ 공동체의식 • 관점 채택하기 • 공익에 기여하기 • 봉사하기 ○ 도덕적 판단 능력 • 도덕적 가치 · 덕목 이해하기 • 올바른 의사결정하기 • 행위 결과 도덕적으로 상상하기
자연 · 초월과의 관계	책임	인간으로서 도덕적 책임을 다하기 위해 인간의 생명과 자연, 참된 아름다움과 도덕적 삶을 사랑하고, 긍정적인 삶의 자세를 가진다.	○ 생명은 왜 소중할까? (생명 존중, 자연애) ○ 아름답게 살아가는 사람들의 모습은 어떠할까? (아름다움에 대한 사랑)	○ 어려움을 겪을 때 긍정적 태도가 왜 필요할까? (자아 존중, 긍정적 태도) ○ 나는 올바르게 살아가고 있을까? (윤리적 성찰)	○ 실천 능력 • 실천 의지 기르기 • 책임감 있게 행동하기 ○ 윤리적 성찰 능력 • 심미적 감수성 기르기 • 자연과 유대감 갖기 • 반성과 마음 다스리기

(2) 중학교 도덕

영역	핵심 가치	일반화된 지식	내용 요소	기능 (*표시는 공통기능)
자신과의 관계	성실	인간다운 삶을 살아가는 데 핵심적인 역할을 하는 도덕을 공부함으로써 진정한 행복을 추구하고, 바람직한 자아정체성을 형성해야 한다.	○ 왜 도덕적으로 살아야 하는가? (도덕적인 삶) ○ 도덕적으로 행동하기 위해 필요한 것은 무엇인가? (도덕적 행동) ○ 나는 어떤 사람이 되고자 하는가? (자아정체성) ○ 삶의 목적은 무엇인가? (삶의 목적) ○ 행복을 위해 어떻게 살아야 하는가? (행복한 삶)	○ 도덕적 정체성 정립 능력 • 도덕적 자기 인식 · 존중 · 조절하기 • 본받기(모델링) ○ 도덕적 보건 능력 • 회복탄력성 키우기 • 건강한 마음가꾸기 ○ 고차적 사고 능력* • 비판적 사고하기 • 창의적 사고하기 • 배려적 사고하기 • 도덕적 근거와 이유 제시하기
타인과의 관계	배려	가정 · 이웃 · 학교 및 온라인 공간에서 바람직한 인간관계를 형성하기 위해서는 상대방을 존중하고 배려하는 태도가 필요하고, 갈등이 발생하는 경우 합리적인 의사소통을 통해 평화적으로 해결해야 한다.	○ 가정에서의 갈등을 어떻게 해결할 것인가? (가정윤리) ○ 참된 우정이란 무엇인가? (우정) ○ 성(性)의 도덕적 의미는 무엇인가? (성윤리) ○ 이웃에 대한 바람직한 자세는 무엇인가? (이웃생활) ○ 정보화 시대에 우리는 어떻게 소통해야 하는가? (정보통신윤리) ○ 평화적 갈등 해결은 어떻게 가능한가?(평화적 갈등 해결) ○ 폭력의 문제를 어떻게 대할 것인가? (폭력의 문제)	○ 도덕적 대인관계 형성능력 • 다른 사람의 관점 채택하기 • 도덕적 갈등 해결하기 ○ 도덕적 의사소통 능력 • 공감 및 경청하기 • 다양한 방식으로 의사소통하기 ○ 도덕적 정서 능력* • 도덕적 정서 이해 · 표현 · 조절하기 ○ 해악금지 능력* • 행위 결과를 상상하기 • 책임감 있게 행동하기
사회 · 공동체와의 관계	정의	인간의 존엄성과 문화의 다양성을 보편도덕에 근거하여 보장하고, 한 국가공동체의 도덕적 시민으로 사회 정의 및 평화통일 실현에 기여하며, 세계 시민으로서 지구공동체의 도덕 문제해결을 위해 노력해야 한다.	○ 인권의 도덕적 의미는 무엇인가? (인간존중) ○ 다문화 사회에서 발생하는 갈등을 어떻게 해결할 것인가? (문화 다양성) ○ 세계 시민으로서 도덕적 과제는 무엇인가? (세계 시민 윤리) ○ 국가 구성원으로서 바람직한 자세는 무엇인가? (도덕적 시민) ○ 정의란 무엇인가? (사회 정의) ○ 북한을 어떻게 이해하고 바라볼 것인가? (북한 이해) ○ 우리에게 통일의 의미는 무엇인가? (통일윤리의식)	○ 다문화 · 공동체 · 세계시민윤리의식 형성능력 • 다양성에 반응하기 • 사회적 편견 통제하기 • 공동체의 일원되기 • 보편적 관점 채택하기 ○ 통일윤리의식 형성능력 • 균형 있는 북한관 정립하기 • 미래지향적 통일관 정립하기
자연 · 초월과의 관계	책임	환경친화적 삶과 과학기술의 윤리적 사용을 통해 지속 가능한 미래를 지향하고, 윤리적 성찰을 통해 삶과 죽음의 의미와 마음의 평화를 추구해야 한다.	○ 자연과 인간의 바람직한 관계는 무엇인가? (자연관) ○ 과학 기술과 도덕의 관계는 무엇인가? (과학과 윤리) ○ 삶과 죽음의 의미는 무엇인가? (삶의 소중함) ○ 마음의 평화는 어떻게 이룰 수 있을까? (마음의 평화)	○ 생명 감수성 고양 능력 • 생명 친화적 관점 채택하기 • 생명 친화적 실천기술 익히기 ○ 전일적 사고 능력 • 생태 지속가능성 추구하기 • 평정심 추구하기 ○ 실존적 자각 능력* • 도덕적 이야기 구성하기 • 삶의 의미 구성하기 ○ 실천성향 및 의지* • 실천 방법 탐구하기 • 실천 방법 제시하기 • 실천 의지 함양하기

나. 성취기준

(1) 자신과의 관계

도덕적 주체로서 자신의 삶에서 도덕적 삶의 중요성과 도덕적 행동을 하는 데 필요한 것이 무엇인지를 탐구하고 삶의 목적과 행복에 대해 성찰하도록 함으로써 성실한 삶을 살고자 하는 태도를 갖도록 한다.

[4도01-01] 도덕 시간에 무엇을 배우며 도덕 공부가 왜 필요한지를 알고 공부하는 사람으로서 지켜야 할 규칙을 모범 사례를 통해 습관화한다.

① 도덕 시간에 배우는 것은 무엇이며, 도덕 공부는 왜 필요할까?

② 자신의 공부 습관에서 반성할 점은 무엇이며, 도덕공부를 위해 바람직한 태도와 방법은 무엇일까?

[4도01-02] 시간과 물건의 소중함을 알고 자신이 시간과 물건을 아껴 쓰고 있는지 반성해 보며 그 모범 사례를 따라 습관화한다.

① 시간과 물건을 아끼는 것의 중요성을 알고 이를 생활 속에서 실천하고 있는가?

② 시간과 물건을 아껴 쓰는 방법은 무엇이고 이를 어떻게 실천할 수 있을까?

[4도01-03] 최선을 다하는 삶을 위해 정성과 인내가 필요한 이유를 탐구하고 생활 계획을 세워 본다.

① 최선을 다하는 삶은 어떤 모습이고, 이를 위해 인내와 정성이 필요한 이유는 무엇일까?

② 최선을 다하는 삶의 방법은 무엇이고 이를 어떻게 실천할 수 있을까?

[6도01-01] 감정과 욕구를 조절하지 못해 나타날 수 있는 결과를 도덕적으로 상상해 보고, 올바르게 자신의 감정을 조절하고 표현할 수 있는 방법을 습관화한다.

① 다양한 감정과 욕구는 무엇이며, 이를 조절하고 적절하게 표현하는 것이 왜 중요할까?

② 대상과 상황에 따라 어떻게 하면 자신의 감정과 욕구를 적절하게 조절하고 표현할 수 있을까?

[6도01-02] 자주적인 삶을 위해 자신을 이해하고 존중하며 자주적인 삶의 의미와 중요성을 깨닫고 실천 방법을 익힌다.

① 자주적인 삶의 의미와 중요성은 무엇이며, 일상생활에서 어떻게 하면 자신을 이해하고 존중할 수 있을까?

② 자주적인 삶을 살아가기 위해 어떻게 하면 그 모범 사례에 따른 생활계획을 수립할 수 있을까?

> [6도01-03] 정직의 의미와 정직하게 살아가는 것의 중요성을 탐구하고, 정직과 관련된 갈등 상황에서 정직하게 판단하고 실천하는 방법을 익힌다.
> ① 정직의 의미와 정직하게 살아가는 것이 중요한 이유는 무엇이며, 어떻게 하면 올바른 의사 결정을 할 수 있을까?
> ② 정직하게 살아가는 데 필요한 것은 무엇이고, 어떻게 하면 유혹을 이겨낼 수 있을까?

(가) 학습 요소

- 감정의 도덕적 표현, 감정 표현의 규범 상황, 도덕적 감정 표현 점검 등

(나) 성취기준 해설

- [6도01-01] 이 성취기준은 3~4학년군에서 시간과 물자를 아껴 쓰는 내용을 중심으로 욕구와 그것을 조율하는 절제를 다루던 것을 감정의 문제로 이어지도록 설정되었다. 발달 단계 상 초등학교 학생들의 욕구는 많은 부분 감정에 의존하여 표현된다. 그래서 감정이 표현되는 상황을 중심으로 옳은 것과 거기에 미치지 못하는 것들을 구분하면서 욕구에 대한 이해력을 기를 수 있게 성취기준을 구성하였다. 따라서 이 성취기준에서는 행위 결과의 옳고 그름을 판단하는 것은 물론이고 대상에 따라 자신이 표현한 감정이 적절한가를 점검하는 것도 주요한 학습 내용으로 다룬다.

(다) 교수·학습 방법 및 유의 사항

① 교수·학습 방법

- 도덕이야기 수업모형을 예로 들 수 있다. 도덕이야기 수업모형은 학생들에게 도덕적인 이야기를 통해 가치 규범과 덕에 관한 이해를 심화시키고 도덕적 문제해결에 필요한 사고력과 판단력을 높이는 데 적합하다. 이 성취기준에 적용 가능한 활동으로는 위인의 감정 다스리기 일화를 공유하는 '모범 사례에 대한 탐구', 학급의 주요한 행사(현장 학습, 운동회 등)에서 느꼈던 '감정을 돌아가며 말하기', 상대의 감정 상태를 대화를 통해 알아내는 '감정 맞추기 놀이' 등이 유용하다.

② 유의 사항

- 도덕적 이야기는 덕스러운 인간의 모습이고 학생들의 본보기가 되는 것이기 때문에

교사는 이야기 내용을 점검해야 한다. 그리고 학생의 흥미를 높이기 위해 교육 연극적 요소(역할극, 무언극 등)나 역할놀이 등의 다양한 방법을 적절히 활용한다.

(라) 평가 방법 및 유의 사항

① 평가 방법

- 도덕 생활 평가표를 예로 들 수 있다. 도덕 생활 평가표는 학생들이 수업 시간에 배운 도덕 지식을 일상생활에서 잘 실천하는가를 스스로 평가하는 방법이다. 도덕 생활 평가표는 체크리스트 평가와 유사하다. 하지만 도덕성의 형성 과정을 평가하기 위해서는 성찰 일기, 간단한 감사의 글, 반성의 글 등을 써 보는 것도 효과적이다.

② 유의 사항

- 도덕 생활 평가표 작성 시, 실천 가능성을 염두에 두어야 한다. 그래서 교사는 학생 스스로가 실천 가능한 항목을 구성하게 하고, 이를 꾸준히 실천하도록 도와야 한다.

(2) 타인과의 관계

타인과의 다양한 관계 속에서 발생하는 갈등을 도덕적으로 해결하려는 자세와 태도에 대해서 탐구하고 성찰하도록 함으로써, 존중과 배려를 바탕으로 다른 사람들과 원만한 관계를 맺으려는 태도를 갖도록 한다.

[4도02-01] 가족을 사랑하고 감사해야 하는 이유를 찾아보고, 가족 간에 지켜야 할 도리와 해야 할 일을 약속으로 정해 실천한다.
① 현대사회에서의 가족의 모습은 어떠하며, 가족 간에 사랑하고 감사해야 하는 이유는 무엇일까?
② 가족 간에 지켜야 할 도리와 내가 해야 할 일은 무엇이며, 어떻게 그 실천 의지를 기를까?

[4도02-02] 친구의 소중함을 알고 친구와 사이좋게 지내며, 서로의 입장을 이해하고 인정한다.
① 친구의 소중함은 무엇이며 친구 사이에 지켜야 할 예절에는 무엇이 있을까?
② 친구 사이에서 발생할 수 있는 갈등은 무엇이며, 이를 적절하게 해결하는 방법은 무엇일까?

[4도02-03] 예절의 중요성을 이해하고, 대상과 상황에 따른 예절이 다름을 탐구하여 이를 습관화한다.

① 예절을 지키는 것이 왜 중요하며 일상생활에서 지켜야 하는 예절에는 무엇이 있을까?
② 대상과 상황에 따라 달라지는 예절은 무엇이며, 이를 어떻게 실천할 수 있을까?

[4도02-04] 협동의 의미와 중요성을 알고, 경청·도덕적 대화하기·도덕적 민감성을 통해 협동할 수 있는 능력을 기른다.
① 협동의 의미와 중요성은 무엇이며, 협동을 위해 어떤 자세와 태도가 필요할까?
② 다양한 활동을 통해 알게 된 협동의 방법은 무엇이며, 이를 어떻게 실천할 수 있을까?

[6도02-01] 사이버 공간에서 발생하는 여러 문제에 대한 도덕적 민감성을 기르며, 사이버 공간에서 지켜야 할 예절과 법을 알고 습관화한다.
① 사이버 공간에서 필요한 예절은 무엇이며, 어떻게 하면 이를 책임감 있게 행동할 수 있을까?
② 저작권 침해, 사이버 폭력, 온라인 중독이 갖는 문제점은 무엇이며 이를 해결하기 위해 무엇을 해야 할까?

[6도02-02] 다양한 갈등을 평화적으로 해결하는 것의 중요성과 방법을 알고, 평화적으로 갈등을 해결하려는 의지를 기른다.
① 다양한 갈등이 발생하는 이유는 무엇이며, 갈등을 해결하기 위한 공감 능력을 어떻게 기를 수 있을까?
② 갈등을 평화적으로 해결하기 위해 경청, 도덕적 대화하기 능력을 어떻게 기를 수 있을까?

[6도02-03] 봉사의 의미와 중요성을 알고, 주변 사람의 처지를 공감하여 도와주려는 실천 의지를 기른다.
① 봉사의 의미와 중요성은 무엇이며, 자신이 할 수 있는 봉사 계획을 어떻게 수립할 수 있을까?
② 봉사를 실천하는 데 필요한 태도는 무엇이고, 봉사의 모범 사례를 따라 어떻게 하면 책임감 있게 행동할 수 있을까?

(가) 학습 요소

- 사이버 예절, 사이버 공간에서 발생하는 문제점(저작권 침해, 사이버 폭력, 온라인 중독 등)과 해결 방안 등

(나) 성취기준 해설

- [6도02-01] 이 성취기준은 사이버 공간에서 발생하는 문제점과 그 해결 방안을 탐구

하여 학생 스스로 사이버 공간에서의 예절과 법을 실천하고 습관화하는 것을 주된 목적으로 한다. 더불어 사이버 공간에서도 타인의 권리를 존중하며 배려하는 예절을 생활화하여 건전한 사이버 문화를 만들 수 있도록 성취기준을 설정하였다.

(다) 교수·학습 방법 및 유의 사항

① 교수·학습 방법

- 자기주도적 프로젝트 학습 모형을 통하여 사이버 공간에서 일어나는 다양한 문제점들을 찾아보고 해결 방안을 탐구하여 이를 생활 속에서 실천해 볼 수 있다. 학생들은 개인 또는 소집단을 구성하여 사이버 공간에서 일어나는 여러 문제 중에 관심 있는 주제를 선정한다. 이 문제해결을 위해 구체적으로 활동을 계획한 후, 조사와 자료 수집 등을 거쳐 결과물을 작성하고 발표할 수 있다. 또한 사이버 공간에서 발생하는 문제에 대해 민감하게 반응하고 다른 사람을 위해 자신이 할 수 있는 것을 실천해 보는 배려 모형을 활용할 수 있다.

② 유의 사항

- 교사는 프로젝트 학습 모형을 활용할 경우, 단순한 조사 학습으로 끝나지 않도록 학생들이 자신의 동기와 흥미를 충분히 고려하여 주제를 선정하도록 안내하며 학생들의 자율적 활동을 지원하기 위해 적절한 도움을 제공한다. 또한 정보를 탐색하고 수합하는 과정에서 저작권 침해 등과 같은 문제가 발생하지 않도록 유의한다. 배려 모형을 적용하는 경우, 배려는 관심 속에서 이루어지는 것이므로 학생 서로 간에 관심을 가지고 상호 존중적인 관계를 형성하도록 유도하는 것이 중요하다.

(라) 평가 방법 및 유의 사항

① 평가 방법

- 교사는 연구 보고서법을 활용하여 사이버 상황과 관련된 문제해결 능력을 평가할 수 있으며 보고서를 평가할 때 자기 평가, 동료 평가, 교사 평가 등 다면적인 평가가 이루어지도록 한다. 그리고 다른 사람을 배려하는 행동 등에 대한 평가는 학생 상호 평가법을 사용할 수 있다.

② 유의 사항

- 보고서의 평가는 보고서의 질뿐만 아니라 저작권 준수 여부 및 작성 과정에서의 노력 정도를 평가하고, 소집단별로 학습 활동을 하는 경우 학생 상호 간에 협력하는 태도도 함께 평가한다. 학생 상호 평가법을 활용하는 경우 질문의 내용을 쉽고 명확히 하여 학생들이 흥미를 가지고 선택할 수 있도록 해야 한다.

(3) 사회·공동체와의 관계

자신이 살아가고 있는 사회와 공동체에서 일어날 수 있는 다양한 문제를 도덕적으로 탐구하고 성찰하도록 함으로써 사회·공동체 속에서 정의를 지향하는 성숙한 도덕적 시민으로 살아갈 수 있도록 한다.

[4도03-01] 공공장소에서 지켜야 할 규칙과 공익의 중요성을 알고, 공익에 기여하고자 하는 실천 의지를 기른다.

① 공공장소에서 지켜야 할 다양한 규칙과 그것의 중요성은 무엇이며, 어떻게 습관화할 수 있을까?

② 공익의 의미와 중요성은 무엇이며, 공익을 위해 어떻게 하면 책임감 있게 행동할 수 있을까?

[4도03-02] 다문화 사회에서 다양성을 수용해야 하는 이유를 탐구하고, 올바른 의사 결정 과정을 통해 다른 사람과 문화를 공정하게 대하는 태도를 지닌다.

① 다문화 사회에서 다양성을 수용해야 하는 이유는 무엇이며, 다른 사람과 문화에 대한 자신의 태도는 어떠한가?

② 다문화 가정과 타문화를 공정하게 대하는 데 필요한 것은 무엇이며, 어떻게 하면 이에 대한 실천 의지를 기를 수 있을까?

[4도03-03] 남북 분단 과정과 민족의 아픔을 통해 통일의 필요성을 알고, 통일에 대한 관심과 통일 의지를 기른다.

① 통일의 의미와 필요성은 무엇이며, 통일을 위해 어떻게 하면 나라사랑을 위한 실천 의지를 기를 수 있을까?

② 북한이탈주민을 배려하는 것이 왜 중요하며, 생활 속에서 어떻게 통일 의지를 기를 수 있을까?

[6도03-01] 인권의 의미와 인권을 존중하는 삶의 중요성을 이해하고, 인권 존중의 방법을 익힌다.

① 인권이란 무엇이고 인권을 존중하기 위해 타인의 입장을 이해하고 인정하는 것이 왜 필요할까?

② 인권을 존중하고 보호할 수 있는 방법은 무엇이며, 인권 문제에 대해 어떻게 올바른 의사결정을 할 수 있을까?

[6도03-02] 공정함의 의미와 공정한 사회의 필요성을 이해하고, 일상생활에서 공정하게 생활하려는 실천 의지를 기른다.

① 공정함의 의미는 무엇이며, 공정한 사회를 이루기 위해 관점 채택 능력을 어떻게 기를 수 있을까?

② 공정하게 살아가기 위한 태도와 능력은 무엇이고, 이를 생활 속에서 어떻게 책임감 있게 행동할 수 있을까?

[6도03-03] 도덕적 상상하기를 통해 바람직한 통일의 올바른 과정을 탐구하고 통일을 이루려는 의지와 태도를 가진다.

① 통일의 과정과 방법, 통일의 미래상은 무엇이며, 통일에 대한 도덕적 민감성을 어떻게 기를 수 있을까?

② 통일 이후에 예상되는 문제점은 무엇이며, 바람직한 통일을 위해 민주시민으로서 자신이 할 수 있는 구체적인 방법에는 어떤 것이 있을까?

[6도03-04] 세계화 시대에 인류가 겪고 있는 문제와 그 원인을 토론을 통해 알아보고, 이를 해결하고자 하는 의지를 가지고 실천한다.

① 우리가 겪고 있는 다양한 지구촌 문제들은 무엇이며, 어떻게 하면 지구촌 문제에 대한 도덕적 민감성을 기를 수 있을까?

② 지구촌 문제를 올바르게 해결하기 위한 방법은 무엇이며, 어떻게 하면 이 문제를 해결하기 위한 올바른 의사 결정을 할 수 있을까?

(가) 학습 요소

- 민족 분단, 통일, 통일 의지, 통일 비용, 통일 편익 등

(나) 성취기준 해설

- [6도03-03] 학생들은 통일의 중요성을 알고 있음에도 불구하고 실제로 통일이 되는 것에는 무관심하거나 통일이 자신들의 삶과 동떨어진 것으로 여기는 경향이 매우 높다. 이에 분단으로 인한 고통을 공감하고 통일의 의미와 필요성을 이해하며 나아가 학생들이 나라 사랑의 올바른 방법을 익혀 통일 의지를 갖도록 성취기준을 설정하였다.

(다) 교수 · 학습 방법 및 유의 사항

① 교수 · 학습 방법

- 주변에 있는 전쟁 관련 사적지를 직접 방문하게 하거나 혹은 전쟁을 경험한 어른들을 찾아가서 그들과 이야기를 나누는 체험 학습을 하게 한다. 체험 활동을 통해 알게 된 내용과 느낀 점을 활동 기록지에 기록하는 과정을 통해 통일이 필요한 이유에 대해 학생들 스스로 탐구하고 성찰해 보도록 한다. 이러한 체험 학습은 사전에 계획하여 프로젝트 수업으로 진행할 수도 있다. 프로젝트 수업을 계획할 경우 활동 과정에서 올바른 의사결정 하기, 행위 결과 도덕적으로 상상하기 등의 기능을 경험하게 할 수 있다.

② 유의 사항

- 교사는 학생들이 전쟁과 분단을 직접 경험하지 않은 세대임을 충분히 인지하고 지적인 접근보다는 실천과 체험을 통한 방법을 활용한다. 체험 활동은 개인별 혹은 모둠별로 이루어질 수 있으며 학생들의 상황과 조건에 알맞은 형태를 선택하여 실시한다.

(라) 평가 방법 및 유의 사항

① 평가 방법

- 포트폴리오 평가 방법을 활용한다. 주기적이면서도 지속적인 체험 활동을 하게 한 후 통일과 관련하여 자신의 느낀 점을 기록한 작품집을 제출하게 한다. 평가는 제출된 작품집을 이용하는 데, 통일에 대한 관심, 자신의 생활과 연계해 실천하려는 의지 등 학생 내면의 변화를 드러내는 과정을 중심으로 실시한다.

② 유의 사항

- 교사는 학생들이 체험 학습을 충실히 계획하고 실시하였는지 그리고 체험 활동 후에 통일과 관련하여 학생들의 어떤 부분이 변화하였는지 등을 중심으로 평가한다.

(4) 자연 · 초월과의 관계

자신과 자연 및 초월과의 관계에 대해 올바르게 이해하고 자연과 생명에 대한 외경심을 함양하며, 도덕적인 삶을 위해 성찰하는 태도를 갖도록 한다.

[4도04-01] 생명의 소중함을 이해하고 인간 생명과 환경 문제에 관심을 가지며 인간 생명과 자연을 보호하려는 태도를 가진다.
① 인간 생명이 소중한 이유는 무엇이고, 어떻게 하면 책임감 있게 인간 생명을 존중할 수 있을까?
② 자연을 보호해야 하는 이유와 방법은 무엇이고, 어떻게 하면 자연과의 유대감을 가질 수 있을까?

[4도04-02] 참된 아름다움을 올바르게 이해하고 느껴 생활 속에서 이를 실천한다.
① 아름다움의 의미와 종류는 무엇이며, 참된 아름다움을 느끼고 아는 것이 왜 필요할까?
② 참된 아름다움을 행하는 사람들의 모습은 어떠하며, 어떻게 심미적 감수성을 기를 수 있을까?

[6도04-01] 긍정적 태도의 의미와 중요성을 알고, 어려움을 극복하기 위한 긍정적 삶의 태도를 습관화한다.
① 긍정적 태도의 의미와 중요성은 무엇이며, 어려움에 직면했을 때 어떻게 반성하고 마음을 다스릴 수 있을까?
② 긍정적 태도를 기르기 위한 자세와 능력은 무엇이고, 이를 생활 속에서 어떻게 습관화할 수 있을까?

[6도04-02] 올바르게 산다는 것의 의미와 중요성을 알고, 자기 반성과 마음 다스리기를 통해 올바르게 살아가기 위한 능력과 실천 의지를 기른다.
① 올바르게 산다는 것의 의미와 중요성은 무엇이고, 어떻게 하면 올바른 삶을 살 수 있을까?
② 올바르게 살아가는 데 필요한 능력은 무엇이며, 이를 생활 속에서 어떻게 습관화할 수 있을까?

(가) 학습 요소

- 사람의 아름다움, 참된 아름다움, 아름다운 삶의 모습 등

(나) 성취기준 해설

- [4도04-02] 이 성취기준은 참된 아름다움이 외면적 아름다움뿐만 아니라 내면적 아름다움과 도덕적 삶의 아름다움을 포함하는 것임을 알고, 아름다운 마음과 심미적 감수성을 기르도록 하기 위해 설정하였다.

(다) 교수·학습 방법 및 유의 사항

① 교수·학습 방법

- 개념분석 수업 모형을 적용하여 아름다움, 아름다운 사람의 의미와 중요성을 이해하고 이를 바탕으로 아름다운 사람의 모습을 탐구하도록 한다. 아름다운 사람을 찾아보는 활동을 통해 이해한 개념을 실생활에 적용해 보도록 하고, 수업을 통해 심미적 감수성이 자극될 수 있도록 한다. 또한 참된 아름다움을 탐구하는 과정에서 가치갈등 수업 모형을 활용할 수도 있다.

② 유의 사항

- 단순히 개념 정의를 이해하는 수준에 머무르지 않고, 이해한 개념을 자신의 모습에 적용하며 또한 자신을 돌아볼 수 있는 학습 활동이 될 수 있도록 한다.

(라) 평가 방법 및 유의 사항

① 평가 방법

- 자기 평가 방법을 사용할 수 있다. '자연 · 초월과의 관계' 영역의 성취기준 도달은 자기 스스로를 살펴보고 숙고하는 과정을 통해 가능하므로 자기 평가 방법이 효과적일 수 있다. 자기 평가는 자기 평가표를 활용할 수 있으며 구체적이고 진실하게 작성하도록 한다. 또한, 자기 평가 과정을 통해 자신의 아름다움에 대한 관점이 드러나도록 한다.

② 유의 사항

- 학생 개인이 자신을 평가하는 자기 평가표의 결과뿐만 아니라 평소의 생활 습관 및 관찰 기록 등과 비교하여 평가하도록 한다. 자기 평가의 과정을 통해 내면의 변화를 발견하고 심미적 감수성을 기를 수 있도록 한다.

4. 교수 · 학습 및 평가의 방향

가. 교수 · 학습 방향

(가) 현대사회와 일상생활에서 학생들이 직면하는 도덕 문제와 현상을 도덕적인 옳고

그름의 관점에서 탐구하고 성찰하며, 바람직한 행동을 의욕하고 실천할 수 있는 적합한 방법을 활용하도록 지도한다. 특히 학생들이 배우는 도덕적 가치·덕목이나 기본적 예절 및 규칙이 지적 인식에만 머무르지 않고 정서적 공감, 민감성, 열정, 실천 기능 습득을 통해 습관화될 수 있도록 다양한 방법을 적용한다.

(나) 도덕 수업을 통해 도달하고자 하는 인격 또는 도덕성의 3가지 주요 요소(도덕적 지식, 판단력과 같은 인지적 요소, 도덕적 감정, 의지, 태도와 같은 정의적 요소, 도덕적 실천 기능 및 습관과 같은 행동적 요소)가 조화롭게 통합적으로 발달할 수 있도록 지도한다. 또한 교과 역량인 자기존중 및 관리 능력, 도덕적 사고 능력, 도덕적 대인관계 능력, 도덕적 정서 능력, 도덕적 공동체의식, 윤리적 성찰 및 실천 성향 등이 함양될 수 있도록 4개의 가치관계 영역에 적합한 다양한 교수·학습 방법을 선택하여 적용한다.

(다) 학생들의 발달 단계와 수준 및 도덕 수업에의 흥미 등을 고려하고, 학생들의 구체적인 도덕적 경험과 연결될 수 있는 학습 목표, 탐구 주제 및 활동 내용을 구성하여 학습하게 함으로써 학생들의 자기주도적인 도덕적 사고력과 판단력, 도덕적 민감성, 실천 기능을 함양하도록 한다.

(라) 도덕 수업의 목표, 학습 내용, 수업 상황, 물리적 환경, 멀티미디어 기기, 학습 자료, 영상 자료 등 교수·학습에 영향을 미치는 변인들을 고려하여 강의, 탐구, 토론, 도덕 각오를 글로 쓰기, 자신의 도덕적 가치 공언하기, 행위 결과를 도덕적으로 상상하기, 내러티브를 통한 또래 간 도덕적 경험 교류하기, 웹 자료 활용, 역할놀이, 협동 학습, 봉사 학습, 프로젝트 학습, 갈등 해결 학습, 사회정서 학습, 실천·체험 등 다양한 교수·학습 방법을 융통성 있게 활용한다. 특히 학습자의 개인차를 고려하여 다양한 학습 집단을 구성하고 구성원들이 서로 상호작용할 수 있도록 협력체제를 구축하여 함께 참여하는 공동의 탐구 기회와 실천 기회를 제공한다.

(마) 학습자들이 모범 사례를 본받아 자율적으로 도덕적 가치·덕목을 실천할 수 있도록 다양한 도덕적 모범을 제시하고, 도덕 수업 시간에 배운 도덕적 옳음이 생활 속에서 지속적으로 실천되고 지지받을 수 있도록 학생들이 정의로운 학급 공동체의 분위기 속에서 민주적이고 도덕적 관계를 형성하도록 한다.

(바) 학습자들이 속한 지역의 특성이나 시의성을 고려하여 다양한 계기 자료들을 적절히 재구성하여 활용하되, 특정 지역, 집단, 문화, 이념, 종교 등에 편향되지 않은 객관적인 입장을 유지하도록 한다.

(사) 학습내용과 방법을 고려한 가정, 지역 공동체와의 연계 프로그램(학부모 또는 지역 자원 및 인사를 도덕 수업에 참여시키기, 지역 사회의 기관들을 도덕 교육의 학습장으로 이용하기 등)을 통해 학생들의 도덕적 실천을 강화함으로써 도덕 수업의 실효성을 제고한다.

나. 평가 방향

(가) 도덕 수업을 통해 도달하고자 하는 도덕성의 인지적, 정의적, 행동적 요소에 대해 통합적으로 평가한다. 즉, 인지적 요소에서는 도덕적 가치·덕목의 의미에 대한 이해, 도덕적 사고력과 판단력, 가치 판단의 합리성 등을 평가한다. 정의적 요소에서는 도덕적 감정의 적절한 절제력과 표현력, 도덕적 민감성과 열정성 등을 평가한다. 행동적 요소에서는 도덕적 가치·덕목과 예절 및 준법에 대한 행위 기능과 실천의 습관화 등을 평가한다. 특히 이 3요소들 각각이 학습되고 발달되었는지의 여부를 적절히 평가할 뿐만 아니라 이 3요소들의 조화로운 발달을 통합적으로 평가할 수 있도록 한다.

(나) 평가 목표와 내용 특성, 학생 개인의 인지, 정서, 도덕성 발달 정도와 도덕 학습의 성취 수준 등을 면밀히 분석하여 이에 적합한 평가 방법을 활용함으로써 학생들의 도덕성 및 인성을 발달시키는 데 기여할 수 있도록 한다. 특히 평가 방법과 기법 및 도구를 사용할 때에는 그것의 주된 용도와 장·단점을 살펴 가장 적합한 것을 선택하여 활용하도록 한다. 문항을 제작하면서 동시에 채점 기준을 만들되, 도덕과의 특성을 반영하여 도덕적 지식과 판단력, 도덕적 민감성, 도덕적 문제에 대한 창의적이고 타당한 문제해결 방안 모색, 도덕적 실천 의지와 실천 기능 등이 포함되도록 한다.

(다) 다양하고 창의적인 평가 방법과 기법 및 도구를 적절히 활용하여 객관적이고도 신뢰성 있는 평가를 실시한다. 선택형과 서술형을 포함한 지필 평가, 행동 관찰, 자기 평가, 구술·논술 평가, 포트폴리오, 토론 및 발표에 대한 평가, 상호 평가 등 다양한 방법을 활용하여 도덕성과 인성을 종합적으로 평가하도록 한다.

(라) 평가 내용과 방법이 교육 내용과 일치하도록 한다. 평가 내용과 방법은 도덕과에서 강조되고 있는 도덕적 성찰 및 탐구 능력, 즉 도덕함의 제고와 밀접한 관련이 있어야 한다. 도덕과 평가에서 활용하는 선택형 문항, 서술형 및 논술형 문항을 제작할 때에는 수업 목표와 평가 목표의 일치, 학습 내용과 문항 내용의 일치, 학습 내용과 문항 내용의 초점 일치, 교육 내용의 중요도와 문항 수준의 일

치를 확인하도록 한다. 특히 문항 내용과 기술하는 언어가 학생들의 발달 수준에 적합하도록 한다.

(마) 성취기준을 평가의 기준으로 활용한다. 성취기준은 도덕 수업 내용의 범위와 수준, 도덕 수업을 통해 학생들이 성취해야 할 여러 기능, 평가의 목표와 초점, 문항 내용의 범위와 깊이를 정하는 준거가 된다. 따라서 평가 목표의 구체화, 문항 내용의 범위와 수준, 문항 정답률 설정, 문항 배점 결정의 기준으로 활용하도록 한다.

(바) 평가 결과는 학생들의 인성과 도덕성 발달을 도모하고 교수·학습을 개선하는 데 필요한 자료로 활용한다. 즉 평가 결과는 수업 목표의 도달 및 수업 내용의 성취 여부를 파악하고 이에 따른 앞으로의 수업 목표와 내용, 교수·학습 계획과 방법 등 전반적인 도덕 수업 활동을 개선하는 데 활용한다. 또한 교사의 자기 평가와 자기 성찰에 이용할 수 있다.

제 7 장

도덕과의 수업 설계와 수업 분석

제1절 최적의 수업 모형을 적용한 수업 설계

'수업 모형'이란 하나의 수업에 관련된 복잡한 현상이나 사태들을 그 특징적 장면들을 중심으로 단순화시킨 것으로서, 수업 현상을 구성하는 변인들 간의 관계를 파악하기 쉽도록 단순화시킨 형태이다. 다양한 현장에서 교사들이 경험한 최적의 수업과정을 모범적으로 제시한 것이기도 하고, 특정한 교과의 목적과 특성을 반영한 학문적 이론을 바탕으로 하여 짜여진 이상적인 틀이기도 하다(Bruce Joyce & Marsha Weil, 1986). 수업 모형은 수업의 모델(model of instruction)을 번역한 용어인데, '모형'이라는 용어 속에는 실제의 복잡하고 다양한 구체적 차이들을 단순화시켜 기본틀로 재구성한 것이라는 의미가 내포되어 있다. 모형이라는 번역체 용어만으로는 수업 모형의 참된 가치를 충분히 전달하지 못하고 있다는 아쉬움이 남기도 하므로, 모델이라는 용어의 함의까지 같이 고려하는 것이 바람직하다. '모델'이라는 용어 속에는 이미 다른 사람의 '모범'이 될 정도로 훌륭하다는 의미가 담겨져 있으며, 가장 이상적인 틀이므로 그것을 따라하기만 하면 큰 실패는 없으리라는 보장의 의미도 포함되어 있는 것으로 볼 수 있다.

하나의 수업 목표를 달성하기 위해 교사는 여러 가지 형태의 수업을 구상해 볼 수 있다. '정직'이라는 도덕적 가치를 가르치는 도덕과 수업을 설계할 때에 교사는 그 수업 목표가 되는 지식이나 기능, 태도에 가장 적합한 최선의 수업 모형을 선택하고 싶어 한다. 정직을 가르칠 때에 가치 갈등의 경험 속에서 정직과 다른 가치 사이의 비교와 고민을 통해 정직을 선택하도록 하는 것이 좋을 것인지, 혹은 정직에 관한 도덕적 교훈을 담은 내러티브 스토리를 들려주고 그와 비슷한 도덕적 이야기를 스스로 작성해 보도록 요구하면서 수업을 진행하는 것이 좋을 것인지 등등의 다양한 방식들 중에서 어떤 형태의 수업을 기획할 것인가는 온전히 수업 전문가로서의 교사에게 맡겨진 교사 재량의 문제이다. 수업의 목표 설정에서부터 학습자 진단, 수요자 요구 분석 등을 거쳐 교수-학습 과정 전체와 평가 및 수업 성과 관리 및 재투입까지의 전 과정을 자기만의 창의적인 아이디어로 설계할 수 있다면 가장 이상적일 것이다. 그러나 개인의 창의성과 시간 투자에는 한계가 있을 수밖에 없기 때문에, 교사는 선배와 학자들이 추천하는 이상적인 수업 설계의 기본틀인 수업 모형을 찾아보고 그것들 중에서 자신에게 적합한 것을 선택하게 되는 것이 일반적이다.

가치 갈등 수업 모형이나 개념 분석 수업 모형 등의 여러 가지 수업 모형들은 특정한 목적을 달성하기 위해 가장 손쉽게 따라할 수 있는 모범적인 수업 설계의 가이드라인이다. 수많은 선배교사들의 경험을 통해 그 효과가 입증된 것이며, 학자들에 의해 그 구성의 논리가 이론적 체계를 갖춘 후에야 비로소 수업 모형이라는 이름을 얻을 만한 지위가 주어지는 것이다. 다른 교과의 수업에서도 마찬가지이겠지만 도덕과의 경우에는 수업 모형의 중요성이 더욱 강조되어야 마땅하다고 말할 수 있다. 인지-정의-행동이라는 상이한 영역들에 걸쳐 있는 도덕과 수업 목표를 달성하기 위해서는 교사는 스스로 설정한 수업 목표가 이들 세 영역 중 어디에 주로 해당되는 것인가를 고려하여 가장 적합한 수업 모형을 선택해야 한다. 도덕과 수업 모형들 중에는 세 영역 모두를 균형 있게 다루는 모형도 있지만 어느 한쪽 영역에 특화된 수업 모형들이 많기 때문이다.

도덕과의 수업 모형은 학생들의 도덕적 덕성의 형성을 위해 도덕적 삶의 원리와 행위 규범을 이해하고, 그것을 준거로 합리적 판단을 하며, 이를 깊은 신념과 열정의 토대 위에서 실천해 나갈 수 있는 능력과 성향을 기르기 위한 '교수-학습 활동의 바람직한 과정과 절차'라고 정의된 바 있다(유병렬, 2003). 많은 경험과 연구가 바탕이 된 훌륭한 수업 모형들이 많이 있으면 있을수록 교사는 손쉽게 좋은 수업을 설계하고 구현할 수 있을 것이다. 그러나 수업 모형은 바람직한 가이드라인이기는 하지만 '최상의 결과를 가져오기 위해 정확히 따라가고 이용되어야만 하는 융통성 없는 수업의 고정된 형식'은 결코 아니다(윤기옥 외, 2002). 학생들의 학습 스타일과 조건들이 모두 다르고 주제의 특성과 교사의 취향 등에 따라 구체적인 개별 수업들은 같은 수업 모형을 취한다 할지라도 전혀 다른 양상의 것들이 되기 쉽다. 이러한 다양한 조건들을 고려하여 최적화된 나만의 수업을 미리 계획하고 준비하는 과정과 절차가 바로 '수업 설계(design of instruction)'이다.

정보가 넘쳐나는 정보화 시대가 되면서 학교교육은 '교육 정보화 패러다임의 대전환'이 논의될 정도로 총체적인 변화의 시기를 맞이하고 있다. 특히 학원과 인터넷에서 더 다양하고 많은 정보들을 구하게 되면서 그동안 교권의 원천이 되었던 '지식과 정보의 독점으로부터 나오는 권위'가 무너지고 있는 것이 지금의 현실이다. 이러한 시대를 살아가는 교사가 스스로의 '전문직으로서의 권위'를 주장할 수 있는 근거는 그가 가지고 있는 지식의 깊이와 정확성, 최신성이 아닐 것이다(임상수, 2002). 앞으로 교사의 권위는 필요한 지식과 기능을 학생이 습득하게 만드는 '최적의 수업을 구상하고 적용하는 수업 설계의 전문가로서의 풍부한 경험과 안목'에서 찾아야 한다. "선생님이 철학 교수인 네 아버지보다 도덕적 판단의 원리와 절차에 대해서 더 잘 알지는 못할 수도 있지만, 그런 원리와 절차를 초등학생인 네가 잘 알아듣고 실천할 수 있도록 가르치는 최적의 방법에 대해서는 그 누구도 나만큼 잘 할 수 있는 사람이 없단다!"라고 당당히 주장할 수 있을 만큼 수업 설계와 진행의 전문가가 되어야만 하는 것이다.

제2절 수업 설계의 시스템과 전체론적 시각

수업 설계에 대한 교육공학적 접근에서 가장 중요한 이론적 틀은 수업의 과정을 이해하고 개선하는 모든 '처방적 노력'[1]이 '체계적'[2]으로 구성되어 "부분과 부분들이 서로 유기적으로 소통하고 자기 조절적 기능을 수행해서 최종 목적을 달성하기 위해 거시적 전체 수준에서 원활하게 작동해야만 한다"라는 '체계론적이고 홀리즘적인 아이디어'이다. 결국 수업 설계는 여러 가지 다양한 수업의 변인들을 조화롭게 연결시켜 유기적으로 잘 작동할 수 있게 만드는 '연계과학(linking science)'[3]이므로 훌륭한 수업 설계자는 사전에 교과목의 특성과 학습자 환경, 동원 가능한 자원 등을 총체적으로 고려하여 각 변인들 간

1) Charles M. *Reigeluth, Instructional design theories and models: An overview of their current status,* (Hillsdale, N.J.: Lawrence Erlbaum Associates, 1983)에서 라이겔루스는 수업 설계가 학습자의 지식과 기능면에서 기대하는 변화를 가져오기 위한 최적의 교수방법을 처방하는 데 관심있는 분야라고 정의하면서 '처방적'이라는 속성을 규정하였다.

2) system과 systematic을 사회과학과 자연과학 일반에서는 '체계, 체계적'으로, 교육공학계에서는 '체제, 체제적'으로 번역하여 사용하지만 사실 의미는 같으므로, 본 고에서는 '체계 혹은 시스템, 체계적'이라는 표현을 사용한다.

3) 이인숙, "교육공학과 교수설계", 인터넷 문서, 미발간 자료, (URL="http://www.sejong.edu/~inlee/set/articles/kyounggido.PDF"), pp.9~10.

의 관계를 잘 설정해야만 한다.

라이겔루스(Reigeluth, C.)가 제시한 [그림 7-1]의 도식은 수업 설계 시 고려해야 할 다양한 변인들 간의 체계적 관계들을 일목요연하게 보여주고 있다. 그림의 상단 박스는 수업 전체의 상황적 조건들을 묶은 것이고, 중단의 타원들은 실제 수업 현장에서 적용할 수 있는 수업 방법들을 묶은 것이며, 하단의 박스는 수업의 결과 변인들을 보여주고 있다. 한 차시의 수업을 고민하는 현장 교사들의 주된 관심은 중단의 수업 방법들에 있으며 그 중에서도 특히 '전달 전략'에 초점을 맞추는 경우가 많다.

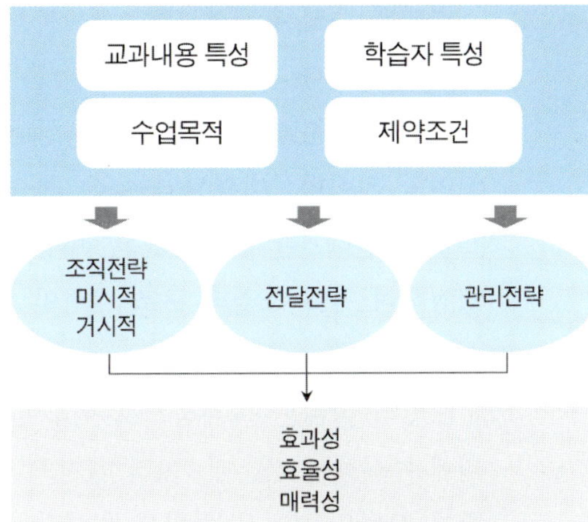

[그림 7-1] 교수조건, 방법, 결과 변인들의 요소와 상호관계
(Reigeluth의 도식을 이인숙(2001)이 번역한 것을 인용)

먼저 '조직 전략'은 수업 내용의 계열화, 조직화에 관한 이론으로서 정교화 이론(elaboration theory) 등이 이에 속하며 거시적 조직 전략은 교육과정 구성의 단계에서 특히 고민되어야 할 문제이다. '전달 전략(delivery strategy)'은 학습자에게 학습 내용을 어떤 형태로 전달하고 수업의 상호작용을 어떻게 이끌어갈 것인가에 관한 고민이다. 끝으로 '관리 전략'은 내용을 배열하는 조직 전략과 내용을 가르치는 선달 전략의 요소들을 언제 어떻게 사용하고 성취도는 어떻게 평가하고 관리할 것인가를 도와주는 피드백적 요소를 강조하고 있는 고민이다.

교사들이 주로 중단에 관심을 가지고 특히 전달 전략에만 초점을 맞추는 까닭은 이 세 가지 전략이야말로 그 개념적 수준에 있어 '수업 설계자나 교사에 의해 조정될 수 있는 변인'이며 교사의 역량에 따라 크게 달라질 수 있는 변인이기 때문이다. 수업의 조건 변인들인 '도덕과 지식의 성격이나 구조의 특성과 목적 및 학습자 특성과 수업 시수' 등의 문제는 교사가 크게 통제할 수 없는 주어진 환경이므로 그 변화가 바람직한 것인지 아닌지에 대해 이견이 있다 할지라도 어찌해 볼 수가 없는 문제이다. 반면에 수업 방법에 해당되는 둘째 수준의 변인들은 각기 다른 조건 하에서 각기 다른 결과를 성취하기 위해 선택되고 필요로 하는 '다양한 경로의 길'을 의미하게 된다. 이 둘째 수준의 변인들을 교사가 통제할 수 없는 경우에는 그 변인들은 '방법이 아니라 조건'이 되고, 만일 앞의 조건들을 교사가 자신의 의지대로 통제할 수 있는 경우라면 그때에는 변인들이 '조건에서 방법으로' 전환될 것이다.

하단의 수업 결과에 대한 세 가지 변인은 주로 수업 체계 전체에 대한 평가의 기준이 되는 것들이다. '효과성(effectiveness)'은 학습자가 얼마나 깊이 있게 잘 목표를 달성했는가라는 성취수준을 의미하고, '효율성(efficiency)'은 학습에 투여한 시간과 교수자의 비용 등을 고려한 것이며, '매력성(appeal)'은 학습자가 더 지속적으로 학습을 하기를 원하는가의 정도를 뜻한다. 결과 변인들은 전체 체계의 작동이 제대로 이루어지고 있는가를 스스로 점검하여 자기 조절과 구조 개혁의 계기를 제공하는 피드백의 역할을 포함하고 있는 것이라 하겠다.

수업의 설계는 '체계적'으로 이루어져야만 한다. 이때 '체계적(systematic)'이라는 표현의 의미에 주목해야 하는데, 여러 가지의 다양한 구성 요소들이 서로 밀접한 연계관계를 맺고 함께 작동을 하면서 '하나의 커다란 전체로서(as a whole system)' 존재하고 진화를 해나갈 때 이러한 실체를 하나의 체계라고 부를 수 있는 것이다(Bela H. Banathy, 1991). 수업을 설계하고 실제로 진행하며 평가하여 고쳐 나가는 모든 과정 자체도 거시적인 하나의 체계가 되어야 하며, 구체적인 한 차시의 수업과정 자체도 미시적인 체계가 되어야 한다. 이처럼 각 구성 요소들 간의 역할과 특성의 변화, 기능 수행의 정도들을 끊임없이 자체적으로 확인하고 피드백을 수행하면서 '목표를 달성하기 위해 스스로의 작동을 관리하고 수정해 나가는 특성'을 보여줄 때 그 수업체계는 항상성을 가지면서도 진화해 나갈 수 있다. 도덕과의 수업 설계도 이러한 체계성을 목표로 하여 자체 내의 구조적인 '유연성'과 '민감성'을 높여갈 수 있도록 노력해야 환경의 급변에 따른 위기와 기회에 적절하게 대응하면서 자생적 생존력(autopoiesis)을 확보할 수 있게 되는 것이다.

모범적인 수업 절차의 설계를 위한 가이드라인으로서 수업 모형을 잘 알고 있는 교사가 자신이 처한 교육 환경과 자신이 의도하는 수업 목표의 달성을 위한 '최적의 과정'을 구상하고 준비하는 것이 곧 수업 설계이다. 이때 수업 설계자로서의 교사는 '최적화(optimization)'와 '상세화(specification)'의 두 가지 작업을 염두에 두면서 수업 모형을 재구성하게 된다.

최적화란 주로 효율성과 관련되는 개념으로서 적절한 수준의 자원을 투입하여 최상의 결과를 얻고자 하는 현실적인 의도에서 비롯되는 일이다. 너무 많은 시간이나 너무 많은 노력과 비용을 투입하여 얻어낸 최상의 결과보다는 비록 차선의 결과일지라도 적절한 수준의 투입에서 상대적으로 만족할 만한 결과를 얻어내고자 하는 자세가 바람직하다는 것이다. 매일 여러 차시의 서로 다른 과목 수업을 설계해야만 하는 초등교사에게 있어서 최적화는 매우 중요한 의미를 갖는다.

상세화 작업을 수행하는 교사는 수업 모형의 각 단계마다 필요한 구성 요소들을 최대한 상세하게 온갖 반응을 예상해 가면서 그에 대한 대처방안까지를 구상하고 준비해 나간다. 도입 단계에서 동기유발은 어떤 방식으로 할 것인지, 학습자의 요구 분석은 어떤 방식으로 할 것인지, 예화 제시 때는 어떤 매체를 사용하여 이야기를 전달할 것인지, 학습지는 어떤 형식으로 준비하여 언제 투입할 것인지 등등을 끊임없이 고민해야 한다. 수업 모형에서 개략적으로 제시되고 있는 각 단계별로 교사의 발문과 지도 기법과 매체 등을 총망라한 모든 구성 요소들을 최대한 상세하게 구상하고 마련하는 것이 바로 수업 설계 과정에서의 상세화 작업이며, 이때 교사에게는 세심함과 더불어 상상력과 끈기가 요구된다. 그러나 충분히 상세화된 수업 설계를 거친 교사의 수업은 어떠한 돌발적인 상황에 직면하여도 여유롭게 대처할 수 있는 유연한 수업이 될 수 있다는 점에서 그 중요성은 아무리 강조해도 지나치지 않다.

제3절 수업 설계 체크리스트

다음의 열한 가지의 질문들은 다른 교과와는 다른 도덕과 수업만의 독특한 수업 설계가 어떤 것일까를 파악하고자 하는 체크리스트를 구성하고 있다. 앞으로의 도덕과 교육의 체계적 발전을 위해서 꼭 깊이 있게 연구되어야 할 과제로 남겨두고 간단한 답변에 관한 아이디어만 언급하며 지나가지만, 그러한 질문의 중요성은 간과되지 말아야 한다. 도덕과 수업의 발전을 위한 실천적 연구들이 지향해야 할 연구 과제들을 찾는 데에 하나의 가이드라인이 되어 줄 수 있는 거시적인 틀로서 가치가 있기 때문이다.

도덕과 수업 설계의 특성을 찾기 위한 질문들	도덕과 수업 설계의 특성을 찾기 위한 답변의 아이디어들
Q1. 도덕과 교과 내용이 다른 과목의 내용과 구별되는 특성은 무엇인가?	A1. 인지적 지식 외에도 정의적, 행동적 요소들을 중요하게 다룬다.
Q2. 학교 교육과정 속에 도덕과를 설치하는 궁극적 목적은 무엇인가?	A2. 세 가지 요소의 통합적 발달을 위해서는 학교에서 교과목의 하나로서 가르치는 것이 효과적이며, 교과목이 아닐 때 본래의 목적을 달성하기 어려워지기 때문이다.

도덕과 수업 설계의 특성을 찾기 위한 질문들	도덕과 수업 설계의 특성을 찾기 위한 답변의 아이디어들
Q3. 도덕과를 배우는 학습자들의 특성은 어떠한가?	A3. 도덕적 민감성이 떨어지고, 이성적이기보다 감성적이며, 텍스트보다 영상을 선호한다.
Q4. 학교 현장의 교육 여건상의 도덕과에 대한 지원 가능성과 한계점은 어디까지인가?	A4. 국민공통기본과정 중의 하나이지만 시수와 지원의 폭이 충분치 못하다.
Q5. 주어진 학년과 학기 내에서 도덕과 내용 요소들을 어떻게 배열할 것인가?	A5. 내용 요소를 범위와 계열성에 대한 사회적 합의를 바탕으로 지루한 반복이 되지 않도록 신중하게 배열해야 할 것이다.
Q6. 각 수업 차시 속에서의 도덕과 수업 진행 순서는 어떻게 조직할 것인가?	A6. 도덕과의 특성을 잘 반영하는 다양한 수업 모형을 적극적으로 참고하여 조직해야 한다.
Q7. 도덕과 수업 내용의 전달을 위해 어떤 매체와 방법을 사용할 것인가?	A7. 답변 3의 학습자 특성들을 충분히 고려하여 그러한 욕구를 만족시키면서도 수업 목표를 달성할 수 있는 효과적인 매체와 방법을 선택해야 한다.
Q8. 학습자의 성취도 관리와 도덕과 수업 자체의 성과 측정은 어떻게 할 것인가?	A8. 평가 점수화, 등급화, P/F제 등의 다양한 형태들을 고려하며, 수업 자체에 대한 평가 활성화를 통해 수업 개선을 위해 노력해야 한다.
Q9. 도덕과의 성취도 평가는 어떤 방식으로 하며 목표 수준은 어디인가?	A9. 절대평가 기준을 기본으로 하되, 도덕적 판단력과 감수성, 실천 능력 등을 종합적으로 반영할 수 있는 평가도구를 개발해야 한다.
Q10. 투여한 비용에 대비해 볼 때 도덕과 수업이 효율적인가?	A10. 정기적으로 비용 대 효과 분석을 실시한다.
Q11. 도덕과 수업에 대한 학습자들의 평가와 심화학습에 대한 욕구 수준은 어떠한가?	A11. 다양한 피드백의 경로를 마련하고, 돌아온 반응에 따라 전체 수업 과정의 개선을 위해 노력해야 한다.

제4절 수업의 분석: 멘토링과 컨설팅

1. 수업 장학과 멘토링 및 컨설팅

도덕과 수업에서 목표로 삼는 '도덕성'의 개념 규정 자체가 크게 방향 전환을 겪고 있으며, 새로이 각광받는 수업 모형과 수업 기법들이 다수 등장하고 있다. 이러한 새로운 강조점과 이를 반영한 수업 설계의 이론과 실제를 현장에 보급하고 기존의 수업을 개선시켜야 하는 필요성이 최근 들어 크게 강조되고 있다. 특히 도덕성을 "인지-정의-행동의 3대 영역"으로 구분하여 각각의 목표 성격에 따라 그에 적합한 각기 다른 수업 모형과 기법들을 적용하되, 이 세 가지 영역이 고루 다루어지고 서로 유기적 조화를 이루도록 통합적으로 가르쳐야만 한다는 기본 접근의 방향성에 대한 현장 교사들의 이해가 많이 부족한 편이다.

교육대학에서의 '직전교육'에서는 도덕과의 특성을 반영한 수업 모형과 수업 설계 관련 내용이 '도덕과 교육 2'라는 2학점 강좌에서만 다루어질 뿐, 충분한 훈련과 반성이 이루어지지 못한 형편이다. 현장에 부임한 신임 교사들이 교육대학에서 배운 수업 설계의 이론과 기법들을 떠올리기보다는 선배 교사들의 수업을 모방하고 자신들이 과거 학창 시절에 배웠던 옛 은사들의 수업을 되풀이하는 경우가 많다는 것은 이러한 문제점을 잘 드러내 주는 사례이다. 또한 도덕과의 특성을 잘 반영한 수업 모형에 대한 지식과 이해도 부족하여 현장에서의 도덕과 수업을 소홀히 하거나 기피하는 경우까지 발생하고 있어 도덕과 수업 자체를 개선시키고 보급해야 할 필요성이 커지고 있다.

현장 교사들이 자신의 수업에 대해 불만을 가지고 있고 수업을 개선해야 하겠다는 욕구를 충분히 갖고 있음에도 불구하고, 대학의 교수와 연구자들에 대해서는 수업의 실제에 대한 멘토로서 큰 신뢰를 부여하지 않는 경향이 많음을 고려할 때, 동료 교사들 중에서 충분한 수업 경험과 수업 관찰과 분석 및 조언에 대한 훈련을 거친 사람들을 수업 멘토로 삼아 수업 멘토링을 시도하는 것이 바람직하다. 가까운 동료 중에서 적당한 전문성을 가진 사람을 찾기 어렵다면, 전문적인 컨설턴트의 도움을 요청하여 그의 조언을 수업 개선의 방안으로 활용하는 것도 현장 적합성이 매우 높은 생산적인 아이디어라고 볼 수 있다.

수업에 관한 멘토링과 컨설팅은 모두 기존의 수업 장학이 갖는 부정적인 이미지와 거부감을 극복하고, 수업의 개선을 위해 꼭 필요한 도움만을 요청하여 제시된 보완책들을 선택적으로 수용할 수 있는 여지를 제공한다는 점에서 교사들에게 쉽게 다가설 수 있는 활동들이다. 수업 장학에도 요청 장학이나 동료 장학 및 자율 장학 등의 개념들이 분명 존재하지만, 이론과는 달리 이들 장학의 경우에도 교사들이 자발적으로 장학을 요청하고 편안한 마음으로 장학을 받는 경우는 거의 없다. 장학(supervision)은 그 용어 자체가 위에서 내려다보는 시각이라는 함의를 내포하고 있기 때문이다. 장학 과정의 시작은 비록 위에서 강압적으로 내려온 것이 아닌 경우도 있지만, 장학 과정의 끝에서 제안된 개선방안들은 피장학자들인 교사가 마음대로 선택하거나 거부할 수 있는 성격의 것이 아니라 그에 따라 수업을 고쳐 나가라고 내려 온 형태가 된다. 이에 비해, 멘토링이나 컨설팅은 교사 스스로가 자신의 수업에 불만을 느끼고 그것을 고치는 데에 어려움을 느껴서 '자발적으로 도움을 요청'하는 것으로부터 시작이 된다. 수업을 관찰하고 문제점을 분석하며, 가능한 개선책들을 두루 모색하고 각각의 가능성과 효율성을 검토하여 최종 대안을 만들어가는 과정 전체가 멘티와 멘토 혹은 컨설티와 컨설턴트 사이의 수평적이고 협동적인 상호작용을 기반으로 이루어진다. 최종적으로 제안된 개선 방안 역시 강제적으로 반드시 수용하거나 적용해야만 하는 성격의 것이 아니라 멘티 혹은 컨설티가 자의적으로 선택하여 수용할 수도 있고 하지 않을 수도 있는 성격의 제안이 된다. 장학 과정의 최종 책임은 장학진이 지는 것이지만 멘토링과 컨설팅의 최종 책임은 의뢰자로서의 교사 자신이 지는 것이라는 점이 가장 결정적인 차이점이라 하겠다.

2. 수업 멘토링/컨설팅의 절차와 수업 분석의 틀

도덕과뿐만 아니라 대부분의 교과 수업 과정을 개선하기 위한 멘토링과 컨설팅의 절차는 '준비-관찰과 진단-해결 방안 설정 및 선택-실행-피드백-종료'로 이루어지는 5단계를 거치는 것이 일반적이다. 멘토링의 경우는 멘티와 멘토가 서로를 선택하고 만나는 과정과 친밀감을 쌓는 과정에 많은 강조점이 주어진다는 점을 제외하고는 컨설팅의 절차와 크게 다르지 않게 진행된다. 다음은 도덕과의 수업 컨설팅을 위한 일반적인 5단계 절차를 그림으로 나타낸 것이다.

도덕과 수업컨설팅의 과정 요소

준비	관찰과 진단	해결방안 도출	실행	피드백 및 종료
· 의뢰와 접수 · 예비진단 · 사전면담 · 전반 계획 수립 · 컨설턴트 배정 · 계약 체결	· 사전면담 · 목적과 문제 명확화 · 자료 수집 · 사실 확인 · 관찰 · 진단	· 해결방안 구안 · 비용 대 효과 분석 · 체계 전체 · 수준의 성격 평가 · 가능한 방안 선택 제안	· 실행 준비 협의 · 자료 제작 지원 · 수업기법 훈련 · 실행 · 참관 · 모니터링	· feedback 자료수집 · 자료 분석 · 해결/미해결 분석 · 의뢰인 피드백 · 보고서 작성 · 계약 종료

수업에 대한 분석은 2단계의 '관찰'과 '진단' 과정에서 주로 이루어진다. 이때의 관찰과 분석은 장학에서의 그것과 달리 매우 좁은 범위로 한정되는 특성을 갖는다. 멘토링이나 컨설팅이 기본적으로 수요자의 요구에 기반하여 시작되고, 수요자가 필요를 느껴 요청한 그 부분에 대해서만 집중적으로 관찰과 분석을 실시하여 개선책을 도출해 내는 방식으로 이루어지기 때문이다. 그러나 요청받은 그 부분만을 집중적으로 관찰한다고 해도 '관찰과 분석의 기본틀'은 있어야 하는 것이며, 때로는 요청받은 부분 이외의 다른 문제점을 관찰하여 그에 대한 해결책을 제안하는 것이 가능한 경우도 분명 존재한다.

첫째, 준비 단계에서는 의뢰와 접수, 예비 진단, 컨설팅 과정 전반에 대한 시간 계획과 물자 동원 방안 수립, 컨설턴트 배정 및 계약 수립의 각 절차별 도구와 체크리스트, 계약서 양식 등을 개발한다. 현재 각급 시·도교육청 단위로 운영되고 있는 '교사 수업 컨설팅 단체'에 수업 컨설팅을 의뢰하면, 가장 적합한 경력과 지식을 가진 컨설턴트를 배정하여 컨설티와 컨설턴트가 편리한 시간과 장소를 합의하여 만남을 갖게 된다. 이때 컨설팅 계약을 하게 되는데, 계약이라는 용어를 사용하는 까닭은 어떤 부분에 대해 어떤 수준의 도움을 기대하고 있는지를 분명하게 정의하고 시작하자는 의미에서 문서화된 약속을 강조하기 때문이다.

둘째, 관찰과 진단 단계에서는 '목적과 문제의 명확화'를 위한 작업들을 진행하며, 자료 수집 및 사실 규명의 방안과 수집된 자료의 분석 및 진단을 위한 기준표 등이 개발된다. 자료수집에는 문헌 조사와 더불어 관련 전문가들과의 면담 및 우수 사례 탐색 등의 다양한 활동들이 포함될 수 있다. 사실 규명이라 함은 도움을 요청한 교사 자신의 수업을 직접 관찰하거나 주변 인물들의 이야기를 들어 문제의 실태를 파악하는 작업을 뜻한다. 일반적으로는 수업 참관과 학생과 동료 교사들에 대한 인터뷰와 설문지 조사, 수업의 녹화 및 분석 등이 포함될 수 있다. 구체적인 분석의 과정에서는 분석틀이 매우 중요한데, 적절한 수업 모형을 선택하였는가, 예화 제시와 동기 유발은 잘 되고 있는가, 교사의 언어와 발문은 적절하게 구사되고 있는가, 수업의 기법에서 미숙한 점은 없는가, 평가와 수업의 성과 관리는 잘 되고 있는가 등등의 다양한 평가 기준과 척도가 정교하게 구성되어야 훌륭한 분석이 가능해지기 때문이다.

셋째, 해결 방안의 도출 단계에서는 관찰된 문제점의 원인과 실태를 분석한 결과를 바탕으로 확인된 문제를 해결하기 위한 다수의 방안들을 검토하여 최적의 대안을 선택하는 활동들이 이루어진다.

넷째, 실행 단계에서는 제안된 해결책을 실제로 수업 현장에 적용하여 문제가 해결되는지를 확인해 보는 활동들이 이루어진다. 멘토/컨설턴트는 실행을 위한 자료 제작, 수업 설계, 환경 조성 등의 여러 활동에 걸쳐 조언과 조력을 아끼지 않아야 한다. 장학에서는 장학자가 피장학자에게 해결책을 제안하고 나면 그 해결책을 실제로 구현할 수 있는가는 피장학자의 몫이 되기 쉽지만, 멘토링에서는 멘티와 멘토가 서로 힘을 합쳐 함께 헤쳐 나가는 과정이 강조되기 때문에 공동의 몫이 되는 것이다. 컨설팅의 경우에는 실행 단계의 준비와 실행 과정에까지 컨설턴트가 개입하고 조력을 하느냐 아니냐는 사전에 상호 합의에 따라 달라질 수 있다.

다섯째, 피드백 단계에서는 의뢰자와 컨설티, 컨설턴트 3자의 자기 만족도와 학생들의 만족도를 다면적으로 측정하여 평가하며, 그 결과를 차후의 컨설팅의 개선을 위한 기초 자료로 공유하여 활용한다. 의뢰자와 컨설티는 일치하는 것이 가장 이상적이겠지만, 현실적으로는 교장이 컨설팅을 의뢰하고 교사는 컨설티가 되는 경우도 많이 발생하기 때문에 피드백에서는 이 세 당사자들의 반응을 따로 수집하여 분석하는 일이 중요하게 된다.

수업의 전체 과정에 대한 명확한 진단과 문제의 근원적 원인에 대한 심도 있는 분석, 그리고 문제를 해결하는 데 필요한 효율적인 방법과 제안의 도출 및 그 실행 결과에 대한 평가는 매우 복잡하고 역동적이며 어려운 작업이다. 더욱이 컨설팅의 전체 과정이 의뢰인과 컨설턴트와 대상 학교 및 학생 등의 다양한 당사자들이 서로 밀접하게 의견과 영향을 주고받으면서 진행되는 '열린 과정'이라고 한다면, 이를 정교하게 통제하고 관리하며 효율적으로 전체 과정을 진행시키는 일은 매우 어려운 일이 된다. 이러한 경우에 우리가 기댈 수 있는 방식이 바로 '체계론적 사고(systems thinking)'와 '체계적 관점(systemic view)' 및 '체계적인 관리(systematic management)'이다.

바나디(Bela H. Banathy)가 제안한 수업과정의 체계적 분석에 필요한 '렌즈'의 개념에 주목하고자 한다. 분석자는 문제의 원인을 정밀하게 분석하여 수정하면서도 환원론에 빠지지 않게 주의하여야 한다. 거시적으로는 도덕과 수업의 전체 과정이 갖는 역동성과 확산성을 중시하는 수업 컨설팅의 모델이 필요하기 때문이다. 바나디는 전체의 구조를 바라보는 낮은 배율의 렌즈와 구체적인 미시 과정을 잘게 쪼개어 분석하는 높은 배율의 렌즈를 모두 구비하고서 상황과 단계에 따라 각각의 렌즈를 선택적으로 잘 적용해야 함을 강조한 바 있다. 우리가 추구하는 도덕과 수업 컨설팅의 모델은 기본적으로는 사전 면담과 준비 작업 단계에서는 도덕과 수업 목표의 성격 분석을 통해 바람직한 수업의 '구조'를 규명하고, 관찰과 진단 단계에서는 수업이 실제 이루어지는 '과정'에 대한 분석을 주로 사용하는 절충적 방식이 되어야 하는 것이다.

수업 관찰 및 분석의 기본틀로서는 유네스코에서 제안한 바 있는 KAP의 기본틀을 적극 도입하는 것을 권장할 만하다. 도덕과 교과서의 내용 구성은 리코나가 제안한 인지-정의-행동의 3대 영역의 통합적 구성이라는 대원칙에 따라, 각 주제별로 세 가지 영역의 수업들이 1개 차시 이상씩 배치되어 있다. 그러나 이러한 구성의 원칙은 어느 한 영역이 빠지지 않도록 하라는 거시적 기준일 뿐이므로, 이를 기계적으로 해석하여 인지 한 시간, 정의 한 시간, 행동 한 시간씩으로 시간 배분을 하는 것은 교육과정에 대한 오해에서 비롯된 잘못이라 하겠다. 도덕과 교과서에서 제공하고 있는 3대 영역별로 구분된 텍스트를 보다 효과적으로 활용하기 위해, 유네스코의 사회과 교육 프로젝트에서 제안된 바 있는 KAP(Knowledge- Attitude-Practice)의 수업 설계 방식을 응용하는 방안을 고려해 보자.

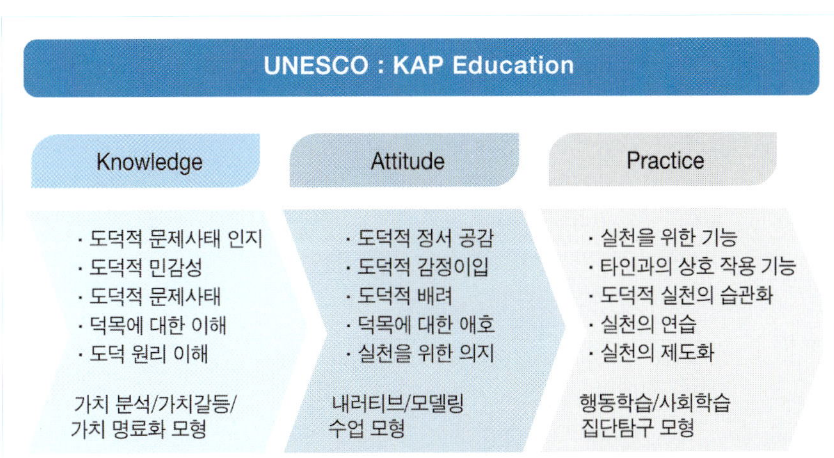

컨설팅 계약을 맺은 컨설턴트는 의뢰인으로서의 교사가 매 차시마다 그 수업이 지식을 가르치는 차시인지, 태도를 강조하는 차시인지, 실천을 연습시키는 차시인지를 엄격히 구분할 것을 요구한다. 그리고 양자의 협의를 거쳐 확정된 수업 목표의 특성에 따라 그에 걸맞는 수업 모형과 기법을 제대로 적용하여 효율적인 수업 설계를 하고 있는가를 관찰하고, 그 과정에서 발견된 문제점을 해결하기 위한 대안들을 제안한다. 제안된 여러 가지 대안들 중에서 컨설턴트와 의뢰인이 함께 검토와 협의를 거쳐 최적의 대안을 선택하게 되면, 이후 그 대안을 실제로 적용하고 적용한 결과를 다시 피드백시킬 수 있도록 전체 수업 설계와 진행 과정에 걸쳐 헌신적인 조력자 역할까지를 담당하는 것이 이상적인 수업 컨설턴트의 임무이다.

수업 멘토링과 컨설팅은 초등학교 현장의 도덕과 수업 개선을 위해 교사 자신이 불만족을 갖고 있는 부분들에 대한 직접적이고 단편적인 원포인트 레슨과 같은 성격의 조언을 제공하는 방식으로도 운영될 수 있지만, 의뢰인 교사의 전체 수업의 강점과 약점을 분석한 이후에 체계적 조언을 제공하는 방식으로도 운영될 수 있다. 특히 장기적인 상호작용을 필요로 하는 멘토링의 경우는 후자의 방식이 더 적합하며 그렇게 운영될 때에 비로소 멘티와 멘토 양자에게 모두 도움이 될 수 있는 생산적 활동으로 운영될 수 있을 것이다.

감독과 평가의 성격을 가진 수업 장학과 차별화되어, 수평적 관계에서 민주적이고 긴밀한 의사소통을 통해 수업 개선을 위한 문제점을 지적해 내고, 함께 해결방안을 논의하고 선택한 후 그것을 적용하는 과정상의 어려움을 함께 감당하는 동반자적 성격의 멘티-멘토, 컨설티-컨설턴트 관계를 만들어 나가는 데 역점을 두는 것이 필요하다.

제 8 장

도덕과 교수-학습 절차 및 방법

제1절 도덕과 교수-학습 절차

교육과정의 성격이 변화하면 그에 따라 일반적인 교수-학습 절차도 변하게 된다. 인지중심적 접근을 취했던 6차 교육과정기(1992년 고시) 때 일반적 절차는 다음과 같은데, 대부분의 단계가 인지적 기능의 발휘와 연관되어 있었다.

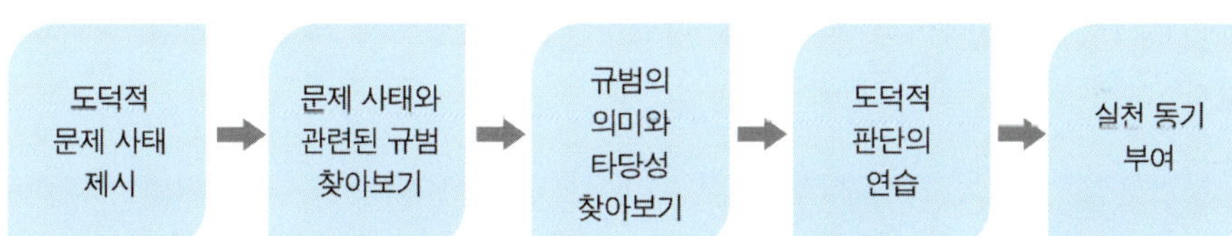

[그림 8-1] 6차 교육과정기의 도덕과 교수-학습의 일반적 절차(교육부, 1997)

지·정·행의 통합적 접근을 취하기 시작했던 7차 교육과정기(1997년 고시)부터는 도덕성의 제 요소들을 통합적으로 길러줄 수 있는 방법이 화두가 되었다. 당시에 합의된 안은 한 단원을 3차시로 구성하고, 차시별로 지·정·행을 강조하는 것이었다.

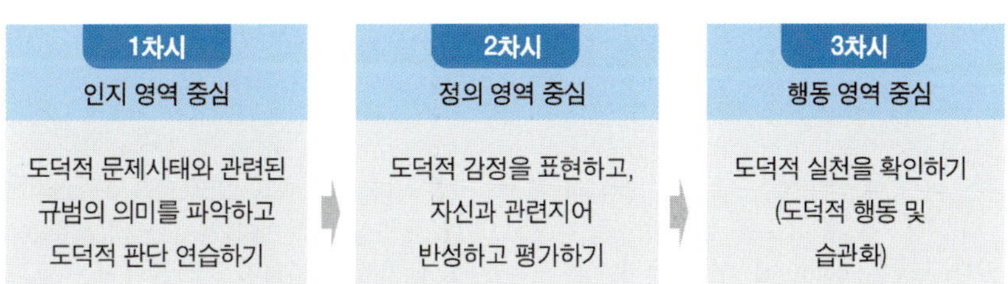

[그림 8-2] 7차 교육과정기의 도덕과 교수-학습의 일반적 절차(교육부, 2001)

이러한 접근은 통합적 접근을 시도하고 있다는 점, 그리고 매 차시마다 목표가 비교적 명확하다는 점에서는 장점이 있다. 그러나 이는 '한 단원을 차시별로 인지, 정의, 행동의 중점을 달리하여 지도하는 방식은 그것들이 내면에서 저절로 통합된다는 것을 보장할 수 없고 마치 도덕성이 세 가지 요소로 분리된 것 같은 오해를 불러일으킬 수 있다'는 등의 비판을 받기도 하였다. 이에 따라 2007 개정 도덕과 교육과정에서는 인지, 정의, 행동적 요소들을 한 차시 내에서 가르치는 방안을 구상하게 되었다.

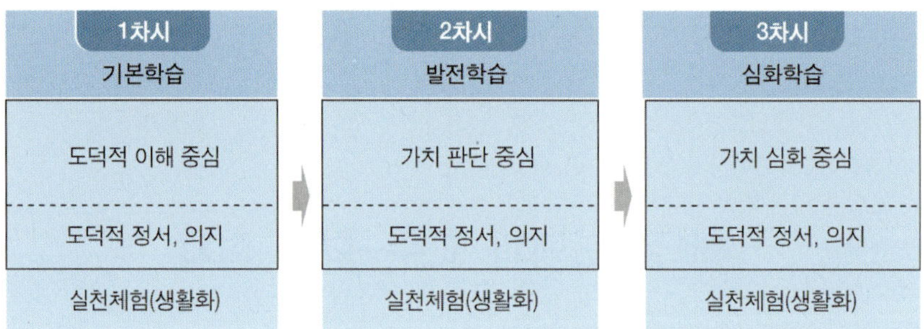

[그림 8-3] 2007 개정 교육과정에서의 도덕과 교수-학습의 일반적 절차 또는 단원 구성의 기본틀(교육부, 2010)[1)]

2012 개정 도덕과 교육과정은 2007 개정 교육과정과 마찬가지의 접근을 취하는데, 단원당 3차시였던 것을 4차시로 조정하게 되면서 비교적 심정과 행동 부분을 강화할 수 있게 되었다.

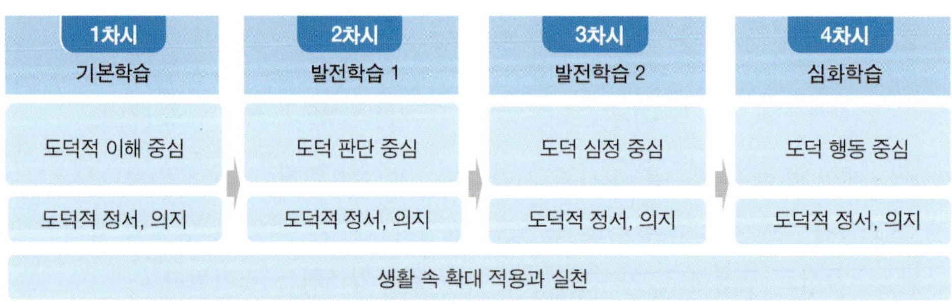

[그림 8-4] 2012 개정 교육과정에서의 도덕과 교수-학습의 일반적 절차 또는 단원 구성의 기본틀(교육부, 2014)[2)]

1) 지도서에는 이 표에 해당하는 내용을 '단원의 체제 · 구성'이라 명칭하고 있고(교육부, 2010: 72), 일반적 절차로는 지 · 정 · 행 세 요소를 통합적으로 다루고 또한 융통성 있게 배치할 것을 강조하는 그림을 제시하고 있다(교육부, 2010: 34). 이 책에서는 후자는 지침에 가깝고 오히려 교사들에게는 교과서의 구성틀이 일반적으로 따라야 할 절차로 다가올 수 있다고 보고 전자를 '일반적 절차'로 소개하였다.

2) 2007 개정 교육과정에서와 마찬가지로 2012 개정 교육과정에 따른 지도서에는 이 표에 해당하는 내용

2015 개정 도덕과 교육과정은 2012 개정 교육과정의 연장선에 있는데, 4차시에 있던 '도덕적 행동중심'이 2차시로 옮겨진 것이 특징이다.

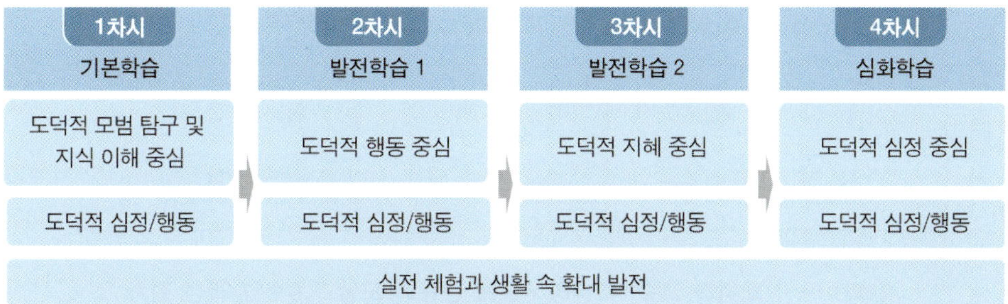

[그림 8-5] **2015 개정 교육과정에서의 도덕과 교수–학습의 일반적 절차 또는 단원 구성의 기본틀**(교육부, 2018)

제2절 도덕과 교수–학습 모형

1. 6수업 과정 · 절차[3)]

2015 개정 교육과정에서의 도덕과 교수–학습의 일반적 절차(이해 중심–판단 중심–심정 중심–행동 중심)에 대해서 앞서 살펴보았다. 「지도서」는 이를 운영하는 데 활용할 수 있는 보다 세부적인 6가지의 수업과정 · 절차를 소개하고 있는데, 교과서와 지도서의 수업안들이 이에 근거하고 있기 때문에 이들에 대해 인지할 필요가 있다.

2015 개정 교육과정에서는 4단계 심층화 모델과 6수업 과정 · 절차의 융 · 복합적 적용을 도모한다. 이는 도덕 교과서의 단원 및 차시 구성을 4단계 심층화 모델에 따르면서 그 속에 세 측면 여섯 요소의 통합적 추구와 6수업 과정 · 절차 및 여타 도덕 · 인성 교육 주요 지도 방법들의 융 · 복합적 적용을 조화롭게 담아냄으로써 도덕과의 본질을 제대로 구현하고 학생들의 건전한 도덕성과 바람직한 인성 형성에 기여하고자 함을 뜻하는 것이다.

을 '단원 구성의 기본 틀'이라 명칭하고 있고(교육부, 2014: 69), 일반적 절차로는 지 · 정 · 행 세 요소를 통합적으로 다루고 또한 융통성 있게 배치할 것을 강조하는 그림을 제시하고 있다(교육부, 2014: 36). 여기에서는 앞서와 마찬가지의 이유로 '단원구성의 기본틀'을 일반적 절차로 소개하였다.

3) 이 부분은 교육부, 『도덕3 교사용 지도서』(2018) 총론 중 일부를 수록한 것임.

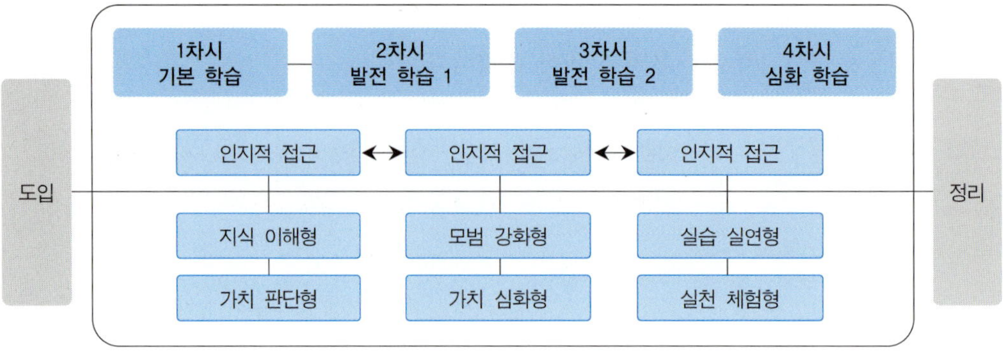

[그림 8-6] 도덕과 교수·학습의 4단계 심층화 모델과 6수업 과정 절차

여기서 4단계 심층화 모델이란 한 단원을 기본 학습→발전 학습 1→발전 학습 2→심화 학습으로 구조화하여 전개하면서 가치 내면화의 과정에 따라 심화·정착·발전시키는 단원 구성 모형을 말한다. 즉 바람직한 삶의 모습이 무엇이고 왜 그렇게 살아야 하며 어떻게 해야 하는지 등의 도덕적 모범 탐구 및 도덕적 지식·이해에서 시작해서 옳고 좋은 삶을 위한 구체적인 실천 방식과 행위 기능을 익히고 그것들을 실제 생활 속에서 실천해 가도록 이끈다. 이어서 도덕적 문제에 대해서 깊이 숙고하고 바르게 판단·결정하며, 창의적으로 문제를 해결하는 가운데 도덕적 삶을 이끌어 가는 지혜를 기르고, 마지막으로 옳고 좋은 삶을 지속적으로 추구해 갈 수 있는 마음의 힘을 기르는 과정으로 한 단원의 전개 부분을 체계화하고 구성하고자 하는 것이다.

그런데 여기서 왜 4단계를 설정하게 되었는가? 여기에는 현실적 이유와 도덕 심리학적 고려가 바탕을 이루었다. 즉, 현재 초등 도덕과가 연간 32시간의 수업을 하게 되어 있기 때문에 한 달에 한 개 단원(교육과정상 1개 주제와 관련된 중심 가치·덕목)을 공부하면서 이를 생활 속 인성 교육과 연계하기 위해서는 단원당 4차시를 설정하는 것이 합리적이기 때문이다. 동시에 이렇게 한 단원의 전개 부분을 4차시 4개 단계로 구성하면서 여기에 도덕 심리학에서의 가치 내면화 과정 이론을 적용하기 위해 4단계 심층화 모델을 고안하게 된 것이다. 그리고 이렇게 처음에는 바람직한 삶의 모습을 탐구하고 이어 행위 방식 및 기능을 익혀 생활 속에서 실천해 가는 가운데 도덕적 지혜를 기르고 도덕적 심정을 강화해 가는 이 전체 과정에서 위에서 살펴본 덕·인격의 세 측면 여섯 요소와 이를 구현하기 위한 6수업 과정·절차가 유기적, 통합적으로 적용되도록 한 것이다.

한편, 이러한 기본 학습→발전 학습 1→발전 학습 2→심화 학습의 과정에서 덕·인격을 구성하는 지 · 정 · 행 세 측면과 여섯 요소가 통합적으로 적절히 추구될 수 있도록 하기 위해 차시별 제재 구성과 단위 수업 시간 운영에 실질적으로 도움이 되는 하위 6수업 과정 · 절차를 강구해 내고자 하였다. '6수업 과정 · 절차'란 유덕한 인격을 기르기 위한 도덕과 교육에서 덕과 인격을 구성하는 세 측면과 여섯 요소에 각각 대응하여 그것들을 집중적으로 추구할 수 있는 수업 과정 · 절차로 고안된 것이다.

즉 도덕 이성을 계발하고자 하는 인지적 접근 측면에서의 지식 이해 수업 과정 · 절차와 가치 판단 수업 과정 · 절차, 도덕 심정을 풍부히 하고자 하는 정의적 접근 측면에서의 모범 감화 수업 과정 · 절차와 가치 심화 수업 과정 · 절차, 그리고 도덕 행동의 형성과 발달을 추구하고자 하는 행동적 접근 측면에서의 실습 실연 수업 과정 · 절차와 실천 체험 수업 과정 · 절차가 그것이다. 이는 기본 학습→발전 학습 1→발전 학습 2→심화 학습의 과정에서 단위 수업 시간 또는 단원 전체적으로 덕 · 인격을 구성하는 지 · 정 · 행 3측면과 6요소를 통합적으로 적절히 추구할 수 있도록 수업 과정 · 절차로 고안된 것이다.

따라서 예컨대 한 차시의 도덕 수업을 운영할 때 6수업 과정 · 절차 중의 어느 하나를 단독으로 또는 두 개 이상을 결합, 적용하여 전개할 수가 있게 된다. 즉, 다루는 가치 · 덕목, 주요 내용, 수업 여건, 교사의 의도 등에 따라 교과서 각 차시의 부분들이 지식 이해형+모범 감화형, 가치 판단형+가치 심화형, 지식 이해형+실습 실연형+가치 심화형 등등 다양한 방식으로 구성될 수 있다. 아울러, 기존에 도덕과에서 널리 알려지고 또 연구, 사용되어 오던 여러 가지 수업 모형 역시 이러한 6수업 과정 · 절차와 어우러지면 매우 효과적으로 교과서상에 구체화할 수 있게 된다. 이제 이러한 6수업 과정 · 절차를 더욱 자세히 알아보면 다음과 같다.

1) 지식 이해 중심의 수업 과정 · 절차

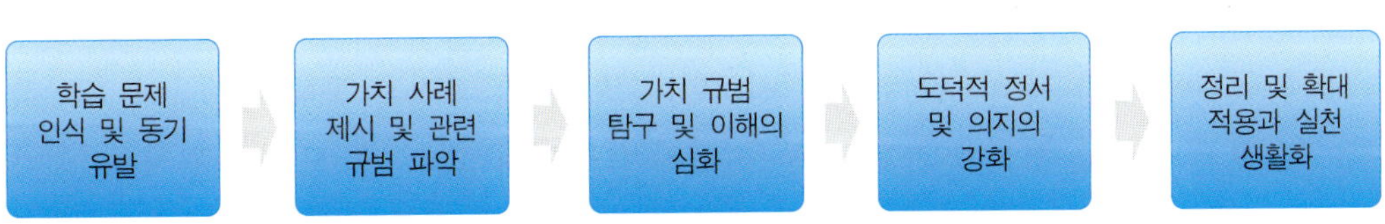

[그림 8-7] 지식 이해 중심의 수업 과정 · 절차

(1) 학습 문제 인식 및 동기 유발

수업에서 다루고자 하는 도덕적 가치 규범의 생활과의 관련성 파악과 학습 의욕 제고 및 학습 방향 인식 등이 주된 활동을 이루게 된다. 문제의식 갖기, 학습 동기 일으키기, 학습 목표 또는 학습 문제 인식하기 등의 활동이 필수적으로 이루어져야 한다고 하겠다. 문제의식 갖기에서는 그 수업에서 다루고자 하는 가치 규범을 생활 경험과 관련지으면서 어떤 문제가 있는지 인식하게 하고, 학습 동기 일으키기에서는 이러한 생활 속의 도덕적 측면 인지와 문제의식을 바탕으로 학습의 핵심 방향이 무엇인지를 파악하면서 학습 및 탐구 의욕을 높이도록 한다.

(2) 가치 사례 제시 및 관련 규범 파악

가치 사례 제시는 보통 도덕 교과서에 실려 있는 것을 많이 이용하지만 교사의 관심과 노력에 따라서는 교과서 외에서도 얼마든지 구할 수 있다. 생활 주변에서 실제로 일어난 일, 예화, 신문 기사, 생활 작문, 일기, 동화나 문학 작품, 영화나 텔레비전 프로그램의 한 부분 등이 그것이다. 가치 사례를 제시하는 방식도 여러 가지로 생각해 볼 수 있다. 교과서의 지문을 그냥 읽기도 하고, 그림 자료로 제시하기도 하고, 역할극으로 제시하기도 하고, 인형극으로 제시할 수도 있을 것이다.

도덕적 가치 사례를 제시한 다음에는 그 사례의 내용을 분석하면서 어떤 도덕적 가치 규범이 관련 있는지를 파악하도록 이끈다. 관련 가치 규범을 찾아내 확인하도록 하는 일은 매우 중요한데 왜냐하면 이 일이 선행되어야 그 다음 단계에서의 도덕적 가치 규범의 의미와 타당성 탐구가 가능해지기 때문이다. 그리고 이렇게 관련 가치 규범을 찾아낼 때 저학년에서는 보통 규범적 진술로, 고학년에서는 규범적 용어로 표현해 보는 것이 좋다.

(3) 가치 규범 탐구 및 이해의 심화

가치 규범에 관한 본격적인 탐구를 시도한다. 이때 이 과정을 통해 학생들이 도덕적 지식을 얻고 이해를 형성해야 할 것들은 인지적 측면의 요소 중 도덕적 지식·이해와 관련된 것들이다. 이 단계는 지식 이해 수업 과정·절차에 의한 수업의 전체 과정 중에서도 특히 신념화가 본격적으로 이루어지기 때문이다. 따라서 이 단계를 지나면서 다양한 학습 활동과 노력을 통해 우리가 따라야 할 선과 도덕적 의무가 무엇이며 어떤 이유에서 요청되는지, 우리는 어떤 삶을 살아야 하는지 등등을 따져 보면서 도덕적 삶에 관한 앎의 주관화와 공통화, 초점화를 이루도록 한다.

특히 이 단계에서 교사가 해야 할 일들과 관련하여 다음 몇 가지는 매우 중요하게 다루어져야 한다고 본다. 우선 그 시간에 다루는 해당 도덕적 가치 규범의 의미를 학생들이 바르고 명확하게 이해하게 하는 일이 중요하다. 학생들에게 해당 가치 규범의 의미를 바르게 이해시키고자 할 때는 사전을 놓고 낱말의 뜻풀이하는 식이 아니라 규범을 나타내거나 그것에 반대되는 행동 사례들을 많이 들고 음미하면서 아동들이 스스로 규범의 의미를 규정지으며 명료하게 인식하도록 하는 것이다.

그 다음 그 가치 규범의 중요성, 타당한 근거 등에 대한 정확하고도 합리적인 이해를 도모하는 일이 중요하다. 이는 그 가치 규범이 중요하고 필요한 이유와 그것이 존중되고 소중히 지켜져야 하는 이유가 무엇인지를 알게 하는 것을 말한다. 이러한 삶은 가치 규범에 대한 합리적 이해와 확신, 그리고 높은 실천 의욕을 가지게 하는 데 중요한 토대가 된다. 또한, 그 가치 규범과 관련된 도덕 원리, 도덕적 지혜, 윤리적 학설, 도덕적 사실 등에 대한 이해를 도모하는 일도 중요하다.

(4) 도덕적 정서 및 의지의 강화

이 단계에서는 자기반성과 성찰을 도모하고 실천 동기를 강화하는 등 도덕적 정서와 의지를 심화하면서 도덕적 심정을 깊고 풍부히 하는 단계로 나아간다. 도덕적 존재로 성장하고 성숙하는 일은 자기 성찰과 이를 바탕으로 한 꾸준한 노력을 통해 이루어질 수 있다는 점을 고려할 때 이러한 학습 경험을 지속적으로 제공하는 일은 매우 중요하다. 이 단계에서는 그 시간에 다룬 도덕적 가치 규범과 관련하여 평소 자신의 생활이 어떠했는지 등을 돌이켜 보고 반성하면서 잘한 점과 잘못한 점은 무엇인지, 잘못이나 부족한 점이 있다면 이를 어떻게 고칠 것인지를 생각해 보도록 실천 계획을 세우면서 의지를 다지는 것도 유용한 활동이 될 수 있다.

(5) 정리 및 확대 적용과 실천 생활화

마지막으로 정리 및 확대 적용과 실천 생활화 추구 단계는 일련의 도덕 수업 후 이를 종합 정리하고 그 가치 규범을 일상생활에 확대 적용하면서 지속적인 실천을 위해 노력하도록 하는 데 주안점을 두는 것이다. 이 단계는 더 작은 몇 개 부분으로 다시 세분될 수 있는데, 예컨대 학습 내용 정리하기, 후속 학습 과제 부여하기, 일상생활에 확대 적용하기, 지속적 실천 장려하기, 습관 형성 추구하기 등과 같은 것이 그 예가 된다.

2) 가치 판단 중심의 수업 과정 · 절차

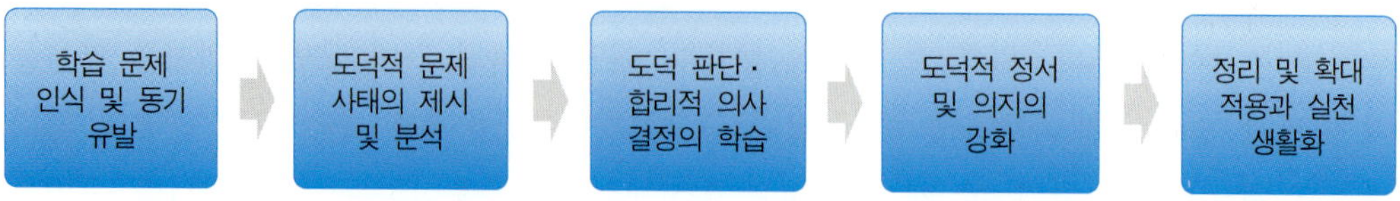

[그림 8-8] 가치 판단 중심의 수업 과정 · 절차

(1) 학습 문제 인식 및 동기 유발

도입 단계에서는 지식 이해 수업 과정 · 절차에서와 같이 그 시간에 학습할 것과 관련하여 문제의식을 느끼고 학습 동기를 불러일으키도록 하는 동시에 학습 목표나 학습 문제에 대해 잘 인식하도록 이끈다. 가치를 일방적으로 전달하거나 주입하기보다는 학생들이 자율적으로 탐구하고 판단하도록 최대한 돕는다는 것을 기본 관점으로 할 필요가 있다. 그리고 학생들의 문제의식과 학습 동기를 불러일으킬 때도 될 수 있으면 학생들의 생활 경험과 관련지으면서 이를 도모할 필요가 있다.

(2) 도덕적 문제 사태 제시 및 분석

학습 문제를 인식하고 동기를 불러일으킨 다음에는 문제 사태를 제시하고 이를 분석하는 단계로 나아간다. 문제 사태의 유형은 여러 가지가 있을 수 있다. 먼저, 옳고 그름을 판단하거나 어떤 문제에 대한 해결 또는 의사 결정 등을 도모하지 않고 다양한 의견 또는 관점이 존재함을 단지 살펴보는 정도로 족하거나 다양한 견해나 아이디어들을 내놓고 검토하고 소통하고 논의하는 것을 주목적으로 하는 경우가 있을 수 있다. 그런가 하면 선악이 부딪히는 단순한 문제 사태에서 옳고 그름을 판단해 보는 경우가 있을 수 있다. 반면에, 선과 선이 부딪히는 문제 사태에서 보다 큰 선과 작은 선을 구분하여 위계화하거나, 양 가치가 최소한의 손상을 받는 선에서 조화를 이루어 내도록 하거나, 제3의 대안을 창출하여 부딪치는 가치 갈등을 해소해 내도록 판단, 결정해 보도록 하는 유형도 있을 수 있다. 그런가 하면, 악을 방지하고 선 자체를 증진시키는 문제해결의 유형을 경험, 학습하게 하는 경우도 있을 수 있다.

물론 이상의 여러 가지 유형의 문제 사태를 모두 그리고 반드시 다룰 필요는 없을 것이다. 오히려 그보다는 학생들의 지적 · 도덕적 발달 정도, 가치 규범의 특성 등을 고려하면서 그 판단 형태와 활동의 종류를 하나 또는 그 이상으로 적절히 선택하는 것이 좋을 것으로 본다. 그리고 문제 사태가 학생들의 사고 능력 및 경험 범위에 맞으면서 해결이 너무 어렵지 않은 것으로 제시되도록 고려하는 일도 중요하다. 왜냐하면 초등학교 단계에서는 아주 높은 도덕적 사고·판단력이나 복잡한 가치 갈등 해결 능력의 육성은 쉽지 않기 때문이다.

문제 사태가 제시된 다음에는 그 사태의 성격을 분석하고 어떤 가치 규범이 관련 있는지를 파악하도록 이끈다. 해당 문제 사태에서 무엇이 옳은지, 어떤 행동을 해야 하는지를 판단하고 결정하려면 먼저 그 문제 사태의 성격이 어떤 것이고, 어떤 도덕적 문제와 관련되어 있는지를 명확히 하지 않으면 안 되기 때문이다. 대체로 관련 규범을 찾는 일은 문제 사태를 제시하고 그 개요를 파악하는 일과 함께 이루어지게 된다.

(3) 도덕 판단 · 합리적 의사 결정의 학습

이 단계에서 중요하게 이루어져야 할 교수·학습 활동과 관련하여 우선 도덕적 가치 판단 수업의 본질로부터 요청되는 것들을 잘 추구할 필요가 있다. 가치 판단이란 사람들이 좋아하는 것, 바람직하다고 여기는 것 또는 무엇을 해야만 한다는 것 등을 나타내는 진술이라고 할 수 있는데 이러한 가치 판단 중 특히 도덕적 선과 의무 등에 대한 당위적 판단을 도덕적 가치 판단 또는 간단히 줄여서 도덕 판단이라고 한다. 말하자면 도덕적으로 옳고 그름이나 좋고 나쁘거나 해야 한다거나 하지 말아야 한다는 등의 당위적 주장이 담긴 가치 판단을 도덕 핀단이라고 하는 것이다.

그런데 도덕 판단을 포함한 모든 가치 판단이나 주장, 견해 등이 제기되면 언제나 그 진위를 문제 삼게 되는데, 이는 우리의 삶이 그릇된 것을 멀리하고 참된 것을 따라야 하기 때문이다. 이때 그 진위를 가리는 일과 관련하여 요청되는 것들이 있는데 이를 잘 다루는 일이 중요하다. 즉 정의적 판단의 경우에는 그것에 사용된 개념, 용어 등의 의미가 해명되어야 하고, 명제적 판단의 경우에는 그것에 더하여 한편으로 그 판단이나 주장의 결과가 어떠할지 그리고 다른 한편으로는 그것이 상위의 원리나 가치 규범으로부터 지지를 받고 있는지 등에 관한 확인과 평가가 이루어져야 하는 것이다.

도덕과에서 가치 판단 수업을 하면서 추구해야 할 중요한 또 다른 요소는 학생들의 도덕적 사고·판단력을 증진하는 것이다. 학생들에게 그들의 생활 경험과 지적·도덕적 발달 수준에 맞는 문제 사태를 놓고 생각해 보도록 하되, 사고와 판단의 타당한 이유, 근거를 제시하면서 상위 도덕 원리로부터 연역적으로 또는 행위가 가져올 결과로부터 귀납적으로 추론하고 판단해 보게 함으로써, 도덕적 사고력과 판단력의 증진을 도모하는 것이다.

이를 위해서는 학생들로 하여금 구체적인 도덕적 문제 사태를 놓고, 도덕 원리, 규칙, 가치 등을 그 사태에 적용해 보거나 그 사태를 해결하는 데 관련되는 원리나 규칙, 가치 등의 관계를 잘 파악하면서, 무엇이 바람직한 원리와 기준에 따른 행동인지, 어떤 행동이 최선의 좋은 행동이 될 수 있는지 등을 깊이 생각하고 판단, 결정하는 학습 경험을 해 보도록 하는 일이 필요하다. 또한, 이 과정에서 도덕적 추론 능력을 기르도록 학습 활동을 이끌어 가는 일도 중요하다. 도덕적 추론은 무엇을 좋은 도덕적 이유로 채택하고 무엇을 그 근거로 하지 말아야 하는지를 심사숙고하는 것이다.

나아가 합리적 의사 결정 능력을 증진하고 문제해결의 과정, 절차에 익숙하도록 학습을 이끄는 일 또한 중요하다. 이와 관련된 능력을 짚어 보면, 문제 사태를 도덕적으로 바라보는 안목, 문제 사태에서 갈등하는 가치를 가려내고 그 의미를 파악하는 능력, 문제 사태에 관련된 타인의 감정과 느낌을 고려하는 능력, 의사 결정 과정에서 요구되는 사실적 정보와 지식을 얻고 이를 적절히 다루는 능력, 다양한 도덕적 사고와 추론을 할 수 있는 능력, 대안과 결과를 고려하는 능력, 의사 결정의 준거가 되는 가치 원리를 파악하고 이를 기초로 비판, 평가, 정당화하는 능력, 의사 결정의 합리적 절차를 알고 이를 적용하는 능력 등을 들 수 있다.

(4) 도덕적 정서 및 의지의 강화

이 단계에서는 자기반성과 성찰을 도모하고 실천 동기를 강화하는 등 도덕적 정서와 의지를 심화하면서 도덕적 심정을 깊고 풍부히 하는 단계로 나아간다. 도덕적 심정을 강화하고자 자기의 생활을 반성하고 모범 사례를 접하며 감동 감화를 얻고 실천 의지를 강화하는 등의 활동을 하는 단계로 나아간다. 실천 의지를 강화하는 데에는 보통 그 수업에서 다룬 가치 규범과 관련이 있는 모범 사례를 들면서 감동을 깊게 하고 훌륭한 점을 본받게 하는 방식이 많이 사용된다. 모범 사례로 학교나 학급 어린이의 이야기를 들 수도 있다. 이러한 실천 의지 강화를 바탕으로 학습한 가치 규범을 생활 속에서 어떻게 실천할 것인지 계획을 세우고, 또 이를 꾸준히 실천하도록 관심을 가지고 지도해 나간다.

(5) 정리 및 확대 적용과 실천 생활화

정리 및 확대 적용과 실천 생활화 추구 단계는 지식 이해 수업 과정·절차에서와 같이 학습 내용 정리하기, 후속 학습 과제 부여하기, 일상생활에 확대 적용하기, 지속적 실천을 장려하여 습관화하기, 생활화 도모하기 등과 같은 활동을 수행한다. 그리고 생활에의 확대 적용과 실천 성향 증진을 위해서는 그 시간에 다룬 가치 규범과 관련하여 자신이 행하고자 하는 일들 몇 가지와 그 계획을 설정하게 한 후, 이를 일정 기간 실천하도록 미리 실천 기록표를 마련하여 제공하고 이를 기록하면서 실제 생활 속에서 실천해 가도록 할 수 있다.

3) 모범 강화 중심의 수업 과정 · 절차

[그림 8-9] 모범 강화 중심의 수업 과정 · 절차

(1) 학습 문제 인식 및 동기 유발

해당 수업에서 다루고자 하는 가치 규범과 관련하여 문제의식을 느끼고 학습 동기를 일으키며 학습 과제 또는 주제를 인식하도록 한다. 구체적으로 도덕적 문제의식 갖기에서는 그 수업에서 다루고자 하는 가치 규범을 생활 경험과 관련지으면서 어떤 문제가 있는지를 인식하게 하는 것이다. 학습 동기 일으키기에서는 이러한 생활 속의 도덕적 측면 인지와 문제의식을 바탕으로 학습해 보고 싶은 동기를 불러일으키는 것이며, 학습 문제 인식하기는 그 시간의 학습 과제, 학습의 핵심 방향이 무엇인지를 파악하는 것을 말한다.

(2) 도덕적 모범의 제시와 관련 내용 파악

이 단계는 도덕적 모범을 제시하고 성찰하는 단계이다. 여기서는 학생들이 해당 가치 규범과 관련하여 바람직한 모범을 접하고 내용의 개요를 파악하면서 해당 도덕적 모범과 자기 자신 및 여타 것들에 대해서 성찰하면서 마음을 움직이도록 하는 데 주안점을 둔다. 또한, 학생들에게 바람직한 도덕적 모범을 제공함으로써 깊이 성찰, 숙고하는 가운데 자기를 돌아보고 바람직한 삶의 모습을 따라 배우려는 마음을 불러일으키는 데 중점을 둔다. 도덕적 모범을 제시하는 방식은 다양하게 모색될 수 있다. 이야기로 제시할 수 있고 영상 자료나 녹음 자료를 통해 제시할 수 있다. 모범을 제시한 후에는 구체적으로 누가, 언제, 어떤 일을, 어떻게 하였는지 등의 관련 내용을 파악하도록 이끈다. 또한 그 모범과 같은 태도나 행동을 취할 때 만족이나 좋은 결과를 얻을 수 있다는 강화 요인을 포함시키는 것도 중요하다. 이렇듯 본보기로 가르치는 일은 사회 학습론에서 강조하는 모델링 이론에 의해서도 뒷받침된다. 사람의 행동이나 가치·태도는 모델이 하는 행동과 그 행동에 수반되는 결과를 관찰하는 대리 경험 또는 간접 경험을 통해서 효과적으로 이루어진다는 것이다.

(3) 도덕적 모범의 탐구 및 감동 감화

도덕적 모범을 탐구하면서 이를 정의적 차원에서 내면에 깊이 받아들이도록 한다. 이때 전체적인 주안점은 그 단원의 수업에서 다루는 가치 규범과 관련하여 감동적인 사례 또는 교훈적인 모범을 제시하여, 학생들이 이를 접하는 가운데 감동과 감화를 받아 그러한 행동과 삶의 모습을 좋아하게 되고 그것을 본받아 실천하려는 마음이 일어나도록 하고자 하는 데 있다.

이 단계에서 제시되는 모범 사례나 설득을 위해 동원되는 예들은 실제로 있었던 일일 수도 있고, 있을 법한 일을 꾸며 낸 이야기일 수도 있다. 특히 이 과정에서 교사는 학생들이 도덕적 모범에 대한 지식 이해와 감동, 감화를 바탕으로 모범적 삶의 모습을 받아들이고 본받게 하는 한편 긍정적인 도덕적 감정을 공유하게 함으로써 도덕적 심정을 깊이 하도록 노력할 필요가 있다.

도덕적 모범을 제시한 다음에는 이에 관한 지적 탐구를 수행하는 일이 중요한데, 이 과정에서 학생들은 선과 악의 갈등이나 싸움에 직면하고 가치 있는 삶을 추구하는 인물들의 모습을 구체적으로 접하게 된다. 그리고 다양한 환경과 사건의 변화 속에서 선과 정의를 위해 노력하는 도덕적 의지와 용기, 삶의 자세와 행동 양식을 경험하게 되고, 무엇이 선이고 미덕이며 무엇이 악이고 악덕인지를 깨닫게 되는 한편, 어떤 삶이 옳고 바람직한지 무엇을 선택해야 옳은지를 생각하고 판단하게 된다. 이러한 활동을 바탕으로 학생들이 옳고 바람직한 삶에 관한 그들의 도덕적 감정을 표현하고 서로 교류하면서 공유하도록 하는 가운데 가치의 자각화, 주관화, 공통화를 이루어 내고 또 그러한 삶을 본받고자 하는 마음을 풍부히 해 나가도록 한다.

(4) 도덕적 정서 및 의지의 강화

이어서 도덕적 감정 · 정서와 열정 · 의지의 도덕적 심정을 심화하는 단계로 나아간다. 한 예로 학생들이 도덕적 모범의 삶의 모습에 비추어 자신을 돌이켜 보고 좀 더 바람직한 삶을 살려는 의지를 다지는 활동 등을 하는 것이다. 도덕적인 존재로서 성장과 성숙은 자기 성찰과 이를 바탕으로 한 꾸준한 노력으로 이루어질 수 있다는 점을 고려할 때 이러한 학습 경험의 기회를 지속적으로 제공하는 것은 매우 중요한 일이다.

또한, 강화를 제공하고 실천 계획을 세우면서 의지를 다지는 것도 유용한 활동이 될 수 있다. 그 시간에 다룬 가치 규범 및 도덕적 모범과 관련하여 실제로 바람직한 자세를 지니고 있거나 그러한 생활을 하는 학생들을 찾아 칭찬하고 격려하는 등의 강화를 제공하는 한편, 앞으로 무엇을 어떠한 계획하에 어떻게 실천해 나갈 것인지를 생각해 보고 이를 생활 속에서 실천하고자 하는 마음을 다지도록 하는 것이다.

(5) 정리 및 확대 적용과 실천 생활화

이 단계에서는 일련의 도덕 수업 후 이를 종합 정리하고 그 가치 규범을 일상생활에 확대 적용하면서 지속적인 실천을 위해 노력하도록 하는 데 주안점을 둔다. 이 단계는 대체로 학습 내용 상기와 요약정리, 일상생활의 확대 적용과 지속적 실천의 장려, 후속 학습 과제 부여 등의 활동으로 이루어질 수 있다.

4) 가치 심화 중심의 수업 과정 · 절차

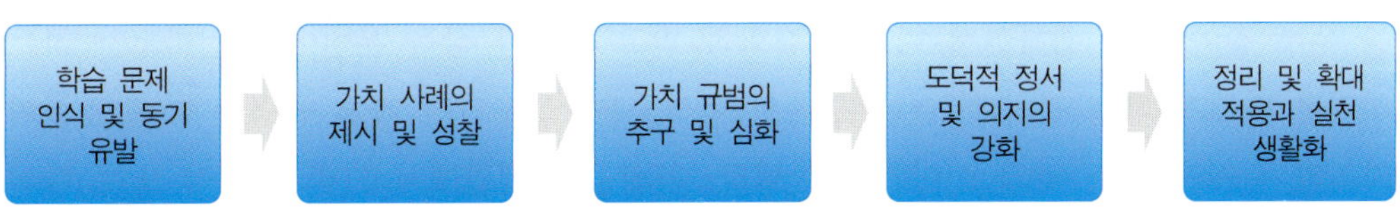

[그림 8-10] 가치 심화 중심의 수업 과정 · 절차

(1) 학습 문제 인식 및 동기 유발

이 단계에서는 대체로 모범 감화 수업 과정 · 절차에서와 같이 다루고자 하는 가치 규범과 관련하여 학생들이 문제의식을 느끼고 학습 동기를 일으키며 학습 문제를 인식하도록 한다.

(2) 가치 사례의 제시 및 성찰

해당 가치 규범과 관련된 문제나 사례 또는 생각할 거리를 제시하고 문제의식을 느끼게 하는 동시에 바람직한 삶에 대해 숙고해 보게 한다. 이때 다양한 형태의 자료를 여러 가지 적절한 방식으로 제시하면서 이에 대해 숙고해 보게 할 수도 있다. 교사는 학생들이 제시된 가치문제에 대해 평소에 어떤 가치 입장이나 관점을 지니고 있었는지, 이에 따라 자신의 생활은 어떠했는지 등을 되돌아보게 한다. 그리고 나아가 그러한 가치문제와 관련하여 자신은 무엇을 옳고 바람직하다고 보는지, 그 이유는 무엇인지 등을 생각하고 논의해 보면서 바람직한 삶의 자세에 대한 주체적인 자각이나 각성을 깊이 이루어 내도록 노력한다.

(3) 가치 규범의 추구 및 심화

위와 같이 지적으로 정련된 가치 규범에 대해 다양한 교수·학습 활동을 통해 감정적, 정서적 차원에서 이를 보다 깊숙이 받아들이고 사랑할 수 있는 경험을 제공함으로써 좀 더 내면화의 심정화를 도모하고자 하는 것이다. 또한, 읽기와 글쓰기 및 발표 활동을 통해 그 가치를 심정적으로 좋아하고 추구하려는 마음을 가지게 할 수도 있다. 나아가 아이들이 좋아하고 즐겨 부르는 교훈적 내용이 담긴 노래를 좋은 율동을 곁들여 부르거나 어떤 노래를 다른 의미가 있는 가사로 바꾸어 부르면서 해당 가치에 대한 마음의 감화를 깊게 하는 활동도 있을 수 있다.

그뿐만 아니라 실제적인 실천 사례를 통해 도덕적 삶을 본받고 마음을 다지게 하는 활동을 할 수도 있다. 우리 사회 또는 다른 나라에서 실제로 있었던 도덕적 삶의 사례를 두루 찾아 이를 접하면서 마음의 감화를 받고 그러한 삶을 본받아 실천하고자 하는 의지를 다지게 하는 것이다. 이 과정에서 학생들은 그 도덕적 가치 규범에 따르는 삶이 자기와 관계가 없는 남의 이야기가 아니라, 자신들의 생활에서 그리고 우리 또는 다른 나라 사회에서 실제로 일어나고 있는 일임을 깨달으면서 마음에 감동하고 또 이를 추구하고자 하는 의욕을 더욱더 굳게 할 수 있을 것이다.

(4) 도덕적 정서 및 의지의 강화

위 단계를 거쳐 다음에는 가치를 자신의 것으로 재확인하고 정립하는 가치 주체화와 개별화 및 도덕적 심정의 심화 단계로 나아간다. 이를 위해서는 위의 단계에서 여러 가지 활동을 하는 가운데 느끼고 알게 된 점을 발표하고 논의하면서 가치의 개별화와 주체화 그리고 일반화를 도모하는 것이 필요하다. 이 과정을 거치면서 학생들 사이에는 느낌과 생각이 서로 달랐을 수도 있고 그 정도나 강도에 있어서도 차이가 있을 수 있으며 마음의 변화가 바람직하거나 그렇지 못할 수도 있다. 따라서 각자가 경험했거나 느낀 도덕적 감정과 감동 및 생각들을 교류하고 정련하면서 가치를 자기 것으로 만들고 또 일반화해야 할 가치 관점을 공유하도록 할 필요가 있다.

(5) 정리 및 확대 적용과 실천 생활화

학습한 내용을 상기하고 요약정리하면서 해당 가치 규범의 생활 속으로의 확대 적용과 실천 체험을 도모해 본다. 즉, 그 시간에 다룬 가치와 관련하여 실천 의지를 다지고 자신이 실천하고자 하는 가능한 일들을 구체적으로 생각하여 그 실천 계획을 세운다든가 실제로 가정의 협력을 얻어 학생들이 실천해 보도록 한다든가 하는 것들이 이에 해당한다.

5) 실습 실연 중심의 수업 과정 · 절차

[그림 8-11] 실습 실연 중심의 수업 과정 · 절차

(1) 학습 문제 인식 및 동기 유발

수업 전에 교사는 그 계획과 준비 과정에서 수업 목표를 확인하고, 어떤 도덕적 가치 규범에 관련되는 도덕 행동들을 어떤 방식으로 어떠한 과정을 통해 학생들이 실습 실연하도록 할 것인가를 면밀하게 생각해 둔 토대 위에서 이 모형의 운영을 생각해야 할 것이다. 또한, 실습 실연을 위한 상황 또는 여건, 자료 등을 사전에 준비해 두는 일이 중요하다. 이어서 수업의 첫 단계에서는 그 시간에 다루는 가치 규범과 관련하여 문제의식을 느끼고 학습해야 할 것이 무엇인지를 알도록 한다.

(2) 모범 행동의 제시 및 이해

그 시간에 익힐 도덕 행동을 제시하고 이의 실천 방식이나 행위 기능 등을 지적으로 이해하도록 한다. 물론 이 과정에서 모범 행동과 반대되는 행동을 적시하고 바람직한 행동과 비교하면서 모범 행동에 대한 보다 나은 이해를 도모하는 것도 가능하다. 또 익혀야 할 도덕 행동을 제시할 때에는 말로 듣고 이해하는 것보다는 눈으로 보고 따라 배우는 것이 더 직접적이라는 점에서 될 수 있는 대로 모범 행동을 자세한 설명이나 그림, 사진, 시청각 매체 또는 실재 인물의 실연을 통해 보여 주는 것이 바람직하다.

(3) 모범 행동의 실습 실연

실습 실연을 통해 익히기 단계에서는 지적으로 이해된 구체적인 행동 방식이나 행위 기능을 직접 실행하면서 몸에 익히도록 한다. 그리고 이 실습 실연 과정에서 교사는 학생들이 진지한 태도를 지니고 열성적으로 참여하도록 이끌어 간다. 이때 실습 실연이란 실습으로 익히기와 실연을 통해 익히기의 두 가지를 내포하는데, 전자는 도덕적 행동을 직접적인 실습과 훈련을 통해 익히는 것을 말하며, 후자는 가상적 상황을 설정해 놓고 그러한 장면에서의 바람직한 행동을 실연을 통해 터득하는 것을 말한다.

실습 실연의 결과 학생들 개개인이 도덕 행동을 올바로 익힘으로써 주체화, 개별화를 이루어 내도록 하는 일 또한 중요하다. 즉, 교사 또는 학생 한두 명이 시범을 보이고 나머지 학생들은 눈으로 보고 머리로만 생각하도록 한다든가, 전체 집단 수준에서 실습·실연을 하는 관계로 개별 학생들이 구체적인 행동을 제대로 해보는 데 장애를 받는다든가 할 경우 학생 개개인의 수준에서의 태도화, 행동화를 이루는 데에는 한계가 있게 되는 것이다. 따라서 교사는 가급적 될 수 있으면 개별 지도가 이루어질 수 있도록 노력할 필요가 있다.

(4) 도덕적 정서 및 의지의 강화

자기를 반성하면서 실천 의지를 다지는 등 도덕적 심정을 강화하도록 한다. 예컨대, 실습 실연을 하면서 잘된 점과 잘못된 점을 짚으면서 논의하는 것이 그 하나가 된다. 또, 그 시간에 다룬 도덕 행동과 관련하여 평소 자신의 생활이 어떠했는지 등을 돌이켜 보고 앞으로 꾸준히 실천할 것을 다짐하도록 하는 것도 좋다. 이때 자신이 꼭 실천하고자 하는 도덕 행동을 몇 가지로 설정해 놓고 그 실천 계획을 구체적으로 세우면서 실천 의지를 강화할 수도 있다. 그리고 실습 실연 과정에서 새롭게 느끼고 알게 된 점 등을 이야기하면서 경험의 교류와 일반화를 도모하는 가운데 모범 행동의 발전적 정착을 도모하는 일도 필요하다.

(5) 정리 및 확대 적용과 실천 생활화

실습 실연에 의한 도덕 수업의 결과를 전체적으로 정리, 평가하고 학급 및 학교생활, 그리고 그 외의 일상생활로의 확대 적용을 도모하는 가운데 꾸준한 실천으로 발전하도록 노력한다.

6) 실천 체험 중심의 수업 과정 · 절차

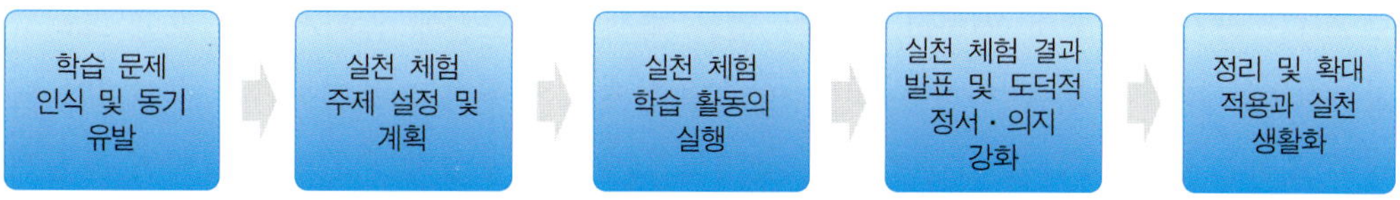

[그림 8-12] 실천 체험 중심의 수업 과정 · 절차

(1) 학습 문제 인식 및 동기 유발

학습의 문을 여는 활동으로 여타의 모형에서와 같이, 학습에 대한 문제의식을 느끼고 학습 과제와 방향을 인식하며 학습 의욕을 높이는 일로부터 시작한다.

(2) 실천 체험 주제 설정 및 계획

주제는 단순한 것으로부터 너욱 복잡한 것에 이르기까지, 개인 활농에 해당하는 것으로부터 소집단 또는 대집단 수준의 활동에 해당하는 것에 이르기까지 다양하게 설정될 수 있을 것이다. 이렇게 주제를 설정한 후에는 실천하고 체험해야 할 활동을 준비하고 계획을 수립하도록 한다. 즉, 사전에 알아야 할 것을 알아 두고 익혀야 할 것을 익혀 두며, 준비물이나 어떤 조치가 필요한 경우 이를 갖추는 한편 실천 체험 활동의 기간, 과정, 결과 산출, 발표나 보고 등을 미리 구상하는 것이다. 이 단계에서는 특정 가치 규범을 행동으로 옮겨 보는 단순한 것으로부터, 집단 탐구, 현장 체험 학습, 협동 학습, 봉사 활동 학습, 집단 수련 활동, 학생 자치 활동, 학교 내외 행사 참여 활동, 자율적 소집단 활동 등의 복합적인 활동에 이르기까지 다양하게 모색될 수 있다.

이러한 실천 체험의 주제 설정 및 준비, 계획을 어떤 특정 차시 전체를 투입하면서 실행하는 것은 그리 바람직하지 않아 보인다. 왜냐하면, 그러한 일에만 도덕과 정규 시간 한 차시가 사용된다는 것은 소모적인 측면이 있기 때문이다. 따라서 굳이 주제 설정과 준비 및 계획 활동을 별도의 시간에 하고자 할 때는 학교생활 중의 적당한 시간이나 방과 후 시간 또는 학교 외의 생활시간에 모둠별로 협의하게 하는 등의 방안을 생각하는 것이 좋을 것으로 보인다.

(3) 실천 체험 학습 활동의 실행

실천 체험 학습 활동의 구체적인 모습은 다양하게 나타날 수 있다. 어려운 친구를 위해 모금하기, 위문 행사나 봉사 활동 참여, 관찰, 견학, 답사 등의 활동이 그것들이라 할 수 있는데, 이는 학교 현장에서 실제로 그렇게 수업을 진행할 수 있을지 회의적인 부분도 있다. 하지만 여기서 말하고자 하는 것은 학생들이 교실에 앉아서 머리로만 그리고 피상적으로 가치 규범을 익히는 것이 아니라 실제로 실행하고 체험하면서 구체적인 도덕적 행동을 몸에 익히고 실천 성향을 높이도록 수업을 구상하는 일이 중요하며 그렇게 되도록 관심을 가지고 잘 생각해 보면 적절한 방안이 강구될 수도 있다는 점이다. 또한, 구체적인 수업에서 위의 여러 가지 형태의 도덕적 실천 체험 학습이 어떻게 선택되고 또 운영되어야 할 것인가 하는 문제는 또 다른 여러 가지의 것들을 고려하는 가운데 결정되어야 할 것이다.

그리고 실제적인 실천 체험 활동의 기간 역시 주제의 성격과 계획 여부에 따라 단시간으로부터 더욱 긴 시간까지 다양하게 모색될 수 있을 것이다. 중요한 것은 실제 활동을 하는 중에 교사의 관심과 지도가 필요하다는 점이다. 자칫 이러한 교육을 실행할 때 학생들의 자율적 활동이 중요하다 하여 교사가 관심을 가지지 않거나 방관하는 때도 있는데, 이는 지나치게 안일한 생각이라 할 것이다. 학생들에게는 교사의 도움이 필요하며 또 그러한 도움을 주면서 안내하고 이끄는 활동 그 자체가 학습 지도의 중요한 일부를 이루는 것이다. 따라서 교사는 실천 체험 활동이 원만히 추진되고 있는지 살펴보면서, 잘못된 방향으로 가고 있으면 이를 바로잡아 주고 어려움이 있을 경우 극복할 방안을 안내하는 등 적절한 격려와 자문을 해 줄 필요가 있다.

(4) 실천 체험 결과 발표 및 도덕적 정서·의지 강화

이 과정은 실천 체험 결과 경험의 공유와 일반화를 이루어 내는 데 매우 긴요하다는 점에서 중요한 의미를 지닌다. 이 단계에서 학생들은 개인적으로 또는 집단별로 그들의 실천 체험 결과를 요약정리하고 특별한 경험, 새로 알고 느끼게 된 점 등을 발표하게 된다. 그리고 질의응답을 하면서 논의를 하게 된다. 서로 공감하거나 의문을 제기하고 답하거나 몰랐던 점들에 대해 놀라워하며 새로운 문제의식을 느끼게 될 수도 있다. 그리고 이 과정에서 무엇이 마땅한 일인지, 왜 그런지, 그리고 우리는 앞으로 어떤 자세를 가져야 하는지 등에 관한 공동의 각성이 이루어질 수 있다. 그리하여 실천 체험 결과와 그 과정에서 얻어진 경험들이 이 단계에 와서 서로의 논의와 교류를 통해 정련되고 심화하는 것이다.

(5) 정리 및 확대 적용과 실천 생활화

여기서 하게 되는 활동 중의 하나는 실천 체험 결과를 발표하고 논의하는 과정에서 중요하게 도출된 점들을 요약하고 종합하며 실천 체험 활동 전체를 평가해 보는 것이다. 또한, 학생들이 개별적으로 또는 집단별로 각자가 느끼고 생각하게 된 점, 아쉬웠던 점, 잘한 점, 앞으로 더 노력해야 할 점 등 여러 가지 측면에 대해 반성을 하고 앞으로 잘해 보려고 다짐하도록 이끈다.

교사는 이 과정에서 실천 체험 활동을 모범적으로 수행한 학생들에 대해 상을 주거나 칭찬하고 격려함으로써 타의 모범으로 삼아서 바람직한 행동 성향을 강화할 필요가 있다. 그리고 앞으로 바람직한 생활로 발전시켜 가기 위해 어떤 노력을 할 수 있을지 숙고하고 구체적인 계획을 세워 보도록 하면서 지속적인 실천 체험을 장려하는 가운데 도덕적 삶의 실제적인 실천과 생활화를 이루어 갈 수 있도록 이끈다.

2. 개념 분석 보형

1) 이론적 배경 및 근거

도덕교육적 측면에서의 개념 분석의 원형은 소크라테스에서 찾아볼 수 있다. 그는 도덕적 진리를 탐구하는 논쟁이나 아테네의 젊은이들을 가르치는 과정에서 덕, 용기, 정의 등과 같은 도덕적 개념들의 참다운 의미를 분석하며 이에 대한 올바른 이해를 도모하고자 하였다. 그리고 그 과정에서 소크라테스는 답을 아는 사람으로서가 아니라 같이 탐구하는 사람으로서, 그리고 적절한 질문을 던지고 이에 숙고하게 하는 사람으로서의 역할을 수행하는 가운데 사람들로 하여금 도덕적 개념과 원리를 알고 올바른 추론과 판단을 하도록 이끌었다. 소크라테스의 이러한 모습은 도덕과에서의 개념 분석 수업을 운영하는 바람직한 하나의 본보기가 될 수 있다(유병열, 2000).

개념 분석 모형에 있어서 교사의 역할은 질문에 대한 답을 제시하고 학생들이 잘 이해하도록 설명해 주는 사람이 아니라 학생들 스스로가 개념의 의미를 점차로 수준을 높여가며 사고하도록 도와주고 안내하는 일이다(서강식, 1999: 312).

2) 수업 모형의 단계 및 설명

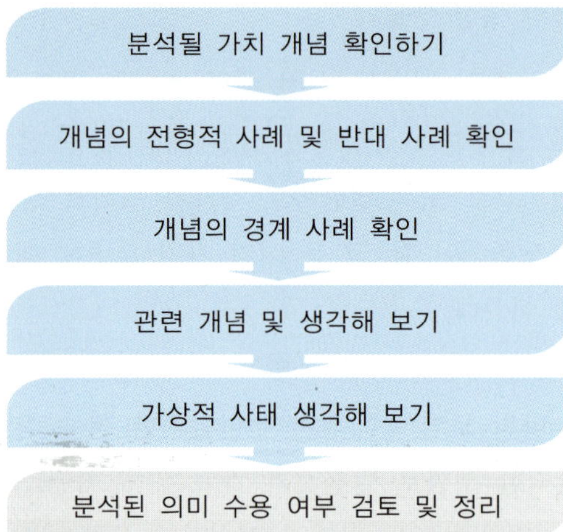

각 단계를 하나씩 살펴보면,

첫째, 분석될 가치 개념 확인하기는 도덕적 문제 사태를 제시한 후 가치 요소 혹은 학습 주제를 학생들로 하여금 찾도록 한다. 예를 들어 '한마음으로 평화통일을'에서 학생들에게 '우리는 원래 하나'라는 동영상 자료를 보여준 후 '여기서 등장하는 할아버지의 소원은 무엇이었죠?', '할아버지의 소원이 이루어지기 위해서는 어떻게 해야 할까요?'로 질문하여 학생들이 '평화통일'을 답하도록 유도한다.

둘째, 그 개념의 전형적인 사례와 반대되는 사례 찾기에서는 교과서에 나오는 독일과 베트남의 통일 방법이 어떻게 다른지 학생들로 하여금 생각해 보도록 한다. 즉, 평화통일의 전형적인 사례와 이와 반대되는 무력에 의한 통일 사례를 통해 학생들로 하여금 평화통일의 의미를 인지하도록 유도한다.

셋째, 그 개념의 경계에 해당되는 사례 확인하기는 가치 요소(예: 절약)가 과도하게 지나칠 경우(인색) 혹은 부족할 경우(사치)에 나타나는 예를 듦으로서 가치 개념의 중용적인 의미를 강조하는 단계인데, 초등 도덕과에 나오는 모든 가치 요소가 이러한 중용의 덕을 적용할 수는 없는 것이 현실이다. 초등학교 수준에서는 개념의 전형적인 사례와 반대되는 사례를 많이 들어 개념의 의미를 찾아내도록 유도하는 것이 적합하다.

넷째, 그 개념과 관련 개념 생각하기는 도덕 개념을 논리적·경험적으로 분석하는 단계로서 핵심 가치 요소(예: 친절)와 유사한 의미를 가지는 다른 가치 요소들(예: 배려, 봉사정신 등)과의 공통점은 무엇이며 차이점은 무엇인지 검토하도록 학생들의 사고를 유도하는 단계이다. 셋째 단계와 마찬가지로 초등학교 수준에서는 언어 분석의 일이 어려우므로 많이 사용되지 않는다.

다섯째, 가상적인 사태 생각해 보기는 가치 요소가 실제로 적용되는 경우를 가상으로 상상해 봄으로써 실제로 경험할 수 없는 개념의 의미를 점검하는 단계이다. '평화 통일'의 경우 '우리 함께 상상해 봅시다. 우리나라가 통일이 되어 남한의 어린이와 북한의 어린이가 모두 만났을 경우에 어떤 일이 벌어질까요? 여러분들이 무엇을 느낄 수 있을까요?, 짝과 내가 이산가족이라고 상상하며 서로 이야기해 봅시다' 등의 발문으로 진행할 수 있다.

여섯째, 분석된 의미의 수용 여부 검토와 정리하기는 위에서 논의한 수업 내용에 대해 학생들이 제대로 이해하고 있는지를 묻고, 수업에 대한 피드백을 얻는 단계이다. 발문을 예를 든다면 '오늘 무엇에 대해 공부했나요?, 통일은 어떠한 방법으로 이루어져야 하나요?, 평화적인 통일을 이룩하기 위해서 우리는 어떻게 준비해야 하나요?' 등을 들 수 있다.

3. 가치 갈등 모형

1) 이론적 배경 및 근거

일상생활을 영위하다 보면 도덕적 문제에 부딪치게 되며, 이러한 도덕적 문제에는 한 가지(예: 정직 혹은 부정직) 혹은 두 가지 이상(예: 정직 혹은 우정)의 도덕적 가치들이 연관되어 있음을 경험할 수 있다. 초·중등학교 학생들에게도 가정이나 학교 생활을 하다 보면 선택의 상황에 처할 경우가 생기는데 이러한 갈등을 합리적으로 해결하도록 하기 위해 도덕과 수업 모형인 가치 갈등 수업 모형을 적용할 수 있다. 가치 갈등 수업 모형은 올리버(Donald Oliver)와 쉐이버(James P. Shaver)의 법리적 모형을 도덕과 수업에 맞도록 변형한 것이다(유병열, 2000). 올리버와 쉐이버는 합리적 합의와 가치 갈등의 해결에 이르는 과정을 8단계의 과정과 절차로 구성하여 모형을 구안·제시하였다. 그 구체적인 단계는 구체적인 사태로부터 일반적 가치의 추출－일반적 가치의 차원화－가치 간의 갈등 확인－가치 갈등의 유형화－당면한 사태와 유사한 다른 사태의 발견 또는 창안－자신의 타당한 가치 입장 결정–자기 입장의 사실적 가정 검사–진술의 적합성 검사 등을 포함하고 있다. 이러한 모형을 김안중(1976), 이돈희(1995)의 연구를 거치면서 수정 · 보완되었고, 유병열(2000)은 위의 모형을 6단계로 제시하고 있다. 교사의 수업 진행을 위해서 여기서는 7단계의 과정으로 설명하고자 한다.

2) 수업 모형의 단계 및 설명

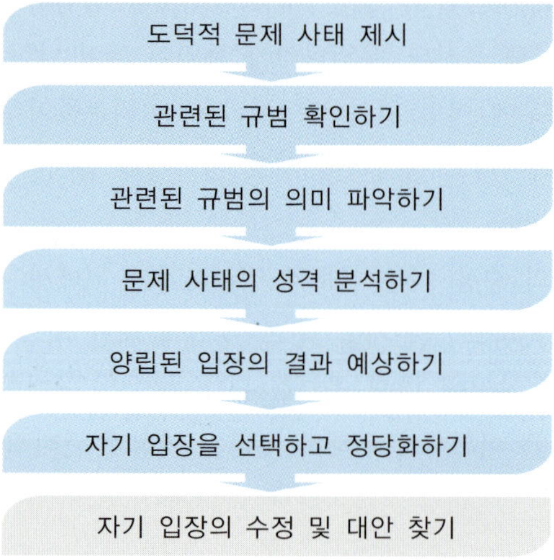

첫째, 도덕적 문제 사태 제시하기로서 가치 갈등이 내재되어 있는 사례를 학생들에게 제시하는 단계이다. '정직한 생활'에서 영수가 그림 대회에서 상을 받았는데 그 그림은 영수 스스로 그린 것이 아니라 누나가 그려 준 그림임을 목격한 준호가 겪는 갈등을 이야기의 형태나 애니메이션 형태로 학생들에게 제시한다.

둘째, 관련 규범 확인하기는 도덕 문제 사태 속에 들어 있는 갈등하는 가치 요소(정직, 우정)의 가치를 학생들이 찾아내도록 유도하는 단계이다. 발문으로서는 '준호는 무엇을 고민하고 있나요?, 준호는 왜 선생님께 사실대로 말하지 않고 고민하고 있나요?, 만약 준호가 친구를 위해서 영수의 일을 사실대로 말하지 않는다면 문제가 없을까요?, 만약 준호가 선생님께 사실대로 말한다면 여러분은 준호를 어떻게 생각하나요?'를 들 수 있다.

셋째, 관련 규범의 의미 파악하기로서 위의 단계에서 찾아낸 가치 요소(정직과 우정)들이 가지는 각각의 의미를 파악하는 단계이다. 이 단계에서는 개념 분석 모형에서 제시하고 있는 전형적인 사례와 반대되는 사례를 학생들로 하여금 찾도록 하여 개념의 의미를 파악하도록 유도한다. 발문으로는 '우리 생활 속에서 직접 겪었거나, 본 것 중에 친구를 위하는 행동에는 어떤 것들이 있을까요?, 그렇지 않을 것들은 어떤 것들이 있을까요?, 또 우리가 생활 속에서 직접 겪었거나, 본 것 중에 정직한 행동에는 어떤 것들이 있을까요?, 정직하지 못한 행동에는 어떤 것들이 있을까요?'를 들 수 있다.

넷째, 문제 사태의 성격 분석하기는 갈등 사태의 성격을 더욱 분명히 하는 단계로서 규범 간의 관련성에서 판단의 준거를 세우고, 해결을 위한 다양한 대안을 강구하는 데 도움을 줄 수 있다. 발문으로는 '영수에게 먼저 선생님께 사실대로 말씀드리도록 조언을 했는데 영수가 동의하겠는가?, 준호가 영수에게 최근에 도움을 받은 적이 있는가?' 등등 가상적인 상황을 점검해 봄으로써 갈등 사태를 더욱 분명히 하는 단계이다. 교사는 여기서 학생들의 대안이 너무 여러 가지로 나뉘는 것을 배제하기 위해 적절한 상황 설명을 덧붙임으로써 뒤따르는 단계에서 양립된 입장이 부각되도록 유도할 필요가 있다. 학생들의 다양한 입장 표명은 마지막 단계인 자신의 입장 수정 및 대안 탐색 단계에서 다시 다루면서 학생들의 자유로운 해결 탐색을 유도한다.

다섯째, 양립된 입장의 결과 예상하기는 학생들이 자신의 입장 표명(정직을 택하겠는가? 우정을 택하겠는가?)을 하기 전에 이러한 입장을 선택했을 경우 나타날 수 있는 결과를 미리 예상해 보도록 함으로써 신중한 결정을 하도록 유도하는 단계이다. 발문으로는 '준호가 두 가지 경우 중, 하나를 선택하였을 때 어떤 결과가 나올지 생각해 봅시다. 먼저 준호가 선생님께 사실대로 말한다면 어떤 결과가 나타날까요? 그렇다면 준호가 영수를 생각해서 선생님께 말씀드리지 않고 넘어간다면 어떤 결과가 나타날까요?'

여섯째, 자기 입장의 선택 및 정당화하기에서는 자신이 주인공(준호)일 경우에 행동할 수 있는 방안을 한 가지 선택하는 일이다. 학생들이 입장을 선택한 후에는 선택의 이유도 발표시키거나 토론활동으로 이끌어 입장 선택에 대한 정당화를 하도록 유도한다. 이때, 같은 생각을 가진 학생들끼리 모여 앉도록 해 모둠별 토론을 통해 자신의 입장과 선택한 이유 등을 정리하도록 한다. 발문으로는 '영수를 생각해서 선생님께 말한다는 사람 손들어 보세요., 선생님께 말씀드리지 않고, 그냥 덮어두겠다는 사람 손들어 보세요., 같은 생각을 가진 사람끼리 모여 앉은 다음 왜 이렇게 행동할 것인지에 대해 서로 얘기를 나눠 보세요'를 들 수 있다. 같은 입장을 가진 모둠별 토론이 끝난 후 전체 토론을 통해 찬반 토론을 유도한다.

일곱째, 자기 입장의 수정 및 대안 탐색하기 단계는 앞선 논의 과정을 통해서 입장이 바뀌게 된 사람이 있는지를 확인하고, 바뀌게 된 이유를 발표하도록 하는 과정이다. 또한 양분된 입장 외에도 제3의 대안이 있는지를 탐색하여 타당한 결정에 이르도록 이끈다. 발문으로는 '여러 친구들의 얘기들을 들어보았어요. 얘기를 통해서 생각이 변한 사람이 있으면 손들어 보세요. 바뀌게 된 이유를 발표해 봅시다'를 들 수 있다.

가치 갈등 수업은 흔히 결론이 안 나는 수업, 지기 싫어하는 학생들이 상대방의 의견을 수용하지 않는 수업으로 이끌어지기 쉽다. 물론 수업에서 중요한 것이 결론 그 자체보다는 결론에 이르는 과정이라고 주장하는 학자들도 많으나 이 수업에서 교사의 역할은 사회자의 역할뿐만 아니라 도덕적 사고의 촉진자로서 학생들로 하여금 유사한 사태에 적용해 보기, 역할을 바꿔 생각해 보기 등을 통해 올바른 판단으로 이르도록 유념해야 한다.

4. 가치 분석 모형

1) 이론적 배경 및 근거

가치 분석 모형은 가치 명료화 모형이 가치의 상대주의를 조장하고 개인의 자유를 지나치게 존중한다는 비판으로 미국 내에서 유행이 한차례 지나가면서 점점 교사들의 관심을 끌기 시작한 모형이다. 가치 명료화 모형은 개인이 지니고 있는 가치가 무엇인지를 보다 명료하게 하여 자신이 선택한 가치를 소중하게 여기고 자긍심을 갖게 하여 선택한 가치와 행동에 일관성이 있도록 지도하는 가치 지도의 한 방법이다. 이에 비해 가치 분석은 가치의 논리성과 정당성을 내세우고 옹호할 수 있는 것을 매우 중요하게 생각한다. 가치의 논리성이나 정당성이란 자기 자신이 그 가치를 선택한 이유를 충분하게 제시하는 것을 뜻한다. 그렇게 함으로써 학생들은 자신이 스스로 선택한 가치를 검토하는 과정에서 선택한 근거를 살피게 되고 나아가 가치의 선택과 행동에 일관성을 가질 수 있다(서강식, 1999: 196).

이러한 가치 분석 모형은 연역적 추론에 의한 과학적·논리적 사고로써 학습하도록 함으로써 학습자로 하여금 가치를 탐색하거나 일상생활에서 의사결정을 하는 데 이와 같은 분석과정을 적용하도록 도와주고자 한다. 따라서 가치 분석 모형은 '학생들이 논의 대상인 가치 문제에 대한 합리적인 결정'과 '학생들이 합리적인 가치 결정을 하는 데 필요한 능력과 성향을 개발하고' '학생들에게 가치 갈등을 해결하는 방법을 함양'하는 데 목표를 둔다.

가치 분석 모형의 가치 결정 과정은 평가 대상에 대한 사실 탐구 과정을 통해 잠정적 가치를 결정하고, 잠정적 가치 결정 속에 포함되어 있는 가치 원리를 검사하는 원리 검사 과정을 두고 있다. 즉 평가 대상에 대한 사실 탐구의 결과로서 잠정적인 가치가 결정되고, 이 잠정적인 가치 결정은 가치 원리의 검사 과정을 거침으로써 수정될 수 있다.

가치 분석 모형에 있어 가치 분석은 학생들에게 가치 판단에 관련된 사실을 수집하고 깊이 고찰하는 것과 관련되어 있다. 고찰 모형, 가치 명료화 모형, 인지적 발달 모형들은 또한 사건 전후의 맥락과 영향을 다루지만, 가치 분석에서는 더 명백하게 더 연속적인 양상으로 취급되어진다. 이러한 가치 분석 모형은 복합적인 쟁점들에 대한 자기 입장을 선택해야 할 때 가장 유익한 모형으로서 도덕적 결정을 하기 위해 매우 체계적이고 점진적 과정을 배우도록 도움을 준다. 이 모형은 특히 복잡한 정책적 쟁점이 맞물려 있을 때 유익하다.

이러한 가치 분석 모형은 오늘날 도덕과 수업에 많이 적용되고 있는 도덕 발달 이론에 근거한 가치 갈등 모형에서의 도덕적 논의에 관한 방법(절차)상의 문제와 가치 명료화 모형에서의 가치 상대주의적 입장을 상당 부분 극복한다고 볼 수 있다. 따라서 도덕과 교육을 지도하는 교사들에게 많은 도움을 줄 수 있는 모형이라 할 수 있다. 특히 이 모형은 가치 탐구식 수업을 진행하는 데 효과적으로 이용할 수 있다.

2) 수업 모형의 단계 및 설명

여기에서는 쿰즈(J. Combs)의 가치 분석 모형의 단계에 기초하여 가치 분석 모형이 지향하는 목표와의 연관성 속에서 초등학교 도덕과 수업에 수준에 적절하게 변형하여 다음과 같이 수업의 단계를 제시하고자 한다.

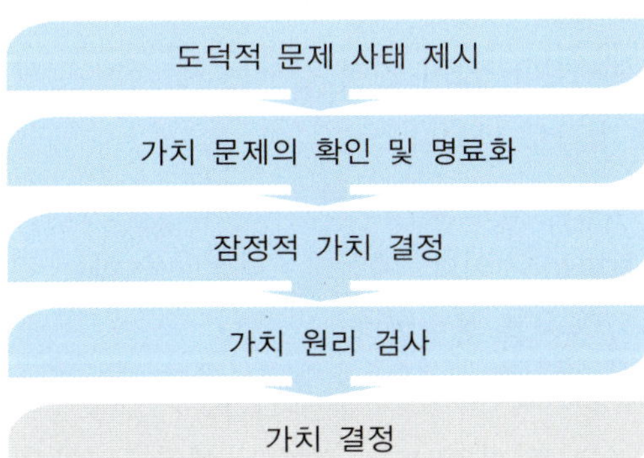

첫째, 도덕적 문제 사태를 제시하는 단계이다. 문제 사태는 가치 판단을 요구하는 문제가 담겨 있어야 한다. 문제 사태를 제시하는 방법은 다양하게 제시될 수 있다. 즉 간단한 역할극을 통해 제시하는 방법, 동영상 또는 플래시를 통해 제시하는 방법, 몇 개의 그림을 통해 제시하는 방법 등이 있을 수 있다.

둘째, 가치 문제의 확인 및 명료화의 단계이다. 문제 사태가 제시되면 그 문제 사태에 관련된 사실과 함께 관련된 가치(갈등을 일으키는 가치)가 무엇인지를 확인하고 명료화하는 단계이다. 관련 사실 확인 차원에서는 제시된 문제 사태에 나타난 중요한 사실들을 확인해야 한다. 사실을 토대로 가치가 결정되므로 평가 대상과의 관련 여부는 가치 결정의 방향을 결정한다. 따라서 관련성이 없는 사실을 고려하는 일은 가치판단의 합리성을 감소시킨다. 관련 가치 확인 차원에서는 갈등하는 가치를 도출하는 것뿐만 아니라 가치의 개념을 명확히 해야 한다. 갈등하는 가치는 교사가 제시하기보다는 학생들이 주도적으로 도출하도록 하는 것이 바람직하다.

셋째, 잠정적 가치 결정 단계이다. 도덕적 문제 사태에서 제시되는 사실을 확인하고 갈등하는 가치가 도출되면, 어떤 가치를 선택하고, 그에 기초하여 잠정적인 판단을 내리게 된다. 이 단계에서는 판단의 명확성을 기하기 위해 프뢴켈(J. R. Fraenkel)이 제시한 가치 갈등 상황에 대한 정보를 기록하기 위한 가치정보도표를 활용한다. 가치정보도표를 통해 학생들은 보다 포괄적인 관점에서 가치 판단을 내릴 수 있다. 또한 가치정보도표 작성은 모둠별 토론을 통해 보다 종합적인 정보로 제시될 수 있다.

넷째, 가치 결정에 함축되어 있는 가치 원리를 검사하고 가치를 결정하는 단계이다. 판단자는 자신이 내린 가치 판단 속에 포함되어 있는 가치 원리를 진정으로 수용할 수 있는지 없는지를 확인할 필요가 있다. 왜냐하면 판단자가 수용할 수 없는 가치 원리를 바탕으로 한 가치 판단이라면 그것은 합리적인 가치 판단이라고 할 수 없기 때문이다. 따라서 합리적인 가치 판단은 충실한 사실 탐구와 더불어 수용할 수 있는 가치 원리를 기반으로 해야 함을 알 수 있다. 가치 원리 검사는 새 사례 검사, 포함 관계 검사, 역할 교환 검사, 보편적 결과 검사로 나뉜다.

새 사례 검사(new case test)는 판단에 사용된 가치 원리가 유사한 다른 사례에 일관되게 적용될 수 있는가를 검토하는 것이다. 예컨대, "거짓말을 하는 것은 옳다"(원칙 또는 원리)를 다른 사례에 적용할 수 있는지를 확인한다.

포함 관계 검사(subsumption test)는 그 가치 원리가 보다 일반적 가치 원리로부터 타당하게 연역될 수 있는 것인가를 따져 보는 것이다. 예컨대, "거짓말을 하는 것은 옳다"(원칙)가 이전의 보다 포괄적인 도덕적 원리(인간은 선한 행동을 해야 한다)로부터 연역되는지 확인한다.

역할 교환 검사(role exchange test)는 그 가치 원리에 기초한 결정에 의해 심각하게 영향 받을 개인이나 집단들과 입장을 바꿔 놓고 생각해 본 것인가를 따져 보는 것이다. "거짓말을 하는 것은 옳다"라는 원리를 구성할 경우, 그 원리에 근거한 판단자의 가치 판단에 의해 영향 받는 사람의 입장을 상상해 봄으로써 수용할 수 있는지를 확인한다.

보편적 결과 검사(universal consequences test)는 모든 사람들이 그러한 가치 원리에 따라 행동할 경우 보편적으로 나타날 결과를 받아들일 수 있겠는가를 검토해 보는 것이다. 예컨대, "거짓말을 하는 것은 옳다"를 도덕원리로 구성한 판단자가 그 원리를 모든 사람들에게 받아들인다고 가정했을 때 일어날 수 있는 결과를 고려하는 것이다.

5. 합리적 의사결정 수업 모형[4)]

1) 이론적 배경 및 근거

민주 사회에서는 개인 또는 집단 수준에서 다양한 가치와 선호의 차이가 합법적으로 갈등을 일으킨다. 다양한 견해의 부딪침이 민주 사회에서는 당연한 현상으로 간주되고 경우에 따라서는 그러한 갈등이 새로운 발전과 도약의 밑바탕이 되기도 한다. 그러나 갈등이 무한정으로 허용되는 것은 아니므로 평화적이면서도 창조적이고 합리적으로 해결하는 일이 중요하다. 따라서 문제는 어떤 방식으로 갈등이 해결되느냐 하는 것인데, 이에 대한 대답의 하나로 제시될 수 있는 것이 바로 합리적이고도 도덕적인 문제해결 내지 의사 결정이다. 프랭켈(J. R. Fraenkel), 엥글(S. H. Engle) 등이 제시하고 있는 합리적 의사결정 수업 모형은 선택을 요하는 갈등의 문제 사태에서 반성적으로 숙고된 지식과 가치를 바탕으로 최선의 해결 방안을 도출해 내는 능력과 품성을 기르는 데 주안점을 둔다.

도덕과 수업에서 활용될 수 있는 합리적 의사결정 수업 모형의 구체적인 과정과 교수-학습 활동에서는 합리적인 의사 결정을 위해 사실적 정보와 지식을 중시하고 대안과 그 결과를 고려하여 선택과 결정을 도모하는 한편 그 선택과 결정에 사용된 가치 원리의 정당성을 확보하는 일이 중요한 것으로 여겨진다.

---

4) 이 수업 모형에 대한 기술은 2015년 개정 『도덕3 교사용지도서』(교육부, 2018)의 내용을 바탕으로 한 것이다.

2) 수업 모형의 단계 및 설명

도덕적 문제 사태의 제시와 분석

↓

관련 규범의 확인 및 그 의미와 타당성 파악

↓

여러 대안의 설정과 각 대안의 결과 검토

↓

자기 입장의 설정 및 정당화

↓

자기 입장의 수정 및 잠정적 의사결정

첫 번째 단계는 문제 사태를 제시하고 사안을 구체적으로 분석하는 것으로 시작한다. 물론 문제 사태는 관점이나 견해의 부딪침과 가치 갈등, 여러 가지 해결 방안의 가능성 등이 담긴 것이어야 한다.

두 번째 단계에서는 관련 규범을 찾고 그 가치규범의 의미와 타당성을 파악하는 활동을 한다. 갈등을 일으키는 가치가 무엇인지를 파악하는 것은 문제해결을 위해 중요한 일이기 때문에 이때의 의미 파악은 개념분석 수업 모형의 여러 방법을 동원하여 활용할 수 있다. 가치규범의 타당성을 알아보는 경우에는 상위 도덕원리로부터 연역적으로 추론해 보는 방식과 학생들의 경험이나 사실적 지식, 정보 등을 통해 귀납적으로 검토해 보는 방식 모두를 활용할 수 있다.

세 번째 단계에서는 여러 대안을 설정하고 각 대안의 결과를 검토하는 활동을 한다. 가치갈등해결이란 하나 또는 그 이상의 대안 중의 바람직한 하나를 선택하는 것이다. 그것은 창조적 대안을 발견하는 일이라고 할 수 있다. 따라서 합리적 의사결정에는 어떤 대안이 가져올 장·단기적 결과를 고려한 선택이 요구되며, 학생들은 그러한 대안과 그것의 결과를 토론을 통해 검토할 기회를 가져야 하는 것이다.

네 번째 단계에서는 자기 입장을 설정하고 이를 정당화하는 활동을 한다. 이 단계에서 학생들은 자기 입장의 정당성을 주장하기 위해 여러 가지 논리와 증거를 제시하고 이를 논의한다.

다섯 번째 단계에서는 마지막으로 입장을 수정하면서 의사 결정을 하는 단계로 나아간다. 이 단계에서 학생들은 여러 가지 요소를 고려해 보고 자신의 분석과 판단을 바탕으로 결정을 시도하게 된다. 물론 내려진 결정에 대한 비판과 수정의 가능성은 항상 열려 있으며, 이러한 교육을 통해 자신의 생각을 변화시키고 결정을 수정할 수 있는 민주 시민으로서의 태도와 자질을 기르게 되는 것이다.

6. 도덕적 토론 수업 모형[5)]

1) 이론적 배경 및 근거

콜버그와 그 계열의 라이머(J. Reimer) 같은 학자들이 제시하고 있는 도덕교육 방안은 교실에서의 도덕 딜레마 토론을 통한 접근과 정의로운 공동체 학교를 통한 접근으로 대별될 수 있는데 도덕 수업에 보다 관련되는 것은 전자의 접근이라고 할 수 있다. 도덕 딜레마 토론 수업 모형은 바로 이러한 교실에서의 도덕적 문제에 대한 토론을 통해 도덕판단력을 증진시키고자 하는 데 중점을 두고 개발된 것이다. 도덕판단이란 주어진 문제 사태에서 무엇이 옳고 그른지, 무엇을 행해야 마땅한지를 결정, 선택하는 것을 의미한다. 이러한 인간의 도덕판단 능력은 낮은 단계로부터 높은 단계로 위계화되어 있다. 3수준 6단계론은 이를 가리키는 것이다. 교실에서의 도덕적 토론을 통한 접근의 요체는 그러한 논의와 숙고의 과정을 통해 도덕 단계의 진보를 촉진하고자 하는 것이다.

이때 도덕판단력을 증진시키기 위해서는 학생들이 가지고 있는 선에 관한 앎에 불만족·인지적 불균형을 불러일으키는 한편, 보다 높은 단계에의 노출과 접촉, 교류하는 일이 중요한데 이렇게 함으로써 인간의 바람직한 삶에 관한 학생들의 관점을 변화시키고 삶을 재구성하게 하며 도덕적 사고 구조와 판단 능력의 진보를 이루어 가고자 하는 것이다. 이러한 수업에서 교사는 매우 중요한 역할을 하는데 학생들의 도덕적 사고를 자극하고 촉진할 수 있도록 적절한 발문을 하고 탐색, 교수, 제시, 강조, 안내 등과 같은 일을 수행해야 한다.

5) 이 수업 모형에 대한 기술은 2015년 개정 『3학년 도덕 지도서』(교육부, 2018)의 내용을 바탕으로 한 것이다.

2) 수업 모형의 단계 및 설명

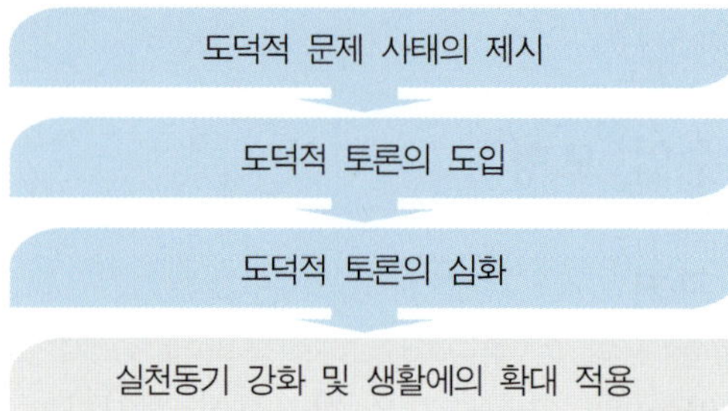

첫째, 도덕적 문제 사태의 제시 단계이다. 문제 사태는 학생들의 생활 경험을 반영하고 그들의 이해 능력에 맞는 것이어야 한다. 가상적인 것과 그 학급에서 당면하고 있는 현실적인 문제 모두 사용할 수 있다. 단, 가치 탐구가 제대로 이루어지기 위해서는 그 문제 사태가 규범 간의 갈등을 내포하고 있는 성질의 것이어야 한다.

둘째, 도덕적 토론의 도입 단계이다. 이 단계에서는 여러 가지 활동이 가능한데 특히 도덕적 문제 부각시키기, '왜'라는 질문하기, 상황을 복잡하게 하기 등은 중요하게 다루어질 필요가 있으며, 나아가 개인적이고 자연스러운 사례 활용하기, 실제적 도덕 문제와 가설적 도덕 문제를 번갈아 사용하기 등이 부가될 수도 있다. 도덕적 문제 부각시키기는 문제 사태에서 중요한 논의거리를 드러내면서 초점을 명확히 하기 위해 자신의 입장을 정하도록 하는 것이다.‘ 왜’라는 질문하기는 자기가 정한 입장에 대해 근거가 무엇인지, 그것이 가능하며 타당한 것인지 등에 대해 간단하게나마 성찰해 보도록 하고자 하는 것이다. 상황을 복잡하게 하기는 원래의 문제에 포함된 인지 갈등과 복잡성을 증가시키고자 할 때 또는 학생들이 도덕 문제로부터 회피해 나가는 것을 방지하고자 할 때 사용될 수 있다.

셋째, 도덕적 토론의 심화 단계이다. 토론을 도입한 후에는 이를 심화시켜 본격적인 논의 단계로 들어가게 되는데 이때 서로 대립되는 주장과 가치 입장, 그리고 그 근거를 중심으로 무엇이 보다 타당하며 합리적인 해결 방안인가를 따지는 데 중점을 두게 된다. 이 단계의 주요 활동은 심층적 질문하기, 인접 단계의 논의 강조하기, 명료화와 요약하기, 역할 채택 강조하기 등으로 구성된다. 심층적 질문하기는 도덕적 문제를 여러 각도에서 생각해 보고 타당한 해결을 도모해 볼 수 있도록 다각도에서 파고드는 질문들을 하는 것이다. 명료화 질문, 특정 문제 탐색 질문, 문제 간 탐색 내지 갈등 해소를 위한 질문, 역할 바꿔 생각해 보기 질문, 보편적 결과 고려해 보기 질문 등이 이에 해당된다. 인접 단계의 논의 강조하기는 학생들의 도덕 발달 정도와 인접한 단계와 접촉, 교류하면서 논의를 심화하도록 하는 질문을 하는 것이다. '+1전략'과 같은 것이 그 한 예가 된다. 그리고 이러한 논의 전개 과정에서 교사는 필요에 따라 명료화와 요약하기 등을 적절히 수행하는 한편 학생들로 하여금 다양한 측면에서 역할 채택을 해 보면서 숙고하고 논의해 보도록 함으로써 도덕적 사고와 판단력의 증진을 도모해 간다.

넷째, 실천 동기 강화 및 생활에의 확대 적용 단계이다. 실천 동기 강화는 그 수업에서 다룬 내용과 관련 있는 모범 사례를 제시하고 생각해 보게 하는 등 다양하게 강구될 수 있다. 그리고 자기 생활을 반성해 보고 앞으로 더욱 노력할 수 있도록 실천 동기를 강화해 준다. 그리고 이러한 일련의 과정을 학습한 가치규범을 생활 속에서 어떻게 실천할 것인지 계획을 세우고 이를 꾸준히 실천하도록 관심을 갖고 지도해 나간다.

7. 배려 모형

1) 이론적 배경 및 근거

배려 수업 모형은 판단의 절차나 형식, 원리보다는 보살핌, 타인에 대한 관심, 다른 관점에 대한 인정, 자신과 상대방과의 교육적인 만남을 통한 윤리적 이상의 형성, 배려하는 자의 전념(engrossment)과 배려받는 자의 자발적인 수용과 반응 등 도덕성의 정의적 측면을 강조한다. 따라서 배려 수업 모형은 나딩스의 배려윤리교육론에서 제시된 배려윤리의 구조를 이론적 기초로 삼게 된다. 특히 나딩스가 배려자의 의식 상태를 설명하기 위해 제시한 전념과 동기 전환(motivational displacement)의 개념을 중요시한다.

나딩스는 배려의 의미를 정신적 고통의 상태 또는 전념의 상태로 사전적으로 정의한다. 곧 배려한다는 것은 정신적으로 부담을 갖는 상태로서 어떤 사람이나 사물에 대하여 걱정하거나 염려하거나 근심하는 것을 말한다(Noddings, 1984: 9; 박병춘, 1998: 9). 그것은 크게 세 가지 의미를 지닌다. 첫째, 배려한다는 것은 어떤 대상에 대해 부담을 느끼고, 초조해하고, 걱정을 하는 것이다. 둘째, 배려한다는 것은 누군가에 대해서 강한 욕구와 성향을 느끼고, 그의 입장과 관심을 고려하는 것이다. 셋째, 배려한다는 것은 나이 많은 친척의 복지와 건강에 대해 책임감을 느끼는 경우이다.

나딩스는 배려를 배려하는 사람과 배려받는 사람의 관계로 이루어지는 이원적인 것으로 본다. 따라서 배려관계의 주체는 배려하는 사람과 배려받는 사람 모두가 되며, 배려는 배려자의 배려 행위를 배려받는 사람이 인지하고, 이에 대해 응답할 때 완성되어진다(Noddings, 1984: 19).

배려하는 사람의 의식 상태는 전념과 동기 전환으로 설명할 수 있다. 전념이란 다른 사람의 실체를 이해한다는 개념으로서 자신을 멀리하고, 다른 사람의 경험 안으로 들어가는 것을 의미한다. 이는 다른 사람과 입장을 바꾸어 생각하는 것이 아니라 다른 사람을 내 안으로 수용하여 함께 느끼는 것을 말한다. 예컨대, 어려움을 겪고 있는 사람의 고통을 내 것으로 가져와 느끼는 것이다. 이는 상대방의 상황을 분석하고 객관화하여 상대방의 입장을 투사하는 콜버그의 감정이입과는 다르다(Noddings, 1984: 30; 박병기, 추병완, 1996: 314).

동기 전환이란 자신의 동기적 에너지가 다른 사람이나 다른 사람의 계획을 향해서 분출하는 것을 말한다. 다른 사람이 전달하고자 하는 것을 수용하고, 그의 목적 또는 계획을 촉진할 수 있는 방식으로 반응하고 싶어 하는 마음을 의미하는 것이다. 따라서 전념을 통해 다른 사람의 어려움을 내 어려움으로 수용하여 느껴 봄으로써 그 어려움을 보다 직접적으로 체험하고, 이 과정을 통해 다른 사람의 어려움을 해결하기 위한 보다 강한 실천의지를 갖게 되는 것이 동기 전환이라고 볼 수 있다. 감정이입이 상대방의 입장에서 어려움이나 고통을 느끼는 데 중점을 둔다면, 전념은 이를 포괄하면서도 상대방의 어려움이나 고통을 내 자신의 것으로 가져와 느끼는 체험 과정이다. 따라서 전념을 통해 우리는 상대방의 어려움이나 고통을 보다 더 절실하게 느낄 수 있으며, 이를 통해 상대방에 대해 배려하려는 마음을 더욱 강하게 가질 수 있다.

배려받는 사람의 의식적 특징으로는 수용, 인지, 감응을 들 수 있다. 배려받는 사람은 배려하는 것을 수용하고, 배려를 수용하였음을 보여주어야 한다. 이러한 배려를 받는 사람의 반응은 배려자가 계속 그 행위를 할 수 있도록 지속시켜 준다. 또한 그러한 반응은 배려를 해주는 사람으로 하여금 그 스스로가 자신의 배려 행위의 효과를 지속적인 관심과 반응의 순환 속에서 계속 조정해 나갈 수 있게 해준다. 그러므로 배려관계가 성립되기 위해서는 적어도 다음의 두 가지 요건이 충족되어야 한다. 하나는 A는 B를 배려해 주어야 한다. 다른 하나는 B는 A가 자신을 배려해 주고 있다는 것을 인정해야만 한다는 것이다. 여기서 인정한다는 말은 B가 배려를 진지하게 수용하고 있음을 의미한다(Noddings, 1984: 69). 이런 측면에서 배려자의 행동은 배려의 응답에 의해 완성되는 것이지 무조건적인 배려는 아니다.

이상의 나딩스의 배려윤리교육론에 기초하여 학습자 개개인의 정의적 측면에 중점을 두고, 실제 수업에서 활용 가능한 보다 구체적인 배려 수업 모형을 제시하면 다음과 같다.

2) 수업 모형의 단계 및 설명

문제 상황의 제시

↓

정의적 측면에서 도덕적 문제를 파악하기

↓

배려자의 전념을 통해 감정 표현하기

↓

배려를 필요로 하는 자에 대해 배려하기

↓

일상생활에서 배려 경험 반성해 보기

위의 배려 수업 모형은 배려윤리교육론, 특히 나딩스의 배려윤리의 이론적 구조를 토대로 구성한 것이다. 특히 배려윤리 이론의 구조에서 주목한 것은 정의적 측면의 도덕성 함양과 밀접한 관련을 갖는 전념과 동기 전환이라는 개념이다. 따라서 이 모형의 3, 4단계는 바로 전념과 동기 전환을 반영한 것이다.

전술한 바와 같이, 나딩스가 제시하는 배려관계는 배려자가 배려함으로써 끝나는 것이 아니다. 즉 배려받는 자가 배려를 수용하고 이를 수용하였음을 보여주며, 이를 배려자가 인지하게 됨으로써 완성된다. 배려받는 사람은 상대방이 배려해 준 것을 수용하고, 배려를 수용하였음을 보여주어야 한다. 이러한 배려에 대한 자발적인 인식과 반응은 배려받는 사람의 윤리적 자세이다. 배려받는 사람은 이렇게 배려를 인식하고 반응함으로써 배려하는 사람의 동기 전환을 불러일으킬 수 있다. 따라서 인간관계에 있어 배려 행위가 지속되게 하기 위해서는 배려받는 사람이 최소한의 의무로서 배려를 인지하고 배려를 수용하고 있다는 반응을 어떤 형태로든지 배려하는 사람이 인식할 수 있도록 보여주어야 한다. 그리고 배려받는 사람이 배려를 수용하였음을 보여주었을 때, 배려자가 전념 속에서 이러한 것을 인지하면 배려는 완성된다.

그러나 초등학교에서 1시간이라는 수업을 감안하여 볼 때, 배려받는 자의 수용과 감응을 체험하거나 배려자가 이를 인지하는 단계까지 설정할 경우 무리가 따른다고 보여진다.[6] 따라서 본 배려 수업 모형은 전념을 기초로 동기 전환을 통해 배려를 필요로 하

6) 실제로 2003년에 배려 윤리 수업 모형을 '문제 상황의 제시 → 도덕적 문제를 상호관계의 측면에서 파악하기 → 배려자의 몰입을 통해 감정 표현하기 → 배려받는 자의 수용과 감응, 배려자의 인지 → 반성 및 생각 정리'의 단계로 설정하여 교육현장에 투입한 바 있다. 그 결과 시간상으로 무리가 따랐으며, 수업을 진행한 교사들 또한 학습자들이 배려해 보기를 경험하고 이를 자신의 생활에서 반성해 보는

는 자에게 배려를 해보고, 이에 비추어 학습자 자신의 일상생활에서 얼마나 타인들을 배려해 보았는지 반성·정리하는 단계로 마무리짓고자 한다.

배려 수업 모형의 첫 번째 단계는 문제 상황을 제시하는 단계이다. 주로 어려운 상황에 처한 사람의 감정을 수용하고 도움을 주는 사람과 이에 고마워하는 사람들 간의 이야기가 담긴 문제 상황을 제시하는 것이 바람직하다.

두 번째 단계는 정의적 측면에서 도덕적 문제를 이해하는 단계이다. 학습자들은 이 단계에서 문제 상황 속에서 배려하는 도덕적 행동이 배려자의 일방적인 행동으로 끝나는 것이 아니라 배려를 필요로 하는 어려움에 처한 사람에 대해 배려하려는 마음씨를 가지고 임하게 되며, 배려를 받는 사람 또한 받은 배려 행위에 대해 감사의 반응을 보이는 것이 도덕적 삶을 형성하는 데 중요함을 인식하게 한다.

세 번째 단계는 배려자의 전념을 통해 감정을 표현하는 단계이다. 본 모형에서는 자신을 멀리하고, 다른 사람의 경험 안으로 들어가는 것, 즉 다른 사람을 내 안으로 수용하여 함께 느끼는 것으로서의 전념의 개념을 두 방향으로 구분한다. 하나는 상대방의 입장에서 상대방의 어려움을 느껴 보는 감정이입적인 방향과, 다른 하나는 상대방의 어려움이나 고통을 내 것으로 가져와 느낄 수 있는 방향이다. 물론 이 세 번째 단계에서는 후자에 중점을 둔다. 따라서 이 단계에서는 학습자가 상대방이 겪는 어려움 속에서의 정서, 감정을 나의 어려움으로 가져와 느껴 보고, 그랬을 때의 감정을 표현해 보는 것이 중요하다.

네 번째 단계는 배려자의 동기 전환이 이루어지는 단계이다. 본 모형은 다른 사람이 전달하고자 하는 것을 수용하고, 그의 목적 또는 계획을 촉진할 수 있는 방식으로 반응하고 싶어 하는 마음으로서 동기 전환을 강조한다. 따라서 이전 단계에서 배려를 필요로 하는 상대방의 아픔이나 고통을 내 자신의 것으로 느꼈으므로, 학습자들은 이 동기 전환의 단계에서 배려를 필요로 하는 사람들을 위해 어떤 일을 할 수 있는지를 고민하고 찾아내게 된다.

마지막 단계는 자신의 생활에 대한 반성과 함께 배려 행위 유발을 위한 실천동기를 부여하는 단계이다. 이 단계에서 학생들은 그동안 일상생활에서 상대방을 배려하지 못한 경험을 반성하고, 상대방을 위하여 자신이 할 수 있는 일을 찾아보며 이를 실천해 보려는 의지를 지니게 된다.

것으로 수업을 이끌도록 수정하는 것이 바람직하다는 반응을 보였다.

8. 도덕 이야기하기 모형

1) 이론적 배경 및 근거

도덕 이야기하기(moral storytelling)는 이야기하는 사람, 즉 화자가 누구인가에 따라 크게 아래의 설명과 같이 두 가지 접근, 즉 전통적인 이야기하기와 학생 중심(혹은 내러티브) 도덕 이야기하기로 나누어진다(김항인, 2001).

> 전통적인 스토리텔링은 교사나 부모가 좋은 이야기를 학생들이나 자녀들에게 읽어 주거나 이야기해 주는 방식이고, 다른 하나는 학생들이 자신들의 이야기를 다른 대상에게 이야기하는 방식이다. … 한편, 오늘날 도덕교육에서 새로운 대안으로 제시되고 있는 방법으로 "학생들의 도덕 이야기 듣기"를 들 수 있다. 기존의 "도덕 이야기 들려주기"에서 강조점이 "학생들 스스로 자신의 이야기를 하도록 유도하기"로 옮겨지고 있다. 즉 교사가 일방적으로 도덕과 관련된 이야기를 들려주는 교사 중심의 주입식 방식으로부터 학생들로 하여금 가치, 덕목과 관련된 실생활의 경험을 이야기하도록 이끄는 이야기 주체의 전환을 의미한다. 이러한 접근법을 태펀과 데이(Tappan & Day, 1996)는 "도덕 발달에 대한 내러티브 접근"이라고 부른다.

이러한 두 가지 도덕 이야기하기 방법을 도덕과 교육에 적용함에 있어서 어느 하나의 측면만을 강조하는 것은 부적절하다고 본다. 전통적인 교사 중심의 이야기하기만을 강조할 경우 학생의 자율적 사고와 도덕성에 대한 구성의 능력을 소홀히 하게 되며, 반면에 학생 중심의 이야기하기만을 도입할 경우, 도덕과 교육과정에 목표로 하고 있는 방향대로 학생들을 유도하는 것이 불가능하기 때문이다.

정의적 측면 중심의 도덕과 교수-학습 절차는 이러한 두 가지 도덕 이야기하기 방법을 모두 포괄하는 것이 바람직하다. 즉, "도덕적 관련 사례 제시"와 "도덕적 감정을 표현하고 공유하기"는 교사가 주도적으로 교재를 중심으로 수업을 이끌어 가는 전통적인 도덕 이야기하기 방식에 해당하며, "본받을 점을 찾고, 자신을 반성하기"는 학생들이 학습된 가치 덕목에 비추어 자신의 경험을 되돌아보면서 반성하는 활동을 제시함으로써 학생 중심의 도덕 이야기하기에 관련된다고 할 수 있다. 그러나 단위 차시 내 시간의 배분에 있어서는 한 차시 동안에 교사 중심의 도덕 이야기하기가 더 큰 비중을 차지하고 있음을 알 수 있다.

도덕 이야기하기에 있어 그 강조점이 교사 혹은 교재 중심에 있는가와 학생 중심의 활동에 있는 가에 따라 [그림 8-13]과 같이 나누어진다.

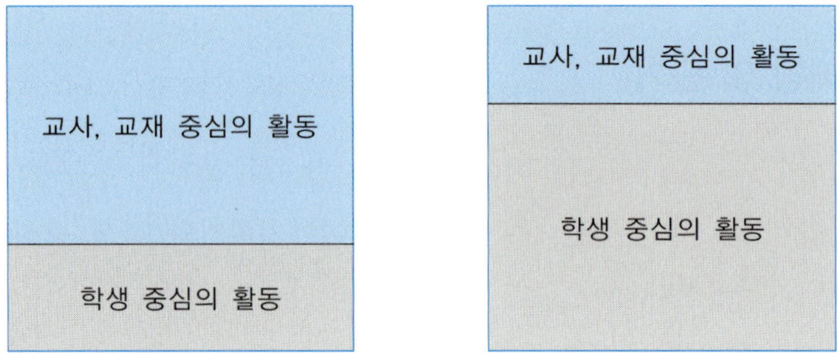

(가) (나)

[그림 8-13] 교사·교재 중심의 이야기 활동과 학생 중심의 이야기 활동

'이야기하기를 통한 교수-학습 모형'은 기존의 교사 중심의 도덕 이야기하기 [그림 8-13(가)]보다는 학생 중심의 도덕 이야기하기 [그림 8-13(나)]에 더욱 비중을 두어야 한다는 데 그 핵심을 두고 있다.

2) 수업 모형의 단계 및 설명

구체적으로 학생 중심의 도덕 이야기하기 교수-학습 모형의 절차는 다음 그림과 같이 제시된다.

첫 번째는 도덕적 문제 사례 제시의 단계로서 학생들에게 도덕 이야기를 제시하는 단계이다. 여기서 사용되는 도덕적 사례는 학습자들로 하여금 이야기 속에 등장하는 이상적 인물들로 인해 감동·감화를 얻게 하는 이야기들로 제시되어야 한다. 도덕적 감동·감화는 평이한 삶의 이야기나 부정적 결과의 이야기와는 달리 어려움 속에서도 선을 실

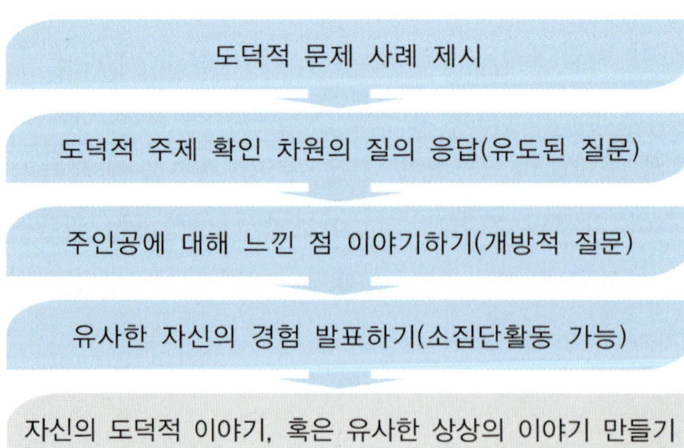

천하는 주인공의 의지가 필연적으로 담겨 있어야 하겠다. 이야기 사례의 선택은 교과서나 생활의 길잡이에 있는 글들을 활용해도 좋고, 교사의 노력에 의해 잘 알려졌거나 알려지지 않은 이야기들을 학생들의 수준에 맞게 재구성하여 제시하도록 한다.

이야기를 전달하는 방법에는 크게 독서법과 설화법으로 나눌 수 있다. 독서법은 중·고학년의 학생들에게 맞는 방법으로서 이야기로 구성된 독본 혹은 교재를 한 학생이 일어나 대표로 읽는 방법과 전체 학생이 각자 묵독하는 방법이 있다.

설화법(이야기해 주기)은 도덕적인 이야기를 들려주는 방식으로서 예전부터 학교 교실에서 뿐만 아니라 가정에서 부모들에 의해 많이 행해졌던 교수자 중심의 도덕적 가치·규범의 전달 방법이다. 이 방법들의 핵심은 교수자가 말로 도덕적 교훈을 담고 있는 이야기를 해줌으로써 학습자들이 이야기 속에 등장하는 이상적 인물들로 인해 감동·감화를 받게 하는 것이다. 이러한 설화법은 저·중·고학년 학생들 모두에게 흥미를 불러일으킬 수 있다. 교사의 능력에 따라 성대 묘사를 통해 등장인물의 성격을 표현할 수 있고, 극적인 분위기를 살릴 수 있다는 장점을 가진다. 이 단계는 이야기를 들려주는 시간만 소요되므로 5분 정도의 시간 안에 이루어지도록 한다.

두 번째는 도덕적 주제 확인 차원의 질의 응답의 단계이다. 위에서 지적한 바와 같이 아무리 한 주 전에 이루어졌던 1차시의 인지적 측면 중심의 수업에서 그 제재의 도덕적 가치 덕목에 대해 다루었을지라도 일주일이라는 시간이 경과하였기 때문에 학생들이 이야기 속의 도덕적 주제를 쉽게 파악하리라고 장담할 수는 없다고 본다. 그러므로 다소 시간이 소요되더라도 도덕 이야기에 대한 주제 이해를 위한 발문이 요구되어진다. 이 단계에서 사용되는 질문의 형태는 학생들의 다양한 답변들을 인정하는 개방적 질문보다는 도덕적 주제의 이해를 돕는 것을 목적으로 하는 폐쇄적 질문이 요구된다고 본다. 폐쇄적 질문은 개방적 질문과 달리 제한된 수의 반응을 요구하는 질문으로서 해답이 이미 문맥에 나와 있는 경우가 전형적인 예이다. 즉 "영희는 부모님이 외출하시고 동생을 혼자 집에서 돌보게 되었을 때, 동생이 울자 어떻게 했나요?", "이러한 행동으로 보아 영희는 어떤 학생이라고 생각합니까?"와 같은 사실 확인과 아울러 도덕적 주제를 이끌어 내는 질문들을 예로 들 수 있다. 도덕적 주제 확인에 소요되는 시간은 3~5분 정도로서 많은 시간을 이 단계에서 소요하지 않도록 유의해야 한다.

세 번째는 등장인물에 대해 느낀 점 이야기하기의 단계이다. 이 단계에서는 학생들이 이야기 속의 등장인물에 대해 감정이입을 시도하면서 주인공의 입장이 되어 보는 정서적 역할 채택을 하도록 한다. 또한 주인공의 태도나 행동에 대한 자신의 느낌을 표현하도록 한다. 위의 두 번째 단계와는 반대로 여기서는 폐쇄적 질문이 아닌 개방적 질문을 사용하도록 하는 바, 예를 들어, "여러분이 철수였다면, 이야기 속의 외롭고 쓸쓸한 노인을 보고 무엇을 생각했겠습니까?", "자신의 꿈을 키워 나가기 위해 최선을 다하는 순이의 행동에 대해 여러분들은 어떻게 생각했습니까?", "태어나면서 팔다리가 없던 오토다케의 '즐거운 인생' 이야기를 듣고 여러분들은 무엇을 생각했습니까?" 등의 질문들을 생각해 볼 수 있다. 이 단계도 역시 이야기 내용을 중심의 활동으로 이루어지므로 많은 시간이 소요되지 않도록 주의해야 한다. 5~7분 정도의 시간 배정이 적절하다.

네 번째는 유사한 자신의 경험 발표하기의 단계로서 이 단계부터 학생 중심의 도덕 이야기하기가 시작된다. 학생들은 앞에서 들은 도덕 이야기의 주제와 관련된 자신의 경험을 생각해 내고, 이를 다른 학생들 앞에서 표현하게 된다. 바로 앞의 단계에서 다룬 도덕적 지식과 도덕적 주제에 대한 이해를 바탕으로 이제는 도덕적 주제를 자신의 삶 속에 적용시키는 단계이다.

그러므로 도덕적 주제에 대한 지식과 이해가 뒷받침되지 않은 상태에서는 올바른 도덕적 적용이 이루어질 수 없다. 온전치 못한 도덕적 주제 이해력을 보이는 학생들은 때때로 주인공이 등장한 사실적 배경 등에 집착하여 자신의 경험을 이야기하곤 한다. 예로 들면, 문방구에서 거스름돈을 많이 받은 학생이 다시 되돌려 주는 도덕적 사건에서 정직이라는 가치 덕목보다는 오히려 문방구 혹은 거스름돈과 관련된 자신의 경험에 초점을 맞추는 학생들이 있다는 점이다. 이에 대해 교사는 학생들의 발표가 도덕적 주제와 관련되도록 유도적 질문을 사용하면서 이끌어야 한다. 예를 들면, "여러분 가운데 자신의 것이 아닌 것을 발견하거나, 받은 적이 있는 학생이 있으면 이야기해 줄래요?", "아무도 보지 않는 상황에서 다른 사람의 물건에 대해 훔치고 싶었던 유혹을 받은 경험이 있는 학생이 있다면 이야기해 줄래요?" 등의 질문을 들 수 있다.

또한 짝토의 혹은 소집단학습을 통하여 학생들의 경험을 서로 나눌 수 있도록 하는 방법도 이 단계에서 활용될 수 있다. 교사와의 대화뿐만이 아니라 학생들이 서로 얼굴을 보며 대화할 수 있도록 하는 대화학습의 형태를 통하여 서로의 해석과 이해를 교류하며 학생 주도의 방식으로 수업을 진행시킬 수 있다.

이 단계는 학생 중심의 이야기 단계로서 12~15분 정도의 충분한 시간을 할애하여 많은 학생들이 서로의 경험을 나눌 수 있도록 한다.

마지막 단계는 자신의 도덕적 이야기 혹은 유사한 상상의 이야기 만들기이다. 이 단계는 이미 네 번째 단계에서 발표되었던 내용을 중심으로 하여 학생들로 하여금 도덕적 주제와 관련하여 자신과 자신의 생활을 돌아보고 스스로를 반성하면서 자신의 경험에서 잘한 점은 무엇이고, 잘못한 점은 무엇인지를 이야기의 형식을 빌어 표현하는 단계이다.

이러한 이야기는 내러티브의 형식으로 표현되는 것이 바람직하다. 즉 추상적이고 종합적인 자신의 견해를 표현하는 것이 아니라, 자신이 겪은 경험을 시간의 흐름에 따라 자세하게 진술하고 마지막 부분에 자신의 느낌이나 의지를 표현하도록 한다. 또한 자신의 경험을 이야기하거나 표현하는 것을 어렵게 생각하는 학생들에게는 들려 준 이야기와 같은 주제를 가지는 상상의 도덕 이야기를 쓰게 하는 방안도 대안으로 제시될 수 있다.

이야기를 표현하는 방식으로 초등학교 저학년 학생들은 긴 글을 쓰는 것이 무리이므로 짧은 글을 쓰게 하거나 간단한 낱말을 쓰게 할 수도 있다. 또한, 만화, 약화, 캐릭터 같은 그림을 그리게 해도 초등학교 중학년 이상의 학생들이 긴 글을 쓰는 것과 같은 효과를 거둘 수 있다. 이때는 교사가 이야기의 청중이 되는데, 교사는 학생들의 이야기에 대해 민감하면서 공감하는 자세를 가져야 할 뿐만 아니라 교사 자신이 이야기 속에서 이해하고 느낀 바를 어떤 형태로든 학생들에게 피드백 해주어야 한다. 그러한 반응이 글의 형태이든, 혹은 대화의 형태이든지 간에 학생의 도덕적 관점을 인정해 주고, 그러한 관점을 계속적으로 견지해 나가도록 격려시켜 주어야 한다. 그럼으로써 교사는 학생들의 점진적인 도덕적 권위의 발달을 도모할 수 있는 것이다.

이 단계 역시 학생 중심의 도덕 이야기하기 활동으로서 2차시 수업의 중점 활동이 되므로, 10~12분의 시간이 소요되도록 한다.

이렇게 만들어진 학생들 자신의 도덕적 이야기는 이어지는 3차시 행동적 측면 중심의 학습에서 역할극, 역할 놀이 자료의 대본이나 상황 설정의 자료로 활용되어 보다 현장감 있고 학생들의 실생활에서 일어나는 이야기 중심의 행동적 수업이 되도록 한다.

9. 경험학습 수업 모형[7)]

1) 이론적 배경 및 근거

경험학습이란 학생들이 학습 대상인 실재(reality)에 대해 읽거나 말하거나 듣거나 쓰는

7) 이 수업 모형에 대한 기술은 2015년 개정 『도덕3 교사용 지도서』(교육부, 2018)의 내용을 바탕으로 한 것이다.

정도에 그치지 않고 그것과 직접 접하면서 체험을 통해 배우는 학습 형태를 말하는 것이다. 예컨대, 비판적 사고를 배운다면 비판적 사고를 실제로 해 보면서 배우는 경우, 어떤 사물의 모습이나 형태에 대한 앎을 형성하는 학습이라면 그 사물을 직접 보면서 이해하는 경우, 어떤 이론이나 법칙에 관해 이해를 도모하고자 한다면 그 이론이나 법칙을 직접 적용하는 행동을 통해 어떤 결과가 일어나는지를 직접 보면서 배우는 경우 등이다.

도덕과 교육에서의 경험학습 수업 모형은 학생들에게 적절한 도덕적 경험을 제공함으로써 그들의 도덕적 자각과 의식을 깊게 하고 사고와 판단 능력 및 행동 실천력을 높이고자 하는 데 그 기본 관점이 있다. 이 모형은 원래 인지능력을 중심으로 하는 수학과, 과학과, 사회과 등을 염두에 두고 개발된 것이지만 도덕 생활에 관한 인지적 변화는 정의적·행동적 영역에도 영향을 끼치고 또 이들 사이에는 밀접한 연계성이 있기 때문에 도덕 수업의 한 모형으로도 충분히 활용될 수 있다.

이 모형은 인간은 그의 환경과의 상호작용 경험을 바탕으로 하여 학습하고 성장, 변화한다고 보는 피아제의 이론에 기초하고 있다. 따라서 이 모형에 따를 때 교사는 학생들이 양질의 경험을 얻을 수 있는 학습 환경을 제공하는 일과 그 경험을 적절히 해석하고 교류하여 일반화시킬 수 있도록 하는 일에 주의를 기울일 필요가 있다. 그리고 이를 위해 교사는 교수-학습 과정에서 단순한 지식이나 정보를 획득하게 하기보다는 사회적 영역에서의 사고 과정을 촉진할 수 있도록 하고, 학생들의 흥미와 경험을 토대로 학습 활동 계획을 수립하며, 학생들이 직접 조작해 볼 수 있는 구체적이고 다양한 자료를 제공해 줌으로써 그들이 공동 작업 활동을 통해 학습을 수행해 나가도록 하는 일도 중요하다.

2) 수업 모형의 단계 및 설명

첫째, 주제 설정하기 단계이다. 먼저 문제 사태를 제시하고 경험을 통해 학습할 문제를 설정한다. 이때 그 문제 사태는 학생들의 이해 수준에 맞고 관심과 흥미를 유발할 수 있는 것이어야 한다. 학습할 문제는 문제 사태의 개요를 파악하면서 무엇을 알아볼 것인가를 설정함으로써 찾아볼 수 있다. 예컨대, 과학자들의 이야기를 제시하고 개요를 파악하면서, 이들이 이러한 위대한 업적을 이루는 데 밑받침이 된 창의적인 생활태도에 대해 알아보자는 등의 학습 문제를 설정하는 것이다.

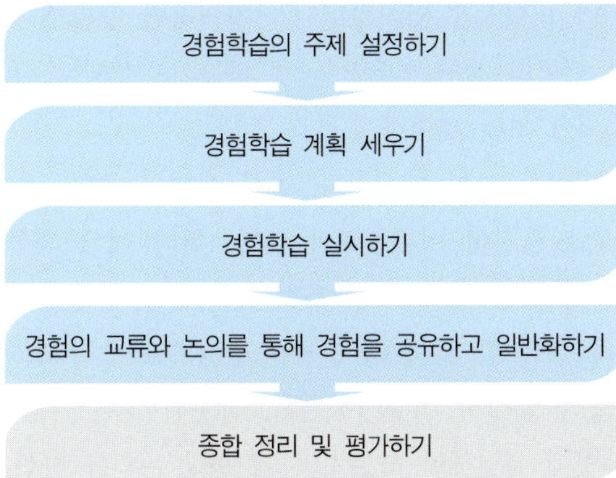

둘째, 계획 세우기 단계이다. 창의적인 생활 자세와 관련한 경험학습의 계획을 수립하도록 한다. 예컨대, '우리 반 발명 대회'같은 것을 열어 보는 것이다. 이러한 계획 수립은 교사가 단독으로 할 수도 있고 학생들이 논의하여 결정하게 할 수도 있다. 다만 학생들이 협의하여 결정하도록 할 경우 교사는 그 계획이 해당 수업에서 다루고자 하는 도덕규범과 관련하여 양질의 경험을 할 수 있게 짜이도록 도와주어야 한다. 그리고 중점을 두어야 할 경험, 경험한 내용을 정리하여 발표하는 방법에 관해서도 계획을 세우도록 한다.

셋째, 경험학습 실시하기 단계이다. 예컨대, 주제에 따른 관찰, 행동, 인터뷰, 실습, 실연 등의 활동을 통하여 궁금한 점에 대한 대답을 얻는 것이다. 또한 위의 예에 비춰 본다면 실제로 창의적으로 유용한 물건을 만들어보는 활동이 그것이다. 이 과정에서 교사는 계획한 대로 경험학습이 진행되고 있는지, 가르치고자 하는 도덕규범과 관련하여 아동들이 중요한 경험을 하고 있는지 주의 깊게 살펴보면서 지도 조언을 해 줄 필요가 있다. 그리고 경험해야 할 것을 제대로 경험하면서 이를 잘 기록하고 발표 자료를 준비하며 정리해 나가는지도 살펴본다.

넷째, 경험의 교류와 논의를 통해 경험을 공유하고 일반화하기 단계이다. 이 단계는 경험학습 수업 모형의 가장 중요한 부분이다. 이 단계에서 학생들은 자신의 경험을 다른 사람과 공유하는 한편 다른 사람의 경험에 공감하거나 혹은 비판적으로 수용하기도 한다. 이러한 과정을 통하여 학생들의 개별 경험이 정련, 심화되고 확대되는 동시에 의미 있는 경험의 일반화가 이루어진다. 그런데 여기서 중요한 것은 이러한 경험의 교류와 논의가 반드시 가르치고자 하는 도덕규범과 관련지어서 전개되어야 한다는 점이다. 예컨대, 창의적으로 물건 만들기를 하였다면 그 과정에서 얻어진 경험이 창의적인 자세라는 도덕규범의 의미와 타당성을 알아보는 일, 창의적인 생활과 관련하여 사고하고 판단해 보는 일, 창의적 생활의 실천 의욕을 굳게 하고 또 실제로 실천하는 일 등을 중심으로 교류되고 논의되어야 하는 것이다.

다섯째, 종합 정리 및 평가하기 단계이다. 물론 이때의 종합, 정리도 역시 그 수업에서 다루는 도덕규범과 관련지어 이루어져야 한다. 위의 예에 의하면 창의성의 의미와 중요성, 창의적인 사람이 되는 데 필요한 자질, 창의적인 생활을 하기 위한 노력, 창의적인 사람이 되기 위해 해야 할 일 등의 문제를 중심으로 종합되고 정리되어야 하는 것이다. 그리고 경험학습이 충실히 이루어졌는지, 잘못된 점은 무엇인지, 앞으로 이러한 경험학습을 한다면 무엇에 유념해야 하는지 등에 관한 논의를 하면서 학습 과정과 활동에 대한 반성을 함으로써 보다 발전적인 경험학습이 이루어질 수 있는 기반을 다져 나가는 것이다.

10. 역할 놀이 모형

1) 이론적 배경 및 근거

역할 놀이는 개인과 개인 간의 행동에 있어서 감정과 동기의식을 형성시키는 데 매우 효과적인 수업 전략 중 하나이다. 1950년 대 후반 샤프텔(George & Fannie Shaftel) 부부에 의해 만들어졌으며 친사회적 태도와 행동을 강화시키는 데 사용되어졌다. 샤프텔 부부는 역할 놀이의 이론과 방법을 세련화시켜 여러 교과에 적용하고자 하였다. 역할 놀이에는 결론이 제시되지 않는 개방적 시나리오가 사용된다. 역할 놀이의 참가자에게 등장인물들, 무대, 상황이 주어지고 참가자들은 주어진 상황에 이어서 즉석 행동을 수행하며, 다른 등장인물들과의 상호작용 속에서 상황을 마무리하도록 한다(Hoge, 1996).

역할 놀이의 이점은 학습자들의 적극적인 참여와 개입으로 수업이 진행될 수 있으며, 교실 내에서 사용하는 데 큰 부담을 느끼지 않고 교사가 손쉽게 활용할 수 있다는 점이다. 특별히 학습과제가 정의적 영역에 관련성이 깊을 때 이 방법은 강의법이나 보통의 토의법보다 훨씬 효과적임을 많은 연구들을 통하여 입증되었다(이성호, 2000). 그러나 도덕과에서 역할 놀이의 궁극적인 목적은 학생들에게 도덕적 상황에 대한 독립된 입장에서 반성적 사고를 통하여 타인의 입장(사고, 감정, 가치들)을 십분 더 이해하게 하는 데 있다.

역할 놀이를 도덕과 교수-학습 방법으로 사용할 경우에는 정의적 측면 중심의 수업과 행동적 측면 중심의 수업에 사용하는 것이 적합하다.

2) 수업 모형의 단계 및 설명

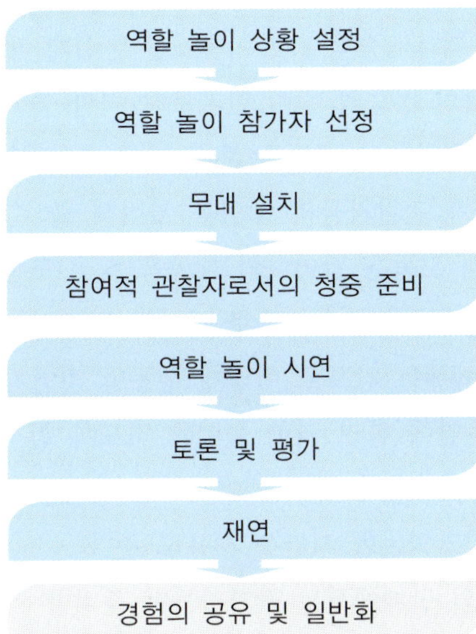

첫째, 역할 놀이 준비의 단계로서 교사는 학생들에게 역할 놀이 상황을 설정해 준다. 도덕과 수업 차시의 주제에 맞는 상황을 제시해 주도록 한다. 예를 들어 '노인 공경'이라는 주제를 학습하기로 되어 있다면 '피곤한 순이와 지하철'이라는 주제 하에 학교에서 여러 가지 일로 무척 피곤한 순이가 집에 가기 위해 지하철을 탔을 때, 자리 하나가 비어 그 자리에 앉았고, 얼마 있지 않아 나이 든 할머니께서 순이 앞에 섰을 경우에 대한 이야기를 들려주거나, 혹은 이와 관련된 애니메이션 자료를 보여줄 수 있다. 여기서 유의할 점은 순이의 결정(양보 혹은 모른· 체함)은 포함하지 않도록 하여 개방된 상황을 제시하도록 한다.

둘째, 역할 놀이 참가자 선정에서는 역할 놀이에 등장하는 인물들을 검토한 후, 가능하면 원하는 학생들을 즉석에서 신청을 받아 참가시키도록 한다. 수업 전에 미리 연습하여 시연하는 것은 역할극의 성격을 가지게 되므로, 창의적이고 즉흥적인 연기를 특징으로 하는 역할 놀이에는 덜 적합하다. 또한 처음부터 너무 똑똑한 학생 위주로 역할 놀이를 하도록 할 경우에는 첫 번째의 시연에서 벌써 답을 제시하는 경우가 많아 논의 거리를 제공하지 못할 수 있으므로, 다양한 학생들이 참가하도록 한다.

셋째, 무대 설치 단계에서는 역할 놀이에 필요한 장소에 알맞은 소품을 준비하는 단계이다. 그러나 가능하면 구체물들을 활용하는 것이 바람직하지만 교사가 수업 전에 미리 준비시켜야 하는 부담을 가질 수 있으므로, 간단히 등장인물들의 이름을 알 수 있는 이름표 정도 수준에서 준비하여 시행할 수도 있다. 예를 들어, 위에서 제시한 상황을 적용하면, '순이', '할머니', '승객 1', '승객 2'의 이름표를 손쉽게 제작하여 사용하도록 한다.

넷째, 참여적 관찰자로서의 청중의 준비 단계로서 역할 놀이에 참가하지 않는 학생들도 역할 놀이를 보면서 역할자들의 행동을 주의 깊게 관찰하여 그 행동의 이유나 의도를 파악하도록 한다. 교사가 관찰자들의 책임을 부여해 줄 수도 있다. 예를 들어, 1, 2 모둠은 순이의 행동을, 3, 4 모둠은 할머니의 행동을, 5, 6 모둠은 다른 승객들의 행동을 관찰하도록 한다. 이렇게 앉아 있는 학생들로 하여금 청중의 자세를 갖추도록 지도하는 동안, 역할 놀이 참가자들에게는 앞으로 어떻게 행동할 것인지 의논할 시간을 제공하도록 한다. 실제로 학생들을 앞에 불러 역할 놀이를 하도록 할 경우, 어떻게 행동해야 할지 몰라 머뭇거리거나 다른 학생의 행동을 이해하지 못하고 웃어넘기는 경우가 많으므로 참가자들에게 2~3분 정도 의논할 시간을 허용해 준다.

다섯째, 역할 놀이 시연의 단계에서는 참가자들이 준비한 역할 놀이를 시연하도록 한다. 많은 경우에 참가자들은 언어적 표현보다는 행동으로 자신의 의견을 표현하는 경우가 많다. 그럴 경우, 관찰자들이 연기자들의 의도를 알기 어려우며, 너무 빨리 시연이 끝나 버리는 경우가 생기므로 무언극이 되지 않도록 지도한다.

여섯째, 토론 및 평가의 단계로서 먼저 연기를 한 참가자들이 소감을 발표하도록 한다. 이때 왜 그러한 행동을 하였으며, 그렇게 행동하고 난 후의 소감을 발표시킨다. 다음으로 관찰자들의 소감을 듣는 순서로서, 앞에서 보여준 학생들의 행동에 대한 자신의 견해를 발표하도록 한다. 이때, 학생들이 비판적 시각으로 발표할 경우에는 대안 형태로 자신들의 아이디어를 발표하도록 유도한다.

일곱째, 재연의 단계로서, 일반적으로 역할 놀이 첫 시연의 단계에서는 많은 논의와 비판이 나올 수 있다. 이때 다른 의견을 발표한 학생들을 중심으로 똑같은 상황에서 어떻게 행동할지를 앞에 나와 재연하도록 한다. 재연을 한 후, 역시 토론의 기회를 제공해 주고 여전히 새롭고, 더 좋은 의견이 나왔을 경우에는 세 번째 시연을 할 수도 있다.

마지막으로 경험의 공유와 일반화 단계로서 시연과 재연을 통해 나타난 의견들을 정리하도록 한다. 특히 수업의 목표와 관련하여 서로 공감할 수 있는 도덕적 행동에 대해 발표하도록 한다. 특히 학생들이 역할 놀이를 통하여 새롭게 알게 된 점, 비슷한 자신의 경험 등을 자유스럽게 토론할 수 있도록 한다.

11. 가치 명료화 모형

1) 이론의 배경: 가치의 혼란과 명료화의 필요성

전통적으로 강한 기독교적 전통 위에 세워졌던 나라인 미국의 도덕교육은 엄격한 청교도적 금욕주의를 여러 가지 형태의 덕목으로 강조하는 것이었다. 왜 정직이 좋은 것인지, 왜 절제를 해야 하는 것인지를 따지고 묻기보다는 그러한 덕목을 훌륭하게 잘 실천했던 위대한 선인들의 모범을 따라 배우는 형태의 생활 속의 굳건한 실천이 도덕교육의 목표였다. 그러나 두 차례의 세계대전을 치르고 경제 호황과 공황의 시대를 겪으면서, 언제 어디서나 변함없이 가치로운 것으로 믿어 왔던 도덕적인 선함에 대한 신념이 흔들리기 시작했고, 1960년대의 베트남전을 정점으로 하여 절대적으로 올바른 것과 그렇지 않은 것 사이의 경계에 대한 사회적 신념이 크게 혼란을 겪게 되었다. 1968년의 파리학생운동에서 학생들이 기성세대의 모든 도덕과 이념과 가르침을 정면으로 거부하는 슬로건을 내걸었던 것은 이러한 가치관의 혼란이 미국 사회만의 것은 아니었음을 잘 보여주는 사례이다.

흑인과 백인 사이의 인종 갈등이 격화되면서 평등과 차별 중 어느 것이 진정으로 올바른 것인가를 자신 있게 말할 수 없게 되었고, 국가의 이익을 위해 부당하고 정의롭지 못한 전쟁에 끼어드는 모습을 보면서 애국심과 국민의 의무에 관한 신념이 흔들렸다. 대통령이 거짓말 때문에 임기를 채우지 못하고 물러나는 모습을 보면서 정직과 페어플레이에 관한 가르침이 힘을 잃게 되었으며, 히피즘과 페미니즘 등의 새로운 사조가 유행하면서 자유주의적인 열린 태도를 찬양하는 풍조가 지극히 당연한 것으로 받아들여졌다. 이러한 격변의 시대를 살았던 미국인들은 기성세대가 그들에게 보여주었던 모범과 그 속에 담겨진 가르침들을 곧이곧대로 받아들이기를 거부하게 되었고, 모든 가치와 교훈을 의심하고 자기 자신의 독자적 판단에 집착하는 모습을 보여주게 된 것이다.

제 2 차 세계대전이 끝나기 이전까지 미국을 비롯하여 기독교적 전통에 뿌리박은 서양의 전통적 육아법은, 아이를 '어린 어른'으로 취급하면서 지나치게 귀여워하지 말고 매와 처벌과 훈육을 아끼지 말라고 가르치는 엄격한 금욕주의에 기반한 것이었다. 1946년 스포크(Benjamin Spock) 박사의 『육아 전서(Baby and Child Care)』가 출판되면서 전쟁 때 잃어버린 사랑하는 사람들에 대한 그리움으로 베이비 붐을 폭발시켰던 부모들에게 선풍적인 인기를 모으게 되었다. 이제까지 성경 다음으로 역사상 베스트셀러 2위의 자리를 지키고 있는 이 책은 아이들을 마음껏 귀여워하고 아이들이 원할 때 원하는 것을 주는 것이 좋다라고 하는 자유방임적인 육아관을 주장하였다. 당시에 태어나서 스포크 육아법에 의해 길러진 아동들이 청소년기를 맞은 1960년대부터, 미국 사회는 제멋대로 행동하고 마약과 히피즘에 탐닉하며 국가와 질서를 부정하는 젊은 세대들에 시달리기 시작했고, 사람들은 그러한 세대들을 근심과 걱정을 담아 '스포크의 아이들'이라는 표현으로 불렀다. 미국의 도덕교육에서 가치교육의 방법론이 주류의 위치를 차지한 것은 스포크 박사의 육아법에 따라 길러진 자주적이고 자립심이 강한 세대들이 학교교육의 중심부에 놓여졌던 시대였던 것이다.

새로운 가치교육의 시각은 아이들을 '있는 그대로 인정하고 받아들이기'를 강조하는 것이었다. 기성세대가 선호하고 올바른 것이라고 믿어 왔던 가치와 행동을 후속 세대들에게 권장하고 강요하기보다는 후속 세대가 무엇을 원하고 무엇을 좋아하는지를 있는 그대로 인정하고 수용적인 태도로 받아 주자는 것이 가치교육의 기조를 이루고 있다. 가치 명료화 접근법 역시 이러한 기조를 충실히 견지하고 있으며, 근본적인 문제의식에 있어서는 각자 스스로 원하는 것이 가장 좋은 것이며 올바른 것이므로 존중해 주어야 한다라는 상대주의적 관용을 훌쩍 넘어서는 급진적 특성을 보여주는 것으로 볼 수 있다. 가치 명료화 접근에서는 개인들 각자가 "자기 자신이 진정으로 원하고 좋아하는 것이 정확히 무엇인지를 스스로가 잘 모르고 있다"라는 문제의식을 출발점으로 삼고 있기 때문이다.

가치 명료화를 비롯한 가치교육의 접근법들은 미국의 민주당 정권 하에서 전성기를 누렸지만, 1980년대 이후 미국 공화당의 집권과 더불어 덕목과 실천으로의 회귀를 강조하는 인격교육의 흐름이 득세하면서 상대적으로 격하되기도 했다. '힘있는 미국의 건설'을 내세웠던 레이건 정부는 이전의 카터 정권의 명분 위주의 국정 운영을 비판하면서 실리 위주의 정책들을 내세웠다. 아울러 교육의 성과를 평가함에 있어서도, 이것 저것 따지기 좋아하고 자기 권리 주장은 잘 하지만 정작 최종적인 결단을 제대로 내리지 못하며, 비도덕적인 잘못들을 저지르고서도 죄책감도 느끼지 않는 '버릇없는 미국인'을 길러낸 것이 가치교육의 과오라고 주장하였다. 가치 명료화 접근에서는 마약이나 매매춘의 비도덕성에 대해 생각해 보고 그런 문제에 대한 각자의 가치관을 명료하게 정립할 수 있는 기회를 제공할 수는 있지만 거기에서 끝이 난다. 그런 사회악들을 미워하고 거부하라고 권장하거나 주입하고 강요할 권리는 그 누구에게도 없다라고 하는 것이 가치교육의 기본적 관점이기 때문이다. 이러한 약점에 대한 반발로 1980년대에는 마약이나 매매춘과 같은 직관적으로도 당연히 비도덕적인 행위들의 유혹에 대해서는 '고민할 필요없이' 단호하게 싫다라고 거부하는 사람을 길러내야 한다는 사회운동 표어(Just Say No!)가 등장하기도 했던 것이다.

2) 가치 명료화 모형의 구조와 단계

래쓰와 하민(Raths, L. E. & Harmin, M.)은 1978년에 펴낸 『가치를 어떻게 가르칠 것인가-가치 명료화 이론과 교수 전략(Values and Teaching-Working with Values in the Classroom)』의 개정판에서, 1965년에 초판의 책을 쓴 동기가 불투명과 혼란 속에서 고뇌하고 있던 당시의 젊은이들에게 목표와 포부, 관심과 태도, 믿음과 실천을 명료화 할 수 있도록 학교가 도와줄 수 있는 방법을 모색하기 위해서였다라고 밝혔다. 가치교육의 대표적인 방법론인 가치 명료화를 학교 교실에서 수업 시간에 구현하기 위해 필요한 여러 가지의 전략과 기법들을 다양하게 제시하고 있는 이 책에서 저자들은 네 가지의 기본적인 원칙을 제시하고 있다.

첫째, 일상생활 속에서 겪는 가치 문제들에 초점을 두라는 것이다. 개인적 문제이든 사회적 문제이든 학생들의 생활과 동떨어진 철학 이론적인 가치 논쟁에 집중하기보다는 생활 속에서 고민하게 되는 가치들 간의 비교와 선택과 실천의 문제를 다루는 수업이 되어야 함을 강조하고 있다. 둘째, 무조건적인 수용의 태도를 강조하고 있다. 다른 사람의 입장이 어떤 것이든 간에 나와 일치하건 아니건 간에 상관없이, 상대방의 모든 것을 있는 그대로 다 받아들이겠다는 자세를 전하는 것이 중요하다는 것이다. 어떤 가치를 권장하거나 가르치려 들어서는 안 되며, 상대가 원하고 좋아하는 가치에 대한 그의 진솔한 입장을 열린 마음으로 들어보려는 자세가 가치에 관한 더 많은 사고를 이끌어 낼 수 있기 때문이다. 셋째, 그저 받아들이기만 하는 수준을 넘어서 상대방이 자신의 가치에 대해 더욱 심사숙고하도록 이끌어야 한다는 것이다. 좀 더 많은 사실에 관한 정보를 바탕으로 좀 더 많이 고민한 선택을 하도록 자극해야 하고, 스스로 결정하고 선택한 것이 정확히 무엇인지를 더 잘 알도록 자극해야 하며, 그 선택을 충분히 존중하고 생활 속의 행동으로 연결시킬 수 있도록 도와주는 것이 가치 명료화 접근의 일반적인 목표라는 점이 강조되고 있다. 넷째, 명료화하는 기술을 연습하는 것을 권장하면서 최종적으로는 사려 깊은 자기 결정에 따라 살아갈 수 있도록 자기 주도적 삶의 개인적 기능들을 증진시키라는 원칙이다.

가치(value)라는 말은 개인이 무엇인가를 소중하게 여기는 태도가 일관적으로 나타날 때에 사용될 수 있는 용어이다. 특정한 사물이나 관념에 대해 애착을 갖고 그것을 소중하게 여기며, 그러한 성향이 그의 행동과 삶에 커다란 영향을 끼칠 때에 그러한 선호를 '가치'라고 부르게 되는 것이다. 그런 의미에서 즉흥적이고 변덕스러운 선호와 취향은 가치에 포함될 수 없으며, 무조건적인 복종이나 순응도 가치가 될 수 없다. 자신의 내면과는 다른 가식이나 무관심과 방황도 물론 가치라고 부르기에는 모자란 점이 많다. 진정한 가치는 감정적인 선호에 더하여 지극히 이성적인 심사숙고가 더해졌을 때에 비로소 가능한 것이라 할 수 있다.

래쓰는 단순한 믿음, 태도, 취향과 구별되는 '가치가 갖추어야 할 일곱 가지 필수 조건들'을 언급한 바 있는데 정리하면 다음과 같다.

① 자유로이 선택한 것이어야 한다.
② 여러 대안들 중에서 선택한 것이어야 한다.
③ 각 대안의 결과를 신중하게 고려한 후에 선택한 것이어야 한다.
④ 존중하고 소중히 여기는 선택이어야 한다.
⑤ 선택한 것을 공언해야 한다.
⑥ 선택에 따라 행동해야 한다.
⑦ 일회적인 행동이 아니라 일관되게 반복되는 행동이어야 한다.

이러한 조건들을 만족시키는 가치화 과정을 통해 우리가 갖게 되는 가치들은 대개 "목적이나 목표, 포부, 태도, 관심, 감정, 믿음과 신념, 활동, 근심걱정과 문젯거리 및 장애"라는 여덟 가지 가치 징표라는 형태로 드러나게 된다. 문제는 가치 징표들이 여러 가지 형태로 혼란스럽기도 하고, 스스로 확인할 수 있는 자신의 가치들 사이에서도 충돌이나 서열의 문제가 제기되는 경우가 많기 때문에, 사람들이 자신이 진정으로 선택하고 따르고자 하는 가치가 정확히 무엇인지를 쉽게 알거나 확신하기 어렵다는 점에 있다.

앞에서 어떤 선호나 생각이 그 사람의 확고한 가치로 자리잡기 위해서는 일곱 가지의 조건들을 만족시켜야 한다고 했는데, 그 일곱 가지를 만족시키는 과정이 곧 '가치화 과정'이 되며, 가치 명료화 수업의 단계 역시 일곱 가지의 과정을 구현하는 것으로 구성된다. 수업 모형으로서의 가치 명료화 모형은 크게 나누면 "① 선택, ② 존중, ③ 행동"의 세 가지 활동으로 구성되어 있다. 그 각각의 활동은 또다시 몇 개씩의 세부 활동들로 나뉘는데, 일반적인 가치 명료화 교실 수업의 단계를 정리하자면 다음과 같은 네 가지의 단계로 정리된다.

도덕적 문제 사태를 제시하기

대안들 중에서 선택하기
(여러 대안들 중에서 자유롭게 심사숙고를 거쳐 신중하게 선택)

선택한 바를 존중하기
(선택을 소중히 하고 기뻐하며, 다른 사람들 앞에서 공언)

선택한 가치에 따라 행동하기
(가치에 따른 행동 실천과 그것의 반복 습관화)

3) 가치 명료화 모형에서 요구하는 교사의 기능

가치 명료화 수업 모형에서는 특정한 가치를 가르치거나 권장하지 않는다. 선택 가능한 다양한 가치들을 학생들이 자유롭게 – 그야말로 아무런 심리적 압력이나 선입견이 없이 자신이 진정으로 원하는 것이 무엇인가를 찾아나가는 자세로 – 선택할 수 있도록 도와줄 수 있을 뿐이다. 이러한 수업을 진행하기 위해서 교사는 몇 가지 전략을 구사할 수 있어야 하는데, 크게는 "대화 전략, 쓰기 전략, 토론 전략, 결과 인식의 확대 전략, 그 외의 다양한 전략들"[8]로 구분될 수 있다.

이 중에서도 특히 교사가 평소에 관심을 갖고 연습을 통해 숙달시켜 두어야 하는 것이 명료화 사고를 이끌어내고 촉진시켜 줄 수 있는 형식의 '명료화 반응(clarifying response)'으로 대표되는 대화 전략이다. 기본적으로 대화의 출발점은 학생으로부터 시작된다.

일상적인 대화	명료화 반응이 구사된 대화
학생: "주말에 야구장에 가서 프로야구 게임을 보기로 했어요." 교사: "멋진 계획이구나. 좋겠다." 학생: "네. 신나는 주말이에요."	학생: "주말에 야구장에 가서 프로야구 게임을 보기로 했어요." 교사: "야구 게임을 보는 것을 좋아하는 거니?" 학생: "보는 것도 좋지만 직접 하는 것이 더 좋아요." 교사: "보통 다른 주말에는 무얼 하면서 보냈는데?"

8) 래쓰와 하민은 5분 발언대나 지그재그 수업 등의 다양한 전략들을 19가지나 제시하고 있지만 대개는 기법의 수준으로 볼 수 있고, 교사가 특히 관심을 갖고 스스로를 훈련시켜야 하는 전략은 대화 전략이며, 쓰기 전략을 활용해 이를 보완하는 것이 필요하다.

학생으로 하여금 자신의 생활과 생각을 돌아보고, 그것에 대해 더 깊이 있게 생각을 해 보도록 자극하는 질문이나 대답을 요령 있게 던질 수 있도록 교사는 명료화 반응을 연습해야 한다. 그 반응 속에서 좋은 것과 옳은 것, 허용되는 것과 그렇지 않은 것에 대한 암시를 배제해야만 하며, 학생이 지속적으로 심도 있는 사고를 이어 나갈 수 있도록 자극하되 학생이 대답을 거부하거나 짜증을 내더라도 너그럽게 수용하려는 태도를 견지해야만 한다. 다음은 명료화 반응의 전형적인 예들을 몇 가지 모아 놓은 것이다.

그걸 자랑스럽게 생각하니? 그것이 너에게 아주 중요한 것이니? 넌 정말 그것에 대해 애착을 갖고 있니? 그것 때문에 기쁘니? 그것이 너를 부끄럽게 만들고 있니? 다른 대안들은 고려해 보았니? 언제부터 그런 느낌을 가졌었지? 정말 너 스스로 선택한 것이니? 그 선택에 따라 무언가를 실제로 하고 있니? 그 선택이 의미하는 바가 무엇이지? 그런 생각의 결과가 어떤 것일 거라고 보니? 네가 지금 말한 것은 이러이러한 의미니? (학생의 발언을 반복하거나 요약해서 재진술한다. 때로는 일부러 틀리게 요약해서 들려주는 것이 효과적이기도 하다.) 너 개인적으로 그것이 좋다는 건지 대부분의 다른 사람들도 그것을 좋아해야 한다고 생각하는 건지 말해 줄래? 그것이 옳다는 것을 어떻게 아는 거니? 등

언어적 상호작용을 통해 학생의 가치 사고를 정교화시키는 대화 전략은 가치 명료화 접근을 시도하는 교사들에게 있어 매우 중요한 도구가 된다. 그러나 이러한 대화 전략은 주로 일대일의 대면적 수업 상황에서 가장 효과적일 수 있다는 한계점을 갖고 있다. 쓰기 전략은 이러한 약점을 보완해 줄 수 있는 좋은 도구가 된다. 대표적인 것이 가치에 관한 토론을 자극할 수 있는 문제들을 담고 있는 '가치지'의 활용이다. 문제 상황을 제시하고 그에 관한 가치 사고를 촉진하는 구조화된 일련의 질문과 지시문들로 구성된 가치지는 개인적 가치 명료화 과정뿐만 아니라 집단적인 토론과 공동 사고를 이끌어내는 도구로도 잘 활용될 수 있다.

가치지는 질문에 대한 답변을 쓰면서 상호작용을 진행해 나가는 일반적 형태 외에도 열거하기, 순서 정하기, 짝짓기, 빈 칸 채우기, 은유 활용 쓰기 등의 다양한 형태로 만들어 활용할 수 있다. 열거하기(listing)는 "내가 이번 주 안으로 꼭 하고 싶은 일 20가지 써 보기"와 같은 형태로 많이 활용된다. 순서 정하기(ranking)는 선택한 몇 가지 대안들 중의 하나를 고르는 것이 아니라 그 대안들 사이의 서열을 분명히 하여 순위를 매길 것을 요구하는 방식이다. 짝짓기는 목표 가치와 그것을 위한 노력들을 서로 관련 있는 것끼리 묶어 보는 방식으로, 빈 칸 채우기는 "나는 ....를 배웠다, 나는 내가 ....했음을 알게 되었다. 나는 내가 ....한 것에 대해 기뻐했다" 등의 방식으로 활용될 수 있다.

최근에 가장 주목받고 있는 기법으로는 '은유 활용 쓰기'를 들 수 있다. 은유는 '알고는 있지만 말하기 어렵거나 생각하기 곤란한 것'을 '익히 알고 있고 말하기 쉬운 것'에 빗대어 진술할 수 있도록 해 주는 명료화 도구이다. "정직은 ☐ 이다"와 같은 형식의 문장을 한 단어로 채워 보도록 요구하는 방식으로 진행된다. 함축적으로 은유를 만들 것을 요구받을 때 학생들은 자신의 내면적 가치와 생각을 보다 편안하게 노출시킬 수 있게 되는 것이다.

12. 집단탐구 수업 모형[9)]

1) 이론적 배경 및 근거

집단탐구 수업 모형은 집단 과정과 탐구 과정이 결합된 모형이다. 텔렌(H. A. Thelen)과 리피트(R. Lippitt) 같은 학자들이 강조하고 있는 이 모형은 학생들로 하여금 집단 과정을 통해 그리고 탐구 활동을 하게 함으로써 다른 접근에서는 기대하기 어려운 교육적 성과를 거두고자 하는 데 주안점을 두는 모형이다. 이 집단탐구 수업 모형은 사회과와 과학과 같은 사실을 다루는 학습 활동을 염두에 두고 고안된 것이지만, 문제를 탐구하는 과정에서 가치에 대한 자각과 신념화, 도덕적 사고, 판단력과 실천력 등도 함께 육성할 수 있기 때문에 도덕과 교육에서도 유용하게 활용할 수 있다.

실제로 집단탐구에 의해 학습을 하면 배우는 내용을 보다 잘 이해하게 되고 바람직한 태도를 형성하는 데에도 유리한 것으로 알려져 있다. 또한, 집단 내에서 같은 목표를 향해 나아가는 과정에서 논의하고 해결을 추구하는 가운데 아이디어들을 명료화하고 가치를 내면화하며 사회적 상호작용에 필요한 기능들을 보다 능률적으로 습득하는 효과를 거둘 수 있게 된다.

9) 이 수업 모형에 대한 기술은 2015년 개정 『도덕3 교사용 지도서』(교육부, 2018)의 내용을 바탕으로 한 것이다.

2) 수업 모형의 단계 및 설명

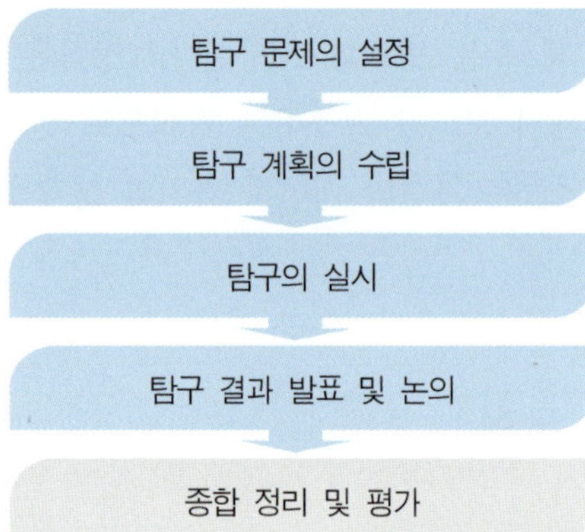

첫째, 탐구 문제의 설정 단계이다. 예컨대, 질서 있는 생활에 관한 수업을 하고자 하면 읽기 자료나 사진, 시청각 자료 등을 통해 그것과 관련된 상황을 부각시키는 것이다. 이 문제 설정은 이후에 전개될 집단 탐구의 과제가 되기 때문에 그 수업을 통해 학습되어야 할 내용과 관련하여 주의 깊게 선택되어져야 한다.

둘째, 탐구 계획의 수립 단계이다. 문제가 파악되면 이어서 탐구를 위한 집단을 조직하고 탐구 문제를 세분화한 후 어떻게 접근하여 결과를 산출하며 또 그 산출된 결과를 어떻게 보고할 것인지 등에 관해 계획을 세운다.

셋째, 탐구의 실시 단계이다. 이 탐구 활동의 기간은 과제의 성격과 계획 여부에 따라 단시간에서 보다 긴 시간까지 다양하게 모색될 수 있다. 중요한 것은 탐구 활동을 하는 중에 교사의 세심한 관심과 지도가 필요하다는 점이다. 종종 집단 탐구라 함은 모든 것을 학생들에게 맡겨 놓는 것이라고 생각하는데 이것은 잘못된 생각으로, 교사는 탐구 활동이 제대로 추진되는지 살펴보면서 잘못된 방향은 잡아 주고 어려움이 있을 경우 격려와 자문 그리고 지원 등을 해 주어야 한다.

넷째, 탐구 결과 발표 및 논의단계이다. 이 과정은 경험의 정련화와 공유 및 일반화를 이루어 내기 위해 반드시 거쳐야 한다. 각 집단은 그들이 탐구한 것을 요약, 정리하고 해석하여 결론을 내리고 그 근거와 이유를 밝히면서 발표한다. 이 과정에서 각 집단이 탐구한 결과와 얻어진 경험들을 서로 논의하고 교류함으로써 세련화, 내면화될 수 있으며 나아가 최초에 설정한 학습 문제를 중심으로 종합하게 되는 것이다.

다섯째, 종합 정리 및 평가 단계이다. 탐구 결과를 다양한 방식으로 발표하고 종합화된 결과를 게시한다. 또한 지금까지의 탐구 활동과 그 결과에 대한 평가도 해 본다. 여러 가지 측면에 대한 반성과 검토를 통해 더욱 나은 탐구를 하는 데 필요한 능력과 자질을 기를 수 있도록 하는 것이다.

제3절 에듀테인먼트와 ICT를 활용한 수업

1. 교육정보화 패러다임과 수업 개선

교육정보화는 단순한 교육공학적인 매체의 발전이라는 차원을 훌쩍 넘어서, 교육체계 전반의 패러다임 전환이라는 말이 사용될 정도로 커다란 변화를 포괄하고 있다. 이러한 표현이 성립 가능한 이유는 교육의 목적, 내용, 주체, 방법이라는 주요 측면들 모두에서 커다란 발상의 전환이 동시적으로 이루어지고 있기 때문이다.

교육환경의 변화와 새로운 수업

- 교육정보화의 패러다임 전환! (Paradigm Shift)
- 교육의 총체적 변화 요구

교육의 목적	전인적 인격인 양성	전문적 기능인 양성
교육의 내용	지덕체 교양교육 중심	실용적 직업 교육 중심
교육의 주체	교사 주도의 교권 강조	수요자 중심 학습권강조
교육의 방법	전통적 지식의 전수	새로운 탐구와 체득

전인적 인격자를 길러내고자 하는 목적이 전문지식과 기능을 갖춘 인적 … 육의 …고 있다.
로 전환되고 있다. 이전의 세대가 이룩하고 합의한 가치로운 … 으로 무게중심
내용으로서의 '지식'에 대한 개념적 이해 자체도 구성주의 … 요구받고 있고 여
교육 활동을 주도하는 주체도 교권 중심의 시각 … 사람들은 교육의 기본 요
이 이동되고 있는 실정이다. 물론 교수 … 동시다발적으로 진행되고 있다
러 가지 새로운 시도들이 진행 …

교육의 패러다임 대 …
소인 목적, 내용, 주체 …

고 말한다. 이러한 목적의 변화, 내용의 다양화, 주체의 이동이 과연 바람직한 것인가를 묻는 것은 중요한 일이지만 커다란 의미는 없을 것이다. 우리가 어찌해 볼 수 없는 거대한 흐름이기 때문이다. 이미 제7차 교육과정의 이념은 이러한 패러다임 전환을 앞장서서 받아들인 바 있으며, 지나치게 앞서 나간 것이 아니냐라거나 준비 없는 성급한 방향 제시일 뿐이었다라는 비판을 받기도 했다. 그러나 그 변화의 거시적 방향이 올바른 것이었음에는 커다란 논란이 없었으며, 새로운 수정 교육과정의 방향 역시 이러한 거시적 흐름을 거스르지 않고 있는 실정이다.

지식정보사회에서 교육의 지위가 서비스 개념으로 변화되었다고 하지만, 교육의 가치와 필요성에 대한 요구는 그 어느 때보다 높아지고 있다. 그럼에도 불구하고 학년이 올라갈수록 학교교육의 성과에 대한 의구심과 회의가 더 높아지기만 하는 등, 교실 수업의 성과에 대한 부정적 인식과 문제의식이 대두되고 있기도 하다. 학원과 과외, 인터넷을 통한 사이버 학습 등의 다양한 경쟁자들과 겨루기에는 학교에서 이루어지는 교실 수업이 여러모로 역부족이 아닌가라는 평가들이 교육계 내외의 여러 방면에서 제기되고 있는 실정이다.

전인적 인격을 강조하기보다는 실용성을 갖춘 전문적인 지식과 기능을 강조하는 것이 새로운 교육 패러다임이라고는 하지만, '도덕교육의 중요성'에 대한 사회적 인식과 기대는 오히려 더 커져가고 있는 이율배반적 상황이 벌어지고 있다. 비록 교과목으로서의 도덕과 시수 등에 관해서는 여러 가지 서로 다른 이야기들이 제기되고 있지만, 전반적인 교육의 흐름이 실용적인 방향을 추구함에 따라 인간관계의 비인격화를 우려하는 목소리가 높아지게 되고, 그러한 우려는 도덕교육에 대한 강조와 관심으로 이어지고 있는 것이다. 위기가 곧 기회라는 매우 민감하고도 중요한 시점에 놓여 있는 도덕과 교육은 이러한 패러다임 대전환의 여러 가지 양상에 적합한 자기 자신의 환골탈태를 통한 [illegible]과 진화라는 절실한 필요를 느끼고 있다. 과연 어떤 방향으로 도덕과 교육이 스스[illegible] 변[illegible]시키는 혁신을 꾀할 수 있을 것인가의 문제는 교육의 목적, 내용, 주체 및 방[illegible] 그리[illegible] 상세히 분석해 보아야 하겠지만, 여기에서는 교사 자신의 노력으로 쉽게 [illegible] 수 있는 '교수-학습 방법 측면에서의 변화'에 국한하여 생각하기로 한다.

교사가 [illegible] 서, 교사가 [illegible] 권위에 대한 도전이 일반화되어 버린 지금의 현실에 [illegible] 존재 근거를 주[illegible] 주장하기 어렵다 할지라도 전문직으로서 자신의 [illegible] 외의 또 다른 논거가 필요하다. 앞으로의

고 말한다. 이러한 목적의 변화, 내용의 다양화, 주체의 이동이 과연 바람직한 것인가를 묻는 것은 중요한 일이지만 커다란 의미는 없을 것이다. 우리가 어찌해 볼 수 없는 거대한 흐름이기 때문이다. 이미 제7차 교육과정의 이념은 이러한 패러다임 전환을 앞장서서 받아들인 바 있으며, 지나치게 앞서 나간 것이 아니냐라거나 준비 없는 성급한 방향 제시일 뿐이었다라는 비판을 받기도 했다. 그러나 그 변화의 거시적 방향이 올바른 것이었음에는 커다란 논란이 없었으며, 새로운 수정 교육과정의 방향 역시 이러한 거시적 흐름을 거스르지 않고 있는 실정이다.

지식정보사회에서 교육의 지위가 서비스 개념으로 변화되었다고 하지만, 교육의 가치와 필요성에 대한 요구는 그 어느 때보다 높아지고 있다. 그럼에도 불구하고 학년이 올라갈수록 학교교육의 성과에 대한 의구심과 회의가 더 높아지기만 하는 등, 교실 수업의 성과에 대한 부정적 인식과 문제의식이 대두되고 있기도 하다. 학원과 과외, 인터넷을 통한 사이버 학습 등의 다양한 경쟁자들과 겨루기에는 학교에서 이루어지는 교실 수업이 여러모로 역부족이 아닌가라는 평가들이 교육계 내외의 여러 방면에서 제기되고 있는 실정이다.

전인적 인격을 강조하기보다는 실용성을 갖춘 전문적인 지식과 기능을 강조하는 것이 새로운 교육 패러다임이라고는 하지만, '도덕교육의 중요성'에 대한 사회적 인식과 기대는 오히려 더 커져가고 있는 이율배반적 상황이 벌어지고 있다. 비록 교과목으로서의 도덕과 시수 등에 관해서는 여러 가지 서로 다른 이야기들이 제기되고 있지만, 전반적인 교육의 흐름이 실용적인 방향을 추구함에 따라 인간관계의 비인격화를 우려하는 목소리가 높아지게 되고, 그러한 우려는 도덕교육에 대한 강조와 관심으로 이어지고 있는 것이다. 위기가 곧 기회라는 매우 민감하고도 중요한 시점에 놓여 있는 도덕과 교육은 이러한 패러다임 대전환의 여러 가지 양상에 적합한 자기 자신의 환골탈태를 통한 적응과 진화라는 절실한 필요를 느끼고 있다. 과연 어떤 방향으로 도덕과 교육이 스스로를 변화시키는 혁신을 꾀할 수 있을 것인가의 문제는 교육의 목적, 내용, 주체 및 방법의 측면별로 상세히 분석해 보아야 하겠지만, 여기에서는 교사 자신의 노력으로 쉽게 그리고 크게 달라질 수 있는 '교수-학습 방법 측면에서의 변화'에 국한하여 생각하기로 한다.

교사가 가진 지식의 전문성과 권위에 대한 도전이 일반화되어 버린 지금의 현실에서, 교사가 성직 내지는 천직까지는 주장하기 어렵다 할지라도 전문직으로서 자신의 존재 근거를 주장하기 위해서는 지적 권위 외의 또 다른 논거가 필요하다. 앞으로의

러 가지 측면에 대한 반성과 검토를 통해 더욱 나은 탐구를 하는 데 필요한 능력과 자질을 기를 수 있도록 하는 것이다.

제3절 에듀테인먼트와 ICT를 활용한 수업

1. 교육정보화 패러다임과 수업 개선

교육정보화는 단순한 교육공학적인 매체의 발전이라는 차원을 훌쩍 넘어서, 교육체계 전반의 패러다임 전환이라는 말이 사용될 정도로 커다란 변화를 포괄하고 있다. 이러한 표현이 성립 가능한 이유는 교육의 목적, 내용, 주체, 방법이라는 주요 측면들 모두에서 커다란 발상의 전환이 동시적으로 이루어지고 있기 때문이다.

교육환경의 변화와 새로운 수업

- 교육정보화의 패러다임 전환! (Paradigm Shift)
- 교육의 총체적 변화 요구

교육의 목적	전인적 인격인 양성	전문적 기능인 양성
교육의 내용	지덕체 교양교육 중심	실용적 직업 교육 중심
교육의 주체	교사 주도의 교권 강조	수요자 중심 학습권강조
교육의 방법	전통적 지식의 전수	새로운 탐구와 체득

전인적 인격자를 길러내고자 하는 목적이 전문지식과 기능을 갖춘 인적 자원의 육성으로 전환되고 있다. 이전의 세대가 이룩하고 합의한 가치로운 지식의 총체라는 교육의 내용으로서의 '지식'에 대한 개념적 이해 자체도 구성주의적 관점에 따라 변화되고 있다. 교육 활동을 주도하는 주체도 교권 중심의 시각에서 학습권 중심의 방향으로 무게중심이 이동되고 있는 실정이다. 물론 교수-학습의 방법도 커다란 변화를 요구받고 있고 여러 가지 새로운 시도들이 진행되고 있다.

교육의 패러다임 대전환이라고까지 거창한 용어를 사용하는 사람들은 교육의 기본 요소인 목적, 내용, 주체, 방법 모든 면에서 극적인 변화가 동시다발적으로 진행되고 있다교육정보화 패러다임 하에서의 교사의 존재 근거는 '수업 설계와 진행의 전문가'라는 점에서 찾을 수 있다. 학습 주제의 특성과 학생의 상황 요소들을 종합적으로 고려하여 어떤 수업 모형을 적용할 것인가를 주체적으로 '판단하여 결정'하고, 선택된 수업 모형의 절차에 입각하여 자신만의 구체적 수업과정을 미리 '설계하고 준비'한 후, 실제 수업 장면에서 유연하고 능숙한 대응과 시연을 보여줄 수 있는 '수업 전문가'로서의 교사상을 강조하고자 하는 것이다. 소지하고 있는 지식의 권위에 근거한 '전수하는 교사'보다는 지식을 찾고 익히는 방법과 절차를 도와주는 '안내자로서의 교사'라는 이미지는 7차 교육과정의 아이디어와도 일맥상통하는 바가 있다.

가장 큰 주장의 골자는 "정보사회를 살아가는 아이들의 변화된 특성에 맞는, 가능하다면 그 변화를 이용하는 수업방법을 찾아서 수업 설계 단계부터 적용해 보자!"라는 것이다. 정보사회에서 태어나 성장하고 있는 아이들은 이전의 어른 세대들과는 전혀 다른 사고방식의 특성들을 보인다고 한다. 포스트모던 이론가들은 본격적인 정보사회 아이들 세대의 세계관과 사고방식, 가치관의 차이를 여러 측면에서 분석하였는데, 이를 여섯 가지로 요약하여 정리해 보았다.

정보사회의 아이들

Don Tapscott, 1999
(N-generation: Growing up Digital)

· 이성적	→	· 감성적
· 논리성, 일관성		· 즉흥성, 단편성
· 설명과 이해		· 감동과 공감
· 일원론, 독재적 권위		· 다원론, 분산적 독립
· 거대담론		· 생활 주변의 작은 것
· 수동적 지식 전수		· 능동적 탐구

'통일의 당위성'이라는 주제를 가지고 도덕과 수업을 진행한다고 가정해 보자. 아이들로부터 통일의 당위성을 논리적 설득을 통해 이끌어 낼 수 있을까? "분단의 배경과 과정－분단의 심화－분단으로 인한 손해－통일을 위한 노력과 통일 정책－우리의 과제" 이런 식으로 논리적이고 일관성을 갖춘 수업 설계는 아이들에게 따분하고 지루하며, 그들의 현실적 삶과 미시적 관심사에 전혀 들어맞지 않는 "남들의 이야기"일 뿐이다. 평화나 민족이나 통일과 같은 거대 담론이 힘을 발휘하는 것은 어른 세대들에게만 국한된다. 미시적 관심사에만 치중하는 특성을 갖는 세대들은 정치학을 공부해도 '성의 정치학'이나 '가정 내의 권력관계'와 같은 미시적 문제들을 파고들 뿐, '권력 구조'나 '통치 이념'과 같은 주제들에 대해서는 열광하지 않는다.

국가나 교사에 의해 미리 정해진 수업 목표가 명시적으로 제시되고, 그 목표를 달성하

새로운 교수기법에 관한 기존 제안들
- 학제적이며 통합적인 접근이 되어야-

1. 협동학습의 응용
2. MAI(Movie Assisted Instruction)
3. 내러티브
4. NIE
5. 체험학습
6. 마인드 맵
7. 집단 포트폴리오
8. 놀이학습
9. 브레인스토밍

기 위해 교과서의 주장과 논리를 이해하고 분석하는 방식의 수업으로는 만족할 만한 성과를 기대할 수 없다. 아이들이 달라졌다면, 그 달라진 특성에 맞는 방법을, 가능하다면 달라진 특성을 역으로 이용하는 방법을 찾을 수 있도록 노력해야 할 것이다. 또한, 재미와 감동만을 추구하고, 이해하고 설득당하는 것을 싫어하는 아이들에게는 수업 목표를 숨겨 놓고서 우회적으로 접근을 하면서 아이들 스스로가 납득할 만한 결론을 찾아내게끔 이끄는 수업 설계가 필요하다.

감성적이고 단편적이고 즉흥적인 특성을 보이면서, 미시적 관심사에는 적극적 탐구 의욕을 보이는 아이들은 교사에 의해 제시되는 권위 있고 논리적이며 일관성 있는 이야기를 쉽게 받아들이지 않으려 한다. 특별히 논리적으로 반박해야만 할 필요성은 느끼지 못하지만 왠지 그냥 수긍하기에는 자존심이 상하는 것처럼 느끼는 것이 이들의 스타일이다. 무조건 아이들의 변화를 교사가 따라가고 비위를 맞추어 주는 것이 능사는 아닐 것이지만, 비교육적인 무리 없이도 교육적 목적 달성이 가능한 경우라면 이러한 변화된 특성을 역으로 이용할 수 있는 수업 방법을 찾는 것이 최선의 길일 것이다.

이러한 아이들 세대의 변화에 걸맞은 새로운 수업의 모형 및 기법으로서 기존에 제안된 내용들을 다음의 아홉 가지로 정리해 보았다. 협동학습 모형은 능동적 탐구를 선호하는 아이들의 특성에 맞는 방법일 것이다. 영화를 교재로 삼아 진행하는 영화보조학습도 텍스트보다 영상을 선호하는 특성을 이용할 수 있는 좋은 방법이 될 수 있다. 내러티브 모형은 논리적이고 구조적인 사고보다는 느슨한 사고의 흐름을 따라 속마음을 터놓고 진실한 상호작용을 시작하는 아이들의 감성적 특성에 맞는 방법일 수 있다. 신문활용교육은 실생활과 밀접한 미시적 관심사에만 몰두하는 아이들의 특성과 잘 어울리는 방법임에 틀림없다. 제안된 대부분의 새로운 수업 기법들의 핵심 아이디어들은 새롭게 변화된 아이들의 특성을 잘 반영한 대응책들이라 하겠다.

그 중에서도 '놀이를 통한 학습'이라는 아이디어는 '에듀테인먼트'라는 개념으로 보다 정교화되어 연구되기 시작한 새로운 연구 분야의 하나이다. 그동안의 에듀테인먼트 관련 연구는 교육학을 비롯한 학계에서보다는 컴퓨터 게임업계와 출판계에서 더욱 적극적으로 추진되어 왔고, 일정 정도의 성취를 이룬 상태이기도 하다. 이제 보다 전향적인 자세로 열린 상상력에 입각하여 에듀테인먼트 개념을 학교 수업에 적극적으로 받아들여야 할 때가 왔다고 하겠다.

2. 에듀테인먼트 수업 설계

에듀테인먼트 개념의 요체는 "놀고 즐기는 가운데 학습활동이 이루어져서 본래의 수업 목표를 달성할 수 있다"라는 것에 있다. 아이들이 좋아하는 방법이라고 해서 무조건적으로 그것이 옳고 꼭 따라야만 하는 대세라고 주장할 수는 없을 것이다. 적어도 진정한 의미에서의 교육은 인기영합적이거나 유행을 타는 것일 수는 없기 때문이다. 또한 모든 교과, 모든 단원, 모든 주제들이 에듀테인먼트에 적합한 것도 아니다. 오히려 즐거움을 추구하는 활동들이 수업 목표 달성에 방해가 될 수 있는 과목의 특성과 과제의 성격들도 분명히 존재한다.

그러나, 도덕과를 비롯한 모든 교과목들이 어느 정도는 도덕교육의 한 분과로서의 성격을 갖고 있다고 볼 수 있다. 아이들에게 지식과 분석적 사고력을 길러 주는 것 외에도 정서적 공감과 실천을 위한 강인한 동기, 의지력을 길러 주고 최대한 실천으로까지 연결되도록 하는 것이 우리 학교교육의 목표라는 점은 분명할 것이다. 이런 특성을 갖고 있는 학교교육의 수업 목표들에는 지식의 암기와 이해 외에도 정서적 공감과 실천 경험 등이 많이 포함된다. 특히 정의적이고 규범적인 내용을 주된 교과 목표로 다루는 도덕과 수업에서는 '논리적 분석' 외에도 '직관적 통찰'과 '정서적 공감'을 잘 활용한 수업을 설계하는 것이 필요하다.

학생들이 문자 텍스트 기반의 정형화되고 논리적인 지식 체계를 잘 받아들이지 않으려 하고, 느낌이 통하는 메시지는 직관적으로 쉽게 수용하는 태도를 보인다면, 우리가 수업을 설계하는 단계에서부터, 적용이 가능한 경우라면 항상 에듀테인먼트를 적용하는 선택지를 우선적으로 고려해 보자고 주장하고자 한다. 수업 과정 속에 즐겁고 재미나는 활동의 요소들을 대폭 도입하여 학생들의 흥미와 동기 유발에 성공했다면, "이미 절반은 이루어진 것이나 다름없지 않은가?"라고 생각하기 때문이다.

에듀테인먼트(Edutainment)라는 개념은 교육(Education)이라는 목적과 오락적 즐거움(Entertainment)이라는 수단이 결합된 신조어이다. 한국의 경우는 교육계보다 컴퓨터 게임 업계에서 더 큰 관심과 투자를 쏟아부었던 분야이기도 하다. 우리 교육계에서는 에듀넷(Edunet)과 한국교육학술정보원(KERIS)가 추진했던 멀티미디어와 에듀테인먼트 학습자료 개발 프로젝트 등의 사례를 찾아볼 수 있을 뿐이다. 그러나 컴퓨터 게임 산업과 교육용 완구 산업의 분야에서는 이미 오래 전부터 에듀테인먼트 개념에 주목하고 있었다. '교육용'이라는 타이틀 하나가 붙기만 하면 판매량이 수십 배씩 차이가 나는 시장의 특성에 따라, 이들 분야에서는 단순한 놀잇감이나 오락용 게임이 아니라 교육적 효과를 의도한 제품임을 강조하는 일이 매우 중요했던 것이다. 한국의 게임산업계는 이미 국제 수준을 따라잡고 오란디프(Orandif)와 같은 회사들에서는 '하데스의 진자'와 같은 세계 최정상급의 논리학습 게임 소프트웨어들을 만들어 낸 바 있다.

'하데스의 진자'는 서울대의 한 연구소에서 벤처창업 아이템으로 개발했던 게임이다. 기본적으로 논리학을 배우는 교육용 게임이다. 대학 교양과정의 논리학 개론에서는 논리학 기본 규칙들을 이해하고, 규칙들을 실제 판단 문제에 적용해 보는 연습을 주된 내용으로 삼는데, 무척 난해한 과목이어서 학생들이 필요성을 인정하면서도 기피하는 과목으로 꼽히고 있다. 그런데, 하데스의 진자 어드벤처 게임을 한 달 정도 즐기면서 각 스테이지를 클리어하면, 이처럼 어려운 논리학 기본 규칙들을 초·중등학생들이 술술 외우고 연습 문제도 거침없이 맞힐 수 있는 실력을 보유하게 되는 것이다. 오란디프사의 사명은 or + and + if 라는 논리학의 접속사들을 붙여 쓴 것이다. 게임의 줄거리를 따라 새로운 모험을 경험하고, 적을 쓰러뜨리고, 수수께끼를 풀어가면서 자신도 모르는 사이에 논리학의 기본 규칙을 익히고 외우며 응용력까지 갖추게 된다는 것이 이 게임의 묘미이다.

일반적인 유형의 교실 수업에 비해 볼 때, 게임을 통한 즐거운 놀이 학습이 갖는 강점은 세 가지 측면으로 정리할 수 있다. 감성에 호소하며 정서적 자극을 통해 흥미를 불러일으킬 수 있기 때문에, 어려운 내용을 쉽게 배울 수 있다. 공감각적인 자극과 반복적인 도전 과제를 통해 한번 익힌 지식과 기능이 오래도록 유지될 수 있다. 학습 목표를 뒤늦게 제시하는 우회적 접근을 통해 깨닫게 된 교훈은 '아하! 효과'에 힘입어 쉽게 행동을 위한 의지로 전환될 수 있다. "쉽게 익혀지고, 오래 기억되며, 깊이 있게 내면화된다"라는 이러한 장점을 가진 에듀테인먼트를 도덕과 교실 수업에 적용하는 것이 가능하다면 하지 않을 이유가 없다. 심리학자 치첸미할리(Cskiszenmihalyi, 1990)는 몰입을 강조하는 플로우(flow) 이론을 주장하면서, 즐거움과 행복함을 느끼는 몰입 상태에서 멀티미디어적 상호작용을 하게 되면 내재적 흥미, 호기심, 몰입, 제어감의 네 가지 차원에서 대단한 집중력과 성취를 보여주게 된다고 설명하였다. 에듀테인먼트를 통한 학습의 상호작용 과정에서 학생들은 내재적 흥미를 지속적으로 유지하면서 엄청난 집중력을 발휘하여 오래 남는 성과를 성취할 것이라고 교육공학자들은 단언하고 있기도 하다(백영균, 2005: 98).

실제 교실 수업에서 사용되고 있는 에듀테인먼트의 종류와 숫자는 매우 다양하다. 에듀테인먼트라고 해서 거창한 교육용 게임 소프트웨어만 있는 것은 아니다. '끝말잇기'나 '태정태세문단세 노래'와 같은 것도 훌륭한 에듀테인먼트 활동이다. 에듀테인먼트적 요소를 도입한 수업을 설계하기 위해서는 일단 기발하고 재미있는 아이디어를 찾아내는 창의력이 중요한 것은 분명하다. 그러나 창의력보다 더 중요한 것은 발상의 전환을 통해 새로운 유형의 수업을 과감하게 시도해 볼 수 있는 '상상력의 확대'이며 적극적인 도전의 자세이다. 처음부터 에듀테인먼트 개념에 입각해서 수업의 전 과정을 에듀테인먼트적 수업 설계로 구상하는 것은 쉽지 않은 일이다. 일단 반짝이는 아이디어가 없지 않은가 말이다. 출발은 작은 것에서부터임을 명심해야 하겠다. 기존의 수업 모형을 유지하면서 수업단계 중에 하나씩 재미있는 에듀테인먼트적 요소들을 집어넣는 것부터 시작해 보자. 일단 질문을 던지고 답변자를 선정하는 방법에서부터 주사위를 던져 보기만 해도 훨씬 더 흥미로운 수업 진행이 가능할 것이다.

통일교육의 사례를 가지고 이 문제를 고찰해 보자. 죄수의 딜레마를 응용한 '협동의 딜레마 게임'이라는 활동을 통해 남북한 간의 민족 공동 번영을 추구하기 위한 상호 신뢰의 중요성을 가르치는 수업 사례가 개발된 바 있다(임상수, 2001). 북한에 대한 이해를 정치제도보다는 사회문화적 측면에서부터 접근할 것을 주장하면서, 여러 가지 흥미로운 게임과 활동을 통해 북한에 대한 친숙감과 이해를 높여 가는 방법을 제시한 사례도 있다(오기성, 2002). 북한 사회에 대한 골든벨 게임이나 크로스워드 퍼즐 풀기, 문화이해지 풀기 등의 다양한 방법들이 제안되어 있으며, 이미 학교 현장에서도 널리 활용되고 있는 실정이다.

보다 전향적으로 생각하면 기존의 틀을 깬 새로운 도덕교육 수업을 설계할 수 있는 여지들이 많이 있다. 캐릭터 그리기 활동과 같은 미술 활동이나 운동장에서의 2인 3각 달리기와 같은 체육 활동 등을 도덕과의 수업 내용으로 끌어들일 수도 있다. 문제는 우리의 상상력과 도전의욕의 부족인 것이다. 필요성은 이해하지만 해보고 싶어도 생각나는 바가 없다고 하면서 반짝이는 수업 아이디어의 부재를 호소하는 교사들이 많이 있다. 기본적으로 사회적 기능

기존의 각 교과 수업 모형에
Edutainment 요소를 도입

- 즐거운 놀이적 요소를 결합시켜, 흥미와 적극적 참여 확보
- Ex) 북한 사회/문화 골든벨 게임, 십자퍼즐 맞추기, 북한인물 캐릭터 그리기 등…

심성수련, 상담기법, 심리치료(미술, 놀이) 등에서 사용되는 인간관계기능과 상호작용에 관한 게임들을 원용하면, 도덕/통일교육 수업에 효과적으로 접목시킬 수 있다.

의 훈련이나 인간관계 경험 내지는 상호작용 게임을 주로 다루는 '심성수련활동'이나 미술치료, 놀이치료를 포함하는 다양한 심리치료 기법들에서 사용하고 있는 아이디어들은 곧바로 도덕과 수업을 위한 매우 유용한 아이디어 뱅크가 될 수 있음에 주목하자.

3. ICT 활용 수업

모든 교실에 인터넷의 활용이 가능해짐에 따라 '웹기반 교수 기법(WBI or WBT)'에 대한 관심이 높아지고 있다. 웹은 분명 무한한 정보의 보고이며, 생생한 상호작용을 가능하게 하는 교육적 장이다. 실제 교실에서 특히 도덕이나 사회과와 같은 교과의 목표 달성을 위해 활용될 수 있는 웹의 가치는 매우 크다. 미국의 교사 단체인 '사회적 책임을 생각하는 교사 모임'(ESR; Educators for Social Responsibility)의 로라 파커(Laura Parker L.)는 교실에서 가능한 웹 수업의 기법을 12가지로 제시하고 있다(Parker, L, R; 홍명희 역, 1999).

〈교실에서 활용 가능한 웹 수업 모형 12가지〉

① 이메일 친구를 활용하는 수업	② 웹 도우미 수업
③ 웹 자원을 이용하는 수업	④ 웹 협동 수업
⑤ 웹 설문조사 수업	⑥ 공동의 도전 과제 수업
⑦ 사회적 활동 수업	⑧ 지역사회 연계 활동 수업
⑨ 시뮬레이션 수업	⑩ 웹 출판 수업
⑪ 멀티미디어 제작 수업	⑫ 학생 중심 프로젝트 수업

각 기법들은 수업 주제와 탐구 대상의 성격에 따라 적절하게 선택될 수 있도록, 제각기 다른 특성들을 가지고 있다.

첫 번째, 이메일 친구를 활용하는 수업이란 탐구 과정에서 조언을 해주거나 관련되는 의견 제시를 해줄 수 있는 펜팔을 만들어, 그와의 활발한 상호작용을 통해 유의미한 지식을 구성하는 방법이다. 여기에서 중요한 것은 상대방을 잘 선정해야 하며, 그와의 대화가 무의미한 비구조적 대화로 그치지 않도록 사전 계획을 구성해야 한다는 점이다. 관심있는 탐구 대상 분야의 전문가나 다른 지역의 선후배 학생들과 활발한 의견교환을 통해 문제에 대한 이해를 깊게 하고 의미 있는 정보들을 수집하는 계기를 마련할 수 있다.

두 번째 웹도우미는 이메일 펜팔의 경우보다 더 구조화된 방식으로 관련 전문가들의 의견을 확보하여 수업 과정에서 활용하는 방식이다. 이 방식의 성패는 무척이나 바쁜 관련 전문가들과의 연락 채널을 확보하는 일과, 학생들의 질문과 원하는 도움의 범위를 사전에 명확히 해두고 도우미에게도 이것을 미리 알려주는 데에 달려 있다.

세 번째 웹 자원을 활용하는 방식은 검색엔진, 인터넷 백과사전, 클리어링 하우스 등의 참고자료의 보고들을 적극적으로 도입하는 것이다. 여기에서는 최신의 정보 갱신과 확보한 정보들의 가치 경중과 진위 판단 능력을 갖는 것이 매우 중요하다. 한국의 경우 학교교육과 관련된 인터넷 컨텐츠들이 매우 빠른 속도로 확충되고 있음을 생각할 때, 웹자원 활용의 방식은 우리 학교 현장의 수업에서 가장 손쉽게 도입될 수 있는 모델이라 생각된다.

네 번째의 웹 협동 수업은 멀리 떨어져 있는 파트너와 웹을 통해 공동의 프로젝트 수행을 위해 역할 분담을 하고 협동 작업을 진행하는 것을 말한다. 특히 실제 접근이 불가능하거나 멀리 떨어진 지역의 파트너와 공동체적 유대감을 형성하는 경험은 매우 유의미한 교육적 체험이 될 수 있다. 한국의 고교생과 연변 자치구의 조선족 고교생들이 하나의 웹사이트를 이용하여 공동 관심사에 대한 탐구조사를 함께 진행해 나가는 경우를 생각하면 되겠다. 에듀넷의 교사 채널에 마련된 '웹 프로젝트 학습방' 메뉴는 무료로 학습용 웹사이트 공간을 제공해 주며, 원하는 학습 주제와 학년을 올려놓으면 비슷한 관심사를 가진 다른 교사회원과 연결을 중개해 주기도 하는 편리한 서비스를 제공하고 있다.

다섯째의 웹 설문조사는 웹상의 설문 및 통계 분석 프로그램을 이용하여 다양한 배경을 가진 사람들로부터 비교적 간단하고 신속하게 의견을 수렴할 수 있는 방식이다. 학생들로 하여금 스스로 설문의 목적을 분명히 하고, 설문 문항을 작성·배열하고, 설문을 직접 게시하고 그 결과물을 해석·분석하는 경험을 갖게 하는 일은 의미 있는 지식과 정보의 소스를 스스로 만들어 본다는 점에서 매우 효과적인 방식이다.

여섯 번째, 공동의 도전 과제 수업 방식은 교사가 미리 부여한 도전 과제를 해결하는 과정에서 조원들이 웹과 메일, 토론방 등을 이용하는 것을 말한다. 학생들로 하여금 무척 어렵게만 보이는 도전 과제를 해결했을 때의 성취감과 협동과정에서 느끼게 되는 자긍심이 이 방식에서 추구하는 교육적 효과이다.

일곱 번째와 여덟 번째는 교실 내에서의 탁상공론을 탈피하여 직접 행동과 실천을 경험함으로써 지식의 내면화와 사회적 기능의 발달을 도모할 수 있는 방식들이다. 사회적 활동과 지역사회 연계 프로그램의 활용은 학교와 지역사회 사이의 유대감 증진에도 도움이 된다. 또한 학생들은 직접 살아 숨 쉬는 현장을 경험함으로써 그 문제에 대한 논의가 단순한 이론적 문제가 아님을 실감할 수 있을 것이다.

아홉 번째, 시뮬레이션 학습은 반드시 정교하게 프로그래밍된 시뮬레이션 게임이나 RPG 혹은 MUD 게임의 방식이 아니더라도 추진할 수 있다. 역사적 사건이나 사회적 집단 의사 결정을 추진하는 과정에서 생겨날 수 있는 문제점과 도전 등을 미리 예상하여, 학생들이 각각의 관련 당사자 입장이 되어 시뮬레이션을 진행하고, 가끔은 역할을 서로 바꾸어서 다시 생각해 보는 경험을 가질 수 있다.

열 번째, 웹 출판 경험과 열한 번째의 멀티미디어 제작 경험은 학생들이 스스로 탐구하여 정리한 새로운 지식과 정보를 다른 사람들 앞에서 정리하여 발표하고 소개하는 방식의 수업과 관련된다. 이러한 방식의 수업은 자신들이 스스로 형성한 지식을 체계적으로 정리하는 효과와 더불어, 그 지식과 신념을 스스로에게 내면화시켜 실천으로 이어질 수 있도록 만드는 자기 암시의 효과도 가지고 있다. 수행평가의 발표회 장소를 웹출판으로 대신하는 것도 권장할 만한데, 지속적인 사이트의 유지 보수 및 질의응답 활동을 통해 자신들이 산출해 낸 지식 정보에 대한 애정과 자부심을 고취시킬 수 있는 부수적 효과도 기대할 수 있는 좋은 방법이 된다.

마지막으로 열두 번째의 학생 중심 프로젝트 수업 모델에서는, 학생들이 스스로 선택한 프로젝트를 진행하는 과정에서 참가자를 위한 행동 지침과 가이드라인을 자치적으로 설정하고 준수해 보는 경험을 갖도록 독려한다. 학생들이 교과 목표와 관련이 있는 의미있는 프로젝트 계획을 수립하고 현실성 있는 추진 방안을 설계해 온다면, 교사는 교과과정의 진행과는 별도로 2개월 내지는 한 학기 단위로 그러한 프로젝트 진행을 시도해 볼 수 있다. 학생들은 학교 당국과 교사에게 생산성 있는 프로젝트로 인정받을 수 있는 계획서를 작성하기 위해 숙고를 거듭할 것이며, 그 과정에서 사회과학적 탐구에 필요한 절차와 기능들을 습득할 수 있을 것이다.

이러한 열두 가지의 기법을 교사가 적절한 주제에 대해 사려 깊게 적용한다면 웹의 교육적 활용 효과는 학생들로 하여금 교실이라는 시·공간적 한계를 극복하여 자유로운 지식탐구를 하도록 도와줄 수 있을 정도로 크다. 하지만 이를 위해서는 교사에게 지식의 안내자와 탐구 방법의 조언자로서의 새 역할에 대한 충분한 교육이 필요하다는 의미에서, 학교교육에서의 웹이 갖는 가치는 아직도 제한적이라 볼 수 있다.

백영균은 웹을 비롯한 ICT 기술 전반을 교육공학적 측면에서 교실 수업에 어떻게 접목시키는가의 유형을 다음의 여섯 가지로 구분한 바 있다(백영균, 2002: 393). 이러한 접근은 ICT를 수업 활동을 돕는 도구적 기기로 보고, 수업의 활동을 ICT가 어떻게 지원하는가를 구분의 잣대로 삼고 있다.

지원의 유형	활동 사례
1. 체험 지원형	시뮬레이션, 게임, 조사 활동
2. 검색 지원형	웹 검색, 탐구 활동, 조사 활동
3. 평가 지원형	수행 평가
4. 제작 지원형	자료 제작
5. 환경 제공형	토론, 펜팔, 협동학습, 전문가 교류, 상담, WBI
6. 발표 지원형	내용 제시

WBI/WBT는 결국 인터넷과 웹으로 대표되는 정보통신기술을 활용하여 수업의 설계와 진행 과정을 이끌어가자는 것이다. 여기에서 웹과 ICT가 수업에 있어서 무엇으로 기능해야 하는가에 대한 교사의 생각이 ICT를 수업 설계에서 어떻게 접목시킬 수 있는가의 활용 가능성을 결정하게 된다. 특히 학교에서의 수업에 있어서 웹이란 무엇인가에 대한 교사의 인식 수준을 크게 네 가지 수준으로 개념적 구분을 할 수 있는데, 이러한 구분법은 보다 새로운 수업 설계의 가능성을 열어 주는 방향을 제시해 주는 장점을 갖고 있다.

〈수업과 관련한 교사의 웹 개념 인식 수준〉

1단계. 효과적인 학습의 (보조) 자료
2단계. 자유로운 학습의 장
3단계. 학습과 탐구활동의 수단 및 방식
4단계. 비선형적이고 창조적인 사고의 틀

대부분의 교사들은 웹과 정보통신기술을 학습의 보조 자료로 생각하는 수준에 머무른다. 웹을 정보의 바다로 생각하는 시각은 그 바다 속에 담겨 있는 정보들을 수업의 '내용'으로 활용하겠다는 태도로 이어진다. 실제 정부나 사회 일반에서 통일교육과 정보통신기술을 접목시킨다는 노력을 하는 사례의 대부분은 이러한 1단계의 인식 수준에 머무르고 있는 경우이다. 기존의 북한과 통일 관련 지식과 정보들을 디지털 데이터베이스로 만들어 인터넷을 통해 접근할 수 있게 만들고자 하는 수많은 노력들이 진행되고 있다. 이러한 경우 오히려 웹기반 수업의 가치는 학교가 아닌 가정에서의 자유로운 탐구학습의 도구로서 진가를 발휘하는데, 통일교육원이 서비스하는 '사이버 통일 교육 센터'[10]와 같은 경우는 사이트 내에 통일학교 프로그램을 제작하여 운영하면서, 학교교육을 위한 학교 자료실을 별도로 운영하는 등의 다각적 움직임을 보여주고 있다. 원격 통일 교육의 컨텐츠를 제공하고, 통일 글짓기나 통일교육모임의 상호작용의 장을 제공하는 등의 내용들은 '통일교육 전문 포털 서비스'로서 거듭나기 위한 노력을 보여주고 있는 것으로 보여, 앞으로의 무한한 활용 가능성에 대해 기대를 갖게 된다. 그러나 ICT의 활용 범위는 교사가 생각하는 ICT 개념 수준이 올라갈수록 훨씬 더 넓어질 수 있다.

웹이 자유로운 학습의 장이 된다는 것은 인터넷 홈페이지나 게시판 등을 학습의 상호작용이 이루어지는 공간적 장으로 활용하는 경우이다. 학생들이 정해진 주제에 대한 탐구활동을 위해 자신들끼리의 의견 교환의 장이나 수집한 정보를 저장하고 공유하는 장으로서 인터넷을 활용하는 경험은 매우 중요하다. 수업이 반드시 교실이라는 한정된 공간에서 일과 시간 중에만 이루어지는 것이라는 시간적·공간적 제약으로부터 벗어나 훨씬 크게 확장된 수업을 설계할 수 있도록 교사와 학생의 시야를 열어 주기 때문이다.

학습과 탐구활동의 수단이라는 개념은 ICT를 활용하여 필요한 정보를 검색하고, 그것을 인터넷 자료의 형태로 정리하여 가공하며, 웹을 이용하여 자신들이 획득한 지식을 공개하는 경험들 전체가 곧 수업이며 학습이라는 의미이다. 이러한 접근방식은 구성주의 교육 이론의 이상형에 가장 가까운 교수-학습 양식이라 볼 수 있다.

비선형적이고 창조적인 사고의 틀로서의 ICT와 웹의 가능성은 하이퍼링크와 하이퍼텍스트에서 찾아볼 수 있다. 정해진 목차와 논리적 순서에 따른 진행이 아니라 하이퍼링크로 연결된 항목과 항목들 사이를 자유롭게 항해하면서 전체적인 새 그림을 형성해 나가는 경험은, 학생들로 하여금 개성적이고 창조적인 방식으로 자신에게 유의미한 새 지식을 탐구하게 한다. 이러한 수업에 익숙한 학생들은 보다 자유롭고 다원적이며 창조적인 사고방식을 가질 수 있을 것이다. 이것이야말로 정보사회의 교육이 추구하는 새로운 인재상의 한 모습이다.

웹을 이용한 수업은 광범위한 자료와 신속하고 넓은 범위의 상호작용 등의 장점을 가지고 있어 도덕과의 수업에 있어 특히 활용도가 높은 편이다. 하지만 어떠한 목적을 가지고 어떤 시기에 어떤 방식의 웹기반 수업을 시도할 것이냐에 관해서 교사는 매우 신중하고 주도면밀한 자세를 가져야만 한다. 웹을 통한 상호작용은 편리하고 신속하기는 하지만, 지역사회의 실제 권위 있는 자원인사를 초청하여 면대면의 인터뷰나 강연을 하

10) URL="http://www.uniedu.go.kr" 참조.

는 경우가 훨씬 더 효과적일 때도 있다. 별다른 필요성도 없는 수업 주제를 가지고서, 웹에 대한 접속과 멀티미디어 기자재를 동원하여 화려한 수업을 한다고 해서 수업의 목표가 더 잘 달성되리라는 보장은 없다. 오히려 교수자의 자기 만족을 위한 수업이 되고 마는 수도 있을 것이다.

어떤 주제에 대해 어떤 수업방식을 어떤 시기에 시도할 것인가를 계획하는 데에 있어, 크게 도움이 될 수 있는 것이 바로 '체크리스트'를 활용하는 방법이다. 자신이 선택한 웹기반 수업이 과연 그 수업 목표의 달성에 얼마만큼의 도움이 되는가를 스스로 차근차근 점검해 볼 수 있는 체크리스트를 만들어 활용하자는 것이다. 사전에 잘 조직된 체크리스트에 근거하여 관찰과 평가를 수행하는 방식은 특히 가치와 신념에 관계된 문제들을 다루는 수업에서 교사들이 편견과 선입견에 빠지지 않게 해주는 이점도 갖고 있다.

아래의 체크리스트는 전미사회과협의회(NCSS)에서 사용하는 사회과 교사를 위한 기준표를 응용해서 만들어 본 것이다. 각각의 질문들에 대해 예/아니오로 대답을 기록하고

〈웹기반 수업 기법의 도입을 점검하기 위한 체크리스트〉

1. 수업의 주제와 내용이 외부인사의 시각과 의견에 의해 수업의 질을 높일 수 있는 것인가? 반드시 그렇게 해야 할 필요가 있는가?
2. 그럴 필요가 있다면 누구를 참여시킬 것인가? 그를 참여시키는 방법으로서 인터넷을 통해 접근할 수 있는가? 그러한 접근이 다른 방식보다 효율적인가?
3. 멀리 떨어져 있는 외부 국외자의 객관적 시각이 도움이 되는 주제인가? 그렇다면 접근을 시도할 상대방은 어디에서 구할 것인가?
4. 다른 학생이나 다른 연구자와의 협동작업이 도움이 되는 주제인가? 누구와 협동을 할 것이며, 그로부터 어떤 이익을 기대할 수 있는가? 협동을 위한 상호작용의 수단은 어떤 것이 있는가?
5. 교외의 전문가나 부가적인 전문 정보들을 활용하는 것이 필요한가? 그러한 정보를 획득하기 위한 비용과 효용을 비교해 볼 때 투자타당성이 있는가? 전문가를 어떤 방법으로 찾을 것인가?
6. 학생들이 스스로 학습한 결과를 공표하고 알리는 행위가 수업 목표 달성에 어떤 이익을 주는가? 공표와 출판의 방법은 어떤 것이 좋은가?
7. 교사의 인도와 안내가 필요없이 학생 스스로의 주도에 의해 진행되는 것이 어떤 이점을 주는가? 학생 주도 프로젝트가 성공하기 위해 필요한 전제조건들은 어떤 것들이 있는가?
8. 선택된 기법을 수행하기 위한 기자재는 충분히 확보되었는가? 투자 비용과 기대 효과간의 비율은 어떠한가? 차후의 다른 수업에 연계하여 활용할 수 있는 가능성이 있는가?

사용 가능한 대안들을 비교, 평가하면서 기존에 선택했던 기법들이 가장 효율적이고 타당한 것이었는가를 점검하는 데에 있어 이러한 체크리스트가 크게 도움이 된다. 웹 수업뿐만 아니라 기법 선택의 5가지 원칙 모두를 재점검할 수 있도록 체크리스트를 보다 세분화하고 정교화하는 작업이 필요할 것이다.

제4절 도덕과 교육 매체론

1. 매체 선정의 중요성

인지적 요소와 함께 정의적 요소를 중요하게 취급하고 정서적 감동을 주고자 노력하며 느낀 바대로의 도덕적 실천을 강조하는 도덕과 수업에서는 여러 가지 형태의 예화들이 많이 사용되고 그런 예화들은 수업과정에서 주요한 여러 가지 기능을 담당한다. 교사가 일방적으로 주제와 배경을 설명하면서 진행하는 "옛날 옛적 어느 한 마을에…" 스타일의 전통적인 스토리텔링 기법 외에도 교과서의 매 제재마다 등장하는 읽기 자료들은 도덕적 갈등이나 영웅적 덕성을 담은 줄거리로 이루어진 내러티브의 형태를 띠고 있는 경우가 많다. 최근에는 학생들이 딱딱한 읽기 자료보다는 그림, 만화, 비디오 등의 영상물을 더 선호하고, 필요한 기자재들의 보급이 이루어졌다. 그렇지만 여전히 학교 수업 현장에서는 활용되는 많은 영상물들은 길이의 차이는 있으나 다양한 방식의 내러티브를 담은 영상물들이다.

이러한 다양한 이야기 자료들이 수업 현장에 존재하고 있으며 많이 사용되고 있기에 학문적 관심도 많이 끌게 되었다. 특히 내러티브적 사고의 가치를 강조한 길리건과 나딩스의 배려로서의 도덕교육이 논리적 사고에 기초한 콜버그 계열의 정의로서의 도덕성과 대비되어 상호 보완적인 대안으로 떠오르면서(Carol Gilligan, 1982), 논리적이고 분석적이기보다는 감성적이고 통찰적인 배려의 덕성을 길러 줄 수 있는 좋은 수단으로서 서사적 이야기가 갖는 가치에 대해 학계의 관심이 집중되었다. 남성과 구별되는 여성의 도덕적 언어는 추상적이고 형식적인 분석의 논리가 아니라 구체적이고 너그러운 서사의 논리이며, 냉정한 객관적 관찰과 판단보다는 따뜻한 주관적 배려와 감정이입을 넘어선 몰입이 중요하게 취급되는 특성을 갖고 있다. 그런 의미에서 콜버그가 가치갈등의 딜레마 상황을 학생들에게 자세하고 명쾌하게 제시하기 위해 사용했던 설명적 방법의 예화 제시보다는 이야기의 전체 줄거리와 주변 분위기 및 관련 당사자들의 입장을 세세히 묘사하는 서사적 방법이 더 배려윤리 교육이론에 적합했던 것이다.

도덕교육의 방법론을 연구하는 학자들은 어떤 이야기가 학생들에게 감동을 줄 수 있는 좋은 이야기인가를 밝혀내는 데에 초점을 맞추어 스토리의 서사 구조, 주인공의 성격, 이야기 전개의 장르적 속성 등에 관한 연구들을 수행한 바 있다. 또 다른 방향에서는 미국 중심의 경영학계가 이야기에 대해 많은 관심을 기울여 오고 있다. 1980년대 후반 이후 하버드 경영대학의 구루들이 대중적 베스트셀러들을 양산하면서 실용독서계의 유행을 창조해 오고 있는데, 특히 1990년대 후반부터는 경영화법과 광고마케팅 분야에서 '이야기'가 뜨거운 화두로 떠오르고 있다. 이들이 공통적으로 관심을 갖는 것은 "이야기가 있는 광고가 소비자에게 더 쉽게 기억되고 오래 남는다"라는 점이었다.

대략 30초에서 1분 내외의 짧은 TV 광고는 1970년대에는 상품의 특성과 장점을 소비자에게 호소하는 '설명 광고'였다. 1980년대에는 설명을 하는 대신 그 상품의 소비와 관련된 멋진 이미지를 보여주는 '이미지 광고'가 유행을 했고, 1990년대 후반부터는 상품과 관련 있는 재미있거나 감동적인 이야기를 전달하는 '이야기가 있는 광고'가 각광을 받게 된 것이다. 돈의 흐름을 좇는 경영학도들이 이야기가 갖는 금전적 가치에 주목하고 더 효과적인 이야기를 더 강렬하게 전달하기 위해 노력하는 것은 당연한 흐름이라 하겠지만, 정작 이야기를 주된 수업의 매체로 상용하고 있는 도덕과 교사들이 이야기를 더 잘 만들고 더 잘 전달하며 더 잘 활용하는 방법에 대해 무관심한 것은 아쉬운 일이 아닐 수 없다.

경영자가 사원들을 북돋우거나 위로하기 위해 어떤 이야기를 어떻게 들려줄 것인가의 방법론에 관해서는 수많은 책자와 논문들이 쏟아져 나오고 있다. 그러나 도덕과 교육의 연구 분야에서는 이야기의 가치와 중요성에 대해서는 많은 연구가 진행되었지만 정작 이야기를 어떻게 구성하고 활용할 것인가에 대해서는 상대적으로 연구 성과가 드물다. 도덕과 수업에서 활용할 수 있는 내러티브 스타일의 이야기를 어떻게 손쉽게 효율적으로 구성할 수 있을 것인가에 관해서는 "① 우회적 접근으로 이야기를 전개할 것, ② 시시콜콜한 주변 인물과 배경 사건의 묘사에 시간을 충분히 투자할 것, ③ 학생들이 알고 있는 가까운 사람이 주인공이 되어 직접 겪은 일로 각색할 것, ④ 멀티미디어를 적용하여 이야기 구조의 취약성을 보완할 것"이라는 네 가지로 요약한 기본 팁이 제시된 바 있기도 하다(임상수, 2006).

네 가지의 팁 중에서 마지막 네 번째의 멀티미디어 매체 제작의 중요성과 가능성에 주목해 볼 필요가 있다. 초등학교 도덕과 수업에서 활용되는 도덕적 교훈이 담긴 이야기라는 것들이 대개는 진부하거나 뻔한 이야기이며 학생들의 흥미를 자극하기에는 태생적으로 한계를 가진 이야기들이 대부분이기 때문이다. 이러한 이야기 자체의 진부함을 매체의 힘을 빌어 어느 정도 만회나 보완이 가능하다면 어떤 매체를 어떻게 제작하여야 할 것인가의 문제를 고민해 보아야 할 것이다.

도덕적 이야기를 활용하는 수업에서 우리가 '예화를 제시하는 방법'을 달리 하면 같은 이야기라 할지라도 그 효과가 달라질 수 있다. 같은 스토리의 뻔한 이야기라 할지라도 그것을 전달하는 매체에서 학생들이 익히 아는 가까운 사람들이 – 가장 좋기는 학생들 자신이 등장하는 것이 좋지만 – 등장인물로 등장하고, 익숙한 주변 환경이 배경으로 등장하기만 해도 이야기에 대한 몰입도와 이야기가 전하는 메시지에 대한 수용도는 크게 달라진다. 특히 매체 자체를 학생들이 스스로 기획하여 제작한 것을 다른 학생들에게 공개하는 형태라면 매체 활용의 효과는 극대화된다.

내러티브 수업 모형을 비롯한 도덕과 대부분의 수업 모형에서 이야기 형태의 예화는 매우 중요한 위치를 차지한다. 교사의 진솔한 이야기 태도와 편안하고 수용적인 분위기 조성이 이야기 전달의 효과를 극대화한다는 점에 공감하지만, 이야기를 전달하는 방법의 매체적 특성, 다시 말하면 교수공학적인 기법의 차이에 따라서도 그 효과가 달라질 것이라는 점에 주목할 필요가 있다.

여기에서는 '학생 주도적이고 다매체적이면서 생활세계에 근접한 방식'의 제시 방법들을 두 가지 제안하고자 한다. 첫째는 포토툰(photo-toon)과 캐리커쳐툰(caricature-toon)이라는 기술개입적인 짧은 만화 혹은 드라마를 제작하는 방법이다. 둘째로는 온라인 간이저작 도구(online authoring tools)를 활용한 온라인 카툰 게시판의 활용 방법이다.

2. 효율적인 예화 제시 방법의 설계 원칙

1) 등장인물과 사건 내용

수업시간에 활용되는 이야기에는 다양한 형태적 차이가 있다. 길고 짧은 이야기, 단순하고 복잡한 이야기, 사건을 나열하는 시간대적 서사, 중요 사건을 재배치하여 들려주는 에피소드적 서사 등등 많은 종류의 구별이 가능하며 의도한 목적을 달성하기 위해 적합한 스토리텔링의 방식을 선택하는 것도 숙련된 교사가 감당해야만 할 몫의 기능 요건이 된다. 많은 예비교사로서의 교육대학생들이 동화구연을 배우러 학원 수강을 하고 인형극 제작을 배우는 등의 노력을 기울이는 까닭도 보다 효율적인 이야기 제시를 할 수 있는 교사가 수업을 더 잘할 수 있는 가능성이 크다는 인식 때문일 것이다. 교대생 중에서 남학생들이 동화구연이나 허용적인 심층 인터뷰 대화 등에서 많은 어려움을 겪고 좌절을 경험하는 것은 어쩌면 내러티브 이론의 특성상 당연한 일이라고 말할 수도 있을 것이다.

그러나 태어나기를 무뚝뚝하고 차가운 표정으로 태어난 것을 어떻게 후천적 노력으로 극복할 수 있겠는가라고 한탄하기에 앞서, 갖고 있는 다른 부분의 강점을 활용하는 방법으로 부족한 부분을 채워 볼 수 없을까라는 생각을 갖는 것이 훨씬 바람직한 태도일 것이다. 선천적으로 긴 수다를 다정하게 함께 나누기 어려운 남자 교사와 예비 교사들은 이야기의 내용적 구성 요소를 잘 선택하고 기술적 요소의 개입 수준을 높이는 방식만으로도 보다 효과적인 이야기 제시가 가능할 수 있다.

먼저 이야기의 구성 요소를 잘 선택해서 이야기를 짜면 보다 쉽게 전달할 수 있다는 주장은 인격교육이론의 방법론에서 아이디어를 얻은 것이다. 커션바움(Kirschenbaum, H.)은 『학교에서 가치와 도덕성을 신장시키는 100가지 방법』이라는 저서에서 모델링을 통한 인격교육의 구체적 방법론으로서 "첫째, 교사 자신의 진솔한 신념을 학생들과 나눌 것, 둘째, 교사의 희로애락의 감정을 숨기지 말고 표현하며 공유할 것, 셋째, 교사 자신이 직접 겪은 어린 시절이나 어려웠던 경험 등의 체험을 공유할 것, 넷째, 교사의 지나온 역사인 개인사와 관심사를 공유할 것"을 추천하고 있다.[11] 근엄한 자세로 초인적인 자제력과 흐트러짐 없는 모습을 보이는 교사에게 학생들이 편안하게 마음을 열어놓고 대화를 나눌 수는 없는 법이다. 수용적이고 진실된 이야기와 대화의 장을 만들기 위해서는 먼저 교사가 자신을 열어놓는 모습을 보여주어야 하는데, 그 중 가장 실천하기 쉽고 효과가 좋은 것이 '교사 자신의 이야기를 하는 방법'이라는 것이다.

더 나아가 사회과 수업에서처럼 외부 자원인사(resource persons)를 초빙하여 이야기를 듣고자 할 때에도 교사 자신의 동생, 어머니와 같은 가까운 사람을 활용하는 것부터 우선적으로 고려해 보라는 것이 커션바움의 조언이다.[12] 섭외하기 어렵고 불편한 전문가나 현업종사자를 초청하기 이전에 교사 주변에 있는 친구나 친척을 먼저 생각해 보고, 아

11) Howard Kirschenbaum, *100 Ways to Enhance Values and Morality in Schools and Youth Settings*(Boston: Allyn and Bacon, 1995), pp.130-136. 100가지 방법 중에서 36-38, 40의 네 가지이다.

12) *Ibid.*, p.148.

니면 학생들과 가까운 위치에 있는 학부모나 선후배들, 동네 사람들을 고려해 보라는 그의 조언은 매우 시사적인 바가 있다.

우리가 제안하고자 하는 효과적인 예화 제시 방법의 기준 첫 번째는 바로 "이야기의 등장인물과 사건 내용이 학생들의 생활 경험과 가까우면 가까울수록 더 효과가 크다"라는 명제이다. 벚나무를 도끼로 베어버리고 자수했던 조지 워싱턴의 예화를 소개하는 것보다는 교사 자신이 어린 시절 겪었던 거짓말의 초초함과 고백 후의 후련함의 경험을 이야기로 상세하고 재미있게 각색하여 이야기해 주는 것이 훨씬 위계적으로 우위에 있는 방법론이라는 주장이다. 실제로 우리는 말솜씨가 부족하던 사람도 직접 경험했던 실화를 이야기할 때에는 실감나고 재미있는 이야기꾼으로 변모하는 사례를 주변에서 흔히 경험하고 있기도 하다.

포토툰은 디지털 카메라로 찍은 사진에 대사를 입혀서 4컷 만화처럼 꾸민 작품을 말한다. 이때에도 등장인물을 교사 자신이 직접 출연하거나, 발표자 학생들이 스스로 출연하여 화면을 장식한다면 학생들의 흥미와 몰입도는 부쩍 향상될 것이다. 거기에다 배경이 학교 주변의 문방구나 골목, 학교 복도, 운동장, 식당 등의 학생들이 일상적으로 돌아다니고 있는 공간이라면 그 효과는 더욱 배가될 것이다. 그러한 등장인물들이 벌이는 사건과 대사의 내용도 생활 주변에서 흔히 볼 수 있는 것으로 꾸미면 그야말로 금상첨화에 화룡점정이라 해야 할 것이다. 포토툰은 이러한 작업을 구현하는 데에 가장 적합하고 편리한 방식의 예화 제작 방식이다.

캐리커쳐툰은 실존하는 우리 주변의 등장인물들을 등장시키는 점에서는 포토툰과 동일하지만, 사진을 찍는 것이 아니라 그 인물의 특징들을 포착하여 그것을 과장시킨 그림으로 표현한다는 점이 다르다. 제작하는 데에 특별한 재능과 기술이 필요하고 시간과 노력도 많이 소모되지만, 일단 제작할 수만 있다면 그 효과는 놀라울 정도로 대단한 흡인력을 발휘하는 것이 캐리커쳐툰이다. 같은 인물과 같은 공간, 같은 사건을 소재로 삼더라도 캐리커쳐툰이 포토툰보다 더 강렬한 인상과 효과를 얻을 수 있는 까닭은 '기술적 요소의 개입 수준이 높아졌기 때문'이라고 분석할 수 있다.

학생들은 초등학교 저학년 때부터 일반적인 신문 만화로 대표되는 4컷 만화의 구성에 익숙해져 있고 4컷 만화 제작을 여러 차례 경험하기도 한다. 세련되지 못한 그림이지만 학생들은 자기 주변의 사람이 직접 그려서 자기 눈에도 익숙한 그림체에 대해 높은 가치 부여를 하면서 몰입도를 높이는 경우가 많다. 여기에서 그림에 솜씨가 있고 예술적 감각이 있어서 등장인물들을 일상 주변의 실제 인물로 설정하고 그들의 특징적인 부분을 포착하여 그 특징을 과장되게 강조할 수 있다면 곧바로 그것이 캐리커쳐툰이 된다.

[그림 8-14] 캐리커쳐툰의 모델과 작품

캐리커쳐툰은 이미 미술교육 이론에서도 비언어적 커뮤니케이션의 강력한 매체로 부각되었으며, 우화적 표현과 감정적 표현에 탁월한 강점을 갖고 있어 활용 범위가 넓은 것으로 분석되고 있다.[13] 그러나 제작을 위해서는 탁월한 미술적 기능과 재능이 요구되며, 투여되는 시간과 비용도 학교에서 활용하기에는 비현실적일 정도로 높다. [그림 8-14]에서 보여지는 캐리커쳐툰의 수업 사례는 경인교육대학교 학생들이 '도덕과 교육 2' 강좌에서 수업 실연을 위해 제작한 것인데, 대단히 좋은 반응을 얻고 오랜 인지기억의 효과를 거두었던 작품이다.

캐리커쳐 만화를 그릴 수 있는 재능은 아무에게나 주어질 수 없다. 그렇지만 포토툰의 경우는 디지털 카메라 하나와 파워포인트와 같은 소프트웨어만 갖추면 특별한 재능이나 경험 없이도 누구나 쉽게 만들 수 있고, 쉽게 익숙해질 수 있다는 점에서 주목할 만한 가치가 있는 매체 제작 기법이라 생각되어 권장하려는 것이다.

2) 멀티미디어적 기술 요소

"같은 이야기, 같은 소재, 같은 등장인물이라 할지라도 그것을 전달하는 매체가 다매체적이고 기술 요소의 개입 수준이 높으면 높을수록 전달 효과가 커진다"라는 아이디어

13) 하성율, 「캐리커쳐의 시각적 커뮤니케이션에 관한 연구」, 목원대학교 석사학위청구논문, 1998; 김병길, 「중등 미술교육에 있어서 캐리커쳐 활용방안 연구」, 국민대학교 석사학위청구논문, 2003 참조.

를 도식화하여 제시하면 [그림 8-15]와 같이 정리될 수 있다.

초등학교 도덕과 교과서에 있는 '서로 다른 주장의 민주적 해결'이라는 제재를 다루고자 할 때, 가장 일반적으로 떠오르는 도입의 문제 확인 및 동기 유발 전략은 교과서에 실려 있는 에피소드 일화를 읽는 것이다. 이때에도 각자 눈으로 읽는 것보다는 소리내어 읽는 낭독이 더 많은 감각에 호소하고 활동 요소가 많아지는 멀티미디어라는 측면에서 더 효과적이다. 이보다 더 손쉽게 집중도를 높일 수 있는 방식이 예화 속에 등장하는 철수, 영희, 교장 선생님 등의 등장인물마다 학생들에게 배역을 맡겨서 그때 그때 그 배역에 해당되는 사람이 대사를 번갈아가면서 읽는 방법이다. 별것도 아닌 듯하지만 듣는 청중들의 흥미와 집중도는 훨씬 더 높아짐을 느낄 수 있을 것이다. 같은 학생들의 목소리 연기라 할지라도 이것을 수업시간 이전에 녹음을 해서 들려주면 직접 일어서서 읽어 줄 때보다 훨씬 더 효과적이다. 마치 라디오 드라마를 듣고 있는 것 같은 기분이 들기 때문에 더 재미있다라는 응답들을 흔히 접할 수 있었다.

그러나 만화를 수준 있게 그리는 재능이란 아무나 타고나는 것이 아니다. 특별한 재능과 아이디어가 없어서 못하는 것이지 의욕이 없어서 안하는 것은 아니라는 변명도 충분히 할 수 있는 이야기이다. 잘 제작된 플래시 동영상이 학교 현장에서 잘 활용되고 있는 것은 분명하지만, 내가 원하는 스토리의 내 입맛에 딱 맞는 동영상을 구하기는 어려운 일일 뿐더러, 그것을 교사가 직접 제작한다는 것은 비용과 능력 면에서 여러모로 무리가 따르는 일임에 틀림없다. 여기에서 제안할 수 있는 좋은 대안 중 하나가 바로 포토툰(photo + cartoon의 합성어)을 제작하는 방법이다. 포토툰의 제작 기법은 이러한 그림 솜씨의 한계를 기술의 힘으로 쉽게 극복해 줄 수 있고 큰 비용도 들지 않으면서 효과 수준은 상위에 있다는 점에서 매우 효율적이기 때문이다.

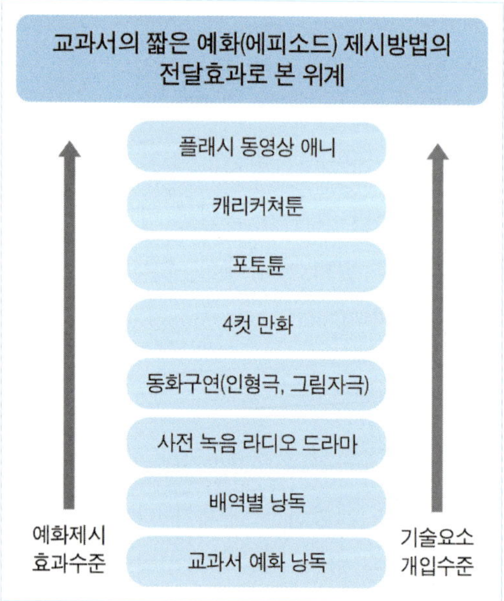

[그림 8-15] 기술 요소의 수준에 따른 제시 방법의 효과 위계

3) '포토툰'의 제작 절차와 활용 기법

포토툰의 제작 과정은 '4컷 만화'의 그것과 대

동소이하다. 먼저 주제를 정한 후 그것을 잘 표현할 수 있는 4~8컷 정도의 프레임 구성을 생각해야 한다. 콘티 작성이라고도 하고 스토리보드 작성이라고도 부르는 이 구상 단계를 귀찮더라도 상세하게 해 두는 편이 이후의 실제 작업의 속도를 올리고 시행착오를 줄이는 지름길임을 기억해야 한다. 4컷 만화 식의 스토리 구성이 끝나고 나면 간단한 밑그림과 대사를 스케치해서 '스토리 보드'를 만들어 두어야, 사진의 피사체가 되는 등장인물들이 어디에 서고 어떤 포즈와 표정을 지어야 하는지를 쉽게 알 수 있다. 귀찮게 생각되더라도 꼭 만들어 사용하는 습관을 들이는 것이 필요하다. 가능하다면 상세하게 사진 촬영의 각도, 배경, 표정과 대사, 음향 효과 – 원한다면 음향 효과도 넣을 수 있으므로 – 등의 아이디어들을 구체화시켜 적어 놓는 것도 스토리보드의 활용 팁 중 하나이다.

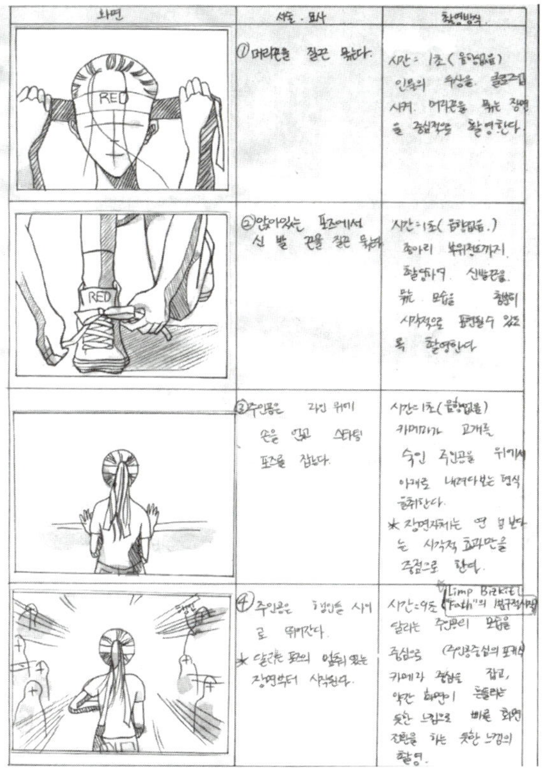

[그림 8-16] 스케치형 스토리보드의 실제 사례
(URL="http://cbingoimage.naver.com/data3/bingo_42/imgbingo_42/sogisu/27241/sogisu_1.jpg")

스토리보드에 따라 디지털 카메라를 들고 화면 구성 속의 장소를 찾아가서 정해진 이미지를 연출하여 촬영한다. 아주 자연스러운 연기를 요구하지는 않아도 좋다. 웃는 표정의 어색함이 관객의 호응을 더 얻는 경우도 많기 때문이다. 이제 본래의 구성 플롯에 맞추어서 찍어온 사진 이미지를 4컷으로 배열한다. 가장 추천하고픈 소프트웨어로는 학생과 교사가 모두 익숙한 'MS 파워포인트'를 들 수 있는데, 슬라이드 화면 편집이 프레임별로 되어 있기 때문에 만화식 배치에 편리하다.

먼저 파워포인트에서 네 프레임의 빈 슬라이드를 만든다. 단순히 엔터키만 입력해 주면 된다. 빈 화면에 커서를 두고 메뉴 중에서 '삽입-그림-그림 파일'을 선택하여 저장해 둔 포토파일을 지정해 주면 된다. 대개 자동으로 전체 화면에 꽉 차게 크기가 조정되지만, 필요한 경우 크기도 조절할 수 있고 불필요한 부분을 잘라버리거나 가릴 수도 있다.

네 컷의 화면 배치가 끝나면 다시 파워포인트 메뉴 중 '보기-도구 모음-그리기'를 선택하면 그리기 도구상자 메뉴가 떠오른다. 그리기 메뉴 중에서 '도형-설명선'을 선택하면 둥근 말풍선, 사각 말풍선, 폭탄형 말풍선 등의 다양한 말풍선을 그릴 수 있고, 말풍선의 색깔을 지정해 준 후에 그 안에 필요한 대사를 입력만 하면 모든 작업이 종료된다. 크게 시간이 걸리거나 별다른 도구가 필요하지도 않으면서 제작할 수 있다는 것이 포토툰 방법이 갖는 최대의 장점이라 하겠다.

다른 매체들도 많지만 굳이 포토툰 기법을 추천하는 것은 투여하는 비용과 시간적 수고에 비해 학생들의 열광적 반응과 몰입도가 매우 높아 비용 대 효과의 효율성을 기대할 수 있는 예화 제시 방법이며, 학생들이 스스로 기획해서 제작할 수 있는 사용자 제작 컨텐츠로서 권장할 수 있기 때문에 활용의 폭이 넓다는 점 때문이다. 포토툰의 경우 한번 교사가 시범을 보여주기만 하면 학생들은 수용자의 입장에서 포토툰에 열광할 뿐만 아니라 곧바로 자신들의 이야기를 포토툰으로 직접 열심히 제작하여 친구들과 공유하는 프로슈머의 능동적 자세와 능력을 보여주곤 한다.

4) 온라인 카툰 제작

그림에 자신이 없거나 컴퓨터 활용 능력이 부족해 포토툰 제작에 선뜻 나서지 못하는 교사들을 위해 추천할 수 있는 간이저작도구가 있다. 인터넷을 통해 온라인으로 접속하여 사용하는 공개 소프트웨어일 뿐만 아니라 제작된 툰을 게시하고 타인들의 피드백을 받아 볼 수 있는 공간까지 무료로 제공되고 있으므로, 도덕과 수업시간의 시·공간적 제약을 극복하는 데에도 도움이 될 수 있는 유용한 툴이라 생각된다. 대규모 온라인 포털에서 무료로 제공하고 있는 '네이버 툰 스튜디오'라는 간이저작도구에서는 2쪽에서부터 30여 쪽에 이르기까지 미리 마련된 선택지들을 편집하여 배치하는 클릭&드래깅만으로 누구나 쉽게 단편 툰을 제작할 수 있다.

[그림 8-17] 설명선을 활용한 4컷 구성의 포토툰

전문 디자이너들이 미리 제작해 놓은 벡터 그래픽의 기본 원안이 얼굴형, 머리형,

상체 동작, 하체 동작, 복장 등으로 구별되어 마련되어 있으므로 사용자는 마음에 드는 선택지를 고르기만 하면 된다. 일단 기본 골격이 만들어지면 미소, 폭소, 짜증, 분노, 망설임, 어리둥절 등의 다양한 표정을 선택하여 만들 수 있으며, 눈모양, 눈썹, 입술 등의 미세한 부분 표정들도 원하는 대로 상세하게 변형시킬 수 있으므로 만화 구성에서 필요로 하는 거의 모든 표정들을 연출해 낼 수 있다. 벡터 그래픽을 기반으로 하고 있기 때문에 얼굴과 몸의 방향과 각도를 변형시키는 것도 클릭 & 드래깅으로 간단히 선택할 수 있다.

[그림 8-18] 간이저작도구를 활용한 온라인 만화 게시판의 사례
(http://toon.naver.com)

등장인물을 완성시키고 나면 배경을 선택하고, 배경 이미지를 이리 저리 위치 조절을 하여 최종적인 한 컷이 만들어지게 된다. 이러한 일련의 작업이 컷당 3~5분만에 끝마칠 수 있기 때문에 그림 실력에 자신을 갖지 못하는 교사나 학생들이 손쉽게 자신이 원하는 스토리의 짧은 만화를 만들어 낼 수 있게 해 준다는 점에서 매우 실용적이고도 강력한 툴이라 평가할 수 있다.

이처럼 컴퓨터와 온라인 저작도구의 강력한 지원에 힘입어 온라인 만화 제작이 누구나 도전할 수 있을 정도로 쉬운 작업이 되자, 네티즌들이 직접 제작한 다양한 사용자 제작 컨텐츠(UCC: User Created Contents)들이 인터넷에 넘쳐나기 시작하였다. 네이버 툰 사이트의 경우 2~3일 간격으로 주제가 제시되면 매일매일 수천 명의 이용자들이 자신의 경험을 직접 그려 만든 만화들을 게시판에 올리고 있으며, 다른 이용자들은 게시된 만화에 대해 댓글달기를 통해 피드백을 주고받고 있다. 이러한 문화의 확산에 따라 초등학생부터 성인에 이르기까지 다양한 온라인 만화가들이 독창적인 만화들을 스스로 제작하고 그것을 통해 다른 사람들과의 상호작용을 즐기고 있으며, 동시에 UCC 만화의 수준도 질적으로나 양적으로나 매우 빠른 속도로 올라가고 있다.

온라인으로 제공되는 간이저작도구를 활용한 이용자 만화 제작 사이트가 갖는 교육적 가치는 컨텐츠 제작을 위한 도구로써의 가치에 머무르지 않는다. 이용자들이 각자 만든 작품들을 자유롭게 공론의 장에 올리고, 서로의 작품에 대해 감상과 비평들을 교환하며, 그 의사소통의 흔적이 고스란히 기록으로 저장되는 UCC 공유의 장은 곧바로 도덕과 수업의 내러티브 수업 모형에서의 '내가 만든 이야기를 남 앞에서 해 보기'의 경험을 위한 훌륭한 마당이 될 수 있기 때문이다.

제 9 장

도덕과 교육의 평가

제1절 도덕과 평가의 특징

1. 도덕과 평가의 문제점

도덕과의 평가가 교과 수업 시간에 이루어지는 학습 과정에 대한 평가와 그러한 학습 과정을 통하여 학생들에게 함양되었다고 가정하는 도덕성의 인지적·정서적·행동적 영역에서 다양하게 이루어져야 함에도 불구하고 기존의 도덕과 평가는 도덕과의 학업 성취도를 객관식 지상주의, 곧 도덕적 지식 평가 방식(지필 평가: 객관식 선다형 혹은 단답형 방식)을 활용하고 있다. 이러한 평가 방식이 학생들의 도덕과 교육에 대한 학업 성취도(도덕적 지식과 도덕적 행동)를 평가하는 데는 많은 문제가 있다는 점이 지적되고 있다. 이와 같은 지적은 도덕교육을 통하여 함양되었다고 가정되는 도덕성의 인지적 측면과 정서적·행동적 측면을 도덕적 지식 평가 방식만으로 평가하는 데 한계가 있다는 것을 암시하고 있다.

도덕교육에서는 언표적(言表的) 행동 자체가 도덕적 결단이나 실천의 증거로써 충분하지 못하며, 더욱이 이것을 오로지 지필 평가 방식으로만 제시하고 정답을 외우게 하는 평가는 재고되어야 한다. 이제까지 도덕과 평가와 관련된 문제점 논의를 정리해 보면 다음과 같다.

1) 공식적 목적과 실제적 목적 간의 괴리

도덕과 평가를 하는 목적은 크게 두 가지로 분류될 수 있다. 그 하나는 도덕과 평가의 공식적인 목적이라고 할 수 있는 것으로서 도덕과 평가는 수업의 개선 혹은 도덕과 교육과정의 개선을 위해서 행하는 것으로 본다. 즉, 이 입장에서 평가는 도덕과 교육을 더 잘하기 위한 것이다. 이러한 공식적인 목적에 충실한 도덕적 평가는 '도덕교육을 받은 사람' 혹은 보다 일반적으로 '도덕적인 사람'의 특성을 포괄적으로 잴 수 있어야 하며, 그만큼 좀 더 타당하고 숙고된 평가의 과정과 방법이 요구된다.

대부분의 교육 현장에 있어서 도덕과 평가의 목적은 마치 '왜 산에 오르는가?'라는 질문에 '산이 그 곳에 있기 때문에'라고 답하는 것과 같은 방식으로 제시된다. 교육 현장에서의 평가는 그것 자체를 위해 존재하는 것처럼 여겨지고 행해지고 있다. 그러나 이와 같이 평가 자체를 위해 존재하는 것처럼 보이는 이면에는 평가의 실제적인 목적이 반영되어 있다. 그것은 첫째, 교육 및 입시 체제를 운영하는 국가 기구의 관행 및 편의성 추구와 둘째, 그것을 이용하는 교육 소비자들의 요구를 복합적으로 반영하는 것이다. 이제까지 국가 기구의 평가 관행은 주로 '선발의 이데올로기'와 관행에 의해 지배되어 왔다. 교육에서 학생들의 능력을 변별하고 선발하는 것은 입학 시험에서 뿐만 아니라, 일상적인 학교교육의 과정에서 꾸준히 이루어지고 있으며, 도덕과 평가도 이와 같은 교육을 통한 변별과 선발을 위한 평가 체제의 일부로서 역할을 하고 있다. 그리고 교육 소비자들의 단기적이고 현실적인 요구에 부응하기 위해 잦은 시험과 평가 방법의 객관화, 평가 방법의 등급화를 초래하게 된다. 이와 같은 평가의 실제적인 이유는 결과적으로 어떤 교과를 막론하고 평가의 '객관성 지상주의'와 '숫자주의'로 귀결될 수밖에 없었다(조난심, 1998).

교육 평가에서 학생의 변별 선발 역시 중요한 요소이기는 하다. 그러나 교과교육으로서의 도덕과 교육을 통하여 학생들의 성취한 바를 제대로 파악하여 이를 교사뿐만 아니라, 학생과 학부모에게 알려 주어 궁극적으로 학생의 도덕과 학습 개선에 도움을 주도록 하는 데 도덕과 평가의 본질적인 목적이 존재한다. 실제 교육에서 평가는 교수-학습 활동을 이끄는 역할을 하게 된다. 경험적으로, 도덕과 평가가 선택형 중심으로 이루어져 도덕과의 학습 내용 중 정보와 지식의 일부를 측정하는 데 그치게 되면, 학교에서의 도덕과 교육은 그에 적합한 정도의 얕은 지식 수준의 학습에 머무르게 된다. 즉, 본래 도덕과 교육에서는 도덕적으로 깊이 사고하고, 느끼며, 행동하는 것을 기대하지만, 도덕과 평가가 이 기대에 미치지 못하게 되면 도덕과의 교수-학습 과정은 진정으로 의미 있는 활동이 되기 어렵게 된다. 이러한 경우에는 평가가 도덕과의 교수-학습 활동을 바람직하지 못한 방향으로 이끌게 되는 것이다. 따라서 앞으로의 도덕과 평가는 중요하고 핵심적인 교육 목표의 성취 여부를 적절한 방식으로 평가함으로써 교수-학습 활동을 바람직한 방향으로 이끌 수 있도록 이루어져야 할 것이다(김현수, 1999). 도덕과 교육의 평가에서는 아동의 도덕성이 도덕과 교수-학습 지도 목표에 비추어 어떠한 발달을 가져왔는가를 밝히고 도덕적 신념, 태도, 사고력이 종합적으로 평가되어 도덕과 교육의 목적을 달성할 수 있도록 해야 한다.

2) 양적 평가로서의 특성

교육 현장에서 이루어지는 일 가운데 가장 중요한 것이 '가르치고 배우는 일'이라면 교육 평가에서도 가르치고 배우는 일이 제대로 진행될 수 있도록 교수-학습의 모든 과정을 돕는 일이 강조되어야 한다. 그럼에도 불구하고 기존의 학업 성취도 평가는 단편적인 지식이나 정보를 어느 정도 기억하고 있는지를 파악하여 학생들의 상대적인 서열을 매기기 위한 방편으로 사용되었다고 해도 과언이 아니다. 이와 같이 전통적으로 학생의 선발이나 배치, 서열화를 목적으로 학생들의 학습 결과를 양적으로 측정해 온 평가 방식을 '양적 평가'라 한다면, 그와 반대로 다소 임의적이기는 하지만, 학교교육 현장에서 교수-학습 과정을 개선하기 위해 각종 정보를 수집하고 교육적으로 가치 판단하는 평가 방식을 '질적 평가'라고 할 수 있다(백순근, 1998). 질적 평가의 일반적인 특징은 단편적인 영역에 대해 일회적으로 평가하지 않고 학생 개개인의 변화와 발달 과정을 전체적으로 파악하기 위해서 통합적이면서도 지속적으로 평가하는 것이며, 궁극적으로는 교수-학습 과정을 개선하기 위한 것이다. 이 질적 평가에서는 주로 통제되거나 강요된 상황이 아니라 자연스러운 상황 아래서 학생이 자기 나름대로 수행하는 것을 중심으로 하여 평가하기 때문에 학생의 개성이나 창의성을 충분히 고려하여 평가를 실시할 수 있다. 특히 질적 평가는 교육의 결과뿐만 아니라 교육의 과정을 매우 중시한다. 학생이 인지적으로 아는 것도 중요하지만, 아는 것을 실제로 적용할 수 있는 것도 중요하기 때문이다. 이러한 질적 평가의 대표적인 예로 수행 평가를 들 수 있다(조난심, 1998).

이제까지 평가에서 주류를 이루어 왔던 선택 검사는 단순한 지식이나 정보의 습득 여부에 대한 평가를 하기에는 좋은 방법일지 모르나, 학생들의 창의성, 문제해결력, 비판력, 판단력, 정보 수집 및 분석력 등 고등 사고 기능에 대한 평가를 하기는 어려웠다. 또 선택형 검사로는 학생들의 인지 구조의 변화나 이해 수준에 대한 정확한 진단이 어려우며, 학습의 과정에 대한 평가를 하기가 어려웠다.

수행 평가와 같은 질적 평가가 대안으로 제기된다는 것은 비록 기존의 전통적 평가 방식의 전적인 폐기를 주장하는 것은 아니다. 중요한 것은 양적 평가와 질적 평가의 보완이지, 어느 한 쪽에 대한 전적인 선택은 아니기 때문이다. 종래의 도덕과 평가에서 중시되었던 것은 교수-학습의 결과를 한두 번에 걸쳐 총괄적으로 평가를 했는데 그것도 인지적 영역을 중심으로 학생들의 도덕적 능력을 평가하는 경향이 있었다. 기존 평가의 문제점 중 가장 심각한 것은 전인 교육이라는 교육의 본질에 대한 직접적인 평가를 하지 않고 간접적인 평가를 하였다는 것이다. '전인'을 평가한다고 하면서 그 중 일부인 지적 요소만을 간접적으로 평가하여 왔다. 학교에서의 교육 평가가 누가 더 많은 지식을 기억하거나 재생할 수 있는지를 파악하여 학생의 선발이나 배치, 서열화를 목적으로 하는 양적 평가는 학생 개개인의 특성이나 교육적 성장·발달을 돕기 위한 질적 평가로 전환이 요구되고 있다. 다른 교과와는 달리 인지적 영역보다 정의적 영역을 중시하는 도덕과 교육에서는 수행 평가와 같은 질적 평가로 도덕성의 인지적, 정의적, 행동적 측면에 대한 종합적인 평가가 이루어져야겠다.

3) 객관주의의 오류

현행 도덕과 평가에서는 대부분이 표준화 검사와 선다형 시험에 크게 의존해 왔다. 이는 평가의 객관성과 신뢰성 그리고 공평성 확보라는 측면에서 큰 장점을 가지고 있지만, 이는 여러 측면에서 적지 않은 문제점을 노출시켰다.

첫째, 선다형 위주의 평가가 학생들이 실제로 알고 있는 것 혹은 행할 수 있는 것을 제대로 보고해 주지 못한다는 점이다. 즉, 도덕 성적이 높은 학생이 낮은 도덕 행동 수준을 나타내는 경우 학생 지도에 필요한 정보를 평가 결과가 구체적으로 제시해 주지 못한다.

둘째, 학생들에게 모든 질문에 대하여 옳은 혹은 그른 답이 있다는 그릇된 인상을 심어 주게 되어, 다양한 가치들에 대한 합리적인 판단 및 자율적인 선택의 기회를 제공하기보다는 이분법적인 사고를 촉진시킬 수 있다는 것이다.

셋째, 시험을 치루는 과정에서 학생들은 암기와 사실이나 개념의 회상에 의존하는 경향이 생긴다. 그래서 학생들에게 창의력이나 문제해결력, 비판력 등의 고등 사고 능력을 키워 주는 데 많은 한계를 지닌다.

넷째, 학생들이 '학습을 위하여 무엇이 중요한 것인가'라는 문제보다는 '출제자가 시험

문제로 쉽게 출제할 만한 것이 무엇인가'라는 데 더욱 중점을 두기 쉽다. 따라서 도덕 시험이 국어 시험이나 사회 시험과 차별화가 되지 못하고 도덕 시험에서 정답을 맞추는 것이 도덕과 교과 목표와 무슨 상관이 있는지 회의를 갖게 되기 쉽다.

다섯째, 교수-학습을 평가의 수단 내지 부차적인 것으로 간주하기 쉽다. 즉 선다형 시험을 통해 학생들은 어떻게 하면 정답을 잘 추측할 수 있는지, 그리고 어떤 문제를 포기해야 할지를 알게 됨으로써 시험을 위한 요령만을 터득하게 된다. 그 결과 학생들의 선택이 수동적으로 되기 쉽고, 학생들은 스스로 정답을 구성할 능력을 갖추기 어렵게 된다(차우규, 2000).

선택형 문항으로 대표되는 현행 도덕과 평가 방법의 가장 큰 장점은 채점의 객관성을 유지할 수 있다는 것이다. 즉, 누가 채점자가 되든 간에 똑같은 점수를 매길 수 있도록 문항을 작성한다는 원리가 그것이다. 그리고 이 원리는 평가는 공정해야 한다는 요구, 즉 채점자에 따라 특정한 학생이 이익이나 불이익을 받지 말아야 한다는 요구와 학교 평가에서 귀찮은 시비거리를 막자는 의도를 충족시켜 주고 있다. 그리고 우리나라의 학교와 같이 다인수 학급 체제에서는 평가 결과 처리의 간편성이라는 점에서도 이러한 형태가 각광을 받고 있다.

그러나 이러한 평가의 객관주의는 결국 평가자에 대한 불신과 평가 결과 처리의 신속성과 능률성이라는 두 가지 실제적인 필요에 기인하는 것이지 평가받는 학생에 대한 교육적 의미를 고려한 것은 아니다. 왜냐하면, 위와 같은 실제적인 필요의 충족은 도덕과 평가가 그 본질적인 기능을 달성하고 있는지의 여부를 말해 주는 '내용 타당도'를 희생시킨 결과 얻어진 것이기 때문이다. 이는 도덕과 평가에서 실제로 중요시되는 것은 객관적인 채점 가능성을 포함한 평가 도구의 신뢰도일 뿐이지, 도덕과 평가 문항이 본래 담고 있어야 할 교수-학습 활동을 제대로 반영하고 있느냐의 내용 타당도는 결코 아니기 때문이다(조난심, 1998).

도덕과의 학업 성취도를 객관식 지상주의, 곧 도덕적 지식 평가를 하는 데는 많은 문제점이 있다. 바람직한 도덕 판단 능력 및 도덕과 교육의 근본적인 목적과 관련지어 볼 때 타당도 면에서 도덕성의 인지적 측면과 정의적·행동적 측면을 도덕적 지식 평가만으로 평가하는 데는 한계가 있기 때문이다. 이와 같은 도덕과의 평가는 학생들의 다양한 능력을 평가하는 수행 평가의 기법들을 활용하여 도덕과 교육에서 추구하고자 하는 목표 도달도를 제대로 잴 수 있도록 평가가 이루어져야겠다.

2. 도덕과 평가의 방향과 준거

도덕과 평가의 방향을 설정하기 위해서 먼저 도덕과 수업의 일반적 성격과 목표에 대한 이해가 필요하다. 도덕과 수업에서 추구하고자 하는 목표는 타 교과에서 추구하고자 하는 목표와는 많은 차이점이 있다. 도덕과 수업은 궁극적으로 학생들의 건전한 가치와 태도의 변화를 추구하고 있다. 이런 점 때문에 도덕과 평가는 지적인 측면뿐만 아니라 정의적이고 행동적인 측면의 평가를 주요 대상으로 삼고 있다. 도덕과의 목적은 학생들로 하여금 인간으로서 마땅히 지키고 실천해야 할 보편적이고 이상적인 가치들과 우리 사회에서 바람직한 생활의 기준이 되는 도덕규범들을 내면화시켜 올바른 행동 습관을 기르는 동시에, 다양한 도덕 문제를 합리적으로 해결할 수 있는 도덕적 사고력과 가치 판단 능력을 길러 주는 데 역점을 둔다.

도덕과 교육의 평가 대상과 방법의 문제는 도덕과 교육의 성격과 밀접한 관련성이 있으므로 이를 규명해야 할 것이다. 도덕과 교육은 도덕성의 인지적 영역과 정의적·행동적 영역을 포괄하는 교과이다. 따라서 도덕 교과의 평가는 도덕성의 이 세 가지 영역이 평가의 대상이 된다. 이를 구체적으로 살펴보면 인지적 영역에는 도덕적 지식과 사고력이 포함된다. 이돈희(1989)는 도덕적 지식을 "도덕 생활에 적용되며 또한 도덕 수업에서 전달되고 있는 도덕적인 지혜나 학설 혹은 규범"으로 파악하였다. 이러한 도덕적 지식은 도덕적 사고력이나 신념 형성 및 다른 도덕적 요소들이 발휘되고 개발되기 위한 기본적 역할을 한다는 데 그 의의가 있다. 도덕적 지식의 평가는 단편적인 지식의 확인에 그치기 쉽다. 이를 극복하기 위해 도덕적 문제 사태에 대한 폭넓은 안목을 기르는 도덕적 사고력, 문제해결력의 평가가 이루어져야 한다.

사고는 도덕적 갈등과 문제를 해결하는 지적 노력이라고 할 수 있다. 문제와 상관없이 전개되는 '생각'은 공상이거나 꿈에 불과하다. 여기서 '문제'라는 것은 목적 혹은 목표를 지향하는 인간 행위가 방해를 받고 있는 상황을 가리킨다. 도덕 생활에서의 문제는 어떤 규범에 비추어 옳다고 생각되는 행위(혹은 행동)를 주어진 조건에서 실천할 수 없도록 되어 있다거나, 신념과 신념, 혹은 습관과 습관, 혹은 충동과 신념의 갈등이 생겨, 실천의 수행에 곤란이 있을 경우를 뜻한다. 도덕적 사고는 여기에서 문제를 해결하는 '방법'을 찾는 지적 노력이다. 말하자면, 어떤 가치(혹은 규범)를 쫓아 어떻게 행동해야 하는가를 '판단'하는 과정이 바로 사고이다. 그러므로, 도덕적 사고력은 도덕적 문제해결의 능력이라고 말할 수 있으며, 따라서 도덕적 사고력을 평가한다는 것은 곧 문제해결의 능력을 평가하는 것이다(이근철 외, 1998).

도덕과의 정의적, 행동적 영역은 도덕적 가치·태도의 평가와 도덕적 행동·습관의 평가로 나누어진다. 도덕 가치와 태도는 도덕과 정의적 영역의 핵심적인 요소이며 도덕과의 궁극 목표인 도덕적 행위의 실천에 없어서는 안 될 중요한 바탕이 된다. 가치는 특수한 행위의 양식이나 생활의 목적 상태가 그 반대 것보다 낫다는 지속적인 신념으로 이해되고 있다(정세구, 1979). 도덕적 행동에 대한 평가를 살펴보면 도덕적 행동이란 도덕적 규범이나 원리에 합치되는 행동을 말하며, 도덕적 습관이란 "도덕적 신념이 반복적으로 혹은 지속적으로 실천되고 있는 상태"(이돈희, 1989)를 일컫는다. 도덕적 행동은 도덕적 지식과 정서, 가치, 태도 등 도덕성의 지적 요소 및 정의적 요소를 바탕으로 하여 나타나는 행동이며, 이것은 하나의 행동 경향으로 지속될 때 도덕적 습관이 형성되는 것이다.

도덕과 교육에서 행동의 평가는 학생들이 사회에서 하고 있는 행동을 '옳다', '그르다'로 판단하여 도덕 점수를 매기는 것이 아니라, 학생들이 도덕적 사태에 직면했을 때 학생들이 가급적 그 행동의 이유를 알고 이를 실천으로 옮길 수 있도록, 이성적으로 사고하고 정서적으로 민감하게 되고 행동으로 습관화되는 과정을 평가해야 한다고 많은 사람들이 주장하고 있다(이근철 외, 1998).

지금까지의 도덕과 평가는 학생들의 도덕적 삶에 대한 주체적 결단이 필요한 정의적 및 행동적 영역의 평가보다는 인지적 영역의 평가에 치중한 경향이 많았다. 이와 같은 현상은 정의적 영역 및 행동적 영역의 평가 방안에 대한 연구가 부족했던 원인도 있겠으나 그보다는 정의적 영역 및 행동적 영역의 평가의 어려움에 있었다고 볼 수 있다. 조난심과 정재걸(1985)은 도덕과의 평가 기준을 도덕적 열정성과 도덕적 합리성으로 구분하여 지적 영역과 정의적 영역의 통합적 평가를 제시하고 있는데 이들이 제시하는 도덕과의 평가 기준은 〈표 9-1〉과 같다.

〈표 9-1〉 도덕과의 평가 기준

구 분	평가의 기준	정 도
도덕적 열정성	• 도덕적 사태에 대한 민감성 • 문제 사태 해결을 위한 적극성	예민 – 둔감 적극적 – 소극적
도덕적 합리성	• 도덕적 사태 파악의 정확성 • 도덕규범의 이해 정도 • 원인 분석 범위의 포괄성	정확 – 부정확 높은 수준 – 낮은 수준 포괄적 – 편협적

〈표 9-1〉에서 구분된 도덕적 열정성은 도덕성의 지식 혹은 합리적 측면과 대비되는 의미로 사용되며, 어떤 특정한 도덕적 사태(문제)에 대해서 가질 수 있는 인간의 정서적 반응, 행위, 경향성 등을 통칭하는 뜻을 가진다. 도덕적 열정성은 '도덕적 사태에 대한 민감성'과 '문제 사태 해결을 위한 적극성'의 기준에 의하여 평가된다. 반면, 도덕적 합리성은 도덕적 사태 파악의 정확성, 도덕적 규범의 이해 정도, 원인 분석의 포괄성 등이 포함된다. 이러한 기준의 특성은 도덕적 평가의 통합적 접근을 시도한 것으로서, 도덕적 신념의 평가를 위한 도덕적 합리성의 평가를 적절하게 조화한 것으로 볼 수 있다(차우규, 2000).

학교의 도덕과 교육 역시 다른 교과교육의 평가와 마찬가지로 교과의 학업 성취도를 중시한다. 그런데 이와 같은 교과의 학업 성취가 곧바로 학생들의 도덕적 행동으로 이어지지 못하기 때문에 도덕과 평가는 학업 성취 평가와 도덕성 평가의 두 가지가 동시에 이루어져야 한다.

도덕과 평가 준거를 설정할 때에 고려되어야 할 또 다른 사항은 평가 결과에 대한 해석이 교사의 수업 개선과 학생의 학습 심화에 피드백(feedback)되어야 한다는 점이다. 평가는 학생의 능력과 균형 있는 발달이 어느 정도로 성취되어 있으며 어떤 측면에 부족한 점이 있는가를 드러내 주어 교사와 학생이 장차 힘써야 할 방향을 부각시키는 것이어야 한다. 도덕과 평가가 이러한 기능을 다하기 위해서는 무엇보다도 평가의 주체자인 교사의 안목이 중요하다(서강식, 2000).

도덕과 평가 준거를 결정할 때에는 도덕적 지식에만 지나치게 의존하여 단편적인 지식 평가를 할 것이 아니라 전인 교육이라는 교육의 본질을 추구하는 방향으로 평가 준거가 마련되어야 한다. 전인 교육의 이상은 지(知)·덕(德)·체(體)의 조화로서 신체적·심리적·사회적 제 특성의 균형적 발달로서 개인의 모든 능력을 최대한으로 발전시켜 창조적 개인을 형성시키는 것이다. 또한 평가 결과는 학생들의 도덕성 함양 및 수업 개선을 위한 근거 자료로 활용되는 것이 고려되어야 한다. 즉, 수행 평가는 교육의 결과뿐만 아니라 교육의 과정도 함께 중시하며 학생 개개인의 변화 발달 과정을 종합적으로 평가해야 한다. 이러한 평가 방법의 도입은 도덕교육을 통하여 학생들의 도덕성 함양 및 도덕적 행동의 습관화로 '사람다운 사람 형성'이라는 교육의 목적에 기여해야 한다.

제2절 도덕과 수행 평가의 이론과 특징

1. 수행 평가의 이론적 기초

1) 수행 평가의 의미

교육 현장에서 수행 평가라는 용어가 널리 사용되기 시작한 것은 최근의 일이지만, 그러한 형태의 평가 방식 자체는 우리의 전통사회에서 이미 오래 전부터 사용되어 오던 인재 평가와 등용(登用) 방식이다. 어떤 학자는 수행 평가 방식의 역사적인 시초를 B.C. 2000년경에 중국에서 관리를 임용하기 위해 시행되었다고 전해지는 원시적인 형태의 인재 등용 제도에서 찾기도 한다. 고대 중국 사회의 인재 등용 방식이나 삼국시대 신라의 화랑제도에서 우리는 수행 평가 형식을 중심으로 하여 인재를 평가하고 선발하던 흔적을 추적해 볼 수 있다.

> "임금이나 신하들이 인재를 알아낼 수 없는 것을 근심하여 동무들끼리 여럿이 모여 놀게 하고 그들의 행동거지를 살펴본 후에 이를 천거하여 등용하기로 하였다. …도의(道義)로써 서로 연마하고 혹은 노래와 음악으로써 서로 즐기며, 산수(山水)를 즐겨 찾아다니며 유람하되 그들(화랑 花郞)의 발길이 안 닿은 곳이 없었다. 이로 인하여 그 인품의 바르고 바르지 못한 것(正邪)을 알게 되어 그 가운데 선량한 인물을 택하여 조정에 추천하였다."
> (37年春 … 君臣病無以知人 欲使類聚群遊 以觀其行義 然後擧而用之 … 或相磨以道義 或相悅以歌樂 遊娛山水 無遠不至 因此知其人邪正 擇其善者 薦之於朝: 『三國史記』 卷4 新羅本紀 眞興王)

이러한 인재 선발과 등용 방식이 동양 사회에서 시험 중심의 과거 제도(科擧制度)로 전환된 것이 6세기경 수(隋: 581-618)나라에 이르러서이고, 우리나라에서는 신라시대부터 독서삼품과(讀書三品科) 형태의 인재 선발 평가 방식을 유지해 오다가 10세기경 고려 광종(光宗) 때부터 과거 시험을 본격화하게 되었다. 이후 조선 후기에 이르기까지 시험 중심의 인재 평가 방식에 대한 문제점 지적이나 평가 방식을 개선하고자 할 때마다 많은 사람들이 인간의 지식만 아니라, 도덕적 행실과 덕행을 평가에 반영해야 한다는 점을 지적해 오고 있다. 조선 후기 대부분의 실학자들은 사회 개혁을 구상하면서 학교제도나 시험 중심의 과거제도 개혁을 주장하고 있다. 반계(磻溪) 유형원(柳馨遠, 1622-1673)이나 성호 이익이나 다산 정약용 같은 이들도 조선 사회의 전반적 개혁을 구상하면서 학교와 과거제도 개혁을 주장하고 있다. 이 가운데 반계 유형원의 교육개혁 구상의 일면을 살펴보면 결국 인재 평가 방식을 지필 중심의 과거 시험 평가보다는 학교교육의 과정에서 수행 평가 형식을 취해야 한다는 점을 강조하고 있다.

> "학교에서 강독(講讀)을 고사(考査)하고 시문(詩文)을 짓게 하는 것은 때때로 그 표현과 생각을 관찰하여 그것으로써 그의 행실을 살펴서 권면하는 기본 자료로 삼을 뿐이요. 지금의 과거 시험과 같이 그것으로써 사람을 뽑는 격식으로 삼을 것이 아니다. 그 상급 학교에 올리는 것도 구두점 찍는(句讀) 능력이나 글자를 해독하는 데 있지 않으며, 또한 문벌의 귀천으로 정하지 아니하고 오직 현능한 실상으로 정해야 될 것이니, 교육과 선거를 주관하는 사람은 마땅히 깊이 이 뜻을 받들어야 할 것이다."
>
> (凡學中考講製述 時觀言意 以爲省勵其實之地而已 非若今之科擧 以是爲選格也 其論升則不在句讀文字 亦不以門地貴賤 惟以賢能之實爾 主敎選者 宜深體此意 : 『磻溪隨錄』 卷10 敎選之制 下)

동양 사회의 역사적 전통을 고려할 때 수행 평가는 우리에게 아주 새로운 형태의 평가 방식이 아니라 이상적인 평가 방안이었으며, 우리의 전통 사회에서 교육개혁 구상과 관련하여 가치 있는 대안으로서 항상 논의되고 주목되어 왔다는 사실을 알 수 있다.

2) 수행 평가의 개념

수행 평가는 특정한 과제에 대해 학생들의 수행 과정이나 수행한 결과에 대하여 교육적으로 판단하는 것을 의미한다. 평가자 혹은 교사는 학생들이 수행하는 과정을 관찰하여 어떤 교육적인 판단을 내리거나 학생들의 산출의 특징을 판단한다. 이런 의미에서 수행 평가와 관련된 다양한 정의 방식을 정리해 보면 다음과 같다. 먼저 교육부(1998)는 수행 평가를 "평가자가 학습자들의 학습 과제 수행 과정 및 결과를 직접 관찰하고, 그 결과를 전문적으로 판단하는 평가 방식"이라고 정의하고 있고, 버크(R. A. Berk, 1986)는 "개인에 대한 의사 결정을 위해 체계적인 관찰에 의하여 자료를 수집하는 과정"이라 하였고(한국초등교육평가연구회, 1997), 남명호(1995)는 "어떤 과제에 대하여 학생의 직접적이고 실질적인 수행의 평가를 말하는 것으로 검사 문항과 같은 간접적이고 대리적인 과제의 수행과는 대비되는 것을 의미한다"고 하였다. 박도순(1995)은 "수행 평가란 학생 개개인이 처한 상황이라는 요인을 고려하여 과제 수행 과정과 그 결과에 대한 포괄적인 평가를 말한다"라고 의견을 제시하였다. 백순근(2000)은 수행 평가란 "학생 스스로가 자신의 지식이나 기능이나 태도를 나타낼 수 있도록 답을 작성(서술 혹은 구성)하거나, 발표하거나, 산출물을 만들거나, 행동으로 나타내도록 요구하는 평가 방식"이라고 정의하고 있다.

최근에는 수행 평가라는 용어를 대안적인 평가(alternative assessment), 실제 상황에서의 평가(authentic assessment), 직접적인 평가(direct assessment), 실기 시험(performance based assessment), 포트폴리오(portfolio)법, 과정(중심) 평가 등이 가지는 주요 특성들을 모두 포괄하는 의미로 사용하고 있다(백순근, 2000).

새로운 평가 방식 중 특히 수행 평가와 실제 상황에서의 평가 개념은 우리나라 전문가들 사이에서도 분명히 구분됨이 없이 마구잡이로 사용되고 있고, 또한 전통적 평가와의 관계에 대한 입장 정립이 이루어지지 못한 상태에서 일부 교육 기관에서의 새로운 평가에 대한 무조건적인 강조는 초등학교 현장의 어려움을 더욱 가중시키고 있는 실정이다. 수행 평가(performance assessment)는 평가될 학생 반응의 종류에 초점이 맞춰진 개념인 데 비하여 실제 평가(authentic assessment)는 학생이 수행하는 내용에 초점이 맞춰진 개념이라고 할 수 있다. 앨러맨과 브로피(J. Alleman & J. Brophy, 1993)는 수행 평가는 학습자 스스로 습득한 지식과 기능을 나타낼 수 있도록 산출물을 만들고, 행동으로 표현하거나 답을 구성하도록 하는 반면에 실제 평가는 학습자에게 요구되는 행동이나 과업을 실제 상황에서 표현하고 완수하는 과정, 즉 학습자의 수행, 산출물, 태도와 가치 등 모든 관련 정보를 수집하는 방법이다(차우규, 1998).

넓은 의미의 수행 평가란 교사가 학생이 학습 과제를 수행하는 과정이나 그 결과를 보고 그 학생의 지식이나 기능, 태도 등에 대해 전문적으로 판단하는 평가 방식, 즉 학생 스스로가 자신의 지식이나 기능 태도를 나타낼 수 있도록 답을 작성하거나 발표하고 산출물을 만들어 행동으로 나타내도록 요구하는 평가 방식이라고 정의할 수 있다. 넓은 의미의 수행 평가와 그와 유사한 용어들과의 상호 관련성을 살펴보면 〈표 9-2〉와 같이 정리할 수 있다(백순근, 2000).

〈표 9-2〉 수행 평가와 관련하여 사용되는 유사 용어들

유사 용어	주요 특성
대안적 평가 (alternative assessment)	• 한 시대의 주류를 이루는 평가 체제와 성질을 달리하는 평가 체제 • 선택형 문항을 사용하는 표준화된 검사의 대안적인 평가 • 대학 수학 능력 시험과 같은 일회성 시험에 대한 대안적인 평가 • 결과 중심의 평가에 대한 대안적인 평가 • 수행 평가는 대안적인 평가의 한 사례임

유사 용어	주요 특성
실제 상황 에서의 평가 (authentic assessment)	• 평가 상황이나 내용이 가능한 한 실제 상황이나 내용과 유사해야 함을 강조 • 도덕 성적이 높은 것과 도덕성이 높은 것을 별개라는 입장과 유사 • true assessment라고도 함. 진정한 평가 참 평가로 번역되기도 함 • 교사의 교수 능력을 평가하기 위해 직접 가르쳐 보도록 하는 것과 유사 • 수행 평가 방식 중의 한 특수한 사례라고도 할 수 있음
직접적인 평가 (direct assessment)	• 간접적인 평가 방법보다는 직접적인 평가 방법을 중시 • 정답을 선택할 수 있는 것보다 정답을 서술하거나 구성할 수 있는 것을 중시 • 도덕성을 지필식, 구두 시험보다는 학생의 행동을 직접 보고 평가하는 것 • 수행 평가는 가능한 한 직접적인 평가의 성격을 풍부하게 포함하려고 함
실기 시험 (performance-based assessment)	• 지필식 시험보다 실기 시험 중시 • 단순히 아는 것보다 실제로 할 줄 아는 것이 중요함을 강조 • 실기 평가는 수행 평가의 한 유형임
포트폴리오법 (portfolio)	• 시험이 아니라 학생이 쓰거나 만든 작품집이나 서류철 등을 이용한 평가 • 결과가 나오게 된 과정 및 변화에 대한 평가를 중시함 • 성취도 자체도 중요하지만 학생의 노력이나 향상도 중요 • 일회적이고 단절적인 평가가 아니라 지속적이면서도 통합적인 평가 중시 • 수행 평가의 대표적인 한 유형임
과정(중심)평가	• 학습의 결과가 아니라 학습의 과정을 평가의 주요 대상으로 설정하는 평가 • 과정(중심) 평가는 수행 평가가 강조하는 중요한 측면 중의 하나임

⇒ 1990년대부터 이러한 유사 개념들이 주요 특성들을 포괄적으로 지칭하기 위해 '수행 평가'라는 용어를 사용하고 있음

수행 평가는 학생을 평가함에 있어서 담당 교사의 전문적인 관찰과 판단을 중시하면서 동시에 평가 방법의 다양화·전문화·특성화를 지향하는 포괄적인 방법으로서, 21세기 지식·정보화 시대를 맞이하여 종래의 교육 평가 체제를 재구조화하기 위해서 교육 평가가 나아갈 방향을 제시하는 하나의 새로운 관점이다. 특히 우리나라 교육부(1998)가 수행 평가를 확대 실시하자는 취지 속에는 학생을 직접 가르치는 담당 교사가 그 학생에 대해서 가장 잘 평가할 수 있다는 사실에 근거하여, 수행 평가를 담당 교사의 자율성과 전문성에 근거하여 시행하도록 하고 있다. 이러한 취지는 담당 교사에게 '가르치는 권한'뿐만 아니라 '평가하는 권한'을 실질적으로 보장하자는 의미를 강조하는 것이기도 하다.

2. 수행 평가의 특징

수행 평가는 근본적으로 '학생이 무엇을 알고 있는가'라는 측면만을 평가하고 측정하려는 것이 아니며, 학생이 알고 있는 지식을 바탕으로 무엇을 실천할 수 있는지를 평가하고 측정하려는 데 목적을 두고, 지식(knowledge), 기능(skills), 가치(values)를 모두 평가의 대상으로 포함하는 평가 방식이라는 데 가장 큰 특징이 있다(박영서, 1998). 기존의 평가 방식이 수행 평가 형태로 변하는 것은 단순한 평가 방식의 변화만을 나타내는 것이 아니라, 평가와 관련된 다양한 교육적 관점의 변화를 전제하는 것이다. 기존 평가 방식을 수행 평가로 전환할 경우 학교교육에서 평가는 ① 진리관과 학습관의 변화, ② 평가 개념의 변화, ③ 양적 평가에서 질적 평가로의 전환을 전제하고 있다.

전통적인 평가 체제가 '외부의 세계나 지식은 개별 인간과는 독립적으로 존재하는 것이라 생각하는 절대주의 진리관'에 근거한 것이라면 수행 평가와 같은 새로운 평가 체제는 '외부의 세계나 지식이 개인과는 별개로 존재하는 것이 아니라 개개인에 의해 창조되고, 구성되고, 재조직되는 것이라 생각하는 상대주의 진리관'에 근거한 것이다. 선택형 시험과 같은 전통적인 평가 체제와 비교하여 수행 평가와 같은 새로운 평가 체제의 특성을 요약·제시하면 〈표 9−3〉과 같다(백순근, 2000).

〈표 9-3〉 전통적인 평가 체제와 수행 평가의 특성 비교

구 분	전통적인 평가 체제 (예: 선택형 시험)	새로운 평가 체제 (예: 수행 평가)
진리관	절대주의적 진리관	상대주의적 진리관
지식관	객관적인 사실이나 법칙 개인과 독립적으로 존재	상황이나 맥락에 따라 변함 개개인에 의해 창조, 구성, 재조직됨
철학적인 근거	합리론 경험론 등	구성주의 현상학 해석학 인류학 등
시대적 상황	산업화 시대 소품종 대량 생산	정보화 시대 다품종 소량 생산
학습관	직선적·위계적·연속적 과정 추상적·객관적 상황 중시 학습자의 기억·재생산 중시	인지 구조의 계속적 변화 구체적·주관적 상황 중시 학습자의 이해·성장 중시

구 분	전통적인 평가 체제 (예: 선택형 시험)	새로운 평가 체제 (예: 수행 평가)
평가 체제	상대 평가 양적 평가 선발형 평가	절대 평가 질적 평가 충고형 평가
평가 목적	선발 · 분류 · 배치 한 줄 세우기	지도 · 조언 · 개선 여러 줄 세우기
평가 내용	선언적 지식(내용적 지식) 학습의 결과 중시 학문적 지능의 구성 요소	절차적 지식(방법적 지식) 학습의 결과 및 과정도 중시 실천적 지능의 구성 요소
평가 방법	선택형 평가 위주 표준화 검사 중시 대규모 평가 중시 일회적 · 부분적인 평가 객관성 · 일관성 · 공정성 강조	수행 평가 위주 개별 교사에 의한 평가 중시 소규모 평가 중시 지속적 · 종합적인 평가 전문성 · 타당도 · 적합성 강조
평가 시기	학습 활동이 종료되는 시점 교수-학습과 평가 활동 분리	학습 활동의 모든 과정 교수-학습과 평가 활동 통합
교사의 역할	지식의 전달자	학습의 안내자 · 촉진자
학생의 역할	수동적인 학습자 지식의 재생산자	능동적인 학습자 지식의 창조자
교과서의 역할	교수-학습 평가의 핵심 내용	교수-학습 평가의 보조 자료
교수-학습 활동	교사 중심 인지적 영역 중심 암기 위주 기본 학습 능력 강조	학생 중심 지 · 정 · 체 모두 강조 탐구 위주 창의성 등 고등 사고 기능 강조

제3절 도덕과 수행 평가 유형

초등학교 도덕과 교육에 흔히 사용되는 수행 평가 방법으로는 서술형(주관식) 검사, 논술형 검사, 토론법, 실기 시험, 실험 · 실습법, 면접법, 관찰법, 자기 평가 보고서 및 동료 평가 보고서법, 포토폴리오법 등이 있다. 이러한 방법들은, 과거에도 있었던 것이지만, 학습에 있어서 기존의 권위나 가치관에 대한 수동적인 수용보다는 자기 나름의 세계를 재창조해 가는 과정을 강조하는 근래의 인지 심리학에 힘입어 창의성이나 문제해결력 등 고등 사고 기능을 파악하고 신장하기 위한 수행 평가 방법으로 새롭게 각광받고 있다. 어떤 평가 방법이 수행 평가 방법에 속하느냐 속하지 않느냐의 문제는 그 평가 방법이 어떤 상황에서 어떠한 방식으로 시행되느냐에 달려 있다. 또한 동일한 평가 방법이라고 하더라도 교과목의 특성이나 평가하고자 하는 능력의 특성에 따라 수행 평가의 본질을 구현하는 정도가 달라진다.

초등학교 도덕과 수행 평가 유형으로 가장 많이 활용될 수 있는 서술형 검사, 논술형 검사, 찬·반 토론법, 면접법, 관찰법, 연구 보고서법, 포토폴리오법, 자기 평가 및 동료 평가 보고서법 등의 8가지 유형에 대한 원리 및 특성, 평가 사례, 평가 문항, 채점 기준 등을 제시하면 아래와 같다.

1. 서술형 검사

1) 원리 및 특징

서술형 검사란 흔히 주관식 검사라고 하는 것으로, 문제의 답을 선택하는 것이 아니라 학생들이 직접 서술하는 검사 형태이다. 질문의 형태에 있어서 종래에는 단편적인 지식을 묻는 것이 대부분이었으나, 최근에는 창의성 등 고등 사고 기능을 묻는 것이 대부분이다. 서술형 평가 문항을 작성하는 일반적인 절차는 다음과 같다(백순근, 1998).

① 교과의 하위 내용 영역별로 서술형 평가에 적절한 평가 목표를 추출한다. 평가 목표를 추출할 때, 평가 영역과 평가할 내용 및 인지적 행동 영역 요소를 선정하여야 한다.

② 문제 상황을 설정하여 문항의 체계 및 발문을 구상한다. 단독 과제형과 자료 제시형 중에서 평가하려는 목표를 기초로 해서 어떤 문제 상황이 가장 적절한가를 결정한다. 단독 과제형이란 구체적인 문제 상황이 주어지지 않고 어떤 특정 영역의 내용을 쓰게 하는 것이다. 자료 제시형이란 구체적인 사실적 자료를 제공해 주고 그것을 비평하거나 그 자료에서 어떤 합리적인 결론을 끌어내도록 요구하는 것과 같은 문제 유형이다.

문항을 작성할 때는 평가 대상 학생의 학문적 혹은 정서적 배경을 적절히 고려한다. 이것은 학생들의 반응이 어디에서부터 시작하여 대답할 것인가를 예상하여 문제 작성 과정부터 가능한 한 명확하게 하여 문항을 작성한다.

③ 모범 답안을 작성한다. 서술형의 경우 적어도 2명 이상의 출제진이 각자 나름대로 예비적인 모범 답안을 작성한 후, 토론 및 협의를 통해서 최종적인 모범 답안을 작성한다. 출제자가 모범 답안을 작성하거나 작성 후 검토 과정에서 앞서 제작한 검사 문항 자체를 수정·보완해야 하는 경우가 많이 발생하기 때문에 최종 문항을 인쇄하기 전에 반드시 모범 답안의 작성 과정을 거쳐야 한다. 흔히 서술형이나 논술형 검사의 출제자들이 모범 답안을 꺼리는 경우가 많이 있다. 그러나 출제자들이 모범 답안을 작성하지 않고 채점 기준표를 만들면 채점 기준표가 애매 모호해지는 경우가 많기 때문이다. 따라서 서술형 검사를 제작할 경우에는 반드시 모범 답안을 작성한 후 채점 기준표를 완성하도록 해야 한다. 또한 모범 답안이 여러 가지로 될 수 있는 경우에는 가급적 가능한 경우를 모두 나열하도록 한다.

④ 채점 기준표를 작성한다. 문항별로 모범 답안에 근거하여 채점 기준표를 작성함에 있어서 채점 요소의 대항목과 소항목을 결정하고 각각에 대한 배점을 한다. 배점에 있어서는 요소의 비중에 따라 배점을 차등화하여 채점 기준을 상세화한다. 서술형의 채점 기준 작성 방식으로는 ⓐ 사례 나열 방식, ⓑ 감점 조건 제시 방식, ⓒ 요소별 배점 방식 등이 있다. 사례 나열 방식은 부분 점수를 받을 수 있는 가능한 모든 답안의 예를 구체적으로 제시하고, 각각에 대한 득점을 명시하는 형태이다. 감정 조건 제시 방식은 감점을 당하게 되어 있는 답안상의 미비점을 구체적으로 명시하고, 그에 대한 감점 값을 명시하는 형태이다. 요소별 배점 방식은 정답 혹은 모범 답안을 구성하고 있는 채점 요소 각각에 대하여 배점을 명시하는 방법이다.

2) 평가 사례

<table>
<tr><td>평가 시기</td><td>10월 2주</td><td>관련 단원</td><td>정다운 이웃</td><td>영역</td><td colspan="2">○ ○</td></tr>
<tr><td>평가 목표</td><td colspan="6">이웃과의 관계를 알고 서로 아끼고 존중하는 마음을 갖는다.</td></tr>
<tr><td>평가 과제</td><td colspan="4">이웃과의 조화로운 생활을 위한 바른 자세에 대하여 글로 쓰기</td><td>준비물</td><td>평가지</td></tr>
<tr><td>평가 관점</td><td colspan="6">향토애는 학교 생활을 통해서는 평가하기는 어려운 점이 있다. 따라서 이웃이 지니는 의미와 나와의 관계를 파악하는 도덕적 지식의 평가, 이웃과의 조화로운 생활을 통해 고장의 발전에 이바지하려는 신념과 태도, 여러 가지 상황에서 올바른 이웃 생활 관계를 판단하는 도덕적 사고력과 좋은 이웃 생활의 실천 등에 중점을 두어 평가가 이루어져야 한다.</td></tr>
<tr><td>평가 문항</td><td colspan="6">평가 문항지에 나와 있는 글을 읽고 '참된 이웃 사랑'과 '참된 이웃'에 대한 자신의 생각을 써 보시오.</td></tr>
<tr><td>평가 절차</td><td colspan="6">• 이야기 자료를 아동들에게 제시한다.
• 차분히 앉아 읽도록 한다.
• 잠시 생각할 시간을 준다.
• 문제가 의도하는 바를 정확하게 파악하고 서술하게 한다.</td></tr>
<tr><td>평가상의 유의점</td><td colspan="6">• 이웃과 함께 살면서 생길 수 있는 여러 가지 상황에서 어떻게 해야 이웃과 조화를 이루며 살 수 있는지 서술하게 한다.
• 아동이 서술하기에 너무 어려운 문제는 가급적 피하고 또한 아동들이 작성한 답안에 그들의 정의적 특성과 행동적 특성이 잘 나타나도록 질문하는 것이 바람직하다.</td></tr>
</table>

3) 평가 문항

<table>
<tr><td>영 역</td><td>○ ○</td><td>관련 단원</td><td>정다운 이웃</td></tr>
<tr><td colspan="4">○ ○ 초등 학교 제 ○ 학년 ( ) 반 ( ) 번 이름 ( )</td></tr>
</table>

♣ 다음 글을 읽고 '참된 이웃 사랑'과 '참된 이웃'에 대한 자신의 생각을 써보시오.

복순이네 아버지는 고집이 세고 성질도 괴팍하여 남과 잘 어울리지 않는 성격을 가지고 있었습니다. 그리고 복순이네 집은 마을 공동 일에 참여하지도 않으며 그런 일은 필요 없는 일이라고 불평만 늘어놓았습니다.

마을 회의, 마을 청소, 마을 길 보수 등에도 나오지를 않아 성격이 급한 동네 사람들은 복순이네를 동네에서 살지 못하게 내쫓자고까지 하였습니다.

그러던 어느 날, 비바람이 몹시 불어서 복순이네와 석이네의 담장이 무너지고 말았습니다. 석이네 집에는 많은 동네 사람들이 모여서 몇 시간만에 담장을 고쳤는데 복순이네는 복순이 아버지 혼자서 일을 하기 때문에 앞으로 이틀은 더 걸리게 되었습니다. 석이네 일을 마친 동네 사람들은 복순이 아버지 이야기를 하면서 저런 사람은 고생을 해 보아야 이웃의 필요성을 느낄 것이라고 하면서 아무도 도와주지 말자고 하였습니다. 그런데 철수와 영철이 아버지는 그동안 복순이 아버지의 행동에 섭섭한 마음은 있었지만은 어떻게 이웃이 큰 어려움을 겪고 있는 데 모른 척하느냐고 하면서 복순이네 집에 가서 일을 도와주었습니다.

4) 채점 기준

등급 / 영역	잘 함	보 통	미 흡
문제 인식 능력	참된 이웃을 올바르게 지적하고 그 이유가 논리적이며 타당하다.	참된 이웃을 올바르게 지적하였고 그 이유가 논리적이지만 타당하지 않다.	참된 이웃을 올바르게 지적하지 못하였다.
의사 표시 능력	참된 이웃에 대한 자신의 견해를 충분히 밝혔다.	참된 이웃에 대한 자신의 견해를 불충분하게 밝혔다.	참된 이웃에 대한 자신의 견해를 밝히지 못하였다.
공동체적 삶의 중요성 인식 능력	이웃과의 바람직한 관계, 즉 참다운 이웃 관계의 중요성을 인식하고 그에 대한 의지 확립이 나타난다.	이웃 관계의 중요성을 인식하지만 참다운 이웃 관계 확립을 위한 의지가 엿보이지 않는다.	이웃 관계의 중요성에 대한 인식과 참다운 이웃 관계 확립을 위한 의지 중에서 그 어느 것도 나타나지 않는다.

5) 모범 예시 답안

우리는 가까이 지내는 이웃을 가리켜 이웃 사촌이라고 부르면서 멀리 있는 친척보다 더 가까이 도움을 주고받으며 살아왔다. 이웃에 어려운 일이 있으면 자기 일처럼 도와주고 기쁜 일이 있으면 함께 기쁨을 나누었다. 그러나 오늘날 사회가 복잡해지고 도시화 현상이 심화되면서 이웃을 모르고 지내거나 무관심하게 지내는 일이 많아졌다. 사람은 모든 문제를 혼자서 해결하면서 살아갈 수는 없다. 평소에 자기 일만 하고 남과 왕래를 하지 않고 살아 온 복순이 아버지는 이런 재난이 자기에게 닥쳐올지는 몰랐을 것이다.

아무리 미운 이웃이라도 큰 어려움을 당했을 때 철수와 영철이 아버지처럼 도움을 주는 것은 참다운 이웃 사랑의 실천이라고 볼 수 있다. 그동안의 복순이 아버지의 행동을 생각하면 미운 생각도 들지만, 이웃의 도움을 받은 복순이 아버지는 자기의 잘못을 깨달아 이웃의 소중함을 알고 이웃과 정답게 지내며 마을 일에도 협조할 것이라고 생각된다. 이웃과 정답게 지내려면 내가 먼저 이웃에게 사랑을 베풀고 관심을 갖는 것이 필요하다고 생각된다.

이 이야기를 읽고 그동안 이웃에 사는 어른을 보아도 모르는 척 인사를 하지 않고 지나갔는데 앞으로 이웃에 사는 어른을 보면 인사도 잘 하고 동생들도 돌보아주며 이웃 사람들과 사이좋게 생활을 해야겠다는 생각을 하였다.

2. 논술형 검사

1) 원리 및 특징

논술형 검사도 일종의 서술형 검사이기는 하지만 개인 나름의 생각이나 주장을 창의적이고 논리적이면서도 설득력 있게 조직하여 작성해야 함을 강조한다는 점에서 일반 서술형과 구분된다. 대체로 서술형 검사라고 할 경우는 학생이 서술해야 할 분량이 많지 않고 또 채점을 할 때 서술된 내용의 깊이와 넓이에만 관심이 있는 반면 논술형 검사는 서술된 내용의 깊이와 넓이뿐만 아니라 글을 조직하고 구성하는 표현 능력이나 논리적인 일관성에 관심을 둔다. 이러한 논술형 검사를 통해서 학생들의 창의력, 문제해결력, 비판력, 조직력, 정보 수집 및 분석력 등 고등 사고 기능을 제대로 평가할 수 있게 된다.

2) 평가 사례

<table>
<tr><td>평가 시기</td><td>3월 3주</td><td>관련 단원</td><td>생명의 소중함</td><td>영역</td><td colspan="2">○ ○</td></tr>
<tr><td>평가 목표</td><td colspan="6">귀중한 인간의 생명을 소중히 지키려는 태도를 갖는다.</td></tr>
<tr><td>평가 과제</td><td colspan="4">생명의 소중함을 깨닫고 인간 생명을 위해 노력하는 태도 기르기</td><td>준비물</td><td>평가지</td></tr>
<tr><td>평가 관점</td><td colspan="6">인간 생명의 소중함을 알고 인간의 생명을 지키기 위해 노력하는 마음이 나타나 있는가?</td></tr>
<tr><td>평가 문항</td><td colspan="6">♣ 다음 글을 읽고 생명이 소중한 이유를 글로 써 봅시다.
(자세한 내용은 평가지 참고)</td></tr>
<tr><td>평가 절차</td><td colspan="6">• 자료를 읽고 생각할 시간을 충분히 준다.
• 시간에 얽매여서 자신의 생각이나 주장을 밝히지 못하는 일이 발생하지 않도록 한다.
• 이해하기 어려운 단어나 문맥은 교사가 아동들의 언어로 쉽게 설명해 준다.</td></tr>
<tr><td>평가상의 유의점</td><td colspan="6">이 평가 문항은 '도덕적 판단의 연습' 단계에서 평가하는 것이 바람직하다. 각자 의견을 쓰게 한 다음 그 의견을 가지고 논의하게 하고 발표 내용과 태도 등을 통해 관찰할 수 있다. 학생들의 의견은 도덕적 규범 수준에서 합리적이고 타당한가에 초점을 두어야 한다.</td></tr>
</table>

3) 평가 문항

영 역	○ ○	관련 단원	생명의 소중함
○ ○ 초등 학교 제 ○ 학년 ( ) 반 ( ) 번 이름 ( )			

♣ 다음 글을 읽고 생명이 소중한 까닭을 써 보시오.

극기 훈련차 수련원에 왔던 경기 화성군 마도초등학교 김영재 선생님은 불길에 휩싸인 어린이들을 구하러 뛰어다니다가 결국 숨져 주위 사람들을 안타깝게 했다. 김선생님은 1999년 6월 30일 새벽 수련원 공터에서 인솔해 온 5, 6학년생 42명과 함께 캠프파이어를 하던 중 불이 난 사실을 알았다. 그는 학생들을 뒤에 남겨둔 채 동료 선생님과 함께 불타는 건물 안으로 달음박질쳤다. 초저녁에 얼핏 유치원 어린이들이 건물 내 방마다 옹기종기 모여 있던 것을 보았기 때문이었다. 두 선생님은 옷으로 코와 입을 가린 채 연기 속을 헤치며 2층으로 올라가 새근새근 잠들어 있는 유치원생들을 일으켜 세우며

"빨리 아래층으로 뛰어라."

라고 외쳤다. 그러나 건물은 이미 불길에 휩싸였고 어린이들을 구하기 위하여 이리 뛰고 저리 뛰던 선생님의 모습은 더 이상 볼 수 없었다.

동료 선생님은

"불이 나자 김선생님과 함께 닥치는 대로 방문을 두들겨 아이들을 아래층으로 대피시켰으나 김선생님은 마지막까지 아이들을 구하려다 끝내 빠져나오지 못했다."

고 말하면서 울먹였다.

실종된 김선생님은 화재 진압이 완전히 끝난 뒤인 이날 낮 유치원생 18명이 한꺼번에 숨진 301호 앞 복도에서 숨진 채 발견되었다.

4) 채점 기준

영역 \ 등급	잘 함	보 통	미 흡
내용의 적절성	내용이 주제와 일치하고 일관성 있게 조직적으로 구성되었다.	내용이 주제에 적절하지 않은 부분이 있으나 일관성 있게 조직적으로 구성되었다.	기록된 내용이 거의 없거나 그 내용이 주제와 일치하지 않는다.
논리성	서론, 본론, 결론으로 조직되어 있고 문맥의 흐름이 논리적이다.	서론, 본론, 결론으로 나누어 쓰긴 했지만 내용이 자연스럽게 연결되지 않는다.	서론, 본론, 결론이 불분명하고 문맥의 흐름이 자연스럽지 못하다.
가치 인식	생명의 소중함에 대해 인식한 글이 많이 나온다.	생명의 소중함에 대해 인식한 글이 가끔 나온다.	생명의 소중함에 대해 인식한 글이 나오지 않는다.
문장 구조	문장 구조가 정확하고 문맥의 흐름이 자연스럽다.	문장 구조에 가끔 오류가 있고 문맥의 흐름이 약간 자연스럽지 못하다.	문장 구조가 부정확하고 문맥의 흐름이 자연스럽지 못하다.

5) 모범 예시 답안

다른 사람의 생명을 구하기 위하여 가장 소중한 자신의 생명을 희생시키는 것은 인간만이 가지고 있는 고귀한 정신에서 나온다고 볼 수 있다. 인간의 생명은 그 무엇보다도 소중하고 값진 것이다. 그런데 요즈음 우리 사회를 보면 인명 경시 현상이 곳곳에서 나타나고 있다. 살인 사건은 끊임없이 일어나고 부모님한테 꾸지람을 듣거나 성적이 나빠 자기가 원하는 대학을 못 간다고 스스로 목숨을 끊는 경우도 종종 일어나고 있다.

이런 일은 모두 생명의 소중함을 모르는 사람들의 짓이다. 생명의 소중함을 알고 이런 위급한 상황 속에서 자신의 생명을 희생시키며 어린이들을 구한 것은 아무나 할 수 있는 일이 아니다. 불길에 휩싸인 건물 속에 들어가면 위험하다는 것을 알면서도 단 한 명의 어린이라도 더 구하기 위하여 불길 속을 뚫고 다니다가 끝내 빠져나오지 못한 선생님을 생각하면 가슴이 뭉클해진다. 이러한 선생님의 희생 정신이 있었기 때문에 더 큰 어린이들의 희생을 막을 수가 있었다.

평소에 나는 생명의 소중함에 대해서 심각하게 생각해 본 적이 없었으나 이 글을 읽고 큰 감명을 받았다. 세상에 단 하나뿐인 소중한 생명을 아끼고 사랑하며 내가 살고 있는 현실에 감사하고 성실한 자세로 노력을 하며 살아갈 것이다.

3. 찬 · 반 토론법

1) 원리 및 특징

토론법이란, 교수–학습 활동과 평가 활동을 통합적으로 수행하는 대표적인 평가 방법으로, 특정 주제에 대해 학생들이 서로 토론하는 것을 보고 평가하는 수단이다. 수행평가에서는 특히 찬 · 반 토론법을 많이 사용하는데, 찬 · 반 토론법이란 사회적으로나 개인적으로 서로 다른 의견을 제시할 수 있는 토론 주제를 가지고, 개인별 혹은 소집단별로 찬 · 반 토론을 하도록 한 다음, 찬성과 반대 의견을 토론하기 위해 사전에 준비한 자료의 다양성이나 충실성, 그리고 토론 내용의 충실성과 논리성, 반대 의견을 존중하는 태도, 토론 진행 방법 등을 총체적으로 평가하는 방법이다. 교사는 이런 찬 · 반 토론의 과정을 자세히 관찰함으로써 토론 진행 과정에서 지도력을 발휘하여 토론을 이끌어 가는 사람, 당당하게 자기 주장을 피력하는 사람, 남의 의견을 차분히 듣고 모두의 의견을 집약하는 능력을 발휘하는 사람, 또는 상대방에게 의견을 자유스럽게 제시하도록 한 후 결론은 자기 의견대로 끌고 가는 사람 등 학생들의 여러 가지 유형의 성격도 파악할 수 있다.

2) 평가 사례

<table>
<tr><td>평가 시기</td><td>6월 3주</td><td>관련 단원</td><td>합리적인 문제해결</td><td>영역</td><td>○ ○</td></tr>
<tr><td>평가 목표</td><td colspan="5">다른 사람의 의견을 존중하며 대화와 토론으로 문제를 해결하는 태도를 갖는다.</td></tr>
<tr><td>평가 과제</td><td colspan="3">같은 문제해결에도 다양한 의견이 있음을 이해하고 의견이 대립된 문제는 토론과 설득을 통해 합리적으로 해결하려는 태도 갖기</td><td>준비물</td><td>평가지</td></tr>
<tr><td>평가 관점</td><td colspan="5">일상생활에서 같은 문제에 대하여 다양한 의견이 있음을 알고, 다른 사람의 의견을 존중하며, 대화와 토론을 통하여 문제를 합리적으로 해결하려는가?</td></tr>
<tr><td>평가 문항</td><td colspan="5">♣ 다음은 어느 학급에서 있었던 일입니다. 다음 글을 읽고 자기의 의견을 이야기 해 보시오(자세한 내용은 평가지 참고).</td></tr>
<tr><td>평가 절차</td><td colspan="5">• 사회자, 찬성토론자, 반대토론자 등의 역할을 정한다.
• 토론 규칙과 토론 시간 등을 설명한다.
• 상대방의 의견을 잘 듣고 자신이 준비한 자료를 발표한다.</td></tr>
<tr><td>평가상의 유의점</td><td colspan="5">표현 능력이 부족한 학생이나 참여에 소극적인 학생은 교사와 개별적인 면담을 통해 평가하도록 한다.</td></tr>
</table>

3) 평가 문항

영 역	○ ○	관련 단원	합리적인 문제해결
○ ○ 초등 학교 제 ○ 학년 ( ) 반 ( ) 번 이름 ( )			

♣ 다음은 어느 학급에서 있었던 일입니다. 다음 글을 읽고 자기의 의견을 말해 보시오.

철수 반에서는 교실 청소를 하는데 돌아가면서 하고 있다. 청소 당번 차례가 되면 1주일씩 하기로 되어 있다. 그런데 청소하는 기간을 다시 정하자는 의견이 나왔다.

수연이는 1주일씩 하니까 지루하고 집에 계속 늦게 가니까 1일씩 하자고 했다. 그러나 찬호는 1일씩 하면 집에 빨리 가고 늦게 가고 시간이 더 안 맞으니까 지금처럼 그대로 하자고 했다.

① 수연이 또는 찬호의 입장이 되어 상대방을 설득할 수 있도록 자기의 의견을 이야기해 보시오.

- 수연이의 입장:

- 찬호의 입장:

② 양쪽이 서로 자기의 의견만 주장하면 어떻게 결정하는 것이 좋겠는가?

....

....

....

③ 내가 찬성하는 쪽의 의견과 다르게 결정되었다면 어떻게 하는 것이 좋겠는가?

....

....

....

4) 채점 기준

등급 영역	잘 함	보 통	미 흡
준비성	자기 의견에 대한 근거 자료를 충분히 준비하였다.	자기 의견에 대한 근거 자료가 일부에 국한되었다.	자기 의견에 대한 근거 자료가 불충분하다.
이해력	토론할 내용을 제대로 이해하고 의견을 발표한다.	토론할 내용을 대충 이해하고 있다.	토론할 내용을 전혀 파악하지 못하고 있다.
논리적 근거	논리적 근거를 들어 아주 잘 설명하고 있다.	논리적 근거를 제시하였으나 합리성이 결여되어 있다.	논리적 근거가 결여되어 있고 설명이 부족하다.
상반된 의견에 대한 태도	자기의 의견만을 고집하지 않고 상반된 의견도 존중한다.	자기의 의견만을 고집하지 않으나 상반된 의견을 존중하지 않는다.	자기의 의견만을 고집하고 상반된 의견을 존중하지 않는다.
대안 제시	실제적인 대안을 제시한다.	실제적인 대안 제시가 부족하다.	실제적인 대안 제시가 없다.
토론 태도	적극적으로 토론에 참여한다.	참여하는 데 큰 흥미가 없다.	토론에 매우 비협조적이다.

4. 면접법

1) 원리 및 특징

면접법이란 평가자와 학생이 서로 대화를 통해서 얻고자 하는 자료나 정보를 수집하여 평가하는 과정이다. 즉 평가자와 학생과 직접 대면하여 평가자가 질문하고 학생이 대답하는 과정을 통해 지필식 시험이나 서류만으로는 알 수 없는 사항들을 알아보고 평가하는 방법이다.

면접법은 채점과 해석에 면접자의 주관성이 개입되기 쉬워 신뢰도와 타당성에 대한 의문이 제기되어 왔다. 면접법은 면접을 진행하는 동안 응답 내용 이외의 여러 가지 측면을 포괄적으로 관찰할 수 있고 질문지법과는 달리 필요에 따라 즉시 융통성 있게 심층적인 내용을 물어 알아낼 수 있으며 전문적인 지식이나 기술이 없어도 누구나 쉽게 사용할 수 있다는 간편성 때문에 지나치게 남용되고 있다는 비판이 일어날 정도로 평가 방법으로 많이 사용되고 있다. 면접법은 신뢰도와 타당도가 낮다는 문제에 대해서는 질문지법을 보조 도구로 사용하고 구조적 면접을 하면 교육 평가에서 아주 유용한 도구로 사용될 수 있다(변창진, 1998).

면접하는 방법은 한 명의 평가자와 한 명의 학생이 일 대 일로 하는 면접, 여러 명의 평가자와 한 명의 학생이 하는 다수 대 일로 하는 면접, 반대로 일 대 다수가 하는 면접, 마지막으로 다수 대 다수가 하는 면접 등이 있다.

면접법의 장점으로는 보다 심도 깊은 정보를 얻을 수 있다는 점, 사전에 예상할 수 없었던 정보나 자료를 얻을 수 있다는 점, 진행상 융통성을 발휘할 수 있다는 점 등을 들 수 있다.

2) 평가 사례

<table>
<tr><td>평가 시기</td><td>6월 3주</td><td>관련 단원</td><td>국가와 나</td><td>영역</td><td>○ ○</td></tr>
<tr><td>평가 목표</td><td colspan="5">나라와 개인의 관계를 알고 나라 사랑의 바른 길을 이해한다.</td></tr>
<tr><td>평가 과제</td><td colspan="3">나라를 사랑하는 바른 행동 말하기</td><td>준비물</td><td>면담 기록부</td></tr>
<tr><td>평가 관점</td><td colspan="5">나라와 개인과의 관계를 설명할 수 있고 나라 사랑을 구체적으로 어떻게 할 수 있는지를 이야기하도록 한다.</td></tr>
<tr><td>평가 문항</td><td colspan="5">♣ 다음 글을 읽고 물음에 답하시오. (평가지 참고)
1. 나라의 발전과 나의 발전과는 어떤 관계를 가지고 있는지 철이와 순이의 입장에서 말해 봅시다.
• 철이의 입장 :
• 순이의 입장 :
2. 나라 발전을 위해 내가 할 수 있는 일을 말해 봅시다.</td></tr>
<tr><td>평가 절차</td><td colspan="5">• 나라의 발전과 나의 발전과의 관계를 각자의 입장에서 말해 보는데 그 이유도 함께 말하도록 한다.
• 나라 발전을 위해 할 수 있는 일은 실천 가능한 계획인가, 아동의 입장에서 생활화가 가능한가를 평가한다.</td></tr>
<tr><td>평가상의 유의점</td><td colspan="5">일상생활 속에서 참된 애국의 자세가 무엇인지 찾아보고, 나라 사랑의 방법을 스스로 찾아보도록 한다.</td></tr>
</table>

3) 평가 문항

<table>
<tr><td>영 역</td><td>○ ○</td><td>관련 단원</td><td>합리적인 문제해결</td></tr>
<tr><td colspan="4">○ ○ 초등 학교 제 ○ 학년 ( ) 반 ( ) 번 이름 ( )</td></tr>
</table>

♣ 다음은 어느 학급에서 있었던 일입니다. 다음 글을 읽고 자기의 의견을 말해 보시오.

우리나라는 경제적으로 성장하여 잘살게 되었습니다. 철이 아버지는 조그만 중소 기업체를 운영하시는 데 여기서 만든 물건이 수출이 잘되어 돈을 많이 벌게 되었습니다.

그래서 집도 정원이 있는 큰 집으로 이사하고 자동차도 새로 사는 등 살기가 좋아졌으나 순이네 아버지는 공장에서 일하시고 어머니는 집에서 부업을 하시는데 오른 전셋값과 몇 년째 앓고 계신 할머니의 약값으로 예전보다 살기가 더 어려워졌습니다.

① 나라의 발전과 나의 발전과는 어떤 관계를 가지고 있는지 철이와 순이의 입장에서 말해 봅시다.

- 철이의 입장 :

- 순이의 입장 :

② 나라 발전을 위해 내가 할 수 있는 일을 말해 봅시다.

4) 채점 기준

등급 / 영역	잘 함	보 통	미 흡
개념 이해	애국에 대한 자신의 생각과 개념을 이해하고 발표함	애국에 대한 자신의 생각만을 발표함	애국에 대한 자신의 생각을 발표하지 못함
근거의 타당성	철이와 순이의 입장에서 그 이유를 논리적으로 제시함	철이와 순이의 입장에서 그 이유가 논리적이지 못함	철이와 순이의 입장에서 이유를 제시하지 못함
발표 내용	주제와 일치하는 내용	주제와 일치하지 않는 내용	주제와 무관한 내용

5. 관찰법

1) 원리 및 특징

과학적 탐구 방법으로서의 관찰이란 일정한 목적하에 시각, 청각, 촉각 등과 같은 감각 기관을 통하여 사물 또는 그 속성을 주의 깊게 지각하는 의식 활동을 의미하며 그에 관한 이론과 방법을 총칭해서 관찰법(observational method)이라 부른다. 관찰하지 않고서는 사실 규명이나 법칙 발견을 위한 자료의 수집과 확인이 불가능하다. 사회과학에서 자료 수집 방법을 관찰법, 실험법, 면접법, 조사법, 검사법으로 분류하고 있지만 관찰법을 제외한 나머지 다른 방법들은 모두 관찰법에서 파생된 관찰법의 변형에 지나지 않는다.

우리들은 평가라고 하면 지필 검사나 면접 고사, 심리 검사, 설문 조사 등을 연상하고 관찰법은 전혀 생각하지 않을 정도로 관찰법은 평가 활동에서 경시되고 있다. 그러나 실험, 실습, 실기 등을 평가할 때 직접 보지 않고 또는 듣지 않고서는 평가가 전혀 불가능하다. 서류 점검과 실태 조사를 통해 교육 시설과 학교 운영을 평가하는 경우도 있지만 현장 방문을 하여 직접 점검·확인하는 절차가 수반되는 것이 원칙이기 때문에 교육 시설 평가와 학교 운영 평가에서도 관찰이 필요하다(변창진, 1998).

객관적이고 정확한 관찰을 하기 위해서는 관찰 대상을 있는 그대로 기술하는 일화 기록법이나, 체크리스트(check list)나 평정척도 등을 이용하기도 하고, 경우에 따라서는 비디오(viedo) 녹화를 한 후 분석하기도 한다.

2) 평가 사례

<table>
<tr><td>평가 시기</td><td>5월 1주 ~ 5월 4주</td><td>관련 단원</td><td>법을 지키려는 마음</td><td>영 역</td><td>○ ○</td></tr>
<tr><td>평가 목표</td><td colspan="5">준법에 관련된 사회 규범의 의미와 종류, 필요성에 대한 이해의 정도 규칙과 법의 평등한 적용 규칙에 대한 실천 의지 등을 평가한다.</td></tr>
<tr><td>평가 과제</td><td colspan="3">준법성의 의미와 필요성을 알고 실천하기</td><td>준비물</td><td>일기장, 평가지</td></tr>
<tr><td>평가 관점</td><td colspan="5">준법에 관련된 사회 규범이 모든 사람들에 의하여 준수되어야 하는 이유나 근거를 명확히 게 시할 수 있는지도 평가하도록 한다. 그리고 태도나 습관을 평가하는 관점을 학교 생활이나 사회 생활 속에서 규칙이나 법을 어느 정도 잘 준수하고 있는지를 학생 스스로의 평가, 학급 친구들의 평가, 학부모나 교사들에 의한 관찰 평가를 종합적으로 실시해야 한다.</td></tr>
<tr><td>평가 문항</td><td colspan="5">♣ 우리 학교에서 지켜야 할 규칙을 한 달 동안 얼마나 지켰는지 자신과 친구 그리고 선생님의 평가를 받아 보자.</td></tr>
<tr><td>평가 절차</td><td colspan="5">• 실시 전에 아동들에게 평가 내용을 잘 설명해 준다.
• 관찰 기록표를 아동들에게 나누어 주어 자기 평가와 동료 평가 시 이용한다. 아동들은 1달 동안 생활하면서 친구들의 생활을 관찰한 후 관찰 기록표에 기록한다.
• 교사도 1주일 1회 관찰 기록표를 기록한다.
• 교사와 아동의 관찰 기록표를 종합하여 평정한다.</td></tr>
<tr><td>평가상의 유의점</td><td colspan="5">준법은 우리 생활과 밀접한 관계를 맺고 있는 것이지만, 학생들의 일상적인 생활과 관련된 내용을 중심으로 설명하지 않으면, 자칫 피상적인 일반론에 그치기 쉽다. 또한 준법을 지나치게 일방적인 것으로 강조하는 것은 오히려 반감을 살 가능성이 있음을 고려해야 한다. 학교에서의 생활 모습을 수시로 관찰하면서 누가 기록한다.</td></tr>
</table>

3) 평가 문항

<table>
<tr><td>영 역</td><td>○ ○</td><td>관련 단원</td><td>법을 지키려는 마음</td></tr>
<tr><td colspan="4">○ ○ 초등 학교 제 ○ 학년 ( ) 반 ( ) 번 이름 ( )</td></tr>
</table>

<table>
<tr><td rowspan="2">평가 문항</td><td colspan="4">자 기</td><td colspan="4">친 구</td><td colspan="4">교 사</td><td rowspan="2">종합</td></tr>
<tr><td>1주</td><td>2주</td><td>3주</td><td>4주</td><td>1주</td><td>2주</td><td>3주</td><td>4주</td><td>1주</td><td>2주</td><td>3주</td><td>4주</td></tr>
<tr><td>1. 교실에서 친구에게 방해되지 않게 조용히 했는가?</td><td></td><td></td><td></td><td></td><td></td><td></td><td></td><td></td><td></td><td></td><td></td><td></td><td></td></tr>
<tr><td>2. 복도에서 장난하지 않고 좌측으로 조용히 통행하였는가?</td><td></td><td></td><td></td><td></td><td></td><td></td><td></td><td></td><td></td><td></td><td></td><td></td><td></td></tr>
</table>

<table>
<tr><th rowspan="2">평가 문항</th><th colspan="4">자 기</th><th colspan="4">친 구</th><th colspan="4">교 사</th><th rowspan="2">종합</th></tr>
<tr><th>1주</th><th>2주</th><th>3주</th><th>4주</th><th>1주</th><th>2주</th><th>3주</th><th>4주</th><th>1주</th><th>2주</th><th>3주</th><th>4주</th></tr>
<tr><td>3. 실내에서 나가거나 이동 시 소란스럽게 한 적은 없는가?</td><td></td><td></td><td></td><td></td><td></td><td></td><td></td><td></td><td></td><td></td><td></td><td></td><td></td></tr>
<tr><td>4. 당번 활동의 책임을 갖고 열심히 하였는가?</td><td></td><td></td><td></td><td></td><td></td><td></td><td></td><td></td><td></td><td></td><td></td><td></td><td></td></tr>
<tr><td>5. 휴지를 함부로 버리지 않고 떨어진 휴지를 주웠는가?</td><td></td><td></td><td></td><td></td><td></td><td></td><td></td><td></td><td></td><td></td><td></td><td></td><td></td></tr>
<tr><td>반 성</td><td colspan="10"></td><td colspan="3">표시방법
◎ 잘 지킴
△ 보통
× 잘못지킴</td></tr>
</table>

6. 연구 보고서법

1) 원리 및 특징

연구 보고서법이란 개별 과목과 관련되거나 범교과적인 연구 주제 중에서 학생의 능력이나 흥미에 적합한 주제를 선택하여, 그 주제에 대해서 자기 나름대로 자료를 수집하고 분석·종합하여 연구 보고서를 작성·제출하도록 하여 평가하는 방법을 말한다. 이때 연구는 그 주제나 범위에 따라 개인적으로 할 수도 있고, 관심 있는 학생들이 함께 모여서 소집단으로 할 수도 있다. 이러한 연구 보고서법은 흔히 프로젝트(project)법이라고 하며, 학생들은 연구를 수행하고 보고서를 작성하는 과정에서 연구하는 방법, 보고서 작성법 등을 익히게 될 것이며, 연구 보고서 발표회나 학생들 간 연구 보고서의 상호 교환을 통해서도 많은 것을 배우게 될 것이다(백순근, 1998).

교사는 학생들의 연구 진행 상황을 주기적으로 확인·평가하고 필요에 따라 적절한 지도를 해야 한다. 최종 보고서에서는 연구 주제에 대한 세부적인 사항까지 기록하여야 한다.

학생들은 관심 있는 주제에 대한 각종 정보를 수집하고 자료를 종합하고 분석하여 보고서 작성법을 익히게 될 것이다.

2) 평가 사례

평가 시기	3월 2주	관련 단원	나의 삶 나의 일	영역	○ ○
평가 목표	자신의 소질과 적성에 맞게 장래의 자기 모습을 구체적으로 그려 볼 수 있다.				
평가 과제	• 나의 소질과 적성 알기 • 자기의 발전을 위해 노력할 일 알기			준비물	일기장, 평가지
평가 관점	소질이나 적성의 기준이 무엇인지, 소질을 일찍 발견하고 계발시켜 나가야 하는 까닭을 이해하고 있는지, 그리고 자기의 소질만 믿고 노력을 게을리하거나 소질이 없다고 절망하기보다는 꾸준히 자기 모습을 반성해 보며 발전시켜 나가려는 자세를 갖고 있는지 등을 평가한다.				
평가 문항	• 직업의 종류를 자세히 조사하였는가? • 자기의 소질과 적성에 맞는 직업을 선택하였는가? • 부모님이 원하는 일인가 등을 고려하여 결정하였는가? • 장래 희망을 이루기 위한 계획이 시기별로 잘 세워졌는가?				
평가 절차	• 직업의 종류를 사전에 과제를 부여하여 조사하도록 한다. • 자기의 소질과 적성을 생각하여 직업을 선택하도록 한다. • 부모님과 상의하여 결정한다. • 연구 보고서란이 부족하면 별지를 이용한다. • 연구 보고서를 작성하여 제출하도록 한다.				
평가상의 유의점	• 자신의 소질과 적성을 생각하여 직업을 선택할 것을 강조하고 부모님과 상의할 수 없는 아동들은 부모님 대신 자신에게 직업에 대한 도움말을 해 줄 수 있는 분과 의논한다. • 최근 우리 사회에서는 어렵고 힘들고 위험 부담이 있는 일을 기피하려는 현상이 만연되고 있으며 이러한 노동 기피 현상은 반사회적이고 바람직하지 못한 것이며, 따라서 직업이 가지는 사회적 의미를 충분히 인식하지 못한 결과임을 지적할 수 있어야 한다.				

3) 평가 문항

관련 단원	나의 삶 나의 일
○ ○ 초등 학교 제 ○ 학년 ( ) 반 ( ) 번	이름 ( )

♣ 장래 직업에 대한 연구 보고서를 작성해서 제출하시오.

<table>
<tr><td>직업의 종류</td><td colspan="4"></td></tr>
<tr><td rowspan="2">장래 희망 직업</td><td>나의 희망</td><td></td><td>희망 이유</td><td></td></tr>
<tr><td>부모님 희망</td><td></td><td>희망 이유</td><td></td></tr>
<tr><td rowspan="5">시기별 계획</td><td>초등학교</td><td colspan="3"></td></tr>
<tr><td>중 학 교</td><td colspan="3"></td></tr>
<tr><td>고등 학교</td><td colspan="3"></td></tr>
<tr><td>대 학 교</td><td colspan="3"></td></tr>
<tr><td>일반 사회</td><td colspan="3"></td></tr>
<tr><td>장래 희망 직업과 관련된 자료 수집 및 분석</td><td colspan="4"></td></tr>
</table>

4) 채점 기준

등급 / 영역	잘 함	보 통	미 흡
준비성	직업의 종류와 직업에 관한 자료 조사를 성실히 함	직업의 종류나 직업에 관한 자료 조사 중에서 한 가지만 함	자료 조사를 거의 하지 않음
타당성	직업 선택의 이유가 타당하며 부모님과 상의함	직업 선택의 이유가 타당하지만 부모님과 상의하지 않음	직업 선택의 이유가 드러나지 않고 부모님과 상의하지 않음
계획성	실현 가능한 것들을 시기별로 체계적으로 기술함	실현 가능한 것들을 시기별로 기술하였으나 체계적이지 못함	실현 불가능한 것들을 시기별로 기술함
자료수집과 분석	장래 직업과 관련된 다양한 자료를 수집하고 분석하였다.	장래 직업과 관련된 다양한 자료를 수집하였으나 분석이 미흡하다.	장래 직업과 관련된 자료를 거의 수집하지 않고 분석도 하지 않았다.

7. 포트폴리오법

1) 원리 및 특징

교육자들은 새로운 대안평가의 기법으로 포트폴리오를 들고 있는데 포트폴리오는 한 개인의 기술, 아이디어, 흥미 및 성과물들을 담아 두는 용기로서 Folio에서 나온 말이다. 또한 포트폴리오는 장시간에 걸쳐 학생들의 발달 과정을 지속적·종합적으로 평가할 수 있도록 모아 놓은 모음집인데 이 모음집에는 학생의 목표, 반성적 진술, 교사, 학생의 의견이 포함되어야 한다(조한무, 1998). 포트폴리오를 통해 학생들은 자기 자신의 변화 과정을 알 수 있고, 자신의 강점이나 약점, 성실성 여부, 잠재 가능성 등을 스스로 인식할 수 있으며, 교사들은 학생들의 과거와 현재의 상태를 쉽게 파악할 수 있을 뿐만 아니라 앞으로의 발전 방향에 대한 조언을 쉽게 할 수 있다. 이 평가 방법은 단편적인 영역에 대해 일회적으로 평가하지 않고 학생 개개인의 변화·발달 과정을 종합적으로 평가하기 위해 전체적이면서도 지속적으로 평가하는 것을 강조하는 것으로 수행 평가의 대표적인 방법 중의 하나로 각광받고 있다.

2) 평가 사례

<table>
<tr><th>평가 시기</th><td>5월 3주</td><th>관련 단원</th><td>서로 돕는 마음</td><th>영역</th><td>○ ○</td></tr>
<tr><th>평가 목표</th><td colspan="5">• 가정·이웃, 학교 생활에서 봉사할 수 있는 일들을 찾아 기록하고 꾸준히 실천할 수 있다.
• 우리 주변에서 어려운 이웃을 위해 봉사하는 사람들에 대하여 알아보고 그들의 행동에서 본받을 점을 이야기할 수 있다.</td></tr>
<tr><th>평가 과제</th><td colspan="3">• 가정, 이웃, 학교 생활에서 봉사할 수 있는 일 찾아 꾸준히 실천하기
• 우리 주변에서 어려운 이웃을 돕는 사람들을 찾아 보고 느낀 점을 기록하기</td><th>준비물</th><td>스크랩북</td></tr>
<tr><th>평가 관점</th><td colspan="5">어려운 처지에 있는 사람들의 처지를 이해하고 함께 나누며 더불어 살아야 하겠다는 마음과 태도가 갖추어져 있는지를 평가한다.</td></tr>
<tr><th>평가 문항</th><td colspan="5">• 가정과 이웃, 학교에서 할 수 있는 봉사 활동을 실천하고 봉사 활동 기록장에 기록해 보자.
• 우리 주변에서 어려운 이웃을 돕는 사람들을 찾아보고 나의 소감을 적어 보자.</td></tr>
<tr><th>평가 절차</th><td colspan="5">• 포트폴리오는 과제의 특성상 한 학기를 단위로 작성한다.
• 과제 진행 과정에서 교사가 참여한다.
• 봉사 활동, 이웃 돕기 등을 1주일에 한 번 정도 포트폴리오 과제철에 보관한다.
• 문제점이 지적되면 그 원인에 대해서도 분석해 보고 궁금한 점은 교사에게 질문해서 정리한다.
• 최종 제출일 일주일 전에는 그 동안 해 온 기록장을 정리했다가 제출하게 한다.</td></tr>
<tr><th>평가상의 유의점</th><td colspan="5">봉사 활동은 돈으로만 할 수 있는 일이 아니고 자신의 시간과 노력을 희생하여 돕는 일이며 바른 자세를 가지고 꾸준히 실천하도록 하고 주변에서 어려운 이웃을 돕는 사람들에 대한 자료는 1학기 말까지 다양하게 수집하도록 한다.</td></tr>
</table>

3) 평가 문항

영 역	○ ○	관련 단원	서로 돕는 마음
○ ○ 초등 학교 제 ○ 학년 ( ) 반 ( ) 번 이름 ( )			

① 가정과 이웃, 학교에서 할 수 있는 봉사 활동을 실천하고 봉사 활동 기록장에 기록해 보자.

봉사한 날짜	년 월 일 (요일)
봉사한 장소	
봉사 활동 내용	
봉사 후의 소감	

② 우리 주변에서 어려운 이웃을 돕는 사람들을 찾아보고 나의 소감을 적어 보자.

조사 날짜	
출 처	
봉사 활동 내용	
나의 소감	

4) 채점 기준

등급 / 영역	잘 함	보 통	미 흡
계획 과정	• 구체적인 수행 과정의 일정과 자기 평가 체크리스트를 마련하였다.	• 수행 과정의 일정과 자기 평가 체크리스트를 마련하였으나 구체적이지는 않다.	• 수행 과정의 일정과 자기 평가 체크리스트를 마련하지 않았다.
자료의 수집 및 분석 과정	• 포트폴리오에 포함할 정보의 상세한 기준이 있다. • 조직적인 자료 수집 관리 체계가 개발되었다.	• 정보의 기준이 있다. • 자료 수집 관리 체계가 개발되었다.	• 정보의 기준이 없다. • 자료 수집 관리 체계가 개발되지 못했다.
내용 분석 능력	• 우리의 주위에서 할 수 있는 봉사 활동, 이웃 돕기 등의 참뜻을 잘 파악하고 있다.	• 우리의 주위에서 할 수 있는 봉사 활동, 이웃 돕기 등의 참뜻 파악이 확실하지 않다.	• 우리의 주위에서 할 수 있는 봉사 활동, 이웃 돕기 등의 참뜻을 잘 파악하지 못하고 있다.
서류철의 조직화	• 날짜, 요약, 자료 수집 분석 과정, 자기 반성 등이 과제 수행에 맞춰 체계적으로 정리되었다. • 과정과 결과물의 연계가 논리적이다.	• 과제 수행 과정에 맞춰 기입되었다. • 과정과 결과물의 연계가 어색하지 않다.	• 자기 반성 등이 정리되지 않았다. • 과정과 결과물의 연계가 없다.

8. 자기 평가 및 동료 평가 보고서법

1) 원리 및 특징

자기 평가(self-evaluation) 보고서법이란 개별 학생 스스로가 특정 주제나 교수-학습 영역에 대하여 학습 과정이나 학습 결과에 대한 자세한 자기 평가 보고서를 작성·제출하도록 한 다음, 그것을 이용하여 교사가 평가하는 것이다. 이러한 자기 평가 보고서는 학습자로 하여금 자신의 학습 준비도, 학습 동기, 성실성, 만족도, 다른 학습자들과의 관계, 성취 수준 등에 대해 스스로 생각하고 반성할 수 있는 기회를 제공할 뿐만 아니라, 교사로 하여금 교사가 시행한 해당 학습자에 대한 관찰이나 수시로 시행한 평가가 타당하였는지를 비교·분석해 볼 수 있는 기회를 제공한다.

이와 유사한 것으로 동료 평가(peer evaluation) 보고서법이 있는데, 이는 동료 학생들이 상대방을 서로 평가하도록 하여 동료 평가 보고서를 작성·제출하도록 한 다음, 그것을 이용하여 교사가 평가하는 것이다. 특히 학생수가 많아서 담당 교사 혼자의 힘으로 모든 학생들을 제대로 평가하기 어렵다고 판단될 때, 자기 평가 보고서와 동료 평가 보고서를 이용하여 학생을 평가할 수 있다. 또한, 학생들이 돌아가면서 평가위원이 되어 평가하도록 한 다음 그 결과를 성적에 반영하는 방법도 있다.

예를 들면, 체육 실기 시험을 치를 때, 동료 학생으로 구성된 5명의 평가위원들에게 학생들의 자세나 동작을 평가하도록 한 다음 가장 높은 점수와 가장 낮은 점수를 제외한 나머지 3명의 평가위원의 점수를 학생의 성적에 반영하는 경우이다. 이때, 최고점과 최하점을 뺀 3명의 점수를 평균한 것과 교사 자신이 직접 평가한 점수를 각각 50 : 50 혹은 30 : 70 등으로 하여 학생의 최종 성적으로 사용한다면 교사의 주관성을 배제할 수 있을 뿐만 아니라 성적 처리 방식에 대해서 학생들이 매우 공정하다고 인식할 것이다.

2) 평가 사례

<table>
<tr><td>평가 시기</td><td>9월 1주</td><td>관련 단원</td><td>진정한 가치</td><td>영역</td><td>○ ○</td></tr>
<tr><td>평가 목표</td><td colspan="5">정신적 가치의 소중함을 알고, 일상생활 속에서 절제를 실천하려는 태도를 기른다.</td></tr>
<tr><td>평가 과제</td><td colspan="3">일상생활에서 절제하는 태도 갖기</td><td>준비물</td><td>자기 평가표</td></tr>
<tr><td>평가 관점</td><td colspan="5">절제에 관련된 사회 규범의 의미와 종류, 그리고 필요성에 대한 이해의 정도를 평가하며, 정신적 가치가 모든 사람에게 소중하다는 것과 모든 사람들이 절제된 삶을 살아야 하는 이유나 근거를 명확히 제시할 수 있는지를 확인하는 평가가 실시되어야 한다.</td></tr>
<tr><td>평가 문항</td><td colspan="5">• 꼭 필요한 물건만 사고, 충동적 구매를 하지 않았는가?
• 구입한 물건을 아껴 쓰고, 최대한 활용하였는가?
• 욕심만 추구하지 않고, 가정의 형편도 고려할 줄 아는가?
• 목표 달성을 위해 힘들거나 불편한 점을 참을 수 있겠는가?
• 자신의 욕구를 자제할 줄 알고, 정신적 가치의 중요성을 아는가?</td></tr>
<tr><td>평가 절차</td><td colspan="5">• 아동들에게 자기 평가표를 작성하도록 한다.
• 평가 문항을 평가한 후 반성 및 각오를 쓰도록 한다.</td></tr>
<tr><td>평가상의 유의점</td><td colspan="5">• 지나치게 정신적 가치의 소중함만을 강조하다가 물질적 가치의 필요성이 부정되어 역효과가 나타날 수 있다는 점에 유의하고 정신적 가치와 물질적 가치의 조화가 필요함을 알도록 한다.
• 자기 평가 결과는 점수화보다는 학생의 이해 및 교수－학습 개선 자료로 활용한다. 그래야만 반응자가 좋은 성적을 얻기 위해 자기 기만이나 거짓 반응하는 행동을 막을 수 있다.</td></tr>
</table>

3) 평가 문항

영 역	○ ○	관련 단원	진정한 가치
○ ○ 초등 학교 제 ○ 학년 ( ) 반 ( ) 번 이름 ( )			

♣ 정신적 가치의 소중함을 알고, 절제된 생활 자세를 갖고 얼마나 잘 실천했는지 스스로 'V' 표 하시오.

실천 내용	자기 평가		
	잘함	보통	미흡
1. 꼭 필요한 물건만 사고, 충동적 구매를 하지 않았는가?			
2. 구입한 물건을 아껴 쓰고, 최대한 활용하였는가?			
3. 자신의 욕심만 추구하지 않고, 가정의 형편도 고려할 줄 아는가?			
4. 목표 달성을 위해 힘들거나 불편한 점을 참을 수 있겠는가?			
5. 자신의 욕구를 자제할 줄 알고, 정신적 가치의 중요성을 아는가?			

4) 채점 기준

등급 / 영역	잘 함	보 통	미 흡
자기 평가표 내용	제시된 평가 문항 4~5문항이 모두 양호하다.	제시된 평가 문항 중 2~3문항이 양호하다.	제시된 평가 문항 1문항이나 잘된 것이 없다.
성취감 및 만족도	평가를 통해서 많은 것을 배우게 되었으며 평가 결과에 스스로 만족한다.	평가를 통해서 많은 것을 배우게 되었으며 평가 결과에 스스로 조금 만족한다.	평가를 통해서 많은 것을 배우게 되었으며 평가 결과에 스스로 만족하지 못한다.
태도 변화	반성과 각오란에 정신적 가치의 소중함을 알고 절제된 생활 의지가 분명히 나타남	반성과 각오란에 정신적 가치의 소중함을 알고 절제된 생활 의지가 조금 나타남	반성과 각오란에 정신적 가치의 소중함을 알고 절제된 생활 의지가 분명히 나타나지 않음

제10장

주제별 도덕교육

제1절 통일을 위한 평화·통일교육의 방향

1. 평화·통일교육의 개념 정의

우리 사회에서 일반적으로 통일교육이 종전의 반공교육이나 승공·멸공교육, 적대적 안보교육에서 벗어나 어느 정도 진정성이 있는 통일을 위한 교육으로서 자리매김을 한 시기는 1990년대라고 할 수 있다. 이 시기에 남과 북은 남북기본합의서를 체결했으며, 다양한 교류협력을 가지는 과정에서 북한을 한편으로는 경계대상이기도 하지만 통일을 함께 일구어갈 파트너이자 동포로서 바라보게 되는 통일교육을 지향하게 된다.

이러한 변화는 특히 김대중 정부의 대북포용정책에 기반한 화해협력 지향의 통일교육으로 발전되었고, 노무현 정부에 들어서면서 평화지향적 통일교육을 추구하게 된다. 그러나 이명박 정부 시기에 남북관계의 경색 속에서 안보 중심의 통일교육 논의가 확산되면서 통일보다는 안보, 특히 군사적 안보에 중점을 두는 통일·안보교육으로 전환되었고, 이러한 추세는 박근혜 정부에도 지속되었다.

그러나 그간의 남북간의 충돌과 이로 인한 관계의 경색, 북한 핵문제의 심각성 속에서 등장한 문재인 정부는 남북관계 개선과 주변국 협조를 통해 한반도에 평화를 이룩하려는 노력과 함께 이를 바탕으로 한 남북의 평화공존과 공동번영을 추구하게 된다. 아울러 교육적 차원에서도 종전의 통일안보교육에서 벗어나 평화·통일교육을 지향하게 되었다.

그러면 평화·통일교육이란 무엇일까? 평화·통일교육이란 "평화에 기반하여 통일을 이루고 통일 이후 평화로운 삶을 일구어가기 위해 필요한 지식, 가치관 및 태도, 실천능력을 기르는 교육"이라고 정의할 수 있다.

종전의 통일교육 개념에 비해 이러한 정의에는 평화라는 가치가 중요한 위치를 차지하고 있다. 아울러 통일이 평화에 기반해야 한다는 시각과 함께 통일 이후 사회도 평화로운 사회여야 함을 전제하고 있다. 평화는 통일의 출발점이자 통일의 완성인 셈이다. 시간적 측면에서 통일 이전 통일노력과 방법뿐 아니라 통일 이후 사회의 평화로운 삶을 포함함으로써 종전의 제도적 통일 준비과정에 중점을 두었던 관점을 넘어선다. 아울러 평화와 통일과 관련하여 지식이라는 인지적 측면, 가치관 및 태도라는 정의적 측면, 실천능력이라는 행동적 측면을 통합적으로 함양하고자 하는 방향을 지향하고 있다.

2. 평화·통일교육의 의의

그렇다면 우리는 왜 이런 평화·통일교육을 추구해야 하는 것일까? 한반도 지정학의 역사적 특징을 고려하면, 통일이 곧 평화는 아니다. 남북의 평화가 자동적으로 통일로 이어지는 것도 아니다. 모두 필요조건이기는 하나 충분조건은 아니다. 생명·자유·공정·복지·환경·안정·민주공화국의 가치가 반영된 정의와 평화의 통일이 이룩되어야만 70여년의 분단을 넘는 통일의 의미가 있다(KAIST 문술미래전략대학원: 2018: 26).

따라서 통일이라는 역사적 과업에서 추구해 나가고 있는 평화는 한반도에서 전쟁과 폭력이 없는 상태를 가리키는 소극적 평화만을 의미하지 않는다. 그것은 모든 불의와 불공평이 지배하는 구조적 폭력으로부터 해방되는 것을 의미한다(김병로, 2016: 33-34). 즉 한반도에서 평화를 추구하는 우리의 일차적인 목표가 남북 사이의 전쟁의 재발을 막기 위한 소극적 의미의 평화를 정착시켜 나가는 것이라면, 통일은 한반도에서 모든 구조적 폭력의 원천이 되고 있는 분단과 냉전의 극복을 통해 '적극적 평화'를 이루어 나가려는 민족적 노력이라고 할 수 있는 것이다.

한국은 세계 주요 분쟁지역의 하나로서 냉전 붕괴 이후에도 지역 차원에서의 냉전이 유지되고 있다. 이러한 특수한 상황은 독특한 평화교육의 성격을 요구한다(박광기 외, 2017: 8-9). 즉 분단이라는 특수한 상황에서 평화담론의 확대와 다양화에도 불구하고 한국 평화교육의 핵심적인 의제는 여전히 통일의 문제라고 할 수 있다. 따라서 한국의 평화교육은 분단이라는 이슈를 제기함이 없이는 근본적으로 이루어질 수 없다고 지적된다.

만약 평화와 통일의 가치가 하나로 합치되지 않는다면, 원리적으로 평화가 통일에 우선하는 가치라는 주장은 부인할 수 없는 설득력을 지닌다. 그러나 한반도의 평화와 통일은 서로 분리될 수 없다. 평화의 문제의식은 한국사회의 폭력적 성격이나 통일의 강조가 불러올 수 있는 민족주의의 과잉을 견제한다는 점에 비추어 그 나름의 의의가 적지 않다. 그러나 통일을 유보하면서 평화의 과제만을 강조할 경우, 결국 평화의 과제 실현에 오히려 미달하는 불안정한 평화체제 곧 분단체제의 임시적인 평화적 관리의 범주를 벗어나지 못할 가능성이 존재한다(이병수, 2010: 384-385).

사실 분단국가인 한국에서 평화교육은 통일교육의 내용을 포함하지 않을 수 없다(김정수, 2014). 전쟁을 반대하고 무기 도입이나 무기경쟁을 반대하고 또 분단과 적대감을 극복하기 위해 남북이 서로 만나고 화해하여 평화적 통일을 지향하려면 이러한 목표를 반영하는 교육, 즉 평화·통일교육이 이루어져야 한다.

이러한 평화·통일교육은 종전의 통일교육의 단점을 보완하고 장점을 극대화하는 특징을 가진다. 첫째, 가치론의 측면에서 보면, 평화·통일교육이 지향하는 최고의 가치는 평화이다. 이는 통일부 통일교육원에서 발간된 평화·통일교육의 방향과 관점에서도 "평화는 한반도 통일에 있어 우선되어야 할 가치이다"(통일교육원, 2018: 11)라는 진술을 통해서도 확인될 수 있다. 이러한 관점은 평화라는 것이 통일로 가는 과정에서 뿐만 아니라 통일 이후의 삶에 있어 민족 구성원 모두의 의식 속에 정착되어야 할 최우선적 가치라는 전제에 기초하고 있다. 인간에게 보다 나은 삶을 보장해 주는 평화는 우리 인류가 체제와 이데올로기의 벽을 넘어 함께 추구해 나가야 하는 보편적 가치의 하나이기 때문이다.

따라서 남북관계에서 평화는 상호관계의 실질적 개선과 통일이라는 민족 지상의 목표를 달성해 나가는 과정에서 하나의 전제 조건이며, 기본적 질서이고, 수단적 가치가 되는 것이다. 뿐만 아니라 평화는 우리 민족이 통일된 미래사회에서 평화롭고 인간다운 공동체적 삶을 영위해 나갈 수 있기 위해서도 무엇보다 우선하여 추구해야 할 중요한 가치이다.

또한 남북의 분단이 폭력에 의해 조장된 것이기 때문에 통일은 그러한 폭력에 의한 위협을 없애고 한반도에 평화를 구축하는 것이다. 분단 구조는 그 자체로서 남북한 간의 대결의식을 조장하고, 한국사회 내에서도 자신과 생각이 다른 집단과의 대결의식을 조장해왔다. 그러한 것은 개인들의 의식에 상상의 모호한 두려움으로 이어져 갈등이 증폭되는 반평화문화를 형성하였다(이동기, 송영훈, 2014: 76-77). 이러한 문화를 극복하기 위해 통일교육이 지향하는 목표를 남북한의 제도적, 실체적 통일을 넘어 한반도에 평화적 문화를 정착시키는 것으로 전환할 필요가 있다.

둘째, 인식론의 측면에서 볼 때, 우리에게 있어 엄존하고 있는 분단이라는 현상은 평화부재의 결정적 현상이다. 바꾸어 말하면, 한반도에서 우리 삶의 근간이자 사회의 문화적 토대로서 평화가 발전하려면 평화부재의 가장 결정적인 원인이 되는 구조의 극복이 일차적 과제일 수밖에 없다. 한국의 평화교육이 지닌 특수한 성격은 바로 분단극복, 즉 "모든 갈등의 원천적 구조이자 체제인 분단과 냉전 질서의 극복을 전제"(이동기, 송영훈, 2014: 8)하는 비평화상태의 해결이라는 데 중점을 두고 있다는 측면이며, 아울러 이 지점에서 바로 분단극복이 바로 통일이자 평화형성이라는 인식론적 관점이 구축된다.

이를 위해서는 남북간의 비평화적 체제를 해소해야 하는 문제도 중요한 측면이지만, 아울러 평화·통일교육의 측면에서 우리가 주목해야 할 것은 한반도 평화 구축을 위해 남북의 소통을 통해 평화를 만들어 가는 것이다. 이를 위해 그동안 누적되어 온 적대적 타자성을 극복하는 한편 타자의 타자성을 인정하는 전제위에서 소통을 하기 위해 노력해야 한다. 자기와 타자 사이의 차이를 없애버리고 지배를 만드는 동일성의 패러다임으로부터 벗어나 여러 개의 중심을 상정하는 유기적 통합을 지향한다.

따라서 남북의 소통은 '자기 안의 타자'가 아니라 '타자의 타자성'이 되어야 하며, 대화는 말하고 듣는 것이 아니라, 이미 타자의 타자성을 전제하고 가르치고 배우는 소통이 되어야 한다. 이러한 점에서 진정한 관계맺음은 이러한 하나됨이 아니라 소통의 관계로 이해되어야 한다(정호근, 2013, 107-108; 오기성: 2017: 210). 또한 남북의 소통을 가로막았던 '동질성 대 이질성'의 원리가 아닌, '차이와 공통성'에 기반한 통합 패러다임을 지향해야 한다. 동일성의 원리에 근거한 민족정체성이 아닌 차이와 다양성의 원리에 기반을 둔 민족공통성이라는 패러다임의 전환이 필요하다.

셋째, 범주론적 측면에서 볼 때 우리가 지향하는 평화통일은 종전의 남북간의 통일만을 주목하지 않는다. 우선 한국 사회의 통일역량 증대와 같은 맥락으로서 남한 사회의 평화만들기가 중요한 추구 방향이다. 현재 우리 사회에는 반평화적 요소가 중층적으로 누적되어 있다. 또한 그것은 무질서하게 표출되고 있다. 그 대표적인 유형에 따라 한국의 평화교육이 중점을 두어야 문제들로는 ① 분단, 군사문화의 극복, ② 경제적 세계화와 그에 따른 외채, 실업, 빈부격차의 심화 해소, ③ 생태계와 환경 보전, ④ 성차별, 지역차별, 학력차별, 인종차별(이주노동자와 조선족에 대한 차별), 장애인차별 등의 해소, ⑤ 관용과 갈등 해결, ⑥ 국가와 개인, 집단과 개인, 개인과 개인, 혹은 종(種)과 종(種) 사이에 나타나는 인권탄압, 인권침해, 혹은 권리침해의 극복 등이 제시될 수 있다.

이는 어떤 이상적인 평화를 상정하거나 이를 달성하기 위한 규범을 제시하기보다는 우리가 삶을 영위하고 있는 일상에서 만들어가는 평화로운 삶에 초점을 두는 접근이다. 일상의 영역에는 전통, 규범, 습관, 생활양식, 언어 등이 포함된다. 일상은 '문화'라는 이름 하에 총체적인 삶의 양식을 담고 있고 그 일상 안에는 뿌리깊은 권력과 억압이라는 사회문제가 존재하고 있다. '일상'에서 평화를 다룬다는 것은 개인의 경험 세계를 섬세하게 들여다봄으로써, 구조적인 반평화가 한 개인에게 어떤 영향을 미치게 하는가를 분석하고 개인적인 경험으로부터 구조적인 반평화를 개선하려는 노력이다. 나아가 서로의 다름과 차이를 인정하고 공존하는 기술과 방법, 태도와 가치를 길러줄 수 있는 갈등해결 훈련프로그램을 적극적으로 도입함과 동시에 소수자와 다문화이해, 양성평등 등의 주제에 주목함으로써 평화와 통일의 문제를 현재적 시점에서, 삶을 영위하고 있는 현재의 공간에서 다룸으로써 학습자의 자기문제화에 기여하게 된다.

이러한 한국 사회 일상에서의 반평화 현상의 개선 노력과 아울러 평화·통일교육은 종전의 통일교육과 달리 한반도에 존재하고 있는 비평화상태의 해소로서 통일을 넘어 동북아와 세계 평화에 기여하는 평화통일에 주목한다. 우리의 통일은 국제적 차원에서 동북아지역의 평화를 위협하는 대결상태를 해소함으로써 동북아의 번영과 발전의 기반을 구축하게 될 것이다. 나아가 통일한국은 단절되었던 동북아 교통의 축을 이어줌으로써 동북아 국가들의 경쟁력 제고에도 기여하게 될 것이다. 다시 말해 통일한국은 북으로는 중국, 동북으로는 러시아, 동남으로는 미국, 남으로는 동남아와 오세아니아를 연결함으로써 동북아 지역발전에 기여하면서 아시아·태평양 시대의 진정한 중심국가로 활동하게 될 것이다. 이러한 점에서 평화·통일교육에서는 남북 분단이 냉전이라는 세계정세의 산물일 뿐만 아니라 현재 남북 사이의 갈등 역시 국제적 문제라는 점을 인식하고, 통일의 문제를 보다 거시적이며 세계적인 시각에서 접근하고자 한다. 따라서 평화·통일교육은 국가 간의 상호의존도가 높아지고 급변하는 국제 사회 속에서 통일한국 시민으로서뿐만 아니라 세계시민으로서의 공존과 공동 번영을 위한 세계관을 확립하는 것을 포함하게 된다(권재일 외, 2016: 44-45).

넷째, 평화와 통일이라는 가치의 명확한 관계 정립이다. 통일은 방법과 수단에서도 평화적이어야 하며, 결과도 평화와 협력을 증진해야 한다. 통일은 평화적으로 성취되어야 하고, 또 그 결과가 대립과 갈등, 폭력을 종식하고 협력과 공평, 화합을 일구어 내야 한다. 서울대평화인문학 연구단과 서보혁은 이를 '통일평화'라고 지칭한다(서보혁, 2016: 289-290).

통일이 물리적 폭력이나 강압에 의하지 않고 모든 구성원들이 동의하는 평화적 방법으로 이루어져야 할 뿐 아니라 통일 이후 분단의 대립과 갈등이 줄고 화합과 협력이 증진되어야 통일평화라 말할 수 있을 것이다. 이러한 관점에서 볼 때, 통일평화는 평화적 통일의 의미와 다르다. 평화적 통일은 평화를 수단으로, 통일을 궁극적인 목표로 간주한다. 그에 비해 통일평화는 평화를 궁극적인 목표로, 통일은 평화로 가는 길에 달성해야 할 중간 목표로 본다. 따라서 통일평화는 통일보다는 평화에 더 관심이 있다. 그래서 통일국가의 권력구성 문제에 집착하지 않는다. 오히려 남북 간의 적대관계를 해소하고 그 전에 혹은 그 과정에서 정전체제의 평화체제로의 전환을 통해 남북이 어떻게 평화를 일구어가야 하는지에 대해 관심이 크다.

이러한 측면에서 평화·통일교육은 남북한 간에 상존해 있는 안보에 대한 우려와 불안을 염두에 두면서도 군사력이나 국가안보 중심의 한계를 보완하기 위해 인간안보 등이 보완될 필요가 있다고 본다. 이 인간안보는 기존의 편협한 군사적 안보 위협의 완화에 기여할 뿐 아니라 남북의 나눔과 소통을 통해 한반도의 평화와 공존, 공동번영을 견인하는 기능을 할 수 있다.

다섯째, 평화통일감수성에 대한 강조이다. 일반적으로 감수성이란 자신이 다른 존재들과 연결되어 있다는 관계성을 자각하고 타자의 고통에 민감해지는 것, 이웃의 아픔과 자연의 고통에 예민하게 반응하고 성실하게 응답하는 것을 말한다(이병수, 2009: 37). 여기에 평화통일감수성을 가진다는 것은 한편으로 우리의 일상생활에서 무의식중에 내뱉는 폭력적인 언어나 행동에 대하여 비판적인 성찰을 시도할 수 있는 민감성을 갖는 것이다. 즉, 평화통일감수성은 종전 평화교육에서 강조했던 평화감수성을 포함하는 개념으로서 폭력을 폭력으로 인지할 수 있는 민감함과 평화에 반하는 구조와 요소들을 바로 인식할 수 있는 예민함을 의미하는 것이다. 그러나 평화통일감수성은 단순히 평화에 반하는 요소들을 인지하는 인지능력이나 폭력을 불편하게 느끼는 감정적인 측면을 넘어서 보다 더 확장된 의미를 가진다. 평화통일감수성은 평화가 깨어진 폭력의 상태를 극복하고 평화를 향해 나아갈 수 있는 내적인 힘이라는 점에서 역동적이며 구체적인 행위의 과정을 포괄한다(이윤희, 2018: 310).

다른 한편으로 평화통일감수성은 비평화적 상태인 분단으로 인해 고통받는 이웃에 대해 관심을 갖고 적극적으로 배려하고자 하는 마음씨이다. 아무리 고통의 현실이 객관적으로 존재한다고 하더라도 이를 파토스적 차원에서 고통스럽게 자각하는 감수성이 없다면 극복되기 어렵다. 우리 삶의 구석 구석에 뿌리 박고 있는 분단고통에 대한 감수성은 익숙한 것을 낯선 것으로 만들고 이를 인간 삶의 해악으로 인식하게 하여 변화시키려고 하는 동력이다(이병수, 2010: 374). 이러한 관점에서 평화·통일교육은 통일이 가져다 줄 경제적 이익에 기반한 실용주의적 측면만을 강조하지 않고, 분단으로 인한 트라우마, 즉 이산의 트라우마, 국가폭력으로 인한 트라우마, 디아스포라 트라우마 등으로 고통받고 있는 구성원들에 대해 관심을 갖는다. 아울러 그들의 고통에 공감하며 이들에게 위로의 손길을 내밀고 고통을 공감하는 한편 이들의 고통을 해결하기 위한 실천 노력을 기울이게 한다.

3. 도덕과 평화·통일교육의 방향

1) 통일인문학적 성찰

통일인문학은 정치와 경제 등 이념, 구조 중심의 통일담론보다는 사람과 삶의 방식을 중시하며 이익이나 효용성이 아니라 이상과 가치의 측면에서 통일을 바라본다. 통일인문학은 정치·경제적 의미의 통일이 아닌 이질적인 사람끼리 조화롭게 사는 사람의 통일에 초점을 두며, 또한 살아 있는 구체적인 나의 존재가 포함된 통일담론을 지향한다. 아울러 통일인문학은 인간의 주체성과 감수성, 욕망을 중시하기 때문에 분단으로 인한 여러 상처와 고통을 치유하는 데에 관심을 갖는다. 통일인문학은 한 마디로 말해 정치·경제적인 체제 통합을 추구하는 사회과학적 통일담론을 넘어서 가치·정서·생활상의 공통성을 창출하는 통일에 관한 인문학적 성찰이라고 할 수 있다. 이러한 통일인문학의 지향점과 논점들로부터 우리는 통일교육이 지향해야 할 목표와 방향 등과 관련한 주요 항목을 도출할 수 있겠다. 예컨대, 인간다운 통일사회 구성능력, 통일의 당위성 성찰 능력, 사람의 통일의 관점, 고통에의 감수성, 차이인정, 서로 가르치고 배우는 소통능력, 공통분모 창출 및 추구 능력 등이 제시될 수 있겠다.

인간다운 통일사회 구성능력과 관련해서는 학습자들이 통일을 단순히 분단 이전 상태로의 회복으로 보지 않고 인간다움이 실현될 수 있는 제2의 창조적인 과정으로서 바라볼 수 있는 능력을 의미한다. 통일이 우리 모두에게 있어 값어치 있는 추구대상인 까닭은 그것이 민족적 측면에서나 국가·사회적 측면에서 '보다 격상된 삶'을 위한 전제조건이 되기 때문이다. 보다 격상된 삶이란 인간의 존엄성이 지켜지고 자유, 기회의 균등, 복지가 충분히 보장되는 인간다움이 충만한 사회에서의 삶이다. 아울러 통일은 '북한의 남한화'도 아니며, '남쪽의 경제적 번영'만을 위해서 추구하는 것이 아니다. 통일은 남과 북이 함께 번영할 수 있고 양측 모두에게 이로운 것이 되어야 한다. 통일이 어느 일방만이 번영과 복지, 이익을 가져오고 어느 한편이 그렇지 못할 경우, 그것은 쉽게 이루어질 수도 없을 뿐만 아니라 결과적으로도 민족 전체의 화합과 발전을 이룩해 나갈 수 없게 된다.

통일의 당위성 성찰 능력과 관련해서는 통일이 가져다 줄 경제적 이익을 강조하는 실용주의적 측면만을 강조하지 않고, 통일의 근본 이유가 남북한 구성원에게 있어 보다 나은 인간다움을 실현할 수 있는 보다 나은 인간적인 삶을 영위하는 공동체를 구성하기 위한 것이라는 인식의 형성이 중요하다. 인간다운 삶에서 중요한 것은 인권이 존중되고, 서로 나누고, 배려하는 인간다움의 태도와 이를 통해 더불어 사는 조화로운 삶을 만들어 가는 것이다. 이런 관점에서 이산의 트라우마는 인간다운 삶을 영위하지 못하고 고통을 당하는 것이고, 따라서 우리가 이산가족의 아픔에 관심을 가지고 배려하는 서로 슬픔을 나누는(공감하기) 인간다움의 태도를 함양하도록 하는 것은 통일교육에서 중요한 것이라고 하겠다. 따라서 통일의 당위성과 관련하여 통일교육은 무조건 주입식으로 강요하거나 계산위주의 통일필요성에서 벗어나 통일에 대한 진지한 성찰을 할 수 있고, 인간됨과 인간다운 삶의 관점에서 치열하게 고민하는 통일의 당위성에 대해 치열하게 탐구할 수 있는 능력 향상이 중요시 되어야 한다.

사람의 통일에 초점을 두는 관점에서는 단순히 체제의 통합만이 아니라 남북 주민이 하나의 공동체를 이루며 살아가는 '마음의 통일'을 중시한다. 이런 점에서 통일인문학은 남북 분단을 극복하고 통일 한반도를 건설하는 데 있어 한민족의 역사적 트라우마, 분단 트라우마, 이산 트라우마를 치유하는 것이 중요하다고 인식하는 능력을 중요시 한다. 여기에 사람의 통일이 중요한 또 다른 이유는 분단의 아비투스와 밀접한 관련성을 갖는 분단 이후 남북한 주민 상호 간의 부정적인 고정관념과 편견, 상호 적대감과 이를 강화하는 6·25전쟁 경험과 북한의 도발, 레드컴플렉스, 그리고 각각의 체제정통성과 우월의식 등을 어떻게 해소할 것인지의 문제를 안고 있기 때문이다. 따라서 단순화시켜 말한다면 사람의 통일이란 트라우마를 치유하고 분단의 아비투스를 통합의 아비투스로 전환시키는 것을 말한다.

고통에의 감수성과 관련해서는 통일이 가져다 줄 경제적 이익을 강조하기보다는 분단으로 인한 고통을 고통스럽게 자각하는 감수성을 중시한다. 고통의 현실을 인식하는 것과 이에 대해 감정이입을 통해 자신의 고통으로 느끼는 것은 다른 차원이다. 전자가 인지적(cognitive) 차원이라면 후자는 정의적(affective) 차원이다. 인간의 실천이나 행동을 작동하는 근본적인 동인은 정의적 차원이다. 바꾸어 말하면 인간을 움직이는 직접적인 힘은 고통의 객관적 현실 자체가 아니라 고통을 보고 아파하고 안타까워하는 감수성이라는 점이다. 그동안 우리 사회에서는 한편으로 통일의 당위성이 구호나 상징의 차원에서 강조되는가 하면, 다른 한편으로는 통일이 가져다 줄 이익이 강조되었다. 그 결과 정작 통일의 절실한 필요성에 대해서는 오히려 둔감해 온 편이다. 통일의 당위성은 추상적 당위성이 아니라 분단의 고통에서 비롯된다. 고통으로 다가오지 않는 추상적 당위성은 무의미하다. 결국 통일감수성은 상대방의 고통에 민감하게 반응하고 자신의 고통처럼 자각하며, 상대방을 위해 배려하고 때로는 희생과 헌신하고자 할 수 있는 정서적 능력을 포함한다.

차이 인정 능력과 관련해서는 분단 이후 이질화된 남북한 주민의 가치관, 의식구조 등에 대해 서로 배타적으로 대응하기보다 서로간의 만남과 대화를 통해 우선적으로 서로를 이해하려고 하는 자세가 중요함을 인식하고 있는가가 중시된다. 상대방의 다름을 배척하거나 기존의 고정관념으로 바라보기 이전에 차이를 인정하는 것은 대화를 하기 위한 기본 전제이다. 마음의 통합을 이루기 위해 무엇보다 먼저 필요한 것은 '다름'을 인정하고 이를 해소해 나가는 것이다. 그래야만 그 속에서 서로의 차이점을 발견할 수 있으며, 차이를 차별로서 인식하여 배척하지 않고, 그 차이를 줄일 수 있는 방법을 찾을 수 있다.

소통능력과 관련하여 중요한 것은 '나 중심성'의 극복이다. 서로 다른 정치·경제·문화적 체제를 가지고 있으면서 이런 체제가 일상의 아비투스가 체현되어 있는 상태에서 타자와 소통하기 위해서는 내가 이해할 수 있는 것들만을 이해해서는 안 된다. 오히려 내가 이해할 수 없는 것들, 타자의 타자성을 이해할 수 있어야 한다(박영균, 2010). 타자의 타자성 문제가 중요한 이유는 분단 이후 북한주민들은 남한과 다른 체제와 성격의 지도자 밑에서 살면서 다른 생활세계(Lebenswelt)를 경험하여 왔기 때문이다. 따라서 북한주민들에 의해 도출되는 사회·문화적 현상을 정확히 분석하려면 그들이 겪은 생활세계의 이해를 바탕으로 하여야 함이 명백하다. 따라서 기존의 모든 것에 괄호를 치고(epoche) 북한주민들의 신발을 신고 그들의 안경을 쓰고 북한의 사회·문화를 보아야 한다는 현상학적 태도는 중요한 의미를 갖는다. 또한 북한사회의 현상을 접근하는데 있어 체제가 지향하는 이념에 크게 제약되는 측면과 동시에 체제가 지향하는 이념과는 어느 정도 간격을 지니는 생활세계를 함께 주목해야 한다. 즉, 북한의 실상을 제시할 때에는 북한의 지도이념 · 체제논리와 주민들의 생활세계를 구별해야 하고, 통제된 사회에서 살고 있는 국민들 사이에서도 상당한 개인적 욕구와 그것을 분출하고자 하는 사회적 공간이 있음을 분명하게 제시해야 한다.

서로 가르치고 배우는 소통능력과 관련해서는 '타자성'을 배제하는 자아 중심적 독백을 벗어나 '가르치고 배우면서 규칙을 만들어가는' 미래 생산적인 성격을 지녀야 함을 인식하는 것이 중시된다. 서로 가르치고 배우면서 규칙을 만들어 갈 수 있는 능력 형성의 토대는 나만이 완전하거나 선이라는 관점에서 벗어나 상호 차이점을 인정하고 더불어 살아갈 수 있는 '마음의 개방성'이다. 단순히 서로간의 차이점을 인정하는 것만으로는 마음의 통일을 이룰 수 없다. 만약 이 차이점을 통일의 방해요소로 보고 시급하게 없애려고 한다면, 서로간의 불신만 늘어나고 끊임없는 갈등의 수렁에 빠지게 된다. 같음은 사람간의 대화의 물꼬를 틀 수 있다. 다름은 서로를 돌아볼 수 있게 한다. 따라서 상호간이 지닌 규칙의 같음을 찾으려는 것보다는 서로 다른 규칙을 상대방의 입장에서 바라보면서 서로의 좋은 점을 배워가면서 보다 인간다운 삶이 풍성해질 수 있는 새로운 규칙을 만들어 갈 수 있는 능력이 통일교육에서는 중요한 의미를 갖는다.

공통분모 창출 및 추구 능력과 관련해서는 맹목적으로 남북한의 동질성을 회복, 제고 및 확장해야 한다는 시각, 즉 혈연, 언어, 관습 등 단일화된 민족동질성의 회복에 집착하지 않는 관점이 중시된다. 남북한의 동질성의 긍정적 측면과 부정적 측면이라는 양면을 고려하는 한편, 남북이 소통을 통해 서로 부딪혀 새로운 민족적 공통성을 창출하는 과정이 곧 통일이라는 인식을 갖도록 해야 한다. 여기에서 민족공통성이란 접촉과 교류를 통해 미래적으로 생성되는 '공통의 가치, 정서, 문화'를 의미한다.[1] 민족공통성은 그동안 통일교육에서 자주 강조되어 온 민족동질성과는 다르다. 민족동질성이 '같음'에 중점을 두고 이를 통일의 단초이자 촉매제라고 본다면, 민족공통성을 추구하는 관점은 남북한 문화의 이질성에도 불구하고 서로가 화해협력할 수 있는 여지가 있고, 나아가 우리의 삶에 긍정적 요인으로 작용할 수 있으며, 문화통합에 기여할 수 있는 요소인 '긍정

1) 민족공통성의 개념에 담긴 이러한 성격은 비트겐슈타인(Ludwig Wittgenstein)이 말하는 가족유사성(family resemblance) 개념을 통해 보다 구체적으로 이해될 수 있다. 가족의 '닮음'이란 결코 그들 모두에게 동일하게 적용되는 절대적 기준이나 지표가 가치나, 부분적 또는 특수하게 한 부분이 서로 겹치고 교차하는 방식으로 이루어지는 이른바 '유사성'만이 존재한다. 이러한 관점에서 민족공통성은 '닮음의 중첩' 방식을 적용시켜 코리언 각각의 특수성을 담보하면서도 서로 서로 겹치고 교차하는 유사성을 밝히고 설명하기 위한 새로운 패러다임이다; 건국대 통일인문학연구단, 통일인문학-인문학으로 분단의 장벽을 넘다(서울: 알렙, 2015, pp.228-229).

적 다름'에 주목한다고 할 수 있다. 통합 초기에는 민족동질성의 확인이 긍정적 기능을 할 수 있으나, 장기적 관점에서 통일사회와 구성원들의 삶에 기여할 수 있는 것은 민족공통성이다. 통일 이후 시간이 경과하면서 증폭되는 것은 다름의 확인이지 동질성의 확대가 아니기 때문이다.

2) 통일 이후의 진정한 준비

언제 어떤 형태로 이루어지든 통일은 사회의 모든 부문에서 엄청난 변화를 일으킬 것이다. 변화는 적응을 요구한다. 사람들은 적응해 가는 과정에서 여러 가지 어려움을 겪을 것이고, 결국 적응이 안 되는 곳에서 문제가 발생할 것이다. 통일 후 우리가 겪게 될 주요 심리적 문제들은 현재 남한사회에서 생활하고 있는 북한이탈주민의 적응 및 부적응 실태를 기초로 유추할 수 있다. 북한이탈주민의 남한 사회 적응 실태에 대한 선행 연구들은 대체로 다음과 같은 결론을 제시하고 있다.[2)]

북한이탈주민들은 남한 사회에서 생활하게 되면서 가치관과 성격에서의 차이와 더불어 언어습관의 차이, 일상적이고 의례적인 생활관습의 차이 등으로 인하여 어려움을 겪는다. 북한이탈주민들은 일상생활에 대한 지식의 부족, 거대한 정보량에 압도되어 생기는 지적 열등감, 사회적 지위의 격하에 대한 불만, 차별대우에 대한 민감성, 언어소통문제로부터 받는 위축감, 돈에 대한 걱정, 돈에 대한 이중적 태도, 문제의 본질과 해결책에 대한 집단주의적, 의존적 태도, 이분법적인 사고방식과 사고의 경직성, 남한의 개인주의적, 이기주의적 문화에 대한 비판의식과 심리적 갈등 등을 경험하게 된다. 이러한 어려움들은 단기간에 경제성장을 이루어 막 풍요를 맛보기 시작한 남한 사람들의 졸부적인 천박함이나 우월감에 부딪히면 당연히 증폭될 수밖에 없다.

북한이탈주민들이 남한 사회에서 생활하면서 경험하게 되는 갈등이나 긴장은 반세기에 이르는 분단 상황 아래서 서로 다른 가치관과 생활양식에 따라 살던 사람들이 통일된 사회를 이루고 하나의 사회속에서 삶을 일구어 갈 때, 더 큰 범위에서 발생할 것이

2) 이에 대해서는 박종철 외, 『북한이탈 주민의 사회적응에 관한 연구 : 실태조사 및 개선 방안』(서울: 민족통일연구원, 1994); 오기성 외, 『북한이탈주민 대학교육지원방안 연구』(서울: 통일부, 2000); 이기영, 『탈북청소년의 남한사회 부적응문제에 관한 유형분석』(서울: 한국청소년개발원, 2001); 민성길, 『통일이 되면』(서울: 연세대출판부, 2004); 윤여상, 『통일시대 북한주민의 남한생활』(서울: 세명, 2003); 한만길 외, 『남북한 학생의 학력수준 비교 연구』(서울: 한국교육개발원, 2001); 한만길 · 현주 · 오기성, 『북한이탈 주민의 남한 교육적응 연구』(서울: 한국교육개발원, 1999) 참조.

다. 그러므로 통일을 준비하는 교육의 목표는 서로 어떻게 같고 어떻게 다른지를 알아 나가는 것, 다를 때는 왜 다르게 되었는지를 이해하는 것, 서로 다름을 인정하면서도 배척하지 않고 공존하는 방법을 배우는 것, 그리고 이제부터 새로이 함께 추구해야 할 일을 모색하는 것이 되어야 한다(정진경, 2001; 오기성 외: 2000). 이것이 곧 통일사회의 삶에 있어 추구해야 할 도덕성이다. 따라서 제도적 통일 이후 사회문화적 통합, 사람의 통일, 의식의 통일을 이루기 위한 준비에 중점을 두는 것은 도덕과 통일교육의 고유한 영역으로 설정할 수 있다.

서로 다른 문화 속에서 생활을 영위해 온 사람들이 만나면 오해와 갈등, 긴장을 경험하게 되는 문제들을 해소하는데 중점을 두는 교육은 사례 중심의 통일교육을 지향하게 된다. 여기에서 주요사례들은 문화 간 상호작용의 중요한 이슈들을 다루고 있다. 이 주요사례들의 장점은 문화 간 만남을 '재미있게' 묘사한다는 점이다. 구체적인 사람이 등장하여 적응하고 이해하려고 애쓰는 것을 보고, 그에게 어떤 일이 일어날 것인가를 추측해보는 것이 학습자의 흥미를 끄는 것이다. "어떻게 됐을까? 왜 그럴까?" 등의 의문을 갖게 되고, 몇 개의 선택지 중에서 맞는 답을 골라보는 것도 재미있는 일이다. 여러 개의 주요사례들을 읽어가면서 생각하고 응답하고 배워 나가는 과정은 장기간의 문화간 경험을 하는 것과 비슷하리라는 가정을 여기서는 하고 있다. 여러 가지 상황들을 경험하면서 왜 그런가를 알아 나가는 것이다.[3] 따라서 통일교육에 있어 이러한 접근은 학습자의 관심, 호기심, 지적 도전감을 상승시킴으로써 교육적 효과를 극대화할 수 있다.

3) 사실교육에서 가치교육으로

사회현상을 연구 대상으로 하는 사회과학에 있어 설명과 이해, 그리고 가치판단에 대한 문제는 오랜 역사를 지녀왔다. 설명을 강조한 방법론적 경향은 주로 경험론으로 그 기원이 소급된다. 이러한 경향은 철학에서 실증주의와 논리실증주의로 이어졌으며, 사회

3) 대표적인 형태로 '문화이해지'를 들 수 있다. 학습자들은 제시된 문화이해지를 통해 남북한 사람들이 만났을 때 발생할 수 있는 갈등 상황에 직면하게 된다. 대부분 남한 사람들이 이해하지 못하는 북한 사람들의 행동이 제시되는 경우가 많다. 교사는 왜 상대방이 저렇게 행동하는지에 대한 사고를 자극하기 위해 보기를 제시한다. 보기로 제시된 것들은 주로 남한 사람들이 북한 사람들에 대해 지니고 있는 편견, 고정관념, 선입견을 반영한 사례가 등장한다. 학습자들은 보기를 기초로 정답을 선택하고 모둠별 토론을 통해 왜 그렇게 행동하는지에 대한 근거를 작성한 후, 조별 근거 발표 및 토론에 들어가게 된다. 끝으로 교사의 설명이 이루어진 뒤 학습자들은 그동안 자신이 지니고 있던 북한 사람들에 대한 편견이나 선입견을 제거하고 이해하게 된다.

과학에서는 구조기능주의, 행태주의, 체계이론 등이 이러한 경향을 띠고 있다.

반면 이해를 강조하는 방법론적 경향은 자연과학적 연구방법론을 사회현상을 연구대상으로 하는 사회과학에 적용시키는 것에 문제가 있음을 제기하고, 사회과학 나름대로의 차별화된 방법론이 필요하다는 인식하에 반자연주의적 경향을 보여 왔다. 예컨대, 베버의 이해사회학으로부터, 현상학, 구조주의, 민속방법론, 인간주의 등이 이 범주에 속한다.

그러나 이러한 두 가지 방법론적 조류에서는, 대체로 가치판단의 문제나 이에 바탕을 둔 사회발전과 관련된 대안을 제시하는 규범론적 문제는 과학자의 본령에 속하지 않는다는 입장을 취하고 있다. 따라서 이러한 방법론적 입장에서는 현상에 대한 설명과 이해, 그리고 예측은 할 수 있지만, 가치판단에 기초하여 바람직한 사회의 모습을 제시하거나 모순을 극복하고 발전을 지향하기 위한 대안의 제시는 논외의 문제가 되었다. 그러나 이러한 측면은 규범적·비판적 사회과학관에 의해 크게 큰 비판을 받는다. 즉 실천의 중요성을 비판이론은 지적하고 있는 것이다(오기성, 2002).

그러면 통일교육은 있는 그대로의 사실만을 전달하는 것이 교육의 목표라고 할 수 있을까? 더 나아가 북한주민의 생활상이나 사고방식, 행동방식 등을 이해시키기만 하면 통일교육의 목적은 달성되는 것일까?

서독은 통일이전 「독일문제에 관한 교육지침」에서 양독 주민간의 동포애적 유대강화를 위해 우선 동독의 현재 상황에 대한 다양한 분야에서의 이해의 필요성을 먼저 제기한 바 있다. 주목되는 것은 사회질서에 대한 지식 그 자체가 목적이 아니라 그로 인해 동독주민들에게 어떤 결과가 생겨나는가를 알아보도록 하는데 있음을 강조하고 있다는 점이다. 그리고 이렇게 습득된 지식들을 사실 그대로의 판단과 통찰을 넓히기 위해 서독의 가치척도나 국가사회적 관계들을 동독의 그것과 비교하는 것이 불가결함을 강조하고 있다(오기성, 2000). 여기에서 비교를 통한 가치판단은 기본법의 가치척도에 따라 이루어진다. 이렇게 볼 때 통합을 지향하는 통일교육 또한 통일환경의 변화와 남북관계의 진전에 관계없이 변하지 않는 체(體)로서의 가치판단의 기준이 필요하다.

분단 이후 북한주민들은 남한과 다른 체제와 성격의 지도자 밑에서 살면서 다른 생활세계(Lebenswelt)를 경험하여 왔다. 따라서 북한주민들에 의해 도출되는 사회·문화적 현상을 정확히 분석하려면 그들이 겪은 생활세계의 이해를 바탕으로 하여야 함이 명백하다. 따라서 기존의 모든 것에 괄호를 치고(epoche) 북한주민들의 신발을 신고 그들의 안경을 쓰고 북한의 사회·문화를 보아야 한다.

또한 북한사회의 현상을 접근하는데 있어 체제가 지향하는 이념에 크게 제약되는 측면과 동시에 체제가 지향하는 이념과는 어느 정도 간격을 지니는 생활세계를 함께 주목해야 한다. 즉, 북한의 실상을 제시할 때에는 북한의 지도이념·체제논리와 주민들의 생활세계를 구별해야 하고, 통제된 사회에서 살고 있는 국민들 사이에서도 상당한 개인적 욕구와 그것을 분출하고자 하는 사회적 공간이 있음을 분명하게 제시해야 한다.

이러한 관점에서 먼저 북한의 현상을 객관적 사실과 정보에 입각하여 전체적·객관적으로, 또 사실적으로 파악하고, 그런 뒤 북한의 현상을 북한사람들의 입장에서 이해하며, 이를 바탕으로 옳고 그름을 따져보는 보편적 가치기준에 의한 판단 과정을 밟는 북한 이해 방식은 바람직한 북한 이해의 한 방법일 수 있다.

북한 이해의 가치판단의 척도로서 역할을 할 수 있는 인류보편적 가치로는 첫째, 인간의 존엄성, 평등, 다양성의 인정, 그리고 이를 구현할 수 있는 정치, 경제, 사회 제도가 강조되는 민주적 가치, 둘째, 억압과 전쟁으로부터의 해방을 포함하여 인간과 자연을 위협하는 모든 비평화적 요소로부터의 해방을 의미하는 평화적 가치, 셋째, 풍요로우면서도 복지를 보장하는 풍요와 복지의 균형이라는 가치 등이 제시될 수 있다(오기성 외, 2003). 이러한 가치들은 지구촌에 살고 있는 모든 구성원들이 공감할 수 있는 가치들이며, 모든 사회는 이러한 가치들이 실현되는 사회를 지향하고 있다.

따라서 통일교육에 있어 북한 이해는 객관적인 사실과 정보에 입각하여 북한의 현상을 있는 그대로 전체적인 관점에서 파악하고, 북한 사람들의 입장에서 그들의 생활세계를 이해하며, 이를 기초로 인류보편적 가치에 따른 판단을 통해 보다 바람직한 통일사회를 일구어나가기 위해 우리가 실천해야 할 일은 무엇인지를 탐구할 수 있도록 하는 것이 바람직하다고 할 수 있다.

4) 남북한 상호 이해

앞서 말한 바와 같이 통일교육에서 북한 및 통일문제에 대한 인식 절차는 북한 사회에 대한 객관적 '이해'가 이루어진 이후 이를 우리는 보편적 가치기준에 비추어 평가하고, 아울러 남한 사회도 평가해 보며, 이러한 과정을 통해 양 사회가 지닌 문제점을 제시하며, 나아가 바람직한 방향을 설정하는 과정을 밟는다. 이러한 인식을 통해 학습자들로 하여금 다름을 인정하고, 같음을 기뻐할 줄 알며, 이러한 상호이해를 토대로 상대방을 포용할 수 있는 인간을 길러내는 것이 도덕과 통일교육이 지향하는 목표라고 할 수 있다.

남북의 상호이해를 위한 의사소통에 신뢰, 배려, 협력과 같은 감성적 덕목이 중요하다. 이 외에 교감(appreciation), 공감(empathy), 헌신(compassion) 등의 덕목도 작용되어야 한다. 상호이해는 의사소통을 구성하는 관계의 질과 성격에 의하여 진전되므로 이에 작용하는 감성적 덕목이 중요하다. 그 중 신뢰는 의사소통의 출발점이다. 물론 신뢰는 그 결과이기도 하지만 기본적인 신뢰가 있어야 의사소통이 시작되고 신뢰도 강화될 수 있다.

신뢰에는 체제 간 신뢰와 사람 간 신뢰가 있다. 남북관계에서 체제 간 신뢰가 필요하다. 그러나 체제 수준에서 신뢰가 이루어지지 않더라도 사람끼리의 신뢰가 가능하고, 이를 바탕으로 체제 간 신뢰가 생길 수 있다(이기범, 2004). 신뢰는 다른 사람을 도덕적 존재로서 인정하는 것이고 그래서 도덕적 관계를 구성한다.

신뢰는 상호학습을 통하여 상대방의 가치를 믿고 있음을 보여줄 뿐 아니라 상대방이 지금보다 더 가치 있는 존재가 될 수 있음을 믿고 있음을 보여 준다. 그러므로 상대를 용인하고 존중하며 그 잠재력을 믿는다는 점에서 신뢰는 배려의 윤리를 구현한다. 신뢰와 배려는 원칙에 대한 헌신이 아니라 구체적 사람에 대한 헌신에 초점을 맞춘다. 남북관계에서 배려의 윤리를 시작하기 위하여 북한에 대한 인도적 지원에 학생들이 참여하는 것은 매우 의미가 있다. 덜 고통받는 사회는 더 고통받는 사회를 지원할 정치적·도덕적 의무가 있다. 즉 남은 북을 지원할 의무가 있으며 이로서 존중과 배려가 호혜적으로 될 계기를 마련할 수 있다. 왜냐하면 상대가 배려를 수용하고 고마워하고 자신을 돌보고 있는 사람을 믿게 될 때, 비로소 신뢰와 돌봄의 호혜적 관계가 성립되기 때문이다(N. Noddings, 1993).

신뢰와 배려와 협력은 의사소통의 관계를 구성한다. 의사소통의 핵심은 미리 정해진 생각을 표현하는 것이 아니라 협업적 활동이 먼저 이루어지고 그를 발판으로 이해와 의미의 범주를 정하는데 있다. 의사소통은 논리적 사고에 의한 논쟁보다는 함께 상호이해를 지향하는 상호구성에 의한 협력의 활동이다. 상호협력이 진행되는 한 혹은 그에 대한 노력이 경주되는 한 각기 다른 주관적 체험과 주관적 현실 인식이 협업을 계속 유지하고 확대하기에 충분하게 중첩된다(G. J. J. Biesta, 1994). 협력은 의사소통의 조건이며, 상호이해는 의사소통이라는 협력의 결과이다. 협력적 의사소통에서는 말하기 이상으로 경청하기, 기다리기, 침묵의 미덕이 드러난다. 교육에서 사회적 활동인 의사소통과 상호이해를 증진하기 위하여 인격적 관계를 맺고 협력을 장려하는 것은 남북의 의사소통과 상호이해에 결정적으로 기여한다.

따라서 신뢰, 배려와 협력은 상호이해 관계의 출발점이자 도착점이다. 이러한 덕목은 상호이해의 과정에서 지식의 우열이 있다고 간주되는 교사와 학생이 평등하게 기여하는 것 그리고 남북관계의 경우 자칫 합리성과 논리에 우열이 있다고 간주되는 남과 북이 신뢰와 배려로 동등하게 협력하는 것을 가능하게 한다. 또한 인식과 판단의 변화가 타인의 요구에 의해서가 아니라 자발적이고 자율적으로 이루어질 수 있게 한다. 학생들이 신뢰, 배려와 협력을 체험하면 남북 관계에서 상호이해를 시작할 수 있게 될 것이고, 상호이해의 출발과 전개는 자기 발전을 가능하게 하고, 다시 관계에서 신뢰, 배려와 협력을 강화시키는 순환과정이 유지될 것이다.

5) 다름에 대한 인정과 존중

도덕과 통일교육에서는 통일을 결과로 보기보다는 '과정'으로 보려는 유연한 자세가 필요하다(추병완 외, 2002). 분단 상황에서 고착된 냉전 문화의 탈피, 남북한 간의 평화 공존과 화해 협력이 바로 통일의 한 과정임을 인정하는 자세가 필요한 것이다. 성급하게 1민족 1국가 체제를 만드는 것에만 치중하게 되면, 어떤 이념과 체제로 통일하는 것이 바람직한 것인가에 대한 논의가 주류를 이루게 된다. 그렇게 되면, 현실적으로 어느 한 쪽의 일방적인 논리에 바탕을 둔 통일이 될 수밖에 없으며, 그 사회의 기존 이념과 가치관이 주도권을 갖게 되어 다른 한 쪽은 수동적인 동화의 대상이 되어버리고 만다. 동시에 주도권을 가진 사회의 내적 모순 구조는 은폐되기가 쉬어진다.

'과정'으로서의 통일을 중시하는 통일교육에서는 '하나가 되는 것'에 얽매이지 않고, 우선 남북한이 오랜 분단 체제 속에서 고착된 전쟁의 위협에서 벗어나 서로 공존 공영하는 방법을 강조하게 된다. 즉 통일 정책이나 북한 체제 비판에 초점을 맞추었던 통일교육에서 탈피하여, 분단으로 인한 폐해의 자각을 통하여 평화 통일의 필요성과 중요성을 깨닫게 하고, 냉전적인 분단 의식을 극복하려는 자세와 태도를 형성시키는 데 초점을 맞추게 된다. 또한 우리 사회 내부의 구조적 모순을 타파함으로써 우리 사회 구성원들이 모두 인간다운 삶을 영위할 수 있는 조건의 창조를 강조하게 된다. 특히, 우리 사회 내부에서 평화를 만들어가려는 의식과 능력의 제고는 통일을 만들어 가는 과정에서 일어날지도 모를 한반도 전체의 사회·심리적 갈등 및 부조화를 해결할 수 있는 능력으로 연결될 수 있음을 우리는 중시해야 한다. 그러므로 '과정'으로서의 통일을 중시하는 통일교육은 우리 사회 내부에 깊이 자리잡고 있는 반북 의식·냉전 문화를 극복하고 남북한의 공존 공영·화해·협력 문화를 창출할 것을 강조한다(추병완, 2003).

화인버그(Feinberg)는 다름에 대한 존중을 불간섭주의(laissez faire), 제약으로서의 존중, 그리고 성찰의 계기로서의 존중으로 나누고 있다(W. Feinberg, 1990: 이기범, 2004 재인용). 불간섭주의는 어떤 다름이 문제가 있음에도 불구하고 그 다름을 존중하지 않으면 해당 개인과 집단의 존재와 생존에 위협이 된다고 판단될 때 다름을 인정하는 경우이다. 이러한 존중은 대개 권력이 적은 사회, 집단과 개인들에게 적용되는데, 억압의 역사로 도덕적으로나 인식론적으로 바람직하거나 혹은 바람직하지 못한 특성이 생성되었고 그것이 부정되면 그 집단과 개인의 정체성과 존재 자체가 도전을 받으므로 인정하는 경우이다. 소수집단에 특혜적 권리의 인정은 바로 이러한 동기에서 정당화된다.

다름에 대한 두 번째 형태의 존중은 제약으로서의 존중이다. 이는 상대의 다름이 무엇인지 그 성격이 어떠한지 잘 모를 경우, 그것에 대한 판단을 유보하고 다름을 표현하게 허용하고 그것을 일단 존중하는 것으로서 나의 행위를 다름이 제한하는 경우이다.

다름에 대한 세 번째 형태의 존중은 다름을 접함으로써 자신을 성찰하여 존중하는 경우이다. 즉 이 형태의 존중은 신뢰를 가지고 상대방의 다름이 근거 있는 다름이라고 가정하고, 그 거울을 통하여 자신을 성찰하여 스스로의 의견을 수정하고 확대하는 태도를 일컫는다.

제2절 정보윤리교육

1. 정보의 중요성과 가치

1) 정보의 중요성

지구의 자연환경이라는 것이 무궁무진한 것이어서 아무리 쓰고 개발하고 해도 끝이 없을 것이라고 생각하던 시대에는 '환경 윤리'라는 말이 없었다. 환경이라는 것이 그러한 특별한 관심을 받을 만큼의 가치를 갖지 못한다고 생각했기 때문이다. 무엇인가가 사람들에게 중요한 의미와 가치를 가지고 있어서, 모든 사람들이 그것을 갖고 싶어 하고 더 많이 누리고 싶어 하여 서로 경쟁과 다툼을 벌이는 경우가 되면, 그 대상물을 "보다 인간다운 방식으로 잘 다루어야만 한다"라는 깨달음과 요구가 생겨나게 된다.

농경 사회에서는 좋은 기후가 뒷받침된 넓은 농토가 그러한 선망의 대상이었고, 산업사회에서는 생산기술과 기계가, 자본주의 사회에서는 무엇을 만들어 내는 것보다는 커

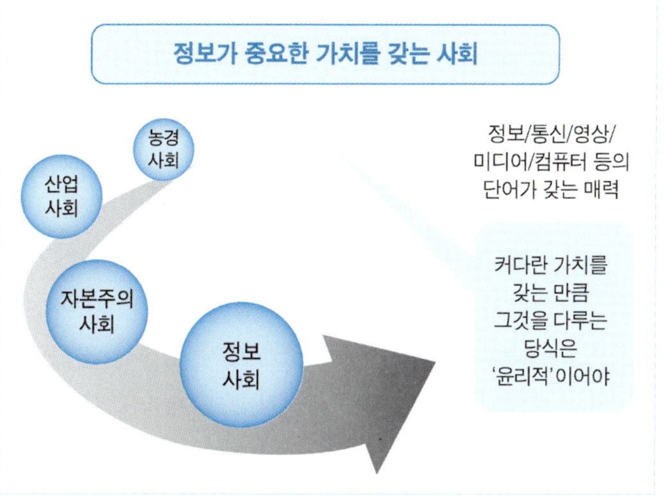

다란 돈인 자본 그 자체가 그러한 대상이 되었다. 이제 정보사회에서는 정보가 바로 그러한 막대한 가치를 갖게 되어 모든 사람들의 선망의 대상이 되고 있다. 정보가 갖는 가치가 워낙 중요하고 크기 때문에 함부로 다루거나 무원칙하게 되는 대로 내버려 둘 수가 없게 된 것이며, 사람들은 정보를 보다 합리적이고 공정하며 민주적으로 다루기를 바라게 되었고, 효율성만을 찾는 경제적 방식이나 힘의 우위에 따라 결정하자는 정치적 방식보다는 인간적인 올바름을 추구하는 '윤리적 방식'을 필요로 하게 된 것이다.

2) 정보의 가치

해마다 수많은 학생들이 인터넷에서 비윤리적 잘못을 범하고 정보관련 범죄를 저질러 처벌을 받곤 한다. 법정에서 유죄판결을 받아 청소년 사이버범죄사범이라고 불리우는 이들을 만나 상담을 해 보면, 자신이 한 일이 왜 나쁜 짓이고 범죄로 취급되어 처벌까지 받는가를 제대로 이해하지 못하는 학생들이 많다. 그냥 별다른 악한 의도도 없이 했던 일이고 재미로 한 번 해본 것일 뿐인데, 왜 이렇게까지 어른들이 호들갑을 떠는지 이해도 되지 않고 억울하기만 하다는 것이다. 이들에게는 처벌보다 먼저 정보가 갖는 위력과 가치의 중차대함을 알려주어서 깨우치도록 해야 한다.

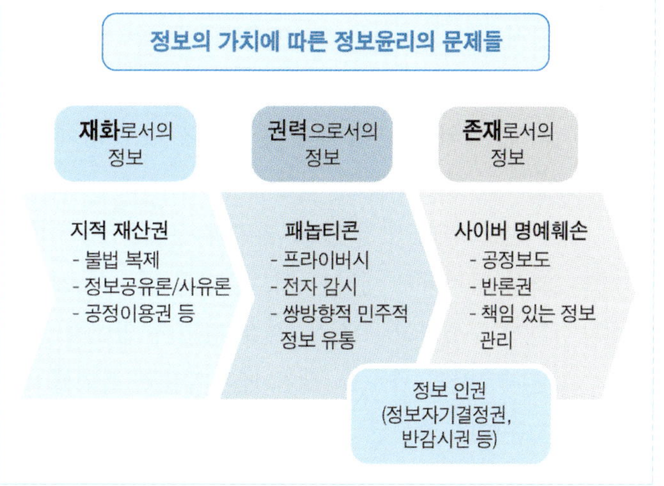

정보사회에서 정보는 그 자체가 '재화로서의 가치'를 갖는다. 사소하고 별 것도 아닌 듯이 보이는 정보

가 잘 가공되고 조심스럽게 유통되면 엄청난 금전적 가치를 갖게 되기 때문이다. 오늘과 내일의 날씨가 흐릴 것이다 맑을 것이다, 바람이 불 것이다 비가 올 것이다 등에 관한 정보인 '날씨 정보' 하나만 가지고도 2007년 한 해에 190억 원 가량의 큰돈을 국내 시장에서 벌어들일 수 있다. 이웃 일본의 경우는 3,000억 원 규모, 미국 시장은 1조 원 규모, 전 세계적으로 보면 기상정보 시장의 규모는 1년에 5조 원으로 평가되고 있다. 정보가 빛처럼 빠르고 넓게 확산되는 인터넷 시대에는 한두 개의 업체가 가공하는 기상 정보가 전 세계 시장을 석권하는 일도 가능하다. 이처럼 상상하기 어려울 정도로 큰 돈이 될 수 있는 내 정보를—내가 생산한 정보이든 가공한 정보이든—다른 누군가가 함부로 복사하거나 변형시키거나 팔아 넘긴다면, 그것은 누구도 그냥 참고 넘어갈 수 없는 일이다. 그래서 우리는 타인의 정보를 조심스럽게 소중히 다루어야만 하며, 사용할 때에는 정당한 대가를 지불하는 것이 인간으로서 마땅히 지켜야만 할 올바른 자세 – 즉 윤리적인 자세 – 라고 강조하면서, 그것을 심각하게 어길 경우를 범죄로 규정하고 처벌을 가하게 된다. 불법 복제나 저작권 침해 등의 다양한 문제들이 정보가 갖는 재화로서의 가치를 둘러싸고 제기되고 있으며, 점차로 더 큰 돈이 관계되면서 분쟁의 빈도와 심각성은 갈수록 높아져만 가고 있는 실정이다.

별로 돈이 되지 않을 것처럼 보이는 사소한 정보라 할지라도 그것이 불평등하게 유통되었을 때에는 윤리적 문제가 제기될 수 있다. 정보가 어느 한쪽에게만 일방향적으로 집중되고, 다른 편에 있는 사람은 자신과 관련된 정보가 누구에게 흘러가고 있으며 어떻게 사용되고 있는가를 알 수조차 없다고 한다면? 정보가 '권력으로서의 가치'를 갖고 있기 때문에 정보의 유통 흐름은 쌍방향적이고 민주적이어야만 한다는 요구가 생겨나게 된다. 어두움 속의 누군가가 밝은 곳에 있는 나를 감시하고 있다는 사실을 알지만 그 감시자의 눈초리를 볼 수 없을 때, 우리는 위축되고 불편함을 느낄 수밖에 없기 때문이다. 인터넷과 무선정보통신이 일상화된 상황 속에서 개인의 프라이버시가 함부로 노출되고, 나와 관련된 개인 정보들이 마구 공개되거나 팔려 나가거나 하는 상황을 편한 마음으로 방관할 수는 없는 일이다.

돈도 걸려 있지 않고 권력의 문제를 야기하지도 않는 그야말로 특별할 것이 없는 정보라 할지라도 심각한 정보윤리의 쟁점이 될 수 있다. 진실과 거짓, 실제와 허구를 확실하게 구별하고 확신을 가질 방법이 없어져 버린 대량 정보 유통의 사회에서는 정보가 '존재로서의 가치'를 갖기 때문이라고 설명될 수 있다. 인터넷에서 나에 대한 그릇된 헛소문이나 잘못된 정보가 대량으로 유통되고 있는데, 내가 아무리 해명을 해 보아도 귀

기울여 주는 사람이 없다면 얼마나 답답한 노릇일까? 내가 하지도 않은 일을 했다고 하는 정보가 인터넷에서 대량으로 복제되고 파급된다면, 그런 경우에는 정말 내가 그런 일을 했느냐라는 진실의 규명 여부가 중요한 것이 아니라, 얼마나 많은 사람에게 얼마나 빠른 속도로 정보가 유통되고 있는가와 그것을 막을 수 있는가 없는가가 더 중요한 문제가 될 것이다. 사이버 명예훼손이나 거짓 정보 유통, 정보의 왜곡과 조작, 공정보도와 해명권 등의 문제가 인터넷 시대에는 이전보다 훨씬 더 심각한 범죄로 취급되는 까닭이 여기에 있다.

2. 정보윤리교육의 중요성

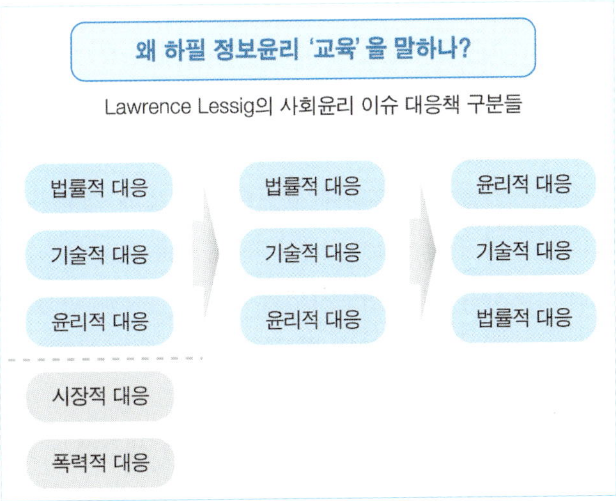

인터넷 윤리교육 혹은 정보윤리교육 – 정보윤리는 인터넷 윤리를 포함하고 있는 더 넓은 개념으로 이해될 수 있다 – 에 대한 사회적 요구가 높아지고 있는 것은 문제가 되고 있는 정보의 가치가 갈수록 더 커지고 있기 때문이다. 혹자는 한국 사회의 지나친 보수성과 공동체주의가 성급하게 윤리교육과 같은 사회적 대응을 요구하고 있는 것이라고 비판하기도 한다. 초창기라 문제가 생기는 것이 당연하지만, 조금만 더 참고 느긋하게 기다리면 인터넷과 정보시장 자체가 성숙되고 안정을 찾게 될 것이라고 보는 것이 자유주의자의 낙관적인 주장이다. 누구나 인터넷이라는 무한한 정보의 바다를 처음 접했을 때에는 음란물이나 불법복제물과 같은 붉은 물의 바다에 호기심을 갖게 되고 탐닉하게 되지만, 조금 더 시일이 지나면 그러한 말초적 자극에 질리게 되면서 보다 건설적이고 창조적이며 의미 있는 정보를 찾아 나서게 될 것이라는 낙관적인 생각에도 일리가 있음은 분명하다. 우리가 냄비처럼 지나치게 호들갑을 떨고 있는지도 모를 일이다.

정보법학의 석학인 로렌스 레식(L. Lessig)도 사회적 윤리 문제에 대처하는 사회적 대응 방안의 차원을 논하면서, '시장에 맡기는 대응'에 대해서 언급한 바 있다. "악화(惡貨)가 양화(良貨)를 쫓아낼 가능성"도 분명 존재하지만, 저급 정보는 내버려 두면 그 자체가 소비자의 외면을 받아 시장에서 도태될 것이라는 방임주의적 대응도 하나의 방법일 수는 있을 것이다. 그러나 불확실성이 지배하는 상황 속에 실제로 살아가고 있는 우리의 어린 학생들을 그러한 모험의 실험물 내지는 희생양으로 방치하고 낙관적 기대에만 의존하는 교육자가 될 수는 없다.

이러한 상황 속에서 우리가 취해야 할 자세를 '보다 현명하고 안전한 선택으로서의 성악설적 접근'이라는 관점으로 요약해 볼 수 있다. 시장과 인간의 본성이 본래부터 착한 것이어서 간섭 없이 내버려 두면 저절로 나쁜 것을 정화할 능력을 가졌을지도 모르고 혹은 그렇지 않을지도 모르는 불확실성의 상황이라면, "항상 최악의 경우를 예상하고 그에 대비하는 자세"가 곧 '현명한 선택'이 아니겠는가? 끊임없이 올바른 길을 가르치고 개입하며 지도를 아끼지 않아야 겨우 착한 행동을 할 수 있는 학생들이라고 간주하고 정보윤리를 열심히 교육했는데, 지나고 보니 나름대로의 자정 능력을 갖춘 선한 본성의 학생들이었음이 밝혀진다고 해도 큰 손해는 없을 것이다. 그러나 반대의 경우에 그들의 능력과 본성을 믿고 내버려 두었는데, 지나고 보니 지대한 관심과 손길이 필요했던 아이들이라면 그때에는 이미 돌이킬 수 없는 결과를 어찌할 수 있겠는가?

레식은 윤리에 호소하는 교육과 캠페인 등의 사회적 대응을 저급하고 촌스러운 것이라고 생각했다. 선진사회일수록 윤리보다는 기술에, 기술보다는 법률에 더 많이 의존한다는 것이 산업사회까지의 일반적인 현상이라고 그는 분석하고 있다. 거기에서 한 걸음 더 나아가 그는 정보기술의 발전 때문에 새롭게 생겨난 정보윤리 문제들은 기존의 교육과 기존의 법률로는 충분히 제어할 수가 없다는 사실에 주목했다. "기술 때문에 생긴 문제는 기술로 풀어 나가자!"라는 생각에서 그는 DRM(Digital Rights Management ; 정보 컨텐츠의 지적 재산권 자동 관리하는 디지털 기술—온라인으로 돈을 지불해야만 들을 수 있는 음악 파일이나 논문 파일 등이 좋은 예가 된다)이나 음란물 필터링(음란물 컨텐츠의 내용을 컴퓨터의 인공 지능이 판단하여 자동으로 차단하거나 삭제하여 아동을 보호하는 기술) 등의 기술적 대응이 바람직한 수단이라고 주장한 것이다.[4)]

법률적 대응과 기술적 대응도 분명 필요하고 즉각적인 효력을 갖고 있기 때문에 많은 노력을 기울여야 할 대상임은 분명하다. 그러나 법률과 기술은 인터넷에서 벌어지는 정보윤리 문제들과 관련해서는 여러 가지로 뚜렷한 한계점들을 노출하고 있고, 설상가상으로 심각한 부작용들까지 드러내고 있기 때문에 그들에게만 의존하고 있을 수는 없다고 보기 때문이다.

---

4) 레식은 control by code라는 표현을 즐겨 사용하였지만, 지나치게 여기에만 의존하는 것의 위험성을 강조하고 있다.

예를 들어, 사이버 포르노 문제를 필터링이나 차단 프로그램에만 의존해서 해결할 수는 없다. 포르노 업자들은 필터링에 걸리지 않도록 전혀 음란성이 없는 단어들로만 사이트를 구성하고 홍보하여 그물망을 빠져나가지만 소프트웨어는 그러한 자질구레한 속임수를 이해할 수가 없어 유연하게 대처하지 못한다. 아무리 차단하고 걸러내려고 노력해도 헛수고가 될 뿐만 아니라, 그러한 차단의 그물망을 빠져나간 컨텐츠에 대해서는 이용자들이 아무런 죄책감을 느끼지 않게 된다라는 심각한 부작용까지도 나타나고 있는 실정이다.

음란물 처벌에 관련된 다양한 법률들을 아무리 빠른 속도로 개정하고 정교하게 적용한다고 해도 문제를 근본적으로 해결할 수는 없다. 법망의 그물코를 조이면 조일수록 그것을 빠져나가기 위한 노력은 더욱 변태적인 방향으로 진화하게 된다. mp3 파일 등의 저작권 관련 파일들을 무한정으로 공유할 수 있도록 환경을 제공했던 해적 사이트들이 와레즈로 발전하고, 와레즈를 처벌할 수 있게 법률을 개정하자 소리바다 서비스와 같은 P2P 등의 형태로 진화를 거듭한 바 있다. 사회적으로 심각한 피해를 발생시키는 비도덕적 행위를 법률로써 처벌하고자 했던 공권력의 시도들이 매번 새로운 기술과 새로운 서비스 유형 변경 등의 저항에 의해 실효를 거두지 못했던 경험은 법률적 대응과 기술적 대응 자체의 본질적 한계를 잘 보여주고 있다. 게다가 그러한 경험의 누적은 이용자들이 불법 복제와 불법 배포 행위 자체에 대해 도덕적으로 무감각해지도록 만드는 부작용까지 낳고 있다.

윤리에 호소하는 교육적 대응은 효력 자체가 미미하고 즉각적으로 나타나지도 않는 한계를 갖고 있지만, 가장 근본적으로 문제해결에 접근하는 방안이라는 점에서 중요성을 갖는다. 사이버 포르노나 불법 복제, 프라이버시 침해 등의 정보윤리 문제들에 대한 현재 우리 사회의 대응들은 서로 손발을 잘 맞추지 못하고 있는 경우가 많다. 교육에서는 나쁜 일이라고 강조하고 있는 행위가 법률적으로는 버젓이 합법적인 범주에 들어간다거나, 기술적으로 충분히 막아낼 수 있는 일임에도 불구하고 그러한 차단 기술 자체가 불법으로 묶여 있다거나 하는 경우들이 있다는 것이다. 앞으로 우리가 나아가야 할 방향은 윤리적 대응을 중심에 두고, 그것이 제시하는 방향으로 나아가기 위해 법률과 기술이 힘을 합쳐 서로 돕는 유기적인 협조 체제를 구성해야 한다.

3. 정보윤리교육의 목표와 방법

1) 통합적 도덕인 양성

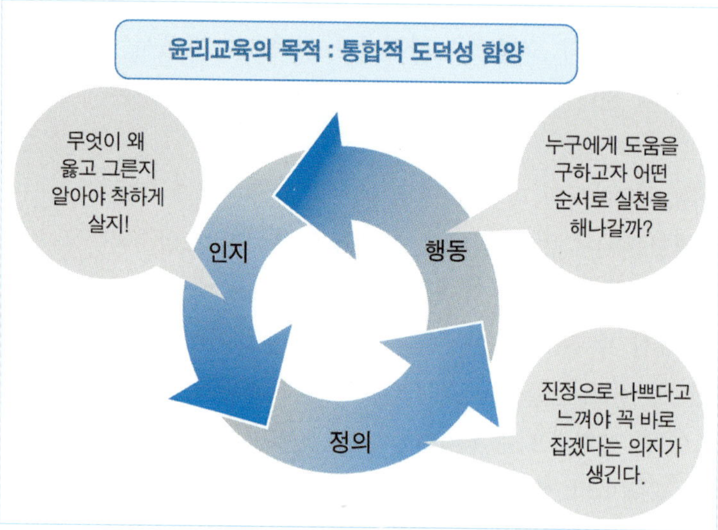

인터넷에서 발생하는 혹은 인터넷을 매개로 발생한 여러 가지 윤리 문제들에 관해 "그것이 왜 잘못된 일이며, 어떤 피해를 낳고, 어떤 정도의 처벌을 받게 되는가?"를 알 수 있도록 필요한 지식 정보를 먼저 가르쳐야 한다. 몰라서 한 나쁜 짓도 엄연히 나쁜 짓이지만, 똑똑하게 알아야 착한 일도 제대로 할 수 있다는 의미에서 인지 영역의 윤리적 지식 정보 내용은 매우 중요하게 다루어져야 한다. 정보의 가치 유형에 대한 이해에 기초하여 어떤 행위가 왜 도덕적으로 올바른 것인지 혹은 왜 올바르지 않은 것인지를 제대로 알고, 합리적인 분석과 판단을 스스로 내릴 수 있는 능력까지 다루는 것이 정보윤리교육의 인지 영역이다. 인터넷 환경의 특성에 대한 이해와 정보범죄 관련의 법규 지식, 올바른 판단을 내릴 수 있도록 판단 기준이 되는 윤리학적 이론에 관한 공부들이 모두 이 범주에 포함되어야 한다.

다음으로는 "아는 것과 행동하는 것이 별개인 사람"을 만들지 않도록 "진심으로 도덕적인 선함을 사랑하고 악함을 미워하는 마음과 태도"를 강조하는 정의 영역이 중요하게 다루어져야 한다. 정서와 의지는 동전의 양면과 같아서 불법 복제의 불법성을 충분히 아는 사람도 진정으로 그것의 악함과 피해자의 고통을 제대로 '느끼지 못하면', 전후의 모든 교육이 아무런 소용이 없게 된다. 알지만 편리하니까 불법 복제를 저지르는 학생들에게는 피해자들의 처절한 고통과 분노가 전해질 수 있도록 학생들의 마음을 자극하는 교육 내용들이 필요한 것이다. 이성보다는 정서에 곧바로 호소하는 정의 영역에 대한 강조는 윤리교육의 중요한 특성이기도 하며, 보다 많은 시간과 노력이 투자되어야 마땅한 영역이다.

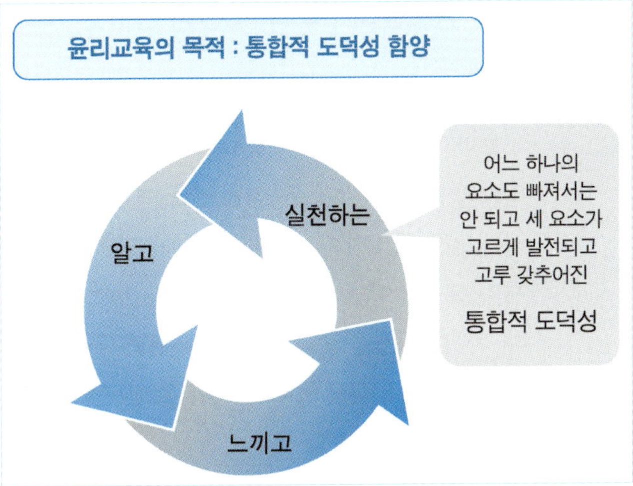

끝으로 행동 영역에서는 "한 번이라도 연습을 해 본 사람이 잘 할 수 있다"라는 생각을 기초로 삼고 있다. 헌혈을 대표적인 예로 들 수 있겠다. 헌혈이 얼마나 도덕적인 행위이며 사회적으로도 필요한 것인가를 누구나 충분히 알고 있다. 피가 부족해 고통받는 환자들의 영상을 보면서 모두가 그 아픔에 공감하고 분노를 느끼기도 한다. 그러나 대한적십사자가 2007년 작성한 2006년 헌혈사업 통계치를 보면, 자신이 직접 나서서 헌혈을 한 비율은 남녀의 성별 차이가 68.4 : 31.6으로 현격하다. 남자보다 여자가 헌혈에 대한 이해가 부족해서는 아닐 것이다. 오히려 혈액을 필요로 하는 환자의 고통에 대한 감수성은 여자가 훨씬 더 높을 것으로 생각된다. 그럼에도 불구하고 실제 실천에서 이러한 차이를 보이는 원인 중의 하나는 '실제적인 경험의 유무'라고 분석해 볼 수 있을 것이다. 남자들은 군대와 직장에서 단체 헌혈의 경험을 상대적으로 많이 갖고 있다. 강제로 했건 아니건 간에 한 번이라도 헌혈을 직접 경험해 보았던 남자들은 이후에도 큰 부담 없이 헌혈에 나설 수 있기 때문에 젊은 시절 이후에도 지속적인 성별 실적의 차이를 보이게 되는 것이다.

인터넷에서 우리가 알고 느끼고 실천해야 할 정보윤리의 이론들은 불법 복제와 음란물 차단, 개인 정보 보호 등으로 매우 다양하다. 이때 교육의 마무리는 반드시 '직접적으로 경험해 보는 연습'이 되는 것이 바람직하다. 자신의 PC에 설치되어 있는 불법 소프트웨어를 찾아내는 자동검색 프로그램을 직접 다운로드 받아 실행시켜 보는 경험, 사이버 성희롱의 사건을 사이버 성폭력 신고센터에 접속해서 직접 신고서 양식을 채워 보는 경험, 개인정보 침해 피해 사실을 신고하기 위해 증거 화면을 직접 캡쳐해서 양식에 첨부해 보는 경험들이 강조되어야 한다는 뜻이다. 이를 위해 시뮬레이션 프로그램이나 연습용 사이트들을 마련하는 일의 필요성도 매우 시급하다.

2) 정보윤리교육의 보편성

인터넷과 정보에 관련된 윤리 문제가 심각함에 동의하고, 법률이나 기술에 호소하는 것보다 윤리교육에 투자하는 것이 보다 근본적인 대책이며 중요한 사업임을 알았으며, 인지와 정의와 행동 영역이 고르게 발달된 통합적 인격을 강조하는 교육이 중요함에 대해 공감하였지만, 실제 학교에서 도덕과, 컴퓨터과, 사회과 등의 교과목 수업 시간에 교재와 교육과정을 가지고 정보윤리 수업을 진행하기 위해서는 아직도 넘어야 할 산이 많다. 어떤 내용을 어떤 순서로, 어떤 깊이까지 가르칠 것인가를 결정하는 문제는 그 중 가장 첫 번째 맞닥뜨리게 되는 험한 산이다.

정보윤리교육은 본질적으로 도덕과 교육의 한 분과이다. 윤리학 이론과 도덕교육 방법론에 밝은 윤리교육 전공 교사들은 컴퓨터와 정보기술에 관한 이해가 부족하여 정보윤리를 가르치는 데에 어려움을 겪곤 한다. 교육대학에서 컴퓨터나 생활과학 등을 전공한 교사들은 기술에 대한 이해는 높지만 도덕성에 대한 이해가 부족하여 문제를 분석하거나 평가내리는 부분에서 어려움을 호소한다. 정보윤리의 여러 가지 이슈들을 다루는 내용 요소들은 여러 교과에 걸쳐 두루 나타나고 있어 통합교과적 접근이 필요한 측면도 있지만, 최종적인 교육 목적이 정보윤리 문제에 대한 인지적 이해와 더불어 그것을 애호하거나 혐오하는 정서적 태도를 갖고 있으면서 문제해결을 위한 실천 기능까지 두루 갖춘 사람을 길러내는 데에 있다는 측면에서 볼 때, 정보윤리교육을 가장 잘 수행할 수 있는 교과는 도덕과라는 것을 알 수 있다.

도덕교육의 한 분과로서 정보윤리교육의 방법론을 모색하고자 할 때, 가장 먼저 고려해야 할 점은 "학생의 도덕성 발달 단계에 맞추어"라는 기본 원칙의 중요성을 분명히 하는 일이다. 초등학교에서의 정보윤리교육은 저학년과 고학년을 구분하여 실시해야 할 것이다. 왜 인터넷 사용 시간을 줄여야 하는지, 왜 어떤 정보나 사이트는 가서는 안 되는지를 이해시키고 공감을 갖게 한 후에 실천을 요구하기에는 너무 어린 저학년 아동에게는 '습관화로서의 정보윤리

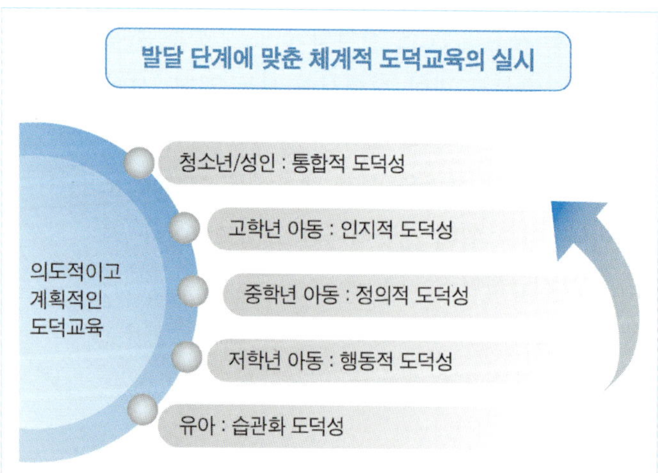

교육'이 무엇보다 강조되어야 한다. 하루 인터넷 사용 시간의 한도를 정해 놓고 그것을 지키도록 애쓰며, 필요하다면 사용시간을 자동으로 제어하는 프로그램의 도움을 받아서라도 그것을 습관화하는 내용의 교육이 필요하다.

초등 중학년의 경우에는 '정서에 초점을 둔 정보윤리교육'이 강조될 필요가 있다. 불법 복제를 하지 말고 정품을 사용하라는 이야기를 카피라이트와 카피레프트의 사회철학적 이념 이해를 토대로 한 이성적 설득을 통해 전달하기에는 학생들의 인지 능력에 한계가 있기 때문이다. 물론 기초적인 지식 전달은 함께 이루어져야 하겠지만 이 시기의 아동들에게는 이성적 이해에 근거한 선택보다는 정서적인 감동과 분노에 기초한 실천 의지를 기르는 것이 더 강조되는 것이 바람직하다.

도덕성 발달 단계에 맞춘 지도의 중점

정보적 단계
- 규칙과 선악에 대한 관심이 없다.
- 시/공간적 확장과 지속성에 대한 감각 부족

멀리 떨어져 있는 상대방 / 피해자를 의식할 수 있도록 지도 (공감 / 배려 / 양보)

타율적 도덕 단계
- 규칙 자체에 집착
- 착한 아이라는 사회적 승인이 선악 판단 기준

구체적인 행동 규칙을 합의에 의해 설정, 성인의 모델링이 중요

자율적 도덕 단계
- 규칙이 만인에 따른 기준임을 안다.
- 규칙의 목적이 보편화되어야 좋다는 것을 안다.

왜 나쁜지 누구에게 얼마만큼 잘못된 일인지를 알고 느껴서 스스로 동의한 후 해결을 위한 실천에 나서야

초등 고학년과 중학 1, 2학년까지는 정보윤리의 각종 문제들에 대해 정보의 개념과 특성, 인터넷의 구조와 위력, 관련 문제들의 현황과 심각성, 대처 방안들의 효율성과 한계 등에 관한 충분한 지식 전달과 이해를 추구하는 것에 초점을 두는 것이 필요할 것으로 본다. 이들에게는 왜 인터넷 사용시간을 제한해야만 하는지, 그런 제한이 항상 누구에게나 올바른 것인지를 인터넷 사용에 따른 득과 실을 비교하여 설명하면서 납득시키려는 내용도 필요하고, 그러한 문제의 현재 상황과 그것이 갖는 사회적 의미 등을 충분히 알려 주는 일이 중요하다. 인지적 능력이 급격히 신장되어 새로운 정보들을 가장 왕성하게 받아들이고 소화해 내는 기간이기 때문이다.

사춘기를 본격적으로 경험하고 벗어나기 시작하면서부터는 인지, 정의, 행동 어느 한 영역에 초점을 두기보다는 세 영역을 고르게 강조하면서 스스로의 내면적 인격으로 통합할 수 있도록 개별화된 지도를 하는 것이 필요하지만, 현재의 학교 교실 상황으로는

그러한 개별화된 상담과 지도가 어려운 실정임이 아쉽다. 고등학교 고학년과 대학 수준에서는 통합적 인격으로 내면화된 도덕성이 사회 규범에 대한 자발적인 동의와 헌신이라는 자율성의 수준을 넘어설 수 있도록 이끄는 '보편화 가능성에 근거한 정언명법의 추구'를 강조하는 것이 이상적이다.

가정에서 학부모가 자녀들에게 인터넷 사용 습관과 정보윤리적 태도를 지도할 때에도, 이러한 학생들의 인지적 발달 단계와 도덕성 발달 단계를 염두에 두면서 각 단계에 적합한 인지적 지식과 정서적 공감 및 행동적 기능을 가르치는 것이 필요하다. 학교에서 교과목의 내용으로 포함시켜 다루는 정보윤리교육에 있어서는 더더욱 발달 단계에 관한 도덕교육의 이론적 관점과 기준에 근거하면서 정보윤리교육의 교육과정 계열성과 지도 방법의 특성에 관한 논의가 앞으로 더 깊이 있게 이루어져야만 할 것이다.

제3절 인권교육

종교적 신념이나 정치적 이데올로기가 삶의 가치관으로서의 힘을 잃어가고 있는 현대사회에서 인권은 인종과 사회를 초월하여 모든 인류가 공감하고 함께 추구할 수 있는 보편적 가치 중 가장 중요한 대안으로 떠오르고 있다. 학생들이 인권에 대해 체계적으로 공부하고 그것을 자신의 삶의 가치로 받아들이는 것은 개인의 인생관을 올바로 정립하기 위해 꼭 필요한 일이며, 인권에 대한 사회 전반의 의식 수준을 높이고 인권 신장을 구현하는 제도와 관행을 만들어 나가기 위해서도 인권교육은 매우 중요한 사회적 의미를 갖는다.

인권교육은 '인권에 대한 교육'을 일차적 목표로 삼고 '인권을 위한 교육'을 이차적 목표로 삼는 것이 바람직하다. 인권에 대한 교육은 인권의 중요성을 잘 이해하고 인권 문제에 대한 예민한 감수성을 높이는 것을 목표로 삼는 교육을 말한다. 이를 바탕으로 하여 인권이 일상생활 속에서 보편적으로 보호되고 신장될 수 있게 하는 실천을 목표로 하는 것이 인권을 위한 교육이다. 도덕과와 사회과를 핵심 기둥으로 삼아 모든 교과 전반의 내용 속에 인권에 대한 교육 내용이 포함되고, 학교생활 전반에 걸쳐 인권을 위한 실천이 넘쳐나는 것이 가장 이상적일 것이다. 그러나 독립적인 하나의 교과목으로서 인권을 가르치는 일이 어렵게만 보이는 한국의 교육과정 현실을 감안할 때, 도덕과는 보편적 가치를 직접적으로 다루는 교과목의 본질적 특성에 근거하여 인권교육에 가장 앞장서야 할 당위성을 부인하기 어렵다고 할 수 있다.

1. 인권 사상의 이론적 발전

'인권(人權)'은 '인간이면 누구나 누릴 수 있는 권리'이자 '사람이라는 이유만으로 당연히 가지는 권리'이다. 인간다운 삶을 영위하기 위해 필요한 최소한의 기본적인 권리들을 모든 인간들에게 당연한 것으로 인정하자는 이러한 정의는 사회의 발전과 인식의 변화에 따라 인권의 범위도 달라질 수 있음을 내포하고 있다. 구체적인 인권의 범주와 내용은 사회적·역사적 조건에 따라 제한을 받지만 그 개념에 있어서는 보편성을 추구하고 있다는 것이다.

인권은 누구나 당연하게 갖는 기본적 권리인 동시에 양도할 수 없는 권리이다. 어떠한 이유에서도 타인에게 양도하거나 희생을 강요당할 수 없는 권리이기에 국가의 주권에 의해서도 함부로 침해당해서는 안 되는 절대적 권리인 것이다. 국가 주권은 국민의 인권을 보호하는 것을 중요한 임무로 삼지만 주권의 힘이 인권을 해치는 정도에까지 이를 수는 없다. 그러므로 인권 존중과 보호는 그 나라의 국가 권력의 정당성을 판단하는 기준이 되며, 다른 한편으로는 다른 나라의 주권 행사에 간섭하고 문제 삼을 수 있는 빌미로써 인권 문제가 거론되는 경우도 생겨난다. 미국이 세계 경찰을 자처하면서 다른 나라들의 정권교체를 비롯한 여러 가지 문제에 간섭을 할 때에 내세우는 명분이 항상 '인권 보호'임은 바로 이러한 경우이다. 먼저 인권 사상을 깨우치고 그 중요성이 사회적으로 널리 인정되고 있는 인권의식의 선진국 – 앞서 갔다는 의미에서의 선진국 – 인 나라들은 그렇지 못한 후진국들의 인권 침해 사례들에 대해 남의 나라 일이려니 하고 무관심하거나 내정간섭을 하지 말아야 하겠거니 하고 눈감고 넘겨서는 안 된다는 '앞선 자로서의 도덕적 의무'를 강조한다는 점에서, 이러한 논리는 자유주의적인 논리를 바탕에 깔고 있는 것이라 할 수 있겠다.

인권은 그 나라의 주권 범위를 초월할 수 있는 보편적인 권리인 동시에 특정 사회의 권력이나 사회적 이념에 의해 침해당하거나 희생을 강요당해서는 안 된다는 불가침성을 특징으로 삼고 있다. 또한 인권은 사람들 사이의 상호 의존성을 존립의 기반으로 삼기 때문에, 누구든지 자신의 인권을 제대로 누리기 위해서는 다른 사람의 권리 향수를 존중해 주어야만 한다. 나의 권리와 다른 사람의 권리가 때로는 상충하기도 하지만 대부분의 경우에는 상호 의존적 관계에 있기 때문이다.

인권은 이처럼 시대와 지역과 권력을 초월하는 보편적인 속성을 가지기 때문에 그것이 추구하는 최종적인 가치들은 절대불변의 본래적 가치들인 경우가 많다. 생명, 자유, 평등, 평화, 자존감, 관용 등의 주요 가치들은 현대의 인권 사상가들이 인간의 존엄한 삶의 최소한을 보장하기 위해 꼭 필요하다고 인정한 대표적인 가치들이다.

인권 사상의 시초를 스토아학파에서 찾는 경우가 많은데, 영원한 우주 질서와 불변의 도덕적 가치를 찾아낼 수 있는 수단인 이성이 모든 사람들에게 부여되어 있기 때문에 인간들은 지위나 국적 등에 상관없이 동등한 권리를 갖는 것이라고 스토아 철학자들이 주장했기 때문이다. 중세 시대에는 신의 숭고한 뜻이 반영된 영원불변의 자연법에 근거하여 인간의 존엄성을 인정하는 흐름이 이어져 왔다. 그러나 창조주의 뜻에 따라 신의 형상을 본떠 만들어진 인간은 다른 피조물들과는 구별되는 각자의 가치와 존엄성을 인정받았지만, 이러한 교리적인 맥락에서의 권리는 현실 정치에서의 존엄성과 권리로 이어지지는 못했다.

1215년의 대헌장 선포에서부터 시작된 일련의 절대왕권 제한의 움직임은 자유권의 신장과 더불어 신분제도의 타파라는 맥락에서 인권 사상의 발전에 중요한 계기가 되었다. 특히 현실적 인권 개념의 정립과 실천의 과정은 영국 민주주의 발전사에서 두드러졌는데, 개인의 권리와 소유권의 보장을 요구했던 1628년의 권리청원과 개인신상의 구속과 임의적인 체포를 금할 것을 명시했던 1679년의 인신보호법의 제정, 그리고 언론의 자유와 선거권 보장 및 잔혹한 처벌의 금지 등이 명시되었던 1680년의 권리장전에서 보듯이 17세기는 인권 사상의 발전에 있어서 매우 중요한 시기였다.

18세기에는 미국의 독립선언문과 프랑스 시민혁명의 권리선언 등에서 '국가로부터의 자유'로 대표되는 근대적 의미의 인권 개념들이 정립되었다. 신체의 자유, 사상의 자유, 재산권, 노동과 계약의 자유, 영업의 자유, 거주 및 이전의 자유 등의 권리들이 국가의 간섭과 억압으로부터 자유롭고 싶어 하는 시민들의 생명과 맞바꾸어 쟁취한 권리로 널리 선포되었던 것이다.

이후의 인권 개념의 발달은 크게 세 가지의 세대로 구분되어 논해지곤 한다. 첫 번째는 19세기까지 강조되었던 근대 시민의 '자유권'을 제 1 세대 인권으로 분류할 수 있다. 두 번째는 인간다운 생활을 할 수 있는 기회를 보장할 것을 요구하는 '사회권'을 제 2 세대 인권으로 볼 수 있다. 주로 경제적 약자들이었던 노동자 계급이 주장하였던 사회권은 교육과 문화에 대한 권리, 사회보장에 관한 권리, 노동할 수 있는 권리 등을 포함하고 있으며, 자유의 보장을 넘어선 평등에 대한 요구들을 담고 있다. 제 1 세대의 자유권에서는 국가의 간섭으로부터 자유롭기를 갈망했다면, 제2세대의 사회권에서는 그러한 자유의 실제적 보장을 위해 국가의 간섭과 적극적 기여를 요구하고 있다는 점에서 큰 차이를 보여주고 있다.

세 번째는 사회적 소수자들이 집단적인 연대와 투쟁을 통해 자신들의 정체성에 대한 승인을 요구하고 보편적 권리를 보장받고자 했던 사례들을 제3세대 인권이라고 분류하곤 한다. 여성, 유색인종, 소수민족, 성적 소수자, 종교적 소수자, 정치적 소수자 등의 소외되고 억압받던 사람들이 집단적으로 힘을 합쳐 자신들의 목소리를 높이고, 그들에 대한 탄압을 중지하고 인간으로서 자아실현을 위해 누려야 마땅한 권리들을 사회가 인정하고 보장할 것을 주장하는 사례들이 이에 속한다. 제1세대와 제2세대의 인권 개념이 개인과 국가 사이의 관계에서 파생되었던 권리 논의였던 것에 비해, 제3세대의 인권은 집단적 권리 혹은 연대적 권리라는 점에서 구별될 수 있다. 아직까지 제3세대 인권이라는 개념은 그 자체가 널리 확고한 인정을 받지는 못하고 있지만, 시간이 갈수록 중요한 쟁점으로 부상되고 있는 권리들임은 분명하다.

2. 인권 보장을 위한 국제적 노력

인권은 인류 전체에 공통적으로 적용되어야 마땅한 보편적인 권리 개념이기 때문에 주권을 넘어서는 국제적 문제로 인정될 수 있으며, 다른 나라의 인권 침해 상황을 알면서도 외면할 수 없는 것이 전 세계 인류의 도덕적 의무로 간주되고 있다. UN을 비롯한 국제기구들은 인권 문제에 관해 비상한 관심과 노력을 기울이고 있으며, 이러한 노력의 첫 번째 주목할 만한 결실로는 1948년의 세계인권선언 채택을 들 수 있다. 그러나 세계인권선언은 가장 기본적인 권리들에 대한 도덕적 천명이기는 했지만, 회원국들에게 정식으로 구속력을 가지는 국제법적 지위를 갖는 것은 아니었다는 한계를 드러냈다.

세계인권선언(1948년 12월 10일 유엔총회 제정)–전문

인류가족 모두의 존엄성과 양도할 수 없는 권리를 인정하는 것이 세계의 자유, 정의, 평화의 기초다. 인권을 무시하고 경멸하는 만행이 과연 어떤 결과를 초래했던가를 기억해보라. 인류의 양심을 분노케 했던 야만적인 일들이 일어나지 않았던가?

그러므로 오늘날 보통사람들이 바라는 지고지순의 염원은 '이제 제발 모든 인간이 언론의 자유, 신념의 자유, 공포와 결핍으로부터의 자유를 누릴 수 있는 세상이 왔으면 좋겠다'는 것이리라.

유엔헌장은 이미 기본적 인권, 인간의 존엄과 가치, 남녀의 동등한 권리에 대한 신념을 재확인했고, 보다 폭넓은 자유 속에서 사회진보를 촉진하고 생활수준을 향상시키자고 다짐했었다. 그런데 이러한 약속을 제대로 실천하려면 도대체 인권이 무엇이고 자유가 무엇인지에 대해 모든 사람이 이해할 수 있도록 하는 것이 가장 중요하지 않겠는가?

유엔총회는 이제 모든 개인과 조직이 이 선언을 항상 마음속 깊이 간직하면서, 지속적인 국내적 국제적 조치를 통해 회원국 국민들의 보편적 자유와 권리신장을 위해 노력하도록, 모든 인류가 '다 함께 달성해야 할 하나의 공통기준'으로서 '세계인권선언'을 선포한다.

제1조 모든 사람은 태어날 때부터 자유롭고, 존엄하며, 평등하다. 모든 사람은 이성과 양심을 가지고 있으므로 서로에게 형제애의 정신으로 대해야 한다.

제2조 모든 사람은 인종, 피부색, 성, 언어, 종교 등 어떤 이유로도 차별받지 않으며, 이 선언에 나와 있는 모든 권리와 자유를 누릴 자격이 있다.

제3조 모든 사람은 자기 생명을 지킬 권리, 자유를 누릴 권리, 그리고 자신의 안전을 지킬 권리가 있다.

제4조 어느 누구도 노예가 되거나 타인에게 예속된 상태에 놓여서는 안된다. 노예제도와 노예매매는 어떤 형태로든 일절 금지한다.

제5조 어느 누구도 고문이나 잔인하고 비인도적인 모욕, 형벌을 받아서는 안 된다.

제6조 모든 사람은 법 앞에서 '한 사람의 인간'으로 인정받을 권리가 있다.

제7조 모든 사람은 법 앞에 평등하며, 차별 없이 법의 보호를 받을 수 있다.

제8조 모든 사람은 헌법과 법률이 보장하는 기본권을 침해당했을 때, 해당 국가 법원에 의해 효과적으로 구제받을 권리가 있다.

〔중략〕

제30조 이 선언에서 말한 어떤 권리와 자유도 다른 사람의 권리와 자유를 짓밟기 위해 사용될 수 없다. 어느 누구에게도 남의 권리를 파괴할 목적으로 자기 권리를 사용할 권리는 없다.

1966년에 유엔 인권위원회는 법적 구속력을 갖는 '국제인권규약'을 채택하였는데, 이는 A규약과 B규약 및 선택의정서라는 세 부분으로 구성되어 있다. 보통 A규약이라고 부르는 부분에서는 경제·사회 및 문화적 권리를 보장할 것을 요구하는 사회권적 내용들이 주로 포함되어 있으며, B규약에서는 시민적 권리와 정치적 권리들을 철저히 보호할 것을 요구하는 자유권적 내용들이 주로 포함되어 있다. 선택의정서에서는 자유권에 대한 권리 침해를 당한 피해 당사자들이 개인적으로 유엔 인권위원회에 직접 구제 신청을 할 수 있는 권리와 절차를 인정하는 내용들이 담겨져 있다. 한국 정부는 1990년에 이들 인권규약에 모두 가입한 바 있다.

국제인권규약을 채택하여 많은 회원국들의 가입과 승인을 받아내는 형태로 유엔은 국제인권운동의 중심으로 떠올랐다. 그 이후에도 유엔은 아동 및 여성에 대한 차별을 철폐할 것을 요구하는 국제인권조약을 결의하였고, 인종차별 철폐 조약, 고문 금지 조약, 난민의 지위에 관한 조약, 이주 노동자들의 권리에 관한 조약 등의 중요한 국제적 권리 보장을 위한 조약들을 채택하였다. 인권의 문제는 처음에는 각 국가의 권력 남용으로부터 개인을 보호하려는 정치적 문제에서 출발하여, 비인간적인 시장의 경쟁 체제로부터 인간으로서 인간답게 살아갈 수 있는 최소한의 기회를 보장하자는 사회적 문제로 발전되었고, 성별과 인종 및 종교 등의 부당한 이유로 인해 차별을 받거나 권리를 보장받지 않아야 할 것을 주장하는 도덕적 문제로 확대되었으며, 최근에는 국제적 환경 보호 등의 전지구적 차원의 인류 공동의 노력을 필요로 하는 문제로까지 나아가고 있는 것이다.

3. 인권교육의 단계와 목표 : 인권적 감수성의 함양

신체적 건강이 어느 한 부분만의 건강으로 보장될 수 없듯이, 인권교육이 제대로 되기 위해서는 학생들의 '머리'와 '가슴'과 '손발'이라는 세 부분들이 함께 어울려 움직이도록 하는 것이 이상적이다. 정보윤리교육의 사례에서도 마찬가지였듯이, 학생들이 인권에 대해 잘 알고, 인권을 진정으로 애호하는 마음가짐을 내면화하며, 인권을 지키고 신장하기 위한 활동에 나설 때에 비로소 올바른 의미의 도덕교육이 완성되는 것이기 때문이다.

첫 번째는 인권 개념 그 자체에 대한 지식을 가르치는 단계이다. 모든 인간이 인간으로 태어났다는 이유만으로 평등하게 가지는 중요한 권리들에 대해 알려 주고, 그러한 개념들이 받아들여지기까지 어떤 역사적 투쟁과 시련의 과정이 있었는지를 가르쳐야 한다. 올바른 인간적 삶이 어떤 것인지에 대해 먼저 '알아야만' 그러한 삶을 살 수 있을 것이기 때문에, 이러한 지식에 관한 내용은 인권교육의 당연한 시발점이 되는 것이다. 국제인권규약 A, B의 각 조항에 대한 기본적 이해와 더불어 비흡연자가 깨끗한 공기를 마실 권리와 같은 작은 권리에서부터 생명의 존엄성을 지키고 비인간적인 고문을 받지 않을 권리와 같은 중대한 권리에 이르기까지 다양한 수준의 인권들이 있음을 알도록 생활과 밀착된 지식 정보를 전달하는 일이 이 단계에서 이루어져야 한다.

두 번째는 인권이 얼마나 중요한 것이며 인권에 대한 부당한 침해가 얼마나 나쁜 일인가를 제대로 느끼도록 하는 단계이다. 이러한 정서적 감동과 분노를 경험함으로써 학생들은 인권의 중요성을 머리만이 아닌 가슴으로 느끼게 되며, 나아가 인권에 대한 침해에 대해 분노하고 저항하며, 나의 권리만이 아닌 타인의 인권을 지켜 주기 위해서도 헌신하려는 마음을 가질 수 있게 된다. 인권 침해의 피해 사례들을 다룬 많은 영화와 다큐멘터리 필름들을 활용하여 "세상에 저런 일이 있었다니!"와 같은 놀라움과 더불어 분노와 결의를 다질 수 있도록 정서를 자극하는 활동이 이 단계에서 이루어져야 한다.

세 번째는 학생들이 자신과 타인의 인권을 지키고 북돋우기 위해서 구체적으로 어떤 일을 실천하고 어떤 관련 기관의 도움을 얻을 수 있는지를 충분히 알려 주는 단계이다. 알고 느끼는 단계를 바탕으로 하여 직접 실천하고 행동으로 옮겨 보는 '체험'을 통해 실천하는 양심과 행동하는 지식인의 모습을 완성시킬 수 있게 되는 것이다. 여기에서도 '가상의 연습으로라도 한 번 직접 경험해 보는 것'이 가장 중요하지만, 개인적인 인권 침해에 대처하고 문제를 해결할 수 있는 개인적 기능의 습득을 넘어서 사회적 실천, 제도적 실천으로 확장되도록 인식과 활동의 지평을 넓혀 주는 작업이 이루어져야 한다. 예를 들면, 여성으로 태어난 나 자신이 성별 때문에 부당한 대우와 차별을 받지 않도록 스스로의 권리를 주장하고 지킬 수 있는 능력을 갖추었다면, 다음으로는 나와 같은 다른 여성들의 권리 침해 사례에 대해 기꺼이 나서서 도와주고 함께 대처하려는 자세와 능력을 갖추어야 한다. 더 나아가서는 나와 같은 동류들의 노력들을 모아 연대로서의 힘을 만들어 내고 나서 그러한 연대의 노력들을 제도화시킬 수 있는 수준으로까지 나아갈 수 있도록 가르쳐야 한다.

이러한 세 가지 단계의 인권교육을 통해 길러내고자 하는 일차적 목표는 '일상생활 속에서 높은 인권적 감수성을 보여주는 것'이라 할 수 있다. 인권적 감수성 혹은 인권에 대한 감수성(sensitivity)이라는 표현은 부당한 인권 침해나 인권이 관련된 쟁점 사항 등에 대해 그것이 인권 문제라고 민감하게 느낄 수 있는 능력을 뜻한다. 무엇이 왜 문제가 되고 있는지를 인식할 수 있는지 없는지를 나타내는 감수성은 인권 의식의 수준을 잘 드러내 주는 지표가 될 수 있기 때문에 중요하다.

설이나 추석과 같은 명절날 남자들은 편안하게 술과 음식을 즐기면서 담소를 나누는 와중에 여자들은 부엌에서 하루 종일 허리 한 번 제대로 펴보지 못하고 온갖 음식 준비와 접대로 중노동에 시달리는 모습을 그저 '전통적인 명절 풍경'이라고 생각하고 이상하게 느끼지 못하는 사람과 그것이 '전통을 빙자한 부당한 성차별이며 인권 침해의 사례'라고 심각하게 받아들이는 사람이 있다. 이들 사이에 지식 수준의 차이나 성격의 차이가 있어서 이처럼 서로 다른 반응을 보이게 되는 것은 아닐 것이다. 이들 사이에는 인권 문제에 대한 감수성의 차이가 있으며, 이러한 차이는 인권교육을 통해 충분히 메꾸어 질 수 있다.

무엇이 잘못되어 있으며 왜 문제가 되는 것인지, 관련되는 인권으로서의 권리는 무엇이며 그것이 어떻게 침해되고 훼손되고 있는지를 스스로 느끼고 분석하여 판단을 내릴 수 있도록 가르치는 것이 인권교육의 내용이 되어야 한다. 얼핏 보기에 인권적 감수성에 관한 교육 내용들은 인지적 영역에 속하는 지식과 판단력을 가르치는 문제로만 보일 수 있지만, 교수-학습의 실제에 있어서는 관련되는 인권적 권리의 중요성에 대해 정서적 공감과 피해 상황에 대한 몰입을 강조하지 않고는 제대로 된 인권 수업이 될 수 없다. 문제의 해결을 위해 자신의 행동을 고치고 다른 사람에게도 그러한 행동을 권장하며, 다른 사람의 피해를 보고서 외면하지 않고 적극적으로 나서서 도와줄 수 있는 태도와 실천 기능을 경험을 통해 가르치는 일은 학교 현장에서 구현하기 쉬운 일은 아니다. 그렇지만 이는 인권교육의 완성을 위해 빠트려서는 안 되는 중요한 일임을 잊지 말아야 하겠다.

제4절 정서교육

1. 정서 조절의 중요성

최근 학교폭력, 우울증, 자살 등의 사회적 문제가 연일 발생하고 있다. 여기에는 시스템, 양육환경, 기질 등의 복합적 요인들이 작용하고 있지만 적어도 한 측면에서는 정서적 요인이 작용하고 있다고 볼 수 있기 때문이다.[5] 이러한 배경하에 우리 교육과정에서는 2007 개정 교육과정 당시 초등 5학년에 '감정의 올바른 관리'(교과서 단원명은 '감정, 내 안에 있는 친구')라는 지도요소를 신설하였고 자긍심 등의 내용요소를 추가하였다. 그리고 2012 개정 교육과정에서 이러한 흐름은 더 강화되고 있다. 이에 여기에서는 초등학생들을 대상으로 한 정서 조절 방안에 대해 살펴보고자 한다.

2. 정서 조절 이론

정서교육의 범위는 넓지만 아래에서는 도덕과에서 중시할 만한 것들을 선정하였다. 도덕교육에서는 2012 개정 교육과정 및 교과서, 현대 심리학에서는 감정의 이분화를 경계하는 그린스팬(Miriam Greenspan)과 이와 대조되는 셀리그만(Martin Seligman)의 긍정심리학, 정서교육 프로그램으로는 사회정서학습(SEL)의 일종인 "Strong Kids" 프로그램, 전통사상에서는 명상법을 선정하였다.

1) 교육과정

> 감정의 조절과 표현: 다양한 감정이 발생하는 원인을 알고, 자신의 감정 표현의 결과를 합리적으로 예측하여, 때와 장소 및 상대에 맞는 바람직한 감정 표현 방식과 다양한 감정을 바르게 다루는 방법을 배운다. 이를 위해 자신의 감정을 잘 다스린 사람들의 모범 사례들을 찾아보고 감정을 적절히 조절하고 표현하는 방법을 익힌다(교육부, 2012).

교육과정에서는 감정이 발생하는 원인 알기, 감정 표현 결과 예측하기 등을 감정 조절을 위한 주요 기법으로 제시하고 있다. 2007 개정 교육과정에 따른 교과서를 보면 교육과정에 제시된 것들 이상으로 다양한 기법을 제시하고 있음을 볼 수 있다. '감정을 사라지게 하는 약' 이야기를 통해 감정이 사라졌을 때 어떻게 될지를 상상해 보도록 함으로써 부정적으로 생각해 왔던 감정도 우리에게 꼭 필요한 것들임을 제시하고 있기도 하고, 마음의 신호등과 같이 학습자 수준에 맞는 적절한 활동을 통해 자기감정을 인식하고

5) 이 글에서는 감정과 정서를 구분 없이 사용하였음을 밝혀둔다. 합의된 개념이 없고, 동서양의 이론들을 탐색하기에 앞서 개념 정의를 미리 할 경우 탐구 범위의 제한이 따를 수도 있기 때문이다. 제롬 케이건(Jerome Kagan)의 경우에도 감정을 (1) 선택적 유발자극에 대한 뇌 활동 변화, (2) 감각적 성질을 지니고 있으며 의식적으로 탐지된 감정 변화, (3) 감정을 해석하고 단어 표지를 붙이는 인지 과정, (4) 행동 반응의 준비나 표현이라는 네 가지 현상을 가리키는 추상적이고 가치중립적인 구성 개념이라고 보고, 특히 (2)를 감정(feeling)으로, (3)을 정서(emotion)로 구분하고는 있지만, 이러한 정의들조차도 합의된 것은 아님을 말하고 있다(Gerome Kagan, 노승역 역, 『정서란 무엇인가?』, 아카넷, 2009, pp.49-50).

조절하는 방법을 안내하고 있기도 하다.

2) 감정생태학

미리암 그린스팬은 우리가 지니는 어둠의 감정을 중시하는 학자이다. 그녀는 저서 『감정공부: 슬픔, 절망, 두려움에서 배우는 치유의 심리학』 전체를 통해 감정의 이원화를 경계한다.

> "부정적인 감정이란 어디에도 없다. 단지 우리가 견디기 힘든 감정을 서투르게 다루는 방법만이 있을 뿐이다. 일반적으로 우리의 문화에서 평가절하 되고 있지만, 이러한 어둠의 감정은 개인과 집단의 치유, 승화에 결정적인 역할을 할 수 있다."(M. Greenspan, 이종복 역, 2008: 11).

그린스팬이 지적하듯 감정의 이원화는 서구문화권에 만연된 것이다. 이러한 태도는 벗어나기도 어렵지만 감정교육에 미치는 부정적 영향이 매우 크기 때문에 특히 주의를 기울여야 한다. 그린스팬은 감정연금술의 세 가지 핵심을 다음과 같이 제시하는데, 여기에서 그 부정적 영향력을 확인할 수 있다. 첫째, 감정적 고통에 귀 기울여라. 둘째, 누구에게도 인정하기 쉽지 않은 우리의 취약함을 편하게 받아들여라. 셋째, 최우선적인 장애물은 감정 그 자체에 대한 문화적으로 규정된 공포다. 부정당한 어둠의 감정 에너지가 신체에 만연하여 우울, 불안, 정신적 마비뿐만 아니라 심신 불안정 같은 치명적인 감정 상태를 유발한다(M. Greenspan, 2008: 18). 이러한 감정연금술의 핵심은 자신의 취약한 감정을 받아들이라는 것이다. 세 번째 핵심에서 볼 수 있듯이 특정 감정을 부정하는 것은 그 감정을 의식 이면으로 가라앉게 만들고 그렇게 가라앉은 감정은 누적되어 특정 상황에서 통제할 수 없는 강도로 폭발하기 때문에 평소에 적절한 방식으로 표현하고 관리하는 것이 중요하다. 이처럼 감정들을 일원적으로 볼 것인지 이원적으로 볼 것인지의 여부가 감정교육의 방향을 좌우할 수 있기 때문에 우리 교육에서도 이에 대한 입장을 보다 분명하게 드러낼 필요가 있는 것이다.

어둠의 감정을 인식하고 이를 기쁨의 감정으로 변화시키는 데 있어서 그린스팬은 다음과 같은 방법들을 강조한다. (1) 의지의 집중, (2) 긍정적 태도 계발: 인지적 재구축, (3) 육체적 지각: 감정을 느끼고, 달래고, 이름 지어 주기, (4) 맥락화: 보다 넓은 이야기 속에서 자신을 보라, (5) 무위의 길: 당신을 속상하게 하는 것과 친구가 되어라(명상), (6)

유위의 길: 사회적 행동과 봉사를 실천하라, (7) 내맡김: 억제와 조정하려 하지 말라 (Greenspan, 2008: 116-127). (3)번 감정의 인식은 뒤에서 다시 언급하겠지만, 감정 조절과 관련된 거의 모든 이들에서 반복되는 핵심 기제이다. (5)번 무위의 길에서 명상을 적극적으로 언급하는 것은 뒤에서 언급될 셀리그만 같은 현대 심리학자들이 명상을 부분적으로 언급하고 넘어가는 것과는 대조적이다. (6)번 유위의 길은 감정을 개인 내부에 고립된 것이 아니라 사회와 연결되어 있기에 감정적 문제의 원인과 해결을 사회적 차원에서 찾아야 한다는 것으로 이런 측면에서 그녀는 자신의 이론을 감정생태학이라 칭하기도 한다.

3) 긍정심리학

긍정심리학은 행복에 대한 과학적 탐구를 지향하는 20세기 말에 등장한 새로운 심리학이다. 긍정심리학은 20세기 중후반의 심리학이 주로 정신장애, 심리적 결함 등과 같은 인간의 부정적인 측면에 관심을 가져온 것에 대한 반성에서 탄생하였다. 긍정심리학은 행복, 성장, 자기실현, 좋은 인격 등 인간의 긍정적인 측면을 심리학적 방법론을 동원하여 과학적으로 규명하고자 하는 학문이다. 1998년 미국 심리학회장으로 취임한 마틴 셀리그만은 질병 모델에 근거한 심리학의 문제점을 다음과 같이 지적하였다.

> "2001년 9·11 테러 이후 나는 긍정심리학의 필요성에 대해 곰곰이 생각해 왔다. 시련을 겪고 있는 사람들에게 고통을 완화시키는 방법을 알려주는 것이 과연 행복을 증진시키는 비결을 알려주는 것보다 더 좋을까? 나는 그렇지 않다고 생각한다. 가난한 사람들이나 우울한 사람들, 또는 자살 충동에 휩싸인 사람들의 관심은 고통을 줄이는 것보다 훨씬 큰 데 있다. 삶이 힘들기에 그들은 미덕, 지조, 삶의 목적과 의미에 더 관심을 갖는다. 긍정적 정서가 형성되면 부정적 정서는 이내 사라진다."(Seligman, 김인자 역, 2009: 13)

'긍정적 정서가 형성되면 부정적 정서는 이내 사라진다'는 셀리그만의 생각은 앞서 살펴본 그린스팬과는 차이가 있다. 그린스팬이 부정적 정서를 소중히 여기고 이것을 긍정적 에너지로 변화시키는 것을 중시하는데 반해, 셀리그만은 긍정적 정서의 배양을 통해 부정적 정서를 사그라지게 하는 데 더 초점을 두고 있기 때문이다. 그는 심리학의 이러한 방향을 '긍정심리학(Positive Psychology)'이라고 명명하였다.

셀리그만은 행복을 삶의 목적으로 보면서, 이를 다음과 같은 요소들로 이루어진다고 보았다.

$$H = S + C + V$$

H : Happiness
S : Set point, 이미 설정된 행복의 범위
= 생물학적, 유전적 특성 등
C : Condition, 삶의 조건
= 돈, 결혼, 직업, 건강, 교육, 부정적 정서, 나이, 인종, 성, 종교 등
V : Voluntary activities, 개인이 통제할 수 있는 자발적 활동
= 과거에 대한 만족도, 미래에 대한 낙관주의, 현재의 행복
= 노력해서 바꿀 수 있는 부분

이미 정해진 조건이나 삶의 상황은 어쩔 수 없지만, 개인이 통제할 수 있는 활동들이 있다. 과거, 현재, 미래에 대해 개인이 느끼는 정서적 측면이 그것이다. 어떻게 하면 이러한 정서를 길러서 행복에 이르게 될 것인가. 과거에 대한 긍정적 정서를 함양하는 방법은 감사와 용서, 그리고 결정론적 사고에서 벗어나는 것이다. 미래에 대한 긍정적 정서를 배양하려면 저절로 떠오르는 비관적 사고를 정확하게 인식하고 반박할 수 있는 능력을 길러야 한다. 그는 이러한 방법으로 ABCDE 기법을 제시한다. 이 기법에 대해서는 뒤에서 다시 언급될 것이다. 현재에 대한 긍정적 정서로는 쾌락과 만족이 있는데, 쾌락은 순간적이지만 몰입에서 얻어지는 만족은 지속적이다. 몰입은 긍정적 정서나 자의식이 없는 상태로서 자신의 강점과 미덕을 발휘할 때 얻는 것이다.

> "물결이 넘실거리는 청록빛 바다가 훤히 보이는 아름다운 해변의 야자수 아래 앉아 칵테일을 음미하는 것도 좋지만, 그건 살을 에는 듯한 바람이 부는 산마루에서 느끼는 환희와는 비교가 되지 않는다."(Seligman, 2009: 186)

이처럼 자신의 대표 강점을 확인하고 이에 몰입하는 것은 행복한 삶의 필수 조건이다. 셀리그만은 행복하고 충만한 삶의 조건으로 쾌락적인 삶(pleasant life), 적극적인 삶(engaged life), 의미 있는 삶(meaningful life)을 제시하는데, 이들의 관계를 다음과 같이 말한다.

> "쾌락적인 삶은 오로지 긍정적 정서를 많이 느끼는 데 열중하는 것이다. 이와 달리 행복한 삶(*적극적인 삶)은 자신의 대표 강점을 잘 발휘하여 참되고 풍요한 만족을 얻는 데

> 열중하는 것이다. 의미 있는 삶은 행복한 삶보다 한 가지 특징이 더 있다. 바로 자신의 대표 강점을 자신의 존재보다 더 큰 무엇에 이바지하는 데 활용하는 것이다. 이 세 가지를 아우를 때 진정한 행복이 된다"(Seligman, 2009: 361).

이처럼 긍정심리학은 문제가 나타난 이후가 아니라 문제 이전에, 건강하고 행복한 생활을 하고 있을 때 예방에 힘써야 함을 강조한다는 점에서 기존의 심리학들과 차별성을 지닌다. 실례로 열 살짜리 아이들에게 낙관적으로 사고하고 행동할 수 있는 방법을 가르치면 그들이 사춘기에 접어들었을 때 우울증에 걸릴 확률이 반으로 줄어들었다고도 한다(Seligman, 2009: 50). 학교폭력과 청소년 우울증이 심각한 오늘날 인성교육이 마치 문제아 교육인 듯 여겨지기도 하는데, 셀리그만의 긍정심리학은 이러한 인식을 전환해야 함을 보여준다는 점에서도 의의를 지닌다고 할 수 있을 것이다.

4) 사회정서학습(SEL)

오늘날 미국의 학교교육 현실을 살펴볼 때, 도덕교육(인격교육, 배려교육, 도덕심리학 포함)과 사회정서학습(SEL: Social and Emotional Learning)은 학교교육을 통해 공식적으로 학생들의 행동을 안내하기 위한 두 개의 대표적인 접근법이라고 할 수 있다. 사회정서학습은 학교 생활 전반에 걸쳐, 그리고 모든 교과와 모든 학교 구성원들의 참여를 통해 부적절한 행동을 감소시키려고 노력한다는 측면에서 볼 때 인격교육이나 배려교육 등과도 비슷하지만, '사회적 기술 혹은 대인관계적 기술'과 '정서 이해 및 조절' 등이 정신건강 및 학업적·개인적 성공, 도덕성 및 시민성의 증진을 위한 중요한 열쇠라고 보는 점은 사회정서학습의 특징적인 점이라고 볼 수 있다(정창우, 2013).

사회정서학습은 정서지능이론 및 뇌 발달 연구에 기초하여 교육의 중요성과 필요성을 정당화하고 있다. 정서지능을 처음 제시한 샐로비와 메이어(P. Salovey & J. D. Mayer)는 "사회적 지능의 한 하위 요소로서, 자신과 타인의 감정과 정서를 인식하고, 차이를 변별하며, 생각과 행동을 하는 데 정서정보를 이용할 줄 아는 능력"으로 정의하였다. 이후 골맨(D. Goleman)은 『정서지능』이란 책을 통해 이 개념을 대중적으로 알리는 데 상당한 기여를 했다. 사회정서학습은 골맨을 비롯한 일군의 학자들이 정서의 중요성에 주목하여 개발한 것이다.

사회정서학습은 단순히 하나의 프로그램은 아니지만, 실제로 이를 위해 개발된 다양한 프로그램들은 사회정서 기술들을 증진시키기 위해 필요한 기회 및 전략에 대한 풍부한 지침을 제공하고 있다. 최근 사회정서학습이 학생들의 문제 행동을 예방하고 학업 수행을 향상시키는 데 매우 효과적인 접근인 것으로 입증되면서, 세계 여러 나라에서 이를 도입하여 실행하고 있다.

대표적인 SEL 프로그램은 그린버그(M. T. Greenberg)의 대안적 사고 전략 촉진 프로그램(PATHS: Promoting Alternative THinking Strategy)이다. 이는 유치원 아동부터 12학년까지 일반학생과 특수학생을 대상으로 하고 있으며, 아동의 정서 이해, 정서 표현, 정서조절능력, 대인관계에서 발생하는 문제해결 능력의 증진을 목표로 한다. PATHS 교육과정은 준비와 자기통제, 감정과 대인관계, 문제해결 부분으로 이루어졌으며, 이 중 감정과 대인관계 영역에서 필요한 능력으로 자신과 타인의 정서 인식, 정서 변화의 이해, 타인에게 미치는 정서의 영향 이해를 핵심능력으로 제시하고 있다.

이 밖에도 다양한 SEL 프로그램들이 있다.[6] 이 중 12차시로 구성되어 있어 정서조절 프로그램 전반을 살펴보기에 용이한 것으로는 학교급별로 수준을 달리하여 개발된 스트롱 키즈(Strong Kids) 프로그램이 있다(K. W. Merrell & D. Carrizales & L. Feuerborn, 2007: 21-26).[7]

〈표 10-1〉 **스트롱 키즈 프로그램(3~5학년용)**

단원	차시명	주요 활동
1	Strong Kids 사회·정서학습 프로그램 소개하기	프로그램의 목적 소개, 교육과정 안내, 사전검사, 역할 및 규칙 안내, 소개활동
2	감정 이해하기 I	기본적인 감정들 알기, 다양한 종류의 감정 인식하기, 감정의 다양성 인정하기
3	감정 이해하기 II	편안한 감정과 불편한 감정을 표현하는 방법 알기, 감정과 사건과의 관계 이해하기
4	분노 조절하기	분노를 적절하게 표현하는 방법 알기
5	다른 사람 감정 이해하기	공감훈련(타인의 관점 이해) 하기
6	분명한 생각하기 I	인지과정(생각의 과정) 이해하기
7	분명한 생각하기 II	인지적 재구성하기(생각의 실수 바로잡기)
8	긍정적인 생각의 힘	최적화 학습과 귀인 재구성 훈련(비합리적 생각을 긍정적 생각으로 바꾸기)
9	갈등을 해결하기	갈등해결 훈련

6) SEL의 종류에 대해서는 다음 저서에 상세히 소개되어 있다. K. W. Merrell & B. A. Gueldner(2010), *Social and Emotional Learning in the Classroom*, 신현숙 역(2011), 사회정서학습, 서울: 교육과학사, pp.67-77.

7) 오레곤 대학 홈페이지에서도 이 프로그램의 개요를 확인할 수 있다. http://strongkids.uoregon.edu/strongstart.html.

단원	차시명	주요 활동
10	스트레스 물리치기	감정이완 훈련
11	행동수정하기(목표 설정)	목표 정하고 좋은 습관 유지하기
12	마무리하기	복습하기, 사후검사, 도움 요청 방법 알기

위의 표에서 볼 수 있듯이 감정조절 프로그램은 (2~3차시) 먼저 감정의 인식에서부터 출발한다. 그리고 이를 위해서는 감정 어휘를 늘리는 작업이 선행되어야 한다. 본 프로그램 안에는 감정 어휘를 늘리기 위한 학습활동이 소개되어 있는데 초등학생들의 경우 감정에 대한 인식이 세분화되지 않은 상태이기에 먼저 '편안한/불편한(comfortable/uncomfortable)' 감정으로 나누는 연습을 하고 이후 좀 더 세분화시켜 나가는 순서를 밟도록 되어 있다. 여기에서 '편안한'과 '불편한'이란 표현이 사소한 것 같지만 중요한 의미를 전달한다는 것에 주목할 필요가 있다. 우리는 습관적으로 좋은 감정/나쁜 감정을 나누곤 하는데 이러한 태도는 앞서 그린스팬이 지적한 것처럼 감정을 인식하고 표현할 수 있는 기회를 놓치게 할 수 있다. '나쁜' 것은 억제해야 하지만 '불편한' 것은 억제해야 할 대상은 아니다. 유익하지만 불편한 것들은 많이 있기 때문이다. 분노, 슬픔, 절망 등의 감정은 불편하지만, 그러한 감정을 느끼지 않는 삶이 더 건강한 삶이라고 하기는 어려운 것이다. (4~5차시)감정 어휘를 늘리고 자신의 감정을 인식하는 활동을 한 후에는 대표적인 감정인 분노와 공감에 대해 학습한다. (6~8차시)분노를 비롯한 감정적 문제의 대부분은 왜곡된 인지에서 비롯된다. 여기에서는 이를 바로잡는 활동으로 흔히 범하는 사고의 오류들을 살펴보고, 셀리그만의 긍정심리학에서 언급되었던 ABCDE 기법을 통해 사고의 오류를 교정하는 활동을 한다. 이 기법은 정서 조절과 관련된 많은 저술들에서 반복되기에 여기에서 다루어 보기로 한다.

〈표 10-2〉 ABCDE 기법

사고과정	사고내용
Adversity(문제 상황)	인생에서 불편함을 느끼는 어떤 문제나 곤경
Belief(신념)	어떤 것들이 당신의 문제라고 생각하게 만드는 나쁜 생각
Consequence(결과)	스스로를 더욱 나쁘게 만드는 감정
Deciding(결단)	부정적 생각을 수용하지 못하도록 결정하는 것
Energy(에너지)	스스로에 대해 생각하는 것을 통제할 수 있다는 생각을 즐기는 것이다.

머렐(K. W. Merrell)이 제시하는 예를 통해 이 활동의 실제적 의미를 알아보자.

A: 미셸은 수학 활동 동안 잘못된 대답을 한다.

B: 미셸은 선생님이 화가 났고, 반 전체가 그녀가 멍청하다고 생각한다고 믿는다.

C: 미셸은 낙담해서 "나는 이 교실에서 뛰쳐나가서 여기 다시는 오고 싶지 않았으면 좋겠어."라고 생각한다.

D: 미셸은 "그래, 나는 질문에 대답을 잘못했어, 하지만 그것은 선생님이 화났다는 것을 의미하지는 않아. 우리는 단지 이런 방정식들을 배우는 중이고, 그녀는 모든 학생들이 항상 질문에 올바르게 대답할 거라고 기대할 수 없어. 교실의 다른 아이들도 가끔 질문에 잘못 대답하기 때문에 나를 멍청하다고 생각하지 않을 거야."라고 생각한다.

E: 미셸은 "나는 여전히 대답 잘못한 것에 대해 살짝 당황스러워, 하지만 나는 선생님이 화가 나고 아이들이 날 더 이상 멍청하다고 생각하지 않아. 나는 더 이상 교실을 뛰쳐나가고 싶다고 바라지 않아."라고 생각한다.

ABCDE 모델에서 D와 E 파트를 사용하지 않으면 부정적 결과가 발생한다. 미셸은 교실에서 손드는 것을 멈추고 심지어 그녀가 올바른 답을 알 때에도 수학 수업에서 매일 불안함을 느낀다. 자신의 생각을 인식하고 이를 반박하는 활동을 통해 상황을 긍정적으로 변화시킬 수 있다. 핵심은 C에 대한 인식과 이를 토대로 한 D에 있는 것이다. 만약 자신이 C의 상태에 있다는 것을 모른다면 D는 가능하지 않게 된다. (10차시)에서는 호흡 조절과 긴장 이완에 대해 다룬다. 동양의 명상과 통하는 활동이라 할 수 있다.

전반적으로 정서교육에 대한 이론적 이해를 바탕으로 체계적으로 구성되었으며, 학습자의 수준을 고려한 다양한 활동들이 포함되어 있는 점도 높이 평가할 수 있을 것이다. SEL 프로그램들에서 자주 볼 수 있는 기법들 한두 가지를 소개하면 다음의 그림과 같다.

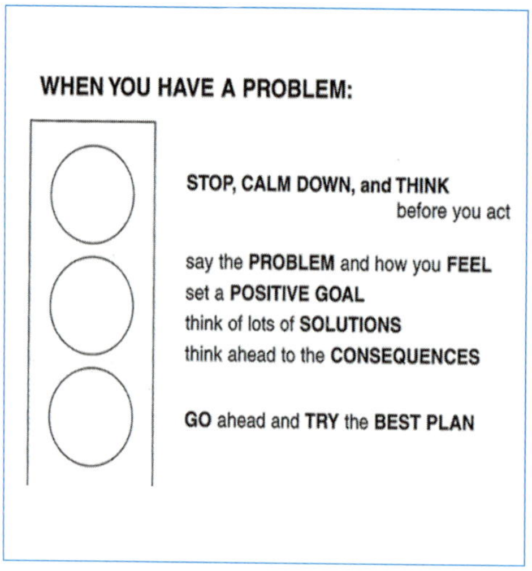

출처: Jonathan Cohen ed.(1999), *Educating Minds and Hearts*, New York: Teachers College Press, p.53.

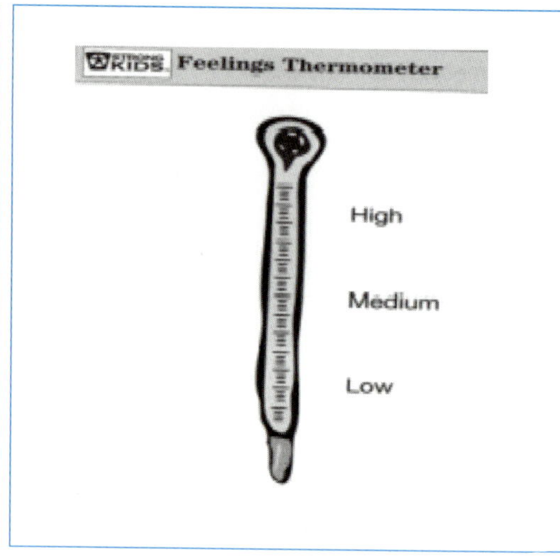

출처: Merrell, K. W. & Carrizales, D., & Feuerborn, L.(2007), *Strong Kids, Grades 3-5(A Social and Emotional Learning Curriculum*, Paul H. Brookes Pub. Co., p.93.

[그림 10-1] 감정 인식을 돕는 학습활동 예시

5) 동양의 정서조절법: 명상

명상은 특정 종교만의 전유물이 아니라 대부분의 종교와 사상에서 수양 방법의 일종으로 사용되어 왔던 것이다.[8] 우리 문화권에 국한해서 보면 유학의 경(敬)이 일종의 명상에 해당한다. 경은 외경이나 공경의 의미를 지니기도 하지만 성리학에서의 경은 마음이 감정의 변화에 민감하고(常惺惺), 대상 이외의 것을 내려놓고(無適, 不容一物), 오로지 대상에만 집중하는 것(主一, 收斂)으로써 자기인식(self-awareness: 자신의 감정이나 생각을 바라보는 것)이나 마음챙김(mindfulness)으로 요약해 볼 수 있다(김철호, 2008). 불교에서의 명상은 팔정도의 정(定), 념(念)과 관련된다(한형조, 2011: 170). 불교의 명상론은 유학보다 급진적이다. 그것은 왜곡의 근원인 나(我)의 해체에 초점을 맞춘다. 불교는 인간의 본성(교육의 목적)이 번뇌와 무명에 의해서 오염되어 있으나, 삼학과 팔정도를 통해 가려진 지혜(般若)의 기능이 회복되고 그에

8) 인도에서의 명상인 요가 또는 탄트라는 그 역사가 깊으며, 불교적 명상 역시 인도에서 기원한 것이다. 그러나 인도의 요가나 불교의 명상 이외에도 유대교와 기독교 또는 이슬람교에도 각기 명상의 전통이 존재한다. 유대교에는 카발라라는 명상법이 있고, 기독교에는 가톨릭 수도원에서의 묵상 또는 관상법이 있고, 이슬람교에는 수피라는 명상법이 있다. 유가나 도가에도 나름대로의 명상법이 있으며, 우리나라 神仙道의 단학도 우주 전체와 하나 됨을 지향하는 일종의 명상법이다(한자경, 2008: 39-40).

따라 연기(緣起)의 실상과 불성을 바로 보게 된다고 한다.

오늘날에는 명상이 서구에서도 각광을 받고 있는데, 보통 마음챙김명상(MBSR: Mindfulness Based Stress Reduction program)이라 부른다. 이는 1979년 메사추세츠 대학병원의 존 카밧-진(Jon Kabat-Zinn)이 불교의 명상법을 이용해 개발한 스트레스 감소 프로그램으로 치료 목적에서 시작한 것이다. 불교의 명상법에서 일반인들이 받아들이기 쉽고 적합한 것을 선별하여 재구성했기 때문에 자신의 종교, 문화에 상관없이 참가할 수 있다는 장점이 있다. MBSR은 2010년 기준 미국에서 250곳 이상의 대학병원, 종합병원에서 제공되

〈'명상 하세요'…美 초등학교의 특별한 교육법이 불러온 '기적'〉

미국에서 문제 학생에게 벌을 주기보다는 스스로 '명상'을 시켜 큰 변화를 거둔 학교가 화제가 되고 있습니다. 현지 시간으로 23일, 미국 온라인 매체 업워시(Upworthy)가 미국 메릴랜드 주 볼티모어에 있는 로버트 W. 콜먼 초등학교의 이 특별한 교육법에 대해 보도했습니다. 이 학교는 지난해부터 싸움이 났거나 말썽을 부리는 학생들을 한 방으로 보내 명상을 하고 돌아오도록 조치하고 있습니다. '명상의 방(Mindful Moment Room)'이라 이름 붙여진 이 방은 편안한 쿠션과 소파, 따뜻한 조명으로 꾸며져 있습니다. 학생들은 방에서 편안하고 자유롭게 명상을 하고, 한층 차분해진 모습으로 교실에 돌아온다고 합니다. 벌을 받는 것이라고는 생각하기 어려운 모습입니다. 이 학교에서 학생들에게 명상법을 알려주는 커크 필립스 씨는 "대부분 어린아이들이 명상에 집중하지 못할 것으로 생각하지만, 절대 그렇지 않다"며 "명상이 학생들에게 가져온 결과는 정말 놀라웠다"고 이야기했습니다. 명상 교육법을 도입하자마자, 정학을 받은 학생 수가 0명을 기록했던 것입니다. 명상 교육법을 함께 실시하는 근처 고등학교에서도 정학을 받는 학생 수가 급감했고, 출석률도 크게 오르는 성과를 거뒀습니다. 명상을 통해 학생들을 변화시키는 이 교육법은 큰 인기를 얻어 현재 미국 전역은 물론, 영국과 같은 유럽권 국가들에도 퍼져나가고 있습니다. (기사출처=SBS 뉴스, 2016.09.28.)
(오른쪽 사진 출처=Holistic Life Foundation 페이스북)

고 있으며 국내에서도 이를 임상에 적용하려는 시도를 하고 있다(John Kabat-Zinn, 안희영 역, 2012).

이러한 명상들에서 공통적으로 발견되는 기법은 집중과 통찰이다. 집중은 특정 대상에 주의를 모으는 것이고, 통찰은 관찰 대상을 가리지 않고 있는 그대로 받아들이고 관찰하는 것이다. 둘 다 핵심은 마음이 필요 이상의 것들에 영향을 받는 것을 차단하는 데 있다. 아더 다이크만의 말은 이러한 명상의 핵심과정과 그 효과를 잘 설명해 준다.

> "명상은 관찰하는 자기를 확고하게 구축하여, 그 시야를 넓힘으로써 습관적으로 이루어지는 지각과 반응의 패턴을 해체시킨다. 대상으로 향하는 자기의 움직임을 저지하여 그에 따른 지각의 지배를 그치게 하고 동시에 또 관찰하는 자기의식 내용에서 끄집어내면서, 사람은 자동적으로 일어나는 사고, 감정, 환상의 흐름과 동일화하는 것을 그만두기 시작한다."(안도 오사무, 인경 · 이필원 역, 2010: 133 재인용)

결국 명상의 핵심은 연기의 부정적 순환을 끊고, 실상을 파악하는 데 있다. 불교식으로는 실상이 공(空)임을 깨닫는 것이다.[9] 호흡, 걷기, 먹기 등의 다양한 명상이 있지만 그 원리는 같은 것이라 생각된다. 틱낫한(Thich Nhat Hanh)의 말은 이를 잘 전해 준다.

> "탠저린의 본질을 보고, 그 꽃잎의 향기를 맡고, 따뜻하고 촉촉한 흙의 냄새를 맡을 수 있어야 한다. 탠저린이 실체가 될 때 우리도 실체가 되고, 그 순간의 삶도 실재한다."(틱낫한, 강옥구 역, 2003: 98)

우리는 먹으면서, 걸으면서, 숨 쉬면서 정작 먹고 있는 그것, 걷는 행위 자체, 숨 쉬는 것 자체에 주의를 기울여 본 기억이 거의 없을 것이다. 대부분 다른 생각들의 지배를 받고 있고, 생각은 또 다른 허상과 집착을 낳는다. 명상은 이러한 잘못된 연기의 고리를 끊고 그것을 순방향으로 전환시키는 데 그 목적이 있다. 이 상태를 좀 더 쉽게 생각해 볼 수 있게 해주는 예화 하나를 소개한다.

> 여행 중인 수도승 두 명이 어느 읍에 다다랐을 때였어. 가마에서 내려오지 못하고 우물쭈물하는 한 젊은 여인이 있었지. 비가 와서 깊은 물웅덩이가 생겼는데, 거기를 걸어서 건너다가는 비단 옷을 다 버리게 생겼던 거야… 젊은 수도승은 그 여인을 물끄러미 바라

9) 연기와 공의 의미에 대한 쉬운 설명은 다음 저술을 참고할 수 있다. Thich Nhat Hanh(1998). *The Heart of Understanding*, 강옥구 역(2003), 틱낫한 스님의 반야심경, 서울: 장경각, pp.15-17.; 본 서 제3장 제2절 불교사상과 도덕교육.

보다가 아무 말도 없이 걸어서 지나갔어. 그런데 나이 든 수도승이 재빨리 여인을 데리러 가서 등에 업더니 물웅덩이를 건너가 반대편에 내려주는 거야. 그런데 젊은 여인은 나이 든 수도승에게 고마워하지도 않고, 오히려 길을 비키라고 밀어내면서 떠나버렸대. 그리고 두 수도승도 가던 길을 계속 갔지. 가는 동안 내내 수도승은 깊은 생각에 골똘히 빠져 있었어. 그렇게 몇 시간이 흐른 뒤 더 이상 입을 다물고 있을 수 없게 된 젊은 수도승이 말을 꺼낸 거야. "아까 그 여자는 정말 이기적이고 무례했어요. 그런데 등에 업어서 데려다 주다니요! 그래도 고맙다는 말 한 마디 없잖아요!" 나이 든 수도승이 대답했지. "나는 그 여인을 벌써 몇 시간 전에 내려주었다네. 그런데 자네는 왜 아직도 등에 업고 있나?"(Jon J. Muth(2006), *Zen Shorts*, 이현정 역(2006), 달을 줄 걸 그랬어)

아까 일을 골똘히 생각하는 젊은 수도승의 모습은 아마도 우리의 모습이 아닐까 한다. 그는 아름다운 길을 지나갔을 수도 있지만 아무것도 보지 못했을 것이다. 그처럼 우리는 조금 전에 있었던 일들, 아직 있지 않을 일들의 영향에서 벗어나기 어렵다. 쉽게 다가가기는 어렵지만, 명상가들이 말하는 이상적 상태는 나이든 수도승의 말에 담겨 있다. 명상 이론가들은 비록, 우리가 그러한 상태에 도달하지는 못할지라도 그것을 향해 나아갈 때 여러 효과들을 얻을 수 있다고 말한다.

- '이완된 각성' 상태에 도달하기: 욕구와 생각을 내려놓음으로써 정서적·신체적 안정과 함께 집중력이 향상된다.
- 새로운 시각: 자기 안에서, 자기에게, 자기 주변에서 무슨 일이 일어나고 있으며 타인과 환경은 어떠한지 명확하고 객관적으로 바라봄으로써 고정된 사고구조를 해체하고 보다 나은 정보를 받아들여 좀 더 나은 선택을 할 수 있다(김정호, 2011: 166).
- 초인지, 자기규제, 포괄적 실행 기능을 향상시킨다(S. K. Greenland, 이종복 역, 2012: 155).
- 감정적 고통의 해소: 감정을 있는 그대로 바라봄으로써 감정의 영향력에서 벗어나게 된다. 이에 따라 감정에 대한 반응을 바꾸는 방법을 습득하게 되고 이전에 수차례 경험한 고통을 똑같이 겪지 않을 수 있다(S. Salzberg, 장여경 역, 2011: 38).
- 스트레스 치유하기: 스트레스를 먹는 것이나 화내는 것으로 푸는 것보다 비용이 덜 들어가는 방식으로 풀게 해준다.
- 학교폭력, 우울증, 자살의 예방: 자신과 타인의 진면목을 파악함으로써 적개심과 편견을 버리게 되고, 이러한 상태는 학교폭력, 우울증, 자살 등을 예방하고, 학업성취도와 창의성 등을 증진하는 데 우호적인 조건이 될 것이다.
- 자기 수용, 자존감, 자비, 사랑의 마음 증진: 명상은 나를 있는 그대로 받아들이는

것이다. 자신을 수용함으로써 자존감이 높아지게 되고, 이는 이타성의 기초이기도 하다. "당신이 당신 자신을 보호할 때 당신은 다른 사람들을 보호하는 것이다." "만일 당신이 진흙탕에 빠져 있다면 다른 사람들을 그 진흙탕에서 빼줄 수 없다."(S. Salzberg, 2011: 108)

3. 정서교육의 방향

지금까지 몇 가지 이론들을 살펴보았다. 이들은 시대도 다르고 주장하는 바도 다르지만 이들로부터 정서교육에서 중요하게 다루어야 할 논점들을 찾아볼 수는 있을 것이다.

첫째, 감정을 이원화하지 않아야 한다는 것이다. 긍정심리학을 제외하면 대부분 어두운 감정이라 일컬어지는 것이 감정공부의 중요한 자원이며 출발점임을 강조하고 있다.

둘째, 감정의 자각(self-awareness)은 정서교육의 출발점이자 도달점이라 할 수 있을 정도로 중요하다는 것이다. ABCDE 기법에서 결정(Diciding) 또는 반박(Disputation)이 가능하기 위해서는 자신의 감정(C)을 인식할 수 있어야 한다. 여러 명상 이론들이 강조하는 것 또한 자신의 욕구와 생각을 가만히 바라보는 것이다. 자기 감정의 인식은 감정에 휘둘리지 않게 해주며 감정에 대한 통제 기회를 부여해 주기 때문이다.

셋째, 스트롱 키즈 프로그램을 비롯한 SEL 프로그램들에서 볼 수 있듯이, '감정온도계'나 '감정의 신호등' 같이 학습자 수준에 맞는 프로그램을 개발해 나갈 필요가 있다. 자기 감정의 인식이나 조절은 어른들에게도 쉽지 않기 때문에 학습자 수준에 맞는 프로그램을 준비하지 않고서는 실패할 가능성이 높을 것이다.

제5절 공감교육

1. 공감의 의미

대체로 공감은 심리학자들에 의해 두 가지 측면에서 정의되어 왔다. 첫째, 공감은 다른 사람의 내적 상태들, 즉 그의 사상, 감정, 지각, 의도에 대한 인지적인 인식이다. 둘째 공감은 다른 사람에 대한 대리적인 정서적 반응이다.

공감에 앞서 나온 단어는 유럽 계몽주의 시기에 유행한 '동정(sympathy)'이었다. 스코틀

랜드의 경제학자 아담 스미스는 1759년에 도덕 감정을 다룬 책을 저술하였다. 아담 스미스는 시장 이론으로 더 잘 알려져 있지만, 그는 인간의 감정에 남다른 관심을 쏟았던 인물이기도 하다. 아담 스미스나 데이비드 흄을 비롯한 당대 문장가들에게 동정은 다른 사람의 곤경을 보고 측은함을 느끼는 감정을 의미했다. 공감은 동정과 정서적 공통점을 갖고 있지만, 실제 둘의 내용은 전혀 다르다(Jeremy Rifkin, 2010: 19).

공감(empathy)의 개념은 19세기 말 독일의 미학자 로베르트 피셔(Robert Visher)가 1873년도에 감정이입(Einfühlung)이라는 용어를 처음 사용한 데서 시작되었다고 한다(Wind, 1963). Einfühlung이라는 용어는 ein(안에)과 fülen(느낀다)라는 단어의 결합으로 '들어가서 느낀다'는 의미이다. 감정이입은 관찰자가 흠모하거나 관조하는 물체에 자신의 감성을 투사하는 방법을 설명하는 용어로, 실제로는 예술 작품을 감상하고 즐기는 원리를 밝히기 위해 만들어진 것이었다. 독일의 철학자이자 역사가인 빌헬름 딜타이(Wilhelm Dilthey)는 이 미학용어를 빌려와 정신 과정을 설명하는 데 사용했다. 그에게 감정이입은 다른 사람의 입장이 되어 그들이 어떻게 느끼고 생각하는지 이해하는 것을 의미하였다.

1909년 미국의 티치너(E. B. Titchner)는 Einfühlung을 공감(empathy)으로 번역하였다. 티치너는 유럽에 있을 때 근대 심리학의 아버지라고 일컫는 빌헴름 분트(Wilhelm Wundt)와 연구 작업을 함께했던 심리학자였다. 다른 젊은 심리학자들과 마찬가지로 티치너의 일차적 관심사는 내성(introspection)의 핵심개념이 무엇이냐 하는 문제였다. 내성은 자신의 내적 느낌, 충동, 감정, 생각을 탐구하여 자신의 정체성과 자아를 형성하는 것에 대한 개인적 이해를 얻어 내는 방법이다. 공감의 '감(pathy)'은 다른 사람이 겪는 고통의 정서적 상태로 들어가 그들의 고통을 자신의 고통인 것처럼 느끼는 것을 뜻한다.

이후 공감적(empathic), 공감하다(empathize) 같은 파생어들이 속속 등장하여 빈, 런던, 뉴욕 등지의 유행어로 자리를 잡았다. 수동적인 입장을 의미하는 동정과 달리 공감은 적극적인 참여를 의미하여, 관찰자가 기꺼이 다른 사람의 경험의 일부가 되어 그들의 경험에 대한 느낌을 공유한다는 의미를 갖게 되었다.

현재 공감에 대해서 대부분의 사람들은 공감을 다른 사람의 곤경에 대한 감정적인 반응인 동시에 인지적인 반응이라고 생각하겠지만, "난 당신의 고통을 느낍니다"라는 것만이 공감의 전부는 아니다. 우리는 다른 사람의 기쁨에도 역시 공감할 수 있다. 다른 사람이 기뻐하는 모습을 보고 느끼는 공감은 과거에 개인적으로 겪었던 고통의 경험에서 비롯되며, 그런 경험이 그들의 기쁨을 더욱 가치 있게 만들고 대리 만족을 느끼게 만든다. 공감을 통해 다른 사람을 받아들이면 자신의 고통까지도 기쁨으로 변화시킬 수 있다.

2. 공감의 구성 요소

공감은 타인의 감정과 심리 상태, 경험을 마치 나의 것처럼 경험해 보는 공감적 정서(empathic emotions)라고 말할 수도 있고, 상대방의 정서적 상태나 관점을 정확하게 이해하는 지적인 과정으로도 볼 수도 있다. 본질적으로 공감은 다른 사람의 내적 경험을 매순간 함께 느끼고, 아는 능력에 기초를 두는 정신 내적 현상이다. 상담 이론에 따르면 이러한 공감에 이르는 길(道)은 그 뜻을 허공처럼 맑게 할 때 이루어진다고 한다(문홍세, 1990). 즉 공감이란 상담자가 내담자와 더불어 느끼는 것이며, 가능한 한 상담자가 내담자의 눈을 통해 바깥 세계를 보는 것이다. 공감은 상담자와 내담자 간의 관계 상황에서 일어나며, 바로 그 관계 속에 있다.

그런데 학자에 따라서는 공감의 속성을 정서적 측면에서 정의하는가 하면(Brewer, 1974; Eisenberg & Strayer, 1987), 인지적인 면에서 보는 견해가 있고(Stiff, Dillard, Somera, Kim & Sleight, 1988), 정의적·인지적 속성을 모두 지닌 것으로 정의하기도 한다(Rogers, 1957a, 1975; Truax & Carkhuff, 1967).

로저스(Rogers, 1975)의 공감에 대한 정의는 인지적, 정의적 공감 두 가지 모두를 포함하고 있다. 즉, 공감이란 한 사람이 다른 사람의 개인적인 지각세계 안에 들어가 그 속에서 철저하게 익숙하게 되는 것이다. 그것은 민감해지는 것, 순간순간 다른 사람 내부에 흐르는 의미를 변화 있게 느끼는 것이다. 그 사람이 경험하는 것이 공포, 분노, 부드러움, 혼란 등 무엇이든지 공감은 그의 삶 속에서 일시적으로 사는 것으로, 판단함이 없이 미묘하게 그 속에서 움직이며, 그 사람이 깨닫지 못하는 의미까지도 감지하는 것이다. 그러나 그 사람이 거의 느끼지 못하는 감정을 들추어내려 하지 않는다. 왜냐하면 그것은 너무 그 사람에게 위협이 되기 때문이다. 그 개인이 두려움을 갖는 요인에 대해서는 생생하게 그러나 두렵지 않은 눈으로 보며, 그 사람의 세계를 자신이 감지한 대로 의사소통하는 것이다. 박민(2012)이 공감을 인지적 측면과 정서적 측면으로 나누어 분류하여 제시한 내용을 소개하면 다음의 표와 같다.

〈표 10-3〉 인지적 공감과 정서적 공감의 구분

공감 유형 / 분류 요인	인지적 공감	정서적 공감
체계	마음이론: 관점 수용, 미래의 정서적 결과에 대한 상상, 마음 읽기	시뮬레이션: 타인의 마음 상태를 모방하여 자신의 마음 상태와 일치시켜 공명
사례	"나는 그가 요즘 불행하다고 느끼고 있는 것을 안다."	"나는 그의 괴로움을 느낀다."
측정	틀린 믿음	개인적 고통, 공감적 관심, 정서 재인, 정서적 전염
핵심 뇌 구조	복내측 전전두 피질, 전측 대상 피질, 상측 측두구, 측두-두정 연접부	하측 전두회, 뇌도엽 편도체
발달 단계	아동기, 청소년기	유아기
계통 발생	영장류(침팬지), 인간	설치류, 조류

출처: 박 민, 인지적 공감과 정서적 공감: 정신병리와 심리재활에의 함의, 재활심리연구, 제19권 3호, 2012, pp.391-392.

Hackney(1978)는 공감에 대한 정의에 관한 1958년부터 1978년까지의 연구를 총망라하여 종합한 결과 최근에는 공감을 의사소통 기술로서 강조하고 있다고 결론내렸다. 즉 공감적 이해는 상담자의 바람직한 태도로만 보아서는 안 되고 보다 적극적으로 공감적으로 이해한 바를 내담자와 의사소통하는 것, 즉 공감적 반응(전달)이 따르지 않으면 변화의 효력이 나타나기를 기대할 수 없다는 것이다. 여기에서의 공감적인 반응은 내담자에게 전달되는 공감적 이해의 최종 산출물(out-put)로서 상담자의 특정한 반응이 도출되는 행위인 것이다(이장호, 1990).

공감의 구성 요소로서 의사소통을 중요시하는 입장은 공감하는 행위가 타자의 내면적인 세계를 이해할 뿐 아니라 그 이해한 바를 정확하고 민감하게 전달할 때 완성된다고 본다. 즉 공감이란 '감식한 바를 의사소통하는 것'(Rogers, 1975), '탐색하고 기술하는 것'(Danish & Kagan, 1971) 또는 '상대방에 대해 이해한 바를 의사소통(전달)하는 능력'(Truax & Carkhuff, 1967)이라고 보는 것이다. 결국 공감을 이해 현상으로 파악하는 데 그치지 않고 관계 양식까지 포괄하는 개념으로 해석하는 것이다.

3. 공감교육의 프로그램

공감은 타고나는 것인가? 훈련되는 것인가? 공감이 교육과 훈련을 통해 향상시킬 수 있느냐 하는 것은 공감을 태도로 보는 입장과 기능으로 보는 입장으로 나누어 교육 가능성을 설명해 볼 수 있을 것이다. 로저스(Rogers, 1975)는 공감의 본질은 경청 기술 또는 공감적으로 이해한 바를 소통하는 데 필요한 기능 습득을 넘어선 것으로서 상대방에 대한 관심, 존중하는 태도, 가치 있는 존재라는 사실에 대한 신뢰를 포함한다고 하였다. 이런 태도와 인격의 성숙은 기능이나 요소주의에 입각한 교육이 아니라 총체적인 삶의 경험을 통해 교육되어야 할 특성으로 생각하는 것이다.

로저스와는 달리 Truax와 Carkhuff(1967)는 관찰과 측정이 가능하고 수량화할 수 있는 조작적 기능으로 공감을 정의하고, 의사소통 기능으로서의 공감이 교육과 훈련을 통해 가르칠 수 있는 인간관계 훈련 모형으로 발전하였다. Gazda와 그의 동료들(1987)은 공감을 문법의 규칙과 마찬가지로 가르칠 수 있다고 언급하고 있다(Gazda 등이 제시한 공감교육 모형: HRT모형).

또한 Egan(1976)은 공감적 의사소통과 자아개방, 의사소통의 구체성, 느낌과 감정의 표현, 주의를 기울이고 경청하기, 진지성과 존중, 직면, 즉시성 등의 인간관계 기능을 훈련하기 위해 대인관계 실험실(Interpersonal Living Laboratory)이라는 프로그램을 제시하였다. 그는 Carkhuff가 제시한 공감에는 기본적 수준의 정확공감(3.0수준)과 심화된 수준의 정확공감(4수준, 5수준)이 포함되어 있다고 보고, 감정 이해의 의사소통, 내용 이해의 의사소통, 감정과 내용 모두의 의사소통 등으로 Carkhuff의 방식을 확장하였다. 또한 정확한 공감으로 반응하는 것과 자신의 언어로 가능한 한 자연스럽게 반응하기, 일상생활에서 기본 수준의 정확한 공감의 실습으로 공식적인 훈련 밖에서의 실습 등이 포함되어 있다.

이 외 골드스테인(Goldstein, 1988)은 공감의 4가지 요소(지각적 요소, 공명적 요소, 인지적 요소, 의사소통적 요소)를 교육하는 여섯 단계의 훈련 프로그램을 제시하고 있다. 또한 Guerney(1977)는 관계 향상(Relation Enhancement) 프로그램을 고안하였고 공감을 훈련하는 도구로서의 효율성을 검증한 연구들은 RE접근법의 훈련효과를 인정하고 있다(Ginsberg, 1977; Preston & Guerney, 1982). 이 훈련은 4가지로 표현적 양식, 공감적 반응자 양식, 양식의 전환(표현적 양식에서 반응적 양식으로 전환하는 능력) 그리고 처음 세 가지 기능을 다른 사람들에게 가르치는 것과 관련된 촉진적 기능이 있다.

그리고 자기 스스로 훈련을 할 수 있도록 설계된 자기-지도 프로그램(Self-Instruction)이 있는데 공감훈련과 관련된 대표적인 것은 Bullmer(1975)의 프로그램이다. 공감 요소 중 정확한 지각의 중요성을 강조하고 지각의 훈련을 목표로 삼고 있다. 내용으로는 대인관계 지각, 대인관계 지각에서의 오류의 원천, 정서 확인하기(특정 정서에 대한 묘사, 정서 찾아내기 등), 감추어진 의미 찾아내기, 다른 사람들을 이해하기 위한 지각적 접근(이해하면서 경청하기)이 있다.

다른 공감훈련의 접근으로는 기존의 T집단, 만남의 집단도 긍정적 결과를 나타내 주고 있다(Deshaies, 1974; McAuliffe, 1974). 공감훈련은 다른 많은 방법을 통해 시행되었는데 단기 공감적 의사소통 훈련(Law, 1978), 행동훈련(Howard, 1975), Psychodramatic doubling(Kipper & Ben-Ely, 1979)이 있는데 공감-의사소통 훈련에 관한 것이 많다(Goldstein & Michaels, 1985).

한편, 공감훈련은 공감의 전달에 관한 의사소통 측면만이 아니라 경험적 공감, 느껴진 수준의 경험이라 할 수 있는 신체 인식을 증진시키기 위한 각종 프로그램과 훈련기법이 개발, 보급되고 있다. Feldenkrais(1972)는 운동을 통한 '신체경험 인식고양기법'을 개발하였고, 명상법(Walsh, 1981)과 각종 운동요법, Dance therapy(Duggan, 1981), biofeedback 요법(Forgione & Holmberg, 1981) 등은 상담자의 공감능력을 향상시키는 강력한 체험적 기법으로 적극 추천되고 있다.

4. 공감능력 증진을 위한 일반 수업 모형

공감능력 증진을 위한 수업 모형을 설계하기 위해 중요한 활동을 추출하는 과정에는 공감의 구성 요소에 대한 논의가 많은 도움을 준다. 공감과정에서 제시되는 중요한 요소들은 공감 관련 수업활동에서 가급적 반드시 학습자들이 활동하고 경험해야 할 단계로서 구성될 수 있으며, 이를 통해 온전한 공감능력이 증진될 수 있기 때문이다.

예컨대, 데이비스(Davis, 1980)의 공감의 구성 요소에 대한 주장은 많은 도움을 준다. 그는 여러 탐구 영역들의 연구 결과들을 검토해 본 후, 공감을 단일한 개념으로 파악하기보다는 일련의 집합적인 요소들로 구성된 다차원적인 것으로―적어도 인지, 정서 두 차원을 포함하는―파악하는 것이 보다 타당하다고 주장하면서 그 하위 구성 요소들을 변별 가능한 특성으로 정의하고 이를 실증적·경험적으로 연구할 수 있는 방법론을 제시하고 있다. 그가 제시한 구성 요소는 첫째, 관점 취하기(perspective taking)로서 다른 사람의 심리적인 관점이나 태도를 자발적으로 취해 보려는 경향을 말한다. 둘째, 상상하기(fantasy)로서 이는 자신을 상상적으로 책, 영화, 희극 등의 허구적인 인물의 느낌이나 행동 속으로 전위시켜 보려는 경향을 말한다. 셋째, 공감적 관심(empathic concern)으로서 이는 타자지향적인 동정을 느끼고 불행한 타인에 대해 관심을 갖는 경향이다. 넷째, 개인적 고통(personal distress)으로서 이는 다른 사람의 불행이나 고통을 보면 마음이 불편해지고 고통스러워지는 경향을 말한다.[10] 데이비스는 네 가지 하위 차원별로 나누어 각 차원별 하위 척도를 제작하였다. 관점 취하기 척도는 자신으로부터 벗어나서 상대방의 관점과 입장에서 보려는 능력이나 경향성을, 상상척도는 영화, 소설, 연극 등 가상적인 상황 속의 인물이 되어 보는 상상력을, 공감적 관심척도는 관찰 대상에 대해 온정, 자비, 관심 등의 느낌을 경험하는 정도를, 개인적 고통척도는 타인의 고통스런 상황을 보고 느끼는 두려움, 공포, 불편함의 정도를 측정한다. 이러한 데이비스가 제시한 공감의 구성 요소를 중심으로 공감능력 증진을 위한 일반 수업 모형을 제시하면 다음과 같다.

단 계	교수-학습 활동
감정 인식하기	• 다양한 감정 표현 알기 • 자신의 감정을 파악하고 표현하기
관점 및 역할 채택하기	• 다양한 관점 수용하기 • 역할 채택을 통해 상대방의 감정 공감하기
정서적 공감하기	• 공감 관련 상황에 대해 공감적 각성 경험하기 • 타인의 상황과 처지에 대한 정서적 공감하기
공감 표현하기	• 타인의 감정을 이해하고 표현해 보기 • 공감적 반응하기 • 상호 간 공감의 지지와 반응 주고받기

[그림 10-2] 공감능력 증진을 위한 일반 수업 모형

첫 번째 단계인 감정 인식하기 단계는 학습자들이 다양한 감정을 나타내는 단어들의 개념을 알고 표현해 보고, 이를 토대로 자신이 감정은 어떤 것인지 알아보고 이를 표현해 봄으로써 공감능력의 기초를 다지는 단계이다. 이 단계는 이성 중심의 도덕적 판단력 증진보다는 주변 사람들의 판단이나 행동 이면에 작용하는 다양한 감정에 대한 민감성과 감수성을 기르도록 하는 데 중점이 있다. 이를 위해 감정카드를 사용하게 되는데, 이는 크게

10) 박성희, 공감학-어제와 오늘(서울: 학지사, 2010), pp.65-66, 382-383; 또한 공감적 의사소통의 특성과 그 하위 요소에 대한 자세한 논의는 정상섭, 공감적 의사소통의 본질 고찰, 새국어교육, 72호 (2006) 참조.

〈표 10-4〉 감정표현 모음지: 여러 가지 감정 표현 사례

愛, 情	驚	思	羞恥
사랑스럽다. 사랑을 느낀다. 반했다. 사랑받는 느낌이다. 존경받는 느낌이다. 열정을 느낀다. 보살핌을 받는다. 고맙다. 고마움을 느낀다. 인정받는 느낌이다. 관심이 많이 간다. 매력을 느낀다. 다정함을 느낀다. 따뜻함을 느낀다.	놀랍다. 당황스럽다. 놀랐다. 곤혹스럽다. 당혹감을 느낀다. 충격을 받았다. 어지럽다. 골치 아프다. 몸둘 바를 모르겠다. 충격을 받았다.	그립다. 배려받는 느낌이다. 쓸쓸하다. 버림받은 느낌이다. 제외된 느낌이다. 소외된 느낌이다. 아련하다. 애간장이 탄다. 간절하다.	창피하다. 부끄럽다. 미안하다. 죄스럽다. 죄책감이 든다. 죄의식이 느껴진다. 쑥스럽다. 마음이 무겁다. 마음에 걸린다. 수치심이 느껴진다.

愛·情, 警, 思, 羞恥로 나눌 수 있다.

이들 각각의 감정표현 사례를 표로 제시하면 〈표 6-5〉와 같다.

아울러 이러한 다양한 감정표현 방식을 파악한 이후 자신의 감정을 표현하게 되는데 여기에서 흔히 사용되는 것이 '나-전달법'이다. 나-전달법은 자신의 감정을 건강한 방식으로 표현하는 방법으로 비판 없이 상대방의 행동을 묘사하고 그 다음에 자신에게 미치는 구체적인 영향과 자신의 긍정적이거나 부정적인 느낌 또는 감정을 전달하는 세 요소로 구성된다. 예컨대, "(상대방의 구체적 행동) 할 때, (행동의 결과) 때문에 나는 (자신의 느낌)이다"라고 표현하는 방식이다.

두 번째 단계는 관점 및 역할 채택 단계이다. 이는 순수하게 인지적 차원에서 이루어지는 관점 및 역할 채택 또는 수용의 단계이다. 학습자들은 이 단계에서 동일한 그림이라도 보는 시각에 따라 달리 보이는 그림에 대한 경험을 통해 관점의 차이는 옳고 그름의 문제가 아니라 단지 다름의 문제임을 알게 된다. 따라서 사람마다 가치가 다르기 때문에 의견 수렴을 위해서는 우선 타인의 가치도 존중하고 수용해야 함을 알게 된다. 또한 역할극을 활용한 역할 채택 경험으로 상대방의 상황과 감정을 이해하게 된다.

세 번째 단계는 정서적 공감하기 단계이다. 이 단계에서 학습자들은 영상 자료나 만화 같은 매체를 통해 주인공의 처지와 상황에 대해 느껴보는 활동을 통해, 그리고 동영

상 속 주인공의 마음을 느껴보는 경험을 해봄으로써 공감적 각성과 공감적 관심을 높이게 된다. 학습자들은 특히 영상 자료 속에서 주인공이 속상해 하거나 기뻐하는 것을 보고 나도 같은 감정을 느낀 경험이 있다면 어떤 상황이었는지, 어떤 감정을 느꼈는지 경험을 이야기하게 된다.

네 번째 단계는 공감 표현하기 단계로서 바꾸어 말하면 공감적 의사소통하기 단계이다. 이때 중요시되는 것은 학습자들이 타인의 감정을 이해하고 표현해 보고, 공감적 반응을 해보며, 서로의 공감을 지지해 주고 반응하는 것이다. 이를 위해 타인의 느낌을 파악하고 언어로 표현하는 활동, 친구관계에서 갈등 경험 표현하기와 공감 반응하기 활동, 친구나 선생님과의 불편해진 상황을 선정하여 역할연습 등의 공감적 의사소통을 통해 자신과 타인의 감정에 대한 민감성을 키우고 갈등 상황에 적절하게 대처하는 활동을 하게 된다. 아울러 자신의 긍정적인 측면에 대해 공감적 지지와 격려를 받아 자신감을 키우기 위한 취지에서 자신의 장점과 학교 및 일상생활에서 성공적인 경험을 공감적으로 주고받는 활동을 하게 된다. 그럼으로써 타인의 상황과 처지에 대해 정서적 공감하기가 이루어지게 된다.

제6절 환경윤리교육

1. 환경문제의 중요성

2007년 말의 서해안 기름유출사건에서 볼 수 있듯이 거주지를 확대하고 경제적 효율성을 높이기 위한 인간의 활동들은 환경 파괴의 규모를 날로 확대시키고 있다. 이에 인간은 한편으로는 자연친화적 삶을 바라면서, 다른 한편으로는 생존의 추구에서 비롯되는 환경파괴를 감수하지 않을 수 없는 딜레마를 겪게 된다.

이러한 상황에서 우리는 어디로 나아가야 하는가? 아동들에게는 어떠한 방향으로 지도해야 할 것인가? 일단 교육계에서 합의된 교육과정을 살펴보자. 2012 개정 도덕과 교육과정은 초등학교 환경교육의 성취기준을 다음과 같이 제시하고 있다(교육부, 2012).

〈자연 사랑과 환경 보호〉

나와 자연과의 관계에 대한 올바른 이해를 바탕으로 환경 보호와 녹색 성장의 중요성을 깨닫고 환경 보호 및 녹색 성장을 위한 활동을 생활화하려는 태도를 지닌다. 이를 위

> 해 인간과 자연의 바람직한 관계에 대한 자신의 의견을 발표하고, 환경오염, 에너지 위기, 지구 온난화 등 우리 주변의 환경 문제에 대한 조사를 바탕으로 일상생활에서 환경 보호 및 녹색 성장을 위해 실천할 수 있는 일들을 찾아본다.[11)]

위의 성취기준을 보면 지도해야 할 내용은 크게 두 가지이다. 하나는 '인간과 자연과의 관계'이고 다른 하나는 초등학생 수준에서 '환경 보호를 실천하기'이다. 이 중 후자는 도덕과만이 아니라 사회, 과학, 실과 등을 통해서도 반복되는 내용이고, 도덕과에서 보다 중점을 두어야 할 내용은 바로 인간과 자연과의 관계이다. 이것은 환경교육의 출발점이자 목표점이기도 하다.

문제는 이에 대한 입장을 정립하기가 쉽지 않다는 것이다. 교육과정 내에서나 교과서 상에서도 지속 가능한 개발(최근 교육과정에서는 녹색 성장이란 표현 사용)을 강조하는가 하면 생태계의 본래적 가치를 강조하기도 하고, 또한 때로는 인간중심적 입장을 드러내기도 하는 등 입장이 분명하지 않다. 일상생활에서도 이러한 현상은 쉽게 확인할 수 있다. 천성산 터널, 새만금 간척사업, 사패산 터널 등 우리 사회가 겪어온 일련의 환경 이슈들은 자연을 도구적 가치로 보는 인간중심적 관점과 자연 자체의 본래적 가치를 존중하는 생태중심적 관점 사이에서 우리 사회가 합일점을 찾기 어려운 상황에 놓여 있음을 보여준다.

왜 이러한 현상이 나타나는가? 여타의 도덕적 문제들처럼 환경문제 또한 역설적 성격을 띠기 때문이라 생각된다. 인간중심적 관점은 단기적으로는 경제적 이익을 안겨 주겠지만 생태환경의 고유한 가치를 파괴하는 데서 비롯되는 장기적 손실을 외면하고, 급진적인 생태주의는 장기적으로는 건강한 삶과 생태선진국으로 나아갈 수 있는 길을 열어줄 수는 있어도 단기적으로는 국가의 경쟁력과 삶의 질이 위협받는 것을 도외시한다. 환경문제는 이처럼 대립된 주장들이 모두 의미가 있으면서도 이 둘을 동시에 반영하는 것이 쉽지 않다는 점에서 역설적 성격을 지닌다. 따라서 문제를 해결하기 위해서는 이를 다루는 우리의 사고방식 또한 대립된 통념을 넘어서는 역설적 관점 내지는 중도적 관점을 취할 필요가 있다. 이를 위해 다음에서는 우리가 취할 수 있는 다양한 환경윤리 이론들을 검토하게 될 것이다.

11) 2012 개정 도덕과 교육과정에서는 2007 개정과 마찬가지로 환경 보호와 관련하여 '생명의 소중함'과 '자연 사랑과 환경 보호' 두 단원(지도 요소)을 설정하고 있다. 여기에서는 후자만을 다루지만, 생명의 소중함 또한 자연의 가치를 다룬다는 점에서 환경윤리의 틀 내에서 연관지어 접근하는 것이 바람직할 것이다.

2. 환경윤리이론

환경문제에 대한 해법들은 우리보다 일찍 환경문제를 경험한 서구에서 많이 제시되어 왔고, 그들의 담론 속에는 우리가 받아들여야 할 요소들이 많이 있는 것도 사실이다. 그러나 환경문제 자체는 근대적 문제이지만, 인간과 자연의 관계에 대한 깊은 통찰력은 동북아의 다양한 사상적 전통 속에서 풍부하게 발견된다. 도가와 불가의 급진적 생태주의와 유학의 인문적 생태주의 등 서로 다른 방향성 속에서도 자연과의 합일이라는 공동의 목표를 지향하는 목소리들이 이에 해당한다. 이에 여기에서는 동양사상을 포함하여 대표적인 이론들을 검토하면서 우리가 취해야 할 환경윤리교육의 방향성을 생각해 보는 기회를 갖고자 한다.

환경윤리의 이론들을 크게 세 부류, 보다 세부적으로는 다섯 종류로 구분하였다. 이들을 구분하는 일차적 기준은 각 이론들이 '그 자체로서 좋거나 그 자체에 내재하는 성질로 인한 좋음', 즉 본래적 가치(intrinsic value)를 지닌 대상을 인정하는 범위에 있다. 환경문제를 해결하기 위해서는 자연에 인간의 이익 관심에 의해 좌우되지 않는 어떤 것이 있다는 것을 보여주어야 하는데, 이를 환경윤리이론들은 본래적 가치라고 불렀다.

〈표 10-5〉 환경윤리이론의 지형도

<table>
<tr><th rowspan="2">이론</th><th rowspan="2">인간
중심주의</th><th colspan="2">생물중심주의</th><th colspan="5">생태중심주의</th></tr>
<tr><th>동물
중심주의</th><th>생명
중심주의</th><th colspan="3">인문적
생태중심주의</th><th colspan="2">급진적
생태중심주의</th></tr>
<tr><td>사상가</td><td>• 플라톤
• 아퀴나스
• 데카르트
• 현대 과학 기술주의</td><td>• 싱어
• 레간</td><td>• 테일러</td><td>• 북친</td><td>• UN 세계 환경개발 위원회</td><td>• 주희</td><td>• 네스</td><td>• 노자
• 장자</td></tr>
<tr><td>고려할 자연 영역</td><td>• 유용성을 지닌 대상</td><td>• 동물</td><td>• 생명체</td><td>• 자연 전체</td><td>• 다음 세대가 필요로 하는 여건</td><td>• 자연 전체</td><td>• 자연 전체</td><td>• 자연 전체</td></tr>
<tr><td>고려할 이유</td><td>• 도구적 가치(instrumental value)</td><td>• 싱어: 有情性(sentience)
• 레간: 고유한 가치(inherent value)</td><td>• 고유한 가치(inherent worth)</td><td>• 가치(intrinsic value)</td><td>• 지속 가능성</td><td>• 본래적 가치
• 도덕적 가치</td><td>• 본래적 가치(intrinsic worth; inherent value)</td><td>• 본래적 가치</td></tr>
</table>

① 인간중심주의

서구의 전통적인 인간중심주의는 자연과 인간과의 본질적 연관 관계를 부정하면서 자연을 도구적 가치를 지닌 것으로 여겨 왔다. 이러한 입장에서 가치란 인간의 이익 증진에 기여하는 것을 의미하게 될 것이다. 아퀴나스(Thomas Aquinas)의 경우 "야수를 죽이는 것이 죄라고 주장하는 사람은 오류를 범하고 있다고 우리는 생각한다. 왜냐하면 신의 섭리에 의해 동물은 자연의 과정에서 인간이 사용하도록 운명지어졌기 때문이다." (Aquinas, 『신학대전』; J. R. DesJardins, 1999: 162 재인용)라고 말하였다.

② 동물중심주의

피터 싱어(Peter Singer)의 동물해방론과 톰 레간(Tom Regan)의 동물권리론은 전자가 공리론적 관점에 입각해 있고 후자가 의무론적 관점에 입각해 있다는 점에서는 차이가 있다. 싱어는 동물이 도덕적 고려의 대상이 되어야 하는 이유로 어떤 가치의 소유 여부가 아니라 쾌락과 고통을 느낄 수 있는 유정성(有情性; sentience)을 제시하였다(Peter Singer, 김성한 역, 1999: 44-45). 따라서 싱어에게 인간과 동물과의 관계에서 선은 동물의 쾌락을 증진시키는 것이고 악은 고통을 산출하는 것이 된다. 레간은 삶의 주체(the subject of a life)라는 기준을 만족시키는 존재는 명확한 가치, 즉 고유한 가치(inherent value)를 지닌다고 하였다(Tom Regan, 1983; R. G. Botzler & S. J. Armstrong eds., 1998: 351-352). 따라서 레간에게 선은 고유한 가치를 지닌 동물의 권리를 존중하는 것이다.

③ 생명중심주의 및 급진적 생태중심주의

폴 테일러(Paul W. Taylor)의 생명중심주의는 미생물을 포함한 모든 생명체를 삶의 목적을 지닌 존재로서 고유한 가치(inherent worth)를 지닌다고 본다(P. W. Taylor, 1986: 75). 이에 따라 인간의 행위는 개체 유기체들의 이익 여부에 따라 결정되어야 한다고 주장한다. 이를 위해 테일러는 자연 존중을 위한 네 가지 기본적 행위 규칙을 제시하였는데, 이 중 불침해의 원리는 고유한 가치를 지닌 생명체에게 해를 가해서도 안 되지만 그렇다고 인간이 야기하지도 않은 해를 방지할 적극적 의무도 없다는 것을 그 내용으로 한다.[12)]

심층생태주의 진영의 아른 네스(Arne Naess)는 생물체만이 아니라 자연 전체가 본래적

12) Paul W. Taylor, 1986, pp.172-192. 네 가지 행위규칙이란 불침해의 규칙(the rule of nonmaleficence), 불간섭의 규칙(the rule of noninterference), 성실의 규칙(the rule of fidelity), 보상적 정의의 규칙(the rule of restitutive justice)을 말한다.

가치(value in themselves; intrinsic worth; inherent value)를 지니고 있다고 보았다. 개발론자들이 숲의 양을 보고 숲을 관통하는 도로가 전체 숲의 작은 부분만을 차지한다고 주장하는데 비해 생태주의자들은 숲을 하나의 통일체, 게스탈트로 느낀다고 하면서, 그는 이 차이를 실재를 바라보는 방식이 다르기 때문이라고 설명하였다. 나아가 네스는 본래적 가치를 지닌 자연의 평등한 권리를 위해 '자연생태계의 생명의 다양성과 풍요로움을 위해 인구의 감소가 필요하며 자연계에 대한 인간의 간섭을 감소시켜야 한다'는 등의 내용을 담은 여덟 개의 강령을 제안하기도 하였다(Arne Naess, 1986).

이러한 네스의 주장은 일찍이 인간과 만물의 삶을 기의 모임과 흩어짐으로 설명하면서 만물을 하나라고 본 노장(老莊)의 자연관과 유사점이 있다. 장자는 "인간이 태어남은 기가 모인 것이다. 모이면 살고 흩어지면 죽는다… 그러므로 만물은 하나이다"라고 하였다.[13]

테일러, 네스, 그리고 노자와 장자는 모두가 인간이 자연에 비해 우월하다는 생각을 부정한다는 점, 그리고 자연의 본래적 가치를 존중하는 방법으로 불침해, 불간섭을 우선적 방침으로 삼는다는 점에서 공통점을 지닌다.

④ 인문적 생태중심주의

사회생태주의 진영의 머레이 북친(Murray Bookchin)은 테일러나 네스와 달리 인간만이 자연에 대한 도덕적 책임을 지니고 있다고 본다. 그는 자연이 모두 본래적 가치(intrinsic worth)를 지니고 있다면 그것은 미적이면서 도덕적 의지를 가진 인간에 의해 구성되는 것일 뿐이라고 보고 인간이 지니는 본래적 가치는 예외적이고 독특하다고 보았다(M. Bookchin, 문순홍 역, 1997, 66). 그렇기에 그는 환경문제를 해결하는 데 있어 인간이 자연을 존중해야 하지만 그것이 인간의 고유한 능력에 대한 격하나 혐오로 이어져서는 안 된다는 입장을 내세웠다(M. Bookchin, 1997: 122). 그의 이론은 생태적 관점을 전제로 하면서 동시에 인간에 대한 책임 또한 강조한다는 점에서 중도적 입장을 취하는 이론이라 할 수 있다. 또한 환경문제의 해결을 자연에 대한 태도보다 인간의 인간에 대한 지배관계를 단절시킬 수 있는 아나키즘의 전통 속에서 찾는다는 점에서도 특징을 지닌다.

동양사상에서 자연과 인간의 관계에 대한 온건한 입장은 유학에서 찾아볼 수 있다. 성리학의 집대성자인 주희(朱熹, 1130-1200)는 인간은 다른 사물들과 동일한 리(理)를 지니고

13) 『莊子』「知北遊」. 人之生氣之聚也. 聚則爲生, 散則爲死…故萬物一也.

있다는 점에서는 평등하지만, 현실적으로 그 리를 실현 가능케 하는 좋은 기(氣)를 지닌 독특한 존재로 보았다. 인간과 자연은 모두 본래적 가치를 지니지만, 도덕적 자질에 있어서는 인간이 보다 우월하며, 그 우월성으로 인해 자연에 대한 책임을 지니는 유일한 존재가 된다. 중용의 '천지의 화육을 돕는다(贊天地之化育).'는 구절에 대한 제자와의 문답에서 주희는 천지를 도울 의무를 지닌 인간이라는 존재자의 필요성에 대해 다음과 같이 말한다: "인간은 하늘과 땅의 중간에 있으니 비록 같은 리이기는 하지만 하늘과 인간은 각각 자신의 역할을 지니고 있다. 인간은 할 수 있지만 하늘이 할 수 없는 일이 있다. 예를 들어 하늘은 사물을 생할 수 있지만 씨앗을 뿌리기 위해서는 인간을 써야 한다. 물은 사물을 적실 수 있지만 관개를 하려면 인간을 써야 한다. 불은 사물을 태울 수 있지만 장작을 요리하려면 인간을 써야 한다."[14] 주희는 기본적으로는 만물이 본래적 가치를 지닌 평등한 존재임을 전제로 하지만, 인간은 자연 세계 내의 다른 어떤 사물들에게서도 발견되지 않는 특징을 지니고 있고 이를 긍정적 능력으로 평가한다는 점에서 중도적이고 온건한 입장이라 할 수 있을 것이며, 그런 점에서 이 글에서는 인문적 생태중심주의라 칭하였다(김철호, 2008).

끝으로 오늘날 환경문제에 대해 폭넓은 지지를 받고 있는 '지속 가능한 개발'에 대해 언급하지 않을 수 없을 것이다. 이 개념은 1970년대에 IIED(International Institute for Environment and Development)의 설립자인 Barbard Ward가 처음 사용하였고, 후에 UN의 세계환경개발위원회의 보고서에서 '지속 가능한 개발은 다음 세대가 필요로 하는 여건을 훼손함이 없이 현 세대의 욕구에 부응하는 수준의 개발'이라고 공식적으로 정의하였다. 이는 우리 교육과정에서도 공식적으로 채택하고 있는 입장이기도 하다.

3. 환경윤리교육의 방향

처음으로 돌아가서, 인간과 자연과의 관계에 대한 바람직한 이론은 무엇인지 생각해 보자. 다양한 이론들을 살펴보았지만, 모든 환경문제를 해결해 주는, 인간과 자연의 관계에 대한 하나의 이론이 있는 것 같지는 않다. 다음의 두 사례들은 이러한 난점을 다시 한 번 확인케 해 준다.

14) 『朱子語類』 64: 55. "贊天地之化育." 人在天地中間, 雖只是一理, 然天人所爲, 各自有分, 人做得底, 卻有天做不得底. 如天能生物, 而耕種必用人; 水能潤物, 而灌溉必用人; 火能熯物, 而薪爨必用人.

세계 최장 광폭 터널 '사패산 터널': 환경 파괴를 우려한 종교계와 환경단체의 반발로 공사가 지연된 서울외곽순환고속도로 사패산 터널이 뚫렸다. 광폭 터널 가운데 세계에서 가장 긴 터널인 사패산 터널이 개통을 20여 일 앞두고 완전한 제 모습을 드러냈다… 송추IC와 의정부IC 사이에 있는 사패산 터널은 길이 4㎞, 폭 18.8m, 높이 10.6m의 편도 4차로 쌍굴 터널로 세계에서 가장 긴 광폭 터널로 터널공학회에서 인정받고 있다. 제한 속도인 시속 100㎞로 주행해 터널을 빠져나오는 데 2분 30초나 걸리는 긴 구간이다… 사패산 터널은 북부구간과 함께 2001년 12월 착공했으나 국립공원 훼손 등을 우려하는 환경단체와 불교계의 반발로 5개월만에 중단됐다. 우여곡절 끝에 2003년 12월 터널 공사가 재개돼 착공 4년만이 2005년 7월 사패산을 관통했다(연합뉴스, 2007년 12월 6일자 기사).

18개월 된 아들을 키우고 있는 A씨(35)는 아이에게 생활협동조합에서 사온 식재료를 먹인다. 원산지와 재배·사육 방법을 믿을 수 있기 때문. A씨는 "계란 하나를 사더라도 무항생제인지 공장식으로 기르진 않았는지 유정란인지 무정란인지 모두 따져본다"며 "육류의 경우도 스트레스를 받고 자란 고기가 좋을 거란 생각이 들지 않고 설령 차이가 없다고 해도 동물복지 차원에서 비인간적이라 구매하지 않는다"고 소신을 전했다(머니투데이, 2014년 2월 8일자 기사. 일부 수정).

둘 다 늘 우리 주변에서 마주치는 문제들이다. 사패산 터널은 개발과 보존에 관한 문제이고, 동물 사육 방식에 대한 문제는 생명체의 가치와 복지에 대한 문제이다.

사패산 터널 공사와 같은 개발과 보존의 문제에 대해 한편으로는 인간의 이익을 중시하는 인간중심주의에서부터 산 자체를 하나의 생명체로 보는 급진적 생태중심주의까지 다양한 입장이 있을 수 있다. 인간중심주의를 제외하고 대부분의 환경윤리이론들은 개발에 우호적이지 않지만 여기에도 정도의 차이가 있다. 동물중심주의에서는 동물의 복지가 중요한 고려사항이 되기 때문에 동물의 생명이나 권리를 해하지 않는다면 터널 공사를 찬성할 수도 있지만, 급진적 생태중심주의에서는 터널은 산의 허파를 찌르는 것과 같기 때문에 결코 찬성할 수 없을 것이다. 유학이나 사회생태학 같은 인문적 생태중심주의의 관점에서는 개발은 인간의 가치와 생태계의 가치를 모두 고려하면서 생태계의 순환원리에 위배되지 않는 한에서 이루어질 때 찬성할 수 있는데 지금의 개발 모습은 그와는 거리가 있다고 여겨질 것이다. 지속 가능한 개발을 지지하는 입장이라면 후세대의 필요를 준거로 삼아 환경친화적인 사고를 내보일 가능성이 높을 것이다.

닭을 공장식으로 키우는 문제에 대해서는 동물중심주의나 생명중심주의, 생태중심주의 모두 생명체의 가치를 중시한다는 점에서 표면적으로는 비슷한 입장일 수 있다. 그러나 각각이 제시하는 이유는 다를 것인데, 싱어와 같은 동물중심주의자는 고통을 느끼는 고등동물이기 때문에 그러하고, 생명중심주의나 급진적 생태중심주의에서는 그 자체로서의 가치를 지니기 때문에 그러할 것이다. 유학과 같은 중도적인 입장에서는 생명체의 본래적 가치를 소중히 여기지만 희생이 불가피할 경우에는 생명체를 불쌍히 여기는 마음(用之以禮)을 잃지 않아야 한다고 말할 것이다.[15] 즉 외현상으로는 생명체를 해하는 동일한 행동이라 할지라도 그 내면에 '생명에의 외경'이나 '생태적 감수성'이 있는 것과 없는 것의 차이를 중요한 판단준거로 삼는 것이다.

이처럼 각각의 이론들은 어떤 문제에서는 설명력을 지니면서 다른 문제에서는 한계점을 지니기도 한다. 지속 가능한 개발의 경우에는 개발과 보존의 문제에서는 설명력을 발휘하는 반면 생명체의 가치와 복지의 문제에 대해서는 설명력이 제한된다. 생명중심주의나 생태중심주의는 이념적으로는 바람직하나 일체의 개발을 제한하거나 모든 생명체의 가치를 절대시한다는 것은 현실적으로는 한계에 부딪칠 수밖에 없다.

환경문제에 있어서 하나의 이론을 선택하는 것이 중요하기보다는 다양한 입장에서 취할 수 있는 부분을 고민하고 이를 실천해 나가려는 태도가 중요하다 생각된다. 우리 모두가 채식주의자가 되거나 소규모 자급자족한 공동체에서 생활하게 된다면 지구 전체가 지금보다 더 나은 모습을 지니게 될 것이다. 그러나 그것이 불가능하다면 현 상황에서 바람직한 방안을 생각해 보고 이를 실천하는 태도에서 출발할 필요가 있다. 위의 기사에 나오는 A씨의 경우가 그러한 모습 중 하나에 해당한다 할 것이다. A씨가 채식주의자가 된다면 이상적인 대응 방안이 되겠지만, 그렇지 않다 할지라도 '동물복지 차원에서

15) 『孟子集註』「梁惠王章句上」7장에 맹자와 제선왕과의 대화가 나오는데, 제선왕이 흔종(釁鍾, 새로 주조된 종의 틈에 짐승의 피를 바르는 의식)을 위해 끌려가는 소를 보고 양으로 바꾸라고 지시한 것에 대해 맹자가 인을 실천한 것이라며 높이 평가한 내용이다. 이는 언제나 양이 소보다 먼저 희생되어야 한다는 것이 아니라 어쩔 수 없이 생명체가 희생될 경우에 직접 본 소를 대신해 희생시킬 수는 있다는 것이다. 후대의 주희는 이에 대한 주석에서 "사람은 금수에 대해서 똑같이 살면서 종류가 다르다(同生而異類). 그러므로 쓰기를 예로써 하고(用之以禮), 차마 못하는 마음이 보고 들음이 미치는 바에 베풀어지는 것이다"라고 하면서 생명체를 대하는 태도가 중요함을 말하였다. 인간과 동물의 가치는 다르지 않지만 어쩔 수 없는 이유로 희생을 시킨다 하더라도 예에 맞게 처리해야 한다(用之以禮)는 것으로, 동일한 행동이라 할지라도 그 내면에 '생명에의 외경'이나 '생태적 감수성'이 있는 것과 없는 것의 차이가 중요한 요소임을 강조하는 것으로 해석할 수 있다(김철호, 2008).

비인간적이라 구매하지 않는다'는 그의 태도는 현실적으로는 취할 만한 해법 중 하나라 보인다. 물론 이 기사에 달린 수많은 댓글들은 이 또한 합의된 하나의 해결책이 아님을 보여주기는 한다. 그러나 A씨의 태도가 자신을 위해 동물을 희생시킨다는 점에서는 인간중심주의와 차이가 없지만, 동물의 고통과 복지를 고려하는 그 마음(생태적 감수성)을 발현하고 있다는 점에서는 맹자와 주희가 말한 것처럼 작지만 큰 차이를 지닌다고 할 수 있을 것이다.

제7절 다문화교육과 도덕교육

1. 도덕과교육에서 다문화교육의 위상

2016년 8월에 발표된 법무부 출입국·외국인정책 통계월보에 따르면, 2018년 8월말 현재 우리나라에 체류 중인 외국인은 약 2백 3십만 명을 넘어선 것으로 나타났다. 우리 국민 중 해외 출국자 또한 약 2백 5십만 명으로 나타나고 있다. 이는 대한민국 내외의 인적 교류가 3백만 명에 이르는 다문화시대에 돌입하고 있음을 보여준다.

우리나라에서 학교생활을 하고 있는 다문화 학생 또한 지속적으로 증가 추세를 보이고 있다. 교육부의 2017년 보고에 따르면, 우리나라 전체학생은 최근 5년간 매년 평균 18만 명 내외 감소하고 있으며, 저출산으로 인해 학령인구(6~21세)가 감소세를 지속할 것으로 예측되는 반면, 다문화학생은 최근 5년간 매년 1만 명 이상 증가하여, 2017년에는 10만 명을 초과(전체학생 대비 1.9%)하는 것으로 나타나고 있다. 교육부문에서 이러한 다문화학생의 증가는 다문화학생들의 한국사회 적응 관련 지원 중심의 다문화교육과 함께 우리나라 아동과 청소년들을 대상으로 한 문화다양성 인정, 상호문화 이해, 반편견·평등 등과 관련한 다문화교육의 중요성을 여실히 보여준다.

이러한 다문화교육의 중요성과 관련하여 도덕과 교육 분야에서도 많은 연구가 이루어져왔다. 이 중 초중등학교 도덕과 교육에서 다문화교육의 가치지향과 강조점은 교육과정을 통해 알 수 있다. 예컨대, 초등학교 도덕과 교육과정에서는 다문화교육과 관련하여 그 성취기준을 "다문화 사회에서 다양성을 수용해야 하는 이유를 탐구하고, 올바른 의사 결정 과정을 통해 다른 사람과 문화를 공정하게 대하는 태도를 지닌다"로 제시하고 있다. 아울러 "① 다문화 사회에서 다양성을 수용해야 하는 이유는 무엇이며, 다른 사람과 문화에 대한 자신의 태도는 어떠한가?, ② 다문화 가정과 타문화를 공정하게 대하는 데 필요한 것은 무엇이며, 어떻게 하면 이에 대한 실천 의지를 기를 수 있을까?"라는 보다 구체적인 질문으로 구체화하고 있다.

중학교 도덕과 교육과정 또한 다문화교육과 관련하여 그 성취 기준을 "보편 규범과 문화 다양성의 관계를 이해하고, 이를 바탕으로 문화적 차이와 다름을 존중하는 등 다양성을 긍정하는 자세를 지닐 수 있다."로 제시하고 있다. 그리고 보다 구체적으로 "① 우리 안에 있는 다문화의 모습은 무엇인가?, ② 자문화와 타문화를 어떻게 바라볼 것인가?, ③ 다문화 사회의 갈등을 해결하려면 어떻게 해야 할까?"라는 질문을 통해 내용을 구체화하고 있다.

이 글에서는 초중등학교 도덕과 교육과정에서 제시하고 있는 위와 같은 다문화교육의 장점에 기반하되, 더 나아가 다문화교육이 추구하는 목표와 내용, 방법 차원 차원의 논의를 검토하고 이에 기초한 도덕과 다문화교육의 지향 목표와 내용, 방법을 제시하고자 한다.

2. 다문화교육의 목표와 도덕과 교육

다문화교육은 한 사회의 인종적·문화적 다양성에 대한 학습자들의 긍정적 인식을 확장하고, 다양한 문화나 사고방식이 존재함을 당연한 것으로 간주하여 서로 다른 문화로 인한 행동의 차이나 사고방식의 차이를 수용하고 이해할 것을 강조하는 교육이다(Banks, 1994: 1; 정탁준, 2007: 127).[16] 따라서 다문화교육은 문화적 다양성을 가치있는 것으로 보고, 이를 증진시키는데 역점을 두는 한편, 인간과 집단과의 관계를 강화시키고 문화 간의 의사소통을 원활히 하는 교육이라고 하겠다.

이러한 측면에서 볼 때, 다문화교육은 다양성과 다원주의에 기초를 두고, 민주주의, 평등, 인간의 권리 및 사회 정의를 지향하는 속성을 가지고 있다고 하겠다. 특히 다문화교육은 사회 분열을 조장하는 교육이 아닌 사회통합을 지향하는 교육이며, 민주적 가치

16) 다문화교육은 두 가지 유형으로 구분되기도 한다. 하나는 주류 다문화교육으로서 이는 현존하는 체제와 질서를 최선의 가치로 전제하는 가운데 문화적 다양성의 문제에 접근하는 것이 특징이다. 다른 하나는 비판적 다문화교육으로서 이는 다른 문화들이 가지고 있는 상대적인 가치들을 수용하면서, 자문화의 가치와 전통에 대해 계속적으로 비판적 성찰을 해가는 특징을 지닌다. 이 글은 후자의 입장에 서 있다; 이경호, "다문화사회의 대두와 시민교육의 과제", 사회와 교육 (1997), p.298; 김미윤, "비판적 다문화교육의 관점에서 본 청소년 참여의 과제", 청소년문화포럼 (2004), p.135에서 재인용.

를 전체 구성원에게 확장시키는 교육이고, 소수 집단을 위한 교육이 아닌 모든 구성원을 위한 교육이다(Banks, 2002: 1-20; 박성혁, 2008: 20-21). 이는 다양성과 통일성 간의 갈등과 긴장을 극복하려는 다문화교육의 정책적 측면을 시사해준다. 따라서 진정한 다문화교육이 추구하는 목표는 첫째, 역사와 문화에 대한 다양한 시각이 존재하고 있음을 자각하게 하는데 목표를 둔다. 개인들은 다문화교육을 통해 자신이 속한 집단의 문화와 주류사회의 문화, 다른 문화를 이해하고 그 속에서 효과적으로 기능하고 살아가는 방법을 함양하게 된다. 둘째, 각 개인이 다른 문화의 관점에서 자신을 바라볼 줄 알면서 자신에 대한 이해를 더욱 깊게 하는 것을 목표로 한다. 즉 다문화교육은 관계, 이해, 존중을 전제로 한다. 셋째, 다문화교육은 특정 민족, 인종 집단의 구성원들이 신체적, 문화적 특징 때문에 경험하는 고통과 차별을 줄이는 것을 목표로 한다. 넷째, 다문화교육은 다양한 집단의 구성원들이 상호소통에 필요한 읽고 쓰기의 기능을 익힐 수 있도록 한다.

이러한 다문화교육의 목표를 통해 볼 때, 도덕과 교육에서는 문화의 다양성과 다원성을 바르게 인식하는 가운데 다양한 문화에 대해 그 존재와 가치를 인정하고 이해하며 존중하도록 하는 것으로부터 시작되어야 할 것이다. 특히 문화적 다양성은 긍정적이고 풍부한 경험이며, 사람들로 하여금 서로의 문화에 대해 학습하도록 도와줌으로써 인간을 더욱 완전한 존재로 만들어 준다는 사실을 중시해야 한다(추병완, 2011: 62).

이러한 측면에서 도덕과 교육은 첫째, 우선 서로 다른 생활환경에서 자라온 학생들이 교실에서 서로 다른 문화를 지닌 친구들과 더불어 살 수 있는 다른 문화에 대한 포용과 관용 능력을 증대시키는 데 목적을 두어야 한다.

둘째, 일상생활에서 이러한 다름을 인정하고 서로 더불어 살 수 있는 능력을 토대로 다른 문화의 구성원들의 생활과 가치관 등을 그들의 입장에서 이해해 보고, 다양성의 측면에서 포용할 수 있는 상호문화(interculture) 교육을 통해 상호문화능력(intercultural competence)을 배양시켜야 할 것이다. 상호문화적 측면에서 능력을 발휘한다는 것은 도덕적으로 바람직한 방식으로 행동하고 사고하도록 함과 동시에 상호문화능력을 실행하도록 하는 것이다.

셋째, 학생들이 문화에 대한 진정한 존중을 통해 다양성과 통일성을 함께 지향해나가야 하며 이를 위해, 자신의 문화와 다른 사람의 문화에 대한 이해를 바탕으로 문화들 간 상호 소통 능력을 신장시킬 수 있도록 해야 할 것이다(이정렬, 2015: 149).

3. 다문화교육의 내용과 도덕과 교육

다문화교육은 각 개인이 다양한 문화적 맥락에서 오는 다양한 관점에서 사회적, 정치적, 경제적인 생활을 인식하고 경험하며, 이로부터 오는 다양성을 자각, 존중하게 되고 궁극적으로 다양한 문화집단 간의 조화로운 상호 교류를 증진하도록 돕는다. 따라서 이것은 다원주의 패러다임의 시대에, 그리고 세계적으로 다양한 집단과의 상호 교류가 더욱 긴밀해지고 있는 현 시점에서 더욱 간절히 요청되고 있는 교육적 과제라고 할 수 있다(최충옥, 2007: 34-35).

이를 위해 다문화교육은 대체로 다음과 같은 내용으로 구성된다. 첫째, 다문화교육의 내용은 문화의 '다양성'에 대한 학습자들의 인식을 높임과 동시에 다양한 문화들이 '동등하게 가치가 있고 문화적으로 평등'하다는 사실을 포함한다. 따라서 문화의 접변과 변동의 과정에서 각 집단들은 문화의 중심부와 주변부의 집단으로 구분되어지지 않는다. 즉, 특정 문화집단이 우월한 문화집단이나 열등한 문화집단으로 인식되는 것을 거부하고 선진국 문화나 후진국 문화 등으로 구분되지 않는다. 다만 서로 다른 문화집단의 역사적·사회적 맥락과 특성에 따라 서로 다른 경험으로 인한 개념과 이론, 그리고 언어와 규범 등이 문화적 '차이'와 '다름'을 지니는 것으로 인식한다.

둘째, 다문화교육은 다양한 문화집단, 즉 한 국가 내 민족이나 집단의 특성에서 오는 문화적 '차이'뿐 아니라 서로 다른 문화집단이 공유하고 있는 문화현상의 '유사성'에 관하여 비교적으로 인식하는 과정을 통해 공존하는 문화집단의 특성을 이해하고 자신의 문화집단의 특성 또한 더욱 뚜렷이 이해할 수 있는 내용을 포함한다. 서로 문화적 차이점과 유사점을 지니고 있는 여러 문화권은 접변, 혼합 또는 변형의 다양한 문화접촉의 과정을 거치는 상호 관계 속에 놓여 있으며, 개인은 이러한 한 개 이상의 문화집단 속에 동시에 속해 있고, 자신이 속하지 않은 문화들과도 상호 영향을 주고받으며 공존하고 있다는 사실을 학생들에게 이해시키고자 하는 것이다. 이러한 다문화교육이 학교 교육과정을 통해 실현시키기 위해서는 각 교과목의 특성과 접목시키거나 주제별로 교과목의 내용을 연계시켜 학습자들에게 전달되도록 하는 것이 필수적인 것이다.

셋째, 다문화교육은 우리가 대하는 문화 현상에 대해 당연하게 여기던 사실들에 내재되어 있는 편견이나 왜곡된 점들을 새롭게 인식하고 개선할 수 있는 상호문화교육과 관련된 내용을 포함한다. 이러한 내용 구성은 교육과정을 설계할 때 문화집단 사이의 문화적 다양성과 평등성의 원칙에 걸맞게 교육 내용을 재편성할 것을 요구한다. 또한 학습자들이 특정 문화집단에 대한 비판적 시각을 키우고, 한 가지 사실에 대한 다양한 해석과 시각을 접할 기회를 제공함으로써 그들이 직면하게 되는 사실과 현상들에 대한 편향된 인식을 최소화하려는 것을 포함한다.

이상의 다문화교육 내용과 그 특성을 고려해 볼 때, 다문화교육의 내용은 다음 〈표 10-6〉과 같이 정리될 수 있다.

〈표 10-6〉 다문화교육의 내용

주제	내용 요소
문화적 다양성의 인정과 존중	ㅇ 문화 다양성 인식 및 다양성 존중 ㅇ 모든 문화들이 가치가 있으며 평등하다는 사실 인식 ㅇ 유연하고 복합적인 정체성의 이해 ㅇ 다양성과 통일성의 조화 이해
차이와 차별	ㅇ 다양한 관점의 존중에 기반한 책임있는 판단 ㅇ 상이한 문화집단의 문화현상의 유사성 비교 인식 ㅇ 문화 간 접촉으로 상호 영향 및 공존 과정 이해 ㅇ 역사적 · 사회적 맥락에 따른 차이와 다름 인식
상호문화능력	ㅇ 편견, 왜곡, 고정관념 인식 및 개선 ㅇ 특정 문화집단에 대한 비판적 시각 형성 ㅇ 문화에 대한 다양한 해석과 시각 인식 ㅇ 다양한 사람들과 상호작용 및 협동능력 증진하기

이러한 다문화교육의 내용을 토대로 볼 때, 도덕과 교육에서는 다음과 같은 내용이 중요하게 다루어져야 한다고 본다. 첫째, 다문화교육이 다양한 문화집단들이 동등하게 가치있고 문화적으로 평등하다는 사실을 인식시키는 것을 중요시하듯이, 도덕과 교육에서는 한 사회의 구성원들이 서로의 상이한 문화적 맥락을 인식하고 문화의 다양성을 자각, 존중할 수 있는 기초 능력 배양과 관련한 내용이 보완되어야 할 것이다. 예컨대, 일상생활 차원에서 학습자들이 생활하는 교실 내의 서로 다른 문화를 가진 친구들에 대해 가져야 하는 바람직한 가치관과 태도, 문화적 다양성을 존중하는 의사소통의 방법, 차이와 차별에 대한 이해, 편견의 극복과 다양성 인정 방법 등이 중요하게 다루어져야 할 것이다.

둘째, 다문화교육에서 서로 다른 문화집단의 역사적 · 사회적 맥락과 특성에 따른 문화적 다름의 인식을 중요시하듯이, 다문화교육은 주류 집단의 역사와 문화에 초점을 맞춘 교육과정에서 벗어나 소수 민족의 다양한 음악, 문화, 가치관, 생활방식 등을 이해할 수 있도록 한다.

셋째, 다문화교육은 한 국가 내 민족이나 집단의 특성에서 오는 문화적 '차이'뿐 아니라 서로 다른 문화집단이 공유하고 있는 문화현상의 '유사성'에 관하여 비교적으로 인식하는 과정을 중요시하고 있다. 무엇보다도 도덕과 교육은 세계화로 인해 한국인의 범주에 새롭게 편입되는 이질적 배경을 가진 사람들에 대한 다문화주의적 사고, 태도, 행동을 발달시키는 교육 내용이 보완되어야 한다.

또한 다문화교육이 문화현상에 대해 당연하게 여기던 사실들에 내재된 편견이나 왜곡된 점들을 새롭게 인식하고 개선할 수 있는 내용을 중요시하듯이, 도덕과 교육 또한 반편견·반차별과 인권 존중의 자세를 함양하는 내용을 중시해야 한다.

이상의 관점을 토대로 다문화교육적 측면에서 학교 통일교육 내용을 보완할 경우 그 구체적인 내용을 표로 정리하면 다음과 같다.

〈표 10-7〉 다문화교육적 측면에서 구성한 도덕과 교육의 내용

주제	내용 요소
문화적 다양성의 인정과 존중	ㅇ 문화적 다양성을 이해하는 방법 알기 ㅇ 교실 내 문화적 배경이 다른 친구들 간의 유사점과 차이점 알기 ㅇ 교실 내 '왕따', '남녀차별' 등의 원인 알기 ㅇ 문화의 다양성을 존중하는 의사소통 방법 익히기 ㅇ 문화적 갈등에 대한 해결방법 연습하기
차이와 차별	ㅇ 차이와 차별에 대한 개념 이해하기 ㅇ 차별에 대한 감수성 키우기 ㅇ 차이를 차별로 만드는 구조 이해하기
상호문화능력	ㅇ 인지적 심리적 차원에서 고정관념 이해하기 ㅇ 문화적 배경이 다른 타 문화권 사람들과의 상호이해와 소통을 가로막는 장애요인으로서 자민족중심주의 이해하기 ㅇ 상호문화이해력과 문화적응력 배양하기

4. 다문화교육의 방법과 도덕과 교육

다문화교육의 교수·학습 과정을 문화 인식의 단계적 측면에서 보면, 그 첫 단계는 무엇보다도 문화의 다양성에 대한 학습자들의 인식을 높임과 동시에 다양한 문화집단들이 동등하게 가치롭고 문화적으로 평등하다는 사실의 인식을 강조한다. 또한 문화의 접변과 변동의 과정에서 중심부와 주변부로 구분함을 지양한다. 둘째 단계에서 문화인식

의 과정은 다양한 문화집단, 즉 국가별 혹은 집단별 특성에서 오는 문화적 차이와, 서로 다른 문화집단이 공유하고 있는 문화현상의 유사성에 관한 비교 인식을 통해 공존하는 다양한 문화 특성과 그들 속의 자신의 문화를 더욱 이해할 수 있도록 한다. 셋째 단계에서 다문화교육은 우리가 대하는 문화적 현상에 대해 당연하게 여기던 사실들에 내재되어 있는 편견이나 왜곡된 점들을 새롭게 인식하고 시정하려 한다. 이러한 세 가지 단계의 문화 인식의 과정을 통해 학생들은 문화이해 교육의 네 번째 단계인 자신이 속한 집단의 문화적 정체성과 자긍심을 함양함과 동시에, 타문화에 대한 이해와 존중의 태도를 기르도록 하는 교육 목표에 도달하게 된다. 어떤 사실에 대한 이해와 접근방법, 표현에 있어서 서로 다른 문화 사이의 불일치를 보이는 경우, 자신이 속한 집단의 문화적 행태나 타 집단의 그것 중 어느 한쪽을 비하하거나 우월시하지 않고 균형된 시각에서 바라보고 긍정적으로 대하는 자세를 갖도록 하는 것이다. 그럼으로써 궁극적으로 다양한 문화집단의 상호교류와 올바른 관계의 개선과 증진을 원활하게 할 수 있는 태도를 갖게 되는 것이다.

이러한 교수·학습 과정의 측면에서 볼 때, 다문화교육의 교수·학습 방법은 과정중심적인 교육이어야 하고, 단편적인 소재나 활동보다는 포괄적이며 통합적인 방법이어야 한다. 반면, 고정화되고 정형화된 문화에 대한 접근방식은 지양되어야 한다(오은순 외, 2007: 38). 따라서 설명 위주의 직접 교수보다는 학교 행사 등의 특별 프로그램으로 운영되는 것이 효과적이다. 예컨대, 아프리카 전통의 달, 남아시아 역사의 달 등의 특별 행사, 외국인 근로자 가정을 위한 '근로자의 날' 체육대회, 외국 물건에 번호, 이름, 국적, 설명을 써 넣고 전시한 개교기념 잔치, 다양한 나라의 음식을 함께 요리하고 시식하고 판매하는 '음식축제' 등이 그것이다. 또한 다양한 경로를 통해 외국인과 접촉할 수 있는 기회를 제공하는 것도 중요하다. 예컨대, 유네스코 협동학교나 외국인과 함께 하는 문화교실 등이 그것이다. 또한 각종 특별활동을 통한 다문화교육 또한 효과적인 접근이다. 예컨대, 인권반, 관용반 등의 동아리 활동과 주제별 글쓰기와 신문만들기를 위한 인권, 평화, 다문화 이해, 지속가능한 발전, 국제 문제 이해 등의 모둠 활동 등이 있다.

아울러 다문화가정 학생과 일반 학생이 서로 협력하여 공동의 목표를 달성해야 할 필요가 있을 경우 활용할 수 있는 협동학습, 문화적 갈등을 해결하고 타문화를 이해할 수 있도록 하는 역할극, 다양한 주제를 중심으로 타문화를 접할 수 있도록 하는 주제중심 학습, 상이한 문화 간 갈등과 쟁점을 다룰 수 있는 NIE 등이 있다.

뱅크스 또한 다문화교육의 방법과 관련하여 다양한 문화로부터 적절한 예와 내용을 통합적으로 제시하기, 지식이 구성되는 방법에 영향을 주는 문화적 가정, 준거틀, 시각, 편견들을 함축하는 방법을 이해, 조사, 결정하도록 돕기, 아동의 인종적 태도에 대한 편견 수정하기, 다양한 인종, 문화, 성, 그리고 사회적 계층 집단의 학생들의 학문적 성취를 촉진시키도록 교사 자신들이 교수 방법을 수정하는 평등 페다고지의 실현, 그룹핑, 실제 명명하기, 스포츠 참여, 그리고 민족과 인종을 넘어선 직원과 학생 간의 상호작용을 통한 학교 문화 강화하기를 제시하였다(Banks & Banks, 2001; 김영옥, 2002: 10). 같은 맥락에서 김갑성은 학교 현장에서 활용할 수 있는 다문화교육 방법을 개인형, 소집단형, 역할극의 세 가지 방법으로 제시하였다(김갑성, 2007: 11-15).

이상의 다문화교육의 교수·학습 과정과 방법을 토대로 볼 때, 도덕과 교육에서는 앞서 살펴본 내용 요소에 맞추어 〈표 10-8〉과 같이 여러 방법이 도입될 수 있을 것으로 보인다.

〈표 10-8〉 다문화교육적 측면에서 본 도덕과 교육의 방법

주제	방법
문화적 다양성의 인정과 존중	왕따놀이하기, 다른 사람이 되어 나를 표현하기, 다른 나라 음식 체험하기, 외국인과 함께 하는 문화교실 참여하기, 문화 다양성 관련 신문 만들기, 관용반에 참여하기, 주제별 글쓰기, 타국이해게시판 만들기, 다문화달력 제작하기
차이와 차별	장애우 체험하기, 외모 차별 영화보고 느낌 나누기, 왕따 관련 역할극하기, 차별 관련 그림보고 느낌 나누기, 공존과 협동의 중요성을 깨닫는 상호협동 딜레마 게임하기
상호문화능력	사람 얼굴 그리기를 통해 외국인 노동자에 대한 편견 찾기, 다양한 문화에 기반한 그림과 삽화를 통해 고정관념 깨기, 문화이해지(cultural assimilator)를 통해 편견 극복하기, 유네스코 협동학교나 외국인과 함께 하는 문화교실 참여하기

제8절 효의 교육적 의미[17)]

1. 효의 필요성

전통사회에서 사람들의 효(孝)와 효행(孝行)에 대한 인식은 어떠했을까? 조선시대 사람들의 효와 효행에 관한 인식을 가장 잘 보여주는 것이 『삼강행실도(三綱行實圖)』이다. 이 책

17) 이 절은 다음 논문을 일부 수정하여 수록한 것임. 고대혁(2016). "원시유학에서 효의 지평과 교육적 의미" 『초등도덕교육』 53권, 한국초등도덕교육학회.

은 조선 세종 15(1433)년에 판각이 완료되어 이듬해 16(1434)년 11월 내외에 반포되었는데, 일반 백성들의 교화를 위해 국가 차원에서 기획, 발간되어 보급된 조선시대 대표적인 국민 교화서(敎化書) 또는 윤리서(倫理書)라 할 수 있다.

이 책은 어떤 동기로 간행되었을까? 세종 10(1428)년 진주 지방에서 김화(金禾)라는 사람이 자신의 아버지를 시해(弑害)하는 사건이 일어났다. 유교적 국가 이념을 표방한 조선의 통치체제에서 이와 같은 패륜적 범죄는 초창기 국가의 통치 이념을 뒤흔들 위험한 일이기에 세종은 경연(經筵)에서 유교적 가치관에 의한 국가 질서와 풍습을 뿌리내리기 위한 적극적인 방안을 모색하게 하였으며, 변계량(卞季良) 등의 건의에 따라 효의 정신을 계몽하고, 효행의 풍습을 널리 알릴 서적으로서 『삼강행실도』를 간행하게 되었다.

이 책은 효와 효행의 모범을 중국과 한국의 사례를 들어서 설명하고 있다. 이 책에서 언급되는 모범적인 효와 효행의 내용은 효자의 부모 봉양이나 병든 부모님의 치료를 위한 행위, 돌아가신 부모님의 장례를 위한 행위에서 자신과 자식을 희생하는 등의 극단적인 내용이 많이 포함되어 있다.

예를 들면, ① 부모의 봉양을 위해 자식을 땅에 묻어버리는 행위(埋子), ② 병든 아버지를 위해 똥을 맛보는 일(嘗糞), ③ 부모의 병을 치료하기 위해 손가락을 자르거나(斷指) 넓적다리 살을 베는 일(割股) 등이다. 문제는 이러한 효행이 이야기되는 과정을 보면 효도의 대상이 부모와 효행의 주체인 자식이 소통하는 관계로 설정되는 것이 아니라 부모에 대한 자식의 일방적인 순종과 맹종의 형식으로 구성된다(강성숙, 2012: 24-27). 『삼강행실도』는 사람들이 이러한 행위를 통하여 효나 효행을 수행함으로써 이웃으로부터 인정을 받고, 더 나아가서 국가로부터 포상과 명예를 얻게 된다는 내용이 줄기를 이루고 있다.

만약 조선시대 사람들에게 이러한 이야기를 중심으로 하는 교육 내용들이 효와 효행의 감동적인 사례, 따르고 실천해야 할 모범적인 교훈으로 강조되었다면 유학사상이 원래 추구하고 있는 효와 효행의 의미는 당대의 사람들에게 굴절된 형식으로 전승되거나 왜곡될 위험을 안게 되는 것이다. 실제로 15세기 중엽부터 발간되어 민간에 보급된 이러한 효와 효행에 관한 이야기가 18세기 조선사회에서도 여전히 본보기가 되는 효와 효행에 관한 인식으로 그대로 고착되어 있음을 우리는 다산(茶山) 정약용(丁若鏞: 1762-1836)의 다음과 같은 글을 통하여 확인할 수 있다.

> "어떤 사람이 관청에 와서 신고하기를, '우리 조부(祖父)는 효자입니다.' 하므로, 그 이유를 물어 보았더니 이렇게 대답하였다. '조부의 아버님이 병을 앓아 위급할 적에 손가락을 잘라 피를 내어 입에 흘려 넣었는데, 며칠을 더 연명하였습니다.' 뒤이어 와서 신고하

는 자가 있기에 그 이유를 물어 보았더니 이렇게 대답하였다. '우리 조부는 그 어머님이 병을 앓아 위급하게 되자 넓적다리의 살을 베어 구워서 드렸는데, 며칠을 더 연명하였습니다.' 또 뒤이어 와서 신고하는 자가 있기에 그 이유를 물어 보았더니 이렇게 대답하였다. '우리 아버지는 효자이십니다. 할아버지가 병을 앓으실 적에는 똥을 맛보아 병세를 점쳤으며, 목욕재계하고 90일 동안 북두칠성에 정성을 다하여 기도드린 결과 몇 년을 더 연명하였습니다.'…이리하여 관장(官長)은 들을 적마다 감탄을 금치 못하였고 따라서 이 사실을 감사(監司)에게 보고하였다. 감사는 다시 예조(禮曹)에 보고하였고 예조는 임금께 아뢰었다. 그리하여 그 집의 호역(戶役)을 면제시켜주고 그 아들이나 손자에게도 요역(繇役)을 감면시켜줌으로써 침해(侵害)를 가하지 못하게 하였다. 또 그들이 사는 마을 문(門)에 정표(旌表)하여 주어 사람들을 권면시켰다."[18]

다산은 자신의 조상이나 부모의 효행에 관한 청원 내용이 유학의 예에 맞지 않는다는 점을 지적하면서 효와 효행에 관한 당대의 인식이 원래 유학의 이념과 도리와는 일정한 거리가 있다는 점을 밝히고 있다. 그는 사람들의 이러한 청원이 백성들에게 부모를 이용하여 명예를 낚아 부역(賦役)을 피하게 하고, 간사한 말을 꾸며서 임금을 속이게 하는 짓으로 단정한다. 더 나아가 다산은 옛 성인(聖人) 가운데 순(舜) 임금·문왕(文王)·증삼(曾參) 같은 분들은 이런 일을 행한 일이 없었으며, 위(魏)·진(晉) 이후로 손가락을 자르고 넓적다리 살을 베어 부모에게 드린 효자가 사책(史冊)에 계속 기록되기는 하였지만 주자(朱子)가 『소학(小學)』을 엮으면서는 이런 사실들을 채택하여 기록하지 않았다는 점을 강조한다.[19]

이 글은 효와 효행에 관한 다산의 문제의식을 계승하고 있다. 또한 유학사상이 강조하고 있는 효와 효행의 정신과 의미를 유가의 주요경전, 특히 『효경(孝經)』, 『예기(禮記)』 및 사서(四書)를 통하여 구조화해보고, 효와 효행이 함의하고 있는 교육적 의미를 오늘날 교육 상황에서 재해석하는 것을 목적으로 하고 있다.

2. 원시유학에서 효의 특성과 지평

『효경』은 공자의 효에 관한 논의를 체계적이고 집약적인 방식으로 정리하고 있으며, 유학의 가장 중요한 경서(經書)인 『십삼경(十三經)』 가운데 포함되어 있다. 주자(朱子: 朱熹,

18) 『茶山詩文集』 卷11, 「孝子論」
19) 『茶山詩文集』 卷11, 「孝子論」

1130-1200)의 문인(門人)과 재전(再傳) 제자들이 『효경』을 편집 주석하면서 밝힌 서문에는 이 책의 전체 대의(大義)가 『서경』 「우서(虞書)」의 "요전(堯典)"에서 연원하고 있다는 점을 밝히고 있다(고대혁, 2014, 162-165).

> "공문의 학문에서 증자(曾子)가 그 정통을 이었다. 증자의 저술 둘은 『대학』과 『효경』인데 그 경전의 장구가 자못 서로 비슷하다. 학문은 『대학』의 가르침을 근본으로 삼아야 하고, 행실은 『효경』의 가르침을 우선해야 하는 것은 천자로부터 서인에 이르기까지 모두 한결같다. 〈요전〉 이 한편은 『대학』과 『효경』의 종조(宗祖)가 된다. 능히 큰 덕을 밝히는 것에서부터 구족(九族)과 친하고 화목한 것에 이르고, 끝으로 백성들이 밝고 밝으며 만방의 사람들이 변하여 화목하게 되는 것은 『대학』의 차례이다. 효도(孝道)는 이미 구족과 친하고 화목하다는 글 가운데 갖추어 있으니 왜 그런가? 이것은 같은 근본이기 때문이다. 이로부터 순 임금은 능히 효로써 오전(五典)을 밝히셨고, 우 임금은 지극한 효로써 이륜(彝倫)을 서술하셨고, 이윤은 탕왕의 덕을 서술함에 먼저 사랑을 세움에 어버이로부터 하라하시고, 다음에 선조를 받들되 효를 생각하라 하였으니 인륜을 닦는 것이 이보다 더 큰 것이 어디에 있겠는가?"[20]

『효경』은 전체 내용이 공자와 증자의 문답을 중심으로 이루어지고 있다. 증자는 공문의 제가 가운데 효를 가장 잘 실천한 인물로 평가된다. 효를 자신의 일상생활에서 가장 잘 실천한 제자와 스승과의 효에 관한 담론을 분석해보면 부모에 대한 존경(嚴)과 사랑(愛)을 바탕으로 하는 효는 부모와 자식 중심의 가족 간의 도리와 예의의 실천 지침에 머물지 않고 사회와 국가, 세계의 영역으로 확대됨을 알 수 있다. 효와 효행의 특성을 살펴보면서 원시유학(原始儒學=洙泗學)에서 효의 의미를 다양한 지평을 통하여 구조화하는 것이 본 장의 주된 관심사가 된다.

1) 효의 특성: 보편성과 필연성으로서 효

인간의 일상 행동 가운데 효를 가장 중요한 것으로 평가하는 것이[21] 전통 사회의 통념이다. 공자(孔子)는 자신이 표방하는 최고 가치로서 인(仁)을 실현하는 근본을 효에 두고 있으며,[22] 공자 이후 증자(曾子)와 맹자(孟子) 등 유학의 정통성을 계승하고 있는 사상가들

20) 『孝經』 「集註孝經序」
21) 『孝經』 「傳5章」
22) 『論語』 卷1 「學而」

은 이 효를 인간의 가정생활뿐만 아니라 사회생활의 영역에서, 개인의 혈연적 관계에서뿐만 아니라 공적, 사회적 관계에서도 사람됨을 평가하는 인간적인 품성[23]과 모범적인 행동의 기준으로 중시하고 있다.

『효경』에서 공자는 "효가 인간에게 모든 덕의 근본, 모든 교육의 출발점이 된다."[24]는 점을 강조하고 있다. 동양 사회가 인간의 모든 덕행의 기본, 교육의 출발점으로 효를 강조하는 것은 가족이나 가정에 대한 독특한 문화적 인식을 반영하고 있기 때문이다.

동양에서 가족이나 가정은 부부가 중심이 되는 것이 아니라 부모와 자식의 관계가 중시된다. 천지의 섭리를 본받은 남녀와 부부에서 출발하여 부모와 자식의 관계가 가정의 중심이 되고, 이후 사회적 관계와 공적 관계의 토대가 됨을 『주역(周易)』은 다음과 같은 논조로 설명하고 있다.

> "천지가 있은 다음에 만물이 있고, 만물이 있은 뒤에 남녀가 있다. 남녀가 있은 다음에 부부가 있고, 부부가 있은 뒤에 부자가 있으며, 부자가 있은 다음에 임금과 신하가 있고, 임금과 신하가 있은 뒤에 상하(上下)가 있고, 상하가 있은 다음에 예의가 그 속에서 행해진다."[25]

『주역』에 의하면 인간사회는 부부의 결합으로 가정이 형성됨과 동시에 인륜(人倫)이 발생하게 된다. 그러나 부부의 결합은 애정과 욕정으로 결합되었기에 언제든지 깨어질 수 있는 가능성을 안고 있다. 하지만 부모가 없는 자식은 존재할 수 없으며, 부자지간의 관계는 영원히 끊을 수 없는 숙명이라는 것이 가족과 가정에 대한 동양적 사고의 출발이 된다(첸리푸, 2000, 193).

권용혁(2016[26])은 가정에서 부부관계가 중시되는 서구 가족과 달리 동양의 가족은 개인이나 부부관계보다 부모와 자식의 관계를 중시함으로써 대대로 이어지는 공동체의 존속을 강조한다고 본다. 이어서 그는 동아시아 사회에서 전통적 가족관계는 부부 둘 사이에 맺어진 계약관계로 결합된 소사이어티(society)로서가 아니라, 천륜(天倫)과 인륜(人倫)을 구현하는 운명 공동체이며, 개인은 그 안에서 태어나 살다가 죽는 존재로 보고 있다는 점을 강조한다(시쿠다 게이이치, 2013: 104-109).

최봉영(2003) 역시, 유교적 삶에서 가(家)는 인간으로서 개인보다 우선하고 시간을 초월

---

23) 『論語』 卷1 「學而」
24) 『孝經』 「經1章」
25) 『周易』 「序卦 下」
26) 권용혁(2016), "가족과 가족주의"(NAVER 열린 연단, http://openlectures. naver.com)

하는 독자적인 조직으로 존재한다고 본다.

> 개인은 가(家) 속에서 태어나고 가(家) 속에서 생활하다가 가(家) 속에서 죽어간다. 가(家)는 가족에 의해 구성되는 것이 아니라 가족 이전에 전제되는 것이다. … 가(家)는 세세상전(世世相傳)하는 하나의 독자적인 조직으로서 구성원을 조직하고, 생업을 영위하고, 종교적 의례를 거행함으로써 스스로를 실현한다(최봉영, 1994: 36).

한 생명으로써 인간은 가족 안에서 태어나고 가족의 양육을 통하여 신체적·문화적으로 성장해 간다. 따라서 유가적 전통에서 가족 구성원으로서 개인이 이러한 가(家)를 통해 실현해야 하는 가장 우선적이고 기본적인 일은 부모와 자식의 관계에 나타나는 사랑과 존경의 마음(愛敬之情)으로서 효를 배우고 실천하는 것이다. 동양의 가족관계에서 효는 일시적이거나 조건적인 것이 아니라 인간이면 누구나가 따라야 하는 보편적인 인륜적 당위이다. 『예기』에서 증자는 효의 보편성을 다음과 같이 설명하고 있다.

> "효란 일단 (공간적으로) 세우게 되면 하늘과 땅 사이에 가득 차게 되고, 가로로 펼치게 되면 동서남북 사방으로 퍼지게 되며, (시간적으로) 후세에 전하면 일상생활의 아침부터 저녁까지 이것을 쓰지 않을 수 없게 된다. 인간이 살아가는 모든 곳(東西南北)에서 이 효는 본보기가 된다."[27]

효가 모든 인간에게 보편적인 것은 "신분이 높은 천자로부터 일반 서인에 이르기까지, 이러한 효에 대하여 그 시작(始)과 마침(終)을 잘 실천하지 않으면서 그 재앙이 몸에 미치지 아니한 자는 아직까지 없었다."라고[28] 하는 인식에서도 잘 드러난다. 『예기』와 『효경』의 주장들은 효가 신분의 고하(高下)를 막론하고 인간이면 누구나 구유(具有)하게 되는 보편적 가치임을 강조하는 것으로 볼 수 있다.

보편성으로서 효와 함께 『효경』은 인간이라면 반드시 (필연적으로) 실천해야 할 윤리적 당위임을 다음과 같이 설명하고 있다.

> "대저 효란 하늘의 벼리(經)요, 땅의 마땅함(義)이며, 사람이 살아가면서 실천하지 않을 수 없는 당위적 행동(行)이다. (효는) 하늘과 땅의 법칙으로서 사람이 본받지 않을 수 없는 것이다."[29]

27) 『禮記』 卷22 「祭義」 第23.
28) 『孝經』 「經1章」
29) 『孝經』 「傳3章」

『고문효경』에서 이 글은 「삼재(三才)」 장으로 불리는데, 삼재(三才)란 동양적 사유에서 천(天) 지(地) 인(人)이라는 우주 구성의 보편적 원리 개념이다(김용옥, 2009, 359). 이러한 사고방식은 효를 단순히 부모와 자녀관계에서 자식의 도덕적 의무, 곧 인간관계의 도리로 국한시켜 이해하지 않는다. 인간의 행위 규범으로서 보편성과 필연성을 특성으로 하는 효가 삶의 공간에서 다양한 인간관계의 핵심 가치가 되고, 이 가치가 하늘(天)과 땅(地)과 인간(人) 사이의 우주적 질서와 상응하여 의미가 부여되고 있는 점은 유학사상의 독특한 사고방식을 보여주는 것이다.

2) 효의 지평과 의미

이 절에서 연구자는 인간 삶의 세 지평, 곧 "존재론적 지평", "정치적 지평", "가치 문화적 지평"을 중심으로 『효경』 전체에서 다루고 있는 효의 의미를 구조화하고자 한다. 존재론적 지평에서 효는 출발점 행동으로 효행 주체인 자식의 존재(몸=생명)에 대한 자각, 그리고 부모와의 관계성을 중심으로 하는 일상생활의 문명적 행동방식이며, 정치적 지평에서 효는 가정뿐만 아니라 국가와 세계를 경영하는 "치천하(治天下)의 핵심 가치"로서 지도자의 리더십의 조건이 되고 있으며, 가치 문화적 지평에서 효는 인간의 자기실현과 삶의 완성에 대한 비전을 제시한다고 할 수 있다.

(1) 존재론적 지평: 몸에 대한 자각과 효의 일상성

효는 효행의 대상이 되는 부모에 대한 태도일 뿐인가? 아니면 효는 효행의 주체로서 자신의 존재에 대한 자각 방식인가? 유가에서 말하는 효나 효행은 보통 사람들이 아무나 하지 못하는 어렵고도 특별한 일인가? 아니면 인간이라면 누구나 할 수 있는 일상생활의 태도인가? 효행을 실천하는 주체로서 자식은 효행의 대상이 되는 부모에 대하여 어떤 태도를 취해야 하고, 어떻게 행동해야 하는가?

효, 또는 효행과 관련하여 제기되는 여러 질문은 효의 존재론적 지평을 이해하는데 한번쯤은 검토되어야 할 물음들이다. 『효경』에서 공자가 자신의 제자인 증자와 대화하는 효에 관한 유학적 담론의 첫머리는 다음과 같이 시작한다.

> "사람의 신체와 팔다리, 머리카락과 피부는 모두 부모로부터 받은 것이다. 이것을 다치거나 상하지 않게 하는 것이 효의 시작이다."[30]

인간에게 효의 시작이 부모에게서 받은 자신의 몸을 온전하게 보전하는데 있다고 하는 공자의 이 말은 효행의 주체가 되는 몸에 대한 존중을 자각하는데서 시작하고 있다는 것을 보여 준다. 유학적 사유에서 부모와 자식의 관계에서 자식의 신중하고 안전한 몸가짐은 부모에 대한 효행을 실천하는 출발점이면서 동시에 자식으로서 죽을 때까지 지켜야 하는 운명적 과제이기도 하다.[31] 몸에 대한 존중은 부모를 포함하여 타인의 몸에 대한 존중의 기본 전제가 된다. 자신의 몸가짐을 안전하고 신중하게 한다는 것은 부모의 몸에 대한 존중이고 이는 곧 타인의 몸에 대한 존중까지 확대될 수 있는 것이다.

만약 사람이 자기 자신뿐만 아니라 자신의 부모를 사랑하지 않으면서 다른 사람을 사랑한다 하고, 자신의 부모를 공경하지 않으면서 타인을 공경한다고 하는 것은 덕에 어긋나는 것[悖德]이고, 예에 어긋나는 것[悖禮][32]이다. "자신의 부모를 사랑할 줄 아는 자는 다른 사람을 미워할 수 없으며, 자신의 부모를 공경할 줄 아는 자는 타인에게 교만하지 않다."[33]고 하는 『효경』의 이 말은 몸에 대한 존재론적 자각이 곧 타자에 대한 존중까지 확대되는 것을 보여주는 것이다.

이 논리에 따른다면 사람이 자신의 몸을 살피지 않고 함부로 위험에 빠지거나 사람과 다투어 몸을 다치게 하는 것은 효가 아닌 것(不孝)이 된다. 자신의 몸에 대한 삼가고 신중한 태도가 없이 부모에 대한 물질적 봉양을 아무리 넘치게 한다 하더라도 이것을 효행이라 할 수 없는 것이다.

> "부모를 섬기는 자는 높은 자리에 있을 때에 교만하지 말고, 아랫자리에 있을 때에는 난동을 부리지 말며, 동료들과 함께 있을 때에는 다투지 말라. 윗자리에 있으면서 교만하게 되면 그 지위를 잃게 되고, 아래에 있으면서 난동을 부리면 형벌을 받게 되며, 동료들과 함께 있으면서 함부로 다투면 싸움이 생기게 된다. 이 세 가지를 없애지 않으면 비록 날마다 상다리 휘어지게 부모님을 봉양한다 하더라도 오히려 불효가 되고 만다."[34]

유가 경전에 나타난 효와 효행의 첫머리가 인간의 몸에 대한 존재론적 자각, 그리고 자식과 부모 사이의 존재의 연대성과 관계성을 자각하게 하는데서 출발한다는 점은 효가 생명에 대한 사랑[好生之德]의 바탕이고 도덕의 근본이 되며 인간의 모든 행위의 근

30) 『孝經』「經1章」
31) 『論語』 卷8 「泰伯」
32) 『孝經』「傳6章」
33) 『孝經』「經1章」
34) 『孝經』「傳7章」

원이 된다는 유학적 사유방식을 보여주는 것이다.[35] 더 나아가 몸에 대한 존재론적 자각은 효를 유학의 정치영역과 가치 문화적 영역으로 확대하는 토대가 된다.[36] 김용옥(2009, 332)은 효경의 이 내용을 인간 생명의 온전함에 대한 경외감, 극기절제의 양생(養生) 철학을 구현하는 의미로 해석하기도 한다.

효가 부모와 자식의 관계에서 주체인 자식의 몸에 대한 자각을 강조하고 있다면 유학 사상에서 효는 아주 이상하고 특별한 일이 아니라 한 몸의 주체인 인간의 일상생활 방식과 긴밀하게 연결되어 있다. 공자는 자식이 자신의 몸을 병들게 하지 않고 건강하게 생활하는 것도 부모에 대한 효를 실천하는 것이라고 본다.[37] 일상에서 성실하고 건강한 생활방식은 자신의 몸을 온전하고 안전하게 하는 것은 물론이고 부모의 몸과 마음을 편안하게 함으로써 자식이 효를 실천하는 일이 되는 것이다.

맹자 또한 인간이 일상생활에서 쉽게 범할 수 있는 다섯 가지 행동, 곧 ① 게으르게 생활하여 부모 봉양을 나 몰라라 하는 것, ② 주색잡기에 빠져서 부모 봉양에 관심이 없는 것, ③ 재물을 좋아하고 처자식만 챙기면서 부모 봉양에 관심이 없는 것, ④ 감각적 욕망에 사로잡혀 부모를 욕되게 하는 것, ⑤ 다투고 싸우기 좋아하여 부모를 위태롭게 하는 행동을 세상 사람들이 흔히 범하는 다섯 가지 불효(五不孝[38])로 설명하고 있다.

일상생활에서 효는 부모에 대한 사랑과 존경심(愛敬之心)이 근본이 된다. 부모에 대한 사랑과 존경의 마음이 없이 물질적인 봉양만 하는 행위로는 동물과 인간을 구분할 수 없다. 공자는 제자인 자유(子游)가 효에 대해서 질문하자 다음과 같이 대답하고 있다.

> "오늘날 효도하는 사람들은 오직 물질적으로 잘 봉양하는 것만을 말한다. 그러나 개나 말에 이르러서도 봉양하기는 마찬가지니, 부모를 공경하는 마음이 없다면 어떻게 구별할 수 있겠는가?"[39]

『효경』은 일상생활에서 어버이 섬김의 방식을 "5치(致)"로 설명하고 있다. "5치"는 "5비(備)"로 풀이되기도 한다. 사람이 어버이를 섬기면서 평소 집에 거처하실 때에는 자식으로서 그 공경함을 다하고(居致敬), 음식을 봉양할 때에는 부모님이 기뻐하시도록 그 즐거움을 다하고(養致樂), 편찮으실 때에는 마음을 다하여 근심하고(病致憂), 돌아가셨을 때에는

35) 『孝經』「經1章」 細註
36) 『孟子』 卷7 「離婁 上」
37) 『論語』 卷2 「爲政」
38) 『孟子』 卷8 「離婁 下」
39) 『論語』 卷2 「爲政」

마음을 다하여 슬퍼하고(喪致哀), 제사를 지낼 때에는 마음을 다하여 엄숙하게(祭致嚴) 하는 것이니 이 다섯 가지를 다 갖춘 연후에 비로소 어버이를 잘 섬겼다고[40] 할 수 있는 것이다.

몸에 대한 자각에서 출발하여 부모님에 대한 사랑과 존경을 실천하는 효는 부모님의 생시(生時)에서 사후(死後)의 세계까지 이어지고 있다. 부모가 살아계실 때에는 사랑과 존경의 마음을 다하고(生事愛敬), 부모가 돌아가신 후에는 슬픔으로 섬김(死事哀戚)으로써 인간으로서 해야 할 효가 모두 끝난 것, 곧 완성되는 것으로 본다. 효에 관한 이러한 인식을 통하여 인간은 삶에서 자신에 대한 자각뿐만 아니라 부모와 자식, 선조와 자손 및 타인과의 관계에 대한 이해를 확장할 수 있다. 효를 존재론적 지평에서 이해할 때 우리는 효행의 실천을 통하여 인간 삶의 역사적 연속성을 확인할 수 있다.

세상 구경이 소원인 100세의 어머니를 자전거수레에 태우고 나들이를 떠난 70대의 아들, 왕일민. 그는 평생 가족을 살리기 위해 헌신하신 100세의 어머니가 티베트에 가고 싶다고 말씀하시자 자전거수레를 만든다. 그리고 자전거수레에 어머니를 태우고 마지막이 될지 모를 세상으로의 소풍을 떠나, 중국 최북단부터 최남단까지 3년간을 어머니와 길 위에서 보냈다. 왕일민의 어머니는 103세 생일을 2일 남겨둔 어느 날, 티베트에 닿기 전에 세상을 떠났다.

(2001.06.21. MBC 뉴스 등 참고)

40) 『孝經』「傳7章」

(2) 정치적 지평: 지도력의 조건으로서 효와 충

맹자는 이상 정치의 본보기가 되는 요순의 리더십(堯舜之道)을 "효제(孝弟)"[41] 한마디로 압축하고 있다. 요(堯)에서 순(舜)으로 천하가 계승될 때, 요 임금 주변에 포진하고 있는 기득권을 지닌 권력가들을 제치고 아무런 정치적 배경이나 권력 기반이 없는 순이 천하를 다스릴 수 있었던 것은 그가 부모와 가족에 대한 "효"를 누구보다 잘 실천한 사람이었기 때문이다.[42] 『맹자』에서 극적인 형식으로 묘사되는 순과 가족(아버지, 어머니, 동생)과의 갈등에서 순은 자신에 대한 가족들의 미움과 증오를 그대로 되갚지 않고, 부모에 대한 효성과 형제에 대한 우애를 통한, 곧 사랑(愛)과 존경(嚴)의 마음으로 가족 사이의 갈등과 증오를 용해(溶解)시켜 함께 화목한 관계를 이루게 된다.

증자와 공자의 문답으로 이루어지는 『효경』의 한 부분에서 증자는 스승 공자에게 "성인이 천하를 다스릴 때에 효보다 더 중요한 것은 없습니까?"라는 질문을 한다. 이에 공자는 주공(周公)의 예를 들어 설명하면서 "성인의 정치적 지도력에 효보다 더 중요한 것이 없다."는 점을 강조하고 있다.[43] 효로써 천하를 다스리고 국가를 다스리는 것은[44] 가정에서 사랑과 존경에 근거하고 있는 부모와 자식의 올바른 관계가 사회와 국가에서 통치자와 피치자의 관계로 확대할 수 있다는 사고방식을 전제하고 있다.

『서경』이나 『대학』을 중심으로 하는 유가 경전의 주요 가르침은 일상생활의 가족관계, 인간관계에서 효와 효행의 실천은 개인뿐만 아니라 공동체와 국가 사회에서 바람직한 정치의 근본이 된다는 점을 강조한다. 「우서」뿐만 아니라 『서경』의 다른 편, 「상서(商書)」와 「주서(周書)」에서도 정치 지도자들이 갖춰야 할 정치적 행위의 출발점으로서 효의 실천을 강조하는 모습이 자주 보인다.[45] 『대학』 역시 '자기 자신을 수양하고, 타인을 다스리는 방법(修己治人之方)'의 근본 조건으로서 효를 강조하고 있다. 효는 통치자가 사람을 다스리기 위해 갖춰야 할 기본 덕목이고[46], 동시에 피치자들이 이 효를 실천함으로써 통치자에 대하여 그들의 직분을 다하는 것으로[47] 본다.

동양 정치사상에서 통치자와 피치자, 곧 군신관계는 지배와 복종의 개념으로 이해되

41) 『孟子』 卷12 「告子 下」
42) 『書經』 卷1, 「堯典」
43) 『孝經』 「傳5章」
44) 『孝經』 「傳4章」
45) 『書經』 「商書」
46) 『大學』 「傳10章」
47) 『大學』 「傳9章」

기보다 부모와 자식의 관계로 비유되는 것이 일반적이다.[48] 부모로서 군주는 자신의 자식을 사랑하고 보호하듯이 백성을 돌보고 그들의 삶을 북돋아야 주어야 하며, 자식으로서 일반 백성은 부모에 대한 존경과 사랑으로 그들의 군주를 섬기는 방식을 이상적인 관계로 본다. 김인규(2011: 11-12)는 효를 단순히 지배와 복종만을 강요하는 이데올로기가 아니라 백성들을 화목하게 다스리는 덕의 근본으로 효를 규정하고 있다. 이러한 맥락에서 효는 충(忠)의 관념으로 의미가 확장된다.

> "대저 효라는 것은 어려서 부모님 섬기는 것에서 시작하여 사회에 나아가서는 임금을 섬기는 것으로 진행되며,[49] … 유덕한 군자는 부모를 섬기는데 효를 다한다. 그렇기 때문에 임금을 섬기는데 충을 다할 수 있다."[50]

유학 사상에서 "충(忠)"은 지배자에 대한 무조건적인 복종이나 추종을 의미하는 것이 아니다. 유가의 경전은 이 말을 사람이 "자신의 최선을 다하는 모습(盡己[51])"으로 풀이하고 있다. 자신이 섬기는 군주에 대한 헌신과 최선을 다하는 태도를 충(忠)으로 표현하고, 효와 충을 "소효(小孝=孝)"와 "대효(大孝=忠)"의 관계로 설명하기도 한다.

군주와 신하의 바람직한 상호관계 혹은 아름다운 관계를 『서경』에서는 사람의 머리(元首)와 사지(四肢)의 관계로[52] 비유하면서 인군과 신하의 규범적 이상(理想)으로 "군의신충(君義臣忠)"을 강조한다. 여기서 '충'은 군주에 대한 맹목적인 복종이나 추종이 아니다. 군주의 옳은 선택과 판단을 전제로 신하가 취해야 할 헌신의 자세이고, 지켜야 할 윤리적 의무이다. 이러한 상호 관계를 통하여 국가 공동체에서 이 둘의 관계는 서로 친하게 되고, 함께 의리정신을 구현함으로써 올바른 정치를 실현하는 것이 지도자와 아랫사람의 관계인 것이다.

> "유덕한 군자가 윗사람을 모실 때에는 나아가서는 마음속의 충정을 다하기를 생각하고, 물러나서는 군주와 자신의 잘못을 고쳐 보완할 것을 생각한다. 윗사람의 아름다운 점은 따르고, 아름답지 못한 점은 고쳐 바르게 하고자 노력한다. 이렇게 함으로서 임금과 신하, 위아래가 모두 친하여 화합하게 된다."[53]

48) 『大學』 「傳10章」
49) 『孝經』 「經1章」
50) 『孝經』 「傳11章」
51) 『論語』 卷4 「里仁」 朱子註
52) 『書經』 卷1 「虞書」
53) 『孝經』 「傳9章」

효와 충의 개념에 요구되는 옳고 그름에 대한 비판적 태도는 부모와 자식, 군주와 신하, 친구관계, 더 나아가서는 남편과 아내관계에서 실현해야 할 바람직한 행위의 윤리적 기준이 된다. 『효경』에서 공자와 증자의 문답은 이들 관계에서 취해야 할 비판과 직언, 곧 간쟁(諫諍)의 중요성을 잘 보여주고 있다.

> "증자가 공자에게 물었다. 자식이 아버지의 명령을 좇기만 하면 효라 할 수 있겠습니까? 공자가 대답하기를 얘야, 무슨 말을 그렇게 하고 있는 게냐! 예로부터 천자에게 그의 잘못을 간쟁해주는 신하가 일곱만 있어도 비록 그가 무도한 사람일지라도 천하를 잃는 법은 없었다. 제후에게 그의 잘못을 간쟁해주는 신하가 다섯만 있어도 비록 그가 무도한 사람일지라도 나라를 잃는 법이 없었다. 대부에게 그의 잘못을 간쟁해주는 신하가 셋만 있어도 비록 그가 무도한 사람일지라도 가(家)를 잃는 법이 없었다. 선비에게 그의 잘못을 간쟁해주는 벗이 한 사람만 있어도 그가 명예를 잃어버리는 일이 없었다. 아버지에게 그의 잘못을 간쟁해주는 자식 한 사람만 있어도 그 몸이 불의(不義)에 빠지는 일은 없었다. 옳지 못한 일을 당했다면 자식으로서 아버지에게 간쟁하지 않을 수 없으며, 신하는 임금에게 간쟁하지 않을 수 없는 것이다. 따라서 옳지 못한 일을 당하면 이를 간쟁해야 하니 아버지의 명령이라 해서 따르기만 한다면 어찌 효라 할 수 있겠는가?"[54]

간쟁(諫諍)정신, 곧 비판정신과 의리정신은 부모와 자식, 군주와 신하관계를 규정하는 효와 충의 행위 규범 속에 내재되어 있다. 비판정신과 의리정신은 상대방에 대한 올바른 판단과 의로운 행동을 바라는 것이며, 인간이 자신에게 주어진 사회적 역할을 제대로 수행[正名]하게 하는 역할을 한다.

효와 충에 내재된 이러한 비판정신과 의리정신은 유가의 여러 경전 속에서 상하관계, 친구관계, 부부관계를 포함한 사회적 관계의 제 양상을 규정하는 가치 준거가 된다. 우리가 『효경』의 간쟁정신에 주목할 때, 인간의 정치 영역에서 지도자가 갖추어야 할 중요한 역량으로서 왜 효가 강조되어야 하는지, 인간의 사회적 관계를 의미 있고 깊이 있게 하는 덕목으로써 효를 왜 유학사상이 강조하고 있는지를 이해할 수 있게 된다.

(3) 가치 문화적 지평: 자기실현으로서 효

『효경』과 『예기』 및 『서경』이나 사서(四書) 등 유가경전 속에 기록된 효와 효행에 관한 여러 언명(言明)들은 동양 문화에서 효가 갖는 다층적인 인식을 잘 보여주고 있다. 인간은

54) 『孝經』 「傳13章」

태어나면서 부모의 사랑과 보호를 통하여 성장하며, 부모와 가족과의 관계 속에서 공동체 구성원으로서 역할을 배우게 된다. 가족 간의 관계, 특히 부모와 자식의 관계에서 자식의 몸에 대한 존재론적 자각과 일상생활에서 부모를 대하는 태도와 자세에서 아동들은 상대[부모, 형제]에 대한 사랑과 존경을 깨닫고 실천하는 법을 익히게 된다.

"부모를 잘 섬기는 것이 효가 되니, 사람의 모든 행동 가운데 효보다 중요한 것이 없다[55]"고 하는 말은 효가 가정생활에서 부모 섬김의 도리에만 국한된다는 의미는 아니다. 이 말은 인간의 존엄성과 유학의 주요 가치를 실현하는 구체적 동인으로써 효가 중요한 역할을 한다는 의미로 확대된다. 효를 통하여 인간이 인생에서 자기실현과 삶을 완성할 수 있다면 효는 유학의 핵심 사상인 인(仁)을 실천하는 방법이기 때문이다. 삶에서 인(仁)의 완성이란 생활세계에서 효의 실천이고, 이를 잘 실천한 사람은 효자(孝子)인 동시에 인자(仁者)이다.

> "어진 사람이 부모를 섬기는 태도는 하늘을 섬기는 것과 같고, 하늘을 섬기는 것은 부모를 섬기는 것과 같다. 이로써 효자는 자신을 완성하게 된다."[56]

후세 유학자들은 "인간의 모든 행동 가운데 효보다 중요한 것이 없다."고 하는 주장을 유학의 오상(五常: 仁義禮智信)과 관련하여 다음과 같이 해석하고 있다.

> "천지의 본성을 구현한 존재로 말하면 사람이 가장 존귀하고, 사람의 행실로 말하면 효가 가장 중요하다고 하는 것은 왜 그런가? 사람이 천지의 본성을 부여받은 것은 인의예지신(仁義禮智信) 다섯 가지이다. 이 가운데 인(仁)만을 말하면 이것은 인심(人心)의 완전한 덕(全德)으로서 나머지 네 가지[義禮智信]가 모두 그 가운데 포함되어 있다. 인(仁)은 사랑[愛]이 중심이 되고, 사랑은 부모를 가장 먼저 사랑하는 것이다. 예를 들어 인(仁)의 발현과 실천을 물의 흐름에 비유해보면 어버이를 사랑하는 것이 물이 흘러 채워야 하는 첫 번째 웅덩이고, 이것을 채워 계속 흘러가서 사람을 사랑하는 것(仁民)이 두 번째 채워야 하는 웅덩이며, 계속 흘러 마지막으로 세상의 모든 존재[物]를 사랑하는 것이 세 번째 웅덩이다. 이것은 사람이 인생을 살면서 실천해야 할 것이기 때문에 사람의 행동에서 효보다 더 중요한 것이 없다고 하는 것이다."[57]

결국 효는 인간의 가치실현의 측면에서 유학의 핵심 덕목을 생활 속에서 구현하는 토

55) 『孝經』 「經1章」
56) 『禮記』 卷24 「哀公問」 第27
57) 『孝經』 「傳5章」 註

대이며 실천 가치로서 역할을 한다. 『논어』에서 공자가 인을 실천하는 근본으로서 효를 이야기 한 것[58]은 인간이 효의 실천을 통하여 사회 속에서 자기 자신을 인격적으로 완성할 수 있는 길을 보여주기 위한 것이다. 『효경』은 효의 완성이 바로 다양한 사회적 관계 속에서 이루어지는 것임을 다음과 같이 설명하고 있다.

> "(대저 효는) 떳떳한 인간으로 성장(立身)하고 인생의 올바른 길을 실천(行道)하여 아름다운 이름을 후세에까지 떨치고 그것으로 부모님까지 영예롭게 함으로써 효를 완성하게 되는 것이다. 따라서 효는 부모를 섬기는 것에서 시작하여, 사회에 나아가 임금을 섬기는 것으로 확대되고, 결국 자기 자신이 떳떳한 인간으로 성장함으로써 완성되는 것이다."[59]

효는 부모에 대한 사랑과 존경에서 출발하지만 만약 사람이 사회와 국가 생활에서 자신의 역할을 제대로 수행하지 못하거나 소홀히 한다면 이것은 불효(不孝)가 된다. 증자는 『예기』에서 "내 몸은 부모가 내려 주신 몸이니 부모께서 주신 몸으로 행위를 함에 감히 신중하게 하지 않겠는가. 평소 거처함에 당당하지 못하면 효가 아니요, 임금을 섬기되 충성되지 못하면 효가 아니요, 나라의 관직에 임하여 경건하게 맡지 않으면 효가 아니며, 친구 간에 믿음이 없으면 효가 아니며, 전쟁에 나가서 용기가 없으면 효가 아니다. 이 다섯 가지를 따르지 않으면 재앙이 부모에게 미치게 되니 어찌 신중하지 않겠는가?"[60]라고 하여 가정과 사회, 국가 생활의 다양한 관계에서 사람이 자신의 역할을 수행하는 바탕으로서 효를 강조하고 있다.

부모에 대한 사랑과 존경의 마음이 일상생활의 당당함(莊), 윗사람에 대한 충성(忠), 일처리를 경건(敬)하게 하는 자세, 벗과의 신의(信), 나라가 위기에 처했을 때의 용기(勇)를 실천하는 일로 확대된다면 이는 인간의 사회적 삶의 실현이 효에서 시작하고, 효를 바탕으로 하여 완성되고 있다는 점을 보여주는 것이다.

『효경』과 『예기』의 이러한 가르침은 후세 유학자들에게 "사람은 내 형제요, 만물은 함께 살아가는 벗"이라고 하는 "민포물여(民胞物與)"의 사상으로 발전한다. 주자(朱子)의 철학적 사유 형성과 발전에 크게 영향을 끼친 북송(北宋) 시대 철학자 장재(張載)의 "서명(西銘)"이 바로 그것이다.

---

58) 『論語』 卷1 「學而」
59) 『孝經』 「經1章」
60) 『禮記』 卷22 「祭義」 第24

"하늘을 아버지라 부르고, 땅을 어머니라 부른다. 내 작은 몸은 천지 가운데 섞여서 존재한다. 그러므로 하늘과 땅 사이의 가득한 기운이 내 몸을 이루고, 하늘과 땅이 주재하는 이치가 내 본성을 이룬다. 사람들은 내 형제요, 만물은 함께 살아가는 벗이 된다. … 연장자를 존대하는 것은 어른을 내 어른처럼 모시는 것이고, 고아나 약자를 돌보는 것은 그들을 내 아이처럼 사랑하는 것이다. 성인은 천지의 덕과 부합하는 사람이고, 현자는 그 덕이 다른 사람보다 뛰어난 자이다. 무릇 천하에 병들고 노쇠한 사람, 불구자, 의지할 곳이 없는 사람, 홀아비와 과부는 모두 내 형제임에도 하소연할 곳이 없는 자들이다. 이러한 때에 그들을 잘 보양하는 것은 자식으로서 공양함이요, 이를 즐겁게 여겨 근심하지 않는 것이 순수한 효이다."[61]

유학적 사유에서 효는 가족에서 공동체로, 공동체에서 국가로, 국가에서 천하의 모든 존재로 유학의 최고 가치인 "인(仁)"을 실천해나가는 출발점이면서 추진력이 된다. 특히 『효경』에서 효는 가족으로부터 다른 사람으로, 타인으로부터 세상의 모든 존재로 인(仁)을 확대 실천해 나아가는 과정[親親 → 仁民 → 愛物]에서, 곧 일상생활에서 유학의 이상을 구현하는 인간의 자기완성의 윤리적 동인(動因)으로서 중요한 역할을 한다.

3. 유학사상과 교육목적으로서 효

1) 유학 교육의 목적과 효

사람이 이 세상에 태어나서 배우지 않으면 인간다운 인간될 수 없다.[62] 유학자들은 어떤 사상가들보다도 교육과 배움을 강조하고 있다. 공자는 태어나면서 많은 것을 알고 있는 사람(生而知之者)이었다기보다는 항상 배움에 최선을 다하는 인간이고 무엇보다 배우기를 좋아했던 사람이다. 그는 제자들에게 스스로 배움을 즐기는 존재로서 자신을 이야기하곤 하였다.[63] 특히 그는 자신의 삶을 평가하면서 자신이 누구보다도 배우기를 좋아하며, 가르치고 배우는 일에 헌신하고 있다는 점을 내세우고 있다.

"공자는 작은 마을에도 반드시 나처럼 충성스럽거나 믿음이 있는 사람이 있겠거니와 나처럼 배우기를 좋아하는 사람은 없을 것이라고 말씀하셨다."[64]

61) 『性理大全』 卷4, 「西銘」
62) 『擊蒙要訣』 「序」
63) 『論語』 卷7 「述而」

공자 이후 유학사상의 정통성을 계승하고 있는 대부분의 학자나 사상가들은 자신이 완벽한 인간, 완성된 존재로서보다는 배움을 사랑하는(好學) 사람으로 인정받고 싶어 했다. 이들은 배우기를 좋아할 뿐만 아니라 가르침과 배움(敎學)을 통하여 인간이 자기완성을 이룰 수 있다는 점을 자신의 삶의 과정에서 실천[聖人自期[65]]하고자 했던 학생들이었다. 그들은 세상 사람들에게 '보통의 인간으로서 나는 성인(聖人)과 동류이고 나 역시 요(堯)와 순(舜)과 같은 성인이 될 수 있다는 신념'을[66] 일관되게 강조하고 있으며, 삶의 과정에서 이러한 신념을 실현하는데 누구보다 헌신해온 사람들이었다(고대혁, 2001: 12-13).

유학사상에서 학교의 교육목적은 "인간됨의 도리를 밝히는 일(明人倫[67])"이다. 교육의 주요관심사가 인간됨의 도리와 질서를 밝히는 일임을 잘 보여주는 것은 전통사회에서 학교가 소재하고 있는 동네를 "명륜동(明倫洞)"으로 명명(命名)하는 것이나, 향교(鄕校)와 성균관(成均館)의 교실 이름을 "명륜당(明倫堂)"으로 부르는데서 확연하게 알 수 있다.

교육은 효제(孝悌)를 중심으로 인륜을 밝히고 실천하는 일인데 이것은 인간의 일상적 삶과 분리되지 않는다. 만약 교육이나 배움이 인간의 일상생활과 분리된다면 이것은 교육이 아니라는 것이 유학자들의 공통된 견해이다. 조선시대 대표적인 철학자이면서 교육자의 한사람인 율곡(栗谷, 李珥; 1536-1584)은 『격몽요결(擊蒙要訣)』에서 다음과 같이 주장하고 있다.

> "사람이 이 세상에 태어나서 배우지[學問] 않으면 사람이 될 수 없다. 배움이라는 것은 결코 우리의 일상을 벗어난 이상한 일이 아니다. 그것은 부모가 자식을 사랑하고, 자식은 부모에게 효도하며, 신하는 임금에게 충성하고, 부부는 자신의 역할을 충실히 하고, 형제간에는 우애롭게 지내고, 젊은 사람은 노인을 공경하고, 친구 사이에는 신의가 있어야 하는 일을 배우는 것이다. 이 모든 것은 일상에서 사람으로서 마땅히 해야 할 일을 실천하는 것일 따름이다. 따라서 배움이란 현실과 유리된 허황된 것에 마음을 써서 기이하고 요상한 효과를 바라는 것이 아니다. …요즘 사람들은 (공부가) 일상생활의 도리를 배운다는 것을 알지 못하고, 이것이 높고 원대하여 실천하기 어렵다고 생각하기 때문에 다른 사람에게 미루고 스스로 자포자기(自暴自棄)하니 참으로 안타깝도다."[68]

64) 『論語』 卷5 「公冶長」
65) 『擊蒙要訣』 「立志」 第1
66) 『孟子』 卷11, 「告子」
67) 『孟子』 卷5 「滕文公 上」
68) 『擊蒙要訣』 「序」

『예기』에서는 "효가 사람을 가르치는 근본"[69]이 된다는 점을 밝히고 있고, 전술한 바와 같이 『효경』에서는 "효가 모든 덕의 근본이며, 모든 가르침이 여기서 시작한다.[70]"는 점을 강조하고 있는 것처럼 율곡의 『격몽요결』「서문」은 유학 교육의 관심사와 성격을 가장 명료하게 보여주는 글 가운데 하나가 된다.

유학 교육 이론의 전범(典範)이 되는 『소학(小學)』이나 『대학(大學)』 역시 일상생활에서 인륜을 밝히고 실천하는 일을 교육목적으로 강조한다. 먼저 『소학』은 "3절(節) 4도(道)"를 교육내용으로 가르치고 있다. 삼절(三節)은 쇄소(灑掃), 응대(應對), 진퇴(進退)의 절도이고, 사도(四道)는 애친(愛親), 경장(敬長), 융사(隆師), 친우(親友)의 도리이다. 『대학』의 교육 이념과 목적에서 "명명덕(明明德)" 역시 "효 · 제 · 자(孝 · 弟 · 慈)"의 실천을 통하여 이룰 수 있다는 것을 보여주고 있다. 이렇게 볼 때 효는 유학사상의 주요 덕[仁義禮智信]을 실천하는 개념이면서 동시에 인간 교육의 방향과 성격 및 내용을 규정하는 핵심 가치(core value)로써 역할을 해왔음을 알 수 있다.

2) 효의 현대 교육적 의미

전통사회는 사람들에게 효를 어린 시절부터 가르쳐왔으며, 전통사회의 아동교육 교재에는 모두 이 효를 교육내용의 핵심으로 다루고 있다. 전통사회 교육자들은 아동들에게 올바른 삶의 길을 제시해줄 때 항상 효의 의미와 모범적인 효행의 다양한 사례를 제시하면서 아동들로 하여금 이 가치를 내면화하고, 일상생활에서 그들 스스로 이를 실천하기를 희망하였다고 할 수 있다.

다양한 지평에서 해석된 효의 교육적 전망을 탐색해보고, 이들 지평을 통하여 구조화된 효의 의미가 오늘날 우리 사회에서 초등 도덕과 교육과정의 총괄 목표와 주요 가치 덕목 및 교육내용 구성에 줄 수 있는 시사점을 찾아보는 것이 본 절의 주된 관심사가 된다.

앞 장에서 『효경』에 나타난 효를 "존재론적 지평", "정치적 지평", "가치 문화적 지평"에서 유가의 여러 경전들과 관련하여 그 의미를 탐색해보았다. 먼저 존재론적 지평에서 우리는 효가 무엇보다도 인간의 자기 몸에 대한 존중을 자각하는데서 출발하고 있음을 확인할 수 있었다. 몸에 대한 존중은 먼저 자신의 몸가짐을 신중하고 조심스럽게 함은

69) 『禮記』 卷22 「祭義」 第24
70) 『孝經』 「經1章」

물론이고, 이러한 자각은 부모의 몸에 대한 존중, 타인의 몸에 대한 존중까지 확대되어야 한다는 것이 『효경』의 기본 가르침이다. 효의 이러한 의미를 오늘날 초등 도덕과 교육과정의 내용체계와 관련시킬 때, 우리는 전통사회에서 효의 의미 탐색을 통하여 인간의 자기 자신에 대한 존중과 상대방 존중의 태도와 자세를 가르칠 수 있을 것이다. 더불어 존재론적 지평에서 효의 의미는 오늘날 아동들에게 생명존중과 배려 및 절제와 안전의 가치를 가르칠 수 있는 주요 전통교육의 자료로 활용될 수 있을 것이다.

정치적 지평에서 효는 정치 지도자가 우선적으로 실천해야 할 덕목이며, 지도자로서 갖추어야 할 자질임을 알 수 있었다. 이 지평에서 효는 충의 개념과 연결되는데, 효와 충의 정신에 내재된 "간쟁(諫諍)의 정신"은 유가의 "의리(義理)정신"과 "비판정신"으로 구체화된다. 특히 "의리정신"은 유학에서 지도자가 갖추어야 할 기본 자질이며, 공동체 구성원으로서 인간이 타인과의 관계 영역이나 사회 국가 공동체의 관계 영역에서 올바른 공동체 구성원을 위한 기본 자질로 중요하게 다루어질 수 있다. 정치적 지평에서 효의 의미는 오늘날 아동들에게 준법과 정의, 공익 및 책임의 가치를 가르칠 수 있는 전통교육의 자료로 활용될 수 있을 것이다.

가치 문화적 지평에서 효는 인간의 자기완성의 윤리적 동인(動因)으로 역할을 하고 있음을 알 수 있었다. 유학의 이상적 인격인 "어진사람(仁者)"은 곧 삶의 다양한 영역, 곧 가족에서 공동체로, 공동체에서 국가로, 국가에서 세계의 모든 존재를 향해 효를 잘 실천하는 사람이다. 현행 도덕과 교육과정의 목표인 유덕한 인격의 기초를 형성하는 일과 전통적인 효의 가치 문화적 지평은 유덕한 인격에 대한 공통적인 지향을 가지고 있다고 볼 수 있다. 가치 문화적 지평에서 효는 도덕과 교육과정의 주요 가치 덕목 가운데 인류애, 평화의 가치를 아동들에게 가르치는 전통교육의 자료로 활용될 수 있을 것이다.

전통사회의 효에 대한 인식과 효에 관한 유학적 담론을 되살린다면 이들 담론은 오늘날 학교의 교과교육과정 운영과 구성에 대한 시사점뿐만 아니라 오늘날 우리사회의 가정교육이나 인성교육의 방향을 제시하거나 교육 내용 구성에 전통교육의 자료로서 중요한 기여를 할 수 있을 것으로 믿는다.

4. 효의 가치는 여전히 유효한가?

전통가치로서 효와 효도는 미래 한국사회에서 어떤 의미를 지닐 수 있을까? 송복(1999: 178-185)은 효가 오늘날 한국사회에서 사회 통합과 사회생활에 필요한 규범의 방향을 제시하는데 여전히 중요한 기능을 수행할 수 있다고 본다. 그는 가족해체가 사회해체를 재촉하고 있는 현대사회에서 가족 가치의 고양이나 가족의 재발견에 대한 바람이 강하다고 분석하면서 사회 통합을 위해서는 먼저, 가족의 가치를 계속 유지할 수 있는 방안이 모색되어야 하고, 또 한편 가족 가치를 새로이 재건하는 것이 필요한데 바로 이 지점에서 새로운 사회 통합과 사회 발전을 위한 기획으로서 효의 가치와 의미가 새롭게 요청되는 이유라고 강조한다. 다음으로 그는 효가 오늘날에도 여전히 인간의 사회생활에 필요한 규범의 방향을 제시하는 기능을 할 수 있다고 본다. 특히 그는 효를 부모를 위한 일방적 희생이 아니라 부모와 자식 간의 쌍방 호혜적인 상호주의(예; 父子有親=父慈子孝)를 근간으로 하는 유가 윤리체계의 바탕으로 보면서 효는 한국인에게 정신적 수유(授乳)이고 실행동의 밑받침이라고 역설하고 있다.

한편 오늘날 많은 한국 사람들은 효와 효도를 인륜적 가치의 핵심으로 받아들이기보다는 가족들 사이에서 고령의 부모 봉양에 대한 의무를 강조하기 위한 전통의 간섭, 혹은 관례적 생활방식에서 야기되는 가족 불화와 갈등의 귀인요인으로 간주하고 있는 경향이 있다. 정작 21세기 한국인들에게 효와 효도가 전혀 새롭고 생기 있는 주제가 아님에도 불구하고 일부 한국에서 생활하는 외국인 학자들은 송복(1999)의 지적처럼 전통 가치인 효를 한국인의 정체성을 상징하는 핵심으로 평가하기도 한다.

임마뉴엘 패스트라이쉬(2016)[71]는 한국사회가 자신의 건강한 미래를 설계하고자 할 때 효와 효도의 가치를 빼려는 생각은 잘못된 생각이라고 하면서, 반드시 부흥시켜야 할 한국의 전통으로서 효를 강조하고 있다. 그는 효가 추상적인 도덕과 구체적인 실천 사이에 다리를 놓는 윤리체계의 핵심이고, 개인 영역과 공공 영역을 하나로 연결하는 통합 철학의 가능성을 제공하는 가치이며, 한국사회에서 지속 가능한 정치체제를 가능하게 하는 기능과 역할을 할 수 있는 것으로 평가한다. 그러나 그는 효와 효도가 한국의 전통 가치로 부활하기 위해서는 여성에 대한 편견을 넘어서서 성중립적인 관점에서 재해석되어야 하고, 도덕적 의무뿐 아니라 인간의 자기 이해에 이르는 과정으로서 재해석되어야 한다는 점을 제안하고 있다.

이 글에서는 효가 여전히 우리들 삶에서 중요한 역할을 할 수 있을 것으로 본다. 그러기 위해서는 부모를 위한 맹목적인 희생과 극단적인 행동을 옹호하는 효를 전통 가치로 볼 것이 아니라 인간의 존재론적 자각과 개인의 사적 영역과 공적 영역을 바르게 연결시켜주는 전통사회의 규범으로서, 그리고 인생의 과정에서 인간이 자기 자신을 실현

71) 임마뉴엘 패스트라이쉬, "효도와 한국의 미래" 중앙일보 칼럼, 2016.4.16.

하고 완성하는 의미 체계로서 효가 우리들의 생활 세계에서 새롭게 생명력을 얻어야 한다는 점을 강조하고자 한다.

만약 하늘이 한 인간에게 특별한 재능이나 능력을 주었다면 이것은 그 사람이 자신의 일가족만 부귀영화를 누릴 수 있도록 하려는 것이 아니며, 오히려 함께 살아가는 세상을 더 좋은 세상으로 만들어 가도록 하기 위한 것이다. 마찬가지로 우리의 전통이 한 인간에게 효를 일상생활에서 실천하기를 강하게 요구한다면 이것은 자신의 부모 형제만을 안락하고 편안하게 모시고 섬기라는 요청은 결코 아니다. 유학의 여러 경전은 인간에게 효의 실천을 통하여 자신의 가족, 자신과 함께 살아가는 이웃과 타인은 물론이고 국가 사회와 함께 더불어 존재하는 생명에까지 이 효의 정신을 확장 실천해나가라는 것을 가르치고 있음을 깨달아야 할 것이다.

참고문헌

『三國史記』『論語』『孟子』『大學』『中庸』『小學』『禮記』『性理大全』『朱子語類』『二程全書』『道德經』『莊子』『잡아함경』『반야심경』『금강경오가해』『벽암록』『磻溪隨錄』『集註孝經』『周易』『書經』『禮記』『擊蒙要訣』『孔子家語』『荀子』『說苑』『三綱行實圖』『茶山詩文集』

강민석(1993). "민족공동체윤리체계의 정립을 위한 통일교육의 접근방향", **교육연구**, 제9집.

강재륜(1996). **윤리학의 역사**, 서울: 대왕사.

건국대 통일인문학연구단(2015). **통일인문학–인문학으로 분단의 장벽을 넘다–**, 서울: 알렙

고대혁 외(2008). **사자소학**(四字小學), 파주: 교육과학사.

고대혁(1995). "朱子의 教育論과 聖人의 教育的 意味", **東洋古典研究**, 제4집, 서울: 東洋古典學會.

고대혁(2001). "논어에 나타난 도덕교육의 이상과 방법", **韓中哲學**, 제7집, 서울: 韓中哲學會.

고대혁(2014). "『書經』「虞書」의 내용체계와 유학사상적 의미", **동양고전연구**, 제57집, 서울: 동양고전학회.

고대혁(2016). "원시유학에서 효의 지평과 교육적 의미", **초등도덕교육**, 53권, 공주: 한국초등도덕교육학회.

고대혁, 오기성, 김항인, 임상수, 김철호(2014). **도덕교육의 체계적 이해**, 서울: 양서원.

고미숙(2000). "도덕성의 세 가지 측면(인지적・정의적・행동적 측면)의 구분에 따른 도덕교육의 오해와 이해", **교육철학**, 23.

고미숙(2005). **대안적 도덕교육**, 서울: 교육과학사.

고범서(1993). **사회윤리학**, 서울: 나남.

교육과학기술부(2007). **(2007 개정) 도덕과 교육과정.**

교육과학기술부(2008). **(2007 개정) 초등학교 교육과정 해설(Ⅲ)–국어, 도덕, 사회–**

교육과학기술부(2009). **(2009 개정) 2009 개정 교육과정.**

교육과학기술부(2011a). **(2007 개정) 도덕 · 생활의 길잡이 5.**

교육과학기술부(2011b). **(2007 개정) 지도서 5.**

교육과학기술부(2011c). **(2011 개정) 도덕과 교육과정.**

교육과학기술부(2012). **(2012 개정) 도덕과 교육과정.**

교육부(1992). **국민학교 교육과정.**

교육부(1993). **국민학교 교육과정 해설(II).**

교육부(1997). **(7차) 도덕과 교육과정.**

교육부(1998). **(7차) 초등학교 교육과정 해설(I).**

교육부(2014a). **(2012 개정) 도덕 3 교사용 지도서.**

교육부(2014b). **(2012 개정) 도덕 3.**

교육부(2014c). **(2012 개정) 도덕 4 교사용 지도서.**

교육부(2014d). **(2012 개정) 도덕 4.**
교육부(2018a). **(2012 개정) 도덕 3 교사용 지도서.**
교육부(2018b). **(2012 개정) 도덕 3.**
교육부(2018c). **(2012 개정) 도덕 4 교사용 지도서.**
교육부(2018d). **(2012 개정) 도덕 4.**
교육인적자원부(2002). (7차) **도덕, 생활의 길잡이** 4.
교육인적자원부(2002b). (7차) **초등학교 교사용 지도서 도덕** 4.
권재일 외(2014). 평화와 공동 번영을 위한 평화 · 통일교육 방안, 통일준비위원회 정책연구용역.
김경희(2004). **정서심리학**, 서울: 박영사.
김도태, 이경화(1997). "통일교육 개선방향", **통일연구논총**, 제6권 1호.
김병로(2016). "한반도 비평화와 분단폭력," 김병로, 서보혁 편, **분단폭력**, 서울: 아카넷.
김세정(2008). **왕양명의 생명철학**, 서울: 청계(휴먼필드).
김영은(2015). 도덕과 교육에서의 다문화교육의 방향 설정, **도덕윤리과교육**, 48.
김용옥(2009). **효경한글역주**, 서울: 통나무.
김정수(2014). 평화교육과 일상의 평화; http://www.makehope.org/?p=12996
김정호(2011). **마음챙김명상 멘토링**, 서울: 불광출판사.
김철호(2008). "주희의 자연관에 담긴 선 개념의 환경윤리적 의미", **윤리연구**, 68호.
김철호(2012). "유학의 감정교육과 그 현대적 의미", **윤리교육연구**, 28.
김충열(1996). **노장철학강의**, 서울: 예문서원.
김태길(1984). **윤리학**, 서울: 박영사.
김태훈(1999). **덕 윤리학**, 서울: 양서원.
김태훈(2013). 도덕과 '정의적 영역' 교과목표에 관한 비판적 고찰. **도덕윤리과교육연구**, 39.
김필수, 고대혁 외(2006). **관자**, 서울: 소나무.
김항인(2000). "도덕판단력 측정에 대한 고찰", **도덕윤리과교육**, 12호.
김항인(2001). "내러티브 스토리텔링을 통한 초등도덕교육", **초등도덕교육**, 제7집.
김항인(2003). "감정이입 발문에 관한 연구-초등 도덕과 정의적 측면 중심 수업을 중심으로", **도덕윤리과교육**, 7.
김형철(2004). "이야기의 도덕교육적 함의", 한국윤리교육학회, **윤리교육연구**, 제5집.
김형효(2003). **물학 심학 실학**, 성남: 청계출판사.
남궁달화(1996), **도덕교육론**, 서울: 철학과 현실사.
문교부(1963). **국민학교 교육과정**, 서울: 삼화출판사.
문교부(1973). **국민학교 교육과정**, 서울: 교학도서.
문교부(1988). **국민학교 교육과정 해설**, 서울: 서울시인쇄공업협동조합.
문용린 역(2004). **도덕성의 발달과 심리**, 서울: 학지사.
민성길(2004). **통일이 되면**, 서울: 연세대출판부.
박병기, 추병완(1996). **윤리학과 도덕교육**(1), 서울: 인간사랑.
박병춘(1999). "보살핌윤리의 도덕교육적 접근 연구", 서울대학교 박사학위논문.
박석(2004). **동양사상과 명상**, 서울: 제이앤씨.
박성희(2010). **공감학-어제와 오늘**, 서울: 학지사.

박영균(2010). "분단을 사유하는 경계인의 철학," 건국대 통일인문학연구단, 인문학자의 통일사유, 서울: 선인.

박재주(2000). **동양의 도덕교육 사상**, 성남: 청계출판사.

박정순(1993). "자유주의 대 공동체주의 논쟁의 방법론적 쟁점", **철학연구**, 제33집.

박종철 외(1994). **북한이탈 주민의 사회적응에 관한 연구: 실태조사 및 개선 방안**, 서울: 민족통일연구원.

박효종, 임상수 외(2004). **고등학교 인권**, 서울: 대한교과서주식회사.

백영균(2002). **ICT 활용 교육론**, 서울: 문음사.

백영균(2005). **에듀테인먼트의 이해와 활용**, 서울: 도서출판 정일.

서강식(1999). **도덕·윤리과 수업모형**, 서울: 양서원.

서강식(2000). **도덕과교육론**, 서울: 양서원.

서강식(2001). **초등도덕과 교육과정의 이해**, 서울: 양서원.

서보혁(2016). "분단폭력과 북한인권," 김병로, 서보혁 편, **분단폭력**, 서울: 아카넷.

송휘칠, 황경식 역(1986). **윤리학의 이론과 역사**, 서울: 박영사.

심성보(2000). **도덕교육의 담론**, 서울: 학지사.

오강남(2006). **불교, 이웃 종교로 읽다**, 서울: 현암사.

오기성 외(2003). **통일교육지침체계 재정립에 관한 연구**, 서울: 통일부.

오기성 외(2011). **2011 도덕과 교육과정 시안개발**, 서울: 교육과학기술부.

오기성 외(2013). **핵심역량중심의 도덕과 창의·인성교육 수업모델 연구**, 서울: 한국과학창의재단.

오기성(1995). **남북한문화통합론**, 서울: 교육과학사.

오기성(1998). "국민윤리학 방법론으로서 현상학의 함의 연구", **국민윤리연구**, 제39호.

오기성(2000). "서독의 통일대비 정치교육-「독일문제 교육지침」이 한국 통일교육에 주는 시사점을 중심으로-", 서울교육.

오기성(2000). **북한이탈주민 대학교육지원방안 연구**, 서울: 통일부.

오기성(2001). "남북한 문화의 긍정적 다름이 통일교육에 주는 함의 연구", **통일정책연구**, 제10권 1호.

오기성(2001). "학교 통일교육의 신패러다임 연구", **국민윤리연구**, 제46호.

오기성(2001). "학교 통일교육의 현황과 과제", 공주교대 제4회 통일학술세미나 주제발표 논문.

오기성(2002). "초등도덕과 교수학습 과정의 개선 방안 연구", **교육과정평가연구**, 6(1).

오기성(2002). **통일교육 교수법과 그 실제**, 서울: 통일부 통일교육원.

오기성(2007). "배려 수업 모형과 사례 연구-초등학교 도덕과를 중심으로-", **교육과정평가연구**, 9(2), 1-23.

오기성(2008). 학교 통일교육의 다문화교육적 접근, **교육과정평가연구**, 11(2).

오기성(2017). 통일교육지침서의 분석 연구, **평화학연구**, 18(4).

오은순 외(2007). **다문화교육을 위한 교수학습 지원 방안 연구(I)**, 서울: 한국교육과정평가원

오인탁(1997). "통일교육의 방향," 이영선 편, **통일준비**, 서울: 오름.

유교사전편찬위원회(1990). **유교대사전**, 서울: 박영사.

유병렬(2003). **도덕과 교육론**, 서울: 양서원.

유병열, 이택휘(2000). **도덕교육론**, 서울: 양서원.

윤기옥 외(2002). **수업모형의 이론과 실제**, 서울: 학문출판.

윤여상(2003). **통일시대 북한주민의 남한생활**, 서울: 세명.

윤영해(2000). **주자의 선불교비판 연구**, 서울: 민족사.

이계학, 송재운 외(1998). **덕성함양의 전통적 방법론**, 성남: 한국정신문화연구원.

이근철, 림용경, 고대혁(1998). **도덕과교육론**, 서울: 무진신서.

이근철, 오기성(2001). **차가운 머리와 따뜻한 가슴으로 이해하는 통일교육론**, 서울: 엑스퍼트월드.

이기범(2004). "남북한 통합을 위한 통일교육", 통일교육협의회 주최 2004 청소년통일교육 담당자 심화교육 제1차 연수 자료집.

이기영(2001). **탈북청소년의 남한사회 부적응문제에 관한 유형분석**, 서울: 한국청소년개발원.

이동기, 송영훈(2014). **평화·통일교육 추진전략 연구**, 유네스코한국위원회.

이미식, 최용성(2002). **문학, 동화, 영화, TV 드라마, 인물학습 등으로 공부하는 새로운 이야기 도덕 교육**, 서울: 학지사.

이병수(2009). "휴머니즘이 측면에서 바라본 통일," 건국대 통일인문학연구단, 소통, 치유, 통합의 통일인문학, 서울: 선인.

이병수(2010). 통일의 당위성 담론에 대한 반성적 고찰, **시대와 철학**, 21(2).

이봉철(2001). **현대인권사상**, 서울: 아카넷.

이승환(2004). **유교담론의 지형학**, 서울: 푸른숲.

이온죽(1995). **북한사회의 체제와 생활**, 서울: 법문사.

이윤희(2018). 관계적 역량 강화를 위한 평화감수성 교육 연구, **기독교교육논총**, 55.

이인재, 손경원, 지준호, 한성구(2010). "초등학생들의 사회·정서적 능력 함양을 위한 인성교육 통합 프로그램의 효과 분석", **도덕윤리과교육**, 제31호.

이정렬(2015). 다문화시대에 도덕과교육의 다문화 내용요소에 대한 고찰, **도덕윤리과교육**, 49.

이지영(2011). **정서조절 코칭북**, 서울: 시그마프레스.

이필원(2012). "초기불교의 정서 이해-인지심리학의 관점을 중심으로-", **인문논총**, 제67집.

이훈구(2002). 뜨거운 도덕성, 차가운 도덕성. 이돈희·권균 엮음, **도덕성 회복과 교육**, 서울: 교육과학사.

임상수(2001). "에듀테인먼트와 게임을 응용한 통일교육의 방법론", 한국국민윤리학회, **국민윤리연구**, 제48호.

임상수(2002). "에듀테인먼트를 응용한 도덕과 수업모형", 한국도덕과교육학회, **도덕과교육**, 제14호.

임상수(2006). "도덕과 수업에서의 효율적인 예화제시방법 연구", 한국윤리교육학회, **윤리교육연구**, 제10집.

임용경(1993). "Emile Durkheim 도덕 교육론의 실천적 적용에 관한 연구", 서울대학교 대학원 박사학위논문.

임용경, 고대혁, 오기성, 김항인, 임상수(2009). **도덕과교육의 이론과 실제**, 서울: 양서원.

장현갑(2007). **마음챙김**, 서울: 미다스북스.

정명화 외(2005). **정서와 교육**. 서울: 학지사.

정보통신윤리위원회(2006). **U시대의 인터넷 윤리**, 서울: 이한출판사.

정상섭(2006). 공감적 의사소통의 본질 고찰, **새국어교육**, 72호.

정세구(1979). **가치 태도 교육의 이론과 실제**, 서울: 배영사.

정인석(1982). **뒤르껭의 도덕교육론**, 서울: 재동문화사.

정인석(1994). **발달이론의 역사**, 서울: 중앙적성교육출판사.

조강모(2000). "인성교육을 위한 봉사활동 수업모형의 탐색", **광주교대 초등교육 연구**, 제15권 제2호.
조강모(2005). "도덕과 교육과정의 개선방향", **초등도덕교육, 18.**
조난심 외(2003). **도덕교육학신론**, 서울: 문음사.
중국철학회(1997). **현대의 위기 동양철학의 모색**, 서울: 예문서원.
차우규 외(2000). **도덕 윤리과 수행 평가**, 서울: 백의.
차우규(1998). "도덕 윤리 교과 교육학 정립을 위한 접근법", **도덕윤리과교육**, 제6호, 한국도덕윤리과 교육학회.
차우규(1998). "도덕 윤리과 수업 개선을 위한 새로운 평가 방안 연구", **도덕윤리과교육**, 제9호, 한국도덕윤리과교육학회.
첸리푸(陳立夫), 서명석, 이우진 옮김(2000). **동양의 인간과 세계**, 서울: 철학과 현실사.
최병태(1996). **덕과 규범**, 서울: 교육과학사.
최진덕(2000). **주자학을 위한 변명**, 성남: 청계출판사.
최진덕(2004). **인문학, 철학 그리고 유학**, 성남: 청계출판사.
추병완 외(2000). **윤리학과 도덕교육**(2), 서울: 인간사랑.
추병완(1999). **도덕교육의 이해**, 서울: 백의.
추병완(2001). **정보윤리교육론**, 서울: 도서출판 울력.
추병완(2007). **도덕 발달과 도덕 교육**, 서울: 하우
추병완(2008). 다문화도덕교육 정립을 위한 시론, **초등도덕교육**, 28.
추병완(2011). 글로벌 · 다문화 시대에서 도덕과교육의 과제, **도덕윤리과교육**, 33.
카이스트(KAIST) 문술미래전략대학원(2018). **카이스트, 통일을 말하다**, 서울: 김영사.
통일부 통일교육원(2004). **통일에 대한 청소년 의식 조사**, 서울: 통일부 통일교육원.
한국교육과정평가원(2002). **초 · 중등학교 도덕과 교육의 실태파악과 교육목표 및 내용 체제의 정립을 위한 세미나**, 한국교육과정평가원.
한국교육과정평가원(2002). **초등학교 도덕과 교수-학습 방법 연구**, 한국교육과정평가원.
한국정보문화진흥원(2007). **선생님과 함께하는 정보보호**, 한국정보문화진흥원.
한국정보문화진흥원(2007). **초등학생 깨끗한 정보세상** (초등학생 1-2학년용, 3-4학년용, 5-6학년용), 한국정보문화진흥원.
한국정보문화진흥원(2007). **초등학생 깨끗한 정보세상 교사용 지도서**, 한국정보문화진흥원.
한국철학사상연구회(1996). **논쟁으로 보는 한국철학**, 서울: 예문서원.
한국철학회 편(1998). **기술문명에 대한 철학적 반성**, 서울: 철학과 현실.
한국철학회(1989). **한국철학사(상, 중, 하)**, 서울: 동명사.
한국초등교육평가연구회(1997). **수행 평가 이렇게 합시다**, 서울: 교학사.
한만길 외(1999). **학교 통일교육 활성화 방안 연구**, 서울: 한국교육개발원.
한만길 외(2001). **남북한 학생의 학력수준 비교 연구**, 서울: 한국교육개발원.
한만길, 현주, 오기성(1999). **북한 이탈 주민의 남한 교육적응 연구**, 서울: 한국교육개발원.
한면희(2007). **미래세대와 생태윤리**, 서울: 철학과현실사.
한자경(2008). **명상의 철학적 기초**, 서울: 이대출판부.
한형조(2011). **붓다의 치명적 농담**, 서울: 문학동네.
한형조, 이광호 외(2004). **유교의 공부론과 덕의 요청**, 성남: 청계출판사.

황경식(1993). "자유주의와 공동체주의", 김재기 외, **사회철학대계**(2), 서울: 민음사.
황준연(1994). **한국사상의 이해**, 서울: 박영사.

譚宇權(1995). **中庸哲學硏究**, 臺北: 文津出版社.
安藤 治(안도 오사무), 인경 · 이필원 역(2010). **심리치료와 불교**, 서울: 불광출판사.
吳經熊(서돈각, 1997), 이남영 옮김. **禪學의 황금시대**, 서울: 천지.
蔡仁厚(1995). **宋明理學-北宋篇 南宋篇-**, 臺灣: 學生書局.
馮友蘭(1983). 정인재 역. **중국철학사**, 서울: 형설출판사.
勞思光(1987) 정인재 역. **중국철학사**, 서울: 탐구당.

Alleman, J., & Brophy, J.(1993). "Elementary social studies: instruments, activities, and standards", in Phye, G. D.(Eds.), *Handbook of Classroom Assessment: Learning, Adjustment, and Achievement.*
Ames, R. T.(Ed.)(1994). *Self As Person In Asian Theory and Practice*, Albany: State University of New York.
Banks, James A., Banks, Cherry A. McGee(2001). *Multicultural education : issues and perspectives.* Boston: Allyn and Bacon.
Banks, James A., Banks, Cherry A. McGee(2004). *Handbook of research on multicultural education.* San Francisco: Jossey-Bass.
Baron, M. A., & Boschee, F.(1995). *Authentic Assessment*, Lancaster: Technomic Publishing Company.
Baron, M. W., Philip Pettit, & Michael Slote(1997). *Three Methods of Ethics: A Dabate*, Massachusetts: Blackwell.
Bela Banathy(1991). *Systems Design of Education: A Jouney to Create the Future*, 이인숙 역(1996), **체제적 교육 설계: 미래 창조를 위한 여정**, 서울: 원미사.
Biesta, G. J. J.(1994). "Education as practical intersubjectivity: Towards a critical-pragmatic understanding of education", *Educational Theory*, 44(3): 299-317.
Bill E. Forisha & Barbara E. Forisha(1976). *Moral Development and Education*, Lincoln Nebraska: Professional Educators Publications, Inc.
Bookchin, M.(1995). *Philosophy of Social Ecology*, 문순홍 역(1997), **사회생태론의 철학**, 서울: 솔.
Broad, C. D.(1930). *Five Types of Ethical Theory*, Lndon: Routledge and Kagna Paul.
Chazan, Barry(1985). *Contemporary Approaches to Moral Education*, N.Y.: Techers College Press.
Cohen, J.(Ed.)(1999). *Eedcating Minds and Hearts*, New York: Teachers College Press.
Crittenden, Paul(1990). *Learning To Be Moral: Philosophical Thoughts about Moral Development.* London: Humanities Press International, Inc.
Des Jardins, J. R.(1997). *Environmental Ethics: An Introduction to Environmetal Philosophy*, 김명식(1999), **환경윤리-환경윤리의 이론과 쟁점**, 서울: 자작나무.
Durkheim Emile(1973). *Moral Education: A Study in the Theory & Application of the Sociology of Education,* Everett K. Wilson & Herman Schnurer(tr.), New York: Free Press.
Fontana, D. & Slack, I.(1997). *Teaching Meditation to Children: The Practical Guide to the Use and Benefits of Meditation Techniques*, London: Watkins Publishing.

Gilligan, Carol(1982). *In Different Voices*, Cambridge, MA: Harvard Univ. Press.

Greenland, S. K.(2010). *The Mindful Child*, 이종복 역(2012), **미국 UCLA 명상수업**, 서울: 웅진뜰.

Greenspan, M.(2004). *Healing through the Dark Emotions,* 이종복 역(2008), **감정공부: 슬픔, 절망, 두려움에서 배우는 치유의 심리학**, 서울: 웅진뜰.

Habermas, J.(1990). *Moral consciousness and communicative action*, Cambridge, MA: The MIT Press.

Hersh, R. H., Miller, J. P., & Fielding, G. O.(1980). *Model of Moral Education,* NY: Longman Inc.

Hoge, J.(1996). *Effective elementary social studies*, CA: Wadworth.

John Kabat-Zinn, J.(2007). *Mindfulness for Beginners*, 안희영 역(2012), **처음 만나는 마음챙김 명상**, 서울: 불광출판사.

Joyce, B. & Weil, M.(1986). *Models of Teaching*, Englewood Cliffs, N.J.: Prentice Hall.

Kagan, G.(2009). *What Is Emotion?: History, Measures, and Meanings*, 노승역 역(2009), **정서란 무엇인가**, 서울: 아카넷.

Kirschbaum, Howard(1995). *100Ways to Enhance Values and Morality in School and Youngth Settings,* Boston: Allyn and Bacon.

Kornfield, J.(2008). *Meditation For Beginners,* 추선희 옮김(2011), **처음 만나는 명상 레슨(누구나 쉽게 따라하는 15분 명상)**, 서울: 불광출판사.

Lickona, T.(1983). *Raising good children,* NY: Bantham Books.

Lickona, T.(1992). "Character development in the elementary school classroom", In Kivin Ryan and Thomas Lickona(Ed.), *Character development in school and beyond*, Washington D.C: The Council for Research in Values and Philosophy.

Lickona, T.(1993). *Educating for character*, N.Y.: Bantam Books.

Loon, H. W. van.(1940). *Tolerance*, 김희숙, 정보라 옮김(2000), **똘레랑스**, 서울: 길.

Mayeroff, Milton(1971). *On caring*, N.Y: Harper & Row.

Merrell, K. W. & Carrizales, D.& Feuerborn, L.(2007). *Strong Kids, Grades 3-5(A Social and Emotional Learning Curriculum*, Paul H. Brookes Pub Co.

Merrell, K. W. & Gueldner, B. A.(2010). *Social and Emotional Learning in the Classroom*, 신현숙 역(2011), **사회정서학습**, 서울: 교육과학사.

Mulhall, Stephen, & Adam Swift(1992). *Liberals and communitarians*, Oxford UK & Cambridge USA, Blackwell.

Munro Donald ed.(1985). *Individualism and holism-studies in confucian and Taoist values*, Ann Arbor: The University of Michigan.

Muth, J.(2006). *Zen Shorts*, 이현정 역(2006), **달을 줄 걸 그랬어**, 파주: 달리.

Naess, A.(1986). "The Deep Ecological Movement: Some Philosophical Aspects", Philosophical Inquiry 8, in: Andrew Light & Holmes Rolston Ⅲ(Ed.)(2003), *Environmental Ethics: An Anthology*, Malden: Blackwell Publishing.

Noddings, N.(1993). "Care and moral education", In W. Kohli(Ed.), *Critical conversations in Philosophy of Education*, 137-148, N.Y: Routledge.

Noddings, N.(1994). "Learning to engage in moral dialogue", *Humanistic Review*, 7(2), 7-14.

Noddings, N.(1995). *Philosophy of education*, Westview Press.

Noddings, N.(2002). *Educating moral people: A caring alternative to character education*(2nd ed.), New York: Teachers College Press.

Noddings, N.(2003). *Caring: a feminine approach to ethics and moral education*(2nd ed.), University of California Press.

Noddings, N.(2005). *Educating citizens for global awareness*, New York: Teachers College Press.

Power, F. C. & Nuzzi, R. J.(Ed.)(2008). *Moral Education*(A Handbook) 1 & 2, Westport: Praeger.

Rachles, J.(1988). *Moral Problems*, 황경식 외 역(1988), 서울: 서광사.

Rachels, J.(1993). *The Elements of Moral Philosophy*(2nd ed.), New York: McGraw-Hill.

Raths, L. E., Harmin, M, & Simon, S. B.(1978). *Values and teaching－Working with values in the classroom*(2nd ed.), 정선심, 조성민 역(1994), **가치를 어떻게 가르칠 것인가-가치 명료화 이론과 교수 전략**, 서울: 철학과 현실사.

Rawls, J.(1999). *The law of peoples*, 장동진 외 옮김(2000), **만민법**, 서울: 이끌리오.

Reddiford, G.(1981). Moral imagination and children, *Journal of Moral Education*, 10(2), 82-88.

Regan, T.(1983). The Case for Animal Rights, Berkeley: University of California Press, in: Richard G. Botzler & Susan J. Armstrong(Ed.)(1998), *Environmental Ethics: Divergence and Convergence*, Boston: McGraw-Hill.

Reigeluth, C.(1983). *Instructional design theories and models: An overview of their current status*, Hillsdale, N.J.: Lawrence Erlbaum Associates.

Roerden, L. P.(1997). *Net Lessons: Web-Based Projects for Your Classroom*, 홍명희 외 역(1999), **인터넷 활용 수업의 이론과 실제**, 서울: 한빛미디어.

Sahakian, W. S.(1974). *Ethics: An Introduction to Theories and Problems*, N.Y: Haper & Row.

Salzberg, S.(2010). *Real Happiness: The Power of Meditation*, 장여경 역(2011), **하루 20분 나를 멈추는 시간－인생을 바꾸는 생활혁명 마음챙김 명상**, 서울: 북하이브.

Seligman, M.(2004). *Authentic Happiness*, 김인자 역(2009), **긍정심리학**, 서울: 물푸레.

Singer, P.(1975). *Animal Liberation*, 김성한 역(1999), **동물해방**, 경기: 인간사랑.

Statman, Dinal(1997). "Introduction to virtue ethics", In Dinal Statman(Ed.), *Virtue ethics*, Washington, D.C.: Georgetown Univ. Press.

Swanger, D.(1986). Imagination and morality, *Journal of Aesthetic Education*, 20(4), 141-148.

Taylor, P. W., *Principles of Ethics*, 김영진 역(1985), **윤리학의 기본원리**, 서울: 서광사.

Taylor, P. W.(1986). *Respect for Nature*, New Jersey: Princeton University Press.

Thich Nhat Hanh(1973). *The Heart of the Buddha's Teaching*, N.Y.: Broadway Books.

Thich Nhat Hanh(1998). *The Heart of Understanding*, 강옥구 역(2003), **틱낫한 스님의 반야심경**, 서울: 장경각.

Tu Wei-Ming(1993). *Way, learning, and politics*, Albany: State University of New York.

http://cafe.naver.com/younkuen/2184 (푸른들 복지·상담연구소)

http://strongkids.uoregon.edu/strongstart.html (Strong Kids 프로그램 소개 사이트)

http://prevention.psu.edu/projects/PATHS.html (PATHS 프로그램 소개)

http://casel.org/ (Collaborative for Academic, Social, and Emotional Learning, 학업및사회정서학습협회)

찾아보기

인 명

내 용

(ㄱ)

(ㄴ)

(ㄷ)

저/자/소/개

▪ **고대혁**

한양대학교 대학원(교육학 박사, 교육철학전공), 경인교육대학교 윤리교육과 교수. 경인교육대학교 총장(2017.04.-2021.03)

〈관심분야〉 도덕교육 / 유학의 수양이론과 공부론 / 동양고전 / 인성교육

〈대표저서〉 도덕적 자율성의 교육적 의미 / 성리학적 교육관의 홀리스틱 관점 / 격물치지와 도덕교육 / 도덕교육의 쟁점과 동양윤리교육 / 도덕과 교육을 통한 인성교육 적용방안 / 도덕교육론(공저) / 관자(공역) / 한국유학사상대계5-교육사상-(공저) / 상생화용, 새로운 의사소통 탐구(공저) / 수업방법 탐구(공저) / 평가방법 탐구(공저) / 도덕교육의 체계적 이해(공저) / 『書經』「虞書」의 내용체계와 유학사상적 의미 / 원시유학에서 효의 지평과 교육적 의미 등

▪ **오기성**

서울대학교 대학원(교육학 박사), 경인교육대학교 윤리교육과 교수

〈관심분야〉 도덕교육 / 통일교육/인성교육

〈대표저서〉 문화의 구조분석에 의한 남북한 문화통합 연구(박사학위논문) / 인문학으로 다가가는 통일교육 / 도덕 수업의 새로운 이해 / 학교 통일교육의 신패러다임 연구 / 학교 통일교육의 다문화교육적 접근 / 제7차 도덕과 개선 방향 연구 / 배려윤리 수업 모형 및 사례 연구 / 통일교육론-사회문화적 접근 / 통일사회로의 발돋움, 그 성공을 위하여 / 통일시대의 북한학 / 도덕교육연구방법론 / 도덕과교육론 / 도덕교육의 체계적 이해(공저) / 차가운 머리와 따뜻한 가슴으로 이해하는 통일교육론 / 남북한문화통합론/남북한사회통합론 / 인성과 직업윤리 / 통일을 이루는 교육 / 새터민 청소년, 현명한 민주시민으로 거듭나기 등

▪ **김항인**

미국 The University of Georgia(철학 박사), 경인교육대학교 윤리교육과 교수

〈관심분야〉 도덕과교육 / 정보윤리교육 / 연구윤리 / 양적 질적 연구 방법

〈대표저서〉 미국 초등학교 5학년 학생들을 대상으로 한 세 가지 도덕이야기하기 수업전략들의 효과(박사학위논문) / 도덕토론수업모형연구 / 정보윤리 판단력 검사도구 개발연구 / 도덕이야기하기 수업 사례 연구 / 정보윤리감수성 발달방안연구 / 도덕판단 발달과 측정에 관한 연구 / 연구윤리의 윤리학적 고찰과 확산 방안/ 도덕교육론(공저) / 공동체주의교육(공저) / 신뢰: 지구촌 시대의 사회적 자본(공저) / 도덕윤리과 교육의 방향 정립(공저) / 도덕성을 기르기 위한 100가지 방법들(공역서) / 인격교육론(공역서) / 도덕교육의 체계적 이해(공저) 등

■ 임상수

서울대학교 대학원 석사 및 박사(교육학 박사), 경인교육대학교 윤리교육과 교수

〈관심분야〉 도덕과교육 / 정보윤리교육 / 인성교육방법론 / 학교폭력 및 사이버폭력

〈대표저서〉 디지털 정보사회의 정보윤리에 관한 연구(박사학위논문) / 청소년 성윤리교육 연구 / 프라이버시 보호와 정보자기결정권 / 청소년 사이버범죄사범 교화교육 프로그램 개발 연구 / 도덕과 수업에서의 효율적 예화제시방법 연구 / 에듀테인먼트를 이용한 도덕수업 연구 / 새터민 아동을 위한 멘토링(공저) / 교대입시를 위한 논술(공저) / 현대사회와 이데올로기(공저) / 신뢰: 지구촌 시대의 사회적 자본(공저) / 남북한 통합론(공저) / 시스템 이론과 국가정책(공저) / 도덕교육의 체계적 이해(공저) 등

■ 김철호

한국학중앙연구원 한국학대학원 석사 및 박사(철학 박사), 경인교육대학교 윤리교육과 교수

〈관심분야〉 동서양의 선악론 / 정서교육 /명상교육

〈대표저서〉 주자의 선악론 연구(박사학위논문) / 호굉과 주희의 성선 해석 비교 / 주자 도덕교육론의 구도:맹자순자양웅과의 비교 / 전통 도덕교육론과 현대 도덕교육론의 구도 비교 / 주희의 자연관에 담긴 선 개념의 환경윤리적 의미/ 유학의 감정교육과 그 현대적 의미 / 도덕교육의 체계적 이해(공저) / 도덕적 명상으로서의 경(敬) / 도덕교과에서의 감정조절 단원의 구성 방안 / 마음챙김명상교육(역서) / 마음챙김명상과 심리치료에서의 받아들임(수용)의 의미와 도덕교육적 가치 / 순자의 선악론 / 불교는 왜 진실인가(공역) / 양웅의 선악론 / 선진유학에서의 선악 개념 / 선과 악: 주자학을 통해보는 동아시아의 가치관(저서) 등

도덕교육, 어떻게 할 것인가

1판 1쇄 인쇄 — 2019년 3월 4일
1판 1쇄 발행 — 2019년 3월 7일

저　　자 - 고대혁 · 오기성 · 김항인 · 임상수 · 김철호
발 행 인 - 강 철 원
발 행 처 - 양 성 원
주　　소 - 경기도 파주시 검산로 173번길 29-20
전　　화 - 031-946-3861(代)
팩　　스 - 031-946-3864
이 메 일 - tnwpub@naver.com
홈페이지 - tnwpub.co.kr
출판등록 - 2015년 8월 31일 제 2015-000211 호

ISBN 979-11-6126-177-5

정가 23,000원